Statistiques des recettes publiques 2022

L'IMPACT DU COVID-19 SUR LES RECETTES FISCALES DE L'OCDE

1965-2021

OCDE

DES POLITIQUES MEILLEURES
POUR UNE VIE MEILLEURE

Cet ouvrage est publié sous la responsabilité du Secrétaire général de l'OCDE. Les opinions et les arguments exprimés ici ne reflètent pas nécessairement les vues officielles des pays Membres de l'OCDE.

Ce document, ainsi que les données et cartes qu'il peut comprendre, sont sans préjudice du statut de tout territoire, de la souveraineté s'exerçant sur ce dernier, du tracé des frontières et limites internationales, et du nom de tout territoire, ville ou région.

Les données statistiques concernant Israël sont fournies par et sous la responsabilité des autorités israéliennes compétentes. L'utilisation de ces données par l'OCDE est sans préjudice du statut des hauteurs du Golan, de Jérusalem-Est et des colonies de peuplement israéliennes en Cisjordanie aux termes du droit international.

Merci de citer cet ouvrage comme suit :
OCDE (2022), *Statistiques des recettes publiques 2022 : L'impact du COVID-19 sur les recettes fiscales de l'OCDE*, Éditions OCDE, Paris, https://doi.org/10.1787/96463460-fr.

ISBN 978-92-64-47194-8 (imprimé)
ISBN 978-92-64-73462-3 (pdf)
ISBN 978-92-64-49270-7 (HTML)
ISBN 978-92-64-38616-7 (epub)

Statistiques des recettes publiques
ISSN 2522-7084 (imprimé)
ISSN 2522-7092 (en ligne)

Crédits photo : Couverture © certains des éléments graphiques de l'illustration de la couverture principale ont été adaptés de Freepik.com.

Les corrigenda des publications sont disponibles sur : www.oecd.org/fr/apropos/editionsocde/corrigendadepublicationsdelocde.htm.

Avant-propos

Cette publication annuelle fournit des informations sur les niveaux d'imposition et la structure de la fiscalité dans les pays de l'Organisation de coopération et de développement économiques (OCDE). Les impôts perçus dans chaque pays sont présentés sous une forme normalisée selon le modèle de classification des impôts de l'OCDE et son guide d'interprétation qui figure à l'Annexe A de ce rapport. Les données utilisées ont été fournies pour la plupart par les Délégués du Groupe de travail n°2 (GT2) du Comité des affaires fiscales sur l'analyse des politiques et les statistiques fiscales. L'OCDE remercie de sa coopération le Fonds monétaire international dont la classification des recettes publiques — bien qu'elle soit, à certains égards, moins détaillée — est à bien des égards semblable à celle de l'OCDE. Parmi les autres classifications actuellement utilisées, les plus importantes sont le Système de comptabilité nationale (appelé ci-après SCN) et le Système européen de comptes économiques intégrés des États membres de l'Union européenne (appelé ci-après SEC) qui constitue essentiellement un approfondissement du SCN bien qu'il en diffère à certains égards. Sous réserve de quelques exceptions mineures, les chiffres du SCN ou du SEC peuvent être rattachés directement à ceux de la présente étude car les critères et définitions du SCN ont été adoptées sauf mention contraire expresse.

Cette publication comprend six chapitres. Le chapitre 1 indique succinctement l'évolution de la fiscalité au cours des six dernières décennies, en mettant l'accent sur les ratios impôts/PIB, sur les structures fiscales et sur la répartition des impôts par niveau d'administration. Il discute également l'impact des différents traitements des crédits d'impôts récupérables et fournit des informations sur le financement des prestations de sécurité sociale. La publication de cette année comporte également dans son chapitre 2 une étude spéciale sur «L'impact du COVID-19 sur les recettes fiscales de l'OCDE». Le chapitre 3 contient une série de tableaux statistiques comparatifs pour les années 1965-2021. Le chapitre 4 contient des tableaux statistiques comportant pour chaque pays une ventilation des recettes fiscales et des ratios impôts/PIB pour une sélection de catégories d'impôts et par niveau d'administration pour les années comprises entre 1965 et 2020. Deux tableaux pour mémoire indiquent comment les pays financent leurs régimes de prestations sociales et comment ils reportent les impôts et cotisations sociales versés par les administrations, en pourcentage du PIB. Le chapitre 5, qui est disponible en ligne uniquement, contient des tableaux statistiques comportant une ventilation détaillée des recettes fiscales par pays pour les années comprises entre 1965 et 2020. Deux tableaux pour mémoire indiquent comment les pays financent leurs régimes de prestations sociales et comment ils reportent les impôts et cotisations sociales versés par les administrations, en monnaies nationales. Le chapitre 6, qui est lui aussi disponible en ligne uniquement, ventile les recettes publiques entre les sous-secteurs ci-après : administration fédérale ou centrale, administration des États, administrations locales et de sécurité sociale. Il contient une série de tableaux statistiques comportant une ventilation détaillée des recettes fiscales par pays pour les années comprises entre 1975 et 2020. En raison du manque de place, les chapitres 4, 5 et 6 présentent des données pour une sélection d'années entre 1965 et 2020 ; les données portant sur les autres années sont disponibles en ligne.

Les *Statistiques des recettes publiques 2022* ont été élaborées par le Centre de politique et d'administration fiscales (CTPA) de l'OCDE. La présente édition a été établie par Alexander Pick, Nicolás Miranda et Michael Sharratt. L'étude spéciale a été écrite par Alexander Pick, Nicolás Miranda and Jingjing

Xia. Les auteurs tiennent à remercier leurs collègues de l'OCDE pour leurs observations précieuses ainsi que leur aide lors de la finalisation de cette publication, notamment David Bradbury, Bert Brys, Richard Clarke, Kurt Van Dender, Karena Garnier, Natalie Lagorce, et Violet Sochay au sein du CTPA ; ainsi que l'équipe des éditeurs de données statistiques et de gestion du contenu de la Direction des relations extérieures et de la communication. Stephanie Coic, de la Direction de la coopération pour le développement (DCD), en a réalisé la couverture. Les auteurs souhaitent également remercier les délégués du GT2 et leurs collègues travaillant dans les différentes administrations nationales pour leurs contributions et observations avisées.

Table des matières

Avant-propos 3

Résumé 11

1 Tendances des recettes fiscales, 1965-2021 14
Ratios impôts-PIB 15
Structures fiscales 23
Répartition des impôts par niveaux d'administration 27
Crédits d'impôts récupérables 34
Financement des prestations de sécurité sociale dans les pays de l'OCDE 35

2 L'impact du COVID-19 sur les recettes fiscales dans la zone OCDE 39
Introduction 40
Vue d'ensemble : Variations des recettes fiscales totales, du PIB et du ratio impôts/PIB 40
Réformes des politiques fiscales et tendances des recettes en 2021 44
Variations des recettes par type d'impôt en 2020 et 2021 54
Références 55
Annex 2.A. Variations des ratios impôts/PIB par pays et par type d'impôt 57

3 Niveaux et structures des impôts, 1965-2021 61

4 Tableaux par pays, 1990-2020 83
4.1 Recettes fiscales et % du PIB pour une sélection de catégories d'impôts et par niveau d'administration 84
4.2 Tableaux pour mémoire 161

5 Tableaux détaillés par pays, 1965-2020 164
5.1. Recettes fiscales 165
5.2. Tableaux pour mémoire 272

6 Recettes fiscales par sous-secteur d'administration 287

Annexe A. Classification des impôts de l'OCDE et guide d'interprétation 327

GRAPHIQUES

Graphique 1.1. Tendances des ratios impôts/PIB, 1965-2021p (en % du PIB) 16
Graphique 1.2. Variations des ratios impôts/PIB, p.p., 2020-21p et 2010-21p 18

Graphique 1.3. Variations relatives des recettes fiscales nominales et du PIB nominal, en %, 2020-21p 20
Graphique 1.4. Ratios impôts/PIB en 2020 et 2021p (en % du PIB) 21
Graphique 1.5. Structures fiscales en 2020 (en % du total des recettes fiscales) 23
Graphique 1.6. Tendances des structures fiscales (1965-2020, en % du total des recettes fiscales) 24
Graphique 1.7. Composition des cotisations de sécurité sociale, en pourcentage du total des cotisations de sécurité sociale, 2020 26
Graphique 1.8. Part des recettes tirées des impôts généraux sur la consommation (gauche) et impôts spécifiques sur la consommation (droite) en % du total des recettes fiscales, 1975-2020 27
Graphique 1.9. Composition des recettes de l'administration fédérale ou centrale (gauche) et des administrations infranationales (droite), 2020 31
Graphique 1.10. Ventilation des différentes catégories dans le financement des prestations de sécurité sociale, 2020 36
Graphique 1.11. Ratios impôts/PIB et financement de la sécurité sociale par des fonds préaffectés (% du PIB, 2020) 37
Graphique 2.1. Variations des recettes nominales et du PIB nominal, 2020-2021 41
Graphique 2.2. Variations des recettes nominales et du PIB nominal, toutes les années 42
Graphique 2.3. Évolution du taux de chômage avant la crise, à son plus haut et selon les dernières données disponibles 45
Graphique 2.4. Composition du PIB (méthode des dépenses), 2019-2021 47
Graphique 2.5. Variations des recettes fiscales par catégorie en pourcentage du PIB, 2020-2021 49
Graphique 2.6. Variation entre les données préliminaires et les données définitives pour les principaux types d'impôt, 2020 51
Graphique 2.7. Décomposition des variations du ratio impôts/PIB dans l'OCDE par catégorie d'impôt, 2020-2021 52
Graphique 2.8. Répartition des variations des recettes par type d'impôt 55

TABLEAUX

Tableau 1.1. Statistiques des recettes publiques : vue d'ensemble 17
Tableau 1.2. Structure fiscale dans la zone OCDE, années retenues (moyenne non pondérée en % du PIB) 22
Tableau 1.3. Recettes fiscales des sous-secteurs des administrations publiques en % du total des recettes fiscales, pays fédéraux 29
Tableau 1.4. Recettes fiscales des sous-secteurs des administrations publiques en % du total des recettes fiscales, pays unitaires 30
Tableau 1.5. Contributions collectées pour le compte de l'UE, en % du PIB 32
Tableau 1.6. Effets des différents traitements possibles des crédits d'impôts récupérables, 2020 34
Tableau 2.1. Catégories d'impôt étudiées dans ce chapitre 43
Tableau 2.2. Comparaison des variations des recettes nominales et du PIB nominal, 2020-21 44
Tableau 2.3. Ventilation des variations des recettes nominales par catégorie d'impôt et corrélation avec le PIB 54
Tableau 3.1. Total des recettes fiscales en % du PIB 63
Tableau 3.2. Total des recettes fiscales en milliards de dollars des É-U au taux de change du marché 64
Tableau 3.3. Recettes fiscales sous les principales rubriques en % du PIB, 2020 65
Tableau 3.4. Recettes fiscales sous les principales rubriques en % du total des recettes fiscales, 2020 66
Tableau 3.5. Recettes fiscales sous les principales rubriques en % du PIB, 2021p 67
Tableau 3.6. Recettes fiscales sous les principales rubriques en % du total des recettes fiscales, 2021p 68
Tableau 3.7. Impôts sur le revenu et les bénéfices (1000) en % du PIB et en % du total des recettes fiscales 69
Tableau 3.8. Impôts sur le revenu des personnes physiques (1100) en % du PIB et en % du total des recettes fiscales 70
Tableau 3.9. Impôts sur les bénéfices des sociétés (1200) en % du PIB et en % du total des recettes fiscales 71
Tableau 3.10. Cotisations de sécurité sociale (2000) en % du PIB et en % du total des recettes fiscales 72
Tableau 3.11. Impôts sur les salaires ou la main-d'oeuvre (3000) en % du PIB et en % du total des recettes fiscales 73
Tableau 3.12. Impôts sur le patrimoine (4000) en % du PIB et en % du total des recettes fiscales 74
Tableau 3.13. Impôts sur les biens et services (5000) en % du PIB en % du total des recettes fiscales 75
Tableau 3.14. Taxes sur la valeur ajoutée (5111) en % du PIB en % du total des recettes fiscales 76
Tableau 3.15. Recettes fiscales des sous-secteurs de l'administration en % du PIB 77
Tableau 3.16. Principales recettes de l'administration centrale en % du total des recettes fiscales de l'administration centrale, 2020 78

Tableau 3.17. Principaux impôts des administrations d'États fédérés en % du total des recettes fiscales des administrations d'États fédérés, 2020 79
Tableau 3.18. Principaux impôts locaux en % du total des recettes fiscales des administrations locales, 2020 80
Tableau 3.19. Produit intérieur brut pour les années de déclaration fiscale au prix du marché, en milliards de monnaie nationale 81
Tableau 3.20. Taux de change utilisés, unités de monnaie nationale par dollar des É-U au taux de change du marché 82
Tableau 4.1. Australie, recettes fiscales et % du PIB (sélection de catégories d'impôts) 85
Tableau 4.2. Australie, recettes fiscales et % du PIB par niveaux d'administration (principaux impôts) 86
Tableau 4.3. Autriche, recettes fiscales et % du PIB (sélection de catégories d'impôts) 87
Tableau 4.4. Autriche, recettes fiscales et % du PIB par niveaux d'administration (principaux impôts) 88
Tableau 4.5. Belgique, recettes fiscales et % du PIB (sélection de catégories d'impôts) 89
Tableau 4.6. Belgique, recettes fiscales et % du PIB par niveaux d'administration (principaux impôts) 90
Tableau 4.7. Canada, recettes fiscales et % du PIB (sélection de catégories d'impôts) 91
Tableau 4.8. Canada, recettes fiscales et % du PIB par niveaux d'administration (principaux impôts) 92
Tableau 4.9. Chili, recettes fiscales et % du PIB (sélection de catégories d'impôts) 93
Tableau 4.10. Chili, recettes fiscales et % du PIB par niveaux d'administration (principaux impôts) 94
Tableau 4.11. Colombie, recettes fiscales et % du PIB (sélection de catégories d'impôts) 95
Tableau 4.12. Colombie, recettes fiscales et % du PIB par niveaux d'administration (principaux impôts) 96
Tableau 4.13. Costa Rica, recettes fiscales et % du PIB (sélection de catégories d'impôts) 97
Tableau 4.14. Costa Rica, recettes fiscales et % du PIB par niveaux d'administration (principaux impôts) 98
Tableau 4.15. République tchèque, recettes fiscales et % du PIB (sélection de catégories d'impôts) 99
Tableau 4.16. République tchèque, recettes fiscales et % du PIB par niveaux d'administration (principaux impôts) 100
Tableau 4.17. Danemark, recettes fiscales et % du PIB (sélection de catégories d'impôts) 101
Tableau 4.18. Danemark, recettes fiscales et % du PIB par niveaux d'administration (principaux impôts) 102
Tableau 4.19. Estonie, recettes fiscales et % du PIB (sélection de catégories d'impôts) 103
Tableau 4.20. Estonie, recettes fiscales et % du PIB par niveaux d'administration (principaux impôts) 104
Tableau 4.21. Finlande, recettes fiscales et % du PIB (sélection de catégories d'impôts) 105
Tableau 4.22. Finlande, recettes fiscales et % du PIB par niveaux d'administration (principaux impôts) 106
Tableau 4.23. France, recettes fiscales et % du PIB (sélection de catégories d'impôts) 107
Tableau 4.24. France, recettes fiscales et % du PIB par niveaux d'administration (principaux impôts) 108
Tableau 4.25. Allemagne, recettes fiscales et % du PIB (sélection de catégories d'impôts) 109
Tableau 4.26. Allemagne, recettes fiscales et % du PIB par niveaux d'administration (principaux impôts) 110
Tableau 4.27. Grèce, recettes fiscales et % du PIB (sélection de catégories d'impôts) 111
Tableau 4.28. Grèce, recettes fiscales et % du PIB par niveaux d'administration (principaux impôts) 112
Tableau 4.29. Hongrie, recettes fiscales et % du PIB (sélection de catégories d'impôts) 113
Tableau 4.30. Hongrie, recettes fiscales et % du PIB par niveaux d'administration (principaux impôts) 114
Tableau 4.31. Islande, recettes fiscales et % du PIB (sélection de catégories d'impôts) 115
Tableau 4.32. Islande, recettes fiscales et % du PIB par niveaux d'administration (principaux impôts) 116
Tableau 4.33. Irlande, recettes fiscales et % du PIB (sélection de catégories d'impôts) 117
Tableau 4.34. Irlande, recettes fiscales et % du PIB par niveaux d'administration (principaux impôts) 118
Tableau 4.35. Israël, recettes fiscales et % du PIB (sélection de catégories d'impôts) 119
Tableau 4.36. Israël, recettes fiscales et % du PIB par niveaux d'administration (principaux impôts) 120
Tableau 4.37. Italie, recettes fiscales et % du PIB (sélection de catégories d'impôts) 121
Tableau 4.38. Italie, recettes fiscales et % du PIB par niveaux d'administration (principaux impôts) 122
Tableau 4.39. Japon, recettes fiscales et % du PIB (sélection de catégories d'impôts) 123
Tableau 4.40. Japon, recettes fiscales et % du PIB par niveaux d'administration (principaux impôts) 124
Tableau 4.41. Corée, recettes fiscales et % du PIB (sélection de catégories d'impôts) 125
Tableau 4.42. Corée, recettes fiscales et % du PIB par niveaux d'administration (principaux impôts) 126
Tableau 4.43. Lettonie, recettes fiscales et % du PIB (sélection de catégories d'impôts) 127
Tableau 4.44. Lettonie, recettes fiscales et % du PIB par niveaux d'administration (principaux impôts) 128
Tableau 4.45. Lituanie, recettes fiscales et % du PIB (sélection de catégories d'impôts) 129
Tableau 4.46. Lituanie, recettes fiscales et % du PIB par niveaux d'administration (principaux impôts) 130
Tableau 4.47. Luxembourg, recettes fiscales et % du PIB (sélection de catégories d'impôts) 131
Tableau 4.48. Luxembourg, recettes fiscales et % du PIB par niveaux d'administration (principaux impôts) 132
Tableau 4.49. Mexique, recettes fiscales et % du PIB (sélection de catégories d'impôts 133
Tableau 4.50. Mexique, recettes fiscales et % du PIB par niveaux d'administration (principaux impôts) 134
Tableau 4.51. Pays-Bas, recettes fiscales et % du PIB (sélection de catégories d'impôts) 135
Tableau 4.52. Pays-Bas, recettes fiscales et % du PIB par niveaux d'administration (principaux impôts) 136

Tableau 4.53. Nouvelle-Zélande, recettes fiscales et % du PIB (sélection de catégories d'impôts) 137
Tableau 4.54. Nouvelle-Zélande, recettes fiscales et % du PIB par niveaux d'administration (principaux impôts) 138
Tableau 4.55. Norvège, recettes fiscales et % du PIB (sélection de catégories d'impôts) 139
Tableau 4.56. Norvège, recettes fiscales et % du PIB par niveaux d'administration (principaux impôts) 140
Tableau 4.57. Pologne, recettes fiscales et % du PIB (sélection de catégories d'impôts) 141
Tableau 4.58. Pologne, recettes fiscales et % du PIB par niveaux d'administration (principaux impôts) 142
Tableau 4.59. Portugal, recettes fiscales et % du PIB (sélection de catégories d'impôts) 143
Tableau 4.60. Portugal, recettes fiscales et % du PIB par niveaux d'administration (principaux impôts) 144
Tableau 4.61. République slovaque, recettes fiscales et % du PIB (sélection de catégories d'impôts) 145
Tableau 4.62. République slovaque, recettes fiscales et % du PIB par niveaux d'administration (principaux impôts) 146
Tableau 4.63. Slovénie, recettes fiscales et % du PIB (sélection de catégories d'impôts) 147
Tableau 4.64. Slovénie, recettes fiscales et % du PIB par niveaux d'administration (principaux impôts) 148
Tableau 4.65. Espagne, recettes fiscales et % du PIB (sélection de catégories d'impôts) 149
Tableau 4.66. Espagne, recettes fiscales et % du PIB par niveaux d'administration (principaux impôts) 150
Tableau 4.67. Suède, recettes fiscales et % du PIB (sélection de catégories d'impôts) 151
Tableau 4.68. Suède, recettes fiscales et % du PIB par niveaux d'administration (principaux impôts) 152
Tableau 4.69. Suisse, recettes fiscales et % du PIB (sélection de catégories d'impôts) 153
Tableau 4.70. Suisse, recettes fiscales et % du PIB par niveaux d'administration (principaux impôts) 154
Tableau 4.71. Türkiye, recettes fiscales et % du PIB (sélection de catégories d'impôts) 155
Tableau 4.72. Türkiye, recettes fiscales et % du PIB par niveaux d'administration (principaux impôts) 156
Tableau 4.73. Royaume-Uni, recettes fiscales et % du PIB (sélection de catégories d'impôts) 157
Tableau 4.74. Royaume-Uni, recettes fiscales et % du PIB par niveaux d'administration (principaux impôts) 158
Tableau 4.75. États-Unis, recettes fiscales et % du PIB (sélection de catégories d'impôts) 159
Tableau 4.76. États-Unis, recettes fiscales et % du PIB par niveaux d'administration (principaux impôts) 160
Tableau 4.77. Financement des prestations de sécurité sociale 162
Tableau 4.78. Les cotisations de sécurité sociale et impôts sur les salaires payés par les administrations publiques, totaux 163
Tableau 5.1. Australie : recettes fiscales détaillées, 1965-2020 166
Tableau 5.2. Autriche : recettes fiscales détaillées, 1965-2020 168
Tableau 5.3. Belgique : recettes fiscales détaillées, 1965-2020 172
Tableau 5.4. Canada : recettes fiscales détaillées, 1965-2020 175
Tableau 5.5. Chili : recettes fiscales détaillées, 1965-2020 178
Tableau 5.6. Colombie : recettes fiscales détaillées, 1965-2020 180
Tableau 5.7. Costa Rica : recettes fiscales détaillées, 1965-2020 182
Tableau 5.8. République tchèque : recettes fiscales détaillées, 1965-2020 184
Tableau 5.9. Danemark : recettes fiscales détaillées, 1965-2020 187
Tableau 5.10. Estonie : recettes fiscales détaillées, 1965-2020 191
Tableau 5.11. Finlande : recettes fiscales détaillées, 1965-2020 193
Tableau 5.12. France : recettes fiscales détaillées, 1965-2020 196
Tableau 5.13. Allemagne : recettes fiscales détaillées, 1965-2020 202
Tableau 5.14. Grèce : recettes fiscales détaillées, 1965-2020 205
Tableau 5.15. Hongrie : recettes fiscales détaillées, 1965-2020 207
Tableau 5.16. Islande : recettes fiscales détaillées, 1965-2020 211
Tableau 5.17. Irlande : recettes fiscales détaillées, 1965-2020 213
Tableau 5.18. Israël : recettes fiscales détaillées, 1965-2020 215
Tableau 5.19. Italie : recettes fiscales détaillées, 1965-2020 217
Tableau 5.20. Japon : recettes fiscales détaillées, 1965-2020 221
Tableau 5.21 Corée : recettes fiscales détaillées, 1965-2020 224
Tableau 5.22. Lettonie : recettes fiscales détaillées, 1965-2020 227
Tableau 5.23. Lituanie : recettes fiscales détaillées, 1965-2020 230
Tableau 5.24. Luxembourg : recettes fiscales détaillées, 1965-2020 232
Tableau 5.25. Mexique : recettes fiscales détaillées, 1965-2020 235
Tableau 5.26. Pays-Bas : recettes fiscales détaillées, 1965-2020 237
Tableau 5.27. Nouvelle-Zélande : recettes fiscales détaillées, 1965-2020 240
Tableau 5.28. Norvège : recettes fiscales détaillées, 1965-2020 243
Tableau 5.29. Pologne : recettes fiscales détaillées, 1965-2020 245
Tableau 5.30. Portugal : recettes fiscales détaillées, 1965-2020 247
Tableau 5.31. République slovaque : recettes fiscales détaillées, 1965-2020 250

Tableau 5.32. Slovénie : recettes fiscales détaillées, 1965-2020 252
Tableau 5.33. Espagne : recettes fiscales détaillées, 1965-2020 255
Tableau 5.34. Suède : recettes fiscales détaillées, 1965-2020 258
Tableau 5.35. Suisse : recettes fiscales détaillées, 1965-2020 261
Tableau 5.36. Türkiye : recettes fiscales détaillées, 1965-2020 264
Tableau 5.37. Royaume-Uni : recettes fiscales détaillées, 1965-2020 266
Tableau 5.38. État-Unis : recettes fiscales détaillées, 1965-2020 269
Tableau 5.39. Le financement des prestations sociales 273
Tableau 5.40. Les cotisations de sécurité sociale et impôts sur les salaires payés par les administrations publiques, détails 277
Tableau 6.1. Australie, recettes fiscales par sous-secteurs d'administration 289
Tableau 6.2. Autriche, recettes fiscales par sous-secteurs d'administration 290
Tableau 6.3. Belgique, recettes fiscales par sous-secteurs d'administration 291
Tableau 6.4. Canada, recettes fiscales par sous-secteurs d'administration 292
Tableau 6.5. Chili, recettes fiscales par sous-secteurs d'administration 293
Tableau 6.6. Colombie, recettes fiscales par sous-secteurs d'administration 294
Tableau 6.7. Costa Rica, recettes fiscales par sous-secteurs d'administration 295
Tableau 6.8. République tchèque, recettes fiscales par sous-secteurs d'administration 296
Tableau 6.9. Danemark, recettes fiscales par sous-secteurs d'administration 297
Tableau 6.10. Estonie, recettes fiscales par sous-secteurs d'administration 298
Tableau 6.11. Finlande, recettes fiscales par sous-secteurs d'administration 299
Tableau 6.12. France, recettes fiscales par sous-secteurs d'administration 300
Tableau 6.13. Allemagne, recettes fiscales par sous-secteurs d'administration 301
Tableau 6.14. Grèce, recettes fiscales par sous-secteurs d'administration 302
Tableau 6.15. Hongrie, recettes fiscales par sous-secteurs d'administration 303
Tableau 6.16. Islande, recettes fiscales par sous-secteurs d'administration 304
Tableau 6.17. Irlande, recettes fiscales par sous-secteurs d'administration 305
Tableau 6.18. Israël, recettes fiscales par sous-secteurs d'administration 306
Tableau 6.19. Italie, recettes fiscales par sous-secteurs d'administration 307
Tableau 6.20. Japon, recettes fiscales par sous-secteurs d'administration 308
Tableau 6.21. Corée, recettes fiscales par sous-secteurs d'administration 309
Tableau 6.22. Lettonie, recettes fiscales par sous-secteurs d'administration 310
Tableau 6.23. Lituanie, recettes fiscales par sous-secteurs d'administration 311
Tableau 6.24. Luxembourg, recettes fiscales par sous-secteurs d'administration 312
Tableau 6.25. Mexique, recettes fiscales par sous-secteurs d'administration 313
Tableau 6.26. Pays-Bas, recettes fiscales par sous-secteurs d'administration 314
Tableau 6.27. Nouvelle-Zélande, recettes fiscales par sous-secteurs d'administration 315
Tableau 6.28. Norvège, recettes fiscales par sous-secteurs d'administration 316
Tableau 6.29. Pologne, recettes fiscales par sous-secteurs d'administration 317
Tableau 6.30. Portugal, recettes fiscales par sous-secteurs d'administration 318
Tableau 6.31. République slovaque, recettes fiscales par sous-secteurs d'administration 319
Tableau 6.32. Slovenie, recettes fiscales par sous-secteurs d'administration 320
Tableau 6.33. Espagne, recettes fiscales par sous-secteurs d'administration 321
Tableau 6.34. Suède, recettes fiscales par sous-secteurs d'administration 322
Tableau 6.35. Suisse, recettes fiscales par sous-secteurs d'administration 323
Tableau 6.36. Türkiye, recettes fiscales par sous-secteurs d'administration 324
Tableau 6.37. Royaume-Uni, recettes fiscales par sous-secteurs d'administration 325
Tableau 6.38. États-Unis, recettes fiscales par sous-secteurs d'administration 326

Tableau d'annexe 2.A.1. Variations des ratios impôts/PIB, par type d'impôt, 2020-2021 57

Suivez les publications de l'OCDE sur :

https://twitter.com/OECD

https://www.facebook.com/theOECD

https://www.linkedin.com/company/organisation-eco-cooperation-development-organisation-cooperation-developpement-eco/

https://www.youtube.com/user/OECDiLibrary

https://www.oecd.org/newsletters/

Ce livre contient des... StatLinks

Accédez aux fichiers Excel® à partir des livres imprimés !

Vous trouverez un StatLink sous chaque tableau ou graphique de cet ouvrage. Pour télécharger le fichier Excel® correspondant, il vous suffit de copier le lien dans votre navigateur internet ou de cliquer dessus depuis la version électronique de l'ouvrage.

Résumé

En 2021, le ratio impôts/PIB moyen dans la zone OCDE a augmenté de 0.6 point de pourcentage, passant à 34.1 %, alors que les pays se remettaient du choc économique induit par la pandémie de COVID-19 en 2020. Les recettes fiscales ont progressé de 12.8 % en valeur nominale en moyenne dans les pays de l'OCDE en 2021 selon les données préliminaires, tandis que le PIB s'est accru de 10.5 %. Bien que le ratio impôts/PIB des pays de l'OCDE ait également augmenté en 2020 (de 0.2 point), cette hausse s'inscrivait dans un contexte de baisses généralisées des recettes fiscales et du PIB en valeur nominale.

Dans la présente publication, les impôts désignent les versements obligatoires sans contrepartie aux administrations publiques ou à une autorité supranationale. Les impôts sont sans contrepartie car les prestations fournies par les administrations aux contribuables ne sont généralement pas proportionnelles à leurs versements. Les impôts sont ventilés en fonction de l'assiette : revenu, bénéfices et gains en capital ; salaires ; patrimoine ; biens et services ; et autres impôts. Les cotisations obligatoires de sécurité sociale versées aux administrations publiques sont aussi traitées comme des impôts. Les recettes sont analysées par niveau d'administration : État fédéral ou administration centrale, administration d'un État fédéré, administrations locales et caisses de sécurité sociale. Le Guide d'interprétation à l'annexe A contient des informations détaillées sur la classification des impôts.

Niveaux d'imposition en 2021

Dans les pays de l'OCDE, le ratio des recettes fiscales rapportées au PIB s'échelonne en 2021 de 16.7 % au Mexique à 46.9 % au Danemark. Entre 2020 et 2021, le ratio moyen des recettes fiscales au PIB des pays de l'OCDE a augmenté de 33.6 % à 34.1 %.

- Les recettes fiscales rapportées au PIB ont progressé par rapport à l'année précédente dans 24 des 36 pays pour lesquels on dispose de données préliminaires pour 2021, ont diminué dans 11 pays et sont restées inchangées dans 1 pays.
- C'est en Norvège que la hausse en 2021 a été la plus importante, puisque le ratio impôts/PIB de ce pays a augmenté de 3.4 points grâce à l'accroissement des recettes de l'impôt sur les sociétés imputable à la hausse des revenus pétroliers après une chute exceptionnelle intervenue l'année précédente. La deuxième hausse la plus marquée a été observée au Chili (2.8 points), tandis que des augmentations supérieures à 2 points ont également été constatées en Corée et en Israël.
- Parmi les 11 pays dont le ratio impôts/PIB a baissé en 2021, c'est la Hongrie qui enregistre le recul le plus marqué (2.1 points). Le Canada, l'Islande, le Mexique et la Türkiye ont également vu leur ratio impôts/PIB se replier d'un point ou plus. Des baisses inférieures à un point de pourcentage ont été enregistrées dans six pays.

Trente-deux pays de l'OCDE affichent en 2021 des ratios impôts/PIB supérieurs à ce qu'ils étaient en 2010, les progressions les plus marquées concernant la République slovaque, la Corée et l'Espagne (respectivement 7.8, 7.5 et 7.1 points). Parmi les six pays restants, le ratio des recettes fiscales rapportées au PIB de 2021 demeure inférieur de plus de six points à celui de 2010 en Irlande et de plus de deux points en Hongrie.

Impact du COVID-19 sur les recettes fiscales dans la zone OCDE

Une Étude spéciale contenue dans la présente publication examine les recettes fiscales pendant la deuxième année de la pandémie de COVID-19, en analysant à la fois l'impact de la reprise économique et de l'évolution de la politique fiscale sur les recettes fiscales en 2020 et 2021. Elle s'intéresse aux variations des recettes fiscales nominales et du PIB nominal, ainsi qu'à celles des recettes provenant de différentes catégories d'impôt, afin de mettre en évidence les catégories d'impôt qui ont le plus contribué à l'augmentation du ratio moyen impôts/PIB de la zone OCDE en 2021.

À l'échelle de la zone OCDE, la priorité de la politique fiscale en 2021 a été d'étayer la reprise après la contraction économique survenue en 2020. Les mesures mises en place pour aider les ménages et les entreprises en 2020 ont été supprimées à mesure que l'activité économique se redressait et que le taux de chômage retombait aux niveaux d'avant la pandémie dans une majorité de pays. Les modifications apportées à l'imposition du travail en 2021 visaient principalement à stimuler la croissance économique et à améliorer l'équité, tandis que les mesures se rattachant à l'IS avaient pour but de stimuler l'investissement et l'innovation, surtout dans l'économie verte. Dans le domaine de la taxe sur la valeur ajoutée (TVA), des obligations en matière de facturation électronique et de déclarations numériques ont été adoptées par de nombreux pays en 2021 en réponse à l'essor rapide du commerce électronique au cours de la pandémie. Vers la fin 2021, les pays ont commencé à appliquer des mesures fiscales destinées à protéger les ménages et les entreprises de la hausse des prix de l'énergie.

L'Étude spéciale attribue la hausse des recettes fiscales dans la zone OCDE en 2021 au rebond des recettes tirées de l'IS et de la TVA, qui ont progressé respectivement de 0.5 point et 0.4 point de PIB en 2021. En 2020, les recettes de l'IS avaient enregistré la baisse la plus marquée de toutes les grandes catégories d'impôt, soit 0.3 point, tandis que celles de la TVA étaient restées inchangées en pourcentage du PIB. L'impôt sur le revenu des personnes physiques (IRPP) et les cotisations de sécurité sociale avaient soutenu la bonne résistance des recettes fiscales dans la zone OCDE en 2020, avec une progression de 0.3 point dans les deux cas ; la deuxième année de la pandémie, les recettes de l'IRPP sont restées inchangées en pourcentage du PIB, tandis que les cotisations de sécurité sociale ont décliné de 0.2 point. Les recettes issues des droits d'accise se sont légèrement contractées les deux années, tandis que celles des impôts sur le patrimoine sont restées inchangées en pourcentage du PIB en 2020 et 2021.

Composition des recettes fiscales en 2020

En 2020, dernière année pour laquelle on dispose de données définitives pour tous les pays de l'OCDE, les cotisations de sécurité sociale ont représenté la part la plus importante du total des recettes fiscales dans la zone OCDE, soit un peu plus d'un quart de ce montant (26.6 %), en moyenne. Ces cotisations, ajoutées aux impôts sur le revenu des personnes physiques (24.1 %), sont à l'origine de plus de la moitié des recettes fiscales des pays de l'OCDE. La TVA a procuré un cinquième du total des recettes fiscales (20.2 %), tandis que la contribution des autres impôts sur la consommation a été moindre (11.9 %). En 2020, 9.0 % du total des recettes fiscales provenait de l'impôt sur les bénéfices des sociétés, le solde se répartissant entre les impôts sur le patrimoine (5.7 %) et les autres impôts.

Entre 2019 et 2020, la part moyenne des recettes provenant des impôts sur le revenu dans le total des recettes fiscales a baissé de 0.2 %, à 33.7 %, le recul des recettes de l'IS ayant compensé la hausse de celles de l'IRPP. La part moyenne des recettes fiscales issues des impôts sur les biens et services s'est également contractée en 2020 (de 0.5 point), tandis que la part des cotisations de sécurité sociale dans la structure fiscale moyenne de l'OCDE a augmenté de 0.7 point.

Variations par niveau d'administration

En moyenne, la part des recettes perçues par les administrations infranationales a augmenté entre 2019 et 2020. En 2020, la part des recettes de l'administration centrale a reculé de 52.9 % à 51.9 % du total des recettes des administrations publiques dans les pays fédéraux, et de 63.2 % à 62.4 % dans les pays unitaires. Dans les pays fédéraux, 25.7 % des recettes étaient perçues par les administrations infranationales en moyenne (dans un intervalle compris entre 5.3 % en Autriche et 49.4 % au Canada), approximativement les deux tiers des recettes revenant aux administrations des États fédérés et un tiers aux collectivités locales. Dans les pays unitaires, la part des recettes perçues par les collectivités locales s'établissait à 11.1 % en moyenne, l'éventail allant de moins de 0.8 % en Estonie à 36.8 % en Suède.

1 Tendances des recettes fiscales, 1965-2021

Le chapitre 1 donne un aperçu des tendances des recettes fiscales dans les pays membres de l'OCDE, dont les évolutions des ratios impôts/PIB, la composition des recettes fiscales, la répartition des recettes fiscales par niveau d'administration, les crédits d'impôts récupérables et le financement des prestations de sécurité sociale.

L'édition 2022 des *Statistiques des recettes publiques* présente des données détaillées permettant de comparer, à l'échelle internationale, les recettes fiscales perçues par tous les niveaux d'administration dans les pays de l'OCDE. La dernière édition fournit des informations définitives sur les recettes fiscales au cours de la période 1965-2020. En outre, des estimations provisoires relatives aux recettes fiscales pour l'année 2021 sont indiquées pour la plupart des pays de l'OCDE[1].

Encadré 1.1. Statistiques des recettes publiques dans les pays de l'OCDE – définitions et classifications

Dans les *Statistiques des recettes publiques 2022*, les impôts désignent les versements obligatoires sans contrepartie aux administrations publiques ou à une autorité supranationale. Les impôts sont sans contrepartie en ce sens que les prestations fournies par les administrations ne sont pas normalement proportionnelles à leurs paiements.

Dans la classification de l'OCDE, les impôts sont ventilés en fonction de leur base :

- Revenus et bénéfices (rubrique 1000)
- Cotisations obligatoires de sécurité sociale versées aux administrations publiques, qui sont traitées comme des impôts (rubrique 2000)
- Salaire et main-d'œuvre (rubrique 3000)
- Patrimoine (rubrique 4000)
- Biens et services (rubrique 5000)
- Autres impôts (rubrique 6000)

On trouvera des précisions sur la notion d'impôt, la classification des impôts et l'enregistrement sur la base des droits constatés dans le *Guide d'interprétation* de l'OCDE qui figure à l'Annexe A du présent rapport.

Les moyennes présentées dans ce rapport ne sont pas pondérées.

Ratios impôts-PIB

Niveaux d'imposition pour 2021 (données provisoires)

Les nouvelles données de l'OCDE qui figurent dans les *Statistiques des recettes publiques 2022* montrent qu'en moyenne les recettes fiscales exprimées en pourcentage du PIB (c'est-à-dire le ratio impôts/PIB) étaient de 34.1 % en 2021, soit une hausse de 0.6 point de pourcentage (p.p.) du PIB par rapport à 2020. La hausse du ratio moyen impôts/PIB de la zone OCDE en 2021 s'inscrit dans le contexte d'une forte reprise économique, qui fait suite à la phase de contraction causée par la pandémie de COVID-19 en 2020, laquelle s'est traduite par une baisse généralisée des recettes fiscales nominales tout comme du PIB nominal. En 2021, le PIB et les recettes fiscales nominales ont fortement rebondi. Le ratio impôts/PIB a augmenté dans 24 des pays pour lesquels on dispose de données completes en 2021, a diminué dans 11 et est resté inchangé dans un. En moyenne, les hausses ont été plus importantes que les baisses (1.2 point contre 0.8 point). Le chapitre 2 de cette publication fournit des informations complémentaires sur la variation des recettes fiscales pour chaque pays, et pour différentes catégories d'impôts, et compare les variations en glissement annuel de 2021 avec celles de 2020.

Graphique 1.1. Tendances des ratios impôts/PIB, 1965-2021p (en % du PIB)

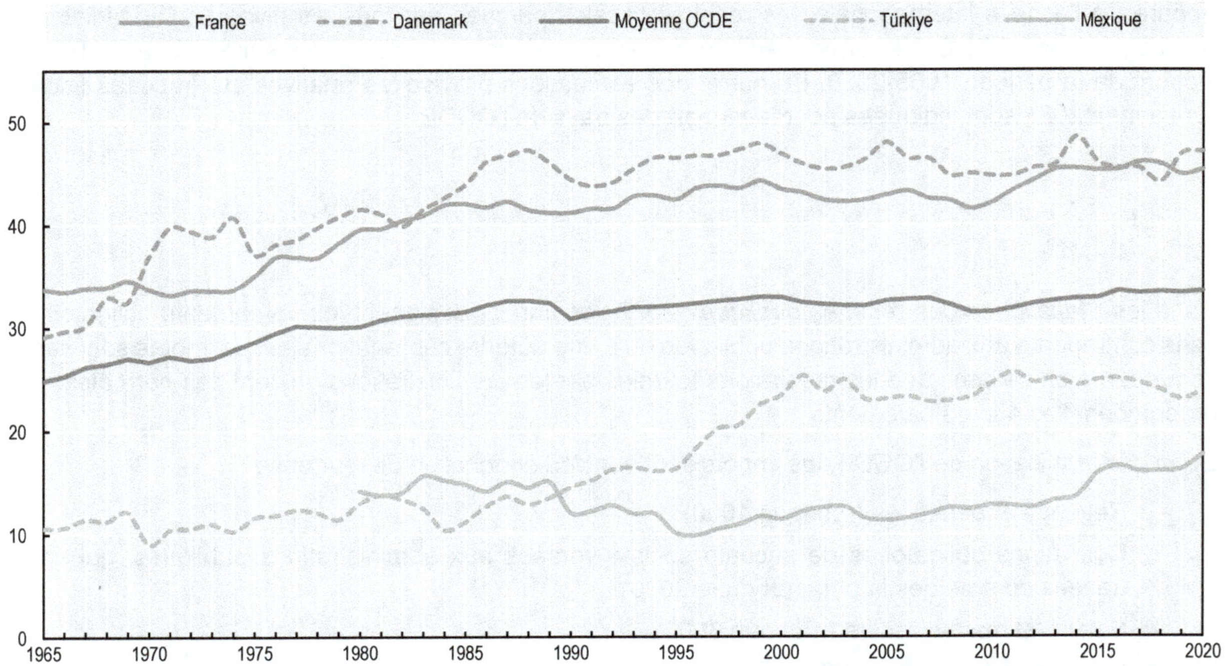

Note ; les données pour 2021 sont préliminaires. La moyenne de l'OCDE en 2021 est calculée en appliquant le pourcentage moyen non pondéré de variation pour 2021 dans les 36 pays qui ont communiqué des données pour cette année au ratio moyen global impôts/PIB en 2020.
Le ratio impôts/PIB moyen de l'OCDE en 2016 inclut les recettes ponctuelles des cotisations de stabilité en Islande. Sans ces recettes, la moyenne du ratio impôts/PIB aurait été de 33.6 % en 2016.
Source : Tableau 3.1.

StatLink https://stat.link/v4ri65

En 2021, les ratios impôts/PIB ont considérablement varié (Tableau 1.1) d'un pays à l'autre, mais aussi par rapport à leur niveau de 2020. Les principales observations sont les suivantes :

- En 2021, le Danemark enregistrait le ratio le plus élevé (46.9 %) et à l'exception des années 2017 et 2018, où le ratio de la France était plus élevé, ce pays affiche le ratio le plus élevé des pays de l'OCDE depuis 2002. La France avait le deuxième ratio le plus élevé en 2021 (45.1 %). Le Mexique affichait le ratio impôts/PIB le plus faible (16.7 %).
- Sur les 36 pays pour lesquels on dispose de données se rapportant à 2021, le ratio des recettes fiscales rapportées au PIB a, depuis 2020, augmenté dans 24 pays, est resté inchangé dans un pays et a diminué dans 11 autres.
- Entre 2020 et 2021, c'est en Norvège que la hausse du ratio a été la plus prononcée (3.4 points). Cette évolution a essentiellement été tirée par une augmentation des recettes de l'impôt sur les bénéfices des sociétés (IS) en pourcentage du PIB (7.3 points). La deuxième plus forte hausse concerne le Chili (2.8 points), et s'explique en grande partie par une hausse de 1.5 point des recettes tirées de la taxe sur la valeur ajoutée (TVA) (voir le chapitre 2 pour plus d'informations). Deux autres pays, la Corée et Israël, enregistrent une hausse supérieure à 2 points (Graphique 1.2).
- Le repli le plus important du ratio impôts/PIB entre 2020 et 2021 a été constaté en Hongrie, avec 2.1 points, en raison d'une diminution des recettes provenant de toutes les grandes catégories d'impôt en pourcentage du PIB, avec notamment un recul de 1.0 point des cotisations de sécurité sociales[2]. Des baisses supérieures à un point de pourcentage ont également été observées en Islande et au Mexique (1.1 point dans les deux cas). En Islande, ce recul est largement imputable à la baisse des recettes de l'impôt sur le revenu des personnes physiques (IRPP) et au Mexique à une baisse des recettes tirées des droits d'accise (respectivement 1.1 p.p. et 0.4 p.p.).

Tableau 1.1. Statistiques des recettes publiques : vue d'ensemble

	Recettes fiscales en % du PIB				Recettes fiscales en % du total des recettes fiscales en 2020						
	2021p	2020	2019	2000	1100 Impôts sur le revenu, personnes physiques	1200 Impôts sur le revenu, sociétés	2000 Cotisations de sécurité sociale (CSS)	4000 Impôts sur le patrimoine	5111 Taxes sur la valeur ajoutée	Autres impôts sur la consommation[3]	Ensemble des autres impôts[4]
Moyenne OCDE[2]	**34.1**	**33.6**	**33.4**	**32.9**	**24.1**	**9.0**	**26.6**	**5.7**	**20.2**	**11.9**	**2.5**
Allemagne	39.5	37.9	38.6	36.4	27.0	4.3	39.7	3.3	17.2	8.5	0.0
Australie	..	28.5	27.7	30.4	40.1	18.8	0.0	10.1	12.4	14.1	4.5
Autriche[1]	43.5	42.2	42.6	42.3	22.2	5.1	36.8	1.4	17.6	9.5	7.5
Belgique[1]	42.0	42.5	42.4	43.8	27.8	7.7	32.0	8.0	15.0	9.4	0.0
Canada	33.2	34.3	33.1	34.7	36.9	11.8	14.3	12.0	13.2	8.3	3.5
Chili	22.2	19.4	21.0	18.7	10.2	24.3	8.0	5.3	41.1	13.7	-2.[illegible]
Colombie	19.5	18.8	19.7	15.7	7.7	23.0	9.9	9.7	28.7	12.7	8.[illegible]
Corée	29.9	27.7	27.2	20.9	18.8	12.1	28.0	14.2	15.1	9.3	2.4
Costa Rica	24.2	22.7	23.4	21.1	6.8	8.4	36.1	2.[illegible]	19.7	13.6	13.4
Danemark[1]	46.9	47.1	46.9	46.9	54.2	6.1	0.1	4.2	20.8	9.9	4.8
Espagne	38.4	36.7	34.7	33.0	23.7	5.3	37.4	6.7	17.1	9.6	0.0
Estonie	33.5	33.3	33.5	31.1	18.1	4.9	36.5	0.6	26.7	13.2	0.0
États-Unis	26.6	25.8	25.2	28.3	40.6	4.9	24.8	12.4	0.0	17.2	0.1
Finlande	43.0	41.8	42.3	45.8	30.0	5.1	27.4	3.6	22.1	11.7	0.1
France[1]	45.1	45.3	44.9	43.4	21.0	5.1	32.7	8.7	15.4	11.7	5.3
Grèce	39.0	38.9	39.5	33.4	16.3	3.1	33.2	1.8	20.1	18.4	1.0
Hongrie	34.0	36.1	36.4	38.5	14.6	3.6	30.8	2.9	27.1	18.1	3.0
Irlande	21.1	19.9	21.9	30.8	32.9	16.1	16.6	5.0	17.2	11.[illegible]	1.0
Islande	35.1	36.1	34.9	35.9	43.1	6.1	8.3	5.2	22.0	9.6	-4.6
Israël	32.2	29.6	30.0	34.1	21.9	9.2	17.4	10.3	23.9	11.5	5.9
Italie	43.3	42.7	42.3	40.5	26.8	4.8	31.8	5.7	14.1	12.3	3.9
Japon	..	33.2	31.5	25.3	18.7	11.7	40.4	8.1	14.9	6.0	0.3
Lettonie	31.2	31.8	30.9	29.0	19.3	2.3	31.4	3.0	27.5	16.5	0.0
Lituanie[1]	32.8	30.8	30.3	30.8	23.0	5.1	33.2	1.0	25.6	12.1	0.0
Luxembourg[1]	38.6	38.1	39.6	37.0	25.5	12.5	29.2	10.0	14.9	7.9	0.1
Mexique	16.7	17.8	16.3	11.5	21.0	20.1	13.9	1.9	23.8	13.4	5.9
Norvège	42.2	38.8	40.1	41.7	29.4	6.2	28.9	3.4	23.6	8.5	0.2
Nouvelle-Zélande	33.8	33.8	31.3	32.5	38.5	15.4	0.0	5.5	30.6	7.4	2.6
Pays-Bas	39.7	40.0	39.3	36.9	22.9	7.8	34.1	4.3	18.5	11.9	0.5
Pologne[1]	36.8	35.5	35.1	32.9	14.8	6.4	37.9	3.6	22.4	13.8	1.0
Portugal	35.8	35.3	34.5	30.9	19.9	7.9	29.6	4.2	23.8	13.7	1.0
République slovaque	35.8	35.2	34.6	33.6	10.8	8.6	43.9	1.4	21.0	13.5	0.7
République tchèque	33.8	34.7	34.8	32.3	13.4	9.4	45.5	0.6	21.3	9.8	0.0
Royaume-Uni	33.5	32.1	32.2	32.7	28.6	7.3	21.0	11.6	20.2	11.0	0.4
Slovénie[1]	37.4	37.2	37.0	37.7	14.1	5.2	45.2	1.7	20.2	13.5	0.1
Suède	42.6	42.3	42.8	50.0	28.8	7.0	21.4	2.2	21.6	6.9	12.1
Suisse[1]	28.0	27.5	27.3	27.0	32.1	11.0	25.2	8.1	11.3	8.7	3.7
Türkiye	22.8	23.9	23.1	23.5	13.2	8.7	29.7	4.4	19.2	23.8	1.0

.. Non disponible

1. Le total des recettes fiscales a été diminué du montant de tout transfert en capital représentant les impôts non perçus.
2. Moyenne 2021 provisoire calculée en appliquant le pourcentage moyen non pondéré de variation pour 2021 dans les 36 pays qui ont communiqué des données pour cette année au ratio moyen global impôts/PIB en 2020.
3. Calculé comme la différence entre 5000 Impôts sur les biens et services et 5111 Taxes sur la valeur ajoutée.
4. Inclut 1300 Non-ventilables entre l'impôt sur le revenu des personnes physiques et des sociétés, 3000 Impôts sur les salaires ou main d'œuvre et 6000 Autres impôts.

StatLink https://stat.link/2c5mia

Le ratio moyen impôts/PIB des pays de l'OCDE a été plus élevé en 2021 qu'en 2010, année où il s'établissait à 31.5 % du PIB en moyenne. Le ratio impôts/PIB a été plus élevé en 2021 qu'en 2020 dans 32 pays. Sa progression a été la plus forte en République slovaque (7.8 points) et en Corée (7.5 points) ; des hausses supérieures à 5 points ont également été observées en Espagne, au Japon (chiffres de 2020), en Grèce, en Pologne et au Portugal. Depuis 2010, des baisses ont été observées dans les six pays restants. La baisse la plus marquée s'est produite en Irlande, où le ratio est passé de 27.7 % du PIB en 2010 à 21.1 % du PIB en 2021, en grande partie sous l'effet de l'augmentation exceptionnelle du PIB en 2015. La seconde baisse la plus importante a été enregistrée en Hongrie (2.8 points). (Graphique 1.2).

Les évolutions du ratio des recettes fiscales rapportées au PIB s'expliquent par les variations relatives des recettes fiscales nominales et du PIB nominal. Si les recettes fiscales augmentent plus (ou baissent moins) que le PIB d'une année sur l'autre, le ratio impôts/PIB augmentera. Si, à l'inverse, les recettes fiscales augmentent moins que le PIB, ou baissent plus que le PIB, le ratio diminuera. Aussi, le ratio impôts/PIB ne signifie pas forcément que le montant total des recettes fiscales a augmenté en valeur nominale, voire même en valeur réelle.

En 2021, les recettes fiscales nominales et le PIB ont augmenté dans l'ensemble des pays de l'OCDE par rapport à l'année précédente. Vingt-quatre pays ont vu leur ratio impôts/PIB augmenter par rapport à 2020, l'augmentation des recettes ayant été supérieure à la croissance du PIB. Dans 11 pays, les recettes fiscales ont progressé moins fortement que le PIB, ce qui s'est traduit par un recul du ratio impôts/PIB (Graphique 1.3)[3]. En outre, le Graphique 1.3 illustre les variations intervenues entre 2019 et 2020 en Australie et au Japon, où le ratio impôts/PIB n'est pas disponible pour 2021. Dans ces deux pays, le ratio impôts/PIB a augmenté entre 2019 et 2020, en raison de la hausse des recettes fiscales nominales. En Australie, cette hausse a été supérieure à celle du PIB, lequel a en revanche reculé au Japon.

Graphique 1.2. Variations des ratios impôts/PIB, p.p., 2020-21p et 2010-21p

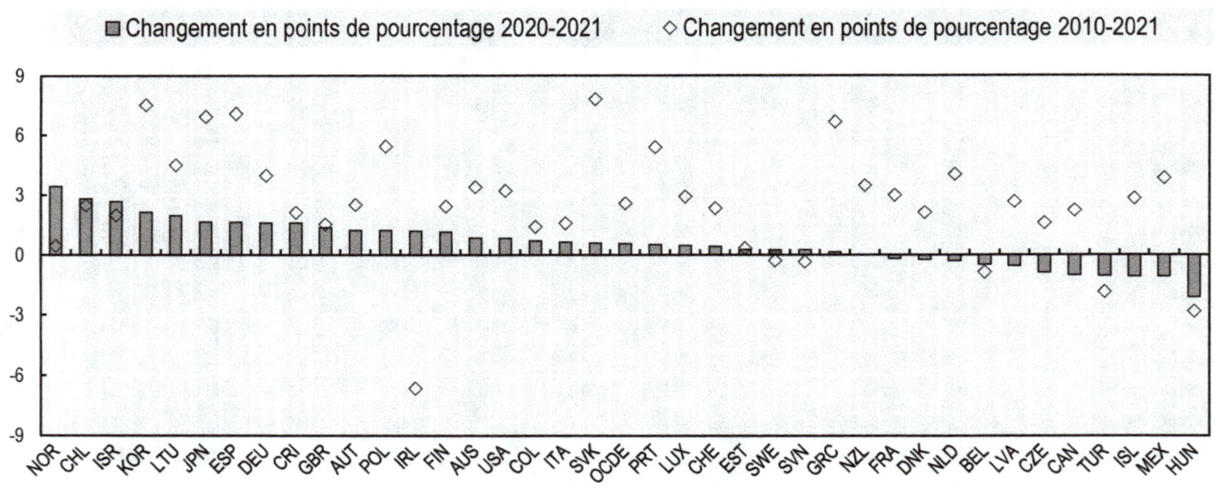

1. Les données provisoires pour 2021 n'étaient pas disponibles dans le cas de l'Australie et du Japon. Pour ces pays, la comparaison porte sur les données relatives aux années 2019 à 2020 et 2010 à 2020.
Source : Calculs du Secrétariat basés sur le Tableau 3.1.

StatLink https://stat.link/rkv6y5

Encadré 1.2. Méthodologie : le ratio impôts/PIB

Les ratios impôts/PIB indiqués dans ce rapport expriment les recettes fiscales globales en pourcentage du PIB. La valeur de ce ratio dépend de son dénominateur (PIB) et de son numérateur (recettes fiscales), le dénominateur étant sujet à des révisions historiques.

Le numérateur (recettes fiscales)

- En ce qui concerne le numérateur, le Secrétariat de l'OCDE utilise pour ce Rapport les données relatives aux recettes fiscales qui lui sont fournies annuellement par les correspondants des ministères des Finances, des administrations fiscales nationales ou des services nationaux de statistiques. Bien que pour la plupart des pays, des chiffres provisoires soient disponibles avec un décalage d'environ six mois, les données finalisées le sont dans un délai d'environ dix-huit mois. Ainsi, les données définitives pour 2020 ont été reçues entre mai et août 2022
- Dans 35 pays de l'OCDE, l'année fiscale coïncide avec l'année civile. Elle en diffère dans trois pays : Australie, Japon et Nouvelle-Zélande. Les déclarations pour l'année 2019 couvrent respectivement la période T2/2019-T1/2020 (Japon) et la période T3/2019-T2/2020 (Australie et Nouvelle-Zélande) (T = trimestre).

Le dénominateur (PIB)

- En ce qui concerne le dénominateur, ce Rapport utilise les chiffres du PIB les plus récents dont on disposait en octobre 2022. À cette date, les chiffres du PIB pour 2020 et 2021 étaient disponibles pour tous les pays de l'OCDE.
- L'utilisation de ces PIB harmonisés assure un maximum de cohérence et de comparabilité internationale aux ratios impôts/PIB.
- Les chiffres du PIB proviennent des Comptes nationaux annuels des pays membres de l'OCDE (CNA-SCN) pour les 35 pays où l'année fiscale coïncide avec l'année civile.
- Lorsque l'année fiscale diffère de l'année civile, les estimations annuelles du PIB sont obtenues par l'agrégation des données fournies par la Direction des statistiques de l'OCDE pour les trimestres correspondants aux années fiscales de chacun des pays.

La moyenne indiquée dans cette publication est une moyenne non pondérée pour tous les pays dans lesquels des données sont disponibles. La moyenne provisoire de 2021 est calculée en appliquant le pourcentage de variation moyen non pondéré pour 2021 dans les 36 pays fournissant des données pour cette année-là au ratio moyen global des impôts par rapport au PIB en 2020.

Graphique 1.3. Variations relatives des recettes fiscales nominales et du PIB nominal, en %, 2020-21p

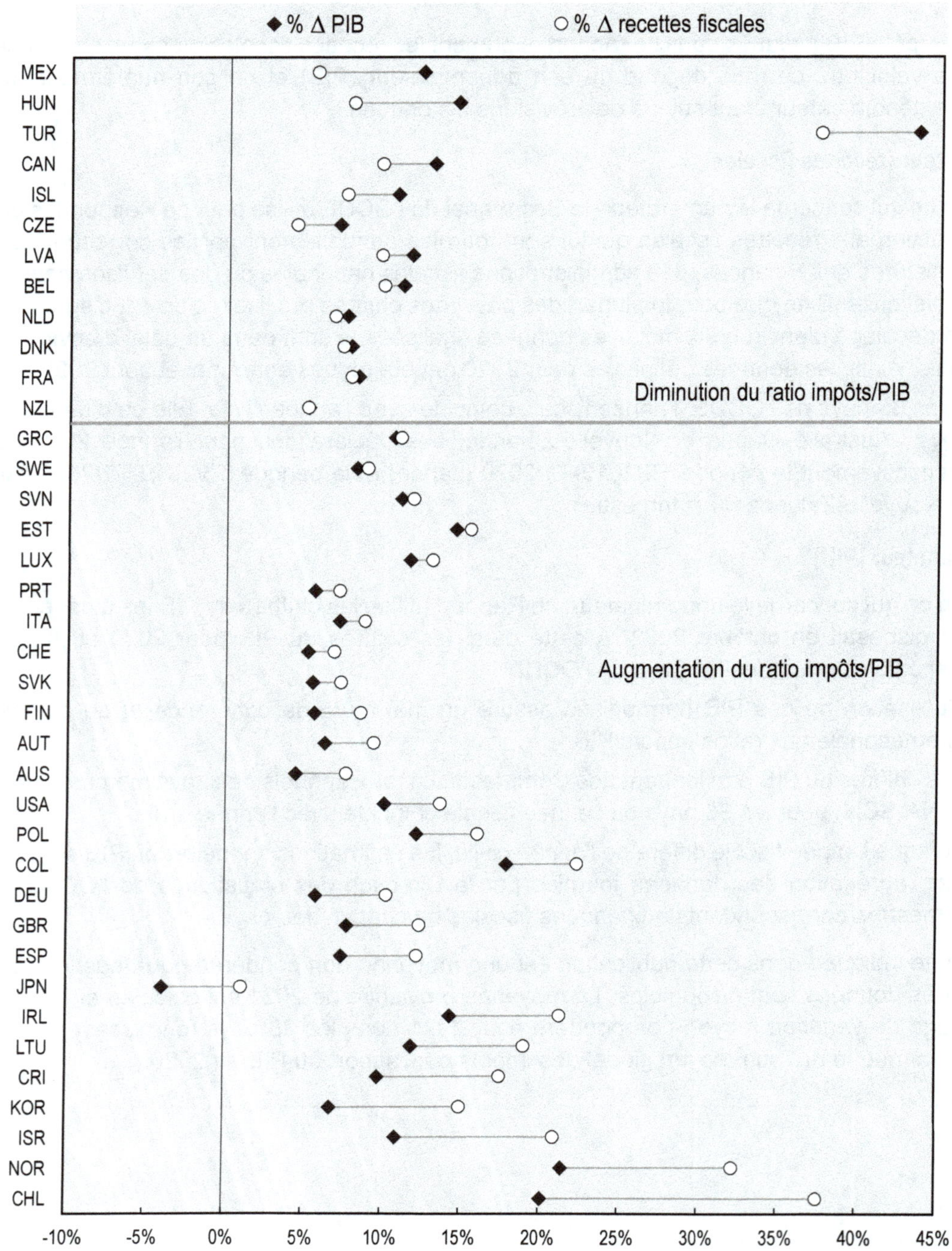

Note : Les données concernant l'Australie et le Japon illustrent l'évolution intervenue entre 2019 et 2020, car les données préliminaires pour 2021 ne sont pas disponibles dans le cas de ces deux pays.
Source : Calculs du Secrétariat basés sur le chapitre 4 (recettes fiscales) et sur le Tableau 3.19 (PIB).

StatLink https://stat.link/9s6zyu

Graphique 1.4. Ratios impôts/PIB en 2020 et 2021p (en % du PIB)

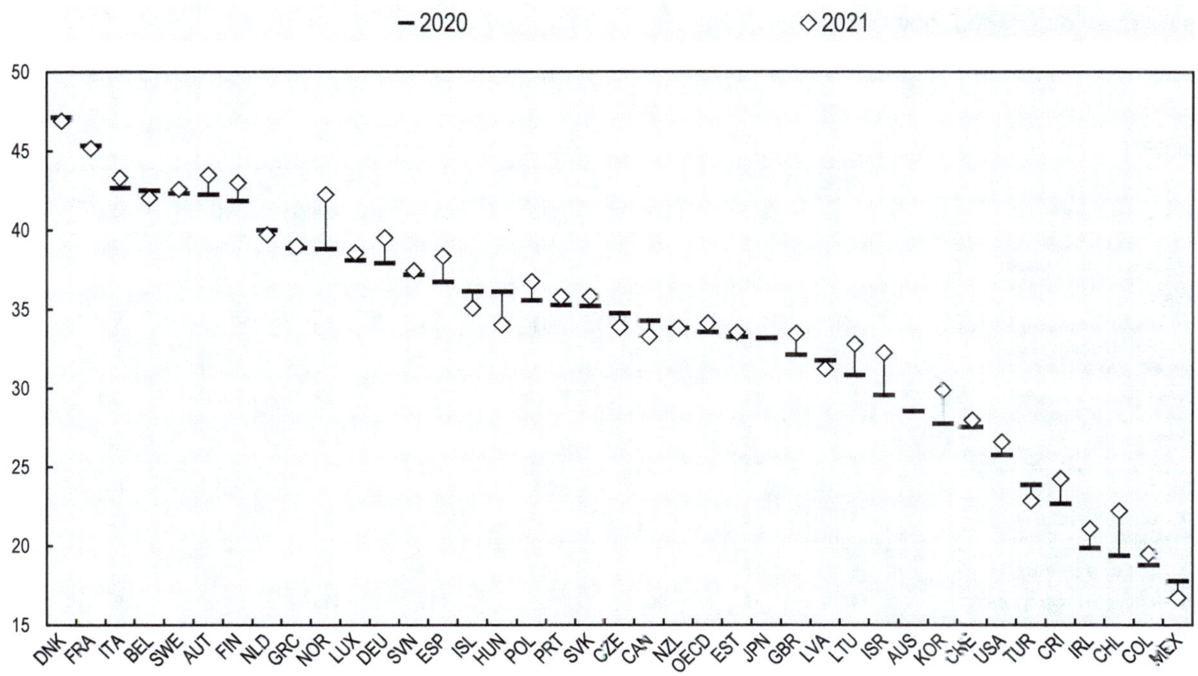

Note : Les données provisoires pour 2021 n'étaient pas disponibles dans le cas de l'Australie et du Japon.
Source : Calculs du Secrétariat basés sur le Tableau 3.1.

StatLink https://stat.link/7v2l3p

Niveaux d'imposition pour 2020 (données définitives)

La dernière année pour laquelle on dispose de ratios des recettes fiscales rapportées au PIB fondés sur des recettes fiscales définitives pour tous les pays de l'OCDE est 2020 (Graphique 1.4). Les chiffres montrent que ces ratios diffèrent sensiblement selon les pays :

- En 2020, le Danemark enregistrait le ratio le plus élevé (47.1 %), suivi de la France (45.3 %). Cinq autres pays affichaient des ratios impôts/PIB supérieurs à 40 % (Autriche, Belgique, Finlande, Italie et Suède).
- Le Mexique enregistrait le ratio le plus bas, à 17.8 %, suivi de la Colombie (18.8 %), du Chili (19.4 %), de l'Irlande (19.9 %), du Costa Rica (22.7 %) et de la Türkiye (23.9 %). Aucun autre pays n'enregistrait un ratio impôts/PIB inférieur à 25 % en 2020, mais cinq autres pays affichaient des ratios inférieurs à 30 % (Australie, Corée, États-Unis, Israël et Suisse).
- Le ratio des recettes fiscales rapportées au PIB de la zone OCDE (moyenne non pondérée) atteignait 33.6 % en 2020. Il s'établissait à 33.4 % en 2019.
- Par rapport à 2019, la charge fiscale globale a augmenté dans 22 pays membres de l'OCDE et a diminué dans 16.
- C'est en Nouvelle-Zélande (2.5 points) et en Espagne (2.0 points) que les augmentations les plus importantes du ratio ont été constatées. Le Canada, l'Islande, le Japon et le Mexique ont tous enregistré des hausses supérieures à un point.
- Les baisses les plus importantes ont été observées en Irlande (2.0 points) et au Chili (1.6 point).

Entre 2019 et 2020, la hausse du ratio moyen impôts/PIB a été tirée par l'augmentation des recettes de l'IRPP et des cotisations de sécurité sociale (0.3 point pour les deux), qui a plus que compensé le recul des recettes de l'IS (0.2 point).

Tableau 1.2. Structure fiscale dans la zone OCDE, années retenues (moyenne non pondérée en % du PIB)

Pour cent

	1965	1990	2000	2007	2010	2015	2018	2019	2020
Recettes fiscales totales	24.9	30.8	32.9	32.8	31.5	32.9	33.5	33.4	33.6
1000 Impôts sur le revenu, les bénéfices et les gains en capital	8.7	11.5	11.4	11.7	10.2	10.9	11.3	11.3	11.3
dont :									
1100 Impôts sur le revenu, les bénéfices et les gains en capital des personnes physiques	6.8	9.3	8.5	7.8	7.2	7.9	7.9	8.0	8.3
1200 Impôts sur le revenu, les bénéfices et les gains en capital des sociétés	2.1	2.4	3.1	3.6	2.7	2.8	3.1	3.0	2.8
2000 Cotisations de sécurité sociale (CSS)	4.5	7.1	8.4	8.2	8.6	8.8	8.9	8.9	9.2
3000 Impôts sur les salaires et la main-d'oeuvre	0.3	0.4	0.4	0.4	0.4	0.4	0.4	0.5	0.5
4000 Impôts sur le patrimoine	1.9	1.7	1.7	1.7	1.6	1.8	1.8	1.8	1.9
5000 Impôts sur les biens et services	9.4	9.9	10.8	10.7	10.5	10.8	10.8	10.7	10.6
dont :									
5111 Taxes sur la valeur ajoutée	0.7	5.1	6.3	6.5	6.4	6.6	6.7	6.7	6.7
5121 Accises	3.5	2.5	2.8	2.6	2.6	2.5	2.4	2.3	2.3
6000 Autres impôts	0.1	0.4	0.2	0.2	0.2	0.2	0.2	0.2	0.2

Note : Part des principales catégories d'impôts dans le PIB (en pourcentage). Les données sont incluses depuis 1965 pour l'Australie, l'Autriche, la Belgique, le Canada, le Danemark, la Finlande, la France, l'Allemagne, la Grèce, l'Islande, l'Irlande, l'Italie, le Japon, le Luxembourg, les Pays-Bas, la Nouvelle-Zélande, la Norvège, le Portugal, l'Espagne, la Suède, la Suisse, la Türkiye, le Royaume-Uni et les États-Unis. Les données sont incluses depuis 1972 pour la Corée, depuis 1980 pour le Mexique, depuis 1990 pour le Chili, la Colombie et le Costa Rica, depuis 1991 pour la Hongrie et la Pologne, depuis 1993 pour la République tchèque, depuis 1995 pour l'Estonie, Israël, la Lettonie, la Lituanie, la République slovaque et la Slovénie. La moyenne de l'OCDE en 2016 inclut les recettes ponctuelles des contributions à la stabilité en Islande.

Source : OECD (2022), "Recettes fiscales: Tableaux comparatifs", *Statistiques fiscales de l'OCDE (base de données).*

StatLink https://stat.link/6p1ae0

Variations de la charge fiscale entre 1965 et 2020

Entre 1965 et 2020[4], le ratio moyen impôts-PIB dans la zone OCDE est passé de 24.9 % à 33.6 %, soit une progression de 8.7 points (Graphique 1.1). Avant le premier choc pétrolier (1973-74), une croissance des revenus forte et presque ininterrompue a permis aux niveaux d'imposition d'augmenter dans tous les pays de l'OCDE. Les niveaux d'imposition ont augmenté automatiquement sous l'effet de la progressivité des barèmes de l'IRPP. Entre 1975 et 1985, la charge fiscale dans la zone OCDE a augmenté de 2.9 points. Après le milieu des années 70, le ralentissement de la croissance des revenus réels, combiné à l'augmentation du chômage, a limité la capacité des pouvoirs publics à prélever des recettes. Cependant, à partir de la profonde récession qui a suivi le second choc pétrolier (1980), les pays européens ont été amenés à augmenter leurs impôts pour financer la hausse des dépenses de sécurité sociale et s'efforcer de maîtriser les déficits budgétaires.

Après le milieu des années 80, la plupart des pays de l'OCDE ont sensiblement réduit les taux de leurs impôts sur le revenu des personnes physiques et sur les bénéfices des sociétés, mais l'incidence sur les recettes publiques des vastes réformes fiscales qui ont été engagées est restée limitée dans la mesure où, en même temps, la base de ces impôts était élargie par une réduction ou une suppression des déductions fiscales. En 1999, le taux moyen d'imposition dans la zone OCDE avait atteint 33.0 %, soit le niveau le plus élevé enregistré à cette époque. Il s'est ensuite légèrement replié entre 2001 et 2004, avant de repartir à la hausse entre 2005 et 2007, puis de retomber pendant la crise financière mondiale en 2008 et 2009. En résumé, la charge fiscale moyenne dans la zone OCDE a augmenté de 1.4 point entre 1995 et 2020 (Graphique 1.1).

La moyenne de l'OCDE masque de grandes variations des ratios nationaux. En 1965, les ratios des pays de l'OCDE étaient compris entre 10.6 % en Türkiye et 33.7 % en France. En 2020, ces niveaux oscillaient entre 17.8 % au Mexique et 47.1 % au Danemark. La tendance continue à l'augmentation des niveaux d'imposition reflète le besoin de financer l'augmentation considérable des dépenses du secteur public dans presque tous les pays de l'OCDE.

Structures fiscales

Les structures fiscales sont mesurées par la part des principaux impôts dans les recettes fiscales totales. En 2020, les structures fiscales des pays de l'OCDE affichaient des différences. Dix-sept pays ont tiré l'essentiel de leurs recettes des impôts sur le revenu des personnes physiques et sur les bénéfices des sociétés, onze pays des cotisations de sécurité sociale, et dix pays des impôts sur la consommation (TVA comprise). En 2020, les impôts sur le patrimoine et les impôts sur les salaires jouaient un faible rôle dans la structure des recettes des pays de l'OCDE, tant en moyenne que dans la plupart des pays (Graphique 1.5).

Graphique 1.5. Structures fiscales en 2020 (en % du total des recettes fiscales)

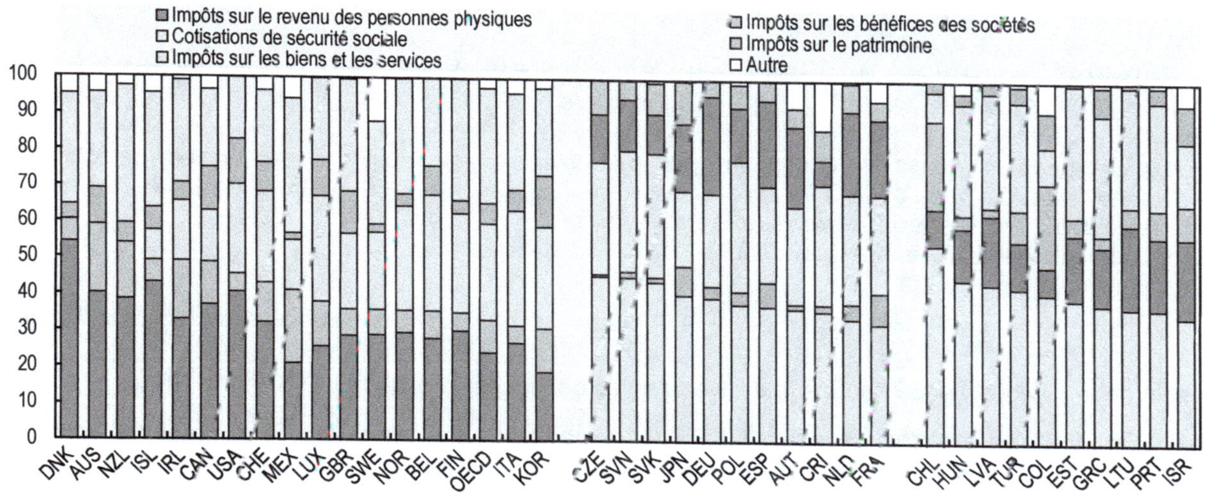

Note : Les pays sont groupés et classés en fonction de ceux dans lesquels les recettes de l'impôt sur le revenu (revenu des personnes physiques et bénéfices des sociétés) génèrent la fraction la plus élevée du total des recettes fiscales, suivis de ceux dans lesquels les cotisations de sécurité sociale ou les impôts sur les biens et services représentent la part la plus élevée.
Source : Calculs du Secrétariat basés sur les données figurant au chapitre 4.

StatLink https://stat.link/r2ehlm

Si les niveaux d'imposition ont en moyenne généralement augmenté, la structure fiscale ou le « dosage » des impôts a fait preuve d'une stabilité remarquable dans le temps. Néanmoins, plusieurs tendances se manifestent jusqu'en 2020 (dernière année pour laquelle on dispose de données concernant les 38 pays de l'OCDE). Ces deux approches sont examinées plus en détail ci-dessous.

Impôts sur le revenu et les bénéfices

En moyenne, en 2020, les pays de l'OCDE collectaient 33.7 % de leurs recettes fiscales via les impôts sur le revenu et les bénéfices (somme des impôts sur le revenu des personnes physiques et sur les bénéfices des sociétés). Ces impôts restent la principale source de recettes utilisées pour financer les dépenses publiques dans 17 des pays de l'OCDE, tandis que dans 9 d'entre eux – Australie, Canada, Danemark, États-Unis, Irlande, Islande, Mexique, Nouvelle-Zélande et Suisse – leur part dans le total des impôts en 2020 excède 40 %.

Graphique 1.6. Tendances des structures fiscales (1965-2020, en % du total des recettes fiscales)

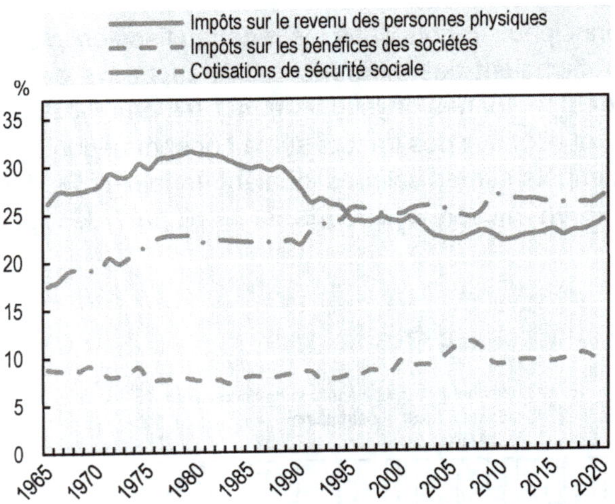

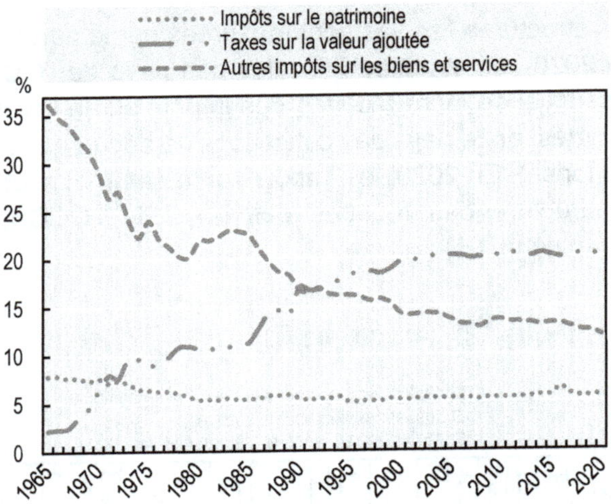

Note : Les recettes publiques moyennes de l'OCDE en 2016 pour les catégories principales incluent les recettes ponctuelles des contributions à la stabilité en Islande. Ce facteur concerne principalement les recettes moyennes provenant de l'impôt sur le patrimoine, exprimées en pourcentage du total des recettes fiscales au cours de cette année uniquement.
Source : Calculs du Secrétariat basés sur les Tableaux 3.8 à 3.14.

StatLink https://stat.link/6pc85b

Au sein de la catégorie des impôts sur le revenu et les bénéfices, la part de l'IRPP et de l'IS varie :

- En 2020, les recettes issues de l'IRPP représentent en moyenne 24.1 % du total des recettes, contre 30 % environ au cours des années 1980. Dans cette baisse, deux points environ peuvent être attribués à l'inclusion dans la zone OCDE de pays d'Europe de l'Est et d'Amérique latine pour lesquels les données relatives aux recettes fiscales ne sont disponibles qu'à partir des années 90. Dans ces pays, les recettes générées par l'IRPP sont relativement faibles, alors que celles liées aux cotisations de sécurité sociale ou à l'IS sont plus élevées, mais l'effet de l'inclusion de ces pays concerne seulement les données postérieures à l'année 1990.
- Les différences observées entre les pays sont considérables pour ce qui est de l'importance de l'IRPP. En 2020, elle s'échelonnait entre 6.8 % au Costa Rica, 43.1 % en Islande et jusqu'à 54.2 % au Danemark (Graphique 1.5).
- Les recettes provenant de l'IS représentaient entre 8 % et 9 % du total des recettes fiscales en moyenne au cours de la période 1965 à 2003. Elles ont ensuite augmenté pour atteindre un maximum de 11.3 % en 2007, avant de retomber à 9.0 % en 2010, tout de suite après la crise financière. Elles ont continué ensuite d'oscillant entre 9.0 % et 10.0 % du total des recettes fiscales, à l'exception de 2018, où elles s'établissaient à 10.1 %. L'IS représentait 9.0 % de ces recettes en 2020.

- En 2020,la part de l'IS dans les recettes fiscales totales affiche une dispersion considérable, de moins de 5 % (Allemagne, Estonie, Grèce, Hongrie, Italie, Lettonie et États-Unis), à plus de 20 % au Mexique (20.1 %), en Colombie (23.0 %), et au Chili (24.3 %). Hormis la dispersion des taux légaux de l'IS, ces différences sont au moins partiellement imputables à des facteurs institutionnels ou spécifiques aux pays, tels que :
  - la proportion des entreprises constituées en société ;
  - L'érosion de la base d'imposition des sociétés consécutive, par exemple, à des méthodes généreuses de calcul de l'amortissement et à des incitations fiscales,
  - Le caractère cyclique du système de l'IS, conditionné en partie par les dispositions relatives à la compensation des pertes
  - Le degré de dépendance à l'égard des recettes fiscales tirées de l'exploitation de gisements pétroliers et/ou de minerais, ou
  - l'existence d'autres instruments permettant de différer l'imposition des bénéfices.

Cotisations de sécurité sociale

En 2020, les cotisations de sécurité sociale représentaient 26.6 % du total des recettes fiscales en moyenne dans la zone OCDE. Elles étaient les plus élevées en République tchèque, en Slovénie et en République slovaque (respectivement 45.5 %, 45.2 % et 43.9 %). En revanche, l'Australie et la Nouvelle-Zélande ne collectent pas de cotisations de sécurité sociale.

On observait par ailleurs de grandes différences entre les pays de l'OCDE pour ce qui est des parts relatives des cotisations de sécurité sociale versées par les salariés et par les employeurs (Graphique 1.7.) :

- Dix pays (Chili, Danemark, Grèce, Hongrie, Israël, Lituanie, Luxembourg, Pologne, Slovénie et Suisse) mobilisent davantage de recettes grâce aux cotisations salariales de sécurité sociale, tandis que les autres pays en collectent davantage grâce aux cotisations patronales.
- C'est en Lituanie que la part des recettes provenant des cotisations salariales de sécurité sociale est la plus élevée, puisqu'elle atteint 25.3 % du total des recettes. L'Allemagne, la Grèce, la Hongrie, le Japon, la Pologne et la Slovénie) enregistrent également des recettes issues des cotisations salariales supérieures à 15 % du total des recettes fiscales. C'est au Danemark que cette part est la plus faible, à 0.1 % du total des recettes. Outre le Danemark, l'Estonie est le seul autre pays où les cotisations salariales de sécurité sociale généraient moins de 5 % du total des recettes.
- L'Estonie est le pays où la part des recettes fiscales totales générées par les cotisations patronales de sécurité sociale est la plus élevée (32.6 %). Cette part dépasse également 25 % des recettes totales en République tchèque (28.9 %), en Espagne (27.3 %) en République slovaque (26.7 %). Le Danemark et le Chili enregistrent les parts les plus faibles, respectivement à 0.1 % et 0.3 % du total des recettes.
- C'est aux Pays-Bas et en Pologne que la part des cotisations de sécurité sociale acquittée par les travailleurs indépendants et les chômeurs dans le total des recettes fiscales est la plus élevée à respectivement 7.6 % et 7.7 %.

Graphique 1.7. Composition des cotisations de sécurité sociale, en pourcentage du total des cotisations de sécurité sociale, 2020

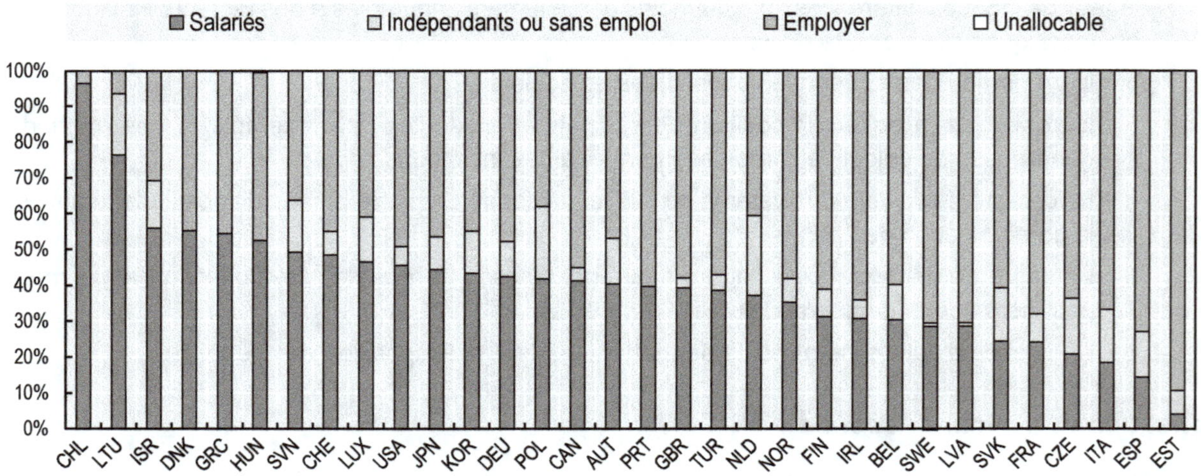

Note : L'Australie, la Colombie, le Costa Rica, l'Islande, le Mexique et la Nouvelle-Zélande ne sont pas inclus dans le Graphique 1.7. Bien que la Colombie, le Costa Rica, l'Islande et le Mexique collectent des cotisations de sécurité sociale, les données désagrégées ne sont pas disponibles. L'Australie et la Nouvelle-Zélande ne prélèvent pas de cotisations de sécurité sociale.
Source : Calculs du Secrétariat basés sur les données figurant au chapitre 4.

StatLink https://stat.link/4cd8ha

Impôts sur le patrimoine

Entre 1965 et 2020, la part des impôts sur le patrimoine a été ramenée de 7.9 % à 5.7 % du total des recettes fiscales en moyenne dans les pays de l'OCDE (Graphique 1.6). Les recettes provenant des impôts sur le patrimoine représentaient en 2020 plus de 10 % des recettes totales en Australie, au Canada, en Corée, en Israël, aux États-Unis et au Royaume-Uni. Par comparaison, les impôts sur le patrimoine ont représenté moins de 1 % du total des recettes en Estonie, en Lituanie et en République tchèque.

Impôts sur la consommation

- La part des impôts sur la consommation (impôts généraux sur la consommation plus impôts spécifiques sur la consommation) a diminué de 38.4 % à 32.1 % entre 1965 et 2020 (Graphique 1.6).
- Pendant cette période, la composition des taxes sur les biens et services s'est profondément modifiée. Les impôts généraux sur la consommation ont vu leur importance en tant que source de recettes s'affirmer rapidement, notamment pour la TVA, qui est prélevée dans 37 des 38 pays de l'OCDE[5].
- Les impôts généraux sur la consommation représentaient 20.9 % des recettes fiscales totales en 2020, contre seulement 11.9 % au milieu des années 60. En 2020, elles provenaient principalement de la TVA (20.2 % du total des recettes fiscales).
- La montée en puissance de la TVA a contribué à compenser la diminution de la part des impôts spécifiques sur la consommation, tels que les droits d'accise et les droits de douane.
- Entre 1975 et 2020, la part des impôts spécifiques sur la consommation (surtout sur le tabac, les boissons alcoolisées et le carburant, ainsi que certaines taxes environnementales) a été réduite

de près de moitié, passant de 17.7 % à 9.1 % du total des recettes. En 2020, les droits d'accise constituaient la principale catégorie et généraient 6.9 % du total des recettes (Graphique 1.8).

- Les taux des impôts sur les produits importés ont fortement baissé dans tous les pays de l'OCDE, ce qui s'explique par la tendance générale à la suppression des obstacles aux échanges.
- Néanmoins, des pays tels que la Grèce, la Hongrie, la Lettonie, la Lituanie, le Mexique, la Pologne, le Portugal, la République slovaque (entre 11 % et 15 %) et la Türkiye (22.4 %) collectaient encore 2020 une fraction relativement importante de leurs recettes fiscales totales grâce aux taxes sur des biens et services spécifiques.

Graphique 1.8. Part des recettes tirées des impôts généraux sur la consommation (gauche) et impôts spécifiques sur la consommation (droite) en % du total des recettes fiscales, 1975-2020

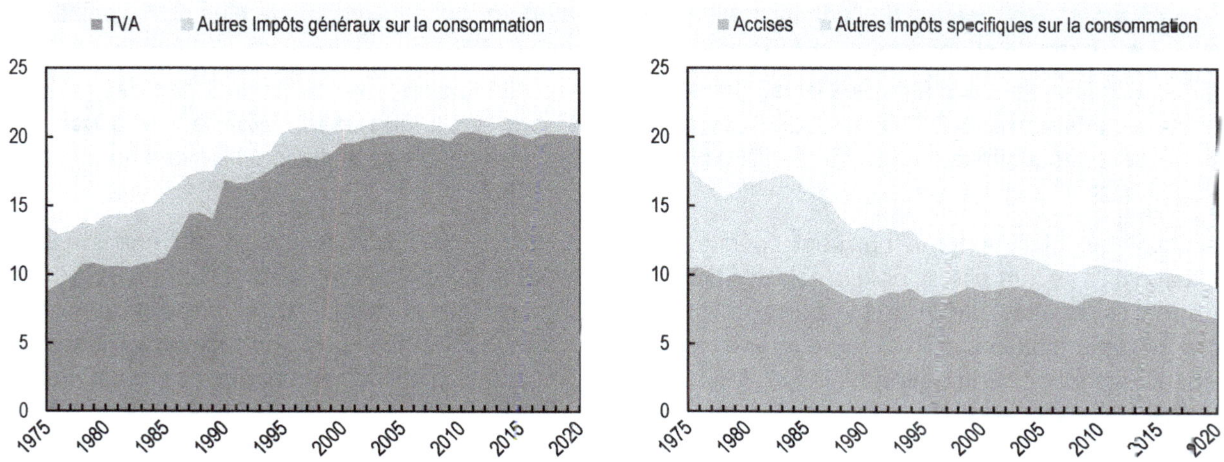

Note : La moyenne non pondérée pour chaque année comprend tous les pays qui communiquent des chiffres sur les recettes dans les catégories indiquées cette même année. Les moyennes de l'OCDE pour 2016 incluent les recettes ponctuelles des contributions à la stabilité en Islande.
Source : Calculs du Secrétariat basés sur le chapitre 4.

StatLink https://stat.link/vj5390

Répartition des impôts par niveaux d'administration

Cette section examine la part relative des recettes fiscales attribuées aux différents sous-secteurs des administrations publiques en 2020. Les sous-secteurs sont les suivants :

- Administration centrale
- Collectivités régionales ou provinciales (pays fédéraux ou régionaux uniquement)
- Administrations locales
- Caisses de sécurité sociale
- Autorité supranationale (pays de l'UE uniquement)

Les directives suivies pour attribuer ces parts des recettes aux différents niveaux d'administration s'appuient sur la version finale du Système des comptes nationaux de 2008. Ces directives sont examinées dans l'Étude spéciale S.1 de l'édition 2011 des *Statistiques des recettes publiques* de l'OCDE.

Recettes des administrations infranationales dans les pays fédéraux et non fédéraux

Huit pays de l'OCDE ont une structure fédérale. Dans ces pays, en 2020, les administrations centrales ont perçu 51.9 % des recettes totales en moyenne. Viennent ensuite les caisses de sécurité sociale, qui constituent un sous-secteur de l'administration centrale et qui ont reçu 22.2 % des recettes totales, suivies des collectivités régionales ou provinciales (17.8 %) et des collectivités locales (7.9 %) (Tableau 1.3). Toutefois, on constate des variations considérables par rapport à ces moyennes dans les différents pays :

- En 2020, dans les huit pays fédéraux de l'OCDE, la part des recettes de l'administration centrale variait de 27.5 % en Allemagne à 80.9 % en Australie.
- En 2020, la part des collectivités régionales ou provinciales s'échelonnait entre 2.1 % en Autriche, 3.9 % au Mexique, 11.1 % en Belgique et 39.2 % au Canada. La part des collectivités locales était comprise entre 1.5 % au Mexique et 15.5 % aux États-Unis et 15.7 % en Suisse.
- Entre 1975 et 2020, la part des recettes de l'administration fédérale a reculé de plus de15 points en Belgique, et de plus de six points au Canada et aux États-Unis.
- La part des recettes de l'administration fédérale a augmenté en Autriche de plus de 11 points. Il y a eu peu de changement en Australie.
- Sur les sept pays fédéraux dotés de caisses de sécurité sociale, cinq ont vu leur part des recettes augmenter entre 1975 et 2020. Les exceptions sont le Canada et le Mexique, où la part des recettes a diminué entre 1975 (1980 pour le Mexique en raison de la disponibilité des données) et 2020.

La Colombie et l'Espagne, qui sont constitutionnellement des pays non fédéraux, ont une structure politique très décentralisée, dont la composition est très variable selon le niveau d'administration. En 2020, la part des recettes en Colombie de l'administration centrale s'élevait à 71.9 %, contre 4.8 % pour les collectivités régionales et 13.3 % pour les collectivités locales. En 2020, la part des recettes en Espagne de l'administration centrale s'élevait à 37.4 %, contre 16.6 % pour les collectivités régionales et 8.8 % pour les collectivités locales.

Tableau 1.3. Recettes fiscales des sous-secteurs des administrations publiques en % du total des recettes fiscales, pays fédéraux

Pour cent

	Supranationale			Administration centrale			Administrations d'États fédérés/Régions			Administrations locales			Administrations de sécurité sociale		
	1975	1995	2020	1975	1995	2020	1975	1995	2020	1975	1995	2020	1975	1995	2020
Pays fédéraux															
Australie	..	..	..	80.1	77.5	80.9	15.7	19.0	15.7	4.2	3.4	3.4	0.0	0.0	0.0
Autriche[1]	..	0.4	0.4	51.7	64.7	63.1	10.6	1.8	2.1	12.4	4.1	3.2	25.3	29.0	31.1
Belgique[1]	1.4	1.0	0.9	65.3	60.1	49.5	..	1.8	11.1	4.4	4.8	5.1	28.8	32.2	33.4
Canada	..	..	..	47.6	39.1	41.1	32.5	37.1	39.2	9.9	9.8	10.2	10.0	14.0	9.5
Allemagne	1.2	0.6	0.5	33.5	31.4	27.5	22.3	21.6	24.0	9.0	7.4	8.2	34.0	39.0	39.7
Mexique	..	..	..	..	73.9	80.7	..	2.8	3.9	..	1.5	1.5	..	21.8	13.9
Suisse[1]	..	..	..	30.7	31.7	33.5	27.0	24.0	25.6	20.3	17.5	15.7	22.0	26.8	25.2
États-Unis	..	..	..	45.4	41.4	38.6	19.5	20.0	21.1	14.7	13.3	15.5	20.5	25.2	24.8
Moyenne non pondérée	1.3	0.7	0.6	50.6	52.5	51.9	21.3	16.0	17.8	10.7	7.7	7.9	20.1	23.5	22.2
Pays régionaux															
Colombie[2]	..	..	..	..	63.2	71.9	..	5.5	4.8	..	3.6	13.3	..	22.7	9.9
Espagne[2]	..	0.8	0.6	48.2	51.1	37.4	..	5.0	16.6	4.3	8.6	8.8	47.5	34.6	36.6

.. Non disponible

1. Le total des recettes fiscales a été diminué du montant de tout transfert en capital représentant les impôts non perçus.

2. La Colombie et l'Espagne ne sont pas des pays constitutionnellement fédéraux mais tous deux ont une structure politique très décentralisée, avec une autonomie importante de leurs entités territoriales.

StatLink https://stat.link/nd712u

Les vingt-huit autres pays de l'OCDE ont une structure unitaire. Dans ces pays, 62.4 % des recettes en moyenne provenaient en 2020 de l'administration centrale, tandis que les caisses de sécurité sociale généraient 26.1 % des recettes et que 11.1 % étaient recouvrées par les collectivités locales. Dans les pays unitaires de l'OCDE :

- La part des recettes de l'administration centrale en 2020 se situait entre 32.1 % en France et 93.9 % en Nouvelle-Zélande.
- La part des collectivités locales variait de 0.8 % en Estonie à 36.8 % en Suède.
- Entre 1975 et 2020, cette part a progressé de plus de 5 points dans six pays : Corée, France, Islande, Italie, Portugal et Suède. À l'inverse, des baisses de 5 points ou plus ont été observées dans trois pays : l'Irlande, la Norvège et le Royaume-Uni[6].
- Entre 1975 et 2020, la part des caisses de sécurité sociale a progressé de 7 points ou plus dans quatre pays – Corée, Finlande, France et Japon – tandis qu'elle enregistrait des baisses du même ordre de grandeur dans deux autres pays – Italie et Norvège.

Tableau 1.4. Recettes fiscales des sous-secteurs des administrations publiques en % du total des recettes fiscales, pays unitaires

Pour cent

	Supranationale			Administration centrale			Administrations d'États fédérés/Régions			Administrations locales			Administrations de sécurité sociale		
	1975	1995	2020	1975	1995	2020	1975	1995	2020	1975	1995	2020	1975	1995	2020
Pays unitaires															
Chili	..	..	..	..	89.9	84.6	..	..	..	..	6.5	8.7	..	3.6	6.7
Costa Rica	..	..	..	..	65.5	55.2	..	..	..	..	1.6	3.1	..	33.0	41.6
République tchèque	..	..	0.4	..	57.7	53.1	..	..	..	..	0.9	1.0	..	41.4	45.5
Danemark[1]	1.0	0.5	0.3	69.1	68.2	72.8	..	..	..	29.8	31.3	26.9	0.1	0.0	0.1
Estonie	..	..	0.5	..	84.3	81.3	..	..	..	..	0.8	0.8	..	14.9	17.4
Finlande	..	0.4	0.4	56.0	46.6	47.5	..	..	..	23.5	22.3	24.7	20.4	30.8	27.4
France[1]	0.7	0.7	0.5	51.2	42.5	32.1	..	..	..	7.6	11.0	13.5	40.6	45.8	53.9
Grèce	..	0.6	0.5	67.1	66.3	63.6	..	..	..	3.4	2.0	2.5	29.5	31.0	33.3
Hongrie	..	..	0.4	..	63.8	64.2	..	..	..	..	2.5	5.2	..	33.6	30.2
Islande	..	..	..	81.3	79.2	70.2	..	..	..	18.7	20.8	29.8	0.0	0.0	0.0
Irlande	2.3	1.5	0.6	77.4	83.1	83.8	..	..	..	7.3	2.7	1.1	13.1	12.7	14.6
Israël	..	..	..	..	79.0	74.7	..	..	..	..	7.1	7.9	..	13.9	17.4
Italie	..	0.4	0.4	53.2	62.7	56.7	..	..	..	0.9	5.4	11.0	45.9	31.5	31.8
Japon	..	..	..	45.5	41.2	36.6	..	..	..	25.6	25.2	23.0	29.0	33.6	40.4
Corée	..	..	..	89.0	69.2	53.0	..	..	..	10.1	18.7	19.0	0.9	12.1	28.0
Lettonie	..	..	0.6	..	43.5	51.1	..	..	..	..	19.5	17.9	..	36.9	30.4
Lituanie[1]	..	..	0.9	..	71.7	64.9	..	..	..	..	2.3	1.1	..	26.1	33.2
Luxembourg[1]	0.8	0.4	0.8	63.6	66.4	66.6	..	..	..	6.7	6.5	4.2	29.0	26.6	28.4
Pays-Bas	1.5	1.3	1.1	58.9	56.0	61.3	..	..	..	1.2	3.1	3.5	38.4	39.5	34.1
Nouvelle-Zélande	..	..	..	92.3	94.7	93.9	..	..	..	7.7	5.3	6.1	0.0	0.0	0.0
Norvège	..	..	..	50.6	57.6	83.1	..	..	..	22.4	20.0	16.9	27.0	22.4	0.0
Pologne[1]	..	..	0.5	..	61.2	49.2	..	..	..	..	8.5	12.4	..	30.3	37.9
Portugal	..	0.8	0.5	65.4	72.3	64.1	..	..	..	0.0	5.4	7.2	34.6	21.5	28.2
République slovaque	..	..	0.4	..	62.6	54.9	..	..	..	..	1.3	2.1	..	36.1	42.6
Slovénie[1]	..	..	0.4	..	50.6	45.1	..	..	..	..	6.2	9.7	..	43.2	44.8
Suède	..	0.4	0.3	51.3	46.9	50.3	..	..	..	29.2	30.9	36.8	19.5	21.8	12.6
Türkiye	..	..	..	..	75.1	60.9	..	..	..	..	12.8	9.4	..	12.1	29.7
Royaume-Uni	1.0	1.0	0.4	70.5	77.5	73.0	..	..	..	11.1	3.7	5.6	17.5	17.8	21.0
Moyenne non pondérée	1.2	0.7	0.5	65.2	65.6	62.4	..	..	..	12.8	10.2	11.1	21.6	24.0	26.1

.. Non disponible

1. Le total des recettes fiscales a été diminué du montant de tout transfert en capital représentant les impôts non perçus.

StatLink https://stat.link/alzm02

Composition des recettes de l'administration centrale et des administrations infranationales

Le Graphique 1.9 montre la répartition des recettes de l'administration centrale et des administrations infranationales pour chacune des principales catégories de recettes fiscales. Pour les pays à structure fédérale et régionale, le niveau infranational englobe les recettes perçues à la fois par les collectivités régionales et locales. Le Graphique 1.9 montre que :

- Dans pratiquement tous les pays de l'OCDE, les recettes de l'administration centrale proviennent essentiellement des impôts sur le revenu et sur les biens et services, tandis que les impôts sur le patrimoine ne représentent qu'une part négligeable.

- Au niveau infranational, les recettes issues des impôts sur le patrimoine procurent une part des recettes totales beaucoup plus élevée qu'au niveau central, et représentent plus de 90 % du total dans quatre pays (Irlande, Israël, Grèce et Royaume-Uni).
- À l'inverse, la part des impôts sur le revenu et des impôts sur les biens et services est plus faible au niveau infranational, à l'exception de la Finlande, du Luxembourg et de la Suède, où plus de 90 % des recettes perçues par les administrations infranationales proviennent des impôts sur le revenu.

Graphique 1.9. Composition des recettes de l'administration fédérale ou centrale (gauche) et des administrations infranationales (droite), 2020

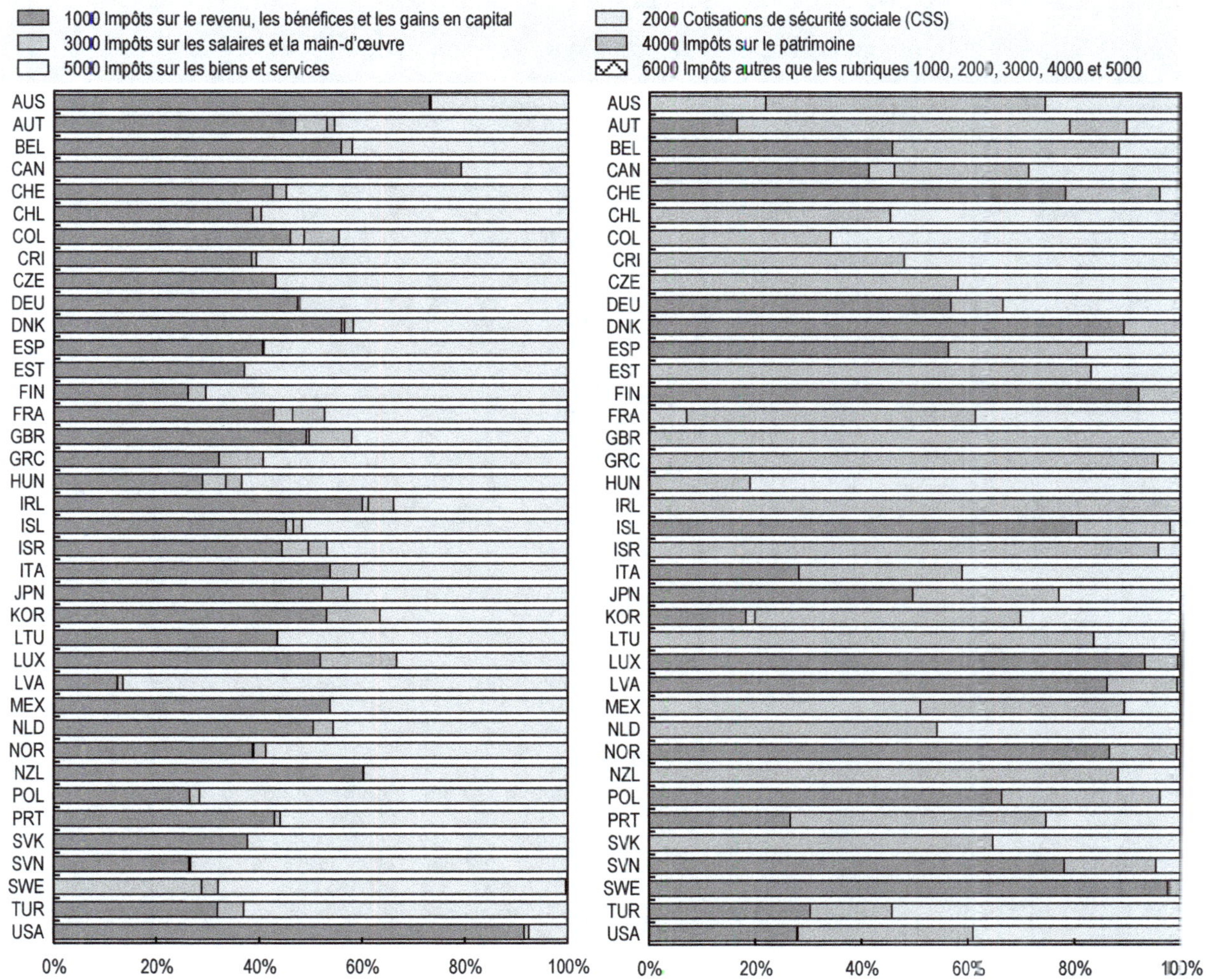

Note : Le diagramme de gauche (a) ne tient compte que des impôts des administrations centrales. Les cotisations de sécurité sociale versées au profit des caisses de sécurité sociale sont exclues. Le diagramme de droite (b) ne tient compte que des impôts des administrations infranationales (impôts des collectivités locales et, le cas échéant, régionales ou provinciales). Les cotisations de sécurité sociale versées au profit des caisses de sécurité sociale sont exclues.
Source : Calculs du Secrétariat basés sur les Tableaux 3.16 à 3.18.

StatLink https://stat.link/laning

Recettes collectées pour le compte d'organisations supranationales

Les vingt-deux États membres de l'Union européenne (UE) qui sont également membres de l'OCDE collectent des impôts pour le compte de l'Union européenne (UE), tout comme le faisait le Royaume-Uni avant 2020. Ces impôts se composent principalement des droits de douane et des contributions au Fonds de résolution unique[7]. Ces deux impôts sont collectés pour le compte de l'UE par les administrations fiscales nationales et sont inclus dans le total des impôts sous les rubriques 5123 et 5126 au niveau SUPRA de l'administration. En outre, ils sont mentionnés pour mémoire séparément des chiffres principaux, car ils représentent un impôt prélevé par l'UE et perçu par les administrations nationales[8].

Le Tableau 1.5 indique le niveau des impôts perçus pour le compte d'organisations supranationales dans les pays de l'UE qui sont également membres de l'OCDE, en distinguant les pays de l'UE qui sont membres de la zone euro et ceux qui ne le sont pas.

Tableau 1.5. Contributions collectées pour le compte de l'UE, en % du PIB

Pour cent

	2000	2005	2010	2015	2016	2017	2018	2019	2020	2021p
Euro zone										
Autriche, total supranational	0.2	0.1	0.1	0.2	0.2	0.2	0.2	0.2	0.2	0.2
dont : Droits de douane	0.2	0.1	0.1	0.1	0.1	0.1	0.1	0.1	0.1	0.1
dont : Contributions au Fonds de résolution unique	..	..	..	0.1	0.1	0.1	0.1	0.0	0.1	0.1
Belgique, total supranational	0.4	0.4	0.4	0.4	0.4	0.4	0.4	0.4	0.4	0.4
dont : Droits de douane	0.4	0.4	0.3	0.3	0.4	0.4	0.4	0.4	0.3	0.3
dont : Contributions au Fonds de résolution unique	..	..	..	0.1	0.1	0.1	0.1	0.1	0.1	0.1
Estonie, total supranational	..	0.2	0.2	0.2	0.2	0.2	0.2	0.2	0.2	0.2
dont : Droits de douane	..	0.2	0.2	0.2	0.2	0.2	0.2	0.2	0.2	0.2
dont : Contributions au Fonds de résolution unique	..	..	..	..	0.0	0.0	0.0	0.0	0.0	0.0
Finlande, total supranational	0.1	0.1	0.1	0.1	0.1	0.1	0.1	0.2	0.2	0.2
dont : Droits de douane	0.1	0.1	0.1	0.1	0.1	0.1	0.1	0.1	0.1	0.1
dont : Contributions au Fonds de résolution unique	..	..	..	0.0	0.1	0.1	0.0	0.1	0.1	0.1
France, total supranational	0.1	0.1	0.1	0.1	0.2	0.2	0.2	0.2	0.2	0.2
dont : Droits de douane	0.1	0.1	0.1	0.1	0.1	0.1	0.1	0.1	0.1	0.1
dont : Contributions au Fonds de résolution unique	..	..	..	0.0	0.1	0.1	0.1	0.1	0.1	0.1
Allemagne, total supranational	0.2	0.2	0.2	0.2	0.2	0.2	0.2	0.2	0.2	0.2
dont : Droits de douane	0.2	0.2	0.2	0.2	0.2	0.2	0.1	0.1	0.1	0.1
dont : Contributions au Fonds de résolution unique	..	..	..	0.1	0.1	0.1	0.1	0.1	0.1	0.1
Grèce, total supranational	0.2	0.1	0.1	0.2	0.2	0.2	0.2	0.2	0.2	0.2
dont : Droits de douane	0.1	0.1	0.1	0.1	0.1	0.2	0.1	0.2	0.2	0.2
dont : Contributions au Fonds de résolution unique	..	..	..	0.1	0.1	0.1	0.1	0.0	0.1	0.0
Irlande, total supranational	0.2	0.1	0.1	0.1	0.2	0.1	0.1	0.1	0.1	0.2
dont : Droits de douane	0.2	0.1	0.1	0.1	0.1	0.1	0.1	0.1	0.1	0.1
dont : Contributions au Fonds de résolution unique[1]	..	..	..	..	0.1	0.0	0.0	0.0	0.0	0.1
Italie, total supranational	0.1	0.1	0.1	0.3	0.2	0.3	0.2	0.2	0.2	0.2
dont : Droits de douane	0.1	0.1	0.1	0.1	0.1	0.1	0.1	0.1	0.1	0.1
dont : Contributions au Fonds de résolution unique[2]	..	..	..	0.1	0.0	0.1	0.1	0.0	0.1	0.1
Lituanie, total supranational	..	0.2	0.2	0.3	0.3	0.3	0.3	0.3	0.3	0.3
dont : Droits de douane	..	0.2	0.2	0.3	0.2	0.2	0.3	0.3	0.3	0.3
dont : Contributions au Fonds de résolution unique	..	..	..	0.0	0.0	0.0	0.0	0.0	0.0	0.0

	2000	2005	2010	2015	2016	2017	2018	2019	2020	2021p
Lettonie, total supranational	..	0.2	0.1	0.2	0.2	0.2	0.2	0.2	0.2	0.2
dont : Droits de douane	..	0.2	0.1	0.2	0.2	0.2	0.2	0.2	0.2	0.2
dont : Contributions au Fonds de résolution unique	..	..	..	0.0	0.0	0.0	0.0	0.0	0.0	0.0
Luxembourg, total supranational	0.1	0.1	0.0	0.1	0.2	0.2	0.3	0.3	0.3	0.4
dont : Droits de douane	0.1	0.1	0.0	0.0	0.0	0.0	0.0	0.0	0.0	0.0
dont : Contributions au Fonds de résolution unique	..	..	..	0.1	0.1	0.2	0.2	0.2	0.3	0.3
Pays-Bas, total supranational	0.4	0.3	0.3	0.4	0.4	0.4	0.4	0.4	0.4	0.5
dont : Droits de douane	0.3	0.2	0.3	0.3	0.3	0.3	0.3	0.3	0.3	0.3
dont : Contributions au Fonds de résolution unique	..	..	..	0.1	0.1	0.1	0.1	0.1	0.1	0.1
Portugal, total supranational	0.2	0.1	0.1	0.1	0.2	0.2	0.2	0.2	0.2	0.2
dont : Droits de douane	0.1	0.1	0.1	0.1	0.1	0.1	0.1	0.1	0.1	0.1
dont : Contributions au Fonds de résolution unique	..	..	..	..	0.1	0.1	0.1	0.1	0.1	0.1
République slovaque, total supranational	..	0.1	0.2	0.1	0.2	0.2	0.2	0.2	0.2	0.1
dont : Droits de douane	..	0.1	0.2	0.1	0.2	0.2	0.2	0.1	0.1	0.1
dont : Contributions au Fonds de résolution unique	..	..	..	..	0.0	0.0	0.0	0.0	0.0	0.0
Slovénie, total supranational	..	0.1	0.2	0.2	0.2	0.2	0.1	0.1	0.2	0.2
dont : Droits de douane	..	0.1	0.2	0.1	0.1	0.1	0.1	0.1	0.1	0.2
dont : Contributions au Fonds de résolution unique	..	..	..	0.0	0.0	0.0	0.0	0.0	0.0	0.0
Espagne, total supranational	0.2	0.2	0.1	0.2	0.2	0.2	0.2	0.2	0.2	0.2
dont : Droits de douane	0.1	0.2	0.1	0.2	0.2	0.2	0.2	0.2	0.1	0.2
dont : Contributions au Fonds de résolution unique	..	..	..	0.1	0.1	0.1	0.1	0.1	0.1	0.1
Non-euro zone										
Republique czech, total supranational	..	0.2	0.2	0.2	0.2	0.2	0.2	0.2	0.1	0.2
dont : Droits de douane	..	0.2	0.2	0.2	0.2	0.2	0.2	0.2	0.1	0.2
Danemark, total supranational	0.2	0.2	0.2	0.2	0.1	0.1	0.1	0.1	0.1	0.1
dont : Droits de douane	0.2	0.2	0.2	0.2	0.1	0.1	0.1	0.1	0.1	0.1
Hongrie, total supranational	..	0.1	0.1	0.1	0.1	0.1	0.1	0.1	0.1	0.1
dont : Droits de douane	..	0.1	0.1	0.1	0.1	0.1	0.1	0.1	0.1	0.1
Pologne, total supranational	..	0.1	0.1	0.2	0.2	0.2	0.2	0.2	0.2	0.2
dont : Droits de douane	..	0.1	0.1	0.2	0.2	0.2	0.2	0.2	0.2	0.2
Suède, total supranational	0.2	0.2	0.2	0.1	0.1	0.1	0.1	0.1	0.1	0.1
dont : Droits de douane	0.1	0.1	0.2	0.1	0.1	0.1	0.1	0.1	0.1	0.1
Royaume-Uni, total supranational[3]	0.2	0.2	0.2	0.2	0.2	0.2	0.2	0.1	0.1	..
dont : Droits de douane	0.2	0.1	0.2	0.2	0.2	0.2	0.2	0.1	0.1	..

.. Non disponible

Note : Ces chiffres peuvent différer légèrement de ceux publiés sur le site Web du CRU. Ces différences sont principalement dues aux écarts temporaires dans le traitement des données. Les détails sur ces recettes pour chaque pays se trouvent dans les chapitres 4 et 5.

1. En 2016, le chiffre inclut le paiement de 2016 de 99,12 et également un paiement de 75,89 qui était dû au quatrième trimestre de 2015 mais qui a été payé au premier trimestre de 2016. Les chiffres figurant dans ce tableau ont été communiqués par l'Office central des statistiques et sont des montants bruts ; par conséquent, en raison d'ajustements, ils diffèrent des chiffres figurant sur le site Web du CRU, qui sont des chiffres nets.

2. Le montant de la "contribution de la banque au fonds européen de résolution unique" comprend non seulement le fonds européen mais aussi le fonds national de résolution, comme l'exige la classification Eurostat.

3. Les recettes fiscales supranationales déclarées par le Royaume-Uni sont déclarées jusqu'en 2020 dans Les statistiques des recettes publiques. À partir de 2021, à la fin de la période de transition du Brexit, cela prend fin et les taxes introduites ultérieurement par le Royaume-Uni seront reflétées dans la catégorie de taxe appropriée au niveau national ou infranational des administrations publiques, selon le cas.

Source : *Statistiques des recettes publiques 2022*, complétées par des discussions avec les délégués.

StatLink https://stat.link/qehavl

En 2020, c'est en Belgique et aux Pays-Bas que le total cumulé des paiements perçus pour le compte de l'UE a été le plus élevé en pourcentage du PIB (à 0.4 %). Des niveaux supérieurs à 0.2 % du PIB ont également été observés en Allemagne, en Espagne, en France, en Grèce, en Lituanie et au Luxembourg. Dans tous les autres pays de l'UE également membres de l'OCDE, les recettes perçues pour le compte de l'UE représentaient entre 0.1 % et 0.2 % du PIB. Les droits de douane constituaient la principale source de ces recettes dans tous les pays à l'exception de la Finlande, de la France et du Luxembourg.

Crédits d'impôts récupérables

Les pays de l'OCDE appliquent deux types de crédits d'impôt aux impôts sur le revenu (revenu des personnes physiques et bénéfices des sociétés) :

- Les crédits d'impôt non récupérables (ou non remboursables) ne peuvent être utilisés que pour réduire ou éliminer le montant de l'impôt à payer. Ils ne peuvent donner lieu à un versement sous forme d'avantage monétaire au profit des contribuables, qu'ils soient imposables ou non. Ils sont donc équivalents aux abattements ou déductions fiscales.
- Au contraire, il existe deux sortes de crédits d'impôt récupérables (ou remboursables). L'une sert à réduire, voire éliminer, le montant de l'impôt à payer de la même manière qu'un crédit d'impôt non remboursable. L'autre peut donner lieu à un paiement direct au récipiendaire sous forme monétaire dès lors que le montant de l'avantage fiscal dépasse celui de l'impôt à payer.

La méthode employée par l'OCDE pour le classement des crédits d'impôt récupérables est décrite dans les paragraphes 25 et 26 du *Guide d'interprétation*. Ceux-ci prévoient que seule la fraction du crédit d'impôt récupérable qui sert à réduire ou éliminer le montant de l'impôt dû par un contribuable doit être déduite dans la déclaration des recettes fiscales. Elle est appelée « composante fiscale » ou « élément de dépense fiscale » du crédit d'impôt. À l'inverse, la fraction du crédit d'impôt qui excède le montant de l'impôt dû par ce contribuable et qui lui est payée est considérée comme une dépense et n'est pas déduite dans la déclaration des recettes fiscales. Cette partie est appelée « composante transfert » ou « élément de transfert ».

Tableau 1.6. Effets des différents traitements possibles des crédits d'impôts récupérables, 2020

	Crédits d'impôts récupérables en milliards de monnaie nationale			Recettes fiscales totales en milliards de monnaie nationale			Recettes fiscale totales en pourcentage du PIB		
	Valeur totale	Élément de transfert	Élément de dépense fiscale	Base nette	Base décomposée	Base brute	Base nette	Base décomposée	Base brute
Australie	10.1	6.6	3.5	584.2	590.7	594.2	28.2	28.5	28.7
Autriche[1, 2]	0.3	0.1	0.2	160.1	160.2	160.4	42.2	42.2	42.3
Belgique[2]	1.1	0.3	0.9	193.8	194.1	194.9	42.4	42.5	42.7
Canada[3]	18.3	13.6	4.7	742.4	756.0	760.7	33.6	34.3	34.5
Chili[4]	298.0	223.0	74.9	38 817.2	39 040.3	39 115.2	19.4	19.5	19.5
République tchèque	38.9	7.9	31.1	1 974.7	1 982.6	2 013.6	34.6	34.7	35.3
Danemark[2]	3.0	0.2	2.9	1 094.7	1 094.8	1 097.7	47.1	47.1	47.2
France[2]	26.1	14.3	11.7	1 033.2	1 047.6	1 059.3	44.7	45.3	45.8
Allemagne	51.9	20.3	31.5	1 270.7	1 291.0	1 322.6	37.3	37.9	38.8
Islande	4.4	4.4	0.8	1 056.7	1 061.1	1 061.9	36.0	36.1	36.1
Irlande	0.4	0.0	0.4	..	74.0	74.4	..	19.9	20.0
Israël	1.3	0.0	1.3	420.6	420.6	421.9	29.6	29.6	29.7
Italie	12.1	1.8	10.4	705.0	706.7	717.1	42.5	42.7	43.3
Luxembourg[2, 5]	0.2	..	..	..	..	24.7	..	..	38.1
Mexique	50.5	0.5	50.0	4 148.2	4 148.7	4 198.7	17.8	17.8	18.0
Nouvelle-Zélande	3.0	1.4	1.5	114.2	115.6	117.1	33.4	33.8	34.2
Norvège	4.0	3.2	0.8	1 319.9	1 323.1	1 323.9	38.7	38.8	38.8
République slovaque[5]	0.4	..	..	..	..	32.4	..	..	35.2

	Crédits d'impôts récupérables en milliards de monnaie nationale			Recettes fiscales totales en milliards de monnaie nationale			Recettes fiscale totales en pourcentage du PIB		
	Valeur totale	Élément de transfert	Élément de dépense fiscale	Base nette	Base décomposée	Base brute	Base nette	Base décomposée	Base brute
Espagne	3.0	1.7	1.2	410.2	412.0	413.2	36.6	36.7	36.8
Royaume-Uni[6]	23.9	19.9	4.0	670.6	690.5	694.5	31.2	32.1	32.3
États-Unis	526.6	433.7	93.0	4 946.6	5 380.2	5 473.2	23.7	25.8	26.2

.. Non disponible

Note : Dans les *Statistiques des recettes publiques*, sauf indication contraire, les recettes fiscales sont comptabilisées avec la méthode de la base décomposée.

1. Le crédit d'impôt pour enfant à charge n'est pas considéré comme un crédit d'impôt dans les *Statistiques des recettes publiques* et est traité entièrement comme une provision de dépense.

2. Le total des recettes fiscales a été diminué du montant de tout transfert en capital représentant les impôts non perçus.

3. Certains crédits d'impôts récupérables au Canada ne peuvent pas être ventilés entre l'élément de transfert et l'élément de dépense fiscale. Leur valeur totale a été ajoutée à l'élément de transfert.

4. Dans les *Statistiques des recettes publiques*, les recettes fiscales concernant le Chili sont comptabilisées avec la méthode de la base nette.

5. Dans les *Statistiques des recettes publiques*, les recettes fiscales concernant le Luxembourg et le République slovaque sont comptabilisées avec la méthode de la base brute.

6. Veuillez noter que les données relatives aux crédits d'impôt récupérables pour le Royaume-Uni sont sur la base d'encaissements et incluent des estimations pour certaines années. Veuillez consulter les notes de bas de page du tableau pour le Royaume-Uni au chapitre 5 pour plus d'informations.

StatLink https://stat.link/hv6045

Le Tableau 1.6 livre des informations sur les crédits d'impôt récupérables en 2020 pour les pays qui les déclarent dans les *Statistiques des recettes publiques 2022* (bien qu'il soit possible que certains pays accordant des crédits d'impôt récupérables n'apparaissent pas dans ce tableau). Ce tableau indique le montant des crédits d'impôt récupérables et de leurs deux composantes, ainsi que les résultats de l'utilisation des chiffres pour calculer le montant des recettes fiscales et les ratios recettes fiscales-PIB. Le Tableau 1.6 fait également ressortir deux traitements possibles :

- La « comptabilisation en chiffres nets », qui assimile les crédits d'impôt récupérables à des dispositions fiscales, de telle sorte que la totalité du crédit d'impôt réduit le montant des recettes fiscales déclarées, comme le montrent les colonnes 4 et 7.
- La « comptabilisation en chiffres bruts », à l'opposé, considère la totalité des crédits d'impôts récupérables comme des dépenses directes, de sorte que, comme le montrent les colonnes 6 et 9 ni l'élément de transfert, ni l'élément de dépense fiscale ne sont déduits des recettes fiscales. C'est l'approche suivie par le Manuel de statistiques des finances publiques (MSFP) du FMI et par le système des comptes nationaux (SCN).

Le Tableau 1.6 montre cependant que, à quelques exceptions près, le choix de la méthode de comptabilisation des crédits d'impôt récupérables n'a qu'une faible incidence sur le ratio recettes fiscales-PIB. Dans les pays pour lesquels des données sont disponibles, l'écart entre les ratios calculés sur la base du solde net et du montant brut n'est supérieur ou égal à un point qu'en Allemagne, aux États-Unis, en France et au Royaume-Uni et il est compris entre un demi-point et un point au Canada, en Italie, en Nouvelle-Zélande et en République tchèque.

Financement des prestations de sécurité sociale dans les pays de l'OCDE

Un tableau fourni pour mémoire[9] dans les *Statistiques des recettes publiques 2022* décrit le financement des prestations de sécurité sociale dans les pays de l'OCDE. Contrairement aux prestations d'aide sociale, qui sont financées par les recettes des administrations publiques, les prestations de sécurité sociale sont financées par des cotisations à la sécurité sociale ou à des régimes d'assurance privés, ou par d'autres sources de financement préaffectées. Ces sources de financement comprennent :

- Recettes fiscales affectées au financement des prestations de sécurité sociale :
  1. Cotisations de sécurité sociale (catégorie 2000 dans la classification OCDE)
  2. Autres impôts affectés aux prestations de sécurité sociale

- Les recettes non fiscales affectées au financement des prestations de sécurité sociale :
    3. Cotisations facultatives à l'administration
    4. Cotisations obligatoires au secteur privé

Le Graphique 1.10 montre la part relative de chacune de ces sources dans le financement des prestations de sécurité sociale au sein des pays de l'OCDE. Le graphique est basé sur les données fournies par les pays pour inclusion dans tableau fourni pour mémoire pour les *Statistiques des recettes publiques 2022*.

Graphique 1.10. Ventilation des différentes catégories dans le financement des prestations de sécurité sociale, 2020

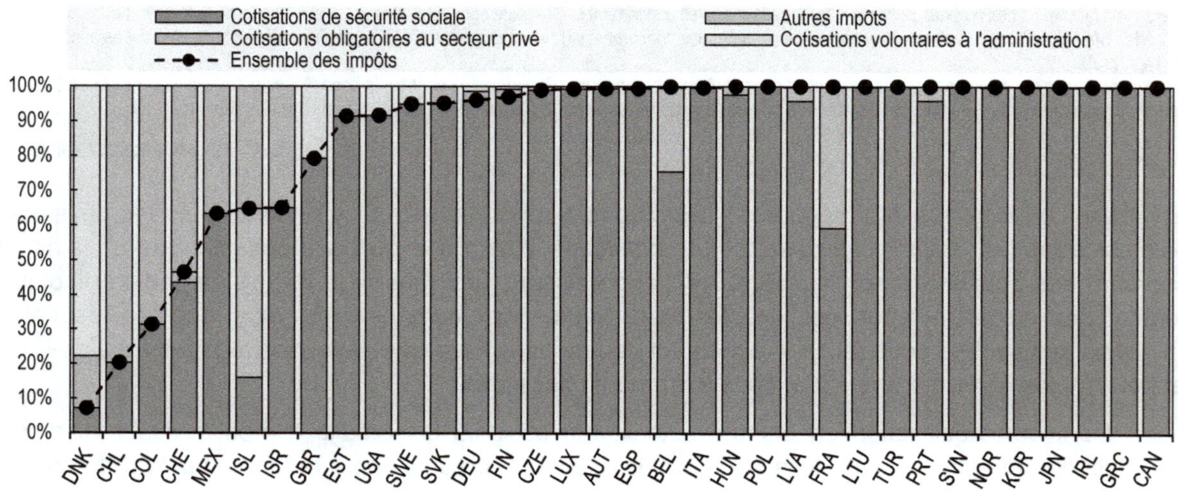

Note : dans deux pays (l'Australie et la Nouvelle-Zélande) les prestations sociales passent par l'aide sociale plutôt et non par le prélèvement de cotisations de la sécurité sociale. Ces deux pays ne sont donc pas inclus dans le tableau. En outre, les données complètes sur le financement de la sécurité sociale au Costa Rica et aux Pays-Bas n'étant pas disponibles, ces pays ne sont pas non plus inclus dans le graphique. Les chiffres pour le Danemark doivent être interprétés avec prudence, car le niveau des prestations de sécurité sociale est très faible par rapport au niveau des prestations d'aide sociale. De plus, il peut y avoir des cas limites dans certains pays lorsqu'il s'agit de distinguer entre les régimes quasi obligatoires et les régimes volontaires.
Source : Calculs du Secrétariat basés sur le chapitre 4.

StatLink https://stat.link/je4vxi

Les impôts représentent la principale source de financement affecté aux prestations de sécurité sociale, principalement par le biais des cotisations de sécurité sociale. Ensemble, les cotisations de sécurité sociale et les autres impôts affectés représentent plus de 90 % du financement des prestations de sécurité sociale dans 26 pays de l'OCDE, et 100 % dans 11 autres pays. Dans les neuf pays restants de l'OCDE, les cotisations obligatoires au secteur privé représentent une part plus importante du financement de ces prestations, avec 79.7 % au Chili, 68.7 % en Colombie, et 53.5 % en Suisse, et une part plus modeste en Islande, au Mexique et en Israël. Rares sont les pays où la part des contributions volontaires a été importante : celles-ci représentent plus de 10 % du financement uniquement au Royaume-Uni et au Danemark.

Le Graphique 1.11 montre les ratios impôts/PIB (comme dans le Tableau 1.1 et le Graphique 1.4), à la fois *hors* financement préaffecté aux prestations de sécurité sociale (c'est-à-dire les ratios impôts/PIB *diminués* des cotisations de sécurité sociale et autres impôts préaffectés) et financements hors impôts préaffectés aux prestations de sécurité sociale *inclus* (c'est-à-dire les ratios impôts/PIB - cotisations de sécurité sociale et autres impôts préaffectés compris- *plus* les cotisations obligatoires au secteur privé et les contributions volontaires au secteur public).

Les pays où la part des régimes de sécurité sociale financés par des contributions non fiscales préaffectées est la plus importante sont la Suisse (8.5 % du PIB), l'Islande et le Chili (respectivement 6.6 % et 6.1 %), ce qui influe sensiblement sur leur classement :

- La Suisse affiche un ratio impôts/PIB relativement faible, à 27.5 %, mais son ratio combiné se situe à peu près à mi-chemin dans la distribution de l'OCDE ;
- L'Islande a un ratio impôts/PIB de 36.1 %, qui la place dans le tiers supérieur des pays de l'OCDE, et un ratio combiné de 42.7 %, ce qui est le quatrième ratio le plus élevé de la zone OCDE.
- Le Chili a le troisième ratio impôts/PIB le plus bas et le cinquième ratio combiné le plus faible.

Graphique 1.11. Ratios impôts/PIB et financement de la sécurité sociale par des fonds préaffectés (% du PIB, 2020)

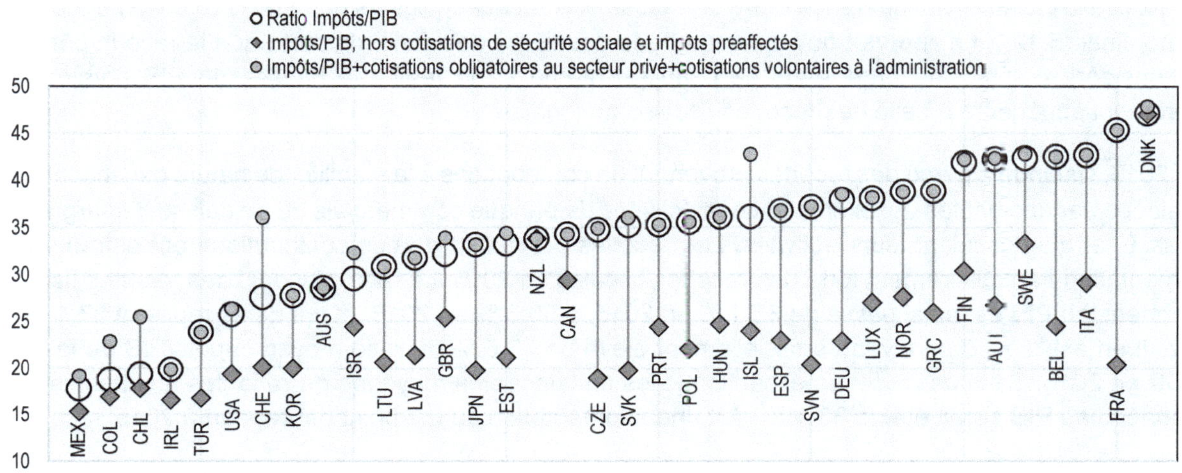

Note : Le Costa Rica et les Pays-Bas ne sont pas inclus dans le graphique, car les données complètes sur le financement de la sécurité sociale dans ces deux pays n'étaient pas disponibles.
Source : Calculs du Secrétariat basés sur les données figurant au Chapitre 4.

StatLink https://stat.link/26p4wu

La déduction des fonds pré-affectés au financement des prestations de sécurité sociale du ratio impôts/PIB n'affecte pas l'Australie, le Danemark et la Nouvelle-Zélande, où les prestations sont financées en dehors de la fiscalité générale. Le Graphique 1.11 montre que c'est en France que la part des fonds préaffectés aux prestations de sécurité sociale est la plus grande, à 25.0 % du PIB, comme l'indique l'écart entre les points les plus élevés et les points les plus bas du graphique. La Belgique, l'Islande, la République slovaque et la Slovénie se situent juste après la France, avec des parts comprises entre 16 % et 19 % du PIB.

Notes

[1] Dans les *Statistiques des recettes publiques 2022*, les données provisoires concernant l'Australie et les cotisations de sécurité sociale au Japon ne sont pas disponibles pour l'année 2021.

[2] En Hongrie, les recettes de l'année préliminaire étant comptabilisées sur la base des encaissements, les données de 2021 figurant dans la présente édition des *Statistiques des recettes publiques* sont susceptibles de modifications dans les prochaines éditions une fois que les données constatées seront disponibles.

[3] En Nouvelle-Zélande, la différence entre la hausse des recettes fiscales nominales (5.06 %) et celle du PIB nominal (5.12 %) n'apparaît qu'au niveau de la deuxième décimale, de sorte que le ratio impôts/PIB est considéré comme inchangé dans ce chapitre, même si en réalité la hausse du PIB nominal est légèrement supérieure à celle des recettes fiscales nominales.

[4] En 2016, l'Islande a perçu des recettes provenant de contributions à la stabilité, de nature exceptionnelle, acquittées par des entités qui exerçaient des activités de banque commerciale ou de caisse d'épargne par le passé, et qui cessaient leurs activités. Les recettes provenant de ces contributions ont entraîné une augmentation particulièrement forte des recettes fiscales en 2016. Le ratio islandais des recettes fiscales rapportées au PIB est ainsi passé de 35.1 % en 2015, à 50.3 % en 2016, avant de se replier à 37.1 % en 2017. Il en est résulté un niveau artificiellement élevé de 33.6 % du ratio moyen impôts/PIB de la zone OCDE en 2016. Sans ces recettes exceptionnelles en Islande, la moyenne du ratio des recettes fiscales rapportées au PIB aurait été de 33.1 %, soit une augmentation de 0.2 point par rapport à 2015.

[5] Les expressions « taxe sur la valeur ajoutée » et « TVA » désignent toute taxe nationale qui présente les caractéristiques fondamentales d'une taxe sur la valeur ajoutée, quel que soit son nom ou son acronyme, par exemple « taxe sur les produits et services » (« TPS »).

[6] Pour 1975, consultez Tableau 1.4 des *Statistiques des recettes publiques de 2022*.

[7] Le Fonds de résolution unique a été mis en place en 2015. Les pays de la zone euro doivent l'alimenter par des contributions en vertu du mécanisme de résolution unique(règlement (UE) no 806/2014). Les contributions sont versées sur une base ex-ante et transférées au Fonds de résolution unique par les autorités nationales. Jusqu'à présent, des contributions ont été collectées pour la période 2015-2021.

[8] De plus, les fonctionnaires européens paient un impôt sur le revenu et des cotisations de sécurité sociale directement à l'Union européenne. Ces recettes ne sont prises en compte dans les données relatives aux totaux des recettes fiscales figurant dans cette publication, dans la mesure où elles ne sont ni versées à, ni collectées par, une administration nationale. Néanmoins, un compte pour mémoire figurant à la fin du tableau par pays correspondant au chapitre 5 donne, pour quatre des pays qui comptent le plus de fonctionnaires européens (l'Allemagne, la Belgique, l'Italie et le Luxembourg), un aperçu de l'importance de ces paiements.

[9] Le financement des prestations de sécurité sociale est présenté dans le tableau 4.77 en données comparables (pourcentage du PIB) et dans le tableau 5.39 en monnaies nationales.

2 L'impact du COVID-19 sur les recettes fiscales dans la zone OCDE

Le chapitre 2 examine l'impact du COVID-19 sur les recettes fiscales dans les pays de l'OCDE en 2021, deuxième année de la pandémie. Durant cette période, les politiques fiscales ont contribué au rebond de l'activité économique, de l'emploi et des recettes dans la zone OCDE après la baisse généralisée du produit intérieur brut (PIB) et des recettes fiscales enregistrée en 2020. À partir de données préliminaires sur les recettes ventilées par catégorie d'impôt, ce chapitre analyse les répercussions durables de la pandémie sur l'impôt sur le revenu des personnes physiques, l'impôt sur les bénéfices des sociétés, les cotisations de sécurité sociale, les impôts sur le patrimoine, la TVA et les droits d'accise, en mesurant les variations en valeur nominale et en pourcentage du PIB. Il compare les variations des recettes issues de différentes catégories d'impôts en 2020 et 2021.

Introduction

Malgré la poursuite de la pandémie de COVID-19 en 2021, les économies des pays de l'OCDE se sont fortement redressées après le choc subi en 2020. Le produit intérieur brut (PIB) a progressé de 5.5 % en moyenne dans la zone OCDE, après une contraction de 4.6 % en 2020, la production retrouvant presque ses niveaux antérieurs à la pandémie dans la plupart des pays (OCDE, 2022[1]). La mise au point et le déploiement des vaccins contre le COVID-19 conjugués avec un soutien continu des politiques en faveur des ménages et des entreprises ainsi qu'un contexte financier favorable ont étayé cette reprise qui s'est accompagnée d'une relance des marchés du travail dans de nombreux pays de l'OCDE. En 2021, le taux de chômage dans la zone OCDE a été inférieur à la moyenne d'avant la pandémie.

Comme l'explique le chapitre 1, la reprise économique s'est accompagnée d'une hausse des recettes fiscales. Entre 2020 et 2021, les recettes fiscales nominales ont progressé dans les 38 pays de l'OCDE, l'augmentation en glissement annuel dépassant la croissance du PIB dans la plupart d'entre eux. Les comptes publics se sont donc nettement améliorés. En moyenne, le déficit budgétaire a régressé dans les pays de l'OCDE, passant de 10.4 % du PIB en 2020 à 7.4 % en 2021, mais il est resté nettement supérieur aux niveaux antérieurs à la pandémie. Malgré une légère baisse par rapport à leur montant de 164 000 milliards en 2020, les emprunts des administrations centrales pour 2021, qui ont atteint 151 000 milliards, sont restés sensiblement supérieurs aux niveaux d'avant la pandémie (OCDE, 2022[2]). Toutefois, des pressions inflationnistes sont apparues au cours de l'année : le taux d'inflation moyen était de 5.2 % au quatrième trimestre de 2021, contre 1.5 % en 2020 et une moyenne à long terme de 1.7 % (OCDE, 2022[1]).

Ce chapitre s'appuie sur les données préliminaires pour 2021 pour analyser les variations des recettes fiscales dans la zone OCDE au cours de la deuxième année de la pandémie. Il donne un aperçu des principales tendances des politiques fiscales dans les pays de l'OCDE en 2021, dans le contexte d'une solide reprise par rapport à l'impact initial de la pandémie de COVID-19. Il explore également comment les recettes des différentes catégories d'impôts ont évolué en 2021, en pourcentage du PIB comme en valeur nominale. Il compare ensuite ces changements à ceux observés en 2020 et il analyse la relation entre les variations du niveau des recettes et du PIB pour les principales catégories d'impôt, en montrant les catégories d'impôt les plus touchées au cours de la pandémie.

Vue d'ensemble : Variations des recettes fiscales totales, du PIB et du ratio impôts/PIB

Impact du COVID-19 : variations en 2021 par rapport à 2020

Comme le chapitre 1 l'explique, le ratio impôts/PIB moyen dans la zone OCDE a augmenté de 0.6 point de pourcentage en 2021 par rapport à 2020 pour s'établir à 34.4 % du PIB. Selon les observations, le ratio impôts/PIB a progressé dans 26 pays de l'OCDE sur 37 pays pour lesquels des données sont disponibles sur la même période[1], tandis qu'il a reculé dans 11 pays.

Le Graphique 2.1 illustre les hausses des recettes fiscales nominales et du PIB nominal dans les pays de l'OCDE entre 2020 et 2021. Dans l'ensemble des 37 pays pour lesquels des données sont disponibles, les recettes fiscales et le PIB ont progressé en valeur nominale. Dans les 26 pays où le ratio impôts/PIB a progressé, la hausse relative des recettes fiscales nominales a été plus marquée que celle du PIB ; dans les 11 pays restants, l'inverse s'est produit.

En 2021, les recettes fiscales nominales ont augmenté de 13.4 % en moyenne par rapport à l'année précédente dans la zone OCDE. Dix-neuf pays ont enregistré une hausse de leurs recettes fiscales nominales supérieure à 10 %, et c'est au Chili (37.5 %), en Türkiye (37.4 %) et en Norvège (32.2 %) que la progression a été la plus forte. La hausse des recettes fiscales a été plus marquée que celle du PIB nominal dans l'ensemble des 19 pays à l'exception de la Türkiye, où le PIB nominal a augmenté de 43.6 % en 2021, ce qui a eu pour effet une baisse de 1.0 point de pourcentage de son ratio impôts/PIB.

Dans les 11 pays où le ratio impôts/PIB a reculé entre 2020 et 2021, les recettes ont connu une progression inférieure à 10 % en valeur nominale, à l'exception de la Türkiye. Parmi les pays où le ratio impôts/PIB a régressé en 2021, la Hongrie[2] et la République tchèque avaient également enregistré une baisse de ce ratio en 2020.

Graphique 2.1. Variations des recettes nominales et du PIB nominal, 2020-2021

Pourcentage de variation en glissement annuel

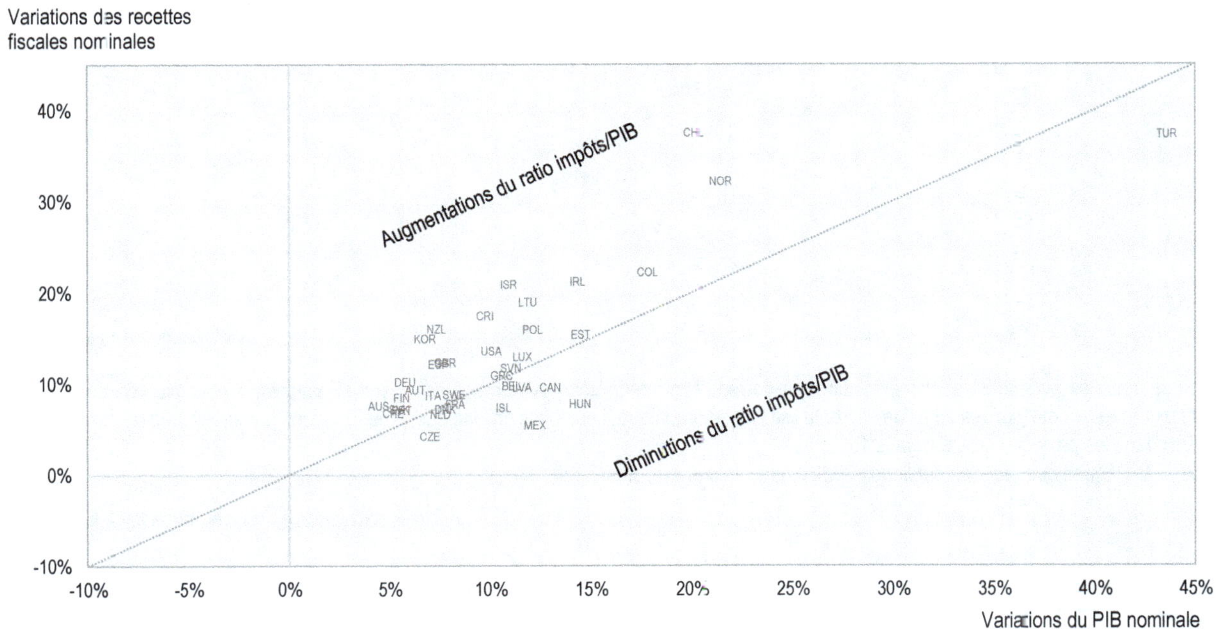

Note : Les données pour 2021 sont préliminaires et doivent être interprétées avec précaution ; voir l'Encadré 2.2 pour plus de détails. Les données pour l'Australie et la Nouvelle-Zélande varient entre 2019 et 2020, car ces deux pays communiquent leurs recettes fiscales sur la base de l'année fiscale qui englobe les deux premiers trimestres de 2021 dans l'exercice 2020. Les données du Japon ne sont pas incluses, car les données sur les recettes provenant des cotisations salariales de sécurité sociale (CSS) n'étaient pas disponibles. Voir l'Encadré 2.1 pour plus d'informations. La diagonale sur le graphique indique le point auquel l'amplitude de la variation des recettes fiscales et du PIB est identique, et donc le point auquel le ratio impôts/PIB reste inchangé. Les pays qui se situent au-dessus de la diagonale ont vu leur ratio impôts/PIB augmenter ; il a baissé pour les pays qui se situent au-dessous.
Source : *Statistiques des recettes publiques 2022* et calculs des auteurs.

StatLink https://stat.link/kr4fg2

Durant la première année de la pandémie (2020), les ratios impôts/PIB ont augmenté par rapport à l'année précédente dans 20 des 38 pays de l'OCDE et le ratio impôts/PIB moyen est resté inchangé. Les augmentations de 2020 sont toutefois intervenues dans un contexte de recul des recettes nominales et du PIB, lesquels se sont nettement redressés en 2021. C'est ce qu'illustre le Graphique 2.2, qui montre les variations des recettes fiscales et du PIB dans les différents pays de l'OCDE en 2020 (points orange) et en 2021 (points bleus)[3].

Graphique 2.2. Variations des recettes nominales et du PIB nominal, toutes les années

Pourcentage de variation en glissement annuel

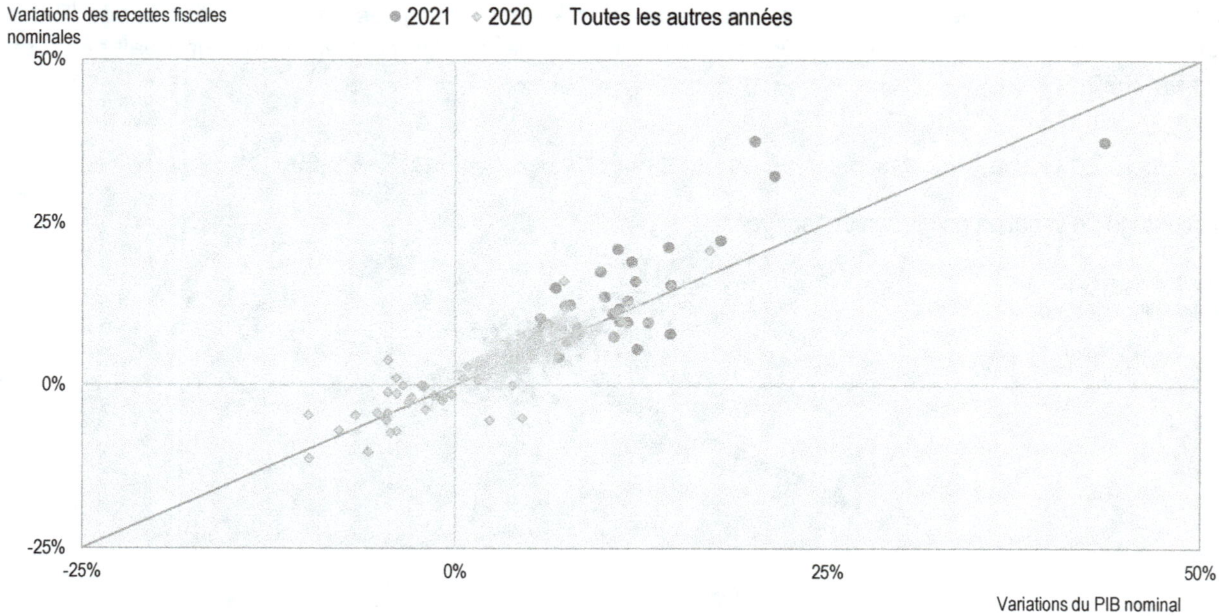

Note : Les données pour 2021 sont préliminaires et doivent être interprétées avec précaution ; voir l'Encadré 2.2 pour plus de détails. Les valeurs extrêmes ont été exclues afin d'améliorer la lisibilité du graphique. Les points gris indiquent les variations nominales des recettes fiscales et du PIB dans les pays de l'OCDE depuis 1995.
Source : *Statistiques des recettes publiques 2022* et calculs des auteurs.

StatLink https://stat.link/zgx3pi

Comme l'indiquent les points orange du Graphique 2.2, en 2020, les recettes fiscales et le PIB ont reculé en valeur nominale dans la plupart des pays de l'OCDE. Au total, 25 pays ont enregistré un recul de leur PIB et de leurs recettes fiscales en 2020 ; dans deux pays, les recettes fiscales ont progressé, mais le PIB a reculé ; dans trois autres, les recettes fiscales ont baissé tandis que le PIB augmentait et dans huit pays, les deux indicateurs ont affiché une progression. Si les ratios impôts/PIB ont progressé en 2020, cela s'explique par le fait que le PIB (le dénominateur du ratio impôts/PIB) a baissé davantage que les recettes fiscales (le numérateur) dans la plupart des pays pendant la première année de la crise liée au COVID-19.

Par ailleurs, en 2021, les recettes fiscales nominales et le PIB nominal ont progressé dans tous les pays de l'OCDE pour lesquels des données sont disponibles. De manière générale, les hausses des recettes fiscales et du PIB enregistrées en 2021 (indiquées par les points bleus sur le Graphique 2.2) ont été supérieures aux baisses de 2020, ce qui témoigne d'un fort rebond économique et d'une reprise des recettes fiscales, du moins en termes nominaux. Toutefois, il est important de noter que l'inflation a fortement augmenté au cours de l'année 2021

Encadré 2.1. Catégories d'impôts étudiées et pays couverts

Catégories d'impôt examinées dans l'analyse

Ce chapitre analyse les variations du total des recettes fiscales et dans plusieurs catégories individuelles de recettes fiscales ayant une taille ou une importance politique particulière. Il s'agit des impôts suivants :

Tableau 2.1. Catégories d'impôt étudiées dans ce chapitre

Catégorie détaillée	Acronyme	Codes correspondants dans les *Statistiques des recettes publiques*
Impôt sur le revenu des personnes physiques	IRPP	1100 Impôt sur le revenu des personnes physiques
Impôt sur les bénéfices des sociétés	IS	1200 Impôt sur les bénéfices des sociétés
Cotisations de sécurité sociale et impôts sur les salaires	CSS	2000 Cotisations de sécurité sociale ; 3000 Impôts sur les salaires
Impôts sur le patrimoine	Patr.	4000 Impôts sur le patrimoine
Taxes sur la valeur ajoutée	TVA	5111 Taxes sur la valeur ajoutée
Accises	Acc.	5121 Accises
Autres impôts sur la consommation	AIC	Tous les autres impôts relevant de la catégorie 5000 (5112, 5113, 5122, 5123, 5124, 5125, 5126, 5127, 5128, 5200, 5300)
Divers	Div.	1300 Non ventilables entre 1100 et 1200 ; 6000 Autres impôts

Les informations sont présentées pour deux indicateurs différents : les recettes fiscales en monnaie nominale et les recettes fiscales en pourcentage du PIB. Les données sur le PIB utilisées pour chaque pays sont les mêmes que celles contenues dans le tableau 3.19 de cette publication, hormis les ajustements effectués au titre des hypothèses relatives aux années fiscales indiquées ci-dessous. Les moyennes présentées dans ce chapitre ne sont pas pondérées. Pour les raisons mentionnées ci-dessous, elles peuvent différer des autres moyennes pour 2021 présentées dans d'autres sections du rapport.

Hypothèses propres aux différents pays

Tous les pays de l'OCDE fournissent des données basées sur l'année civile, à l'exception de l'Australie, du Japon et de la Nouvelle-Zélande. En Australie et en Nouvelle-Zélande, l'année fiscale va du 1er juillet de l'année en cours au 30 juin de l'année suivante, tandis qu'au Japon, l'année fiscale va du 1er avril de l'année en cours au 31 mars de l'année suivante. L'année fiscale 2020 du Japon inclut le premier trimestre de 2021, tandis que les deux premiers trimestres de 2021 tombaient dans l'année fiscale 2020 pour l'Australie et la Nouvelle-Zélande. Dans ce chapitre, les variations indiquées pour l'Australie et la Nouvelle-Zélande sont celles intervenues entre les années fiscales 2019 et 2020 afin de préserver la cohérence entre les pays.

Dans un petit nombre de pays, les données préliminaires pour l'année 2021 n'étaient que partiellement disponibles au moment de la publication de ce rapport. Ces données comprennent

- Les cotisations de sécurité sociale au Japon : dans ce chapitre, les données relatives aux CSS ou au total des recettes fiscales ne sont pas présentées pour le Japon, et le Japon n'est pas inclus dans les moyennes pour ces deux rubriques. Les données relatives au Japon sont incluses dans les moyennes pour toutes les autres catégories d'impôt.
- Une ventilation des recettes des impôts sur le revenu entre les recettes de l'IRPP (catégorie 1100) et celles de l'IS (catégorie 1200) et des impôts sur les produits et services (y compris la TVA [catégorie 5111] et les accises [catégorie 5121]) en Grèce : dans ce chapitre, les données sont indiquées pour les impôts sur le revenu (catégorie 1000) et les impôts sur les

produits et services (catégorie 5000). La Grèce n'est pas incluse dans les moyennes pour l'IRPP, l'IS, la TVA ou les accises.

Les données sur les recettes fiscales sont disponibles pour la plupart des pays de l'OCDE sur la base des droits constatés, à l'exception du Chili, de la Colombie, du Costa Rica, d'Israël, de la Corée, du Mexique et de la Türkiye, qui utilisent la base des encaissements. Les informations sur l'impôt sur le revenu des personnes physiques au Canada sont également communiquées sur la base des encaissements. En outre, les données préliminaires pour 2021 relatives à la Hongrie sont également sur la base des encaissements, tandis que les données définitives pour les années jusqu'à 2020 inclus, sont sur la base de droits constatés.

Il convient de noter qu'en 2020 les recettes fiscales ont mieux résisté dans les pays de l'OCDE que dans les autres régions. Dans la région Asie-Pacifique, les recettes fiscales ont reculé de 8.8 % en valeur nominale et le ratio impôts/PIB moyen a baissé de 1.2 point de pourcentage entre 2019 et 2020, pour s'établir à 19.1 %. En Amérique latine et dans les Caraïbes, les recettes fiscales ont diminué de 8.0 % en valeur nominale et le ratio impôts/PIB moyen a fléchi de 0.8 point de pourcentage entre 2019 et 2020, pour s'établir à 21.9 %. En Afrique, les recettes fiscales ont reculé de 0,5 % en valeur nominale et le ratio moyen impôts/PIB a régressé de 0.3 point de pourcentage, pour s'établir à 16,0 %.

Le Tableau 2.2 indique les variations dans la dynamique du PIB nominal et des recettes fiscales nominales dans les pays de l'OCDE pendant les deux premières années de la pandémie. Les recettes fiscales ont enregistré une progression plus marquée que le PIB en 2021 et n'ont pas reculé aussi fortement que le PIB en 2020, ce qui a eu pour effet une hausse du ratio impôts/PIB en 2021, tandis que 2020 est resté inchangé. Ce tableau confirme que l'augmentation moyenne des recettes fiscales en 2021, qui a atteint 13.4 % en valeur nominale, a été plus marquée que la baisse de 1.8 % en valeur nominale intervenue en 2020. De même, la croissance moyenne du PIB dans les pays de l'OCDE qui a atteint 10.7 % en valeur nominale en 2021, a été nettement plus marquée que sa baisse de 1.8 % en 2020.

Tableau 2.2. Comparaison des variations des recettes nominales et du PIB nominal, 2020-21

Pourcentage de variation en glissement annuel

		Moyenne	Quartile inférieur	Médiane	Quartile supérieur
Recettes fiscales	2020	-1.8	-4.6	-1.7	-0.1
	2021	13.4	7.8	10.2	16.0
PIB	2020	-1.8	-4.5	-2.2	0.8
	2021	10.7	7.0	9.9	12.0
Impôts/PIB	2020	0.0	-0.6	0.1	0.6
	2021	0.6	-0.2	0.6	1.3

Note : Les données pour 2021 sont préliminaires et doivent être interprétées avec précaution ; voir l'Encadré 2.2 pour plus de détails. Le ratio moyen impôts/PIB pour 2021 figurant dans ce tableau diffère de celui indiqué dans les autres chapitres du rapport en raison de l'utilisation de l'année fiscale 2020 pour l'Australie et la Nouvelle-Zélande dans ce chapitre, pour les raisons indiquées dans l'Encadré 2.1.
Source : *Statistiques des recettes publiques 2022* et calculs des auteurs.

StatLink https://stat.link/3b6ruj

Réformes des politiques fiscales et tendances des recettes en 2021

Les différentes tendances des recettes fiscales et du PIB entre 2020 et 2021 étudiées à la section précédente témoignent de la solide reprise des pays de l'OCDE après le premier choc lié à la pandémie de COVID-19. Les politiques fiscales ont joué un rôle important dans cette reprise, comme dans le soutien aux entreprises et aux ménages pendant le ralentissement de l'économie. Cette section examine tout d'abord l'évolution de la politique fiscale dans le contexte de la reprise intervenue au cours de la deuxième année de la pandémie. Elle analyse ensuite les différentes catégories d'impôt en 2021, en comparant les variations en valeur nominale et en pourcentage du PIB de 2021 à celles de 2020.

Réformes des politiques fiscales en 2021

Les politiques fiscales ont été un outil essentiel dans la réponse apportée par les pouvoirs publics au COVID-19 dans la zone OCDE. Au cours de la pandémie, les objectifs de la politique fiscale se sont adaptés à l'évolution de la pandémie elle-même et aux ambitions politiques plus génerales des pouvoirs publics. Dans l'ensemble, les politiques fiscales menées en 2020 se sont caractérisées par des mesures pour protéger les travailleurs et les entreprises des perturbations causées par la pandémie, tandis qu'en 2021 l'accent a été davantage mis sur les politiques en faveur de l'investissement et de l'accélération de la reprise après la pandémie. Certaines mesures de politique fiscale ont été adaptées au cours de la pandémie pour être mieux ciblées tandis que d'autres ont été entièrement supprimées. Bien qu'il s'agisse majoritairement de mesures temporaires, la plupart d'entre elles ont été prorogées au-delà de leur durée initiale. D'autres sont devenues définitives.

Les marchés du travail se sont redressés dans de nombreux pays de l'OCDE en 2021, le taux d'emploi total et le taux de chômage moyens ayant retrouvé en fin d'année leurs niveaux prévalant avant la pandémie, comme le montre le Graphique 2.3 (OCDE, 2022[3]). La reprise de l'emploi a toutefois été hétérogène, les taux d'activité et d'emploi restant en deçà des niveaux d'avant-crise dans certains pays (OCDE, 2022[3]). L'emploi a augmenté plus fortement dans les secteurs des services offrant des rémunérations élevées que dans les secteurs où les contacts sont nombreux et les rémunérations faibles. Beaucoup de jeunes, de travailleurs aux rémunérations faibles et peu qualifiés, qui ont été particulièrement exposés à l'impact initial de la pandémie, ont relativement peu profité de la reprise du marché du travail ; le taux d'emploi des jeunes reste inférieur à celui prévalant avant la crise dans plus de la moitié des pays de l'OCDE. Le chômage de longue durée est resté plus élevé que son niveau d'avant la pandémie dans 20 des 32 pays pour lesquels des données sont disponibles (OCDE, 2022[3]).

Graphique 2.3. Évolution du taux de chômage avant la crise, à son plus haut et selon les dernières données disponibles

Pourcentage de la population active, corrigé de la saisonnalité

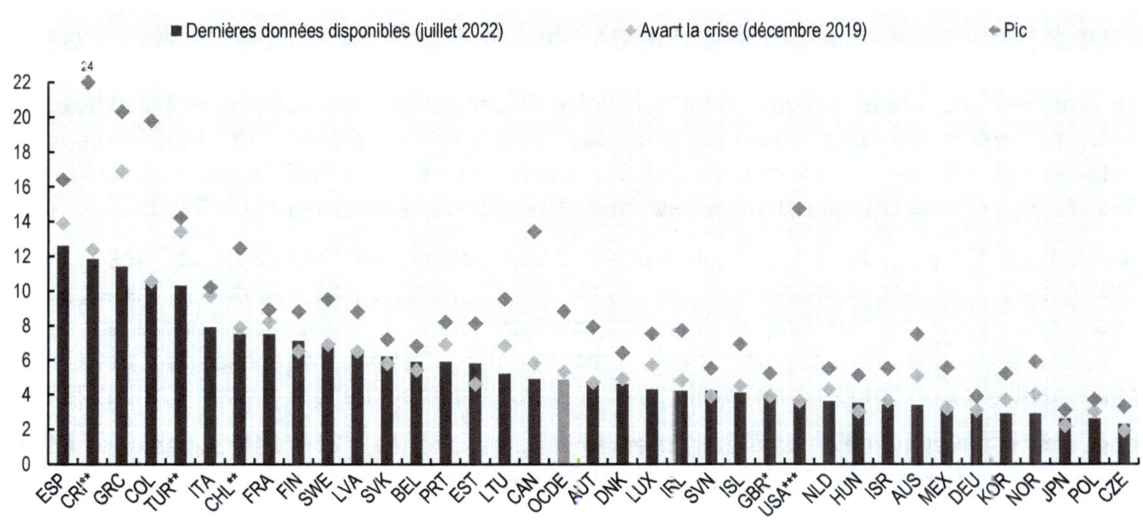

Note : Pour les pays signalés par un astérisque « * », les dernières données se rapportent à mai 2022 ; pour ceux marqués de deux astérisques « ** », les dernières données se rapportent à juin 2022 ; et pour ceux marqués de trois astérisques « *** », les dernières données se rapportent à août 2022.

Source : Statistiques à court terme de l'OCDE sur le marché du travail.

StatLink https://stat.link/4om9uy

Des pénuries de main-d'œuvre sont néanmoins apparues dans de nombreux pays au deuxième semestre de 2021, les taux d'emplois vacants atteignant des niveaux record dans plusieurs pays de l'OCDE. Les offres d'emploi n'ont pas été à la hauteur de la demande stimulée par la reprise économique et par des plans de relance de grande ampleur, ce qui s'est traduit par des pénuries dans de nombreux secteurs. La réticence des travailleurs à prendre des emplois dans certains secteurs en raison de mauvaises conditions de travail et/ou d'une faible rémunération entre cependant aussi en ligne de compte dans ces pénuries. Il convient de noter que, contrairement à la situation actuelle, deux ans après le début de la grande crise financière mondiale de 2008-2009, les postes vacants restaient peu nombreux (OCDE, 2022[3]).

Les modifications apportées à l'imposition du travail en 2021 visaient principalement à stimuler la croissance économique et à améliorer l'équité (OCDE, 2022[4]). Les mesures les plus répandues ont été la réduction de l'assiette de l'impôt sur le revenu des personnes physiques (IRPP) afin de soutenir l'emploi, de verser des prestations liées à l'activité et d'aider les ménages à revenu faible avec des enfants. Un petit nombre de pays ont réduit leur taux de l'IRPP, en particulier pour les ménages à revenu faible et intermédiaire. Certains pays ont pris des mesures de réduction de la base des cotisations de sécurité sociale (CSS) tandis qu'un nombre plus restreint de pays ont abaissé leurs taux de CSS, généralement de manière temporaire. Si bon nombre des mesures adoptées en 2020 pour aider les travailleurs et les ménages à faire face à la pandémie ont été retirées ou réduites en 2021, plusieurs pays en ont adopté d'autres en 2021.

Dans les pays de l'OCDE, la charge fiscale sur le travail a légèrement baissé en moyenne pour la plupart des catégories de ménages en 2021, après un recul marqué en 2020. Cependant, pour la plupart des catégories de ménages dans la majeure partie des pays de l'OCDE, le coin fiscal a augmenté entre 2020 et 2021 en raison des hausses conjuguées du salaire moyen et du retrait des mesures politiques adoptées la première année de la pandémie. Dans la plupart des pays, les hausses du coin fiscal enregistrées en 2021 ont plus que compensé les baisses observées en 2020, d'où un rebond du coin fiscal à des niveaux plus élevés qu'en 2019, avant la pandémie (OCDE, 2022[5]).

En 2021, la priorité stratégique des réformes de l'impôt sur les bénéfices des sociétés (IS) était de stimuler l'investissement et l'innovation (OCDE, 2022[4]). Dans cette optique, plusieurs pays de l'OCDE ont augmenté la générosité des incitations fiscales en faveur des entreprises, en particulier en ce qui concerne les dépenses d'investissement et la recherche et le développement pour promouvoir la durabilité environnementale. Cette tendance contraste avec l'année 2020 où les recettes de l'IS ont été affectées par le recours généralisé à des mesures fiscales pour soutenir les liquidités et la trésorerie des entreprises pendant le choc économique causé par la pandémie. Les mesures adoptées en 2020 comportaient des reports du paiement de l'impôt, l'allongement des délais de dépôt des déclarations et l'établissement d'échéanciers de paiement souples, appliqués dans plus de 70 % des pays de l'OCDE. Plusieurs pays de l'OCDE ont suspendu ou minoré les acomptes de l'IS, souvent en faveur des PME, et les remboursements d'acomptes et de crédits de l'IS ont été accélérés dans de nombreuses juridictions (OCDE, 2022[4]).

En 2021 également, 137 juridictions ont adhéré à une Solution reposant sur deux piliers pour résoudre les défis fiscaux soulevés par la numérisation de l'économie, en vertu de laquelle plus de 125 milliards USD de bénéfices réalisés par une centaine d'entreprises multinationales parmi les plus grandes et les plus rentables seront réattribués entre des pays dans le monde entier. Cet accord reposant sur deux piliers établira également un taux d'imposition effectif minimum de 15 % partout dans le monde (OCDE, 2022[6]).

Les dépenses dans le commerce de détail ont fortement progressé en 2021 et ont été supérieures à leurs niveaux d'avant la pandémie (OCDE, 2022[1]). En 2021, la baisse de la consommation des ménages, déjà observée en 2020, s'est poursuivie (Graphique 2.4). Les investissements et les exportations nettes, mesurés selon l'approche des dépenses, ont fortement rebondi en 2021 après les baisses marquées observées en 2020. La part des dépenses publiques a légèrement baissé en 2021 après avoir augmenté au cours de la première année de la pandémie.

En ce qui concerne la taxe sur la valeur ajoutée (TVA), les taux normaux sont restés généralement inchangés en 2021, mais de nombreux changements ont été apportés à l'assiette. La plupart des changements temporaires des taux de TVA adoptés en 2020 afin de faire face à la pandémie ont été supprimés en 2021 à l'exception de ceux en faveur des produits médicaux utilisés pour combattre le COVID-19 (OCDE, 2022[4]). Par ailleurs, par souci d'équité, certains pays ont appliqué des taux de TVA réduits à une large gamme de produits et de services sur une base permanente en 2021. Les obligations en matière de facturation électronique et de déclarations numériques ont été nettement renforcées en 2021, car les pays ont mis en œuvre des réformes du commerce électronique qui a connu une forte expansion en raison de la pandémie. Par ailleurs, d'autres augmentations des droits d'accise sont intervenues en 2021, notamment sur les produits à base de tabac (OCDE, 2022[4]).

Au dernier trimestre de 2021, plusieurs pays ont appliqué des taux réduits de TVA et ont abaissé les droits de douane et à l'importation sur les sources d'énergie afin de protéger les ménages et les entreprises de la hausse des prix de l'énergie, une tendance qui s'est maintenue en 2022 (OCDE, 2022[4]). Les prix élevés de l'énergie ont également incité les responsables de l'action publique à imposer des taxes liées à l'environnement. Les progrès en matière de taxes environnementales se sont poursuivis en 2021, bien qu'à un rythme plus lent qu'avant la pandémie. Les taxes carbone sur les carburants ont été étendues en 2021 et certains pays de l'Union européenne ont mis en place une taxe sur le plastique (OCDE, 2022[4]).

En 2021, les réformes relatives aux impôts sur le patrimoine ont été moins nombreuses qu'au cours des années précédentes. Les mesures visant cette catégorie d'impôt ont pour l'essentiel consisté en des relèvements des taux d'impôt ou en un élargissement de la base d'imposition. Elles ont le plus souvent ciblé des personnes physiques ou morales pour qui l'immobilier est principalement un produit d'investissement. Les réformes ont de plus en plus visé à encourager une utilisation efficace du parc immobilier existant et à améliorer l'équité de la fiscalité immobilière en général (OCDE, 2022[4]).

Graphique 2.4. Composition du PIB (méthode des dépenses), 2019-2021

Parts moyennes dans les pays de l'OCDE

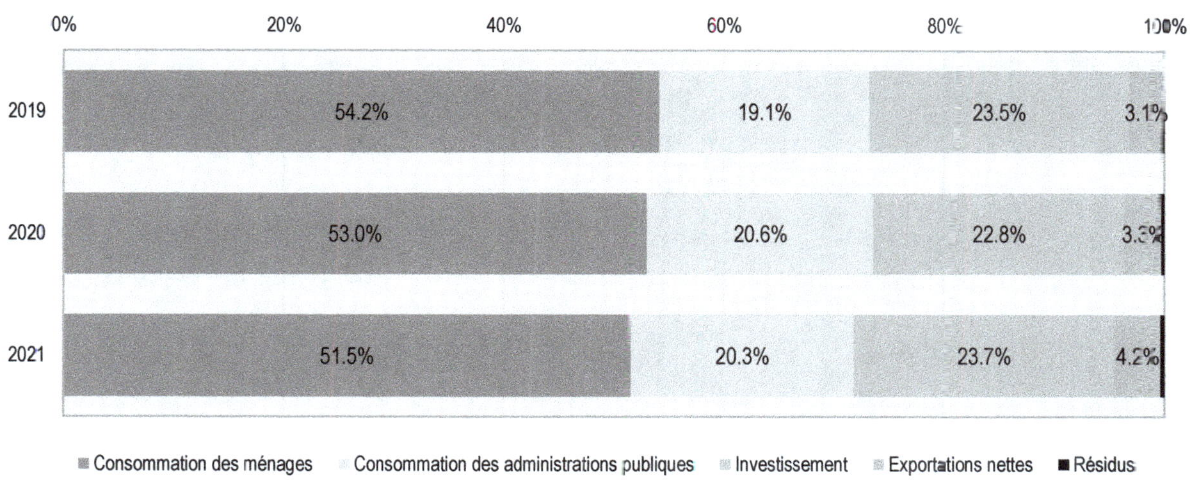

Note : Les données pour 2021 représentent la moyenne des 33 pays de l'OCDE pour lesquels ces données étaient disponibles.
Source : Base de données des comptes nationaux de l'OCDE et calculs des auteurs (consultés le 18/10/2022).

StatLink https://stat.link/om-l6w

Variations des recettes issues de différents types d'impôts, 2020-2021

Dans le contexte de l'évolution des politiques fiscales et de la reprise économique décrites plus haut, la dynamique des recettes des différents types d'impôts a varié entre 2020 et 2021. Cette section analyse les variations des recettes par type d'impôt entre 2020 et 2021 en pourcentage du PIB comme en valeur nominale. L'Encadré 2.1 livre plus d'informations sur les catégories d'impôts étudiées.

Variations des recettes par type d'impôt en pourcentage du PIB

En moyenne, ce sont les recettes tirées de l'IRPP et de la TVA qui ont le plus contribué à la hausse de 0.6 point de pourcentage des recettes fiscales en pourcentage du PIB entre 2020 et 2021 dans les pays de l'OCDE (Graphique 2.5)[4]. Les recettes tirées de l'IS ont progressé en moyenne de 0.5 point de pourcentage entre 2020 et 2021, après avoir enregistré la baisse la plus marquée de toutes les catégories d'impôt entre 2019 et 2020 (0.3 point de pourcentage). Les recettes de la TVA ont augmenté de 0.4 point de pourcentage au cours de la deuxième année de la pandémie, alors qu'elles étaient restées stables en proportion du PIB en 2020[5].

Les recettes liées aux CSS ont, quant à elles, reculé en moyenne de 0.2 point de pourcentage en 2021, après une hausse de 0.3 point en 2020. Les recettes générées par les droits d'accise ont également régressé de 0.1 point de pourcentage, comme en 2020. En 2021, les recettes provenant de l'IRPP, qui avaient connu une hausse de 0.3 point en 2020, sont restées stables en pourcentage du PIB, tandis que celles des impôts sur le patrimoine n'ont enregistré aucune variation en pourcentage du PIB sur les deux années.

Les recettes tirées de l'IS ont progressé en pourcentage du PIB dans 24 des 37 pays pour lesquels des données préliminaires étaient disponibles en 2021, ont reculé dans neuf pays et sont restées stables dans quatre autres. La hausse la plus marquée s'est produite en Norvège où les recettes de l'IS se sont redressées après la baisse de 3.6 points de pourcentage enregistrée en 2020, progressant de 7.3 points en 2021 sous l'effet de l'augmentation des recettes tirées de l'extraction pétrolière après leur baisse exceptionnelle de l'année précédente. Onze autres pays ont vu leurs recettes tirées de l'IS s'accroître de plus de 0.5 point, tandis que celles du Chili reculaient de plus de 0.5 point (0.9 point de pourcentage) en raison de l'impact de la pandémie sur l'économie et des politiques pour en atténuer les conséquences sur les petites entreprises.

Graphique 2.5. Variations des recettes fiscales par catégorie en pourcentage du PIB, 2020-2021

Variation en glissement annuel, en point de pourcentage

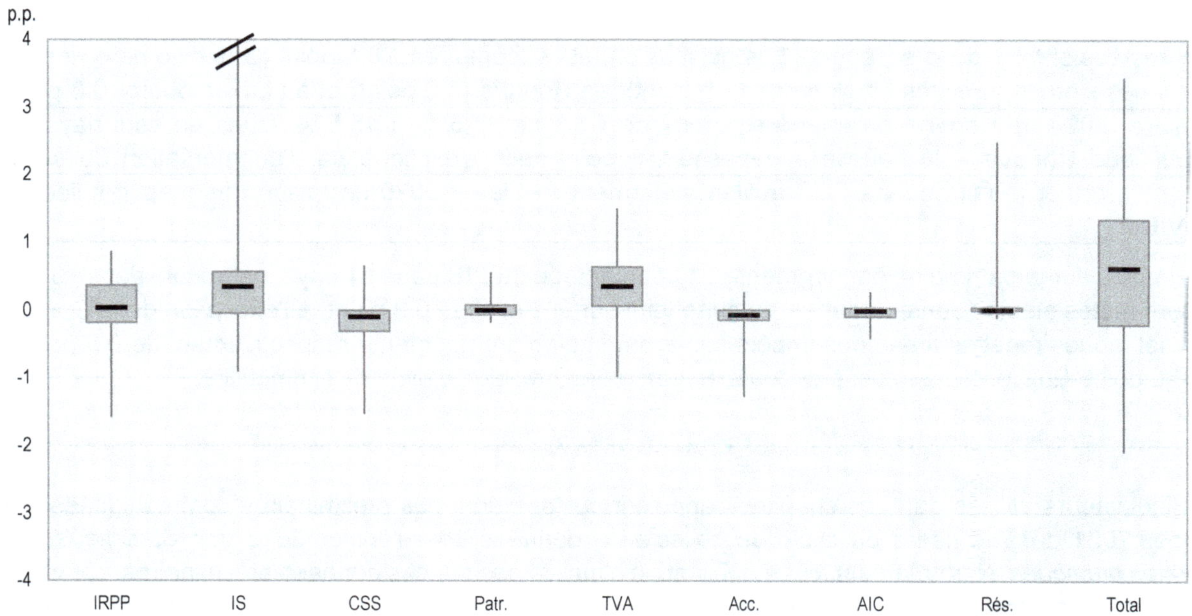

Note : Les données pour 2021 sont préliminaires et doivent être interprétées avec précaution ; voir l'Encadré 2.2 pour plus de détails. Dans ce graphique, le point le plus bas correspond à la variation minimale survenue dans le pays pour ce type d'impôt entre 2020 et 2021 ; la case représente les variations pour les pays qui se situent entre le quartile inférieur et le quartile supérieur (50 % des pays de l'OCDE ont connu des variations comprises dans l'intervalle matérialisé par chaque case) ; et le point le plus haut pour chaque type d'impôt correspond à la variation maximale survenue dans le pays. La ligne dans chaque case représente la variation médiane (la moitié des pays de l'OCDE se situaient à la fois au-dessus et en dessous de cette ligne).
Source : *Statistiques des recettes publiques 2022* et calculs des auteurs.

StatLink https://stat.link/chnjtw

En 2021, les recettes de la TVA ont augmenté en pourcentage du PIB dans 30 pays, sont restées stables dans trois pays et ont reculé en pourcentage du PIB dans trois autres. La hausse des recettes fiscales de la TVA a dépassé 0.5 point de pourcentage dans 13 pays, la plus forte augmentation étant observée au Chili (1.5 point de pourcentage). La baisse la plus marquée s'est produite en Norvège, où les recettes de la TVA ont reculé de 1.0 point alors qu'elles ont augmenté de 8.5 % en valeur nominale.

Les recettes générées par les droits d'accise ont reculé en pourcentage du PIB dans 21 pays, ont augmenté dans six pays et sont restées stables dans dix autres. La baisse la plus marquée a concerné la Türkiye (1.3 point de pourcentage) sous l'effet de l'ajustement automatique des taxes sur le carburant pour compenser la hausse des prix. A l'exception de la baisse observée en Norvège (0.5 point) et au Mexique (0.4 point), aucune variation n'a dépassé 0.3 point dans les autres pays.

En 2021, les recettes générées par l'IRPP ont augmenté en pourcentage du PIB dans 17 pays, ont reculé dans 14 pays et sont restées stables dans six autres. Sept pays ont enregistré une augmentation supérieure à 0.5 point de pourcentage, la hausse la plus marquée étant observée en Corée (0.9 point) sous l'effet de salaires plus élevés et de la croissance de l'emploi, mais aussi de l'augmentation des recettes tirées de l'imposition des plus-values, notamment sur les transactions immobilières. L'Estonie, le Royaume-Uni et Israël ont enregistré des hausses de 0.8 point de leurs recettes tirées de l'IRPP ; en ce qui concerne l'Estonie, cela s'explique en partie par la réforme des retraites entreprise en 2021. Dans six pays, la diminution des recettes générées par l'IRPP a été supérieure à 0.5 point de pourcentage, les plus fortes baisses s'étant produites en République tchèque (1.6 point), en Islande (1.1 point) et au Danemark (1.0 point). En ce qui concerne la République tchèque, le recul s'explique par la réduction de la base imposable des employés et par la hausse des crédits d'impôt.

Les recettes des SSC ont augmenté en pourcentage du PIB dans huit pays, ont reculé dans 22 pays et sont restées stables dans six autres. Les baisses ont été supérieures à 0.5 point dans cinq pays, les plus marquées s'étant produites en Norvège (1.5 point), en Hongrie (1.0 point) et au Luxembourg (0.8 point). En juillet 2020, la Hongrie a ramené son taux de CSS de 17.5 % à 15.5 %. Dans un seul pays – la République tchèque – la hausse a dépassé 0.5 point ; elle s'explique par l'augmentation du salaire minimum et par le fait que les CSS avaient nettement reculé en 2020 en raison des mesures liées au COVID-19.

Les impôts sur le patrimoine ont augmenté en pourcentage du PIB dans 11 pays, ont reculé dans 13 pays et sont restés stables dans 13 autres. Aucune variation n'a excédé 0.3 point, à l'exception de la Corée et d'Israël, où les recettes tirées des impôts sur le patrimoine ont augmenté respectivement de 0.6 point et de 0.5 point. En Corée, la hausse découle en partie des prix plus élevés de l'immobilier.

Encadré 2.2. La précision des données préliminaires pendant la pandémie de COVID-19

Les indicateurs utilisés dans ce chapitre s'appuient sur des données préliminaires communiquées pour l'année 2021 dans le cadre du cycle de collecte de données pour l'édition 2022 des *Statistiques des recettes publiques.* Normalement, cette publication n'insiste pas sur ces données préliminaires, car celles-ci feront l'objet de révisions lors d'années futures. Toutefois, parce qu'elle s'intéresse à l'impact de la pandémie de COVID-19 sur les recettes fiscales, l'étude spéciale des éditions 2021 et 2022 des *Statistiques des recettes publiques* utilise des données préliminaires pour donner un aperçu de l'évolution des recettes fiscales pendant les deux premières années de la pandémie. Même si ces données doivent être interprétées avec précaution, elles n'en livrent pas moins un éclairage utile sur les conséquences du COVID-19 sur les recettes fiscales dans les pays de l'OCDE

De nombreux indicateurs macroéconomiques, comme le produit intérieur brut (PIB), sont soumis à des révisions. Les estimations initiales sont généralement diffusées un à deux mois environ après la période de référence, dans le but de concilier exactitude et actualité des résultats, afin de contribuer aux analyses économiques et à la prise de décisions. Dans la plupart des pays, des données plus complètes deviennent progressivement disponibles et les offices statistiques nationaux (OSN) révisent régulièrement leurs estimations dans un souci d'exactitude. L'OCDE réalise fréquemment des études portant sur l'ampleur et l'orientation des révisions dans les pays de l'OCDE, la dernière datant de 2018, et fournit des références pour analyser l'ampleur des révisions portant sur les données de 2020.

L'édition des *Statistiques des recettes publiques 2021* soulignait que « les estimations initiales diffusées pendant la pandémie pourraient faire l'objet de révisions plus importantes et plus fréquentes qu'à l'accoutumée », pour tenir compte des « difficultés sans précédent en termes de collecte, de compilation et de méthodologie », tout en insistant sur les mesures prises par les professionnels de la statistique à l'échelle mondiale pour atténuer ces difficultés, notamment par le recours à des sources de données alternatives ou de substitution pour surmonter les lacunes spécifiques liées aux données (OCDE, 2021[7]). Elle précisait en outre que les données préliminaires pour 2020 pourraient aussi subir des révisions plus importantes que d'ordinaire « en raison des mesures de soutien prises par les pouvoirs publics pour aider les ménages et les entreprises à faire face à la crise, y compris l'utilisation généralisée des reports d'impôt, l'extension des délais de déclaration et la souplesse renforcée pour le traitement des déficits fiscaux ».

Une comparaison entre les données préliminaires pour 2020 présentées dans l'étude spéciale des *Statistiques des recettes publiques* de 2021 et les données définitives pour 2020 indiquées au chapitre 1 de l'édition 2022 montre que quelques États membres de l'OCDE ont déclaré avoir opéré des ajustements des données pour la première année de la pandémie de COVID-19, mais que la plupart des révisions effectuées n'étaient pas significatives. Le Graphique 2.6 donne un aperçu des variations entre les données préliminaires et les données finales pour les principaux types d'impôt dans les 38 pays de l'OCDE. Les parties ombrées bleues indiquent la variation de chaque impôt en pourcentage du PIB entre les deux ensembles de données, le bleu foncé correspondant à la plus forte variation.

Graphique 2.6. Variation entre les données préliminaires et les données définitives pour les principaux types d'impôt, 2020

Variation en pourcentage du ratio impôts/PIB

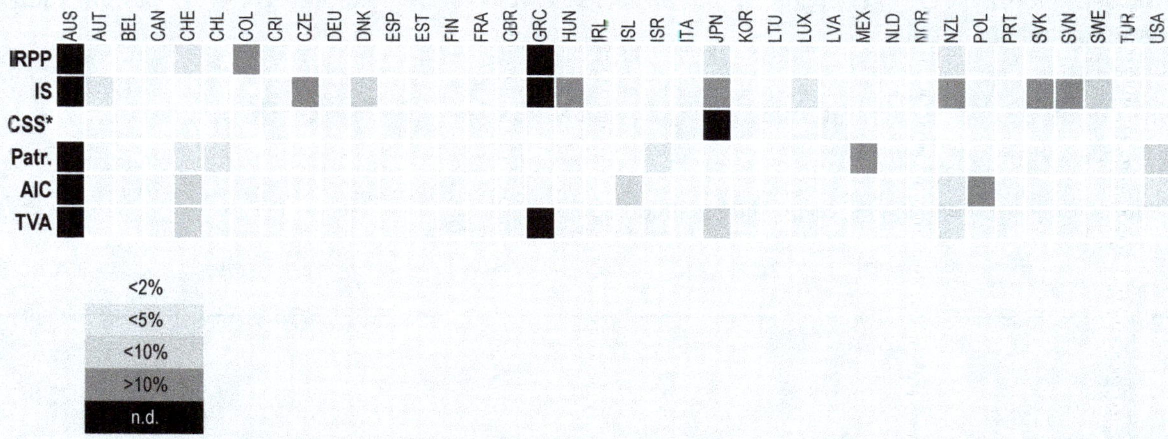

Note : La rubrique « AIC » comprend tous les autres impôts sur la consommation (5 000) à l'exception de la TVA. Les zones non coloriées indiquent que la catégorie d'impôt n'existe pas dans le pays, tandis que les zones en noir indiquent que les données ne sont pas disponibles.
* Dans le graphique, les « CSS » renvoient à la catégorie 2000 uniquement, contrairement aux autres parties de ce chapitre où elles regroupent les catégories 2000 et 3000. Voir l'Encadré 2.1 pour plus d'informations.
Source : *Statistiques des recettes publiques 2022* et calculs des auteurs.

StatLink https://stat.link/5sbe6w

La variation en pourcentage de la part de chaque type de recette fiscale dans le PIB a été inférieure à 2 % pour toutes les catégories d'impôt sauf 27 sur 216. Dans neuf catégories seulement sur les 216 indiquées, la variation entre les données préliminaires et les données définitives s'est traduite par une variation de la part des recettes fiscales dans le PIB supérieure à 10 %. La plupart de ces variations plus marquées ont concerné les recettes de l'IS.

Une comparaison entre les données préliminaires et les données définitives a été également effectuée afin d'examiner si des écarts entre les deux ensembles de données modifieraient sensiblement les conclusions relatives aux variations des ratios impôts/PIB pour tous les types d'impôt entre 2019 et 2020. Dans 137 (63 %) des 216 catégories d'impôt, peu de différences ont été observées par rapport au niveau indiqué dans la publication. Sur les 79 catégories restantes, un changement du signe a été observé dans 22 cas (un ensemble de données indiquait un changement positif tandis que l'autre indiquait un changement négatif).

À titre de comparaison, lorsque les données préliminaires pour 2018 ont été comparées aux données définitives pour la même année, cinq catégories d'impôt sur 216 ont affiché une variation supérieure à 10 % de la part du PIB de la catégorie d'impôt. Si l'on examine les variations des recettes provenant des différents impôts en pourcentage du PIB, les révisions entre les données préliminaires et les données définitives pour 2018 aboutissent à un changement de signe dans huit cas.

Source : Direction des statistiques et des données de l'OCDE, contributions des pays et des auteurs.

Le Graphique 2.7 indique la décomposition des variations du ratio impôts/PIB dans 37 pays de l'OCDE inclus dans cette analyse. Dans 18 des 25 pays où le ratio impôts/PIB a augmenté entre 2020 et 2021 (à l'exclusion de la Grèce pour des raisons d'agrégation des données), ce sont les recettes tirées de l'IS ou de la TVA qui ont été le principal moteur de la hausse. Il convient toutefois de souligner que l'IRPP a augmenté en pourcentage du PIB dans 17 des 25 pays, soit deux de moins que pour l'IS. Les recettes générées par l'IRPP ont diminué en pourcentage du PIB dans neuf des onze pays où le ratio impôts/PIB a baissé en 2021, ce qui souligne l'importance des variations de cette catégorie d'impôt par rapport au niveau global des recettes.

Graphique 2.7. Décomposition des variations du ratio impôts/PIB dans l'OCDE par catégorie d'impôt, 2020-2021

Variation en glissement annuel, en point de pourcentage

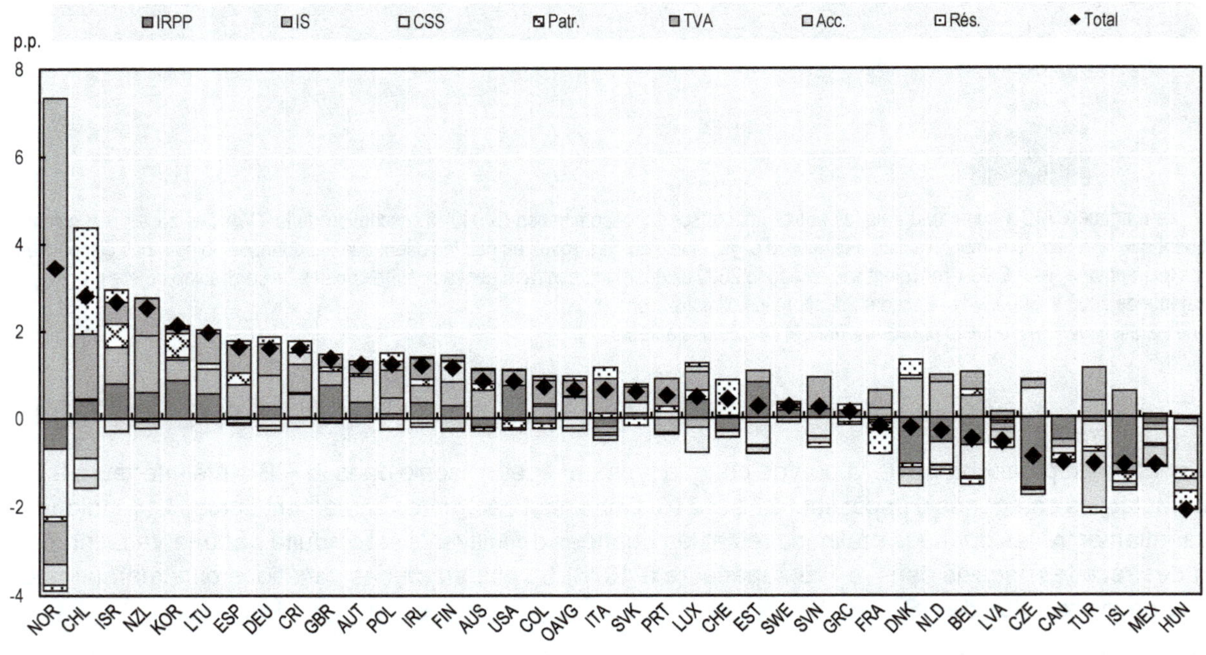

Note : Les données pour 2021 sont préliminaires et doivent être interprétées avec précaution ; voir l'Encadré 2.2 pour plus de détails. Ce graphique tient compte de la variation entre 2019 et 2020 pour l'Australie et la Nouvelle-Zélande, car ces deux pays communiquent leurs recettes fiscales sur la base de l'année fiscale qui englobe le premier et le deuxième trimestre de 2021 dans l'exercice 2020. Faute de données disponibles, la moyenne exclut le Japon ; elle exclut également la Grèce pour l'IRPP (catégorie 1100), l'IS (catégorie 1200), la TVA (catégorie 5111) et les accises (5121) par manque de données désagrégées sur ces catégories. Dans le graphique, les données de la Grèce pour l'IRPP font référence à son total des recettes fiscales.

Source : *Statistiques des recettes publiques 2022* et calculs des auteurs.

StatLink https://stat.link/7ljw1i

Seize des 26 pays dans lesquels le ratio impôts/PIB a augmenté globalement en 2021 ont connu un recul des CSS, tandis que l'ensemble des pays où le ratio impôts/PIB avait fléchi, à l'exception de trois d'entre eux, ont vu leurs CSS baisser. La Corée a été le seul pays à enregistrer une hausse dans toutes les catégories d'impôt en pourcentage du PIB entre 2020 et 2021, le Canada et la Hongrie étant les seuls pays à ne pas déclarer d'augmentation des recettes en pourcentage du PIB dans l'une quelconque des catégories d'impôt sur la même période.

Variations des recettes fiscales nominales par type d'impôt

En valeur nominale, les recettes tirées de tous les types d'impôt ont augmenté entre 2020 et 2021. Au total, les recettes fiscales moyennes ont enregistré une hausse de 13.4 %, l'augmentation médiane étant de 10.2 %. Le PIB nominal a enregistré une hausse moyenne de 10.7 % et une augmentation médiane de 9.9 % sur la même période. Le Tableau 2.3 compare la ventilation des variations des recettes nominales par catégorie d'impôt entre 2020 et 2021 avec les variations observées entre 2019 et 2020, durant la première année de la pandémie.

En 2021, les hausses les plus marquées des recettes fiscales moyennes ont été observées pour l'IS qui a augmenté de 23.1 % en valeur nominale en 2021. Cette tendance contraste avec les résultats pour l'année 2020, au cours de laquelle les recettes provenant de l'IS ont reculé de 9.8 %, la plus forte baisse de toutes les catégories d'impôt pour cette période. Les recettes nominales de l'IS ont augmenté dans 34 des 37 pays pour lesquels des données étaient disponibles en 2021, huit pays enregistrant des hausses supérieures à 40 %.

Les recettes nominales tirées de la TVA ont progressé de 17.3 % entre 2020 et 2021. Les recettes de la TVA ont augmenté dans tous les pays, la hausse étant supérieure à 20 % pour neuf d'entre eux. Elles ont diminué de 2.4 % en valeur nominale en 2020. Dans le même temps, les recettes issues des droits d'accise ont enregistré la plus faible croissance moyenne en 2021, qui s'est établie à 5.5 % (contre une baisse de 5.4 % en 2020). Les recettes provenant des droits d'accise ont augmenté en valeur nominale dans 29 pays et ont baissé dans huit pays. La hausse a excédé 10 % dans six pays tandis que la baisse a dépassé cette valeur dans deux pays.

Les recettes nominales moyennes tirées de l'IRPP se sont accrues de 11.7 % en 2021 tandis que celles des CSS progressaient de 9.0 %. Les recettes provenant de l'IRPP ont augmenté dans tous les pays sauf un seul, la hausse dépassant 20 % dans sept pays. Les CSS ont progressé dans tous les pays qui en prélèvent à l'exception d'un seul, la hausse dépassant 10 % dans huit pays. En 2020, l'IRPP a été la seule catégorie d'impôt principale qui a enregistré une hausse des recettes nominales (de 1.9 %) ; les CSS ont reculé de 0.3 % en valeur nominale entre 2019 et 2020. Les recettes tirées des impôts sur le patrimoine, qui ont augmenté de 0.1 % en valeur nominale en 2020, ont connu une croissance moyenne de 10.6 % en 2021, la hausse touchant l'ensemble des pays sauf deux. L'augmentation des recettes nominales issues de l'impôt sur le patrimoine a dépassé 20 % dans cinq pays.

En 2020 et 2021, les variations des recettes fiscales totales ont été fortement corrélées avec les variations du PIB. On observe toutefois certaines différences notables dans la corrélation entre les variations des différents types d'impôt et le PIB entre 2020 et 2021. Pour ces deux années, les variations des recettes de la TVA ont été étroitement corrélées avec les fluctuations du PIB. Les variations des recettes tirées de l'IRPP ont été toutefois plus étroitement corrélées avec le PIB en 2021 qu'en 2020 tandis que celles des recettes de l'IS et des droits d'accise l'étaient moins sur la même période, la corrélation devenant négative pour les droits d'accise. Les recettes générées par l'impôt sur le patrimoine et les CSS ont été plus étroitement corrélées avec le PIB en 2021 qu'en 2020.

Tableau 2.3. Ventilation des variations des recettes nominales par catégorie d'impôt et corrélation avec le PIB

	2020-2021					2019-2020				
	Moyenne	Quartile inférieur	Médiane	Quartile supérieur	Corrélation avec le PIB	Moyenne	Quartile inférieur	Médiane	Quartile supérieur	Corrélation avec le PIB
IRPP	11.7	6.1	10.0	16.0	58.4	1.9	-1.1	1.0	4.7	22.1
IS	23.1	6.9	22.1	36.9	29.5	-9.8	-17.1	-8.6	-1.4	51.3
CSS	9.0	5.2	7.5	9.7	31.9	-0.3	-2.9	0.4	2.2	30.1
Patr.	10.6	4.5	9.1	15.4	42.8	0.1	-4.5	0.3	3.3	37.2
TVA	17.3	9.7	14.4	19.7	80.4	-2.4	-8.1	-1.7	1.4	66.4
Acc	5.5	2.6	5.1	8.4	-3.8	-5.4	-11.0	-5.3	-1.7	70.8
Total	13.4	7.8	10.2	16.0	78.5	-1.8	-4.6	-1.7	-0.1	76.4
PIB	10.7	7.0	9.9	12.0	..	-1.8	-4.5	-2.2	0.8	..

Note : Les données pour 2021 sont préliminaires et doivent être interprétées avec précaution ; voir l'Encadré 2.2 pour plus de détails.
* La corrélation entre les recettes de l'IS et le PIB en 2020 exclut la Lettonie, où les recettes de l'IS en valeur nominale ont fortement augmenté (346.4 %) sous l'effet de la correction consécutive à des niveaux de remboursements anormalement élevés en 2019 (voir l'explication ci-dessus pour plus de précisions) et du pourcentage relativement faible des recettes de l'IS dans le PIB en Lettonie (0.2 % en 2019 et 0.7 % en 2020). Si la Lettonie avait été incluse dans la corrélation entre les recettes nominales de l'IS et le PIB en 2020, le résultat serait de 4.7 %. La croissance des recettes tirées de l'IS pour la Norvège (394.6 % en valeur nominale) est exclue des calculs.
Source : *Statistiques des recettes publiques 2022* et calculs des auteurs.

StatLink https://stat.link/krz3en

Variations des recettes par type d'impôt en 2020 et 2021

Le Graphique 2.8 montre la répartition des variations des recettes par type d'impôt en pourcentage du PIB, respectivement pour 2020 et 2021. Les variations des recettes fiscales totales ont été mieux réparties en 2021 qu'en 2020, la plus grande variation (positive ou négative) observée en 2021 ayant dépassé la plus grande variation observée pour 2020, les variations maximales étaient observées parmi les 50 % du milieu de la distribution. Le graphique représente les diverses tendances observées concernant les différentes catégories d'impôt dans les pays de l'OCDE durant les deux premières années de la pandémie. En 2020, les recettes de l'IRPP et des CSS ont mieux résisté, augmentant en moyenne et dans la plupart des pays de l'OCDE en pourcentage du PIB. Au cours de la même année, les recettes tirées de l'IS ont nettement baissé en pourcentage du PIB dans la zone OCDE tandis que les recettes de la TVA sont restées stables en moyenne et leur marge de variation est restée étroite dans les pays de l'OCDE.

En 2021, les recettes de l'IS se sont fortement redressées en pourcentage du PIB dans la zone OCDE, parallèlement à la hausse généralisée des recettes de la TVA. Pour la même année, les recettes de l'IRPP sont restées inchangées en pourcentage du PIB, les pays étant à peine plus nombreux à connaître des hausses plutôt que des baisses et les recettes des CSS ont connu une baisse généralisée qui s'est traduite par une diminution des CSS en pourcentage du PIB. En ce qui concerne les autres types d'impôt, le graphique montre que les variations des recettes tirées de l'impôt sur le patrimoine dans la zone OCDE ont été analogues sur les deux années tandis que le recul des recettes provenant des droits d'accise a été plus généralisé en 2021, même si leur baisse moyenne n'a été que légèrement supérieure à celle observée en 2020.

Graphique 2.8. Répartition des variations des recettes par type d'impôt

Variations en pourcentage du PIB, du point le plus bas au point le plus haut : minimum, quartile inférieur, médiane quartile supérieur, maximum

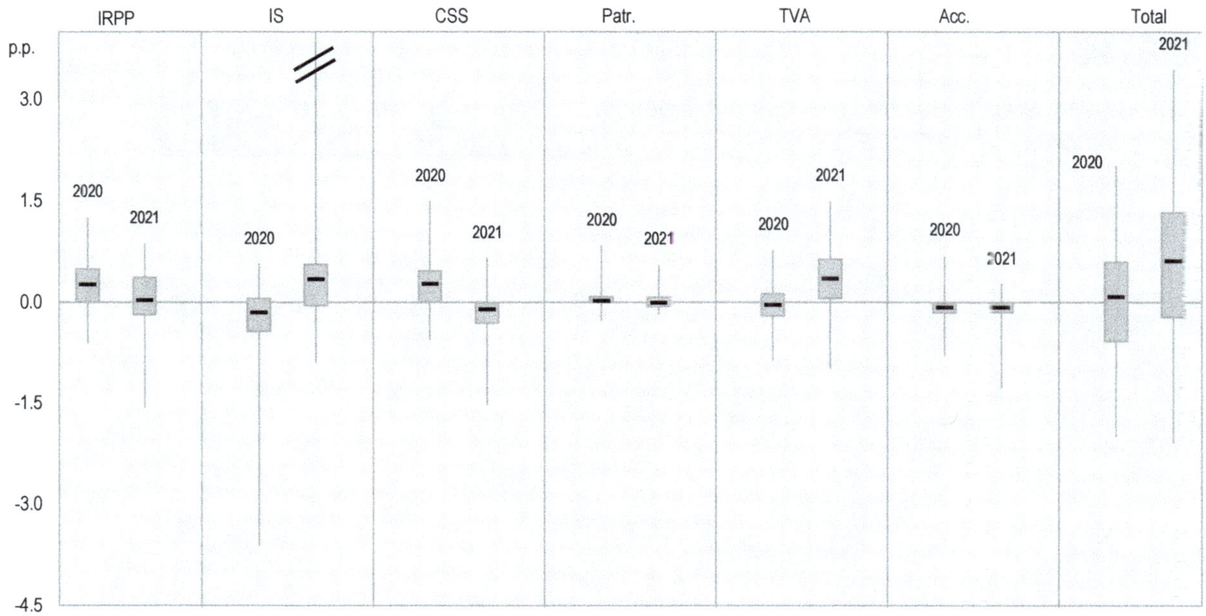

Note : Les données pour 2021 sont préliminaires et doivent être interprétées avec précaution ; voir l'Encadré 2.2 pour plus de détails. Dans ce graphique, le point le plus bas correspond à la variation minimale survenue dans le pays pour ce type d'impôt ; la case représente les variations pour les pays qui se situent entre le quartile inférieur et le quartile supérieur (50 % des pays de l'OCDE ont connu des variations comprises dans l'intervalle matérialisé par chaque case) ; et le point le plus haut pour chaque type d'impôt correspond à la variation maximale survenue dans le pays. La ligne dans chaque case représente la variation médiane (la moitié des pays de l'OCDE se situaient à la fois au-dessus et en dessous de cette ligne).

Source : *Statistiques des recettes publiques 2022* et calculs des auteurs.

StatLink https://stat.link/bgemv3

Références

OCDE (2022), *Les impôts sur les salaires 2022 : L'impact du COVID-19 sur le coin fiscal dans les pays de l'OCDE*, Éditions OCDE, Paris, https://doi.org/10.1787/cd7faa8e-fr. [5]

OCDE (2022), *OECD Sovereign Borrowing Outlook 2022*, Éditions OCDE, Paris, https://doi.org/10.1787/b2d85ea7-en. [2]

OCDE (2022), *Perspectives de l'emploi de l'OCDE 2022 : Reconstruire des marchés du travail plus inclusifs*, Éditions OCDE, Paris, https://doi.org/10.1787/f4bcd6ab-fr. [3]

OCDE (2022), *Perspectives économiques de l'OCDE, Volume 2022 Numéro 1*, Éditions OCDE, Paris, https://doi.org/10.1787/ede49c4e-fr. [1]

OCDE (2022), *Tax Policy Reforms 2022 : OECD and Selected Partner Economies*, Éditions OCDE, Paris, https://doi.org/10.1787/067c593d-en. [4]

OCDE (2022), *Two-Pillar Solution to Address the Tax Challenges Arising from the Digitalisation of the Economy*, Éditions OCDE, Paris, https://www.oecd.org/tax/beps/faqs-two-pillar-solution-to-address-the-tax-challenges-arising-from-the-digitalisation-of-the-economy-july-2022.pdf. [6]

OCDE (2021), *Statistiques des recettes publiques 2021 : L'impact initial du COVID-19 sur les recettes fiscales de l'OCDE*, Éditions OCDE, Paris, https://doi.org/10.1787/ed5596c6-fr. [7]

Annex 2.A. Variations des ratios impôts/PIB par pays et par type d'impôt

Tableau d'annexe 2.A.1. Variations des ratios impôts/PIB, par type d'impôt, 2020-2021

Variation en glissement mensuel, en points de pourcentage

	IRPP	IS	CSS	Patrimoine	TVA	Accises	AIC	Div.	Total des impôts	Bases de comptabilisation*
Australie	-0.2	0.6	0.0	0.2	0.3	0.0	-0.1	0.0	0.8	Droits constatés (1998)
Autriche	0.4	0.6	-0.1	0.1	0.2	0.1	-0.1	0.1	1.2	Droits constatés
Belgique	-0.6	0.5	-0.7	0.1	0.4	0.0	-0.1	0.0	-0.5	Droits constatés
Canada	-0.5	-0.2	-0.2	-0.1	0.0	-0.1	0.0	0.0	-1.0	Droits constatés (1999)*
Chili	0.4	-0.9	-0.4	0.0	1.5	-0.3	-0.1	2.5	2.8	Encaissements
Colombie	-0.1	0.3	0.0	-0.1	0.5	0.1	0.0	0.0	0.7	Encaissements
Costa Rica	0.0	0.5	-0.2	0.0	0.6	0.3	0.3	0.0	1.6	Encaissements
République tchèque	-1.6	0.0	0.7	0.0	0.2	-0.1	0.0	0.0	-0.9	Droits constatés
Danemark	-1.0	0.9	0.1	-0.1	-0.1	-0.3	-0.1	0.4	-0.2	Droits constatés
Estonie	0.8	-0.1	-0.5	0.0	0.3	-0.1	0.0	0.0	0.3	Droits constatés
Finlande	0.3	0.5	0.5	0.0	0.1	-0.2	-0.1	0.0	1.1	Droits constatés
France	-0.1	0.2	-0.1	-0.1	0.4	0.0	-0.4	-0.1	-0.2	Droits constatés
Allemagne	0.3	0.7	-0.2	0.0	0.7	-0.1	0.2	0.0	1.6	Droits constatés (2002)
Grèce	0.2		-0.1	-0.1			0.1	0.0	0.1	Droits constatés (1998)
Hongrie	0.0	-0.1	-1.0	-0.2	0.0	-0.3	-0.4	0.0	-2.1	Droits constatés (2002)*
Islande	-1.1	-0.2	0.0	-0.2	0.6	-0.1	-0.1	0.1	-1.1	Droits constatés (1998)
Irlande	0.4	0.4	-0.1	0.1	0.5	-0.1	0.0	0.0	1.2	Droits constatés (1998)
Israël	0.8	0.8	-0.3	0.5	0.5	0.0	0.0	0.2	2.7	Encaissements
Italie	-0.2	-0.1	-0.1	0.1	0.8	-0.1	0.0	0.3	0.6	Droits constatés (2000)
Japon	0.0	0.4		0.0	0.1	0.0	0.0			Droits constatés
Corée	0.9	0.5	0.1	0.6	0.1	0.0	0.0	0.0	2.1	Encaissements
Lettonie	0.0	0.1	-0.1	-0.1	-0.1	-0.2	-0.2	0.0	-0.5	Droits constatés
Lituanie	0.6	0.6	0.1	0.0	0.7	-0.1	0.1	0.0	2.0	Droits constatés
Luxembourg	0.4	-0.2	-0.5	0.2	0.4	0.1	0.1	0.0	0.5	Droits constatés
Mexique	-0.2	-0.1	-0.3	0.0	0.1	-0.4	0.0	0.0	-1.1	Encaissements
Pays-Bas	-0.6	0.8	-0.5	0.0	0.2	-0.1	0.0	-0.1	-0.3	Droits constatés (1999)
Nouvelle-Zélande	0.6	1.3	0.0	-0.1	0.9	-0.2	0.0	0.0	2.5	Droits constatés
Norvège	-0.7	7.3	-1.5	-0.1	-1.0	-0.5	-0.1	0.0	3.4	Droits constatés (2000)
Pologne	0.1	0.4	-0.2	0.0	0.6	0.2	0.2	0.0	1.2	Droits constatés (2002)
Portugal	0.0	-0.3	0.1	0.1	0.6	0.0	0.0	0.0	0.5	Droits constatés
République slovaque	0.1	0.0	0.2	0.0	0.4	0.1	-0.2	0.0	0.6	Droits constatés
Slovénie	0.2	0.0	-0.4	0.0	0.7	-0.1	-0.1	0.0	0.2	Droits constatés
Espagne	0.0	0.7	-0.1	0.3	0.6	-0.1	0.1	0.0	1.6	Droits constatés (2000)
Suède	0.2	0.1	0.1	0.0	0.1	-0.1	0.0	0.0	0.3	Droits constatés (2000)
Suisse	-0.3	0.0	-0.1	0.0	0.0	0.0	-0.1	0.9	0.4	Droits constatés
Türkiye	-0.1	0.4	-0.6	-0.1	0.7	-1.3	-0.1	0.0	-1.0	Encaissements*
Royaume-Uni	0.8	0.3	-0.1	0.1	0.3	0.0	0.0	0.0	1.4	Droits constatés
États-Unis	0.7	0.3	0.0	-0.2	0.0	0.0	0.0	0.0	0.8	Droits constatés
Moyenne	**0.0**	**0.5**	**-0.2**	**0.0**	**0.4**	**-0.1**	**0.0**	**0.1**	**0.6**	

Note : Les données pour 2021 sont préliminaires et doivent être interprétées avec précaution ; voir l'Encadré 2.2 pour plus de détails. Ce graphique tient compte de la variation entre 2019 et 2020 pour l'Australie et la Nouvelle-Zélande, car ces deux pays communiquent leurs recettes fiscales sur la base de l'année fiscale qui englobe les deux premiers trimestres de 2021 dans l'exercice 2020. Faute de données disponibles, la moyenne exclut le Japon pour les CSS (catégorie 2000) et pour le total des recettes fiscales ; elle exclut également la Grèce pour l'IRPP (catégorie 1100), l'IS (catégorie 1200), la TVA (catégorie 5111) et les accises (5121) par manque de données désagrégées sur ces catégories.
* La base de comptabilisation indiquée ici est celle qui figure au chapitre 5 sous le tableau de chaque pays. L'année indiquée entre parenthèses est l'année à partir de laquelle les données sur la base des droits constatés sont disponibles si celle-ci est postérieure à 1995. Veuillez également noter : CAN : les données sont sur la base de la comptabilité des droits constatés, à l'exception des impôts sur le revenu des personnes physiques qui sont sur une base des encaissements modifiée ; HUN : les données préliminaires pour 2021 sont sur la base des encaissements ; TUR : les CSS sont déclarées sur la base des cotisations.
Source : *Statistiques des recettes publiques 2022* et calculs des auteurs.

StatLink https://stat.link/4zeacd

Graphique d'annexe 2.A.1. Variations des ratios impôts/PIB, par type d'impôt, 2019-2021

Glissement annuel en pourcentage

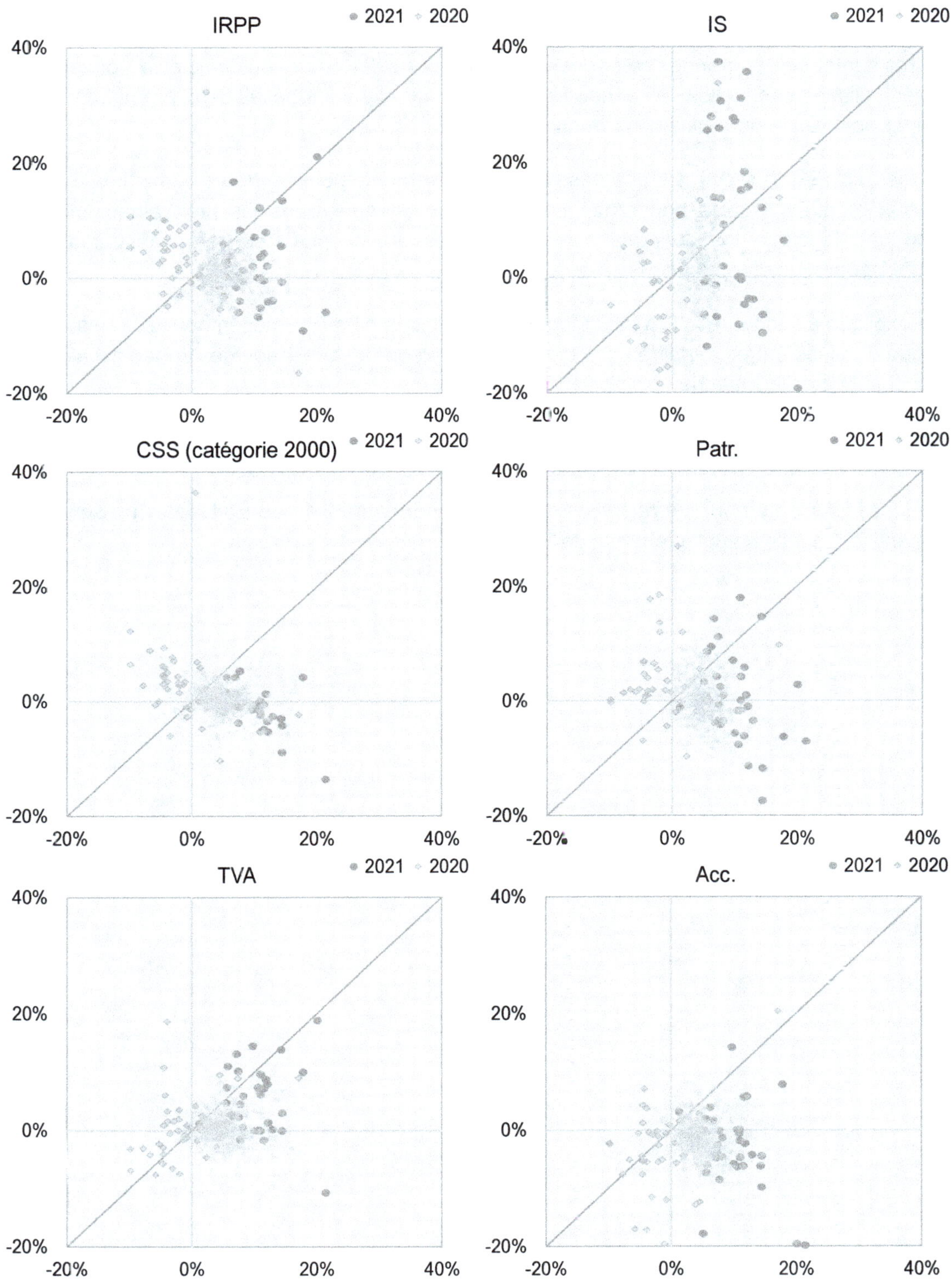

Note : Les données pour 2021 sont préliminaires et doivent être interprétées avec précaution ; voir l'Encadré 2.2 pour plus de détails.
Source : *Statistiques des recettes publiques 2022* et calculs des auteurs.

StatLink https://stat.link/v0al6j

Notes

[1] Le Japon n'est pas inclus dans cet échantillon, car il n'a pas été en mesure de fournir des données préliminaires sur toutes les grandes catégories d'impôts pour 2021. Pour l'Australie et la Nouvelle-Zélande, les données utilisées sont celles de l'année fiscale 2020, car elle englobe les deux premiers trimestres de 2021. Voir l'Encadré 2.1 pour plus d'informations.

[2] La Hongrie déclare ses recettes sur la base des encaissements pour l'année préliminaire. Ses données relatives aux recettes fiscales pour 2021 peuvent donc changer dans les prochaines éditions de la publication une fois que les données sur la base des droits constatés seront disponibles. Voir le tableau 2.A.1 pour plus d'informations.

[3] Comme expliqué à l'encadré 2.1, dans ce chapitre, le ratio impôts/PIB moyen pour 2021 est différent de celui indiqué dans les autres chapitres de ce rapport en raison de l'utilisation de l'année fiscale 2020 pour l'Australie et la Nouvelle-Zélande.

[4] Le graphique d'annexe 2.A.1 montre les variations des ratios impôts/PIB, par type d'impôt analysé dans cette section pour chaque pays en pourcentage du PIB, pour les années 2020 et 2021.

[5] Outre les pays absents pour les raisons expliquées à l'Encadré 2.1, les États-Unis ne sont pas inclus dans l'échantillon, car ils n'appliquent pas de TVA.

3 Niveaux et structures des impôts, 1965-2021

Le chapitre 3 fournit un aperçu des niveaux et structures des impôts dans les pays membres de l'OCDE.

Dans tous les tableaux suivants, le symbole (..) signifie que l'information n'est pas disponible ou qu'elle n'est pas applicable. La principale série chronologique dans ce chapitre couvre une sélection d'années entre 1990 et 2020. Des séries complètes sont, cependant, disponible en ligne. La partie V dans l'édition 1998 de ce Rapport fournit des données pour les années 1955 et 1960 (pour dix-neuf pays de l'OCDE).

Les chiffres du Produit Intérieur Brut (PIB) se fondent sur le Système de comptabilité nationale de 2008 (SCN 2008) pour tous les pays membres de l'OCDE.

Encadré 3.1. Traitements des transferts en capital

Les notes de bas de page des tableaux 3.1 à 3.18 se réfèrent au traitement des transferts en capital que certains pays effectuent pour tenir compte des impôts qui ont été évalués mais non recouvrés. Le transfert en capital a été soustrait directement des impôts spécifiques auxquels il se rapporte, sauf pour la France, où les transferts en capital ont été répartis entre les différentes rubriques en pourcentage de leurs recettes au niveau de l'administration par rapport à laquelle ces transferts ont été enregistrés.

Les pays déclarant des transferts en capital sont les suivants :

- Autriche à partir de 2020
- Belgique à partir de 1995
- Danemark à partir de 1971
- France à partir de 1992
- Lituanie à partir de 1999
- Luxembourg à partir de 2013
- Pologne à partir de 1995
- Slovénie à partir de 1995
- Suisse à partir de 1990

Tableau 3.1. Total des recettes fiscales en % du PIB

	1965	1990	2000	2007	2010	2015	2018	2019	2020	2021p
Allemagne	31.7	34.8	36.4	35.4	35.5	37.3	38.5	38.6	37.9	39.5
Australie	20.6	28.1	30.4	29.4	25.2	27.8	28.6	27.7	28.5	..
Autriche[1]	33.5	39.3	42.3	40.5	41.0	43.1	42.2	42.6	42.2	43.5
Belgique[1]	30.8	41.4	43.8	42.9	42.9	44.1	43.8	42.4	42.5	42.0
Canada	25.0	35.1	34.7	32.5	31.0	32.8	33.5	33.1	34.3	33.2
Chili	..	16.8	18.7	22.8	19.7	20.5	21.3	21.0	19.4	22.2
Colombie	..	11.3	15.7	19.3	18.1	19.9	19.3	9.7	18.8	19.5
Corée	..	18.6	20.9	23.7	22.4	23.7	26.7	27.2	27.7	29.9
Costa Rica	..	22.4	21.1	23.1	22.1	22.9	23.2	23.4	22.7	24.2
Danemark[1]	29.1	44.4	46.9	46.4	44.8	46.1	44.2	46.9	47.1	46.9
Espagne	14.3	31.5	33.0	36.4	31.3	33.8	34.7	34.7	36.7	38.4
Estonie	..	..	31.1	31.0	33.2	33.3	32.9	33.5	33.3	33.5
États-Unis	23.6	26.0	28.3	26.7	23.4	26.2	24.9	25.2	25.8	26.6
Finlande	30.0	42.9	45.8	41.4	40.6	43.5	42.4	42.3	41.8	43.0
France[1]	33.7	41.2	43.4	42.5	42.1	45.3	45.9	44.9	45.3	45.1
Grèce	17.1	25.2	33.4	31.8	32.3	36.6	40.0	39.5	38.9	39.0
Hongrie	..	..	38.5	39.2	36.8	38.7	36.8	36.4	36.1	34.0
Irlande	24.5	32.4	30.8	30.8	27.7	23.2	22.3	21.9	19.9	21.1
Islande	25.7	30.5	35.9	38.4	32.2	35.1	36.5	34.9	36.1	35.1
Israël	..	..	34.1	33.3	30.3	31.0	30.7	30.0	29.6	32.2
Italie	24.6	36.3	40.5	41.6	41.7	43.0	41.7	42.3	42.7	43.3
Japon	17.3	27.7	25.3	27.2	26.2	30.2	31.5	31.5	33.2	..
Lettonie	..	..	29.0	28.2	28.5	29.8	31.1	30.9	31.8	31.2
Lituanie[1]	..	..	30.8	30.1	28.3	28.9	30.2	30.3	30.8	32.8
Luxembourg[1]	27.3	34.7	37.0	35.7	35.7	34.8	39.4	39.6	38.1	38.6
Mexique	..	12.1	11.5	12.0	12.8	15.9	16.1	16.3	17.8	16.7
Norvège	29.4	40.2	41.7	42.0	41.8	38.4	39.4	[illegible]	38.8	42.2
Nouvelle-Zélande	24.5	36.2	32.5	33.9	30.3	31.5	32.2	31.3	33.8	33.8
Pays-Bas	30.5	39.7	36.9	35.7	35.7	37.0	38.8	39.3	40.0	39.7
Pologne[1]	..	..	32.9	34.6	31.3	32.4	35.1	35.1	35.5	36.8
Portugal	15.7	26.5	30.9	31.8	30.4	34.4	34.7	34.5	35.3	35.8
République slovaque	..	..	33.6	29.2	28.0	32.6	34.2	34.6	35.2	35.8
République tchèque	..	..	32.3	34.1	32.2	33.1	35.0	34.8	34.7	33.8
Royaume-Uni	30.1	32.9	32.7	32.8	32.0	31.6	32.4	32.2	32.1	33.5
Slovénie[1]	..	..	37.7	38.0	37.8	37.3	37.2	37.0	37.2	37.4
Suède	30.9	48.8	50.0	44.9	42.9	42.6	43.8	42.8	42.3	42.6
Suisse[1]	16.0	23.1	27.0	25.4	25.6	26.6	26.8	27.3	27.5	28.0
Türkiye	10.6	14.5	23.5	22.9	24.7	25.0	24.0	23.1	23.9	22.8
Moyenne non pondérée										
Moyenne OCDE[2]	**24.9**	**30.8**	**32.9**	**32.8**	**31.5**	**32.9**	**33.5**	**33.4**	**33.6**	**34.1**

.. Non disponible

Note : Les séries temporelles complètes sont accessibles sur le site web http://oe.cd/series-temporelles-completes.

1. Les transferts en capital ont été directement diminués des impôts spécifiques auxquels ils se rapportent, sauf pour la France, où les transferts en capital ont été répartis entre les différentes rubriques en proportion des recettes fiscales.

2. 2021 : calculé en appliquant le pourcentage moyen non pondéré de variation pour 2021 dans les 36 pays qui ont communiqué des données pour cette année au ratio moyen global impôts/PIB en 2020.

StatLink https://stat.link/u02skx

Tableau 3.2. Total des recettes fiscales en milliards de dollars des É-U au taux de change du marché

	1965	1990	2000	2007	2010	2015	2018	2019	2020	2021p
Allemagne	..	577.4	706.9	1 210.4	1 206.8	1 252.2	1 527.5	1 501.5	1 471.2	1 683.1
Australie	5.6	90.8	117.3	289.9	346.5	344.3	401.2	379.6	424.2	..
Autriche[1]	..	68.6	83.2	157.6	160.5	164.7	192.2	189.5	182.5	207.2
Belgique[1]	..	89.4	103.6	201.9	206.2	203.9	237.9	227.0	221.2	252.0
Canada	14.2	210.1	260.0	477.2	501.4	511.1	576.6	576.0	563.7	661.3
Chili	..	5.8	14.6	39.4	42.8	49.7	62.8	58.3	49.0	70.3
Colombie	..	5.1	14.7	39.8	51.8	58.4	64.4	63.7	50.8	61.3
Corée	..	52.6	120.5	278.2	256.2	347.9	460.4	449.7	456.3	540.9
Costa Rica	..	1.3	3.2	6.2	8.4	13.0	14.4	15.1	14.1	15.6
Danemark[1]	3.0	61.4	76.9	148.3	144.2	139.5	157.7	162.5	167.4	186.7
Espagne	..	131.6	197.3	536.1	444.4	404.6	492.2	483.3	469.5	546.6
Estonie	..	..	1.8	7.0	6.5	7.6	10.1	10.4	10.4	12.5
États-Unis	167.0	1 552.4	2 900.5	3 868.6	3 517.1	4 773.7	5 116.0	5 385.0	5 380.2	6 112.3
Finlande	..	49.6	57.5	106.0	101.1	102.1	116.8	113.5	113.5	127.8
France[1]	..	550.7	591.8	1 130.7	1 113.7	1 104.3	1 279.6	1 224.8	1 193.8	1 335.3
Grèce	..	14.6	43.5	101.3	95.9	71.6	84.8	81.0	73.2	84.3
Hongrie	..	..	18.2	55.0	48.7	48.4	59.1	59.6	56.6	62.0
Irlande	0.7	15.6	30.7	83.2	61.5	67.6	86.0	87.3	84.4	106.2
Islande	0.1	2.0	3.2	8.3	4.4	6.2	9.6	8.7	7.8	9.0
Israël	..	..	46.4	61.3	72.3	94.2	115.6	120.8	122.2	157.4
Italie	..	336.6	463.6	918.8	889.9	788.9	872.4	850.1	805.4	908.9
Japon	17.1	920.0	1 224.6	1 281.0	1 545.1	1 386.4	1 594.7	1 616.8	1 649.2	..
Lettonie	..	..	1.8	8.8	6.8	8.1	10.7	10.6	10.7	12.1
Lituanie[1]	..	..	3.8	11.9	10.5	12.0	16.2	16.6	17.4	21.5
Luxembourg[1]	..	4.7	7.8	18.4	20.0	20.9	27.9	27.6	28.1	33.0
Mexique	..	35.9	81.2	126.5	135.9	186.1	198.0	207.9	193.9	216.4
Norvège	2.4	48.2	71.4	168.5	179.3	148.2	172.0	162.3	140.6	203.6
Nouvelle-Zélande	1.4	16.1	17.3	46.0	47.0	56.8	67.4	65.1	78.2	85.9
Pays-Bas	..	132.6	153.7	302.5	301.9	283.3	354.4	357.3	363.1	402.1
Pologne[1]	..	..	56.6	148.7	150.4	154.9	206.5	209.7	213.2	249.7
Portugal	..	18.8	36.6	76.5	72.2	68.5	83.9	82.8	80.4	89.4
République slovaque	..	..	9.8	25.3	25.4	28.9	36.1	36.4	36.9	41.1
République tchèque	..	..	20.0	64.9	67.4	62.3	87.1	87.8	85.4	95.3
Royaume-Uni	30.6	359.4	544.5	1 019.1	795.8	934.1	940.0	927.4	885.5	1 067.0
Slovénie[1]	..	..	6.6	18.3	18.2	16.1	20.2	20.1	19.9	23.1
Suède	7.8	127.7	131.5	220.7	212.7	215.5	243.2	228.7	231.5	270.6
Suisse[1]	2.6	61.6	75.5	125.4	154.6	187.1	197.2	199.5	207.1	227.2
Türkiye	1.3	30.2	64.5	156.2	192.0	215.5	186.3	175.7	171.7	186.7
Moyenne non pondérée										
Moyenne OCDE	**19.5**	**192.1**	**220.1**	**356.4**	**347.8**	**382.6**	**431.0**	**433.7**	**429.7**	..

.. Non disponible

Note : Les séries temporelles complètes sont accessibles sur le site web http://oe.cd/series-temporelles-completes.

1. Les transferts en capital ont été directement diminués des impôts spécifiques auxquels ils se rapportent, sauf pour la France, où les transferts en capital ont été répartis entre les différentes rubriques en proportion des recettes fiscales.

StatLink https://stat.link/9k8n1w

Tableau 3.3. Recettes fiscales sous les principales rubriques en % du PIB, 2020

	1000 Revenu & bénéfices	2000 Sécurité sociale	3000 Salaires	4000 Patrimoine	5000 Biens & services[3]	6000 Autres	Pour mémoire : revenus supranationaux
Allemagne	11.9	15.0	0.0	1.2	9.7	0.0	0.2
Australie	16.8	0.0	1.3	2.9	7.6	0.0	..
Autriche[1]	11.7	15.5	2.8	0.6	11.5	0.2	0.2
Belgique[1]	15.1	13.6	0.0	3.4	10.4	0.0	0.4
Canada	17.1	4.9	0.8	4.1	7.4	0.0	..
Chili	6.3	1.5	0.0	1.0	10.6	-0.1	..
Colombie	6.2	1.9	0.4	1.8	7.8	0.8	..
Corée	8.6	7.8	0.1	3.9	6.8	0.6	..
Costa Rica	4.5	8.2	1.5	0.4	7.6	0.5	..
Danemark[1]	30.5	0.1	0.2	2.0	14.4	0.0	0.1
Espagne	10.7	13.8	0.0	2.5	9.8	0.0	0.2
Estonie	7.7	12.1	0.0	0.2	13.3	0.0	0.2
États-Unis	11.7	6.4	0.0	3.2	4.4	0.0	..
Finlande	14.7	11.5	0.0	1.5	14.1	0.0	0.2
France[1]	11.9	14.8	1.9	4.0	12.3	0.5	0.2
Grèce	7.9	12.9	0.0	3.0	15.0	0.0	0.2
Hongrie	6.6	11.1	1.0	1.1	16.3	0.0	0.1
Irlande	9.7	3.3	0.2	1.0	5.6	0.0	0.1
Islande	18.4	3.0	0.3	2.3	11.4	0.7	..
Israël	9.8	5.1	1.1	3.1	10.4	0.0	..
Italie	14.0	13.6	0.0	2.4	11.5	1.2	0.2
Japon	10.1	13.4	0.0	2.7	6.9	0.1	..
Lettonie	6.9	10.0	0.0	1.0	14.0	0.0	0.2
Lituanie[1]	8.7	10.2	0.0	0.3	11.6	0.0	0.3
Luxembourg[1]	14.5	11.1	0.0	3.8	8.7	0.0	0.3
Mexique	7.6	2.5	0.5	0.3	6.6	0.3	..
Norvège	13.8	11.2	0.1	1.3	12.4	0.0	..
Nouvelle-Zélande	19.1	0.0	0.0	1.9	12.8	0.0	..
Pays-Bas	12.3	13.6	0.0	1.7	12.2	0.2	0.4
Pologne[1]	7.5	13.5	0.3	1.3	12.9	0.0	0.2
Portugal	9.8	10.5	0.0	1.5	13.2	0.3	0.2
République slovaque	7.1	15.5	0.0	0.5	12.2	0.0	0.2
République tchèque	7.9	15.8	0.0	0.2	10.8	0.0	0.1
Royaume-Uni[2]	11.5	6.7	0.1	3.7	10.0	0.0	0.1
Slovénie[1]	7.2	16.8	0.0	0.6	12.5	0.0	0.2
Suède	15.1	9.0	5.1	1.0	12.1	0.0	0.1
Suisse[1]	12.7	6.9	0.0	2.2	5.5	0.1	..
Türkiye	5.2	7.1	0.0	1.1	10.2	0.2	..
Moyenne non pondérée							
Moyenne OCDE	**11.3**	**9.2**	**0.5**	**1.9**	**10.6**	**0.2**	**0.2**

.. Non disponible

1. Les transferts en capital ont été directement diminués des impôts spécifiques auxquels ils se rapportent, sauf pour la France, où les transferts en capital ont été répartis entre les différentes rubriques en proportion des recettes fiscales.

2. Les recettes fiscales supranationales déclarées par le Royaume-Uni déclarées jusqu'en 2020 dans Les statistiques des recettes publiques. À partir de 2021, à la fin de la période de transition du Brexit, cela prend fin et les taxes introduites ultérieurement par le Royaume-Uni sont reflétées dans la catégorie de taxe appropriée au niveau national ou infranational des administrations publiques, selon le cas.

3. Les chiffres de la catégorie 5000 incluent les revenus supranationaux, qui sont également présentés séparément sous la rubrique Supranationale.

StatLink https://stat.link/wzvbph

Tableau 3.4. Recettes fiscales sous les principales rubriques en % du total des recettes fiscales, 2020

	1000 Revenu & bénéfices	2000 Sécurité sociale	3000 Salaires	4000 Patrimoine	5000 Biens & services[3]	6000 Autres	Pour mémoire : revenus supranationaux
Allemagne	31.3	39.7	0.0	3.3	25.7	0.0	0.5
Australie	59.0	0.0	4.5	10.1	26.5	0.0	..
Autriche[1]	27.8	36.8	6.5	1.4	27.1	0.4	0.4
Belgique[1]	35.6	32.0	0.0	8.0	24.4	0.0	0.9
Canada	49.8	14.3	2.3	12.0	21.5	0.1	..
Chili	32.3	8.0	0.0	5.3	54.8	-0.5	..
Colombie	32.9	9.9	2.0	9.7	41.4	4.1	..
Corée	30.9	28.0	0.3	14.2	24.4	2.1	..
Costa Rica	20.1	36.1	6.5	2.0	33.3	2.0	..
Danemark[1]	64.7	0.1	0.4	4.2	30.6	0.0	0.3
Espagne	29.1	37.4	0.0	6.7	26.7	0.0	0.6
Estonie	23.0	36.5	0.0	0.6	39.9	0.0	0.5
États-Unis	45.5	24.8	0.1	12.4	17.2	0.0	..
Finlande	35.1	27.4	0.0	3.6	33.8	0.1	0.4
France[1]	26.2	32.7	4.1	8.7	27.1	1.2	0.5
Grèce	20.4	33.2	0.0	7.8	38.5	0.0	0.5
Hongrie	18.2	30.8	2.9	2.9	45.1	0.1	0.4
Irlande	49.1	16.6	1.0	5.0	28.4	0.0	0.6
Islande	51.1	8.3	0.9	6.2	31.7	1.8	..
Israël	33.1	17.4	3.8	10.3	35.3	0.0	..
Italie	32.8	31.8	0.0	5.7	26.9	2.7	0.4
Japon	30.4	40.4	0.0	8.1	20.9	0.3	..
Lettonie	21.6	31.4	0.0	3.0	44.0	0.0	0.6
Lituanie[1]	28.2	33.2	0.0	1.0	37.7	0.0	0.9
Luxembourg[1]	38.0	29.2	0.0	10.0	22.8	0.1	0.8
Mexique	42.6	13.9	2.5	1.9	37.2	1.8	..
Norvège	35.6	28.9	0.2	3.4	32.0	0.0	..
Nouvelle-Zélande	56.5	0.0	0.0	5.5	38.0	0.0	..
Pays-Bas	30.7	34.1	0.0	4.3	30.5	0.5	1.1
Pologne[1]	21.2	37.9	0.9	3.6	36.2	0.1	0.5
Portugal	27.7	29.6	0.0	4.2	37.5	1.0	0.5
République slovaque	20.2	43.9	0.0	1.4	34.6	0.0	0.4
République tchèque	22.9	45.5	0.0	0.6	31.1	0.0	0.4
Royaume-Uni[2]	35.8	21.0	0.4	11.6	31.2	0.0	0.4
Slovénie[1]	19.4	45.2	0.1	1.7	33.6	0.0	0.4
Suède	35.8	21.4	12.0	2.2	28.5	0.1	0.3
Suisse[1]	46.2	25.2	0.0	8.1	20.0	0.5	..
Türkiye	21.9	29.7	0.0	4.4	42.9	1.0	..
Moyenne non pondérée							
Moyenne OCDE	**33.7**	**26.6**	**1.4**	**5.7**	**32.1**	**0.5**	**0.5**

.. Non disponible

1. Les transferts en capital ont été directement diminués des impôts spécifiques auxquels ils se rapportent, sauf pour la France, où les transferts en capital ont été répartis entre les différentes rubriques en proportion des recettes fiscales.
2. Les recettes fiscales supranationales déclarées par le Royaume-Uni déclarées jusqu'en 2020 dans Les statistiques des recettes publiques. À partir de 2021, à la fin de la période de transition du Brexit, cela prend fin et les taxes introduites ultérieurement par le Royaume-Uni sont reflétées dans la catégorie de taxe appropriée au niveau national ou infranational des administrations publiques, selon le cas.
3. Les chiffres de la catégorie 5000 incluent les revenus supranationaux, qui sont également présentés séparément sous la rubrique Supranationale.

StatLink https://stat.link/wx8osb

Tableau 3.5. Recettes fiscales sous les principales rubriques en % du PIB, 2021p

	1000 Revenu & bénéfices	2000 Sécurité sociale	3000 Salaires	4000 Patrimoine	5000 Biens & services[3]	6000 Autres	Pour mémoire revenus supranationaux
Allemagne	12.9	14.9	0.0	1.2	10.5	0.0	0.2
Australie	..	..	..	..	..	..	..
Autriche[1]	12.8	15.4	2.8	0.6	11.6	0.2	0.2
Belgique[1]	15.0	12.9	0.0	3.6	10.6	0.0	0.4
Canada	16.4	4.8	0.8	4.0	7.3	0.0	..
Chili	8.5	1.2	0.0	1.1	11.8	-0.3	..
Colombie	6.2	1.9	0.3	1.7	8.4	0.9	..
Corée	9.9	7.8	0.1	4.5	6.9	0.6	..
Costa Rica	5.2	8.1	1.4	0.5	8.7	0.4	..
Danemark[1]	30.7	0.1	0.3	1.9	13.9	0.0	0.1
Espagne	11.4	13.7	0.0	2.7	10.5	0.0	0.2
Estonie	8.4	11.6	0.0	0.2	13.4	0.0	0.2
États-Unis	12.8	6.3	0.0	3.0	4.4	0.0	..
Finlande	15.5	12.0	0.0	1.5	14.0	0.0	0.2
France[1]	12.0	14.8	1.8	3.8	12.2	0.4	0.2
Grèce	8.1	12.8	0.0	3.0	15.1	0.0	0.2
Hongrie	6.4	10.1	1.0	0.9	15.6	0.0	[illegible]
Irlande	10.5	3.2	0.2	1.1	6.0	0.0	0.2
Islande	17.5	3.0	0.3	2.1	11.8	0.4	..
Israël	11.7	5.0	0.9	3.6	11.0	0.0	..
Italie	13.8	13.5	0.0	2.5	12.2	1.3	0.2
Japon	10.5	..	0.0	2.6	7.0	0.1	..
Lettonie	7.0	9.9	0.0	0.9	13.4	0.0	0.2
Lituanie[1]	9.8	10.3	0.0	0.3	12.3	0.0	0.3
Luxembourg[1]	14.6	10.6	0.0	4.0	9.3	0.0	0.4
Mexique	7.3	2.3	0.3	0.3	6.2	0.3	..
Norvège	20.4	9.7	0.1	1.2	10.9	0.0	..
Nouvelle-Zélande	19.3	0.0	0.0	1.9	12.6	0.0	..
Pays-Bas	12.5	13.1	0.0	1.7	12.2	0.1	0.5
Pologne[1]	8.0	13.0	0.6	1.3	13.9	0.0	0.2
Portugal	9.4	10.6	0.0	1.6	13.8	0.3	0.2
République slovaque	7.2	15.7	0.0	0.5	12.4	0.0	0.1
République tchèque	6.3	16.4	0.0	0.2	10.9	0.0	0.2
Royaume-Uni[2]	12.6	6.7	0.1	3.8	10.3	0.0	..
Slovénie[1]	7.4	16.4	0.0	0.6	13.0	0.0	0.2
Suède	15.4	9.0	5.2	1.0	12.0	0.0	0.1
Suisse[1]	13.3	6.8	0.0	2.2	5.5	0.1	..
Türkiye	5.5	6.5	0.0	1.0	9.6	0.2	..

.. Non disponible

1. Les transferts en capital ont été directement diminués des impôts spécifiques auxquels ils se rapportent, sauf pour la France, où les transferts en capital ont été répartis entre les différentes rubriques en proportion des recettes fiscales.
2. Les recettes fiscales supranationales déclarées par le Royaume-Uni déclarées jusqu'en 2020 dans Les statistiques des recettes publiques. À partir de 2021, à la fin de la période de transition du Brexit, cela prend fin et les taxes introduites ultérieurement par le Royaume-Uni sont reflétées dans la catégorie de taxe appropriée au niveau national ou infranational des administrations publiques, selon le cas.
3. Les chiffres de la catégorie 5000 incluent les revenus supranationaux, qui sont également présentés séparément sous la rubrique Supranationale.

StatLink https://stat.link/xn5rbi

Tableau 3.6. Recettes fiscales sous les principales rubriques en % du total des recettes fiscales, 2021p

	1000 Revenu & bénéfices	2000 Sécurité sociale	3000 Salaires	4000 Patrimoine	5000 Biens & services[3]	6000 Autres	Pour mémoire : revenus supranationaux
Allemagne	32.6	37.7	0.0	3.1	26.6	0.0	0.5
Australie	..	..	..	..	..	..	..
Autriche[1]	29.5	35.5	6.4	1.5	26.7	0.4	0.4
Belgique[1]	35.7	30.6	0.0	8.5	25.2	0.0	0.9
Canada	49.4	14.3	2.3	11.9	22.0	0.1	..
Chili	38.3	5.3	0.0	4.8	53.1	-1.5	..
Colombie	31.9	10.0	1.7	8.7	43.3	4.4	..
Corée	33.2	26.2	0.3	15.1	23.1	2.1	..
Costa Rica	21.4	33.2	5.8	2.0	36.0	1.6	..
Danemark[1]	65.6	0.1	0.6	4.0	29.7	0.0	0.3
Espagne	29.9	35.6	0.0	7.1	27.4	0.0	0.7
Estonie	24.9	34.6	0.0	0.6	39.9	0.0	0.7
États-Unis	48.2	23.8	0.1	11.4	16.6	0.0	..
Finlande	36.1	27.8	0.0	3.5	32.5	0.1	0.4
France[1]	26.6	32.8	4.1	8.5	27.1	1.0	0.5
Grèce	20.7	32.8	0.0	7.7	38.7	0.0	0.5
Hongrie	18.8	29.8	2.9	2.6	45.9	0.0	0.4
Irlande	49.8	15.2	0.9	5.4	28.7	0.0	0.8
Islande	50.0	8.5	0.8	5.9	33.6	1.2	..
Israël	36.2	15.7	2.9	11.2	34.1	0.0	..
Italie	31.9	31.2	0.0	5.9	28.1	2.9	0.5
Japon	..	..	..	..	..	..	..
Lettonie	22.3	31.8	0.0	2.9	43.0	0.0	0.7
Lituanie[1]	29.9	31.6	0.0	0.9	37.6	0.0	1.0
Luxembourg[1]	38.0	27.4	0.0	10.4	24.1	0.1	1.0
Mexique	43.5	14.0	1.6	1.8	37.3	1.8	..
Norvège	48.4	22.9	0.1	2.9	25.7	0.0	..
Nouvelle-Zélande	57.0	0.0	0.0	5.7	37.3	0.0	..
Pays-Bas	31.6	33.1	0.0	4.3	30.8	0.3	1.2
Pologne[1]	21.7	35.4	1.5	3.5	37.8	0.1	0.6
Portugal	26.4	29.6	0.0	4.4	38.7	0.9	0.5
République slovaque	20.2	43.9	0.0	1.3	34.6	0.0	0.4
République tchèque	18.6	48.6	0.0	0.6	32.2	0.0	0.5
Royaume-Uni[2]	37.6	19.9	0.4	11.4	30.7	0.0	..
Slovénie[1]	19.7	43.8	0.1	1.6	34.7	0.0	0.5
Suède	36.1	21.2	12.2	2.3	28.2	0.1	0.3
Suisse[1]	47.6	24.3	0.0	8.0	19.6	0.5	..
Türkiye	24.0	28.6	0.0	4.2	42.1	1.0	..

.. Non disponible

1. Les transferts en capital ont été directement diminués des impôts spécifiques auxquels ils se rapportent, sauf pour la France, où les transferts en capital ont été répartis entre les différentes rubriques en proportion des recettes fiscales.

2. Les recettes fiscales supranationales déclarées par le Royaume-Uni déclarées jusqu'en 2020 dans Les statistiques des recettes publiques. À partir de 2021, à la fin de la période de transition du Brexit, cela prend fin et les taxes introduites ultérieurement par le Royaume-Uni sont reflétées dans la catégorie de taxe appropriée au niveau national ou infranational des administrations publiques, selon le cas.

3. Les chiffres de la catégorie 5000 incluent les revenus supranationaux, qui sont également présentés séparément sous la rubrique Supranationale.

StatLink https://stat.link/zuogy9

Tableau 3.7. Impôts sur le revenu et les bénéfices (1000) en % du PIB et en % du total des recettes fiscales

	% du PIB					% du total des recettes fiscales				
	1990	2000	2010	2019	2020	1990	2000	2010	2019	2020
Allemagne	11.3	11.0	10.1	12.6	11.9	32.4	30.1	28.3	32.6	31.3
Australie	16.0	17.6	14.3	16.4	16.8	57.1	57.9	56.7	59.2	59.0
Autriche[1]	10.0	12.0	11.5	12.5	11.7	25.5	28.3	28.1	29.5	27.3
Belgique[1]	15.3	16.9	14.7	15.0	15.1	36.9	38.6	34.2	35.4	35.5
Canada	17.0	17.4	14.5	16.1	17.1	48.6	50.1	46.6	48.7	49.8
Chili	3.9	4.4	7.5	7.3	6.3	23.2	23.3	38.1	34.8	32.3
Colombie	3.4	3.6	4.8	6.4	6.2	29.9	23.2	26.6	32.3	32.9
Corée	6.1	6.0	6.3	9.0	8.6	32.8	28.8	28.0	33.2	30.9
Costa Rica	2.3	2.8	3.8	4.9	4.5	10.0	13.2	17.1	20.9	20.[illegible]
Danemark[1]	27.2	28.8	27.5	30.4	30.5	61.2	61.4	61.5	64.8	64.7
Espagne	9.7	9.3	8.7	9.9	10.7	30.6	28.1	28.0	28.6	29.[illegible]
Estonie	..	7.7	6.6	7.3	7.7	..	24.8	19.3	21.9	23.0
États-Unis	11.8	14.2	9.9	11.6	11.7	45.2	50.1	42.3	46.1	45.5
Finlande	16.8	19.7	14.4	14.8	14.7	39.2	43.1	35.5	35.0	35.1
France[1]	6.6	10.8	9.5	11.5	11.9	16.1	24.8	22.6	25.7	26.2
Grèce	5.0	9.0	7.1	8.5	7.9	19.9	26.8	22.0	21.6	20.4
Hongrie	..	9.4	7.6	6.4	6.6	..	24.3	20.7	17.6	18.2
Irlande	12.3	13.4	11.1	10.0	9.7	38.0	43.6	40.[illegible]	45.6	49.1
Islande	9.0	14.3	14.3	17.4	18.4	29.7	39.9	44.3	49.9	51.1
Israël	..	13.4	8.8	9.8	9.8	..	39.4	29.0	32.6	33.1
Italie	13.2	13.4	13.6	13.4	14.0	36.5	33.2	32.[illegible]	31.6	32.8
Japon	13.9	8.8	7.9	9.7	10.1	50.2	34.8	30.2	30.8	30.4
Lettonie	..	7.0	7.1	6.6	6.9	..	24.1	25.0	21.4	21.6
Lituanie[1]	..	8.3	4.6	8.8	8.7	..	27.0	13.2	29.0	28.2
Luxembourg[1]	13.9	13.5	12.9	15.5	14.5	40.2	36.5	36.2	39.2	38.0
Mexique	4.1	4.1	5.1	6.9	7.6	34.0	36.0	39.8	42.4	42.5
Norvège	14.2	18.9	19.8	16.4	13.8	35.2	45.3	47.3	40.9	35.3
Nouvelle-Zélande	21.6	19.5	16.3	17.2	19.1	59.6	60.0	53.8	55.1	56.5
Pays-Bas	12.8	9.6	9.9	12.2	12.3	32.3	25.9	27.9	31.0	30.7
Pologne[1]	..	6.7	6.3	7.5	7.5	..	20.4	20.1	21.4	21.2
Portugal	6.8	9.1	8.1	9.5	9.8	25.7	29.4	26.7	27.4	27.7
République slovaque	..	6.9	5.3	7.1	7.1	..	20.5	18.8	20.5	20.2
République tchèque	..	7.4	6.5	7.9	7.9	..	22.8	20.2	22.8	22.9
Royaume-Uni	12.9	12.9	12.0	11.2	11.5	39.3	39.5	37.4	34.6	35.8
Slovénie[1]	..	6.8	7.4	7.2	7.2	..	18.0	19.6	19.5	19.4
Suède	20.3	21.4	15.3	15.3	15.1	41.6	42.7	35.7	35.7	35.8
Suisse[1]	10.8	11.8	11.7	13.1	12.7	46.8	43.8	45.7	48.2	46.2
Türkiye	4.9	6.9	5.3	5.6	5.2	33.5	29.5	21.3	24.2	21.9
Moyenne non pondérée										
Moyenne OCDE	**11.5**	**11.4**	**10.2**	**11.3**	**11.3**	**36.2**	**33.9**	**32.2**	**34.0**	**33.7**

.. Non disponible
Note : Les séries temporelles complètes sont accessibles sur le site web http://oe.cd/series-temporelles-completes.
1. Les transferts en capital ont été directement diminués des impôts spécifiques auxquels ils se rapportent, sauf pour la France, où les transferts en capital ont été répartis entre les différentes rubriques en proportion des recettes fiscales.

StatLink https://stat.link/xv6isc

Tableau 3.8. Impôts sur le revenu des personnes physiques (1100) en % du PIB et en % du total des recettes fiscales

	% du PIB					% du total des recettes fiscales				
	1990	2000	2010	2019	2020	1990	2000	2010	2019	2020
Allemagne	9.6	9.2	8.6	10.6	10.2	27.6	25.3	24.1	27.4	27.0
Australie	12.1	11.5	9.7	11.7	11.5	43.0	37.7	38.7	42.0	40.1
Autriche[1]	8.2	9.3	9.2	9.6	9.4	21.0	22.0	22.4	22.6	22.2
Belgique[1]	13.2	13.8	12.1	11.3	11.8	32.0	31.4	28.2	26.6	27.8
Canada	14.3	12.8	10.9	11.9	12.6	40.8	36.8	35.0	36.1	36.9
Chili	0.9	1.4	1.3	1.5	2.0	5.6	7.6	6.8	7.2	10.2
Colombie	0.2	0.8	1.0	1.3	1.4	1.8	4.9	5.3	6.8	7.7
Corée	3.7	3.1	3.2	4.8	5.2	20.0	14.6	14.2	17.5	18.8
Costa Rica	..	..	1.0	1.4	1.5	..	..	4.6	6.1	6.8
Danemark[1]	24.0	24.7	23.3	24.5	25.5	54.0	52.6	52.0	52.2	54.2
Espagne	6.9	6.4	6.9	7.9	8.7	21.7	19.3	22.1	22.7	23.7
Estonie	..	6.8	5.3	5.5	6.0	..	22.0	15.9	16.5	18.1
États-Unis	9.8	11.9	8.1	10.3	10.4	37.7	42.2	34.8	40.7	40.6
Finlande	14.9	14.0	12.0	12.3	12.5	34.7	30.6	29.5	29.0	30.0
France[1]	4.4	7.8	7.2	9.3	9.5	10.7	17.9	17.0	20.7	21.0
Grèce	3.6	4.3	4.0	6.0	6.3	14.1	13.0	12.4	15.2	16.3
Hongrie	..	7.2	6.4	5.2	5.3	..	18.6	17.4	14.2	14.6
Irlande	10.7	9.8	8.8	6.9	6.5	33.1	31.9	31.6	31.6	32.9
Islande	8.2	12.5	11.7	14.3	15.6	26.9	34.8	36.4	41.0	43.1
Israël	..	9.9	5.4	6.2	6.5	..	28.9	17.9	20.8	21.9
Italie	9.5	10.1	11.2	10.9	11.4	26.3	24.8	26.9	25.8	26.8
Japon	7.7	5.3	4.9	5.9	6.2	27.8	21.0	18.6	18.8	18.7
Lettonie	..	5.5	6.2	6.5	6.1	..	18.8	21.6	20.9	19.3
Lituanie[1]	..	7.6	3.6	7.2	7.1	..	24.8	12.7	23.9	23.0
Luxembourg[1]	8.3	6.8	7.4	9.5	9.7	24.1	18.5	20.9	24.0	25.5
Mexique	..	..	2.3	3.4	3.7	..	..	18.3	20.8	21.0
Norvège	10.5	10.1	9.9	10.4	11.4	26.2	24.2	23.7	25.9	29.4
Nouvelle-Zélande	17.4	14.0	11.4	12.4	13.0	48.0	43.1	37.7	39.7	38.5
Pays-Bas	9.8	5.6	7.7	8.5	9.2	24.7	15.1	21.5	21.6	22.9
Pologne[1]	..	4.3	4.3	5.3	5.3	..	13.2	13.9	15.1	14.8
Portugal	4.2	5.3	5.4	6.3	7.0	15.9	17.0	17.7	18.4	19.9
République slovaque	..	3.3	2.6	3.8	3.8	..	9.9	9.3	10.9	10.8
République tchèque	..	4.2	3.3	4.4	4.7	..	12.9	10.2	12.7	13.4
Royaume-Uni	9.7	9.5	9.1	8.9	9.2	29.4	29.0	28.5	27.6	28.6
Slovénie[1]	..	5.5	5.6	5.3	5.2	..	14.6	14.7	14.2	14.1
Suède	18.8	17.7	12.1	12.3	12.2	38.5	35.4	28.1	28.7	28.8
Suisse[1]	7.5	7.9	8.1	8.4	8.8	32.3	29.4	31.8	30.7	32.1
Türkiye	3.9	5.2	3.5	3.8	3.1	26.8	22.2	14.0	16.3	13.2
Moyenne non pondérée										
Moyenne OCDE	**9.3**	**8.5**	**7.2**	**8.0**	**8.3**	**27.6**	**24.1**	**22.0**	**23.5**	**24.1**

.. Non disponible

Note : Les séries temporelles complètes sont accessibles sur le site web http://oe.cd/series-temporelles-completes.

1. Les transferts en capital ont été directement diminués des impôts spécifiques auxquels ils se rapportent, sauf pour la France, où les transferts en capital ont été répartis entre les différentes rubriques en proportion des recettes fiscales.

StatLink https://stat.link/94lspu

Tableau 3.9. Impôts sur les bénéfices des sociétés (1200) en % du PIB et en % du total des recettes fiscales

	% du PIB					% du total des recettes fiscales				
	1990	2000	2010	2019	2020	1990	2000	2010	2019	2020
Allemagne	1.7	1.8	1.5	2.0	1.6	4.8	4.8	4.2	5.2	4.3
Australie	4.0	6.1	4.5	4.7	5.4	14.1	20.2	17.9	17.1	18.8
Autriche[1]	1.4	1.9	1.9	2.7	2.2	3.6	4.6	4.6	6.4	5.1
Belgique[1]	2.0	3.1	2.5	3.7	3.3	4.8	7.2	5.9	8.7	7.7
Canada	2.5	4.2	3.2	3.7	4.1	7.0	12.2	10.5	11.3	11.8
Chili	2.1	2.1	4.0	4.9	4.7	12.4	11.2	20.4	23.4	24.3
Colombie	1.6	2.6	3.8	4.7	4.3	13.9	16.7	20.7	24.1	23.0
Corée	2.4	3.0	3.1	4.3	3.4	12.8	14.1	13.8	15.7	12.1
Costa Rica	..	..	2.3	2.8	1.9	..	..	10.3	11.9	8.4
Danemark[1]	1.7	3.2	2.3	3.2	2.9	3.9	6.8	5.1	6.7	6.1
Espagne	2.8	2.9	1.8	2.1	2.0	8.8	8.8	5.9	5.9	5.3
Estonie	..	0.9	1.3	1.8	1.6	..	2.8	4.0	5.5	4.3
États-Unis	2.0	2.2	1.8	1.4	1.3	7.5	7.9	7.5	5.4	4.3
Finlande	1.9	5.7	2.4	2.5	2.1	4.5	12.5	6.0	6.0	5.1
France[1]	2.2	3.0	2.3	2.2	2.3	5.3	6.9	5.5	4.9	5.1
Grèce	1.4	4.0	2.6	2.2	1.2	5.5	11.9	7.9	5.6	3.7
Hongrie	..	2.2	1.2	1.2	1.3	..	5.7	3.3	3.4	3.6
Irlande	1.6	3.6	2.4	3.1	3.2	4.9	11.7	8.5	14.0	16.7
Islande	0.8	1.2	0.9	2.1	2.2	2.8	3.3	2.7	5.9	6.1
Israël	..	3.2	2.6	3.0	2.7	..	9.5	8.3	10.1	9.2
Italie	3.6	2.8	2.3	2.0	2.1	10.0	6.9	5.3	4.6	4.8
Japon	6.2	3.5	3.0	3.8	3.9	22.4	13.7	11.6	12.0	11.7
Lettonie	..	1.5	1.0	0.2	0.7	..	5.3	3.4	0.5	2.3
Lituanie[1]	..	0.7	1.0	1.6	1.6	..	2.2	3.5	5.1	5.1
Luxembourg[1]	5.6	6.7	5.4	6.0	4.8	16.1	18.0	15.3	15.2	12.5
Mexique	..	..	1.8	3.3	3.6	..	..	14.4	20.1	20.1
Norvège	3.6	8.8	9.9	6.0	2.4	9.0	21.0	23.6	15.0	6.2
Nouvelle-Zélande	2.3	4.0	3.7	3.9	5.2	6.5	12.4	12.2	12.5	15.4
Pays-Bas	3.0	4.0	2.3	3.7	3.1	7.5	10.9	6.4	9.4	7.8
Pologne[1]	..	2.4	1.9	2.2	2.3	..	7.3	6.2	6.3	6.4
Portugal	2.1	3.7	2.7	3.1	2.8	8.0	11.9	9.0	9.0	7.9
République slovaque	..	2.6	2.4	3.1	3.0	..	7.6	8.7	8.9	8.6
République tchèque	..	3.2	3.2	3.5	3.3	..	9.9	10.0	10.1	9.4
Royaume-Uni	3.3	3.5	2.8	2.3	2.3	9.9	10.6	8.9	7.1	7.3
Slovénie[1]	..	1.1	1.8	2.0	1.9	..	3.0	4.9	5.3	5.2
Suède	1.5	3.6	3.2	3.0	3.0	3.1	7.3	7.6	7.0	7.0
Suisse[1]	1.7	2.4	2.6	3.1	3.0	7.3	8.8	10.1	11.2	11.0
Türkiye	1.0	1.7	1.8	1.8	2.1	6.7	7.3	7.3	7.9	8.7
Moyenne non pondérée										
Moyenne OCDE	**2.4**	**3.1**	**2.7**	**3.0**	**2.8**	**8.3**	**9.5**	**9.0**	**9.6**	**9.0**

.. Non disponible

Note : Les séries temporelles complètes sont accessibles sur le site web http://oe.cd/series-temporelles-completes.

1. Les transferts en capital ont été directement diminués des impôts spécifiques auxquels ils se rapportent, sauf pour la France, où les transferts en capital ont été répartis entre les différentes rubriques en proportion des recettes fiscales.

StatLink https://stat.link/go78az

Tableau 3.10. Cotisations de sécurité sociale (2000) en % du PIB et en % du total des recettes fiscales

	% du PIB					% du total des recettes fiscales				
	1990	2000	2010	2019	2020	1990	2000	2010	2019	2020
Allemagne	13.0	14.2	13.8	14.6	15.0	37.5	39.0	38.9	37.9	39.7
Australie	0.0	0.0	0.0	0.0	0.0	0.0	0.0	0.0	0.0	0.0
Autriche[1]	12.9	14.3	14.0	14.9	15.5	32.9	33.8	34.2	34.9	36.8
Belgique[1]	13.7	13.5	13.9	13.2	13.6	33.2	30.8	32.4	31.1	32.0
Canada	4.3	4.7	4.6	4.7	4.9	12.1	13.6	14.9	14.2	14.3
Chili	1.5	1.4	1.3	1.5	1.5	9.0	7.3	6.8	7.3	8.0
Colombie	0.9	2.6	2.1	1.9	1.9	7.9	16.3	11.7	9.5	9.9
Corée	1.9	3.5	5.2	7.3	7.8	10.1	16.7	23.3	26.7	28.0
Costa Rica	6.5	6.4	7.3	8.0	8.2	28.9	30.4	33.1	34.2	36.1
Danemark[1]	0.0	0.6	0.1	0.0	0.1	0.0	1.4	0.2	0.1	0.1
Espagne	11.2	11.5	11.9	12.3	13.8	35.4	34.9	37.9	35.3	37.4
Estonie	..	10.9	12.7	11.7	12.1	..	35.1	38.4	35.0	36.5
États-Unis	6.7	6.7	6.1	6.1	6.4	25.6	23.6	26.1	24.3	24.8
Finlande	11.0	11.5	12.0	11.8	11.5	25.6	25.2	29.7	27.9	27.4
France[1]	18.1	15.6	16.1	14.8	14.8	44.1	35.8	38.2	33.0	32.7
Grèce	7.6	10.1	11.0	12.1	12.9	30.2	30.3	34.2	30.8	33.2
Hongrie	..	11.3	11.6	11.7	11.1	..	29.4	31.4	32.0	30.8
Irlande	4.6	3.7	5.1	3.7	3.3	14.1	11.9	18.2	16.8	16.6
Islande	1.0	2.8	3.8	3.2	3.0	3.1	7.7	11.7	9.2	8.3
Israël	..	5.0	5.1	5.2	5.1	..	14.6	16.8	17.3	17.4
Italie	11.9	11.6	13.0	13.2	13.6	32.9	28.5	31.1	31.2	31.8
Japon	7.3	8.9	10.8	12.9	13.4	26.5	35.2	41.1	41.1	40.4
Lettonie	..	9.7	8.6	9.5	10.0	..	33.5	30.1	30.7	31.4
Lituanie[1]	..	9.9	11.6	9.7	10.2	..	32.2	41.1	31.9	33.2
Luxembourg[1]	9.6	9.7	10.3	11.0	11.1	27.5	26.1	29.0	27.8	29.2
Mexique	2.0	2.1	2.1	2.3	2.5	16.8	18.0	16.2	13.8	13.9
Norvège	10.6	8.8	9.4	10.6	11.2	26.3	21.0	22.4	26.4	28.9
Nouvelle-Zélande	0.0	0.0	0.0	0.0	0.0	0.0	0.0	0.0	0.0	0.0
Pays-Bas	14.9	14.3	12.9	13.4	13.6	37.4	38.7	36.3	34.2	34.1
Pologne[1]	..	12.9	10.8	13.2	13.5	..	39.2	34.4	37.6	37.9
Portugal	7.2	7.9	8.6	9.6	10.5	27.2	25.6	28.4	27.9	29.6
République slovaque	..	13.9	11.9	15.0	15.5	..	41.4	42.6	43.3	43.9
République tchèque	..	14.3	14.4	15.4	15.8	..	44.3	44.8	44.1	45.5
Royaume-Uni	5.6	5.5	6.0	6.4	6.7	17.0	16.8	18.9	19.7	21.0
Slovénie[1]	..	14.9	15.8	15.6	16.8	..	39.6	41.8	42.2	45.2
Suède	13.3	12.7	10.8	9.2	9.0	27.2	25.5	25.1	21.4	21.4
Suisse[1]	5.4	6.5	6.1	6.5	6.9	23.3	24.2	23.7	23.7	25.2
Türkiye	2.9	4.4	6.1	7.3	7.1	19.7	18.7	24.9	31.4	29.7
Moyenne non pondérée										
Moyenne OCDE	**7.1**	**8.4**	**8.6**	**8.9**	**9.2**	**21.8**	**24.9**	**26.6**	**25.9**	**26.6**

.. Non disponible

Note : Les séries temporelles complètes sont accessibles sur le site web http://oe.cd/series-temporelles-completes.

1. Les transferts en capital ont été directement diminués des impôts spécifiques auxquels ils se rapportent, sauf pour la France, où les transferts en capital ont été répartis entre les différentes rubriques en proportion des recettes fiscales.

StatLink https://stat.link/4mzfk7

Tableau 3.11. Impôts sur les salaires ou la main-d'oeuvre (3000) en % du PIB et en % du total des recettes fiscales

	% du PIB					% du total des recettes fiscales				
	1990	2000	2010	2019	2020	1990	2000	2010	2019	2020
Allemagne	0.0	0.0	0.0	0.0	0.0	0.0	0.0	0.0	0.0	0.0
Australie	1.7	1.4	1.3	1.3	1.3	6.1	4.5	5.2	4.7	4.5
Autriche[1]	2.4	2.7	2.8	2.7	2.8	6.0	6.4	6.9	6.4	6.5
Belgique[1]	0.0	0.0	0.0	0.0	0.0	0.0	0.0	0.0	0.0	0.0
Canada	0.8	0.7	0.6	0.8	0.8	2.3	2.1	2.1	2.3	2.3
Chili	0.0	0.0	0.0	0.0	0.0	0.0	0.0	0.0	0.0	0.0
Colombie	0.0	0.7	0.7	0.3	0.4	0.0	4.2	4.1	1.7	2.0
Corée	0.1	0.0	0.1	0.1	0.1	0.4	0.2	0.2	0.3	0.3
Costa Rica	1.4	1.3	1.3	1.4	1.5	6.4	6.3	5.9	5.9	6.5
Danemark[1]	0.3	0.2	0.2	0.3	0.2	0.7	0.4	0.5	0.6	0.4
Espagne	0.0	0.0	0.0	0.0	0.0	0.0	0.0	0.0	0.0	0.0
Estonie	..	0.0	0.0	0.0	0.0	..	0.0	0.0	0.0	0.0
États-Unis	0.0	0.0	0.0	0.0	0.0	0.0	0.0	0.1	0.0	0.1
Finlande	0.0	0.0	0.0	0.0	0.0	0.0	0.0	0.0	0.0	0.0
France[1]	0.8	1.0	1.3	1.8	1.9	1.9	2.3	3.2	4.0	4.[illegible]
Grèce	0.2	0.0	0.0	0.0	0.0	0.7	0.0	0.0	0.0	0.0
Hongrie	..	1.4	0.4	1.0	1.0	..	3.6	1.1	2.9	2.9
Irlande	0.4	0.0	0.2	0.2	0.2	1.3	0.0	0.7	1.0	1.0
Islande	1.1	0.0	0.2	0.3	0.3	3.5	0.1	0.5	0.9	0.9
Israël	..	1.2	1.2	1.1	1.1	..	3.6	3.3	3.8	3.8
Italie	0.1	0.0	0.0	0.0	0.0	0.3	0.0	0.0	0.0	0.0
Japon	0.0	0.0	0.0	0.0	0.0	0.0	0.0	0.0	0.0	0.0
Lettonie	..	0.0	0.0	0.0	0.0	..	0.0	0.[illegible]	0.0	0.0
Lituanie[1]	..	0.0	0.0	0.0	0.0	..	0.0	0.0	0.0	0.0
Luxembourg[1]	0.0	0.0	0.0	0.0	0.0	0.0	0.0	0.0	0.0	0.0
Mexique	0.2	0.2	0.3	0.4	0.5	1.8	1.5	2.2	2.5	2.5
Norvège	0.0	0.0	0.0	0.1	0.1	0.0	0.0	0.0	0.1	0.2
Nouvelle-Zélande	0.0	0.0	0.0	0.0	0.0	0.0	0.0	0.0	0.0	0.0
Pays-Bas	0.0	0.0	0.0	0.0	0.0	0.0	0.0	0.0	0.0	0.0
Pologne[1]	..	0.2	0.3	0.3	0.3	..	0.7	0.8	0.7	0.3
Portugal	0.0	0.0	0.0	0.0	0.0	0.0	0.0	0.0	0.0	0.0
République slovaque	..	0.0	0.0	0.0	0.0	..	0.0	0.0	0.0	0.0
République tchèque	..	0.0	0.0	0.0	0.0	..	0.0	0.0	0.0	0.0
Royaume-Uni	0.0	0.0	0.0	0.1	0.1	0.0	0.0	0.0	0.4	0.4
Slovénie[1]	..	1.5	0.1	0.0	0.0	..	4.1	0.2	0.1	0.[illegible]
Suède	1.2	2.1	3.0	5.3	5.1	2.5	4.2	7.0	12.4	12.0
Suisse[1]	0.0	0.0	0.0	0.0	0.0	0.0	0.0	0.0	0.0	0.0
Türkiye	0.0	0.0	0.0	0.0	0.0	0.0	0.0	0.0	0.0	0.0
Moyenne non pondérée										
Moyenne OCDE	**0.4**	**0.4**	**0.4**	**0.5**	**0.5**	**1.2**	**1.2**	**1.2**	**1.3**	**1.4**

.. Non disponible

Note : Les séries temporelles complètes sont accessibles sur le site web http://oe.cd/series-temporelles-completes.

1. Les transferts en capital ont été directement diminués des impôts spécifiques auxquels ils se rapportent, sauf pour la France, où les transferts en capital ont été répartis entre les différentes rubriques en proportion des recettes fiscales.

StatLink https://stat.link/sck2ro

Tableau 3.12. Impôts sur le patrimoine (4000) en % du PIB et en % du total des recettes fiscales

	% du PIB					% du total des recettes fiscales				
	1990	2000	2010	2019	2020	1990	2000	2010	2019	2020
Allemagne	1.2	0.8	0.8	1.1	1.2	3.4	2.3	2.3	2.9	3.3
Australie	2.5	2.7	2.4	2.7	2.9	9.0	8.8	9.4	9.8	10.1
Autriche[1]	1.1	0.6	0.5	0.5	0.6	2.7	1.3	1.3	1.3	1.4
Belgique[1]	1.6	2.1	3.1	3.4	3.4	3.8	4.7	7.2	8.1	8.0
Canada	3.5	3.3	3.8	3.8	4.1	10.0	9.5	12.3	11.6	12.0
Chili	1.0	1.3	0.8	1.1	1.0	6.2	7.0	4.1	5.5	5.3
Colombie	0.2	1.0	1.6	1.8	1.8	2.2	6.6	8.7	9.1	9.7
Corée	2.2	2.6	2.5	3.1	3.9	11.8	12.4	11.3	11.4	14.2
Costa Rica	0.3	0.2	0.3	0.4	0.4	1.3	0.9	1.5	1.9	2.0
Danemark[1]	1.9	1.6	1.9	2.0	2.0	4.3	3.3	4.1	4.3	4.2
Espagne	1.7	2.1	2.1	2.5	2.5	5.5	6.5	6.6	7.1	6.7
Estonie	..	0.4	0.3	0.2	0.2	..	1.2	1.0	0.6	0.6
États-Unis	3.1	2.9	3.1	3.0	3.2	11.7	10.3	13.5	12.1	12.4
Finlande	1.1	1.1	1.1	1.4	1.5	2.4	2.4	2.7	3.4	3.6
France[1]	2.6	3.0	3.5	3.9	4.0	6.3	6.9	8.4	8.7	8.7
Grèce	1.2	2.6	1.7	3.1	3.0	4.6	7.7	5.2	7.7	7.8
Hongrie	..	0.7	1.1	0.9	1.1	..	1.7	3.1	2.6	2.9
Irlande	1.5	1.8	1.4	1.2	1.0	4.6	5.7	5.1	5.7	5.0
Islande	2.6	2.4	2.1	1.9	2.3	8.4	6.6	6.5	5.5	6.2
Israël	..	3.2	3.4	3.2	3.1	..	9.5	11.1	10.6	10.3
Italie	0.8	1.9	2.0	2.4	2.4	2.3	4.6	4.8	5.7	5.7
Japon	2.6	2.7	2.6	2.6	2.7	9.4	10.5	9.7	8.2	8.1
Lettonie	..	1.1	0.9	0.9	1.0	..	3.8	3.0	3.0	3.0
Lituanie[1]	..	0.5	0.4	0.3	0.3	..	1.5	1.3	1.0	1.0
Luxembourg[1]	2.9	4.0	2.5	3.9	3.8	8.4	10.7	7.0	9.8	10.0
Mexique	0.2	0.2	0.3	0.3	0.3	1.9	1.8	2.3	2.0	1.9
Norvège	1.2	1.0	1.1	1.3	1.3	2.9	2.3	2.6	3.2	3.4
Nouvelle-Zélande	2.5	1.7	2.0	1.9	1.9	6.8	5.3	6.6	6.2	5.5
Pays-Bas	1.5	1.9	1.4	1.5	1.7	3.7	5.3	3.8	3.8	4.3
Pologne[1]	..	1.4	1.3	1.3	1.3	..	4.3	4.2	3.6	3.6
Portugal	0.7	1.1	1.1	1.4	1.5	2.7	3.7	3.7	4.2	4.2
République slovaque	..	0.6	0.4	0.4	0.5	..	1.8	1.4	1.2	1.4
République tchèque	..	0.5	0.4	0.4	0.2	..	1.4	1.3	1.2	0.6
Royaume-Uni	2.7	3.7	3.8	4.0	3.7	8.2	11.4	12.0	12.4	11.6
Slovénie[1]	..	0.6	0.6	0.6	0.6	..	1.7	1.6	1.7	1.7
Suède	1.7	1.7	1.0	0.9	1.0	3.5	3.3	2.4	2.2	2.2
Suisse[1]	2.1	2.6	2.0	2.1	2.2	8.9	9.7	7.7	7.7	8.1
Türkiye	0.3	0.7	1.0	1.0	1.1	2.3	3.2	4.1	4.2	4.4
Moyenne non pondérée										
Moyenne OCDE	**1.7**	**1.7**	**1.6**	**1.8**	**1.9**	**5.5**	**5.3**	**5.4**	**5.6**	**5.7**

.. Non disponible

Note : Les séries temporelles complètes sont accessibles sur le site web http://oe.cd/series-temporelles-completes.

1. Les transferts en capital ont été directement diminués des impôts spécifiques auxquels ils se rapportent, sauf pour la France, où les transferts en capital ont été répartis entre les différentes rubriques en proportion des recettes fiscales.

StatLink https://stat.link/axd7u9

Tableau 3.13. Impôts sur les biens et services (5000) en % du PIB en % du total des recettes fiscales

	% du PIB					% du total des recettes fiscales				
	1990	2000	2010	2019	2020	1990	2000	2010	2019	2020
Allemagne	9.3	10.4	10.8	10.3	9.7	26.7	28.5	30.5	26.6	25.7
Australie	7.8	8.8	7.2	7.3	7.6	27.8	28.8	23.8	26.3	26.5
Autriche[1]	12.4	12.4	11.7	11.7	11.5	31.5	29.3	28.7	27.5	27.1
Belgique[1]	10.8	11.3	11.2	10.8	10.4	26.1	25.9	26.1	25.4	24.4
Canada	9.1	8.4	7.4	7.6	7.4	25.8	24.2	24.0	23.1	21.5
Chili	10.6	11.9	10.1	11.1	10.6	62.9	63.8	51.2	53.0	54.8
Colombie	6.1	7.3	8.2	8.5	7.8	53.8	46.3	45.1	43.0	41.4
Corée	8.2	8.0	7.5	7.0	6.8	44.3	38.4	33.7	25.8	24.4
Costa Rica	10.2	9.9	8.9	8.1	7.6	45.5	46.7	40.3	34.8	33.3
Danemark[1]	15.0	15.7	15.0	14.2	14.4	33.9	33.5	33.6	30.2	30.5
Espagne	9.0	10.1	8.6	10.0	9.8	28.4	30.6	27.5	28.9	26.7
Estonie	..	12.1	13.5	14.2	13.3	..	38.8	40.7	42.4	39.9
États-Unis	4.5	4.5	4.2	4.4	4.4	17.5	16.0	18.1	17.5	17.2
Finlande	14.0	13.4	13.0	14.2	14.1	32.5	29.2	32.0	33.7	33.8
France[1]	11.7	11.5	11.2	12.4	12.3	28.4	26.4	26.6	27.6	27.1
Grèce	11.2	11.8	12.5	15.8	15.0	44.5	35.2	38.5	39.9	38.5
Hongrie	..	15.6	15.9	16.3	16.3	..	40.6	43.3	44.7	45.1
Irlande	13.6	11.9	9.9	6.8	5.6	41.9	38.8	35.3	30.9	28.4
Islande	15.6	16.3	11.5	11.4	11.4	51.3	45.3	35.3	32.8	31.7
Israël	..	11.2	11.9	10.7	10.4	..	32.9	39.2	35.7	35.3
Italie	10.2	11.4	11.1	12.0	11.5	28.0	28.2	26.6	28.3	26.9
Japon	3.8	4.9	4.9	6.2	6.9	13.7	19.3	18.7	19.7	20.9
Lettonie	..	11.2	11.9	13.9	14.0	..	38.6	41.[illegible]	44.9	44.0
Lituanie[1]	..	12.1	11.7	11.5	11.6	..	39.4	41.4	38.1	37.7
Luxembourg[1]	8.2	9.8	9.9	9.2	8.7	23.6	26.6	27.6	23.1	22.8
Mexique	5.3	4.8	4.9	6.2	6.6	44.0	41.7	38.0	37.6	37.2
Norvège	14.3	13.1	11.6	11.8	12.4	35.5	31.4	27.7	29.3	32.0
Nouvelle-Zélande	12.1	11.3	12.0	12.1	12.8	33.6	34.7	39.6	38.7	38.0
Pays-Bas	10.5	10.9	11.2	12.1	12.2	26.4	29.7	31.5	30.7	30.5
Pologne[1]	..	11.6	12.6	12.8	12.9	..	35.3	40.3	36.5	36.2
Portugal	11.7	12.6	12.3	13.7	13.2	44.2	40.7	40.4	39.8	37.5
République slovaque	..	12.2	10.4	12.1	12.2	..	36.3	37.2	35.0	34.6
République tchèque	..	10.2	10.9	11.1	10.8	..	31.5	33.8	31.9	31.1
Royaume-Uni	10.2	10.6	10.1	10.6	10.0	31.0	32.3	31.7	32.8	31.2
Slovénie[1]	..	13.8	13.9	13.5	12.5	..	36.6	36.8	36.5	33.6
Suède	12.2	12.1	12.7	12.1	12.1	25.0	24.2	29.7	28.2	28.5
Suisse[1]	4.8	6.0	5.8	5.4	5.5	20.9	22.2	22.5	19.9	20.0
Türkiye	4.1	9.9	11.8	9.0	10.2	27.9	42.0	47.7	39.0	42.9
Moyenne non pondérée										
Moyenne OCDE	**9.9**	**10.8**	**10.5**	**10.7**	**10.6**	**33.7**	**33.9**	**34.0**	**32.6**	**32.1**

.. Non disponible

Note : Les séries temporelles complètes sont accessibles sur le site web http://oe.cd/series-temporelles-completes.

1. Les transferts en capital ont été directement diminués des impôts spécifiques auxquels ils se rapportent, sauf pour la France, où les transferts en capital ont été répartis entre les différentes rubriques en proportion des recettes fiscales.

StatLink https://stat.link/qphuyz

Tableau 3.14. Taxes sur la valeur ajoutée (5111) en % du PIB en % du total des recettes fiscales

	% du PIB					% du total des recettes fiscales				
	1990	2000	2010	2019	2020	1990	2000	2010	2019	2020
Allemagne	5.8	6.7	7.0	7.0	6.5	16.6	18.4	19.8	18.2	17.2
Australie	0.0	3.4	3.3	3.2	3.5	0.0	11.1	13.1	11.7	12.4
Autriche[1]	8.2	7.9	7.7	7.7	7.4	20.8	18.7	18.7	18.0	17.6
Belgique[1]	6.8	7.1	7.0	6.6	6.4	16.4	16.1	16.2	15.6	15.0
Canada	0.0	3.2	4.2	4.5	4.5	0.0	9.2	13.7	13.5	13.2
Chili	6.3	7.8	7.6	8.3	8.0	37.4	41.8	38.5	39.9	41.1
Colombie	2.6	4.3	5.3	5.8	5.4	22.6	27.6	29.3	29.6	28.7
Corée	3.5	3.6	3.9	4.3	4.2	18.7	17.0	17.5	15.7	15.1
Costa Rica	4.1	4.8	4.6	4.3	4.5	18.1	22.8	21.0	18.5	19.7
Danemark[1]	8.3	9.1	9.4	9.4	9.8	18.7	19.5	20.9	20.0	20.8
Espagne	5.0	5.8	5.2	6.5	6.3	15.7	17.6	16.5	18.7	17.1
Estonie	..	8.4	8.5	8.9	8.9	..	27.1	25.7	26.7	26.7
États-Unis	0.0	0.0	0.0	0.0	0.0	0.0	0.0	0.0	0.0	0.0
Finlande	8.3	8.0	8.3	9.2	9.2	19.3	17.4	20.4	21.7	22.1
France[1]	7.6	7.2	6.8	7.1	7.0	18.4	16.7	16.1	15.9	15.4
Grèce	6.2	6.3	7.1	8.4	7.8	24.6	18.9	22.0	21.3	20.1
Hongrie	..	8.7	8.5	9.5	9.8	..	22.5	23.0	26.2	27.1
Irlande	6.6	7.0	6.0	4.3	3.4	20.4	22.9	21.7	19.6	17.2
Islande	8.7	10.2	7.4	8.0	8.0	28.4	28.5	22.8	22.9	22.0
Israël	..	7.2	7.4	7.1	7.1	..	21.0	24.3	23.8	23.9
Italie	5.3	6.2	6.1	6.2	6.0	14.7	15.4	14.5	14.7	14.1
Japon	1.2	2.3	2.5	4.2	4.9	4.4	9.1	9.6	13.2	14.9
Lettonie	..	6.9	6.6	8.6	8.7	..	23.9	23.3	27.8	27.5
Lituanie[1]	..	7.5	7.8	7.9	7.9	..	24.4	27.5	26.0	25.6
Luxembourg[1]	4.2	4.9	6.2	5.8	5.7	12.1	13.2	17.3	14.7	14.9
Mexique	3.2	2.8	3.8	3.8	4.2	26.1	24.7	29.4	23.4	23.8
Norvège	7.6	8.2	7.8	8.6	9.1	18.8	19.8	18.6	21.5	23.6
Nouvelle-Zélande	8.1	8.1	9.3	9.5	10.4	22.4	24.9	30.7	30.4	30.6
Pays-Bas	6.5	6.4	6.7	7.1	7.4	16.5	17.3	18.7	18.2	18.5
Pologne[1]	..	6.9	7.6	7.9	8.0	..	21.0	24.2	22.6	22.4
Portugal	5.2	7.6	7.5	8.8	8.4	19.6	24.5	24.8	25.4	23.8
République slovaque	..	6.8	6.1	7.3	7.4	..	20.4	21.8	21.0	21.0
République tchèque	..	5.9	6.6	7.5	7.4	..	18.3	20.5	21.6	21.3
Royaume-Uni	5.5	5.9	6.1	6.9	6.5	16.9	18.1	19.0	21.3	20.2
Slovénie[1]	..	8.5	8.1	8.0	7.5	..	22.7	21.3	21.6	20.2
Suède	7.3	8.2	9.0	9.1	9.2	14.9	16.4	21.1	21.3	21.6
Suisse[1]	2.7	3.5	3.3	3.1	3.1	11.5	13.0	12.7	11.3	11.3
Türkiye	2.7	5.7	5.4	4.2	4.6	18.3	24.2	21.7	18.1	19.2
Moyenne non pondérée										
Moyenne OCDE	**5.1**	**6.3**	**6.4**	**6.7**	**6.7**	**17.0**	**19.6**	**20.5**	**20.3**	**20.2**

.. Non disponible

Note : Les séries temporelles complètes sont accessibles sur le site web http://oe.cd/series-temporelles-completes.

1. Les transferts en capital ont été directement diminués des impôts spécifiques auxquels ils se rapportent, sauf pour la France, où les transferts en capital ont été répartis entre les différentes rubriques en proportion des recettes fiscales.

StatLink https://stat.link/3xzqdg

Tableau 3.15. Recettes fiscales des sous-secteurs de l'administration en % du PIB

	Supranationale			Administration centrale			Administrations d'États fédérés/Régions			Administrations locales			Administrations de sécurité sociale		
	1975	1995	2020	1975	1995	2020	1975	1995	2020	1975	1995	2020	1975	1995	2020
Pays fédéraux															
Allemagne	0.4	0.2	0.2	11.5	11.4	10.4	7.6	7.9	9.1	3.1	2.7	3.1	11.7	14.1	15.0
Australie	..	..	..	20.3	21.9	23.1	4.0	5.4	4.5	1.1	1.0	1.0	0.0	0.0	0.0
Autriche[1]	..	0.2	0.2	18.8	26.7	26.7	3.9	0.7	0.9	4.5	1.7	1.3	9.2	12.0	13.1
Belgique[1]	0.6	0.4	0.4	25.4	25.8	21.0	..	0.8	4.7	1.7	2.0	2.2	11.2	13.8	14.2
Canada	..	..	..	14.8	13.5	14.1	10.1	12.8	13.4	3.1	3.4	3.5	3.1	4.8	3.2
États-Unis	..	..	..	11.2	11.0	9.9	4.8	5.3	5.4	3.6	3.5	4.0	5.0	6.7	6.4
Mexique	..	..	..	..	7.5	14.3	..	0.3	0.7	..	0.2	0.3	..	2.2	2.5
Suisse[1]	..	..	..	6.7	7.9	9.2	5.9	6.0	7.1	4.4	4.4	4.3	4.8	6.7	6.9
Moyenne non pondérée	0.5	0.3	0.3	15.5	15.7	16.1	6.0	4.9	5.7	3.1	2.4	2.5	6.4	7.5	7.7
Pays régionaux															
Colombie[2]	..	..	..	..	10.1	13.5	..	0.9	0.9	..	1.4	2.5	..	3.6	1.9
Espagne[2]	..	0.2	0.2	8.6	16.0	13.7	..	1.6	6.1	0.8	2.7	3.2	8.5	10.8	13.4
Pays unitaires															
Chili	..	..	..	..	16.3	16.4	..	..	..	..	1.2	[illegible]	..	0.7	1.3
Corée	..	..	..	13.2	13.0	14.7	..	..	..	1.5	3.5	5.3	0.1	2.3	7.8
Costa Rica	..	..	..	..	12.4	12.5	..	..	..	..	0.3	0.7	..	6.2	9.4
Danemark[1]	0.4	0.2	0.1	25.6	31.7	34.3	..	..	..	11.0	14.6	12.7	0.0	0.0	0.0
Estonie	..	..	0.2	..	29.5	27.0	..	..	..	..	0.3	0.3	..	5.2	5.8
Finlande	..	0.2	0.2	20.3	20.7	19.9	..	..	..	8.5	9.9	10.3	7.4	13.7	11.5
France[1]	0.2	0.3	0.2	17.9	18.0	14.6	..	..	..	2.6	4.7	6.1	14.2	19.4	24.4
Grèce	..	0.2	0.2	12.5	18.8	24.7	..	..	..	0.6	0.6	1.0	5.5	8.8	13.0
Hongrie	..	..	0.1	..	26.0	23.2	..	..	..	..	1.0	1.9	..	13.7	10.9
Irlande	0.6	0.5	0.1	21.6	26.4	16.6	..	..	..	2.0	0.8	0.2	3.6	4.0	2.9
Islande	..	..	..	24.0	24.3	25.3	..	..	..	5.5	6.4	10.8	0.0	0.0	0.0
Israël	..	..	..	..	27.0	22.1	..	..	..	..	2.4	2.3	..	4.7	5.1
Italie	..	0.1	0.2	13.0	24.1	24.2	..	..	..	0.2	2.1	4.7	11.2	12.1	13.6
Japon	..	..	..	9.0	10.5	12.1	..	..	..	5.1	6.4	7.3	5.7	8.5	13.4
Lettonie	..	..	0.2	..	12.9	16.2	..	..	..	..	5.8	5.7	..	11.0	9.7
Lituanie[1]	..	..	0.3	..	19.8	20.0	..	..	..	..	0.6	0.3	..	7.2	10.2
Luxembourg[1]	0.2	0.2	0.3	20.7	23.9	25.4	..	..	..	2.2	2.3	1.3	9.4	9.6	10.8
Norvège	..	..	..	19.7	22.7	32.3	..	..	..	8.7	7.9	6.5	10.5	8.8	0.0
Nouvelle-Zélande	..	..	..	27.7	33.7	31.7	..	..	..	2.3	1.9	[illegible]	0.0	0.0	0.0
Pays-Bas	0.6	0.5	0.4	22.2	20.9	24.5	..	..	..	0.4	1.2	1.4	14.5	14.7	13.6
Pologne[1]	..	..	0.2	..	22.4	17.5	..	..	..	..	3.1	4.4	..	11.1	13.5
Portugal	..	0.2	0.2	12.3	21.2	22.6	..	..	..	0.0	1.6	2.5	6.5	6.3	9.9
République slovaque	..	..	0.2	..	24.7	19.3	..	..	..	..	0.5	0.7	..	14.2	15.0
République tchèque	..	..	0.1	..	19.9	18.4	..	..	..	..	0.3	0.3	..	14.3	15.8
Royaume-Uni	0.3	0.3	0.1	24.1	22.7	23.4	..	..	..	3.8	1.1	1.8	6.0	5.2	6.7
Slovénie[1]	..	..	0.2	..	19.8	16.8	..	..	..	..	2.4	3.6	..	16.9	16.6
Suède	..	0.2	0.1	19.7	21.1	21.3	..	..	..	11.2	13.9	15.6	7.5	9.8	5.3
Türkiye	..	..	..	..	12.3	14.5	..	..	..	..	2.1	2.2	..	2.0	7.1
Moyenne non pondérée	0.4	0.3	0.2	19.0	21.3	21.1	..	..	..	4.1	3.5	4.1	6.4	8.2	9.1

.. Non disponible

1. Les transferts en capital ont été directement diminués des impôts spécifiques auxquels ils se rapportent, sauf pour la France, où les transferts en capital ont été répartis entre les différentes rubriques en proportion des recettes fiscales.

2. La Colombie et l'Espagne ne sont pas des pays constitutionnellement fédéraux, mais tous deux ont une structure politique très décentralisée, avec une grande autonomie de leurs entités territoriales.

StatLink https://stat.link/mp8jfs

Tableau 3.16. Principales recettes de l'administration centrale en % du total des recettes fiscales de l'administration centrale, 2020

	1000 Revenu & bénéfices	2000 Sécurité sociale[3]	3000 Salaires	4000 Patrimoine	5000 Biens & services	6000 Autres
Pays fédéraux						
Allemagne	47.4	0.0	0.0	0.4	52.2	0.0
Australie	72.9	0.0	0.4	0.0	26.7	0.0
Autriche[1]	42.8	8.3	5.6	1.4	41.5	0.5
Belgique[1]	55.8	0.1	0.0	2.1	42.0	0.0
Canada	73.4	7.3	0.0	0.0	19.3	0.0
États-Unis	91.5	0.0	0.0	0.9	7.6	0.0
Mexique	52.8	0.0	0.0	0.0	45.5	1.7
Suisse[1]	42.5	0.0	0.0	2.6	54.8	0.1
Moyenne non pondérée	59.9	1.9	0.7	0.9	36.2	0.3
Pays régionaux						
Colombie[2]	45.8	0.0	2.7	6.7	44.5	0.2
Espagne[2]	39.6	2.2	0.0	0.2	57.9	0.0
Pays unitaires						
Chili	38.2	1.6	0.0	1.6	59.2	-0.5
Corée	52.3	0.0	0.0	10.2	36.0	1.5
Costa Rica	36.3	1.7	0.0	0.9	57.4	3.7
Danemark[1]	55.9	0.1	0.5	1.8	41.7	0.0
Estonie	28.3	23.5	0.0	0.0	48.2	0.0
Finlande	26.1	0.0	0.0	3.4	70.4	0.2
France[1]	41.5	2.4	3.6	6.0	46.1	0.3
Grèce	32.1	0.1	0.0	8.5	59.3	0.0
Hongrie	28.3	2.0	4.4	3.0	62.1	0.1
Irlande	58.6	2.3	1.2	4.8	33.2	0.0
Islande	38.6	11.9	1.2	1.4	44.3	2.6
Israël	44.3	0.0	5.2	3.6	46.9	0.0
Italie	53.7	0.0	0.0	5.6	40.7	0.0
Japon	52.2	0.0	0.0	5.0	42.8	0.0
Lettonie	12.1	2.0	0.1	1.0	84.8	0.0
Lituanie[1]	43.4	0.0	0.0	0.1	56.5	0.0
Luxembourg[1]	51.1	1.2	0.0	14.6	32.9	0.1
Norvège	25.2	34.7	0.2	1.5	38.4	0.0
Nouvelle-Zélande	60.2	0.0	0.0	0.1	39.7	0.0
Pays-Bas	50.1	0.0	0.0	3.9	45.3	0.8
Pologne[1]	26.5	0.0	1.9	0.0	71.6	0.0
Portugal	40.2	4.7	0.0	1.1	52.5	1.5
République slovaque	36.8	2.4	0.0	0.0	60.9	0.0
République tchèque	43.0	0.0	0.0	0.0	56.9	0.0
Royaume-Uni	49.1	0.0	0.6	8.2	42.1	0.0
Slovénie[1]	26.1	1.0	0.3	0.0	72.6	0.0
Suède	-0.3	17.4	23.9	2.7	56.2	0.2
Türkiye	31.6	0.0	0.0	5.1	62.6	0.7
Moyenne non pondérée	38.6	3.9	1.5	3.4	52.2	0.4

Note : Sont exclues les cotisations de sécurité sociale versées aux administrations de sécurité sociale.

1. Les transferts en capital ont été directement diminués des impôts spécifiques auxquels ils se rapportent, sauf pour la France, où les transferts en capital ont été répartis entre les différentes rubriques en proportion des recettes fiscales.

2. La Colombie et l'Espagne ne sont pas des pays constitutionnellement fédéraux, mais tous deux ont une structure politique très décentralisée, avec une grande autonomie de leurs entités territoriales.

3. Ne sont incluses que les cotisations de sécurité sociale versées à l'administration centrale.

StatLink https://stat.link/4i3npz

Tableau 3.17. Principaux impôts des administrations d'États fédérés en % du total des recettes fiscales des administrations d'États fédérés, 2020

	1000 Revenu & bénéfices	2000 Sécurité sociale	3000 Salaires	4000 Patrimoine	5000 Biens & services	6000 Autres
Pays fédéraux						
Allemagne[1]	49.5	0.0	0.0	9.0	41.6	0.0
Australie	0.0	0.0	26.6	42.4	31.1	0.0
Autriche[1, 2]	37.5	13.4	32.2	1.5	12.7	2.7
Belgique[1, 2]	49.2	1.2	0.0	35.6	14.0	0.0
Canada	50.0	4.6	5.9	5.2	34.3	0.0
États-Unis	44.0	0.0	0.3	3.3	52.4	0.0
Mexique	0.0	0.0	65.4	16.4	13.2	5.0
Suisse[2]	75.4	0.0	0.0	17.8	6.1	0.7
Moyenne non pondérée	38.2	2.4	16.3	16.4	25.6	1.1
Pays régionaux						
Colombie[3]	0.0	0.0	0.0	0.0	72.3	27.7
Espagne[1, 3]	76.2	0.0	0.0	16.1	7.7	0.0
Pays unitaires						
Chili	..	..	..	..	..	..
Corée	..	..	..	..	..	..
Costa Rica	..	..	..	..	..	..
Danemark	..	..	..	..	..	..
Estonie	..	..	..	..	..	..
Finlande	..	..	..	..	..	..
France	..	..	..	..	..	..
Grèce	..	..	..	..	..	..
Hongrie	..	..	..	..	..	..
Irlande	..	..	..	..	..	..
Islande	..	..	..	..	..	..
Israël	..	..	..	..	..	..
Italie	..	..	..	..	..	..
Japon	..	..	..	..	..	..
Lettonie	..	..	..	..	..	..
Lituanie	..	..	..	..	..	..
Luxembourg	..	..	..	..	..	..
Norvège	..	..	..	..	..	..
Nouvelle-Zélande	..	..	..	..	..	..
Pays-Bas	..	..	..	..	..	..
Pologne	..	..	..	..	..	..
Portugal	..	..	..	..	..	..
République slovaque	..	..	..	..	..	..
République tchèque	..	..	..	..	..	..
Royaume-Uni	..	..	..	..	..	..
Slovénie	..	..	..	..	..	..
Suède	..	..	..	..	..	..
Türkiye	..	..	..	..	..	..
Moyenne non pondérée	..	..	..	..	..	..

.. Non disponible

1. Les versements à L'Union européenne ne sont pas retenus dans ces comparaisons.
2. Le transfert en capital a été directement diminué des impôts spécifiques auxquels il se rapporte.
3. La Colombie et l'Espagne ne sont pas des pays constitutionnellement fédéraux, mais tous deux ont une structure politique très décentralisée, avec une grande autonomie de leurs entités territoriales.

StatLink https://stat.link/0kqzp9

Tableau 3.18. Principaux impôts locaux en % du total des recettes fiscales des administrations locales, 2020

	1000 Revenu & bénéfices	2000 Sécurité sociale	3000 Salaires	4000 Patrimoine	5000 Biens & services	6000 Autres
Pays fédéraux						
Allemagne[1]	77.7	0.0	0.0	12.4	9.7	0.2
Australie	0.0	0.0	0.0	100.0	0.0	0.0
Autriche[1, 2]	0.0	4.7	72.0	15.0	6.9	1.4
Belgique[1, 2]	36.8	0.2	0.0	56.5	6.4	0.0
Canada	0.0	0.0	0.0	97.3	1.6	1.1
États-Unis	5.8	0.0	0.0	73.2	21.0	0.0
Mexique	0.0	0.0	0.0	82.4	1.0	16.6
Suisse[2]	80.5	0.0	0.0	17.0	0.6	2.0
Moyenne non pondérée	25.1	0.6	9.0	56.7	5.9	2.7
Pays régionaux						
Colombie[3]	0.0	0.0	0.0	36.4	44.2	19.3
Espagne[1, 3]	18.6	0.0	0.0	44.7	36.5	0.1
Pays unitaires						
Chili	0.0	0.0	0.0	45.3	54.7	0.0
Corée	16.9	0.0	1.6	46.4	27.9	7.2
Costa Rica	0.0	0.0	0.0	47.9	52.1	0.0
Danemark[1, 2]	89.3	0.0	0.0	10.7	0.0	0.0
Estonie[1]	0.0	0.0	0.0	83.1	16.9	0.0
Finlande[1]	92.1	0.0	0.0	7.9	0.0	0.0
France[1, 2]	0.0	0.0	6.5	50.3	35.7	7.5
Grèce[1]	0.0	0.0	0.0	95.6	4.4	0.0
Hongrie[1]	0.0	0.0	0.0	19.0	81.0	0.0
Irlande[1]	0.0	10.2	0.0	89.8	0.0	0.0
Islande	80.4	0.0	0.0	17.6	2.0	0.0
Israël	0.0	0.0	0.0	95.8	4.2	0.0
Italie[1]	21.2	0.0	0.0	23.0	30.9	24.9
Japon	49.1	0.0	0.0	27.2	22.7	1.1
Lettonie[1]	86.1	0.0	0.0	13.2	0.6	0.0
Lituanie[2]	0.0	0.0	0.0	83.6	16.4	0.0
Luxembourg[1, 2]	93.2	0.0	0.0	6.2	0.5	0.1
Norvège	86.6	0.0	0.0	12.6	0.7	0.0
Nouvelle-Zélande	0.0	0.0	0.0	88.2	11.8	0.0
Pays-Bas[1]	0.0	0.0	0.0	54.1	45.9	0.0
Pologne[1, 2]	65.7	0.0	0.0	29.4	3.8	1.0
Portugal[1]	26.5	0.0	0.0	48.0	25.3	0.2
République slovaque[1]	0.0	0.0	0.0	64.7	35.3	0.0
République tchèque[1]	0.0	0.0	0.0	58.0	42.0	0.0
Royaume-Uni[1]	0.0	0.0	0.0	100.0	0.0	0.0
Slovénie[1, 2]	78.1	0.0	0.0	17.2	4.6	0.0
Suède[1]	97.5	0.0	0.0	2.5	0.0	0.0
Türkiye	28.4	0.0	0.0	14.4	50.9	6.3
Moyenne non pondérée	32.5	0.4	0.3	44.7	20.4	1.7

1. Les versements à L'Union européenne ne sont pas retenus dans ces comparaisons.
2. Les transferts en capital ont été directement diminués des impôts spécifiques auxquels ils se rapportent, sauf pour la France, où les transferts en capital ont été répartis entre les différentes rubriques en proportion des recettes fiscales.
3. La Colombie et l'Espagne ne sont pas des pays constitutionnellement fédéraux, mais tous deux ont une structure politique très décentralisée, avec une grande autonomie de leurs entités territoriales.

StatLink https://stat.link/owlybz

Tableau 3.19. Produit intérieur brut pour les années de déclaration fiscale au prix du marché, en milliards de monnaie nationale

		1965	1990	2000	2007	2010	2015	2018	2019	2020	2021p
Allemagne	EUR	234.8	1 306.7	2 109.1	2 499.6	2 564.4	3 026.2	3 365.5	3 473.3	3 405.4	3 601.8
Australie[1]	AUD	24.4	415.0	706.4	1 178.6	1 417.9	1 657.7	1 946.2	1 980.9	2 069.2	2 296.6
Autriche	EUR	18.5	137.5	213.6	284.0	295.9	344.3	385.4	397.5	379.3	403.1
Belgique	EUR	20.9	170.1	256.4	343.6	363.1	416.7	460.1	478.2	456.7	507.2
Canada	CAD	61.3	696.1	1 125.5	1 577.7	1 666.0	1 990.4	2 231.2	2 310.7	2 206.8	2 493.1
Chili	CLP	..	10 594.8	42 215.0	90 159.5	110 777.9	158 622.9	189 434.9	195 816.5	200 343.7	240 633.3
Colombie	COP	..	22 731.4	195 108.6	428 506.0	544 060.0	804 692.0	987 791.0	1 060 068.0	998 719.0	1 176 694.3
Corée[2]	KRW	831.4	200 556.2	651 634.4	1 089 660.2	1 322 611.2	1 658 020.4	1 898 192.6	1 924 498.1	1 940 726.2	2 071 658.0
Costa Rica[3]	CRC	..	525.3	4 627.1	13 889.1	19 802.0	30 171.9	36 014.7	37 832.1	36 356.3	39 905.6
Danemark	DKK	71.5	855.6	1 326.9	1 738.8	1 810.9	2 036.4	2 253.3	2 311.0	2 323.9	2 504.2
Espagne	EUR	8.7	328.7	647.9	1 075.5	1 072.7	1 077.6	1 203.3	1 244.4	1 121.9	1 205.1
Estonie	EUR	..	..	6.2	16.4	14.7	20.6	25.9	27.8	27.5	31.4
États-Unis	USD	709.0	5 963.1	10 251.0	14 474.2	15 049.0	18 206.0	20 527.2	21 372.6	20 893.7	22 996.1
Finlande	EUR	4.5	91.0	136.4	187.1	188.1	211.4	233.5	239.9	238.0	251.4
France	EUR	76.4	1 053.5	1 478.6	1 941.4	1 995.3	2 198.4	2 363.3	2 437.6	2 310.5	2 500.9
Grèce	EUR	0.7	45.5	141.2	232.7	224.1	176.4	179.6	183.3	165.3	182.8
Hongrie	HUF	..	..	13 324.1	25 749.4	27 496.7	34 975.3	43 392.4	47 530.6	48 276.4	55 256.7
Irlande	EUR	1.3	37.9	108.5	197.1	167.4	263.0	326.6	356.7	372.8	426.3
Islande	ISK	0.2	377.0	709.6	1 387.0	1 681.0	2 310.8	2 844.4	3 041.8	2 937.9	3 251.2
Israël	ILS	..	124.3	554.7	756.1	891.2	1 179.3	1 352.5	1 43[illegible].6	1 422.6	1 578.0
Italie	EUR	22.4	730.9	1 241.5	1 614.8	1 611.3	1 655.4	1 771.4	1 796.6	1 657.0	1 775.4
Japon[1]	JPY	35 750.7	472 519.8	537 616.3	538 483.9	504 872.1	540 739.3	556 650.0	556 557.6	534 730.0	541 580.8
Lettonie	EUR	..	..	6.9	22.7	18.1	24.6	29.2	30.6	29.5	32.9
Lituanie	EUR	..	..	13.4	29.0	28.0	37.3	45.5	48.9	49.5	55.4
Luxembourg	EUR	1.0	10.6	23.0	37.6	42.4	54.1	60.1	62.4	64.8	72.3
Mexique	MXN	..	843.6	6 693.7	11 504.1	13 366.4	18 572.1	23 524.4	24 453.3	23 357.4	26 213.0
Norvège	NOK	57.2	749.9	1 507.3	2 350.2	2 591.5	3 111.2	3 553.9	3 563.5	3 410.4	4 141.9
Nouvelle-Zélande[1]	NZD	4.1	75.9	122.2	188.8	205.7	258.8	310.2	318.6	342.0	359.5
Pays-Bas	EUR	35.6	263.0	452.0	619.2	639.2	690.0	774.0	813.1	796.5	856.4
Pologne	PLN	..	62.7	748.5	1 187.5	1 446.8	1 801.1	2 121.6	2 293.2	2 339.0	2 622.2
Portugal	EUR	0.6	56.0	128.4	175.5	179.6	179.7	205.2	214.4	200.1	211.3
République slovaque	EUR	..	10.0	31.7	63.2	68.5	79.9	89.4	94.0	92.1	97.1
République tchèque	CZK	..	731.2	2 386.3	3 859.5	3 992.9	4 625.4	5 410.8	5 791.5	5 709.1	6 108.4
Royaume-Uni	GBP	36.4	615.7	1 098.5	1 552.5	1 612.2	1 935.2	2 174.4	2 255.3	2 150.4	2 317.1
Slovénie	EUR	..	0.9	18.9	35.1	36.4	38.9	45.9	48.5	47.0	52.2
Suède	SEK	129.3	1 549.8	2 408.2	3 320.3	3 573.6	4 260.5	4 828.3	5 049.6	5 038.5	5 451.8
Suisse	CHF	70.1	369.5	472.6	592.4	629.3	675.7	719.3	727.2	706.2	742.8
Türkiye	TRY	0.0	0.5	171.5	887.7	1 167.7	2 350.9	3 758.8	4 311.7	5 048.2	7 248.8

.. Non disponible

1. PIB se référant à l'année fiscale. L'année A est calculée comme la somme de: T2(A) à T1(A+1) pour le Japon; et T3(A) à T2(A+1) pour l'Australie et la Nouvelle-Zélande.

2. Le PIB de la Corée pour 2021 est extrait des Comptes nationaux de l'OCDE, consultés en octobre 2022, et est estimé.

3. Le PIB indiqué pour 1990 pour le Costa Rica est tiré du FMI (World Economic Outlook Database, consulté en octobre 2022). Le PIB pour toutes les autres années est tiré des Comptes nationaux des pays de l'OCDE.

Source : Comptes nationaux de l'OCDE, consultés en octobre 2022.

StatLink https://stat.link/xc74ka

Tableau 3.20. Taux de change utilisés, unités de monnaie nationale par dollar des É-U au taux de change du marché

		1965	1990	2000	2007	2010	2015	2018	2019	2020	2021p
Allemagne	EUR	..	0.8	1.1	0.7	0.8	0.9	0.8	0.9	0.9	0.8
Australie	AUD	0.9	1.3	1.8	1.2	1.0	1.3	1.4	1.4	1.4	1.3
Autriche	EUR	..	0.8	1.1	0.7	0.8	0.9	0.8	0.9	0.9	0.8
Belgique	EUR	..	0.8	1.1	0.7	0.8	0.9	0.8	0.9	0.9	0.8
Canada	CAD	1.1	1.2	1.5	1.1	1.0	1.3	1.3	1.3	1.3	1.3
Chili	CLP	0.0	304.9	539.4	522.2	510.0	654.3	641.9	703.3	791.7	759.8
Colombie	COP	10.5	502.3	2 087.6	2 077.7	1 899.8	2 744.5	2 956.9	3 281.1	3 695.6	3 744.3
Corée	KRW	266.3	708.0	1 130.6	929.5	1 155.4	1 131.3	1 100.2	1 165.3	1 180.1	1 144.5
Costa Rica	CRC	6.6	91.6	307.4	517.2	521.9	534.6	577.2	587.0	584.7	621.4
Danemark	DKK	6.9	6.2	8.1	5.4	5.6	6.7	6.3	6.7	6.5	6.3
Espagne	EUR	..	0.8	1.1	0.7	0.8	0.9	0.8	0.9	0.9	0.8
Estonie	EUR	..	0.8	1.1	0.7	0.8	0.9	0.8	0.9	0.9	0.8
États-Unis	USD	1.0	1.0	1.0	1.0	1.0	1.0	1.0	1.0	1.0	1.0
Finlande	EUR	..	0.8	1.1	0.7	0.8	0.9	0.8	0.9	0.9	0.8
France	EUR	..	0.8	1.1	0.7	0.8	0.9	0.8	0.9	0.9	0.8
Grèce	EUR	..	0.8	1.1	0.7	0.8	0.9	0.8	0.9	0.9	0.8
Hongrie	HUF	..	63.2	282.3	183.6	207.8	279.2	270.2	290.6	308.0	303.2
Irlande	EUR	0.5	0.8	1.1	0.7	0.8	0.9	0.8	0.9	0.9	0.8
Islande	ISK	0.4	58.4	78.8	64.1	122.2	131.9	108.3	122.6	135.4	127.0
Israël	ILS	0.0	2.0	4.1	4.1	3.7	3.9	3.6	3.6	3.4	3.2
Italie	EUR	..	0.8	1.1	0.7	0.8	0.9	0.8	0.9	0.9	0.8
Japon	JPY	361.7	142.2	111.2	114.2	85.7	118.0	110.1	108.5	107.5	109.8
Lettonie	EUR	..	0.8	1.1	0.7	0.8	0.9	0.8	0.9	0.9	0.8
Lituanie	EUR	..	0.8	1.1	0.7	0.8	0.9	0.8	0.9	0.9	0.8
Luxembourg	EUR	..	0.8	1.1	0.7	0.8	0.9	0.8	0.9	0.9	0.8
Mexique	MXN	0.0	2.8	9.5	10.9	12.6	15.9	19.2	19.2	21.4	20.2
Norvège	NOK	7.2	6.3	8.8	5.9	6.0	8.1	8.1	8.8	9.4	8.6
Nouvelle-Zélande	NZD	0.7	1.7	2.3	1.4	1.3	1.4	1.5	1.5	1.5	1.4
Pays-Bas	EUR	..	0.8	1.1	0.7	0.8	0.9	0.8	0.9	0.9	0.8
Pologne	PLN	0.0	1.0	4.3	2.8	3.0	3.8	3.6	3.8	3.9	3.9
Portugal	EUR	..	0.8	1.1	0.7	0.8	0.9	0.8	0.9	0.9	0.8
République slovaque	EUR	..	0.8	1.1	0.7	0.8	0.9	0.8	0.9	0.9	0.8
République tchèque	CZK	..	..	38.6	20.3	19.1	24.6	21.7	22.9	23.2	21.7
Royaume-Uni	GBP	0.4	0.6	0.7	0.5	0.6	0.7	0.7	0.8	0.8	0.7
Slovénie	EUR	..	0.8	1.1	0.7	0.8	0.9	0.8	0.9	0.9	0.8
Suède	SEK	5.2	5.9	9.2	6.8	7.2	8.4	8.7	9.5	9.2	8.6
Suisse	CHF	4.3	1.4	1.7	1.2	1.0	1.0	1.0	1.0	0.9	0.9
Türkiye	TRY	0.0	0.0	0.6	1.3	1.5	2.7	4.8	5.7	7.0	8.9

.. Non disponible
Source : Indicateurs financiers de l'OCDE.

StatLink https://stat.link/ilame0

4 Tableaux par pays, 1990-2020

Le Chapitre 4 fournit un aperçu des recettes fiscales par catégorie et par sous-secteur d'administration pour chaque pays membre de l'OCDE.

4.1 Recettes fiscales et % du PIB pour une sélection de catégories d'impôts et par niveau d'administration

Dans tous les tableaux suivants, le symbole (..) signifie que l'information n'est pas disponible ou qu'elle n'est pas applicable. La principale série chronologique dans ce chapitre couvre une sélection d'années entre 1990 et 2020. Des séries complètes sont, cependant, disponible en ligne. La partie V dans l'édition 1998 de ce Rapport fournit des données pour les années 1955 et 1960 (pour dix-neuf pays de l'OCDE).

Les chiffres du Produit Intérieur Brut (PIB) se fondent sur le Système de comptabilité nationale de 2008 (SCN 2008) pour tous les pays membres de l'OCDE.

Encadré 4.1. Traitements des transferts en capital.

Les notes de bas de page de certains tableaux se réfèrent au traitement des transferts en capital que certains pays effectuent pour tenir compte des impôts qui ont été évalués mais non recouvrés. Le transfert en capital a été soustrait directement des impôts spécifiques auxquels il se rapporte, sauf pour la France, où les transferts en capital ont été répartis entre les différentes rubriques en pourcentage de leurs recettes au niveau de l'administration par rapport à laquelle ces transferts ont été enregistrés.

Les pays déclarant des transferts en capital sont les suivants :

- Autriche à partir de 2020
- Belgique à partir de 1995
- Danemark à partir de 1971
- France à partir de 1992
- Lituanie à partir de 1999
- Luxembourg à partir de 2013
- Pologne à partir de 1995
- Slovénie à partir de 1995
- Suisse à partir de 1990

Tableau 4.1. Australie, recettes fiscales et % du PIB (sélection de catégories d'impôts)

	Milliard AUD					% du PIB				
	1990	2000	2010	2019	2020	1990	2000	2010	2019	2020
Recettes fiscales totales	**116.5**	**214.8**	**356.7**	**543.9**	**590.7**	**28.1**	**30.4**	**25.2**	**27.7**	**28.5**
1000 Impôts sur le revenu, les bénéfices et les gains en capital	**66.5**	**124.4**	**202.2**	**324.8**	**348.3**	**16.0**	**17.6**	**14.3**	**16.4**	**16.8**
1100 Des personnes physiques	50.1	81.0	138.2	230.8	236.9	12.1	11.5	9.7	11.7	11.5
1200 Des sociétés	16.5	43.4	64.0	94.0	111.3	4.0	6.1	4.5	4.7	5.4
1300 Non-ventilables entre 1100 et 1200	0.0	0.0	0.0	0.0	0.0	0.0	0.0	0.0	0.0	0.0
2000 Cotisations de sécurité sociale	**0.0**	**0.0**	**0.0**	**0.0**	**0.0**	**0.0**	**0.0**	**0.0**	**0.0**	**0.0**
2100 À la charge des salariés	0.0	0.0	0.0	0.0	0.0	0.0	0.0	0.0	0.0	0.0
2200 À la charge des employeurs	0.0	0.0	0.0	0.0	0.0	0.0	0.0	0.0	0.0	0.0
2300 À la charge des indép. ou sans emploi	0.0	0.0	0.0	0.0	0.0	0.0	0.0	0.0	0.0	0.0
2400 Non-ventilables entre 2100, 2200 et 2300	0.0	0.0	0.0	0.0	0.0	0.0	0.0	0.0	0.0	0.0
3000 Sur les salaires ou main d'oeuvre	**7.1**	**9.6**	**18.5**	**25.7**	**26.4**	**1.7**	**1.4**	**1.3**	**1.3**	**1.3**
4000 Impôts sur le patrimoine	**10.4**	**18.8**	**33.5**	**54.0**	**59.5**	**2.5**	**2.7**	**2.4**	**2.7**	**2.9**
4100 Impôts périodiques sur la propriété immobilière	6.1	9.1	19.9	33.8	34.5	1.5	1.3	1.4	1.7	1.7
4200 Impôts périodiques sur l'actif net	0.0	0.0	0.0	0.0	0.0	0.0	0.0	0.0	0.0	0.0
4300 Impôts sur mut. par décès, succ. et donations	0.0	0.0	0.0	0.0	0.0	0.0	0.0	0.0	0.0	0.0
4400 Impôts sur transact. mobilières et immob.	4.3	9.8	13.6	20.2	25.0	1.0	1.4	1.0	1.0	1.2
4500 Impôts non périodiques sur	0.0	0.0	0.0	0.0	0.0	0.0	0.0	0.0	0.0	0.0
4600 Autres impôts périodiques sur patrimoine	0.0	0.0	0.0	0.0	0.0	0.0	0.0	0.0	0.0	0.0
5000 Impôts sur les biens et services	**32.4**	**61.9**	**102.6**	**144.4**	**156.6**	**7.8**	**8.8**	**7.2**	**7.3**	**7.6**
5100 Impôts sur production, vente, transfert, etc.	27.2	56.2	90.8	123.6	135.1	6.6	8.0	6.4	6.2	6.5
5110 Impôts généraux	9.4	25.8	48.1	65.7	75.3	2.3	3.7	3.4	3.3	3.6
5111 Taxes sur la valeur ajoutée	0.0	23.9	46.9	64.0	73.3	0.0	3.4	3.3	3.2	3.5
5120 Impôts sur biens et services déterminés	17.8	30.3	42.7	57.9	59.8	4.3	4.3	3.0	2.9	2.9
5121 Accises	12.0	19.8	26.7	24.1	25.9	2.9	2.8	1.9	1.2	1.2
5200 Impôts sur utilisation des biens et exerc. activités	5.2	5.7	11.7	20.8	21.5	1.3	0.8	0.8	1.0	1.0
5300 Non-ventilables entre 5100 et 5200	0.0	0.0	0.0	0.0	0.0	0.0	0.0	0.0	0.0	0.0
6000 Autres impôts	**0.0**	**0.0**	**0.0**	**0.0**	**0.0**	**0.0**	**0.0**	**0.0**	**0.0**	**0.0**
Crédits d'impôts récupérables										
Crédits d'impôts récupérables contre 1000	..	0.2	6.7	10.6	10.1	..	0.0	0.5	0.5	0.5
Composante transfert	..	0.0	4.4	6.8	6.6	..	0.0	0.3	0.3	0.3
Composante fiscale	..	0.2	2.4	3.8	3.5	..	0.0	0.2	0.2	0.2

.. Non disponible

Note : Des données et des notes plus détaillées par pays sont disponibles dans le chapitre 5 "Tableaux détaillés par pays". Les séries temporelles complètes sont accessibles sur le site web http://oe.cd/series-temporelles-completes.

Source : Australian Bureau of Statistics.

StatLink https://stat.link/wtncyo

Tableau 4.2. Australie, recettes fiscales et % du PIB par niveaux d'administration (principaux impôts)

	Milliard AUD					% du PIB				
	1990	2000	2010	2019	2020	1990	2000	2010	2019	2020
Administrations fédérale ou centrale										
Recettes fiscales totales	**92.6**	**175.7**	**285.9**	**443.8**	**477.7**	**22.3**	**24.9**	**20.2**	**22.4**	**23.1**
1000 Impôts sur revenu, bénéfices et gains en capital	66.5	124.4	202.2	324.8	348.3	16.0	17.6	14.3	16.4	16.8
2000 Cotisations de sécurité sociale	0.0	0.0	0.0	0.0	0.0	0.0	0.0	0.0	0.0	0.0
3000 Sur salaires ou main d'oeuvre	1.3	0.1	0.5	1.0	1.7	0.3	0.0	0.0	0.1	0.1
4000 Impôts sur le patrimoine	0.2	0.0	0.0	0.0	0.0	0.1	0.0	0.0	0.0	0.0
5000 Impôts sur les biens et services	24.5	51.1	83.2	118.0	127.7	5.9	7.2	5.9	6.0	6.2
6000 Autres impôts	0.0	0.0	0.0	0.0	0.0	0.0	0.0	0.0	0.0	0.0
Administrations d'un État/Régions										
Recettes fiscales totales	**19.7**	**32.7**	**58.4**	**85.5**	**93.0**	**4.7**	**4.6**	**4.1**	**4.3**	**4.5**
1000 Impôts sur revenu, bénéfices et gains en capital	0.0	0.0	0.0	0.0	0.0	0.0	0.0	0.0	0.0	0.0
2000 Cotisations de sécurité sociale	0.0	0.0	0.0	0.0	0.0	0.0	0.0	0.0	0.0	0.0
3000 Sur salaires ou main d'oeuvre	5.8	9.5	18.0	24.7	24.7	1.4	1.3	1.3	1.2	1.2
4000 Impôts sur le patrimoine	6.0	12.4	21.0	34.4	39.4	1.4	1.8	1.5	1.7	1.9
5000 Impôts sur les biens et services	7.9	10.8	19.3	26.4	28.9	1.9	1.5	1.4	1.3	1.4
6000 Autres impôts	0.0	0.0	0.0	0.0	0.0	0.0	0.0	0.0	0.0	0.0
Administrations locales										
Recettes fiscales totales	**4.2**	**6.4**	**12.4**	**19.6**	**20.1**	**1.0**	**0.9**	**0.9**	**1.0**	**1.0**
1000 Impôts sur revenu, bénéfices et gains en capital	0.0	0.0	0.0	0.0	0.0	0.0	0.0	0.0	0.0	0.0
2000 Cotisations de sécurité sociale	0.0	0.0	0.0	0.0	0.0	0.0	0.0	0.0	0.0	0.0
3000 Sur salaires ou main d'oeuvre	0.0	0.0	0.0	0.0	0.0	0.0	0.0	0.0	0.0	0.0
4000 Impôts sur le patrimoine	4.2	6.4	12.4	19.6	20.1	1.0	0.9	0.9	1.0	1.0
5000 Impôts sur les biens et services	0.0	0.0	0.0	0.0	0.0	0.0	0.0	0.0	0.0	0.0
6000 Autres impôts	0.0	0.0	0.0	0.0	0.0	0.0	0.0	0.0	0.0	0.0
Administrations de sécurité sociale										
Recettes fiscales totales	**0.0**	**0.0**	**0.0**	**0.0**	**0.0**	**0.0**	**0.0**	**0.0**	**0.0**	**0.0**
1000 Impôts sur revenu, bénéfices et gains en capital	0.0	0.0	0.0	0.0	0.0	0.0	0.0	0.0	0.0	0.0
2000 Cotisations de sécurité sociale	0.0	0.0	0.0	0.0	0.0	0.0	0.0	0.0	0.0	0.0
3000 Sur salaires ou main d'oeuvre	0.0	0.0	0.0	0.0	0.0	0.0	0.0	0.0	0.0	0.0
4000 Impôts sur le patrimoine	0.0	0.0	0.0	0.0	0.0	0.0	0.0	0.0	0.0	0.0
5000 Impôts sur les biens et services	0.0	0.0	0.0	0.0	0.0	0.0	0.0	0.0	0.0	0.0
6000 Autres impôts	0.0	0.0	0.0	0.0	0.0	0.0	0.0	0.0	0.0	0.0

Note : Des données et des notes plus détaillées par pays sont disponibles dans le chapitre 6 "Recettes fiscales des sous-secteurs de l'administration". Les séries temporelles complètessont accessibles sur le site web http://oe.cd/series-temporelles-completes.
Source : Australian Bureau of Statistics.

StatLink https://stat.link/p8isn3

Tableau 4.3. Autriche, recettes fiscales et % du PIB (sélection de catégories d'impôts)

	Milliard EUR					% du PIB				
	1990	2000	2010	2019	2020	1990	2000	2010	2019	2020
Recettes fiscales totales	**54.0**	**90.3**	**121.2**	**169.3**	**160.2**	**39.3**	**42.3**	**41.0**	**42.6**	**42.2**
1000 Impôts sur le revenu, les bénéfices et les gains en capital	**13.8**	**25.6**	**34.0**	**43.9**	**44.5**	**10.0**	**12.0**	**11.5**	**12.5**	**11.7**
1100 Des personnes physiques	11.3	19.9	27.1	33.3	35.5	8.2	9.3	9.2	9.6	9.4
1200 Des sociétés	1.9	4.2	5.5	10.8	8.2	1.4	1.9	1.9	2.7	2.2
1300 Non-ventilables entre 1100 et 1200	0.5	1.5	1.4	0.8	0.8	0.4	0.7	0.5	0.2	0.2
2000 Cotisations de sécurité sociale	**17.8**	**30.5**	**41.4**	**59.1**	**58.9**	**12.9**	**14.3**	**14.0**	**14.9**	**15.5**
2100 À la charge des salariés	7.5	12.5	16.8	23.8	23.8	5.5	5.8	5.7	6.0	6.3
2200 À la charge des employeurs	8.8	14.7	19.4	27.8	27.7	6.4	6.9	6.6	7.0	7.3
2300 À la charge des indép. ou sans emploi	1.5	3.4	5.2	7.5	7.5	1.1	1.6	1.7	1.9	2.0
2400 Non-ventilables entre 2100, 2200 et 2300	0.0	0.0	0.0	0.0	0.0	0.0	0.0	0.0	0.0	0.0
3000 Sur les salaires ou main d'oeuvre	**3.3**	**5.8**	**8.4**	**10.8**	**10.4**	**2.4**	**2.7**	**2.8**	**2.7**	**2.8**
4000 Impôts sur le patrimoine	**1.5**	**1.2**	**1.6**	**2.2**	**2.2**	**1.1**	**0.6**	**0.5**	**0.5**	**0.5**
4100 Impôts périodiques sur la propriété immobilière	0.4	0.5	0.7	0.8	0.9	0.3	0.2	0.2	0.2	0.2
4200 Impôts périodiques sur l'actif net	0.6	0.0	0.0	0.0	0.0	0.5	0.0	0.0	0.0	0.0
4300 Impôts sur mut. par décès, succ. et donations	0.1	0.1	0.0	0.0	0.0	0.1	0.1	0.0	0.0	0.0
4400 Impôts sur transact. mobilières et immob.	0.4	0.6	0.8	1.3	1.3	0.3	0.3	0.3	0.3	0.3
4500 Impôts non périodiques sur	0.0	0.0	0.0	0.0	0.0	0.0	0.0	0.0	0.0	0.0
4600 Autres impôts périodiques sur patrimoine	0.0	0.0	0.0	0.0	0.0	0.0	0.0	0.0	0.0	0.0
5000 Impôts sur les biens et services	**17.0**	**26.5**	**34.7**	**46.5**	**43.4**	**12.4**	**12.4**	**11.7**	**11.7**	**11.5**
5100 Impôts sur production, vente, transfert, etc.	16.2	24.6	32.1	42.5	39.4	11.8	11.5	10.9	10.7	10.4
5110 Impôts généraux	11.2	16.9	22.7	30.4	28.2	8.2	7.9	7.7	7.7	7.4
5111 Taxes sur la valeur ajoutée	11.2	16.9	22.7	30.4	28.2	8.2	7.9	7.7	7.7	7.4
5120 Impôts sur biens et services déterminés	4.9	7.7	9.4	12.1	11.2	3.5	3.6	3.2	3.0	2.9
5121 Accises	3.3	5.5	6.9	8.2	7.2	2.4	2.6	2.3	2.1	1.9
5200 Impôts sur utilisation des biens et exerc. activités	0.9	1.9	2.6	4.0	4.1	0.6	0.9	0.9	1.0	1.1
5300 Non-ventilables entre 5100 et 5200	0.0	0.0	0.0	0.0	0.0	0.0	0.0	0.0	0.0	0.0
6000 Autres impôts	**0.7**	**0.8**	**1.1**	**0.8**	**0.7**	**0.5**	**0.4**	**0.4**	**0.2**	**0.2**
Crédits d'impôts récupérables										
Crédits d'impôts récupérables contre 1000	..	0.7	0.7	0.3	0.3	..	0.3	0.2	0.1	0.1
Composante transfert	..	0.1	0.2	0.1	0.1	..	0.0	0.1	0.0	0.0
Composante fiscale	..	0.6	0.4	0.2	0.2	..	0.3	0.1	0.1	0.1
Recettes fiscales collectés pour le compte de l'UE										
Recettes fiscales collectés pour le compte de l'UE, total	..	0.4	0.3	0.7	0.7	..	0.2	0.1	0.2	0.2
Droits de douane perçus pour le compte de l'UE	..	0.4	0.3	0.5	0.5	..	0.2	0.1	0.1	0.1
Contributions au Fonds de résolution unique collectées pour le compte de l'UE	..	..	..	0.2	0.2	..	..	..	0.0	0.1

.. Non disponible

Note : Le total des recettes fiscales a été diminué du montant de tout transfert en capital représentant les impôts non perçus. Le transfert en capital a été directement diminué des impôts spécifiques auxquels il se rapporte. Par conséquent, les montants des recettes fiscales sont différents de ceux présentés dans le chapitre 5 "Tableaux détaillés par pays".

Des données et des notes plus détaillées par pays sont disponibles dans le chapitre 5 "Tableaux détaillés par pays". Les séries temporelles complètes sont accessibles sur le site web http://oe.cd/series-temporelles-completes.

Source : Statistics Austria.

StatLink https://stat.link/1mcdw4

Tableau 4.4. Autriche, recettes fiscales et % du PIB par niveaux d'administration (principaux impôts)

	Milliard EUR					% du PIB				
	1990	2000	2010	2019	2020	1990	2000	2010	2019	2020
Administrations fédérale ou centrale										
Recettes fiscales totales	**27.2**	**60.5**	**80.7**	**109.9**	**101.2**	**19.8**	**28.3**	**27.3**	**27.7**	**26.7**
1000 Impôts sur revenu, bénéfices et gains en capital	8.6	24.9	33.1	48.6	43.2	6.2	11.7	11.2	12.2	11.4
2000 Cotisations de sécurité sociale	2.4	5.1	6.3	8.5	8.4	1.7	2.4	2.1	2.1	2.2
3000 Sur salaires ou main d'oeuvre	2.6	3.9	5.8	5.8	5.7	1.9	1.8	1.9	1.5	1.5
4000 Impôts sur le patrimoine	0.9	0.7	0.9	1.4	1.4	0.6	0.3	0.3	0.3	0.4
5000 Impôts sur les biens et services	12.3	25.3	33.7	45.0	41.9	8.9	11.8	11.4	11.3	11.1
6000 Autres impôts	0.5	0.6	0.9	0.6	0.5	0.4	0.3	0.3	0.1	0.1
Administrations d'un État/Régions										
Recettes fiscales totales	**5.8**	**1.4**	**2.0**	**3.5**	**3.3**	**4.2**	**0.7**	**0.7**	**0.9**	**0.9**
1000 Impôts sur revenu, bénéfices et gains en capital	2.8	0.6	0.9	1.3	1.3	2.0	0.3	0.3	0.3	0.3
2000 Cotisations de sécurité sociale	0.2	0.4	0.5	0.5	0.4	0.2	0.2	0.2	0.1	0.1
3000 Sur salaires ou main d'oeuvre	0.0	0.1	0.2	1.1	1.1	0.0	0.1	0.1	0.3	0.3
4000 Impôts sur le patrimoine	0.1	0.0	0.0	0.1	0.0	0.0	0.0	0.0	0.0	0.0
5000 Impôts sur les biens et services	2.7	0.2	0.3	0.5	0.4	2.0	0.1	0.1	0.1	0.1
6000 Autres impôts	0.0	0.1	0.1	0.1	0.1	0.0	0.0	0.0	0.0	0.0
Administrations locales										
Recettes fiscales totales	**6.1**	**3.2**	**3.8**	**5.3**	**5.1**	**4.4**	**1.5**	**1.3**	**1.3**	**1.3**
1000 Impôts sur revenu, bénéfices et gains en capital	2.4	0.0	0.0	0.0	0.0	1.8	0.0	0.0	0.0	0.0
2000 Cotisations de sécurité sociale	0.2	0.3	0.3	0.2	0.2	0.1	0.1	0.1	0.1	0.1
3000 Sur salaires ou main d'oeuvre	0.7	1.8	2.4	3.8	3.7	0.5	0.8	0.8	1.0	1.0
4000 Impôts sur le patrimoine	0.5	0.5	0.6	0.7	0.8	0.4	0.2	0.2	0.2	0.2
5000 Impôts sur les biens et services	2.1	0.6	0.4	0.4	0.4	1.5	0.3	0.1	0.1	0.1
6000 Autres impôts	0.2	0.1	0.1	0.2	0.1	0.1	0.0	0.0	0.0	0.0
Administrations de sécurité sociale										
Recettes fiscales totales	**15.0**	**24.8**	**34.4**	**49.8**	**49.9**	**10.9**	**11.6**	**11.6**	**12.5**	**13.1**
1000 Impôts sur revenu, bénéfices et gains en capital	0.0	0.0	0.0	0.0	0.0	0.0	0.0	0.0	0.0	0.0
2000 Cotisations de sécurité sociale	15.0	24.8	34.4	49.8	49.9	10.9	11.6	11.6	12.5	13.1
3000 Sur salaires ou main d'oeuvre	0.0	0.0	0.0	0.0	0.0	0.0	0.0	0.0	0.0	0.0
4000 Impôts sur le patrimoine	0.0	0.0	0.0	0.0	0.0	0.0	0.0	0.0	0.0	0.0
5000 Impôts sur les biens et services	0.0	0.0	0.0	0.0	0.0	0.0	0.0	0.0	0.0	0.0
6000 Autres impôts	0.0	0.0	0.0	0.0	0.0	0.0	0.0	0.0	0.0	0.0

Note : Le total des recettes fiscales a été diminué du montant de tout transfert en capital représentant les impôts non perçus. Le transfert en capital a été directement diminué des impôts spécifiques auxquels il se rapporte. Par conséquent, les montants des recettes fiscales sont différents de ceux présentés dans le chapitre 6 "Recettes fiscales des sous-secteurs de l'administration".
Des données et des notes plus détaillées par pays sont disponibles dans le chapitre 6 "Recettes fiscales des sous-secteurs de l'administration". Les séries temporelles complètes sont accessibles sur le site web http://oe.cd/series-temporelles-completes.
Source : Statistics Austria.

StatLink https://stat.link/ocuqp4

Tableau 4.5. Belgique, recettes fiscales et % du PIB (sélection de catégories d'impôts)

	Milliard EUR					% du PIB				
	1990	2000	2010	2019	2020	1990	2000	2010	2019	2020
Recettes fiscales totales	**70.4**	**112.4**	**155.7**	**202.8**	**194.1**	**41.4**	**43.8**	**42.9**	**42.4**	**42.5**
1000 Impôts sur le revenu, les bénéfices et les gains en capital	**26.0**	**43.4**	**53.2**	**71.8**	**69.0**	**15.3**	**16.9**	**14.7**	**15.0**	**15.1**
1100 Des personnes physiques	22.5	35.3	44.0	54.0	54.0	13.2	13.8	12.1	11.3	11.8
1200 Des sociétés	3.4	8.1	9.2	17.7	14.9	2.0	3.1	2.5	3.7	3.3
1300 Non-ventilables entre 1100 et 1200	0.0	0.1	0.0	0.1	0.1	0.0	0.0	0.0	0.0	0.0
2000 Cotisations de sécurité sociale	**23.4**	**34.6**	**50.5**	**63.1**	**62.1**	**13.7**	**13.5**	**13.9**	**13.2**	**13.6**
2100 À la charge des salariés	7.2	10.9	15.0	19.1	18.8	4.2	4.3	4.1	4.0	4.1
2200 À la charge des employeurs	14.7	20.8	30.9	37.8	37.1	8.6	8.1	8.5	7.9	8.1
2300 À la charge des indép. ou sans emploi	1.5	2.9	4.6	6.2	6.1	0.9	1.1	1.3	1.3	1.3
2400 Non-ventilables entre 2100, 2200 et 2300	0.0	0.0	0.0	0.0	0.0	0.0	0.0	0.0	0.0	0.0
3000 Sur les salaires ou main d'oeuvre	**0.0**	**0.0**	**0.0**	**0.0**	**0.0**	**0.0**	**0.0**	**0.0**	**0.0**	**0.0**
4000 Impôts sur le patrimoine	**2.7**	**5.3**	**11.3**	**16.4**	**15.6**	**1.6**	**2.1**	**3.1**	**3.4**	**3.4**
4100 Impôts périodiques sur la propriété immobilière	0.6	1.2	4.6	6.1	6.1	0.4	0.5	1.3	1.3	1.3
4200 Impôts périodiques sur l'actif net	0.0	0.1	0.2	0.9	1.0	0.0	0.0	0.1	0.2	0.2
4300 Impôts sur mut. par décès, succ. et donations	0.5	1.1	2.3	2.9	3.0	0.3	0.4	0.6	0.6	0.6
4400 Impôts sur transact. mobilières et immob.	1.5	2.7	3.5	5.4	5.0	0.9	1.0	1.0	1.1	[illegible]
4500 Impôts non périodiques sur	0.0	0.1	0.3	0.5	0.3	0.0	0.0	0.1	0.1	0.1
4600 Autres impôts périodiques sur patrimoine	0.1	0.2	0.3	0.5	0.3	0.1	0.1	0.1	0.1	0.1
5000 Impôts sur les biens et services	**18.4**	**29.1**	**40.7**	**51.3**	**47.3**	**10.8**	**11.3**	**11.2**	**10.8**	**10.4**
5100 Impôts sur production, vente, transfert, etc.	17.4	27.0	38.3	48.7	44.6	10.2	10.5	10.5	10.2	9.8
5110 Impôts généraux	11.6	18.2	25.5	32.1	29.3	6.8	7.1	7.0	6.7	6.4
5111 Taxes sur la valeur ajoutée	11.5	18.1	25.3	31.7	29.1	6.8	7.1	7.0	6.6	6.4
5120 Impôts sur biens et services déterminés	5.8	8.7	12.8	16.6	15.3	3.4	3.4	3.5	3.5	3.3
5121 Accises	3.5	5.7	7.8	10.0	9.0	2.0	2.2	2.1	2.1	2.0
5200 Impôts sur utilisation des biens et exerc. activités	1.0	2.1	2.4	2.9	2.7	0.6	0.8	0.7	0.6	0.6
5300 Non-ventilables entre 5100 et 5200	0.0	0.0	0.0	0.0	0.0	0.0	0.0	0.0	0.0	0.0
6000 Autres impôts	**0.0**	**0.0**	**0.0**	**0.0**	**0.0**	**0.0**	**0.0**	**0.0**	**0.0**	**0.0**
Crédits d'impôts récupérables										
Crédits d'impôts récupérables contre 1000	..	..	1.0	1.1	1.1	..	..	0.3	0.2	0.2
Composante transfert	..	..	0.4	0.3	0.3	..	..	0.1	0.1	0.1
Composante fiscale	..	..	0.6	0.9	0.9	..	..	0.2	0.2	0.2
Recettes fiscales collectés pour le compte de l'UE										
Recettes fiscales collectés pour le compte de l'UE, total	0.9	1.0	1.3	2.0	1.7	0.6	0.4	0.4	0.4	0.4
Droits de douane perçus pour le compte de l'UE	..	1.0	1.2	1.7	1.4	..	0.4	0.3	0.4	0.3
Contributions au Fonds de résolution unique collectées pour le compte de l'UE	..	..	..	0.3	0.3	..	..	..	0.1	0.1

.. Non disponible

Note : Le total des recettes fiscales a été diminué du montant de tout transfert en capital representant les impôts non perçus. Le transfert en capital a été directement diminué des impôts spécifiques auxquels il se rapporte. Par conséquent, les montants des recettes fiscales sont différents de ceux présentés dans le chapitre 5 "Tableaux détaillés par pays".

Des données et des notes plus détaillées par pays sont disponibles dans le chapitre 5 "Tableaux détaillés par pays". Les séries temporelles complètes sont accessibles sur le site web http://oe.cd/series-temporelles-completes.

Source : Institut de Comptes Nationaux, Service Public Fédéral des Finances.

StatLink https://stat.link/12ih49

Tableau 4.6. Belgique, recettes fiscales et % du PIB par niveaux d'administration (principaux impôts)

	Milliard EUR					% du PIB				
	1990	2000	2010	2019	2020	1990	2000	2010	2019	2020
Administrations fédérale ou centrale										
Recettes fiscales totales	**42.5**	**69.4**	**87.8**	**103.3**	**96.1**	**25.0**	**27.1**	**24.2**	**21.6**	**21.0**
1000 Impôts sur revenu, bénéfices et gains en capital	23.9	39.6	49.3	57.0	53.6	14.0	15.4	13.6	11.9	11.7
2000 Cotisations de sécurité sociale	0.9	1.3	2.5	0.1	0.1	0.5	0.5	0.7	0.0	0.0
3000 Sur salaires ou main d'oeuvre	0.0	0.0	0.0	0.0	0.0	0.0	0.0	0.0	0.0	0.0
4000 Impôts sur le patrimoine	1.1	2.3	0.9	2.2	2.1	0.6	0.9	0.3	0.5	0.5
5000 Impôts sur les biens et services	16.7	26.3	35.0	44.0	40.4	9.8	10.2	9.7	9.2	8.8
6000 Autres impôts	0.0	0.0	0.0	0.0	0.0	0.0	0.0	0.0	0.0	0.0
Administrations d'un État/Régions										
Recettes fiscales totales	**1.2**	**2.4**	**8.1**	**21.5**	**21.5**	**0.7**	**1.0**	**2.2**	**4.5**	**4.7**
1000 Impôts sur revenu, bénéfices et gains en capital	0.0	0.1	0.0	10.0	10.6	0.0	0.0	0.0	2.1	2.3
2000 Cotisations de sécurité sociale	0.0	0.0	0.0	0.3	0.3	0.0	0.0	0.0	0.1	0.1
3000 Sur salaires ou main d'oeuvre	0.0	0.0	0.0	0.0	0.0	0.0	0.0	0.0	0.0	0.0
4000 Impôts sur le patrimoine	0.9	1.9	5.6	8.1	7.6	0.5	0.7	1.5	1.7	1.7
5000 Impôts sur les biens et services	0.2	0.5	2.4	3.2	3.0	0.1	0.2	0.7	0.7	0.7
6000 Autres impôts	0.0	0.0	0.0	0.0	0.0	0.0	0.0	0.0	0.0	0.0
Administrations locales										
Recettes fiscales totales	**3.1**	**4.6**	**7.9**	**10.0**	**9.9**	**1.8**	**1.8**	**2.2**	**2.1**	**2.2**
1000 Impôts sur revenu, bénéfices et gains en capital	2.1	3.1	2.9	3.5	3.7	1.2	1.2	0.8	0.7	0.8
2000 Cotisations de sécurité sociale	0.1	0.0	0.0	0.0	0.0	0.1	0.0	0.0	0.0	0.0
3000 Sur salaires ou main d'oeuvre	0.0	0.0	0.0	0.0	0.0	0.0	0.0	0.0	0.0	0.0
4000 Impôts sur le patrimoine	0.6	1.0	4.4	5.7	5.6	0.3	0.4	1.2	1.2	1.2
5000 Impôts sur les biens et services	0.3	0.4	0.6	0.7	0.6	0.2	0.2	0.2	0.2	0.1
6000 Autres impôts	0.0	0.0	0.0	0.0	0.0	0.0	0.0	0.0	0.0	0.0
Administrations de sécurité sociale										
Recettes fiscales totales	**22.7**	**34.9**	**50.7**	**66.1**	**64.9**	**13.4**	**13.6**	**14.0**	**13.8**	**14.2**
1000 Impôts sur revenu, bénéfices et gains en capital	0.0	0.6	1.0	1.3	1.2	0.0	0.2	0.3	0.3	0.3
2000 Cotisations de sécurité sociale	22.4	33.3	48.0	62.8	61.7	13.2	13.0	13.2	13.1	13.5
3000 Sur salaires ou main d'oeuvre	0.0	0.0	0.0	0.0	0.0	0.0	0.0	0.0	0.0	0.0
4000 Impôts sur le patrimoine	0.1	0.2	0.3	0.3	0.3	0.1	0.1	0.1	0.1	0.1
5000 Impôts sur les biens et services	0.2	0.8	1.3	1.7	1.6	0.1	0.3	0.4	0.4	0.4
6000 Autres impôts	0.0	0.0	0.0	0.0	0.0	0.0	0.0	0.0	0.0	0.0

Note : Le total des recettes fiscales a été diminué du montant de tout transfert en capital représentant les impôts non perçus. Le transfert en capital a été directement diminué des impôts spécifiques auxquels il se rapporte. Par conséquent, les montants des recettes fiscales sont différents de ceux présentés dans le chapitre 6 "Recettes fiscales des sous-secteurs de l'administration".
Des données et des notes plus détaillées par pays sont disponibles dans le chapitre 6 "Recettes fiscales des sous-secteurs de l'administration". Les séries temporelles complètes sont accessibles sur le site web http://oe.cd/series-temporelles-completes.
Source : Institut de Comptes Nationaux, Service Public Fédéral des Finances.

StatLink https://stat.link/zsiy5d

Tableau 4.7. Canada, recettes fiscales et % du PIB (sélection de catégories d'impôts)

	Milliard CAD					% du PIB				
	1990	2000	2010	2019	2020	1990	2000	2010	2019	2020
Recettes fiscales totales	**244.2**	**390.2**	**516.6**	**764.4**	**756.0**	**35.1**	**34.7**	**31.0**	**33.1**	**34.3**
1000 Impôts sur le revenu, les bénéfices et les gains en capital	**118.6**	**195.3**	**241.0**	**372.2**	**376.5**	**17.0**	**17.4**	**14.5**	**16.1**	**17.1**
1100 Des personnes physiques	99.7	143.7	180.9	275.6	278.9	14.3	12.8	10.9	11.9	12.6
1200 Des sociétés	17.2	47.6	54.1	86.6	89.5	2.5	4.2	3.2	3.7	4.1
1300 Non-ventilables entre 1100 et 1200	1.7	4.0	6.0	10.0	8.2	0.2	0.4	0.4	0.4	0.4
2000 Cotisations de sécurité sociale	**29.7**	**53.1**	**76.8**	**108.4**	**107.9**	**4.3**	**4.7**	**4.6**	**4.7**	**4.9**
2100 À la charge des salariés	10.6	21.4	30.6	44.2	44.5	1.5	1.9	1.8	1.9	2.0
2200 À la charge des employeurs	18.4	30.3	43.5	60.2	59.4	2.7	2.7	2.6	2.6	2.7
2300 À la charge des indép. ou sans emploi	0.6	1.4	2.6	3.9	4.0	0.1	0.1	0.2	0.2	0.2
2400 Non-ventilables entre 2100, 2200 et 2300	0.0	0.0	0.0	0.0	0.0	0.0	0.0	0.0	0.0	0.0
3000 Sur les salaires ou main d'oeuvre	**5.5**	**8.0**	**10.8**	**17.4**	**17.4**	**0.8**	**0.7**	**0.6**	**0.8**	**0.8**
4000 Impôts sur le patrimoine	**24.5**	**37.2**	**63.7**	**88.8**	**90.6**	**3.5**	**3.3**	**3.8**	**3.8**	**4.1**
4100 Impôts périodiques sur la propriété immobilière	20.2	30.2	51.7	70.8	72.2	2.9	2.7	3.1	3.1	3.3
4200 Impôts périodiques sur l'actif net	1.9	4.2	1.5	0.5	0.5	0.3	0.4	0.1	0.0	0.0
4300 Impôts sur mut. par décès, succ. et donations	0.0	0.0	0.2	0.3	0.3	0.0	0.0	0.0	0.0	0.0
4400 Impôts sur transact. mobilières et immob.	0.0	0.0	3.1	6.7	7.9	0.0	0.0	0.2	0.3	0.4
4500 Impôts non périodiques sur	2.4	2.7	7.3	10.5	9.7	0.3	0.2	0.4	0.5	0.4
4600 Autres impôts périodiques sur patrimoine	0.0	0.0	0.0	0.0	0.0	0.0	0.0	0.0	0.0	0.0
5000 Impôts sur les biens et services	**63.1**	**94.5**	**123.8**	**176.6**	**162.8**	**9.1**	**8.4**	**7.4**	**7.6**	**7.4**
5100 Impôts sur production, vente, transfert, etc.	59.6	88.9	116.2	165.7	152.4	8.6	7.9	7.0	7.2	6.9
5110 Impôts généraux	34.5	55.3	72.1	108.3	102.7	5.0	4.9	4.3	4.7	4.7
5111 Taxes sur la valeur ajoutée	0.0	35.9	70.7	103.4	99.7	0.0	3.2	4.2	4.5	4.5
5120 Impôts sur biens et services déterminés	25.2	33.6	44.0	56.9	49.6	3.6	3.0	2.6	2.5	2.2
5121 Accises	14.5	18.4	23.3	28.9	27.9	2.1	1.6	1.4	1.2	1.3
5200 Impôts sur utilisation des biens et exerc. activités	3.5	5.6	7.6	10.9	10.4	0.5	0.5	0.5	0.5	0.5
5300 Non-ventilables entre 5100 et 5200	0.0	0.0	0.0	0.0	0.0	0.0	0.0	0.0	0.0	0.0
6000 Autres impôts	**2.9**	**2.2**	**0.6**	**1.0**	**0.9**	**0.4**	**0.2**	**0.0**	**0.0**	**0.0**
Crédits d'impôts récupérables										
Crédits d'impôts récupérables contre 1000	..	3.4	11.1	18.3	18.3	..	0.3	0.7	0.8	0.8
Composante transfert	..	3.1	10.2	14.4	13.6	..	0.3	0.6	0.6	0.5
Composante fiscale	..	0.3	0.9	4.0	4.7	..	0.0	0.1	0.2	0.2

.. Non disponible

Note : Des données et des notes plus détaillées par pays sont disponibles dans le chapitre 5 "Tableaux détaillés par pays". Les séries temporelles complètes sont accessibles sur le site web http://oe.cd/series-temporelles-completes.

Source : Statistics Canada.

StatLink https://stat.link/dtmhr8

Tableau 4.8. Canada, recettes fiscales et % du PIB par niveaux d'administration (principaux impôts)

	Milliard CAD					% du PIB				
	1990	2000	2010	2019	2020	1990	2000	2010	2019	2020
Administrations fédérale ou centrale										
Recettes fiscales totales	**101.7**	**184.4**	**212.8**	**314.2**	**310.8**	**14.6**	**16.4**	**12.8**	**13.6**	**14.1**
1000 Impôts sur revenu, bénéfices et gains en capital	73.6	126.3	148.7	227.5	228.3	10.6	11.2	8.9	9.8	10.3
2000 Cotisations de sécurité sociale	0.0	18.8	17.9	23.4	22.6	0.0	1.7	1.1	1.0	1.0
3000 Sur salaires ou main d'oeuvre	0.0	0.0	0.0	0.0	0.0	0.0	0.0	0.0	0.0	0.0
4000 Impôts sur le patrimoine	0.0	0.0	0.0	0.0	0.0	0.0	0.0	0.0	0.0	0.0
5000 Impôts sur les biens et services	28.1	39.4	46.2	63.3	60.0	4.0	3.5	2.8	2.7	2.7
6000 Autres impôts	0.0	0.0	0.0	0.0	0.0	0.0	0.0	0.0	0.0	0.0
Administrations d'un État/Régions										
Recettes fiscales totales	**89.3**	**148.2**	**201.1**	**303.6**	**296.2**	**12.8**	**13.2**	**12.1**	**13.1**	**13.4**
1000 Impôts sur revenu, bénéfices et gains en capital	44.9	69.0	92.2	144.7	148.2	6.5	6.1	5.5	6.3	6.7
2000 Cotisations de sécurité sociale	0.0	8.3	11.7	14.6	13.7	0.0	0.7	0.7	0.6	0.6
3000 Sur salaires ou main d'oeuvre	5.5	8.0	10.8	17.4	17.4	0.8	0.7	0.6	0.8	0.8
4000 Impôts sur le patrimoine	4.2	8.4	9.8	14.9	15.4	0.6	0.7	0.6	0.6	0.7
5000 Impôts sur les biens et services	34.6	54.5	76.7	112.0	101.6	5.0	4.8	4.6	4.8	4.6
6000 Autres impôts	0.0	0.0	0.0	0.0	0.0	0.0	0.0	0.0	0.0	0.0
Administrations locales										
Recettes fiscales totales	**23.5**	**31.5**	**55.4**	**76.2**	**77.3**	**3.4**	**2.8**	**3.3**	**3.3**	**3.5**
1000 Impôts sur revenu, bénéfices et gains en capital	0.0	0.0	0.0	0.0	0.0	0.0	0.0	0.0	0.0	0.0
2000 Cotisations de sécurité sociale	0.0	0.0	0.0	0.0	0.0	0.0	0.0	0.0	0.0	0.0
3000 Sur salaires ou main d'oeuvre	0.0	0.0	0.0	0.0	0.0	0.0	0.0	0.0	0.0	0.0
4000 Impôts sur le patrimoine	20.3	28.8	53.9	73.9	75.2	2.9	2.6	3.2	3.2	3.4
5000 Impôts sur les biens et services	0.4	0.6	0.9	1.4	1.2	0.1	0.1	0.1	0.1	0.1
6000 Autres impôts	2.9	2.2	0.6	1.0	0.9	0.4	0.2	0.0	0.0	0.0
Administrations de sécurité sociale										
Recettes fiscales totales	**29.7**	**26.0**	**47.2**	**70.4**	**71.6**	**4.3**	**2.3**	**2.8**	**3.0**	**3.2**
1000 Impôts sur revenu, bénéfices et gains en capital	0.0	0.0	0.0	0.0	0.0	0.0	0.0	0.0	0.0	0.0
2000 Cotisations de sécurité sociale	29.7	26.0	47.2	70.4	71.6	4.3	2.3	2.8	3.0	3.2
3000 Sur salaires ou main d'oeuvre	0.0	0.0	0.0	0.0	0.0	0.0	0.0	0.0	0.0	0.0
4000 Impôts sur le patrimoine	0.0	0.0	0.0	0.0	0.0	0.0	0.0	0.0	0.0	0.0
5000 Impôts sur les biens et services	0.0	0.0	0.0	0.0	0.0	0.0	0.0	0.0	0.0	0.0
6000 Autres impôts	0.0	0.0	0.0	0.0	0.0	0.0	0.0	0.0	0.0	0.0

Note : Des données et des notes plus détaillées par pays sont disponibles dans le chapitre 6 "Recettes fiscales des sous-secteurs de l'administration". Les séries temporelles complètes sont accessibles sur le site web http://oe.cd/series-temporelles-completes.
Source : Statistics Canada.

StatLink https://stat.link/f8gtk6

Tableau 4.9. Chili, recettes fiscales et % du PIB (sélection de catégories d'impôts)

	Milliard CLP					% du PIB				
	1990	2000	2010	2019	2020	1990	2000	2010	2019	2020
Recettes fiscales totales	**1 777.2**	**7 902.0**	**21 845.7**	**41 025.5**	**38 817.2**	**16.8**	**18.7**	**19.7**	**21.0**	**19.4**
1000 Impôts sur le revenu, les bénéfices et les gains en capital	**413.0**	**1 841.6**	**8 329.1**	**14 283.2**	**12 540.3**	**3.9**	**4.4**	**7.5**	**7.3**	**6.3**
1100 Des personnes physiques	99.2	604.1	1 492.8	2 937.5	3 976.0	0.9	1.4	1.3	1.5	2.0
1200 Des sociétés	219.6	882.9	4 448.7	9 597.5	9 429.8	2.1	2.1	4.0	4.9	4.7
1300 Non-ventilables entre 1100 et 1200	94.2	354.6	2 387.5	1 748.2	-865.5	0.9	0.8	2.2	0.9	-0.4
2000 Cotisations de sécurité sociale	**159.6**	**576.8**	**1 494.0**	**2 994.9**	**3 104.9**	**1.5**	**1.4**	**1.3**	**1.5**	**1.5**
2100 À la charge des salariés	154.0	553.9	1 433.2	2 894.7	2 994.0	1.5	1.3	1.3	1.5	1.5
2200 À la charge des employeurs	5.5	22.8	60.8	100.2	110.8	0.1	0.1	0.1	0.1	0.1
2300 À la charge des indép. ou sans emploi	0.0	0.0	0.0	0.0	0.0	0.0	0.0	0.0	0.0	0.0
2400 Non-ventilables entre 2100, 2200 et 2300	0.0	0.0	0.0	0.0	0.0	0.0	0.0	0.0	0.0	0.0
3000 Sur les salaires ou main d'oeuvre	**0.0**	**0.0**	**0.0**	**0.0**	**0.0**	**0.0**	**0.0**	**0.0**	**0.0**	**0.0**
4000 Impôts sur le patrimoine	**109.3**	**554.0**	**898.6**	**2 242.6**	**2 071.9**	**1.0**	**1.3**	**0.8**	**1.1**	**1.0**
4100 Impôts périodiques sur la propriété immobilière	60.0	302.2	662.4	1 507.2	1 562.3	0.6	0.7	0.6	0.8	0.8
4200 Impôts périodiques sur l'actif net	0.0	0.0	0.0	0.0	0.0	0.0	0.0	0.0	0.0	0.0
4300 Impôts sur mut. par décès, succ. et donations	3.4	10.9	39.3	62.8	155.4	0.0	0.0	0.0	0.0	0.1
4400 Impôts sur transact. mobilières et immob.	45.9	240.9	196.9	672.6	354.2	0.4	0.6	0.2	0.3	0.2
4500 Impôts non périodiques sur	0.0	0.0	0.0	0.0	0.0	0.0	0.0	0.0	0.0	0.0
4600 Autres impôts périodiques sur patrimoine	0.0	0.0	0.0	0.0	0.0	0.0	0.0	0.0	0.0	0.0
5000 Impôts sur les biens et services	**1 118.7**	**5 041.8**	**11 185.2**	**21 755.4**	**21 275.1**	**10.6**	**11.9**	**10.1**	**11.1**	**10.6**
5100 Impôts sur production, vente, transfert, etc.	1 074.0	4 789.8	10 532.9	20 167.0	19 614.2	10.1	11.3	9.5	10.3	9.8
5110 Impôts généraux	664.4	3 306.4	8 399.9	16 348.9	15 963.0	6.3	7.8	7.6	8.3	8.0
5111 Taxes sur la valeur ajoutée	664.4	3 306.4	8 399.9	16 348.9	15 963.0	6.3	7.8	7.6	8.3	8.0
5120 Impôts sur biens et services déterminés	409.6	1 483.5	2 133.0	3 818.[illegible]	3 651.2	3.9	3.5	1.9	1.9	1.8
5121 Accises	166.0	816.2	1 561.2	2 862.3	2 900.2	1.6	1.9	1.4	1.5	1.4
5200 Impôts sur utilisation des biens et exerc. activités	44.7	251.9	652.3	1 588.4	1 660.9	0.4	0.6	0.6	0.8	0.8
5300 Non-ventilables entre 5100 et 5200	0.0	0.0	0.0	0.0	0.0	0.0	0.0	0.0	0.0	0.0
6000 Autres impôts	**-23.4**	**-112.2**	**-61.1**	**-250.5**	**-175.0**	**-0.2**	**-0.3**	**-0.1**	**-0.1**	**-0.1**
Crédits d'impôts récupérables										
Crédits d'impôts récupérables contre 1000	0.0	0.0	0.0	278.8	298.0	0.0	0.0	0.0	0.1	0.1
Composante transfert	..	..	..	200.6	223.0	..	..	..	0.1	0.1
Composante fiscale	..	..	..	78.2	74.9	..	..	..	0.0	0.0

.. Non disponible
Note : Des données et des notes plus détaillées par pays sont disponibles dans le chapitre 5 "Tableaux détaillés par pays". Les séries temporelles complètes sont accessibles sur le site web http://oe.cd/series-temporelles-completes.
Source : Servicio de Impuestos internos (Chile's Tax Service).

StatLink https://stat.link/abdwk6

Tableau 4.10. Chili, recettes fiscales et % du PIB par niveaux d'administration (principaux impôts)

	Milliard CLP					% du PIB				
	1990	2000	2010	2019	2020	1990	2000	2010	2019	2020
Administrations fédérale ou centrale										
Recettes fiscales totales	**1 579.7**	**6 936.8**	**19 214.8**	**35 124.7**	**32 833.3**	**14.9**	**16.4**	**17.3**	**17.9**	**16.4**
1000 Impôts sur revenu, bénéfices et gains en capital	413.0	1 841.6	8 329.1	14 283.2	12 540.3	3.9	4.4	7.5	7.3	6.3
2000 Cotisations de sécurité sociale	66.7	232.7	371.4	495.1	510.8	0.6	0.6	0.3	0.3	0.3
3000 Sur salaires ou main d'oeuvre	0.0	0.0	0.0	0.0	0.0	0.0	0.0	0.0	0.0	0.0
4000 Impôts sur le patrimoine	59.7	255.4	245.0	759.3	535.0	0.6	0.6	0.2	0.4	0.3
5000 Impôts sur les biens et services	1 063.7	4 719.3	10 330.4	19 837.6	19 422.1	10.0	11.2	9.3	10.1	9.7
6000 Autres impôts	-23.4	-112.2	-61.1	-250.5	-175.0	-0.2	-0.3	-0.1	-0.1	-0.1
Administrations d'un État/Régions										
Recettes fiscales totales	**..**	**..**	**..**	**..**	**..**	**..**	**..**	**..**	**..**	**..**
1000 Impôts sur revenu, bénéfices et gains en capital	..	..	..	..	..	..	..	..	..	..
2000 Cotisations de sécurité sociale	..	..	..	..	..	..	..	..	..	..
3000 Sur salaires ou main d'oeuvre	..	..	..	..	..	..	..	..	..	..
4000 Impôts sur le patrimoine	..	..	..	..	..	..	..	..	..	..
5000 Impôts sur les biens et services	..	..	..	..	..	..	..	..	..	..
6000 Autres impôts	..	..	..	..	..	..	..	..	..	..
Administrations locales										
Recettes fiscales totales	**104.7**	**621.2**	**1 508.3**	**3 401.0**	**3 389.9**	**1.0**	**1.5**	**1.4**	**1.7**	**1.7**
1000 Impôts sur revenu, bénéfices et gains en capital	0.0	0.0	0.0	0.0	0.0	0.0	0.0	0.0	0.0	0.0
2000 Cotisations de sécurité sociale	0.0	0.0	0.0	0.0	0.0	0.0	0.0	0.0	0.0	0.0
3000 Sur salaires ou main d'oeuvre	0.0	0.0	0.0	0.0	0.0	0.0	0.0	0.0	0.0	0.0
4000 Impôts sur le patrimoine	49.6	298.7	653.6	1 483.3	1 537.0	0.5	0.7	0.6	0.8	0.8
5000 Impôts sur les biens et services	55.0	322.5	854.8	1 917.8	1 853.0	0.5	0.8	0.8	1.0	0.9
6000 Autres impôts	0.0	0.0	0.0	0.0	0.0	0.0	0.0	0.0	0.0	0.0
Administrations de sécurité sociale										
Recettes fiscales totales	**92.8**	**344.0**	**1 122.6**	**2 499.8**	**2 594.0**	**0.9**	**0.8**	**1.0**	**1.3**	**1.3**
1000 Impôts sur revenu, bénéfices et gains en capital	0.0	0.0	0.0	0.0	0.0	0.0	0.0	0.0	0.0	0.0
2000 Cotisations de sécurité sociale	92.8	344.0	1 122.6	2 499.8	2 594.0	0.9	0.8	1.0	1.3	1.3
3000 Sur salaires ou main d'oeuvre	0.0	0.0	0.0	0.0	0.0	0.0	0.0	0.0	0.0	0.0
4000 Impôts sur le patrimoine	0.0	0.0	0.0	0.0	0.0	0.0	0.0	0.0	0.0	0.0
5000 Impôts sur les biens et services	0.0	0.0	0.0	0.0	0.0	0.0	0.0	0.0	0.0	0.0
6000 Autres impôts	0.0	0.0	0.0	0.0	0.0	0.0	0.0	0.0	0.0	0.0

.. Non disponible

Note : Des données et des notes plus détaillées par pays sont disponibles dans le chapitre 6 "Recettes fiscales des sous-secteurs de l'administration". Les séries temporelles complètes sont accessibles sur le site web http://oe.cd/series-temporelles-completes.

Source : Servicio de Impuestos internos (Chile's Tax Service).

StatLink https://stat.link/7au05e

Tableau 4.11. Colombie, recettes fiscales et % du PIB (sélection de catégories d'impôts)

	Milliard COP					% du PIB				
	1990	2000	2010	2019	2020	1990	2000	2010	2019	2020
Recettes fiscales totales	**2 579.4**	**30 598.6**	**98 455.3**	**209 071.3**	**187 664.6**	**11.3**	**15.7**	**18.1**	**19.7**	**18.8**
1000 Impôts sur le revenu, les bénéfices et les gains en capital	**771.7**	**7 103.5**	**26 218.9**	**67 513.6**	**61 812.5**	**3.4**	**3.6**	**4.8**	**6.4**	**6.2**
1100 Des personnes physiques	47.2	1 499.3	5 192.4	14 233.7	14 469.9	0.2	0.8	1.0	1.3	1.4
1200 Des sociétés	359.8	5 119.8	20 405.2	50 287.1	43 240.2	1.6	2.6	3.8	4.7	4.3
1300 Non-ventilables entre 1100 et 1200	364.7	484.4	621.3	2 998.8	4 102.5	1.6	0.2	0.1	0.3	0.4
2000 Cotisations de sécurité sociale	**203.6**	**4 989.0**	**11 478.1**	**19 875.4**	**18 615.4**	**0.9**	**2.6**	**2.1**	**1.9**	**1.9**
2100 À la charge des salariés	..	..	..	..	..	..	..	..	..	..
2200 À la charge des employeurs	..	..	..	..	..	..	..	..	..	..
2300 À la charge des indép. ou sans emploi	..	..	..	..	..	..	..	..	..	..
2400 Non-ventilables entre 2100, 2200 et 2300	203.6	4 989.0	11 478.1	19 875.4	18 615.4	0.9	2.6	2.1	1.9	1.9
3000 Sur les salaires ou main d'oeuvre	**0.0**	**1 286.8**	**4 022.5**	**3 604.1**	**3 670.5**	**0.0**	**0.7**	**0.7**	**0.3**	**0.4**
4000 Impôts sur le patrimoine	**56.2**	**2 027.7**	**8 535.2**	**18 984.4**	**18 167.4**	**0.2**	**1.0**	**1.6**	**1.8**	**1.8**
4100 Impôts périodiques sur la propriété immobilière	56.2	991.1	3 338.9	8 743.1	9 109.6	0.2	0.5	0.6	0.8	0.9
4200 Impôts périodiques sur l'actif net	0.0	0.0	1 970.5	923.3	957.1	0.0	0.0	0.4	0.1	0.1
4300 Impôts sur mut. par décès, succ. et donations	0.0	0.0	0.0	0.0	0.0	0.0	0.0	0.0	0.0	0.0
4400 Impôts sur transact. mobilières et immob.	0.0	1 036.6	3 225.8	8 190.5	7 476.3	0.0	0.5	0.6	0.8	0.7
4500 Impôts non périodiques sur	0.0	0.0	0.0	1 127.5	624.3	0.0	0.0	0.0	0.1	0.1
4600 Autres impôts périodiques sur patrimoine	0.0	0.0	0.0	0.0	0.0	0.0	0.0	0.0	0.0	0.0
5000 Impôts sur les biens et services	**1 388.7**	**14 180.5**	**44 411.6**	**89 797.9**	**77 752.5**	**6.1**	**7.3**	**8.2**	**8.5**	**7.8**
5100 Impôts sur production, vente, transfert, etc.	1 388.7	14 048.7	44 038.1	88 064.1	75 960.4	6.1	7.2	8.1	8.3	7.6
5110 Impôts généraux	672.4	9 585.9	33 333.8	71 235.1	62 866.7	3.0	4.9	6.1	6.7	6.3
5111 Taxes sur la valeur ajoutée	583.1	8 445.8	28 811.7	61 936.3	53 912.6	2.6	4.3	5.3	5.8	5.4
5120 Impôts sur biens et services déterminés	716.3	4 462.8	10 704.3	16 828.9	13 093.7	3.2	2.3	2.0	1.6	1.3
5121 Accises	404.7	2 718.7	6 052.3	12 996.0	10 159.9	1.8	1.4	1.1	1.2	1.0
5200 Impôts sur utilisation des biens et exerc. activités	0.0	131.8	373.6	1 733.8	1 792.2	0.0	0.1	0.1	0.2	0.2
5300 Non-ventilables entre 5100 et 5200	0.0	0.0	0.0	0.0	0.0	0.0	0.0	0.0	0.0	0.0
6000 Autres impôts	**159.3**	**1 011.2**	**3 789.0**	**9 289.9**	**7 646.3**	**0.7**	**0.5**	**0.7**	**0.9**	**0.8**
Crédits d'impôts récupérables										
Crédits d'impôts récupérables contre 1000	..	..	..	..	..	..	..	..	..	..
Composante transfert	..	..	..	..	..	..	..	..	..	.
Composante fiscale	..	..	..	..	..	..	..	..	..	.

.. Non disponible

Note : Des données et des notes plus détaillées par pays sont disponibles dans le chapitre 5 "Tableaux détaillés par pays". Les séries temporelles complètes sont accessibles sur le site web http://oe.cd/series-temporelles-completes.

Source : Dirección de Impuestos y Aduanas Nacionales de Colombia, Ministerio de Hacienda y Crédito Público y Banco Central de Colombia. (National Tax and Customs Administration, Ministry of Finance and Public Credit and Central Bank of Colombia).

StatLink https://stat.link/24sdaf

Tableau 4.12. Colombie, recettes fiscales et % du PIB par niveaux d'administration (principaux impôts)

	Milliard COP					% du PIB				
	1990	2000	2010	2019	2020	1990	2000	2010	2019	2020
Administrations fédérale ou centrale										
Recettes fiscales totales	**1 885.9**	**21 016.3**	**71 304.3**	**152 621.7**	**134 938.4**	**8.3**	**10.8**	**13.1**	**14.4**	**13.5**
1000 Impôts sur revenu, bénéfices et gains en capital	771.7	7 103.5	26 218.9	67 519.6	61 812.5	3.4	3.6	4.8	6.4	6.2
2000 Cotisations de sécurité sociale	0.0	0.0	0.0	0.0	0.0	0.0	0.0	0.0	0.0	0.0
3000 Sur salaires ou main d'oeuvre	0.0	1 286.8	4 022.5	3 604.1	3 670.5	0.0	0.7	0.7	0.3	0.4
4000 Impôts sur le patrimoine	0.0	1 036.6	5 196.3	10 241.3	9 057.8	0.0	0.5	1.0	1.0	0.9
5000 Impôts sur les biens et services	1 035.9	11 108.6	35 382.9	70 637.1	60 110.7	4.6	5.7	6.5	6.7	6.0
6000 Autres impôts	78.3	480.8	483.8	619.7	286.9	0.3	0.2	0.1	0.1	0.0
Administrations d'un État/Régions										
Recettes fiscales totales	**263.4**	**1 723.2**	**4 781.3**	**10 472.5**	**9 095.0**	**1.2**	**0.9**	**0.9**	**1.0**	**0.9**
1000 Impôts sur revenu, bénéfices et gains en capital	0.0	0.0	0.0	0.0	0.0	0.0	0.0	0.0	0.0	0.0
2000 Cotisations de sécurité sociale	0.0	0.0	0.0	0.0	0.0	0.0	0.0	0.0	0.0	0.0
3000 Sur salaires ou main d'oeuvre	0.0	0.0	0.0	0.0	0.0	0.0	0.0	0.0	0.0	0.0
4000 Impôts sur le patrimoine	0.0	0.0	0.0	0.0	0.0	0.0	0.0	0.0	0.0	0.0
5000 Impôts sur les biens et services	263.4	1 481.7	3 406.3	7 496.6	6 575.4	1.2	0.8	0.6	0.7	0.7
6000 Autres impôts	0.0	241.5	1 375.0	2 975.9	2 519.6	0.0	0.1	0.3	0.3	0.3
Administrations locales										
Recettes fiscales totales	**226.5**	**2 870.1**	**10 891.7**	**26 101.8**	**25 015.8**	**1.0**	**1.5**	**2.0**	**2.5**	**2.5**
1000 Impôts sur revenu, bénéfices et gains en capital	0.0	0.0	0.0	0.0	0.0	0.0	0.0	0.0	0.0	0.0
2000 Cotisations de sécurité sociale	0.0	0.0	0.0	0.0	0.0	0.0	0.0	0.0	0.0	0.0
3000 Sur salaires ou main d'oeuvre	0.0	0.0	0.0	0.0	0.0	0.0	0.0	0.0	0.0	0.0
4000 Impôts sur le patrimoine	56.2	991.1	3 338.9	8 743.1	9 109.6	0.2	0.5	0.6	0.8	0.9
5000 Impôts sur les biens et services	89.3	1 590.1	5 622.5	11 664.3	11 066.4	0.4	0.8	1.0	1.1	1.1
6000 Autres impôts	81.0	288.9	1 930.3	5 694.4	4 839.8	0.4	0.1	0.4	0.5	0.5
Administrations de sécurité sociale										
Recettes fiscales totales	**203.6**	**4 989.0**	**11 478.1**	**19 875.4**	**18 615.4**	**0.9**	**2.6**	**2.1**	**1.9**	**1.9**
1000 Impôts sur revenu, bénéfices et gains en capital	0.0	0.0	0.0	0.0	0.0	0.0	0.0	0.0	0.0	0.0
2000 Cotisations de sécurité sociale	203.6	4 989.0	11 478.1	19 875.4	18 615.4	0.9	2.6	2.1	1.9	1.9
3000 Sur salaires ou main d'oeuvre	0.0	0.0	0.0	0.0	0.0	0.0	0.0	0.0	0.0	0.0
4000 Impôts sur le patrimoine	0.0	0.0	0.0	0.0	0.0	0.0	0.0	0.0	0.0	0.0
5000 Impôts sur les biens et services	0.0	0.0	0.0	0.0	0.0	0.0	0.0	0.0	0.0	0.0
6000 Autres impôts	0.0	0.0	0.0	0.0	0.0	0.0	0.0	0.0	0.0	0.0

Note : Des données et des notes plus détaillées par pays sont disponibles dans le chapitre 6 "Recettes fiscales des sous-secteurs de l'administration". Les séries temporelles complètes sont accessibles sur le site web http://oe.cd/series-temporelles-completes.
Source : Dirección de Impuestos y Aduanas Nacionales de Colombia, Ministerio de Hacienda y Crédito Público y Banco Central de Colombia. (National Tax and Customs Administration, Ministry of Finance and Public Credit and Central Bank of Colombia).

StatLink https://stat.link/hzrjx2

Tableau 4.13. Costa Rica, recettes fiscales et % du PIB (sélection de catégories d'impôts)

	Milliard CRC					% du PIB				
	1990	2000	2010	2019	2020	1990	2000	2010	2019	2020
Recettes fiscales totales	**117.7**	**978.1**	**4 382.4**	**8 855.9**	**8 235.5**	**22.4**	**21.1**	**22.1**	**23.4**	**22.7**
1000 Impôts sur le revenu, les bénéfices et les gains en capital	**11.8**	**128.8**	**748.1**	**1 854.9**	**1 651.2**	**2.3**	**2.8**	**3.8**	**4.9**	**4.5**
1100 Des personnes physiques	..	..	202.8	541.0	556.1	..	..	1.0	1.4	1.5
1200 Des sociétés	..	..	450.3	1 058.1	692.6	..	..	2.3	2.8	1.9
1300 Non-ventilables entre 1100 et 1200	11.8	128.8	94.9	255.8	402.6	2.3	2.8	0.5	0.7	1.1
2000 Cotisations de sécurité sociale	**34.0**	**297.1**	**1 450.5**	**3 026.7**	**2 971.6**	**6.5**	**6.4**	**7.3**	**8.0**	**8.2**
2100 À la charge des salariés	..	..	..	..	..	..	..	..	..	..
2200 À la charge des employeurs	3.4	37.3	207.2	381.9	387.8	0.7	0.8	1.0	1.0	1.1
2300 À la charge des indép. ou sans emploi	..	..	..	..	..	..	..	..	..	..
2400 Non-ventilables entre 2100, 2200 et 2300	30.5	259.8	1 243.3	2 644.8	2 583.7	5.8	5.6	6.3	7.0	7.1
3000 Sur les salaires ou main d'oeuvre	**7.6**	**61.8**	**260.7**	**522.5**	**537.7**	**1.4**	**1.3**	**1.3**	**1.4**	**1.5**
4000 Impôts sur le patrimoine	**1.6**	**8.4**	**63.7**	**168.0**	**162.9**	**0.3**	**0.2**	**0.3**	**0.4**	**0.4**
4100 Impôts périodiques sur la propriété immobilière	1.2	5.4	49.0	125.4	127.6	0.2	0.1	0.2	0.3	0.4
4200 Impôts périodiques sur l'actif net	0.0	0.0	0.0	0.0	0.0	0.0	0.0	0.0	0.0	0.0
4300 Impôts sur mut. par décès, succ. et donations	0.0	0.0	0.0	0.0	0.0	0.0	0.0	0.0	0.0	0.0
4400 Impôts sur transact. mobilières et immob.	0.4	3.0	14.7	42.3	35.3	0.1	0.1	0.1	0.1	0.1
4500 Impôts non périodiques sur	0.0	0.0	0.0	0.0	0.0	0.0	0.0	0.0	0.0	0.0
4600 Autres impôts périodiques sur patrimoine	0.0	0.0	0.0	0.0	0.0	0.0	0.0	0.0	0.0	0.0
5000 Impôts sur les biens et services	**53.5**	**456.9**	**1 766.9**	**3 081.9**	**2 745.1**	**10.2**	**9.9**	**8.9**	**8.1**	**7.6**
5100 Impôts sur production, vente, transfert, etc.	49.9	425.7	1 600.3	2 756.8	2 500.5	9.5	9.2	8.1	7.3	6.9
5110 Impôts généraux	21.3	222.8	920.3	1 662.5	1 649.5	4.1	4.8	4.6	4.4	4.5
5111 Taxes sur la valeur ajoutée	21.3	222.8	920.3	1 635.0	1 623.7	4.1	4.8	4.6	4.3	4.5
5120 Impôts sur biens et services déterminés	28.5	202.9	680.0	1 094.3	851.0	5.4	4.4	3.4	2.9	2.3
5121 Accises	11.1	157.2	523.6	865.0	688.8	2.1	3.4	2.6	2.3	1.9
5200 Impôts sur utilisation des biens et exerc. activités	3.6	31.1	166.6	325.2	244.6	0.7	0.7	0.8	0.9	0.7
5300 Non-ventilables entre 5100 et 5200	0.0	0.0	0.0	0.0	0.0	0.0	0.0	0.0	0.0	0.0
6000 Autres impôts	**9.3**	**25.2**	**92.5**	**201.9**	**167.0**	**1.8**	**0.5**	**0.5**	**0.5**	**0.5**
Crédits d'impôts récupérables										
Crédits d'impôts récupérables contre 1000	..	..	..	..	..	..	..	..	..	..
Composante transfert	..	..	..	..	..	..	..	..	..	..
Composante fiscale	..	..	..	..	..	..	..	..	..	..

.. Non disponible

Note : Des données et des notes plus détaillées par pays sont disponibles dans le chapitre 5 "Tableaux détaillés par pays". Les séries temporelles complètes sont accessibles sur le site web http://oe.cd/series-temporelles-completes.

Source : Secretaria Técnica de la Autoridad Presupuestaria, Ministerio de Finanzas y Contraloría General de la República (Technical Secretary of the Budgeting Authority, Ministry of Finance and National General Comptroller).

StatLink https://stat.link/dtrukr

Tableau 4.14. Costa Rica, recettes fiscales et % du PIB par niveaux d'administration (principaux impôts)

	Milliard CRC					% du PIB				
	1990	2000	2010	2019	2020	1990	2000	2010	2019	2020
Administrations fédérale ou centrale										
Recettes fiscales totales	**75.0**	**619.3**	**2 616.6**	**5 121.6**	**4 549.0**	**14.3**	**13.4**	**13.2**	**13.5**	**12.5**
1000 Impôts sur revenu, bénéfices et gains en capital	11.8	128.8	748.1	1 854.9	1 651.2	2.3	2.8	3.8	4.9	4.5
2000 Cotisations de sécurité sociale	1.3	18.7	61.2	77.5	79.4	0.3	0.4	0.3	0.2	0.2
3000 Sur salaires ou main d'oeuvre	0.0	0.0	0.0	0.0	0.0	0.0	0.0	0.0	0.0	0.0
4000 Impôts sur le patrimoine	0.4	3.0	18.3	47.3	40.0	0.1	0.1	0.1	0.1	0.1
5000 Impôts sur les biens et services	52.2	444.9	1 696.6	2 940.1	2 611.5	9.9	9.6	8.6	7.8	7.2
6000 Autres impôts	9.3	24.0	92.5	201.8	166.9	1.8	0.5	0.5	0.5	0.5
Administrations d'un État/Régions										
Recettes fiscales totales	**..**	**..**	**..**	**..**	**..**	**..**	**..**	**..**	**..**	**..**
1000 Impôts sur revenu, bénéfices et gains en capital	..	..	..	..	..	..	..	..	..	..
2000 Cotisations de sécurité sociale	..	..	..	..	..	..	..	..	..	..
3000 Sur salaires ou main d'oeuvre	..	..	..	..	..	..	..	..	..	..
4000 Impôts sur le patrimoine	..	..	..	..	..	..	..	..	..	..
5000 Impôts sur les biens et services	..	..	..	..	..	..	..	..	..	..
6000 Autres impôts	..	..	..	..	..	..	..	..	..	..
Administrations locales										
Recettes fiscales totales	**2.5**	**18.6**	**115.8**	**262.6**	**256.7**	**0.5**	**0.4**	**0.6**	**0.7**	**0.7**
1000 Impôts sur revenu, bénéfices et gains en capital	0.0	0.0	0.0	0.0	0.0	0.0	0.0	0.0	0.0	0.0
2000 Cotisations de sécurité sociale	0.0	0.0	0.0	0.0	0.0	0.0	0.0	0.0	0.0	0.0
3000 Sur salaires ou main d'oeuvre	0.0	0.0	0.0	0.0	0.0	0.0	0.0	0.0	0.0	0.0
4000 Impôts sur le patrimoine	1.2	5.4	45.4	120.7	123.0	0.2	0.1	0.2	0.3	0.3
5000 Impôts sur les biens et services	1.3	12.0	70.3	141.8	133.6	0.2	0.3	0.4	0.4	0.4
6000 Autres impôts	0.0	1.2	0.0	0.1	0.1	0.0	0.0	0.0	0.0	0.0
Administrations de sécurité sociale										
Recettes fiscales totales	**40.2**	**340.2**	**1 650.0**	**3 471.7**	**3 429.8**	**7.7**	**7.4**	**8.3**	**9.2**	**9.4**
1000 Impôts sur revenu, bénéfices et gains en capital	0.0	0.0	0.0	0.0	0.0	0.0	0.0	0.0	0.0	0.0
2000 Cotisations de sécurité sociale	32.6	278.4	1 389.3	2 949.2	2 892.2	6.2	6.0	7.0	7.8	8.0
3000 Sur salaires ou main d'oeuvre	7.6	61.8	260.7	522.5	537.7	1.4	1.3	1.3	1.4	1.5
4000 Impôts sur le patrimoine	0.0	0.0	0.0	0.0	0.0	0.0	0.0	0.0	0.0	0.0
5000 Impôts sur les biens et services	0.0	0.0	0.0	0.0	0.0	0.0	0.0	0.0	0.0	0.0
6000 Autres impôts	0.0	0.0	0.0	0.0	0.0	0.0	0.0	0.0	0.0	0.0

.. Non disponible

Note : Des données et des notes plus détaillées par pays sont disponibles dans le chapitre 6 "Recettes fiscales des sous-secteurs de l'administration". Les séries temporelles complètes sont accessibles sur le site web http://oe.cd/series-temporelles-completes.

Source : Secretaría Técnica de la Autoridad Presupuestaria, Ministerio de Finanzas y Contraloría General de la República (Technical Secretary of the Budgeting Authority, Ministry of Finance and National General Comptroller).

StatLink https://stat.link/irknyw

Tableau 4.15. République tchèque, recettes fiscales et % du PIB (sélection de categories d'impôts)

	Milliard CZK					% du PIB				
	1990	2000	2010	2019	2020	1990	2000	2010	2019	2020
Recettes fiscales totales	..	**771.6**	**1 286.9**	**2 014.2**	**1 982.6**	..	**32.3**	**32.2**	**34.8**	**34.7**
1000 Impôts sur le revenu, les bénéfices et les gains en capital	..	**175.8**	**259.9**	**458.8**	**453.2**	..	**7.4**	**6.5**	**7.9**	**7.9**
1100 Des personnes physiques	..	99.7	131.7	255.7	266.6	..	4.2	3.3	4.4	4.7
1200 Des sociétés	..	76.2	128.2	203.1	186.6	..	3.2	3.2	3.5	3.3
1300 Non-ventilables entre 1100 et 1200	..	0.0	0.0	0.0	0.0	..	0.0	0.0	0.0	0.0
2000 Cotisations de sécurité sociale	..	**341.5**	**576.0**	**889.2**	**901.7**	..	**14.3**	**14.4**	**15.4**	**15.8**
2100 À la charge des salariés	..	77.3	116.8	184.6	187.7	..	3.2	2.9	3.2	3.3
2200 À la charge des employeurs	..	220.2	363.1	569.5	573.8	..	9.2	9.1	9.8	10.0
2300 À la charge des indép. ou sans emploi	..	44.1	96.1	135.2	140.2	..	1.8	2.4	2.3	2.5
2400 Non-ventilables entre 2100, 2200 et 2300	..	0.0	0.0	0.0	0.0	..	0.0	0.0	0.0	0.0
3000 Sur les salaires ou main d'oeuvre	..	**0.0**	**0.0**	**0.0**	**0.0**	..	**0.0**	**0.0**	**0.0**	**0.0**
4000 Impôts sur le patrimoine	..	**10.9**	**16.4**	**24.1**	**11.6**	..	**0.5**	**0.4**	**0.4**	**0.2**
4100 Impôts périodiques sur la propriété immobilière	..	4.5	8.8	11.0	11.6	..	0.2	0.2	0.2	0.2
4200 Impôts périodiques sur l'actif net	..	0.0	0.0	0.0	0.0	..	0.0	0.0	0.0	0.0
4300 Impôts sur mut. par décès, succ. et donations	..	0.6	0.2	0.0	0.0	..	0.0	0.0	0.0	0.0
4400 Impôts sur transact. mobilières et immob.	..	5.8	7.4	13.1	0.0	..	0.2	0.2	0.2	0.0
4500 Impôts non périodiques sur	..	0.0	0.0	0.0	0.0	..	0.0	0.0	0.0	0.0
4600 Autres impôts périodiques sur patrimoine	..	0.0	0.0	0.0	0.0	..	0.0	0.0	0.0	0.0
5000 Impôts sur les biens et services	..	**243.0**	**434.4**	**641.9**	**615.9**	..	**10.2**	**10.9**	**11.1**	**10.8**
5100 Impôts sur production, vente, transfert, etc.	..	226.4	408.6	613.0	588.3	..	9.5	10.2	10.6	10.3
5110 Impôts généraux	..	141.2	263.5	435.5	422.5	..	5.9	6.6	7.5	7.4
5111 Taxes sur la valeur ajoutée	..	141.2	263.5	435.5	422.5	..	5.9	6.6	7.5	7.4
5120 Impôts sur biens et services déterminés	..	85.1	145.2	177.5	165.9	..	3.6	3.6	3.1	2.9
5121 Accises	..	71.4	138.4	168.2	157.4	..	3.0	3.5	2.9	2.8
5200 Impôts sur utilisation des biens et exerc. activités	..	16.6	25.7	28.9	27.5	..	0.7	0.6	0.5	0.5
5300 Non-ventilables entre 5100 et 5200	..	0.0	0.0	0.0	0.0	..	0.0	0.0	0.0	0.0
6000 Autres impôts	..	**0.4**	**0.1**	**0.2**	**0.2**	..	**0.0**	**0.0**	**0.0**	**0.0**
Crédits d'impôts récupérables										
Crédits d'impôts récupérables contre 1000	..	0.0	25.7	39.9	38.9	..	0.0	0.6	0.7	0.7
Composante transfert	..	..	7.8	8.3	7.9	..	..	0.2	0.1	0.1
Composante fiscale	..	..	17.9	31.6	31.1	..	..	0.4	0.5	0.5
Recettes fiscales collectés pour le compte de l'UE										
Recettes fiscales collectés pour le compte de l'UE, total	..	..	6.5	8.8	8.1	..	..	0.2	0.2	0.1
Droits de douane perçus pour le compte de l'UE	..	..	6.5	8.8	8.1	..	..	0.2	0.2	0.1

.. Non disponible

Note : Des données et des notes plus détaillées par pays sont disponibles dans le chapitre 5 "Tableaux détaillés par pays". Les séries temporelles complètes sont accessibles sur le site web http://oe.cd/series-temporelles-completes.

Source : Ministry of Finance, Tax Analyses Department.

StatLink https://stat.link/9kf28d

Tableau 4.16. République tchèque, recettes fiscales et % du PIB par niveaux d'administration (principaux impôts)

	Milliard CZK					% du PIB				
	1990	2000	2010	2019	2020	1990	2000	2010	2019	2020
Administrations fédérale ou centrale										
Recettes fiscales totales	**..**	**423.4**	**687.3**	**1 096.7**	**1 052.9**	**..**	**17.7**	**17.2**	**18.9**	**18.4**
1000 Impôts sur revenu, bénéfices et gains en capital	..	175.8	259.9	458.8	453.2	..	7.4	6.5	7.9	7.9
2000 Cotisations de sécurité sociale	..	0.0	0.0	0.0	0.0	..	0.0	0.0	0.0	0.0
3000 Sur salaires ou main d'oeuvre	..	0.0	0.0	0.0	0.0	..	0.0	0.0	0.0	0.0
4000 Impôts sur le patrimoine	..	6.4	7.6	13.1	0.0	..	0.3	0.2	0.2	0.0
5000 Impôts sur les biens et services	..	241.0	419.6	624.5	599.4	..	10.1	10.5	10.8	10.5
6000 Autres impôts	..	0.1	0.1	0.2	0.2	..	0.0	0.0	0.0	0.0
Administrations d'un État/Régions										
Recettes fiscales totales	**..**	**..**	**..**	**..**	**..**	**..**	**..**	**..**	**..**	**..**
1000 Impôts sur revenu, bénéfices et gains en capital	..	..	..	..	..	..	..	..	..	..
2000 Cotisations de sécurité sociale	..	..	..	..	..	..	..	..	..	..
3000 Sur salaires ou main d'oeuvre	..	..	..	..	..	..	..	..	..	..
4000 Impôts sur le patrimoine	..	..	..	..	..	..	..	..	..	..
5000 Impôts sur les biens et services	..	..	..	..	..	..	..	..	..	..
6000 Autres impôts	..	..	..	..	..	..	..	..	..	..
Administrations locales										
Recettes fiscales totales	**..**	**6.7**	**17.0**	**19.5**	**19.9**	**..**	**0.3**	**0.4**	**0.3**	**0.3**
1000 Impôts sur revenu, bénéfices et gains en capital	..	0.0	0.0	0.0	0.0	..	0.0	0.0	0.0	0.0
2000 Cotisations de sécurité sociale	..	0.0	0.0	0.0	0.0	..	0.0	0.0	0.0	0.0
3000 Sur salaires ou main d'oeuvre	..	0.0	0.0	0.0	0.0	..	0.0	0.0	0.0	0.0
4000 Impôts sur le patrimoine	..	4.5	8.7	10.9	11.6	..	0.2	0.2	0.2	0.2
5000 Impôts sur les biens et services	..	2.0	8.2	8.6	8.4	..	0.1	0.2	0.1	0.1
6000 Autres impôts	..	0.3	0.0	0.0	0.0	..	0.0	0.0	0.0	0.0
Administrations de sécurité sociale										
Recettes fiscales totales	**..**	**341.5**	**576.0**	**889.2**	**901.7**	**..**	**14.3**	**14.4**	**15.4**	**15.8**
1000 Impôts sur revenu, bénéfices et gains en capital	..	0.0	0.0	0.0	0.0	..	0.0	0.0	0.0	0.0
2000 Cotisations de sécurité sociale	..	341.5	576.0	889.2	901.7	..	14.3	14.4	15.4	15.8
3000 Sur salaires ou main d'oeuvre	..	0.0	0.0	0.0	0.0	..	0.0	0.0	0.0	0.0
4000 Impôts sur le patrimoine	..	0.0	0.0	0.0	0.0	..	0.0	0.0	0.0	0.0
5000 Impôts sur les biens et services	..	0.0	0.0	0.0	0.0	..	0.0	0.0	0.0	0.0
6000 Autres impôts	..	0.0	0.0	0.0	0.0	..	0.0	0.0	0.0	0.0

.. Non disponible

Note : Des données et des notes plus détaillées par pays sont disponibles dans le chapitre 6 "Recettes fiscales des sous-secteurs de l'administration". Les séries temporelles complètes sont accessibles sur le site web http://oe.cd/series-temporelles-completes.

Source : Ministry of Finance, Tax Analyses Department.

StatLink https://stat.link/ci7g3x

Tableau 4.17. Danemark, recettes fiscales et % du PIB (sélection de catégories d'impôts)

	Milliard DKK					% du PIB				
	1990	2000	2010	2019	2020	1990	2000	2010	2019	2020
Recettes fiscales totales	**379.8**	**622.0**	**810.5**	**1 083.7**	**1 094.8**	**44.4**	**46.9**	**44.8**	**46.9**	**47.1**
1000 Impôts sur le revenu, les bénéfices et les gains en capital	**232.3**	**382.0**	**438.8**	**701.8**	**708.0**	**27.2**	**28.8**	**27.5**	**30.4**	**30.5**
1100 Des personnes physiques	205.1	327.3	421.3	565.6	593.2	24.0	24.7	23.3	24.5	25.5
1200 Des sociétés	14.7	42.3	41.1	72.8	66.6	1.7	3.2	2.3	3.2	2.9
1300 Non-ventilables entre 1100 et 1200	12.6	12.4	36.5	63.4	48.2	1.5	0.9	2.0	2.7	2.1
2000 Cotisations de sécurité sociale	**0.1**	**8.5**	**1.8**	**1.0**	**1.4**	**0.0**	**0.6**	**0.1**	**0.0**	**0.1**
2100 À la charge des salariés	0.1	8.2	0.9	0.7	0.8	0.0	0.6	0.0	0.0	0.0
2200 À la charge des employeurs	0.0	0.2	0.9	0.3	0.6	0.0	0.0	0.1	0.0	0.0
2300 À la charge des indép. ou sans emploi	0.0	0.0	0.0	0.0	0.0	0.0	0.0	0.0	0.0	0.0
2400 Non-ventilables entre 2100, 2200 et 2300	0.0	0.0	0.0	0.0	0.0	0.0	0.0	0.0	0.0	0.0
3000 Sur les salaires ou main d'oeuvre	**2.5**	**2.3**	**4.2**	**6.5**	**4.2**	**0.3**	**0.2**	**0.2**	**0.3**	**0.2**
4000 Impôts sur le patrimoine	**16.3**	**20.7**	**33.5**	**46.3**	**45.6**	**1.9**	**1.6**	**1.9**	**2.0**	**2.0**
4100 Impôts périodiques sur la propriété immobilière	8.9	13.6	24.2	30.6	31.6	1.0	1.0	1.3	1.3	1.4
4200 Impôts périodiques sur l'actif net	0.9	0.0	0.0	0.0	0.0	0.1	0.0	0.0	0.0	0.0
4300 Impôts sur mut. par décès, succ. et donations	2.2	2.9	3.6	8.5	6.7	0.3	0.2	0.2	0.4	0.3
4400 Impôts sur transact. mobilières et immob.	4.2	4.2	5.7	7.2	7.4	0.5	0.3	0.3	0.3	0.3
4500 Impôts non périodiques sur	0.1	0.1	0.0	0.0	0.0	0.0	0.0	0.0	0.0	0.0
4600 Autres impôts périodiques sur patrimoine	0.0	0.0	0.0	0.0	0.0	0.0	0.0	0.0	0.0	0.0
5000 Impôts sur les biens et services	**128.7**	**208.1**	**271.9**	**327.8**	**335.4**	**15.0**	**15.7**	**15.0**	**14.2**	**14.4**
5100 Impôts sur production, vente, transfert, etc.	122.7	197.3	252.3	302.3	310.8	14.3	14.9	13.9	13.1	13.4
5110 Impôts généraux	79.7	121.2	169.6	217.1	227.5	9.3	9.1	9.4	9.4	9.8
5111 Taxes sur la valeur ajoutée	71.2	121.2	169.6	217.1	227.5	8.3	9.1	9.4	9.4	9.8
5120 Impôts sur biens et services déterminés	43.0	76.0	82.7	85.2	83.2	5.0	5.7	4.6	3.7	3.6
5121 Accises	38.3	69.0	74.0	76.3	75.5	4.5	5.2	4.1	3.3	3.2
5200 Impôts sur utilisation des biens et exerc. activités	4.4	7.5	14.7	16.1	15.0	0.5	0.6	0.8	0.7	0.6
5300 Non-ventilables entre 5100 et 5200	1.6	3.4	4.9	9.3	9.6	0.2	0.3	0.3	0.4	0.4
6000 Autres impôts	**0.0**	**0.4**	**0.2**	**0.3**	**0.3**	**0.0**	**0.0**	**0.0**	**0.0**	**0.0**
Crédits d'impôts récupérables										
Crédits d'impôts récupérables contre 1000	..	..	5.0	3.1	3.0	..	..	0.3	0.1	0.1
Composante transfert	..	..	0.2	0.2	0.2	..	..	0.0	0.0	0.0
Composante fiscale	..	..	4.7	2.9	2.9	..	..	0.3	0.1	0.1
Recettes fiscales collectés pour le compte de l'UE										
Recettes fiscales collectés pour le compte de l'UE, total	2.7	2.6	3.3	3.1	3.1	0.3	0.2	0.2	0.1	0.1
Droits de douane perçus pour le compte de l'UE	1.8	2.3	3.2	3.1	3.1	0.2	0.2	0.2	0.1	0.1

.. Non disponible

Note : Des données et des notes plus détaillées par pays sont disponibles dans le chapitre 5 "Tableaux détaillés par pays". Les séries temporelles complètes sont accessibles sur le site web http://oe.cd/series-temporelles-completes.

Le total des recettes fiscales a été diminué du montant de tout transfert en capital représentant les impôts non perçus. Le transfert en capital a été directement diminué des impôts spécifiques auxquels il se rapporte. Par conséquent, les montants des recettes fiscales sont différents de ceux présentés dans le chapitre 5 "Tableaux détaillés par pays".

Source : Statistics Denmark.

StatLink https://stat.link/ta8gls

Tableau 4.18. Danemark, recettes fiscales et % du PIB par niveaux d'administration (principaux impôts)

	Milliard DKK					% du PIB				
	1990	2000	2010	2019	2020	1990	2000	2010	2019	2020
Administrations fédérale ou centrale										
Recettes fiscales totales	**259.5**	**420.6**	**589.0**	**802.0**	**796.5**	**30.3**	**31.7**	**32.5**	**34.7**	**34.3**
1000 Impôts sur revenu, bénéfices et gains en capital	123.4	203.9	305.7	454.1	445.0	14.4	15.4	16.9	19.7	19.1
2000 Cotisations de sécurité sociale	0.1	1.4	0.9	0.7	0.8	0.0	0.1	0.1	0.0	0.0
3000 Sur salaires ou main d'oeuvre	2.5	2.3	4.2	6.5	4.2	0.3	0.2	0.2	0.3	0.2
4000 Impôts sur le patrimoine	7.6	7.2	9.4	15.8	14.1	0.9	0.5	0.5	0.7	0.6
5000 Impôts sur les biens et services	126.0	205.5	268.7	324.6	332.3	14.7	15.5	14.8	14.0	14.3
6000 Autres impôts	0.0	0.4	0.2	0.3	0.3	0.0	0.0	0.0	0.0	0.0
Administrations d'un État/Régions										
Recettes fiscales totales	**..**	**..**	**..**	**..**	**..**	**..**	**..**	**..**	**..**	**..**
1000 Impôts sur revenu, bénéfices et gains en capital	..	..	..	..	..	..	..	..	..	..
2000 Cotisations de sécurité sociale	..	..	..	..	..	..	..	..	..	..
3000 Sur salaires ou main d'oeuvre	..	..	..	..	..	..	..	..	..	..
4000 Impôts sur le patrimoine	..	..	..	..	..	..	..	..	..	..
5000 Impôts sur les biens et services	..	..	..	..	..	..	..	..	..	..
6000 Autres impôts	..	..	..	..	..	..	..	..	..	..
Administrations locales										
Recettes fiscales totales	**117.6**	**191.7**	**217.3**	**278.3**	**294.6**	**13.8**	**14.4**	**12.0**	**12.0**	**12.7**
1000 Impôts sur revenu, bénéfices et gains en capital	108.9	178.1	193.1	247.7	263.0	12.7	13.4	10.7	10.7	11.3
2000 Cotisations de sécurité sociale	0.0	0.0	0.0	0.0	0.0	0.0	0.0	0.0	0.0	0.0
3000 Sur salaires ou main d'oeuvre	0.0	0.0	0.0	0.0	0.0	0.0	0.0	0.0	0.0	0.0
4000 Impôts sur le patrimoine	8.7	13.6	24.2	30.6	31.6	1.0	1.0	1.3	1.3	1.4
5000 Impôts sur les biens et services	0.0	0.0	0.0	0.0	0.0	0.0	0.0	0.0	0.0	0.0
6000 Autres impôts	0.0	0.0	0.0	0.0	0.0	0.0	0.0	0.0	0.0	0.0
Administrations de sécurité sociale										
Recettes fiscales totales	**0.0**	**7.1**	**0.9**	**0.3**	**0.6**	**0.0**	**0.5**	**0.1**	**0.0**	**0.0**
1000 Impôts sur revenu, bénéfices et gains en capital	0.0	0.0	0.0	0.0	0.0	0.0	0.0	0.0	0.0	0.0
2000 Cotisations de sécurité sociale	0.0	7.1	0.9	0.3	0.6	0.0	0.5	0.1	0.0	0.0
3000 Sur salaires ou main d'oeuvre	0.0	0.0	0.0	0.0	0.0	0.0	0.0	0.0	0.0	0.0
4000 Impôts sur le patrimoine	0.0	0.0	0.0	0.0	0.0	0.0	0.0	0.0	0.0	0.0
5000 Impôts sur les biens et services	0.0	0.0	0.0	0.0	0.0	0.0	0.0	0.0	0.0	0.0
6000 Autres impôts	0.0	0.0	0.0	0.0	0.0	0.0	0.0	0.0	0.0	0.0

.. Non disponible

Note : Des données et des notes plus détaillées par pays sont disponibles dans le chapitre 6 "Recettes fiscales des sous-secteurs de l'administration". Les séries temporelles complètes sont accessibles sur le site web http://oe.cd/series-temporelles-completes.

Le total des recettes fiscales a été diminué du montant de tout transfert en capital représentant les impôts non perçus. Le transfert en capital a été directement diminué des impôts spécifiques auxquels il se rapporte. Par conséquent, les montants des recettes fiscales sont différents de ceux présentés dans le chapitre 6 "Recettes fiscales des sous-secteurs de l'administration".

Source : Statistics Denmark.

StatLink https://stat.link/qh7l8m

Tableau 4.19. Estonie, recettes fiscales et % du PIB (sélection de catégories d'impôts)

	Milliard EUR					% du PIB				
	1990	2000	2010	2019	2020	1990	2000	2010	2019	2020
Recettes fiscales totales	..	**1.9**	**4.9**	**9.3**	**9.1**	..	**31.1**	**33.2**	**33.5**	**33.3**
1000 Impôts sur le revenu, les bénéfices et les gains en capital	..	**0.5**	**1.0**	**2.0**	**2.1**	..	**7.7**	**6.6**	**7.3**	**7.7**
1100 Des personnes physiques	..	0.4	0.8	1.5	1.7	..	6.8	5.3	5.5	6.0
1200 Des sociétés	..	0.1	0.2	0.5	0.4	..	0.9	1.3	1.8	1.6
1300 Non-ventilables entre 1100 et 1200	..	0.0	0.0	0.0	0.0	..	0.0	0.0	0.0	0.0
2000 Cotisations de sécurité sociale	..	**0.7**	**1.9**	**3.3**	**3.3**	..	**10.9**	**12.7**	**11.7**	**12.1**
2100 À la charge des salariés	..	0.0	0.1	0.1	0.1	..	0.0	0.8	0.5	0.5
2200 À la charge des employeurs	..	0.7	1.7	3.1	3.0	..	10.7	11.8	11.2	10.8
2300 À la charge des indép. ou sans emploi	..	0.0	0.0	0.0	0.2	..	0.2	0.1	0.1	0.8
2400 Non-ventilables entre 2100, 2200 et 2300	..	0.0	0.0	0.0	0.0	..	0.0	0.0	0.0	0.0
3000 Sur les salaires ou main d'oeuvre	..	**0.0**	**0.0**	**0.0**	**0.0**	..	**0.0**	**0.0**	**0.0**	**0.0**
4000 Impôts sur le patrimoine	..	**0.0**	**0.1**	**0.1**	**0.1**	..	**0.4**	**0.3**	**0.2**	**0.2**
4100 Impôts périodiques sur la propriété immobilière	..	0.0	0.1	0.1	0.1	..	0.4	0.3	0.2	0.2
4200 Impôts périodiques sur l'actif net	..	0.0	0.0	0.0	0.0	..	0.0	0.0	0.0	0.0
4300 Impôts sur mut. par décès, succ. et donations	..	0.0	0.0	0.0	0.0	..	0.0	0.0	0.0	0.0
4400 Impôts sur transact. mobilières et immob.	..	0.0	0.0	0.0	0.0	..	0.0	0.0	0.0	0.0
4500 Impôts non périodiques sur	..	0.0	0.0	0.0	0.0	..	0.0	0.0	0.0	0.0
4600 Autres impôts périodiques sur patrimoine	..	0.0	0.0	0.0	0.0	..	0.0	0.0	0.0	0.0
5000 Impôts sur les biens et services	..	**0.7**	**2.0**	**3.9**	**3.6**	..	**12.1**	**13.5**	**14.2**	**13.3**
5100 Impôts sur production, vente, transfert, etc.	..	0.7	1.9	3.7	3.4	..	11.7	13.1	13.4	12.5
5110 Impôts généraux	..	0.5	1.3	2.5	2.4	..	8.4	8.6	8.9	8.9
5111 Taxes sur la valeur ajoutée	..	0.5	1.3	2.5	2.4	..	8.4	8.5	8.9	8.9
5120 Impôts sur biens et services déterminés	..	0.2	0.7	1.2	1.0	..	3.3	4.6	4.5	3.6
5121 Accises	..	0.2	0.6	1.1	0.9	..	3.0	4.2	4.1	3.3
5200 Impôts sur utilisation des biens et exerc. activités	..	0.0	0.1	0.2	0.2	..	0.4	0.4	0.8	0.7
5300 Non-ventilables entre 5100 et 5200	..	0.0	0.0	0.0	0.0	..	0.0	0.0	0.0	0.0
6000 Autres impôts	..	**0.0**	**0.0**	**0.0**	**0.0**	..	**0.0**	**0.0**	**0.0**	**0.0**
Crédits d'impôts récupérables										
Crédits d'impôts récupérables contre 1000	..	..	..	..	..	..	..	..	..	..
Composante transfert	..	..	..	..	..	..	..	..	..	..
Composante fiscale	..	..	..	..	..	..	..	..	..	..
Recettes fiscales collectés pour le compte de l'UE										
Recettes fiscales collectés pour le compte de l'UE, total	..	..	0.0	0.1	0.1	..	..	0.2	0.2	0.2
Droits de douane perçus pour le compte de l'UE	..	..	0.0	0.1	0.0	..	..	0.2	0.2	0.2
Contributions au Fonds de résolution unique collectées pour le compte de l'UE	..	..	..	0.0	0.0	..	..	..	0.0	0.0

.. Non disponible
Note : Des données et des notes plus détaillées par pays sont disponibles dans le chapitre 5 "Tableaux détaillés par pays". Les séries temporelles complètes sont accessibles sur le site web http://oe.cd/series-temporelles-completes.
Source : Statistics Estonia.

StatLink https://stat.link/cri1oh

Tableau 4.20. Estonie, recettes fiscales et % du PIB par niveaux d'administration (principaux impôts)

	Milliard EUR					% du PIB				
	1990	2000	2010	2019	2020	1990	2000	2010	2019	2020
Administrations fédérale ou centrale										
Recettes fiscales totales	**..**	**1.6**	**3.9**	**7.6**	**7.4**	**..**	**26.3**	**26.7**	**27.5**	**27.0**
1000 Impôts sur revenu, bénéfices et gains en capital	..	0.5	1.0	2.0	2.1	..	7.7	6.6	7.3	7.7
2000 Cotisations de sécurité sociale	..	0.4	1.0	1.7	1.7	..	6.6	6.8	6.2	6.4
3000 Sur salaires ou main d'oeuvre	..	0.0	0.0	0.0	0.0	..	0.0	0.0	0.0	0.0
4000 Impôts sur le patrimoine	..	0.0	0.0	0.0	0.0	..	0.0	0.0	0.0	0.0
5000 Impôts sur les biens et services	..	0.7	2.0	3.9	3.6	..	12.0	13.2	13.9	13.0
6000 Autres impôts	..	0.0	0.0	0.0	0.0	..	0.0	0.0	0.0	0.0
Administrations d'un État/Régions										
Recettes fiscales totales	**..**	**..**	**..**	**..**	**..**	**..**	**..**	**..**	**..**	**..**
1000 Impôts sur revenu, bénéfices et gains en capital	..	..	..	..	..	..	..	..	..	..
2000 Cotisations de sécurité sociale	..	..	..	..	..	..	..	..	..	..
3000 Sur salaires ou main d'oeuvre	..	..	..	..	..	..	..	..	..	..
4000 Impôts sur le patrimoine	..	..	..	..	..	..	..	..	..	..
5000 Impôts sur les biens et services	..	..	..	..	..	..	..	..	..	..
6000 Autres impôts	..	..	..	..	..	..	..	..	..	..
Administrations locales										
Recettes fiscales totales	**..**	**0.0**	**0.1**	**0.1**	**0.1**	**..**	**0.5**	**0.5**	**0.3**	**0.3**
1000 Impôts sur revenu, bénéfices et gains en capital	..	0.0	0.0	0.0	0.0	..	0.0	0.0	0.0	0.0
2000 Cotisations de sécurité sociale	..	0.0	0.0	0.0	0.0	..	0.0	0.0	0.0	0.0
3000 Sur salaires ou main d'oeuvre	..	0.0	0.0	0.0	0.0	..	0.0	0.0	0.0	0.0
4000 Impôts sur le patrimoine	..	0.0	0.1	0.1	0.1	..	0.4	0.3	0.2	0.2
5000 Impôts sur les biens et services	..	0.0	0.0	0.0	0.0	..	0.1	0.1	0.0	0.0
6000 Autres impôts	..	0.0	0.0	0.0	0.0	..	0.0	0.0	0.0	0.0
Administrations de sécurité sociale										
Recettes fiscales totales	**..**	**0.3**	**0.9**	**1.5**	**1.6**	**..**	**4.3**	**5.9**	**5.5**	**5.8**
1000 Impôts sur revenu, bénéfices et gains en capital	..	0.0	0.0	0.0	0.0	..	0.0	0.0	0.0	0.0
2000 Cotisations de sécurité sociale	..	0.3	0.9	1.5	1.6	..	4.3	5.9	5.5	5.8
3000 Sur salaires ou main d'oeuvre	..	0.0	0.0	0.0	0.0	..	0.0	0.0	0.0	0.0
4000 Impôts sur le patrimoine	..	0.0	0.0	0.0	0.0	..	0.0	0.0	0.0	0.0
5000 Impôts sur les biens et services	..	0.0	0.0	0.0	0.0	..	0.0	0.0	0.0	0.0
6000 Autres impôts	..	0.0	0.0	0.0	0.0	..	0.0	0.0	0.0	0.0

.. Non disponible
Note : Des données et des notes plus détaillées par pays sont disponibles dans le chapitre 6 "Recettes fiscales des sous-secteurs de l'administration". Les séries temporelles complètes sont accessibles sur le site web http://oe.cd/series-temporelles-completes.
Source : Statistics Estonia.

StatLink https://stat.link/h0spqf

Tableau 4.21. Finlande, recettes fiscales et % du PIB (sélection de catégories d'impôts)

	Milliard EUR					% du PIB				
	1990	2000	2010	2019	2020	1990	2000	2010	2019	2020
Recettes fiscales totales	**39.1**	**62.4**	**76.3**	**101.4**	**99.6**	**42.9**	**45.8**	**40.6**	**42.3**	**41.8**
1000 Impôts sur le revenu, les bénéfices et les gains en capital	**15.3**	**26.9**	**27.1**	**35.5**	**35.0**	**16.8**	**19.7**	**14.4**	**14.8**	**14.7**
1100 Des personnes physiques	13.6	19.1	22.5	29.4	29.9	14.9	14.0	12.0	12.3	12.5
1200 Des sociétés	1.8	7.8	4.6	6.1	5.1	1.9	5.7	2.4	2.5	2.1
1300 Non-ventilables entre 1100 et 1200	0.0	0.0	0.0	0.0	0.0	0.0	0.0	0.0	0.0	0.0
2000 Cotisations de sécurité sociale	**10.0**	**15.8**	**22.6**	**28.3**	**27.3**	**11.0**	**11.5**	**12.0**	**11.8**	**11.5**
2100 À la charge des salariés	1.2	2.9	4.7	8.5	8.6	1.3	2.1	2.5	3.6	3.6
2200 À la charge des employeurs	8.1	11.6	16.0	17.8	16.7	8.9	8.5	8.5	7.4	7.0
2300 À la charge des indép. ou sans emploi	0.7	1.3	1.9	2.0	2.1	0.8	0.9	1.0	0.8	0.9
2400 Non-ventilables entre 2100, 2200 et 2300	0.0	0.0	0.0	0.0	0.0	0.0	0.0	0.0	0.0	0.0
3000 Sur les salaires ou main d'oeuvre	**0.0**	**0.0**	**0.0**	**0.0**	**0.0**	**0.0**	**0.0**	**0.0**	**0.0**	**0.0**
4000 Impôts sur le patrimoine	**1.0**	**1.5**	**2.1**	**3.5**	**3.6**	**1.1**	**1.1**	**1.1**	**1.4**	**1.5**
4100 Impôts périodiques sur la propriété immobilière	0.1	0.6	1.2	1.9	2.0	0.1	0.4	0.6	0.8	0.8
4200 Impôts périodiques sur l'actif net	0.0	0.2	0.0	0.0	0.0	0.0	0.1	0.0	0.0	0.0
4300 Impôts sur mut. par décès, succ. et donations	0.1	0.4	0.4	0.7	0.8	0.2	0.3	0.2	0.3	0.3
4400 Impôts sur transact. mobilières et immob.	0.7	0.4	0.5	0.9	0.8	0.8	0.3	0.3	0.4	0.3
4500 Impôts non périodiques sur	0.0	0.0	0.0	0.0	0.0	0.0	0.0	0.0	0.0	0.0
4600 Autres impôts périodiques sur patrimoine	0.0	0.0	0.0	0.0	0.0	0.0	0.0	0.0	0.0	0.0
5000 Impôts sur les biens et services	**12.7**	**18.2**	**24.4**	**34.1**	**33.7**	**14.0**	**13.4**	**13.0**	**14.2**	**14.1**
5100 Impôts sur production, vente, transfert, etc.	12.6	17.8	23.6	32.7	32.2	13.8	13.0	12.6	13.6	13.5
5110 Impôts généraux	7.5	10.9	15.5	22.0	22.0	8.3	8.0	8.3	9.2	9.2
5111 Taxes sur la valeur ajoutée	7.5	10.9	15.5	22.0	22.0	8.3	8.0	8.3	9.2	9.2
5120 Impôts sur biens et services déterminés	5.0	6.9	8.1	10.7	10.2	5.5	5.1	4.3	4.5	4.3
5121 Accises	3.8	5.6	6.3	8.1	8.0	4.2	4.1	3.3	3.4	3.4
5200 Impôts sur utilisation des biens et exerc. activités	0.2	0.4	0.8	1.5	1.5	0.2	0.3	0.4	0.6	0.6
5300 Non-ventilables entre 5100 et 5200	0.0	0.0	0.0	0.0	0.0	0.0	0.0	0.0	0.0	0.0
6000 Autres impôts	**0.1**	**0.0**	**0.1**	**0.1**	**0.1**	**0.1**	**0.0**	**0.0**	**0.0**	**0.0**
Crédits d'impôts récupérables										
Crédits d'impôts récupérables contre 1000	..	..	..	..	..	..	..	..	..	..
Composante transfert	..	..	..	..	..	..	..	..	..	..
Composante fiscale	..	..	..	..	..	..	..	..	..	..
Recettes fiscales collectés pour le compte de l'UE										
Recettes fiscales collectés pour le compte de l'UE, total	..	0.1	0.2	0.4	0.4	..	0.1	0.1	0.2	0.2
Droits de douane perçus pour le compte de l'UE	..	0.1	0.2	0.2	0.2	..	0.1	0.1	0.1	0.1
Contributions au Fonds de résolution unique collectées pour le compte de l'UE	..	..	..	0.2	0.2	..	..	..	0.1	0.1

.. Non disponible

Note : Des données et des notes plus détaillées par pays sont disponibles dans le chapitre 5 "Tableaux détaillés par pays". Les séries temporelles complètes sont accessibles sur le site web http://oe.cd/series-temporelles-completes.

Source : Statistics Finland, basing on data from State Treasury, Tax Administration, Finnish Customs, Finnish Transport and Communication Agency, Financial Stability Authority and Financial Supervisory Authority. Supplementary information from unpublished sources.

StatLink https://stat.link/efqad8

Tableau 4.22. Finlande, recettes fiscales et % du PIB par niveaux d'administration (principaux impôts)

	Milliard EUR					% du PIB				
	1990	2000	2010	2019	2020	1990	2000	2010	2019	2020
Administrations fédérale ou centrale										
Recettes fiscales totales	**20.7**	**33.1**	**35.0**	**49.6**	**47.3**	**22.7**	**24.2**	**18.6**	**20.7**	**19.9**
1000 Impôts sur revenu, bénéfices et gains en capital	7.0	14.0	9.8	14.2	12.3	7.7	10.3	5.2	5.9	5.2
2000 Cotisations de sécurité sociale	0.0	0.0	0.0	0.0	0.0	0.0	0.0	0.0	0.0	0.0
3000 Sur salaires ou main d'oeuvre	0.0	0.0	0.0	0.0	0.0	0.0	0.0	0.0	0.0	0.0
4000 Impôts sur le patrimoine	0.9	0.9	0.9	1.6	1.6	1.0	0.7	0.5	0.7	0.7
5000 Impôts sur les biens et services	12.7	18.1	24.3	33.7	33.3	14.0	13.2	12.9	14.1	14.0
6000 Autres impôts	0.1	0.0	0.1	0.1	0.1	0.1	0.0	0.0	0.0	0.0
Administrations d'un État/Régions										
Recettes fiscales totales	..	..	..	..	..	..	..	..	..	..
1000 Impôts sur revenu, bénéfices et gains en capital	..	..	..	..	..	..	..	..	..	..
2000 Cotisations de sécurité sociale	..	..	..	..	..	..	..	..	..	..
3000 Sur salaires ou main d'oeuvre	..	..	..	..	..	..	..	..	..	..
4000 Impôts sur le patrimoine	..	..	..	..	..	..	..	..	..	..
5000 Impôts sur les biens et services	..	..	..	..	..	..	..	..	..	..
6000 Autres impôts	..	..	..	..	..	..	..	..	..	..
Administrations locales										
Recettes fiscales totales	**8.4**	**13.5**	**18.5**	**23.2**	**24.6**	**9.2**	**9.9**	**9.8**	**9.7**	**10.3**
1000 Impôts sur revenu, bénéfices et gains en capital	8.3	12.9	17.3	21.3	22.6	9.1	9.4	9.2	8.9	9.5
2000 Cotisations de sécurité sociale	0.0	0.0	0.0	0.0	0.0	0.0	0.0	0.0	0.0	0.0
3000 Sur salaires ou main d'oeuvre	0.0	0.0	0.0	0.0	0.0	0.0	0.0	0.0	0.0	0.0
4000 Impôts sur le patrimoine	0.1	0.6	1.2	1.9	2.0	0.1	0.4	0.6	0.8	0.8
5000 Impôts sur les biens et services	0.0	0.0	0.0	0.0	0.0	0.0	0.0	0.0	0.0	0.0
6000 Autres impôts	0.0	0.0	0.0	0.0	0.0	0.0	0.0	0.0	0.0	0.0
Administrations de sécurité sociale										
Recettes fiscales totales	**10.0**	**15.8**	**22.6**	**28.3**	**27.3**	**11.0**	**11.5**	**12.0**	**11.8**	**11.5**
1000 Impôts sur revenu, bénéfices et gains en capital	0.0	0.0	0.0	0.0	0.0	0.0	0.0	0.0	0.0	0.0
2000 Cotisations de sécurité sociale	10.0	15.8	22.6	28.3	27.3	11.0	11.5	12.0	11.8	11.5
3000 Sur salaires ou main d'oeuvre	0.0	0.0	0.0	0.0	0.0	0.0	0.0	0.0	0.0	0.0
4000 Impôts sur le patrimoine	0.0	0.0	0.0	0.0	0.0	0.0	0.0	0.0	0.0	0.0
5000 Impôts sur les biens et services	0.0	0.0	0.0	0.0	0.0	0.0	0.0	0.0	0.0	0.0
6000 Autres impôts	0.0	0.0	0.0	0.0	0.0	0.0	0.0	0.0	0.0	0.0

.. Non disponible

Note : Des données et des notes plus détaillées par pays sont disponibles dans le chapitre 6 "Recettes fiscales des sous-secteurs de l'administration". Les séries temporelles complètes sont accessibles sur le site web http://oe.cd/series-temporelles-completes.

Source : Statistics Finland, basing on data from State Treasury, Tax Administration, Finnish Customs, Finnish Transport and Communication Agency, Financial Stability Authority and Financial Supervisory Authority. Supplementary information from unpublished sources.

StatLink https://stat.link/n5xiau

Tableau 4.23. France, recettes fiscales et % du PIB (sélection de catégories d'impôts)

	Milliard EUR					% du PIB				
	1990	2000	2010	2019	2020	1990	2000	2010	2019	2020
Recettes fiscales totales	**433.8**	**642.2**	**840.9**	**1 094.1**	**1 047.6**	**41.2**	**43.4**	**42.1**	**44.9**	**45.3**
1000 Impôts sur le revenu, les bénéfices et les gains en capital	**69.6**	**159.5**	**189.7**	**280.8**	**273.9**	**6.6**	**10.8**	**9.5**	**11.5**	**11.9**
1100 Des personnes physiques	46.3	115.2	143.1	226.7	220.3	4.4	7.8	7.2	9.3	9.5
1200 Des sociétés	23.1	44.3	46.6	54.2	53.6	2.2	3.0	2.3	2.2	2.3
1300 Non-ventilables entre 1100 et 1200	0.3	0.0	0.0	0.0	0.0	0.0	0.0	0.0	0.0	0.0
2000 Cotisations de sécurité sociale	**191.1**	**230.2**	**321.3**	**361.4**	**342.6**	**18.1**	**15.6**	**16.1**	**14.8**	**14.8**
2100 À la charge des salariés	57.3	57.3	77.7	87.4	82.9	5.4	3.9	3.9	3.6	3.6
2200 À la charge des employeurs	118.1	158.3	218.0	245.8	232.9	11.2	10.7	10.9	10.1	10.1
2300 À la charge des indép. ou sans emploi	15.7	14.6	25.7	28.3	26.7	1.5	1.0	1.3	1.2	1.2
2400 Non-ventilables entre 2100, 2200 et 2300	0.0	0.0	0.0	0.0	0.0	0.0	0.0	0.0	0.0	0.0
3000 Sur les salaires ou main d'oeuvre	**8.3**	**14.9**	**26.8**	**43.4**	**43.2**	**0.8**	**1.0**	**1.3**	**1.8**	**1.9**
4000 Impôts sur le patrimoine	**27.4**	**44.0**	**70.5**	**94.8**	**91.6**	**2.6**	**3.0**	**3.5**	**3.9**	**4.0**
4100 Impôts périodiques sur la propriété immobilière	14.8	27.3	47.6	57.6	54.8	1.4	1.8	2.4	2.4	2.4
4200 Impôts périodiques sur l'actif net	2.6	2.4	4.4	2.0	2.0	0.2	0.2	0.2	0.1	0.1
4300 Impôts sur mut. par décès, succ. et donations	4.1	6.9	7.7	15.2	15.0	0.4	0.5	0.4	0.6	0.6
4400 Impôts sur transact. mobilières et immob.	5.9	7.4	10.8	19.9	19.8	0.6	0.5	0.5	0.8	0.9
4500 Impôts non périodiques sur	0.0	0.0	0.0	0.0	0.0	0.0	0.0	0.0	0.0	0.0
4600 Autres impôts périodiques sur patrimoine	0.0	0.0	0.0	0.0	0.0	0.0	0.0	0.0	0.0	0.0
5000 Impôts sur les biens et services	**123.2**	**169.5**	**223.3**	**301.5**	**283.7**	**11.7**	**11.5**	**11.2**	**12.4**	**12.3**
5100 Impôts sur production, vente, transfert, etc.	119.2	162.8	214.6	289.5	272.6	11.3	11.0	10.8	11.9	11.8
5110 Impôts généraux	81.3	109.8	150.6	193.5	180.8	7.7	7.4	7.5	7.9	7.8
5111 Taxes sur la valeur ajoutée	80.0	107.1	135.2	174.3	161.4	7.6	7.2	6.8	7.1	7.0
5120 Impôts sur biens et services déterminés	37.9	53.0	64.0	96.0	91.8	3.6	3.6	3.2	3.9	4.0
5121 Accises	26.8	39.7	45.6	64.6	60.9	2.5	2.7	2.3	2.7	2.6
5200 Impôts sur utilisation des biens et exerc. activités	4.0	6.7	8.8	11.9	11.1	0.4	0.5	0.4	0.5	0.5
5300 Non-ventilables entre 5100 et 5200	0.0	0.0	0.0	0.0	0.0	0.0	0.0	0.0	0.0	0.0
6000 Autres impôts	**14.1**	**24.1**	**9.2**	**12.2**	**12.5**	**1.3**	**1.6**	**0.5**	**0.5**	**0.5**
Crédits d'impôts récupérables										
Crédits d'impôts récupérables contre 1000	..	0.5	17.4	35.4	26.1	..	0.0	0.9	1.5	1.1
Composante transfert	..	..	7.9	18.5	14.3	..	..	0.4	0.8	0.6
Composante fiscale	..	..	9.5	16.9	11.7	..	..	0.5	0.7	0.5
Recettes fiscales collectés pour le compte de l'UE										
Recettes fiscales collectés pour le compte de l'UE, total	2.6	1.9	2.0	4.6	5.1	0.2	0.1	0.1	0.2	0.2
Droits de douane perçus pour le compte de l'UE	..	1.5	1.8	2.0	2.1	..	0.1	0.1	0.1	0.1
Contributions au Fonds de résolution unique collectées pour le compte de l'UE	..	..	..	2.4	3.0	..	..	..	0.1	0.1

.. Non disponible

Note : Des données et des notes plus détaillées par pays sont disponibles dans le chapitre 5 "Tableaux détaillés par pays". Les séries temporelles complètes sont accessibles sur le site web http://oe.cd/series-temporelles-completes.

Le total des recettes fiscales a été diminué du montant de tout transfert en capital représentant les impôts non perçus. Le transfert en capital a été réparti entre les différentes rubriques en proportion des recettes fiscales. Par conséquent, les montants des recettes fiscales sont différents de ceux présentés dans le chapitre 5 "Tableaux détaillés par pays".

Source : Comptes nationaux de la France, Insee.

StatLink https://stat.link/wiu6sj

Tableau 4.24. France, recettes fiscales et % du PIB par niveaux d'administration (principaux impôts)

	Milliard EUR					% du PIB				
	1990	2000	2010	2019	2020	1990	2000	2010	2019	2020
Administrations fédérale ou centrale										
Recettes fiscales totales	**200.1**	**270.3**	**299.6**	**356.6**	**336.3**	**19.0**	**18.3**	**15.0**	**14.6**	**14.6**
1000 Impôts sur revenu, bénéfices et gains en capital	69.6	94.4	97.0	143.7	139.6	6.6	6.4	4.9	5.9	6.0
2000 Cotisations de sécurité sociale	3.2	5.4	7.6	8.1	8.2	0.3	0.4	0.4	0.3	0.4
3000 Sur salaires ou main d'oeuvre	6.2	10.6	4.2	11.2	12.2	0.6	0.7	0.2	0.5	0.5
4000 Impôts sur le patrimoine	8.6	11.4	13.4	20.5	20.3	0.8	0.8	0.7	0.8	0.9
5000 Impôts sur les biens et services	112.1	145.5	170.0	172.0	155.0	10.6	9.8	8.5	7.1	6.7
6000 Autres impôts	0.4	3.1	7.4	1.1	1.1	0.0	0.2	0.4	0.0	0.0
Administrations d'un État/Régions										
Recettes fiscales totales	..	..	..	..	..	..	..	..	..	..
1000 Impôts sur revenu, bénéfices et gains en capital	..	..	..	..	..	..	..	..	..	..
2000 Cotisations de sécurité sociale	..	..	..	..	..	..	..	..	..	..
3000 Sur salaires ou main d'oeuvre	..	..	..	..	..	..	..	..	..	..
4000 Impôts sur le patrimoine	..	..	..	..	..	..	..	..	..	..
5000 Impôts sur les biens et services	..	..	..	..	..	..	..	..	..	..
6000 Autres impôts	..	..	..	..	..	..	..	..	..	..
Administrations locales										
Recettes fiscales totales	**40.2**	**64.7**	**89.3**	**148.4**	**141.7**	**3.8**	**4.4**	**4.5**	**6.1**	**6.1**
1000 Impôts sur revenu, bénéfices et gains en capital	0.0	0.0	0.1	0.0	0.0	0.0	0.0	0.0	0.0	0.0
2000 Cotisations de sécurité sociale	0.0	0.0	0.0	0.0	0.0	0.0	0.0	0.0	0.0	0.0
3000 Sur salaires ou main d'oeuvre	1.7	3.9	7.5	11.1	9.2	0.2	0.3	0.4	0.5	0.4
4000 Impôts sur le patrimoine	18.8	32.7	57.1	74.3	71.3	1.8	2.2	2.9	3.0	3.1
5000 Impôts sur les biens et services	6.0	7.3	23.0	52.5	50.6	0.6	0.5	1.2	2.2	2.2
6000 Autres impôts	13.7	20.9	1.6	10.5	10.6	1.3	1.4	0.1	0.4	0.5
Administrations de sécurité sociale										
Recettes fiscales totales	**190.9**	**305.3**	**450.1**	**584.5**	**564.5**	**18.1**	**20.6**	**22.6**	**24.0**	**24.4**
1000 Impôts sur revenu, bénéfices et gains en capital	0.0	65.0	92.7	137.1	134.3	0.0	4.4	4.6	5.6	5.8
2000 Cotisations de sécurité sociale	187.9	224.8	313.7	353.4	334.4	17.8	15.2	15.7	14.5	14.5
3000 Sur salaires ou main d'oeuvre	0.4	0.4	15.1	21.0	21.9	0.0	0.0	0.8	0.9	0.9
4000 Impôts sur le patrimoine	0.0	0.0	0.0	0.0	0.0	0.0	0.0	0.0	0.0	0.0
5000 Impôts sur les biens et services	2.5	14.9	28.4	72.4	73.1	0.2	1.0	1.4	3.0	3.2
6000 Autres impôts	0.0	0.1	0.2	0.6	0.8	0.0	0.0	0.0	0.0	0.0

.. Non disponible

Note : Des données et des notes plus détaillées par pays sont disponibles dans le chapitre 6 "Recettes fiscales des sous-secteurs de l'administration". Les séries temporelles complètes sont accessibles sur le site web http://oe.cd/series-temporelles-completes.

Le total des recettes fiscales a été diminué du montant de tout transfert en capital représentant les impôts non perçus. Le transfert en capital a été réparti entre les différentes rubriques en proportion des recettes fiscales. Par conséquent, les montants des recettes fiscales sont différents de ceux présentés dans le chapitre 6 "Recettes fiscales des sous-secteurs de l'administration".

Source : Comptes nationaux de la France, Insee.

StatLink https://stat.link/nheis8

Tableau 4.25. Allemagne, recettes fiscales et % du PIB (sélection de catégories d'impôts)

	Milliard EUR					% du PIB				
	1990	2000	2010	2019	2020	1990	2000	2010	2019	2020
Recettes fiscales totales	**454.8**	**767.0**	**911.2**	**1 341.3**	**1 291.0**	**34.8**	**36.4**	**35.5**	**38.6**	**37.9**
1000 Impôts sur le revenu, les bénéfices et les gains en capital	**147.3**	**231.2**	**257.8**	**436.8**	**404.6**	**11.3**	**11.0**	**10.1**	**12.6**	**11.9**
1100 Des personnes physiques	125.3	194.2	219.4	367.2	348.9	9.6	9.2	8.6	10.6	10.2
1200 Des sociétés	22.0	37.1	38.4	69.5	55.6	1.7	1.8	1.5	2.0	1.6
1300 Non-ventilables entre 1100 et 1200	0.0	0.0	0.0	0.0	0.0	0.0	0.0	0.0	0.0	0.0
2000 Cotisations de sécurité sociale	**170.4**	**299.4**	**354.3**	**503.1**	**512.1**	**13.0**	**14.2**	**13.8**	**14.6**	**15.0**
2100 À la charge des salariés	73.6	131.6	152.8	220.2	217.2	5.6	6.2	6.0	6.3	6.4
2200 À la charge des employeurs	86.7	147.4	165.5	238.4	244.7	6.6	7.0	6.5	6.9	7.2
2300 À la charge des indép. ou sans emploi	10.2	20.4	36.0	49.6	50.2	0.8	1.0	1.4	1.4	1.5
2400 Non-ventilables entre 2100, 2200 et 2300	0.0	0.0	0.0	0.0	0.0	0.0	0.0	0.0	0.0	0.0
3000 Sur les salaires ou main d'oeuvre	**0.0**	**0.0**	**0.0**	**0.0**	**0.0**	**0.0**	**0.0**	**0.0**	**0.0**	**0.0**
4000 Impôts sur le patrimoine	**15.3**	**17.5**	**21.0**	**38.7**	**42.4**	**1.2**	**0.8**	**0.8**	**1.1**	**1.2**
4100 Impôts périodiques sur la propriété immobilière	4.5	8.8	11.3	14.4	14.7	0.3	0.4	0.4	0.4	0.4
4200 Impôts périodiques sur l'actif net	6.2	0.4	0.0	1.5	1.5	0.5	0.0	0.0	0.0	0.0
4300 Impôts sur mut. par décès, succ. et donations	1.5	3.0	4.4	7.0	8.7	0.1	0.1	0.2	0.2	0.3
4400 Impôts sur transact. mobilières et immob.	3.1	5.2	5.3	15.8	17.6	0.2	0.2	0.2	0.5	0.5
4500 Impôts non périodiques sur	0.0	0.0	0.0	0.0	0.0	0.0	0.0	0.0	0.0	0.0
4600 Autres impôts périodiques sur patrimoine	0.0	0.0	0.0	0.0	0.0	0.0	0.0	0.0	0.0	0.0
5000 Impôts sur les biens et services	**121.6**	**218.7**	**277.9**	**357.4**	**331.7**	**9.3**	**10.4**	**10.8**	**10.3**	**9.7**
5100 Impôts sur production, vente, transfert, etc.	117.2	211.4	261.2	337.1	310.7	9.0	10.0	10.2	9.7	9.1
5110 Impôts généraux	75.5	140.9	180.5	244.4	221.9	5.8	6.7	7.0	7.0	6.5
5111 Taxes sur la valeur ajoutée	75.5	140.9	180.5	244.4	221.9	5.8	6.7	7.0	7.0	6.5
5120 Impôts sur biens et services déterminés	41.7	70.6	80.3	92.4	88.5	3.2	3.3	3.1	2.7	2.6
5121 Accises	31.2	57.2	63.4	66.2	63.2	2.4	2.7	2.5	1.9	1.9
5200 Impôts sur utilisation des biens et exerc. activités	4.4	7.2	16.8	20.3	21.0	0.3	0.3	0.7	0.6	0.6
5300 Non-ventilables entre 5100 et 5200	0.0	0.0	0.0	0.0	0.0	0.0	0.0	0.0	0.0	0.0
6000 Autres impôts	**0.2**	**0.2**	**0.1**	**0.3**	**0.2**	**0.0**	**0.0**	**0.0**	**0.0**	**0.0**
Crédits d'impôts récupérables										
Crédits d'impôts récupérables contre 1000	..	39.3	46.3	45.2	51.9	..	1.9	1.8	1.3	1.5
Composante transfert	..	..	17.7	15.9	20.3	..	..	0.7	0.5	0.6
Composante fiscale	..	..	28.5	29.3	31.5	..	..	1.1	0.8	0.9
Recettes fiscales collectés pour le compte de l'UE										
Recettes fiscales collectés pour le compte de l'UE, total	4.1	3.7	4.3	7.1	6.9	0.3	0.2	0.2	0.2	0.2
Droits de douane perçus pour le compte de l'UE	3.7	3.4	4.2	5.1	4.7	0.3	0.2	0.2	0.1	0.1
Contributions au Fonds de résolution unique collectées pour le compte de l'UE	..	..	..	2.0	2.2	..	..	..	0.1	0.1

.. Non disponible

Note : Des données et des notes plus détaillées par pays sont disponibles dans le chapitre 5 "Tableaux détaillés par pays". Les séries temporelles complètes sont accessibles sur le site web http://oe.cd/series-temporelles-completes.

Source : Finanzbericht, Bonn; Tax Statistics. Unpublished estimates by the Ministry of Finance.

StatLink https://stat.link/wvq315

Tableau 4.26. Allemagne, recettes fiscales et % du PIB par niveaux d'administration (principaux impôts)

	Milliard EUR					% du PIB				
	1990	2000	2010	2019	2020	1990	2000	2010	2019	2020
Administrations fédérale ou centrale										
Recettes fiscales totales	**143.9**	**234.8**	**283.2**	**393.6**	**355.6**	**11.0**	**11.1**	**11.0**	**11.3**	**10.4**
1000 Impôts sur revenu, bénéfices et gains en capital	58.2	97.9	104.5	179.6	168.5	4.5	4.6	4.1	5.2	4.9
2000 Cotisations de sécurité sociale	0.0	0.0	0.0	0.0	0.0	0.0	0.0	0.0	0.0	0.0
3000 Sur salaires ou main d'oeuvre	0.0	0.0	0.0	0.0	0.0	0.0	0.0	0.0	0.0	0.0
4000 Impôts sur le patrimoine	1.2	0.0	0.0	1.5	1.5	0.1	0.0	0.0	0.0	0.0
5000 Impôts sur les biens et services	84.6	136.9	178.6	212.5	185.5	6.5	6.5	7.0	6.1	5.4
6000 Autres impôts	0.0	0.0	0.0	0.0	0.0	0.0	0.0	0.0	0.0	0.0
Administrations d'un État/Régions										
Recettes fiscales totales	**97.8**	**172.1**	**198.1**	**319.1**	**309.9**	**7.5**	**8.2**	**7.7**	**9.2**	**9.1**
1000 Impôts sur revenu, bénéfices et gains en capital	58.2	88.9	97.6	166.7	153.3	4.5	4.2	3.8	4.8	4.5
2000 Cotisations de sécurité sociale	0.0	0.0	0.0	0.0	0.0	0.0	0.0	0.0	0.0	0.0
3000 Sur salaires ou main d'oeuvre	0.0	0.0	0.0	0.0	0.0	0.0	0.0	0.0	0.0	0.0
4000 Impôts sur le patrimoine	7.0	8.5	9.7	24.3	27.8	0.5	0.4	0.4	0.7	0.8
5000 Impôts sur les biens et services	32.6	74.6	90.8	128.1	128.9	2.5	3.5	3.5	3.7	3.8
6000 Autres impôts	0.0	0.0	0.0	0.0	0.0	0.0	0.0	0.0	0.0	0.0
Administrations locales										
Recettes fiscales totales	**38.4**	**57.0**	**71.4**	**113.4**	**106.5**	**2.9**	**2.7**	**2.8**	**3.3**	**3.1**
1000 Impôts sur revenu, bénéfices et gains en capital	30.9	44.4	55.7	90.5	82.8	2.4	2.1	2.2	2.6	2.4
2000 Cotisations de sécurité sociale	0.0	0.0	0.0	0.0	0.0	0.0	0.0	0.0	0.0	0.0
3000 Sur salaires ou main d'oeuvre	0.0	0.0	0.0	0.0	0.0	0.0	0.0	0.0	0.0	0.0
4000 Impôts sur le patrimoine	7.2	9.0	11.3	12.9	13.2	0.5	0.4	0.4	0.4	0.4
5000 Impôts sur les biens et services	0.3	3.4	4.3	9.7	10.3	0.0	0.2	0.2	0.3	0.3
6000 Autres impôts	0.2	0.1	0.1	0.3	0.2	0.0	0.0	0.0	0.0	0.0
Administrations de sécurité sociale										
Recettes fiscales totales	**170.4**	**299.4**	**354.3**	**508.1**	**512.1**	**13.0**	**14.2**	**13.8**	**14.6**	**15.0**
1000 Impôts sur revenu, bénéfices et gains en capital	0.0	0.0	0.0	0.0	0.0	0.0	0.0	0.0	0.0	0.0
2000 Cotisations de sécurité sociale	170.4	299.4	354.3	508.1	512.1	13.0	14.2	13.8	14.6	15.0
3000 Sur salaires ou main d'oeuvre	0.0	0.0	0.0	0.0	0.0	0.0	0.0	0.0	0.0	0.0
4000 Impôts sur le patrimoine	0.0	0.0	0.0	0.0	0.0	0.0	0.0	0.0	0.0	0.0
5000 Impôts sur les biens et services	0.0	0.0	0.0	0.0	0.0	0.0	0.0	0.0	0.0	0.0
6000 Autres impôts	0.0	0.0	0.0	0.0	0.0	0.0	0.0	0.0	0.0	0.0

Note : Des données et des notes plus détaillées par pays sont disponibles dans le chapitre 6 "Recettes fiscales des sous-secteurs de l'administration". Les séries temporelles complètes sont accessibles sur le site web http://oe.cd/series-temporelles-completes.
Source : Finanzbericht, Bonn; Tax Statistics. Unpublished estimates by the Ministry of Finance.

StatLink https://stat.link/9ae0yx

Tableau 4.27. Grèce, recettes fiscales et % du PIB (sélection de catégories d'impôts)

	Milliard EUR					% du PIB				
	1990	2000	2010	2019	2020	1990	2000	2010	2019	2020
Recettes fiscales totales	**11.5**	**47.2**	**72.4**	**72.4**	**64.2**	**25.2**	**33.4**	**32.3**	**39.5**	**38.9**
1000 Impôts sur le revenu, les bénéfices et les gains en capital	**2.3**	**12.7**	**16.0**	**15.6**	**13.1**	**5.0**	**9.0**	**7.1**	**8.5**	**7.9**
1100 Des personnes physiques	1.6	6.1	9.0	11.0	10.4	3.6	4.3	4.0	6.0	6.3
1200 Des sociétés	0.6	5.6	5.7	4.1	2.0	1.4	4.0	2.6	2.2	1.2
1300 Non-ventilables entre 1100 et 1200	0.0	0.9	1.2	0.6	0.7	0.1	0.6	0.5	0.3	0.4
2000 Cotisations de sécurité sociale	**3.5**	**14.3**	**24.7**	**22.3**	**21.4**	**7.6**	**10.1**	**11.0**	**12.1**	**12.9**
2100 À la charge des salariés	1.7	7.6	13.3	12.1	11.6	3.8	5.4	5.9	6.6	7.0
2200 À la charge des employeurs	1.7	6.7	11.5	10.2	9.7	3.8	4.7	5.1	5.6	5.9
2300 À la charge des indép. ou sans emploi	0.0	0.0	0.0	0.0	0.0	0.0	0.0	0.0	0.0	0.0
2400 Non-ventilables entre 2100, 2200 et 2300	0.0	0.0	0.0	0.0	0.0	0.0	0.0	0.0	0.0	0.0
3000 Sur les salaires ou main d'oeuvre	**0.1**	**0.0**	**0.0**	**0.0**	**0.0**	**0.2**	**0.0**	**0.0**	**0.0**	**0.0**
4000 Impôts sur le patrimoine	**0.5**	**3.6**	**3.7**	**5.6**	**5.0**	**1.2**	**2.6**	**1.7**	**3.1**	**3.0**
4100 Impôts périodiques sur la propriété immobilière	0.0	0.4	0.6	3.3	3.1	0.0	0.3	0.2	1.8	1.9
4200 Impôts périodiques sur l'actif net	0.0	0.7	1.3	1.2	1.2	0.0	0.5	0.6	0.7	0.7
4300 Impôts sur mut. par décès, succ. et donations	0.1	0.4	0.2	0.2	0.2	0.3	0.3	0.1	0.1	0.1
4400 Impôts sur transact. mobilières et immob.	0.4	2.0	1.1	0.9	0.6	0.8	1.4	0.5	0.5	0.4
4500 Impôts non périodiques sur	0.0	0.0	0.0	0.0	0.0	0.0	0.0	0.0	0.0	0.0
4600 Autres impôts périodiques sur patrimoine	0.0	0.1	0.6	0.0	0.0	0.0	0.1	0.3	0.0	0.0
5000 Impôts sur les biens et services	**5.1**	**16.6**	**23.0**	**28.9**	**24.7**	**11.2**	**11.8**	**12.5**	**15.8**	**15.0**
5100 Impôts sur production, vente, transfert, etc.	4.9	14.8	25.5	24.9	21.1	10.7	10.5	11.4	13.6	12.8
5110 Impôts généraux	3.0	9.2	16.5	15.5	13.0	6.7	6.5	7.4	8.4	7.9
5111 Taxes sur la valeur ajoutée	2.8	8.9	16.0	15.4	12.9	6.2	6.3	7.1	8.4	7.8
5120 Impôts sur biens et services déterminés	1.8	5.5	8.9	9.4	8.1	3.9	3.9	4.0	5.1	4.9
5121 Accises	1.4	4.1	7.6	7.2	6.3	3.0	2.9	3.4	3.9	3.8
5200 Impôts sur utilisation des biens et exerc. activités	0.2	1.3	1.7	3.3	2.9	0.5	0.9	0.8	1.8	1.8
5300 Non-ventilables entre 5100 et 5200	0.0	0.5	0.8	0.7	0.7	0.0	0.4	0.4	0.4	0.4
6000 Autres impôts	**0.0**	**0.0**	**0.0**	**0.0**	**0.0**	**0.0**	**0.0**	**0.0**	**0.0**	**0.0**
Crédits d'impôts récupérables										
Crédits d'impôts récupérables contre 1000	..	..	..	..	..	..	..	..	..	..
Composante transfert	..	..	..	..	..	..	..	..	..	..
Composante fiscale	..	..	..	..	..	..	..	..	..	..
Recettes fiscales collectés pour le compte de l'UE										
Recettes fiscales collectés pour le compte de l'UE, total	0.1	0.2	0.3	0.4	0.3	0.2	0.2	0.1	0.2	0.2
Droits de douane perçus pour le compte de l'UE	0.1	0.2	0.3	0.3	0.3	0.2	0.1	0.1	0.2	0.2
Contributions au Fonds de résolution unique collectées pour le compte de l'UE	..	..	..	0.1	0.1	..	..	..	0.0	0.1

.. Non disponible

Note : Des données et des notes plus détaillées par pays sont disponibles dans le chapitre 5 "Tableaux détaillés par pays". Les séries temporelles complètes sont accessibles sur le site web http://oe.cd/series-temporelles-completes.

Source : Ministry of Finance, General Accounting Office, Directorate of General Government Budget in collaboration with the National Statistical Authority (ELSTAT).

StatLink https://stat.link/l1sw4t

Tableau 4.28. Grèce, recettes fiscales et % du PIB par niveaux d'administration (principaux impôts)

	Milliard EUR					% du PIB				
	1990	2000	2010	2019	2020	1990	2000	2010	2019	2020
Administrations fédérale ou centrale										
Recettes fiscales totales	**7.8**	**31.9**	**46.5**	**47.9**	**40.9**	**17.1**	**22.6**	**20.7**	**26.2**	**24.7**
1000 Impôts sur revenu, bénéfices et gains en capital	2.3	12.7	15.9	15.6	13.1	5.0	9.0	7.1	8.5	7.9
2000 Cotisations de sécurité sociale	0.0	0.7	1.3	0.1	0.1	0.1	0.5	0.6	0.0	0.0
3000 Sur salaires ou main d'oeuvre	0.0	0.0	0.0	0.0	0.0	0.0	0.0	0.0	0.0	0.0
4000 Impôts sur le patrimoine	0.5	2.6	2.1	4.0	3.5	1.2	1.8	0.9	2.2	2.1
5000 Impôts sur les biens et services	4.9	16.0	27.1	28.3	24.2	10.9	11.3	12.1	15.4	14.7
6000 Autres impôts	0.0	0.0	0.0	0.0	0.0	0.0	0.0	0.0	0.0	0.0
Administrations d'un État/Régions										
Recettes fiscales totales	**..**	**..**	**..**	**..**	**..**	**..**	**..**	**..**	**..**	**..**
1000 Impôts sur revenu, bénéfices et gains en capital	..	..	..	..	..	..	..	..	..	..
2000 Cotisations de sécurité sociale	..	..	..	..	..	..	..	..	..	..
3000 Sur salaires ou main d'oeuvre	..	..	..	..	..	..	..	..	..	..
4000 Impôts sur le patrimoine	..	..	..	..	..	..	..	..	..	..
5000 Impôts sur les biens et services	..	..	..	..	..	..	..	..	..	..
6000 Autres impôts	..	..	..	..	..	..	..	..	..	..
Administrations locales										
Recettes fiscales totales	**0.1**	**1.0**	**1.7**	**1.7**	**1.6**	**0.3**	**0.7**	**0.8**	**1.0**	**1.0**
1000 Impôts sur revenu, bénéfices et gains en capital	0.0	0.0	0.0	0.0	0.0	0.0	0.0	0.0	0.0	0.0
2000 Cotisations de sécurité sociale	0.0	0.0	0.0	0.0	0.0	0.0	0.0	0.0	0.0	0.0
3000 Sur salaires ou main d'oeuvre	0.1	0.0	0.0	0.0	0.0	0.2	0.0	0.0	0.0	0.0
4000 Impôts sur le patrimoine	0.0	0.8	1.5	1.6	1.6	0.0	0.6	0.7	0.9	0.9
5000 Impôts sur les biens et services	0.1	0.2	0.2	0.1	0.1	0.1	0.1	0.1	0.1	0.0
6000 Autres impôts	0.0	0.0	0.0	0.0	0.0	0.0	0.0	0.0	0.0	0.0
Administrations de sécurité sociale										
Recettes fiscales totales	**3.4**	**14.1**	**24.0**	**22.3**	**21.4**	**7.5**	**10.0**	**10.7**	**12.2**	**13.0**
1000 Impôts sur revenu, bénéfices et gains en capital	0.0	0.0	0.0	0.0	0.0	0.0	0.0	0.0	0.0	0.0
2000 Cotisations de sécurité sociale	3.4	13.6	23.4	22.2	21.3	7.5	9.6	10.5	12.1	12.9
3000 Sur salaires ou main d'oeuvre	0.0	0.0	0.0	0.0	0.0	0.0	0.0	0.0	0.0	0.0
4000 Impôts sur le patrimoine	0.0	0.2	0.1	0.0	0.0	0.0	0.1	0.1	0.0	0.0
5000 Impôts sur les biens et services	0.0	0.3	0.4	0.1	0.1	0.0	0.2	0.2	0.1	0.1
6000 Autres impôts	0.0	0.0	0.0	0.0	0.0	0.0	0.0	0.0	0.0	0.0

.. Non disponible

Note : Des données et des notes plus détaillées par pays sont disponibles dans le chapitre 6 "Recettes fiscales des sous-secteurs de l'administration". Les séries temporelles complètes sont accessibles sur le site web http://oe.cd/series-temporelles-completes.

Source : Ministry of Finance, General Accounting Office, Directorate of General Government Budget in collaboration with the National Statistical Authority (ELSTAT).

StatLink https://stat.link/cns2j7

Tableau 4.29. Hongrie, recettes fiscales et % du PIB (sélection de catégories d'impôts)

	Milliard HUF					% du PIB				
	1990	2000	2010	2019	2020	1990	2000	2010	2019	2020
Recettes fiscales totales	..	**5 132.6**	**10 121.7**	**17 308.7**	**17 425.6**	..	**38.5**	**36.8**	**36.4**	**36.1**
1000 Impôts sur le revenu, les bénéfices et les gains en capital	..	**1 247.4**	**2 093.8**	**3 045.9**	**3 165.9**	..	**9.4**	**7.6**	**6.4**	**6.6**
1100 Des personnes physiques	..	954.7	1 764.1	2 457.6	2 543.6	..	7.2	6.4	5.2	5.3
1200 Des sociétés	..	292.7	329.7	588.3	622.3	..	2.2	1.2	1.2	1.3
1300 Non-ventilables entre 1100 et 1200	..	0.0	0.0	0.0	0.0	..	0.0	0.0	0.0	0.0
2000 Cotisations de sécurité sociale	..	**1 506.8**	**3 179.5**	**5 545.5**	**5 364.8**	..	**11.3**	**11.6**	**11.7**	**11.1**
2100 À la charge des salariés	..	275.3	1 112.6	2 771.6	2 813.8	..	2.1	4.0	5.8	5.8
2200 À la charge des employeurs	..	1 213.2	2 043.8	2 745.0	2 521.7	..	9.1	7.4	5.8	5.2
2300 À la charge des indép. ou sans emploi	..	0.9	0.0	0.0	0.0	..	0.0	0.0	0.0	0.0
2400 Non-ventilables entre 2100, 2200 et 2300	..	17.4	23.2	28.0	29.3	..	0.1	0.1	0.1	0.1
3000 Sur les salaires ou main d'oeuvre	..	**183.4**	**113.7**	**494.9**	**501.3**	..	**1.4**	**0.4**	**1.0**	**1.0**
4000 Impôts sur le patrimoine	..	**89.0**	**312.1**	**446.5**	**507.4**	..	**0.7**	**1.1**	**0.9**	**1.1**
4100 Impôts périodiques sur la propriété immobilière	..	30.8	92.5	221.4	224.6	..	0.2	0.3	0.5	0.5
4200 Impôts périodiques sur l'actif net	..	0.0	135.7	44.9	108.1	..	0.0	0.5	0.1	0.2
4300 Impôts sur mut. par décès, succ. et donations	..	5.5	6.3	11.4	9.5	..	0.0	0.0	0.0	0.0
4400 Impôts sur transact. mobilières et immob.	..	52.8	77.6	168.7	165.2	..	0.4	0.3	0.4	0.3
4500 Impôts non périodiques sur	..	0.0	0.0	0.0	0.0	..	0.0	0.0	0.0	0.0
4600 Autres impôts périodiques sur patrimoine	..	0.0	0.0	0.0	0.0	..	0.0	0.0	0.0	0.0
5000 Impôts sur les biens et services	..	**2 081.4**	**4 383.9**	**7 742.1**	**7 863.9**	..	**15.6**	**15.9**	**16.3**	**16.3**
5100 Impôts sur production, vente, transfert, etc	..	2 052.7	4 272.3	7 524.7	7 645.0	..	15.4	15.5	15.8	15.8
5110 Impôts généraux	..	1 340.6	3 010.8	5 527.5	5 632.9	..	10.1	10.9	11.6	11.7
5111 Taxes sur la valeur ajoutée	..	1 153.7	2 325.6	4 526.8	4 717.0	..	8.7	8.5	9.5	9.8
5120 Impôts sur biens et services déterminés	..	712.1	1 261.5	1 997.3	2 012.1	..	5.3	4.6	4.2	4.2
5121 Accises	..	533.5	929.9	1 303.9	1 318.4	..	4.0	3.4	2.7	2.7
5200 Impôts sur utilisation des biens et exerc. activités	..	28.7	111.6	217.3	218.9	..	0.2	0.4	0.5	0.5
5300 Non-ventilables entre 5100 et 5200	..	0.0	0.0	0.0	0.0	..	0.0	0.0	0.0	0.0
6000 Autres impôts	..	**24.5**	**38.7**	**33.9**	**22.3**	..	**0.2**	**0.1**	**0.1**	**0.0**
Crédits d'impôts récupérables										
Crédits d'impôts récupérables contre 1000	..	..	..	..	..	..	..	..	..	..
Composante transfert	..	..	..	..	..	..	..	..	..	..
Composante fiscale	..	..	..	..	..	..	..	..	..	..
Recettes fiscales collectés pour le compte de l'UE										
Recettes fiscales collectés pour le compte de l'UE, total	..	..	25.7	64.3	63.5	..	..	0.1	0.1	0.1
Droits de douane perçus pour le compte de l'UE	..	..	25.0	64.3	63.5	..	..	0.1	0.1	0.1

.. Non disponible

Note : Des donnees et des notes plus détaillées par pays sont disponibles dans le chapitre 5 "Tableaux détaillés par pays". Les séries temporelles complètes sont accessibles sur le site web http://oe.cd/series-temporelles-completes.

Source : Ministry of Finance, Economic Department.

StatLink https://stat.link/2bjldf

Tableau 4.30. Hongrie, recettes fiscales et % du PIB par niveaux d'administration (principaux impôts)

	Milliard HUF					% du PIB				
	1990	2000	2010	2019	2020	1990	2000	2010	2019	2020
Administrations fédérale ou centrale										
Recettes fiscales totales	**..**	**3 308.0**	**6 379.4**	**10 838.5**	**11 191.8**	**..**	**24.8**	**23.2**	**22.8**	**23.2**
1000 Impôts sur revenu, bénéfices et gains en capital	..	1 230.8	2 064.3	3 033.9	3 165.6	..	9.2	7.5	6.4	6.6
2000 Cotisations de sécurité sociale	..	136.6	182.0	287.4	228.6	..	1.0	0.7	0.6	0.5
3000 Sur salaires ou main d'oeuvre	..	15.4	103.1	484.7	491.8	..	0.1	0.4	1.0	1.0
4000 Impôts sur le patrimoine	..	29.1	182.8	279.5	335.3	..	0.2	0.7	0.6	0.7
5000 Impôts sur les biens et services	..	1 878.6	3 808.5	6 727.2	6 955.6	..	14.1	13.9	14.2	14.4
6000 Autres impôts	..	17.5	38.7	25.8	14.9	..	0.1	0.1	0.1	0.0
Administrations d'un État/Régions										
Recettes fiscales totales	**..**	**..**	**..**	**..**	**..**	**..**	**..**	**..**	**..**	**..**
1000 Impôts sur revenu, bénéfices et gains en capital	..	..	..	..	..	..	..	..	..	..
2000 Cotisations de sécurité sociale	..	..	..	..	..	..	..	..	..	..
3000 Sur salaires ou main d'oeuvre	..	..	..	..	..	..	..	..	..	..
4000 Impôts sur le patrimoine	..	..	..	..	..	..	..	..	..	..
5000 Impôts sur les biens et services	..	..	..	..	..	..	..	..	..	..
6000 Autres impôts	..	..	..	..	..	..	..	..	..	..
Administrations locales										
Recettes fiscales totales	**..**	**266.0**	**652.2**	**1 006.2**	**906.2**	**..**	**2.0**	**2.4**	**2.1**	**1.9**
1000 Impôts sur revenu, bénéfices et gains en capital	..	2.2	0.1	0.0	0.0	..	0.0	0.0	0.0	0.0
2000 Cotisations de sécurité sociale	..	0.0	0.0	0.0	0.0	..	0.0	0.0	0.0	0.0
3000 Sur salaires ou main d'oeuvre	..	1.2	1.2	0.0	0.0	..	0.0	0.0	0.0	0.0
4000 Impôts sur le patrimoine	..	59.9	129.3	166.9	172.1	..	0.4	0.5	0.4	0.4
5000 Impôts sur les biens et services	..	202.8	521.6	839.2	734.1	..	1.5	1.9	1.8	1.5
6000 Autres impôts	..	0.0	0.0	0.0	0.0	..	0.0	0.0	0.0	0.0
Administrations de sécurité sociale										
Recettes fiscales totales	**..**	**1 558.6**	**3 064.5**	**5 399.7**	**5 264.1**	**..**	**11.7**	**11.1**	**11.4**	**10.9**
1000 Impôts sur revenu, bénéfices et gains en capital	..	14.5	29.4	12.0	0.3	..	0.1	0.1	0.0	0.0
2000 Cotisations de sécurité sociale	..	1 370.2	2 997.5	5 258.1	5 136.1	..	10.3	10.9	11.1	10.6
3000 Sur salaires ou main d'oeuvre	..	166.9	9.4	10.2	9.5	..	1.3	0.0	0.0	0.0
4000 Impôts sur le patrimoine	..	0.0	0.0	0.0	0.0	..	0.0	0.0	0.0	0.0
5000 Impôts sur les biens et services	..	0.0	28.1	111.4	110.7	..	0.0	0.1	0.2	0.2
6000 Autres impôts	..	7.0	0.0	8.1	7.4	..	0.1	0.0	0.0	0.0

.. Non disponible

Note : Des données et des notes plus détaillées par pays sont disponibles dans le chapitre 6 "Recettes fiscales des sous-secteurs de l'administration". Les séries temporelles complètes sont accessibles sur le site web http://oe.cd/series-temporelles-completes.

Source : Ministry of Finance, Economic Department.

StatLink https://stat.link/6ghsf8

Tableau 4.31. Islande, recettes fiscales et % du PIB (sélection de catégories d'impôts)

	Milliard ISK					% du PIB				
	1990	2000	2010	2019	2020	1990	2000	2010	2019	2020
Recettes fiscales totales	**114.9**	**254.6**	**541.6**	**1 062.0**	**1 061.1**	**30.5**	**35.9**	**32.2**	**34.9**	**36.1**
1000 Impôts sur le revenu, les bénéfices et les gains en capital	**34.1**	**101.5**	**239.7**	**530.2**	**542.0**	**9.0**	**14.3**	**14.3**	**17.4**	**18.4**
1100 Des personnes physiques	30.9	88.5	197.3	435.4	457.3	8.2	12.5	11.7	14.3	15.6
1200 Des sociétés	3.2	8.4	14.6	63.0	64.4	0.8	1.2	0.9	2.1	2.2
1300 Non-ventilables entre 1100 et 1200	0.0	4.6	27.7	31.9	20.3	0.0	0.7	1.7	1.0	0.7
2000 Cotisations de sécurité sociale	**3.6**	**19.7**	**63.6**	**97.4**	**88.4**	**1.0**	**2.8**	**3.8**	**3.2**	**3.0**
2100 À la charge des salariés	0.3	..	..	..	..	0.1	..	..	..	..
2200 À la charge des employeurs	3.3	..	..	..	..	0.9	..	..	..	..
2300 À la charge des indép. ou sans emploi	0.0	..	..	..	..	0.0	..	..	..	..
2400 Non-ventilables entre 2100, 2200 et 2300	0.0	19.7	63.6	97.4	88.4	0.0	2.8	3.8	3.2	3.0
3000 Sur les salaires ou main d'oeuvre	**4.1**	**0.2**	**2.8**	**9.1**	**9.2**	**1.1**	**0.0**	**0.2**	**0.3**	**0.3**
4000 Impôts sur le patrimoine	**9.7**	**16.8**	**35.4**	**58.4**	**66.3**	**2.6**	**2.4**	**2.1**	**1.9**	**2.3**
4100 Impôts périodiques sur la propriété immobilière	4.1	10.1	28.5	52.5	56.0	1.1	1.4	1.7	1.7	1.9
4200 Impôts périodiques sur l'actif net	2.4	5.2	3.8	0.0	0.0	0.6	0.7	0.2	0.0	0.0
4300 Impôts sur mut. par décès, succ. et donations	0.2	0.8	2.6	4.7	9.1	0.1	0.1	0.2	0.2	0.3
4400 Impôts sur transact. mobilières et immob.	2.9	0.0	0.0	0.0	0.0	0.8	0.0	0.0	0.0	0.0
4500 Impôts non périodiques sur	0.0	0.1	0.1	0.6	0.6	0.0	0.0	0.0	0.0	0.0
4600 Autres impôts périodiques sur patrimoine	0.0	0.7	0.3	0.5	0.6	0.0	0.1	0.0	0.0	0.0
5000 Impôts sur les biens et services	**58.9**	**115.4**	**194.1**	**348.3**	**336.0**	**15.6**	**16.3**	**11.5**	**11.4**	**11.4**
5100 Impôts sur production, vente, transfert, etc.	56.6	103.8	183.0	325.8	312.8	15.0	14.6	10.9	10.7	10.6
5110 Impôts généraux	37.1	75.8	126.4	248.6	239.8	9.8	10.7	7.5	8.2	8.2
5111 Taxes sur la valeur ajoutée	32.7	72.7	123.7	243.3	233.7	8.7	10.2	7.4	8.0	8.0
5120 Impôts sur biens et services déterminés	19.5	28.0	56.6	77.2	73.0	5.2	3.9	3.4	2.5	2.5
5121 Accises	2.3	23.6	46.7	66.8	64.3	0.6	3.3	2.8	2.2	2.2
5200 Impôts sur utilisation des biens et exerc. activités	2.4	11.6	11.1	22.5	23.1	0.6	1.6	0.7	0.7	0.8
5300 Non-ventilables entre 5100 et 5200	0.0	0.0	0.0	0.0	0.0	0.0	0.0	0.0	0.0	0.0
6000 Autres impôts	**4.5**	**1.0**	**6.0**	**18.6**	**19.2**	**1.2**	**0.1**	**0.4**	**0.6**	**0.7**
Crédits d'impôts récupérables										
Crédits d'impôts récupérables contre 1000	..	..	..	3.6	4.4	..	..	..	0.1	0.1
Composante transfert	..	..	..	3.0	4.4	..	..	..	0.1	0.1
Composante fiscale	..	..	..	0.6	0.8	..	..	..	0.0	0.0

.. Non disponible
Note : Des données et des notes plus détaillées par pays sont disponibles dans le chapitre 5 "Tableaux détaillés par pays". Les séries temporelles complètes sont accessibles sur le site web http://oe.cd/series-temporelles-completes.
Source : Statistics Iceland.

StatLink https://stat.link/cbh2qa

Tableau 4.32. Islande, recettes fiscales et % du PIB par niveaux d'administration (principaux impôts)

	Milliard ISK					% du PIB				
	1990	2000	2010	2019	2020	1990	2000	2010	2019	2020
Administrations fédérale ou centrale										
Recettes fiscales totales	**91.6**	**195.1**	**403.6**	**761.1**	**744.5**	**24.3**	**27.5**	**24.0**	**25.0**	**25.3**
1000 Impôts sur revenu, bénéfices et gains en capital	19.9	55.5	132.9	288.8	287.5	5.3	7.8	7.9	9.5	9.8
2000 Cotisations de sécurité sociale	3.6	19.7	63.6	97.4	88.4	1.0	2.8	3.8	3.2	3.0
3000 Sur salaires ou main d'oeuvre	4.1	0.2	2.8	9.1	9.2	1.1	0.0	0.2	0.3	0.3
4000 Impôts sur le patrimoine	6.0	6.7	7.0	6.1	10.5	1.6	0.9	0.4	0.2	0.4
5000 Impôts sur les biens et services	57.7	112.0	191.3	341.1	329.8	15.3	15.8	11.4	11.2	11.2
6000 Autres impôts	0.4	1.0	6.0	18.6	19.2	0.1	0.1	0.4	0.6	0.7
Administrations d'un État/Régions										
Recettes fiscales totales	**..**	**..**	**..**	**..**	**..**	**..**	**..**	**..**	**..**	**..**
1000 Impôts sur revenu, bénéfices et gains en capital	..	..	..	..	..	..	..	..	..	..
2000 Cotisations de sécurité sociale	..	..	..	..	..	..	..	..	..	..
3000 Sur salaires ou main d'oeuvre	..	..	..	..	..	..	..	..	..	..
4000 Impôts sur le patrimoine	..	..	..	..	..	..	..	..	..	..
5000 Impôts sur les biens et services	..	..	..	..	..	..	..	..	..	..
6000 Autres impôts	..	..	..	..	..	..	..	..	..	..
Administrations locales										
Recettes fiscales totales	**23.3**	**59.4**	**138.0**	**300.9**	**316.5**	**6.2**	**8.4**	**8.2**	**9.9**	**10.8**
1000 Impôts sur revenu, bénéfices et gains en capital	14.2	46.0	106.8	241.4	254.6	3.8	6.5	6.4	7.9	8.7
2000 Cotisations de sécurité sociale	0.0	0.0	0.0	0.0	0.0	0.0	0.0	0.0	0.0	0.0
3000 Sur salaires ou main d'oeuvre	0.0	0.0	0.0	0.0	0.0	0.0	0.0	0.0	0.0	0.0
4000 Impôts sur le patrimoine	3.7	10.1	28.4	52.3	55.8	1.0	1.4	1.7	1.7	1.9
5000 Impôts sur les biens et services	1.2	3.3	2.8	7.2	6.2	0.3	0.5	0.2	0.2	0.2
6000 Autres impôts	4.1	0.0	0.0	0.0	0.0	1.1	0.0	0.0	0.0	0.0
Administrations de sécurité sociale										
Recettes fiscales totales	**0.0**	**0.0**	**0.0**	**0.0**	**0.0**	**0.0**	**0.0**	**0.0**	**0.0**	**0.0**
1000 Impôts sur revenu, bénéfices et gains en capital	0.0	0.0	0.0	0.0	0.0	0.0	0.0	0.0	0.0	0.0
2000 Cotisations de sécurité sociale	0.0	0.0	0.0	0.0	0.0	0.0	0.0	0.0	0.0	0.0
3000 Sur salaires ou main d'oeuvre	0.0	0.0	0.0	0.0	0.0	0.0	0.0	0.0	0.0	0.0
4000 Impôts sur le patrimoine	0.0	0.0	0.0	0.0	0.0	0.0	0.0	0.0	0.0	0.0
5000 Impôts sur les biens et services	0.0	0.0	0.0	0.0	0.0	0.0	0.0	0.0	0.0	0.0
6000 Autres impôts	0.0	0.0	0.0	0.0	0.0	0.0	0.0	0.0	0.0	0.0

.. Non disponible

Note : Des données et des notes plus détaillées par pays sont disponibles dans le chapitre 5 "Tableaux détaillés par pays". Les séries temporelles complètes sont accessibles sur le site web http://oe.cd/series-temporelles-completes.

Source : Statistics Iceland.

StatLink https://stat.link/qjbcr6

Tableau 4.33. Irlande, recettes fiscales et % du PIB (sélection de catégories d'impôts)

	Milliard EUR					% du PIB				
	1990	2000	2010	2019	2020	1990	2000	2010	2019	2020
Recettes fiscales totales	**12.3**	**33.4**	**46.4**	**78.0**	**74.0**	**32.4**	**30.8**	**27.7**	**21.9**	**19.9**
1000 Impôts sur le revenu, les bénéfices et les gains en capital	**4.7**	**14.6**	**18.6**	**35.6**	**36.3**	**12.3**	**13.4**	**11.1**	**10.0**	**9.7**
1100 Des personnes physiques	4.1	10.6	14.7	24.7	24.4	10.7	9.8	8.8	6.9	6.5
1200 Des sociétés	0.6	3.9	3.9	10.9	12.0	1.6	3.6	2.4	3.1	3.2
1300 Non-ventilables entre 1100 et 1200	0.0	0.0	0.0	0.0	0.0	0.0	0.0	0.0	0.0	0.0
2000 Cotisations de sécurité sociale	**1.7**	**4.0**	**8.5**	**13.1**	**12.3**	**4.6**	**3.7**	**5.1**	**3.7**	**3.3**
2100 À la charge des salariés	0.6	1.0	3.2	4.0	3.8	1.5	0.9	1.9	1.1	1.0
2200 À la charge des employeurs	1.1	2.8	4.9	8.5	7.9	2.9	2.6	2.9	2.4	2.1
2300 À la charge des indép. ou sans emploi	0.1	0.2	0.3	0.6	0.6	0.2	0.2	0.2	0.2	0.2
2400 Non-ventilables entre 2100, 2200 et 2300	0.0	0.0	0.0	0.0	0.0	0.0	0.0	0.0	0.0	0.0
3000 Sur les salaires ou main d'oeuvre	**0.2**	**0.0**	**0.3**	**0.8**	**0.7**	**0.4**	**0.0**	**0.2**	**0.2**	**0.2**
4000 Impôts sur le patrimoine	**0.6**	**1.9**	**2.4**	**4.4**	**3.7**	**1.5**	**1.8**	**1.4**	**1.2**	**1.0**
4100 Impôts périodiques sur la propriété immobilière	0.3	0.6	1.3	1.9	1.2	0.8	0.5	0.8	0.5	0.3
4200 Impôts périodiques sur l'actif net	0.0	0.0	0.0	0.0	0.0	0.0	0.0	0.0	0.0	0.0
4300 Impôts sur mut. par décès, succ. et donations	0.0	0.2	0.2	0.5	0.5	0.1	0.2	0.1	0.1	0.1
4400 Impôts sur transact. mobilières et immob.	0.2	1.1	0.8	2.0	2.0	0.6	1.0	0.5	0.6	0.5
4500 Impôts non périodiques sur	0.0	0.0	0.0	0.0	0.0	0.0	0.0	0.0	0.0	0.0
4600 Autres impôts périodiques sur patrimoine	0.0	0.0	0.0	0.0	0.0	0.0	0.0	0.0	0.0	0.0
5000 Impôts sur les biens et services	**5.1**	**12.9**	**16.6**	**24.1**	**21.0**	**13.6**	**11.9**	**9.9**	**6.8**	**5.6**
5100 Impôts sur production, vente, transfert, etc.	4.9	12.4	15.3	22.3	19.2	13.0	11.4	9.2	6.2	5.1
5110 Impôts généraux	2.5	7.6	10.1	15.3	12.8	6.6	7.0	6.0	4.3	3.4
5111 Taxes sur la valeur ajoutée	2.5	7.6	10.1	15.3	12.8	6.6	7.0	6.0	4.3	3.4
5120 Impôts sur biens et services déterminés	2.4	4.7	5.3	7.0	6.4	6.4	4.4	3.1	2.0	1.7
5121 Accises	2.1	4.4	4.9	6.0	5.5	5.5	4.1	2.9	1.7	1.5
5200 Impôts sur utilisation des biens et exerc. activités	0.2	0.6	1.3	1.8	1.8	0.5	0.5	0.8	0.5	0.5
5300 Non-ventilables entre 5100 et 5200	0.0	0.0	0.0	0.0	0.0	0.0	0.0	0.0	0.0	0.0
6000 Autres impôts	**0.0**	**0.0**	**0.0**	**0.0**	**0.0**	**0.0**	**0.0**	**0.0**	**0.0**	**0.0**
Crédits d'impôts récupérables										
Crédits d'impôts récupérables contre 1000	..	..	1.1	0.4	0.4	..	..	0.6	0.1	0.1
Composante transfert	..	..	0.0	0.0	0.0	..	..	0.0	0.0	0.0
Composante fiscale	..	..	1.1	0.4	0.4	..	..	0.6	0.1	0.1
Recettes fiscales collectés pour le compte de l'UE										
Recettes fiscales collectés pour le compte de l'UE, total	0.2	0.2	0.2	0.5	0.4	0.5	0.2	0.1	0.1	0.1
Droits de douane perçus pour le compte de l'UE	0.1	0.2	0.2	0.3	0.3	0.4	0.2	0.1	0.1	0.1
Contributions au Fonds de résolution unique collectées pour le compte de l'UE	..	..	..	0.1	0.1	..	..	..	0.0	0.0

.. Non disponible

Note : Des données et des notes plus détaillées par pays sont disponibles dans le chapitre 5 "Tableaux détaillés par pays". Les séries temporelles complètes sont accessibles sur le site web http://oe.cd/series-temporelles-completes.

Source : Annual Report of the Revenue Commissioners, Financial Accounts and National Income and Expenditure Accounts.

StatLink https://stat.link/irugnf

Tableau 4.34. Irlande, recettes fiscales et % du PIB par niveaux d'administration (principaux impôts)

	Milliard EUR					% du PIB				
	1990	2000	2010	2019	2020	1990	2000	2010	2019	2020
Administrations fédérale ou centrale										
Recettes fiscales totales	**10.1**	**28.7**	**37.9**	**64.3**	**62.0**	**26.7**	**26.5**	**22.7**	**18.0**	**16.6**
1000 Impôts sur revenu, bénéfices et gains en capital	4.7	14.6	18.6	35.6	36.3	12.3	13.4	11.1	10.0	9.7
2000 Cotisations de sécurité sociale	0.1	0.1	1.5	1.4	1.4	0.2	0.1	0.9	0.4	0.4
3000 Sur salaires ou main d'oeuvre	0.2	0.0	0.3	0.8	0.7	0.4	0.0	0.2	0.2	0.2
4000 Impôts sur le patrimoine	0.3	1.3	1.1	3.0	3.0	0.7	1.2	0.6	0.8	0.8
5000 Impôts sur les biens et services	5.0	12.7	16.4	23.6	20.6	13.1	11.7	9.8	6.6	5.5
6000 Autres impôts	0.0	0.0	0.0	0.0	0.0	0.0	0.0	0.0	0.0	0.0
Administrations d'un État/Régions										
Recettes fiscales totales	**..**	**..**	**..**	**..**	**..**	**..**	**..**	**..**	**..**	**..**
1000 Impôts sur revenu, bénéfices et gains en capital	..	..	..	..	..	..	..	..	..	..
2000 Cotisations de sécurité sociale	..	..	..	..	..	..	..	..	..	..
3000 Sur salaires ou main d'oeuvre	..	..	..	..	..	..	..	..	..	..
4000 Impôts sur le patrimoine	..	..	..	..	..	..	..	..	..	..
5000 Impôts sur les biens et services	..	..	..	..	..	..	..	..	..	..
6000 Autres impôts	..	..	..	..	..	..	..	..	..	..
Administrations locales										
Recettes fiscales totales	**0.3**	**0.7**	**1.5**	**1.5**	**0.8**	**0.9**	**0.6**	**0.9**	**0.4**	**0.2**
1000 Impôts sur revenu, bénéfices et gains en capital	0.0	0.0	0.0	0.0	0.0	0.0	0.0	0.0	0.0	0.0
2000 Cotisations de sécurité sociale	0.0	0.1	0.2	0.1	0.1	0.1	0.1	0.1	0.0	0.0
3000 Sur salaires ou main d'oeuvre	0.0	0.0	0.0	0.0	0.0	0.0	0.0	0.0	0.0	0.0
4000 Impôts sur le patrimoine	0.3	0.6	1.3	1.5	0.7	0.8	0.5	0.8	0.4	0.2
5000 Impôts sur les biens et services	0.0	0.0	0.0	0.0	0.0	0.0	0.0	0.0	0.0	0.0
6000 Autres impôts	0.0	0.0	0.0	0.0	0.0	0.0	0.0	0.0	0.0	0.0
Administrations de sécurité sociale										
Recettes fiscales totales	**1.6**	**3.8**	**6.7**	**11.7**	**10.8**	**4.3**	**3.5**	**4.0**	**3.3**	**2.9**
1000 Impôts sur revenu, bénéfices et gains en capital	0.0	0.0	0.0	0.0	0.0	0.0	0.0	0.0	0.0	0.0
2000 Cotisations de sécurité sociale	1.6	3.8	6.7	11.7	10.8	4.3	3.5	4.0	3.3	2.9
3000 Sur salaires ou main d'oeuvre	0.0	0.0	0.0	0.0	0.0	0.0	0.0	0.0	0.0	0.0
4000 Impôts sur le patrimoine	0.0	0.0	0.0	0.0	0.0	0.0	0.0	0.0	0.0	0.0
5000 Impôts sur les biens et services	0.0	0.0	0.0	0.0	0.0	0.0	0.0	0.0	0.0	0.0
6000 Autres impôts	0.0	0.0	0.0	0.0	0.0	0.0	0.0	0.0	0.0	0.0

.. Non disponible

Note : Des données et des notes plus détaillées par pays sont disponibles dans le chapitre 6 "Recettes fiscales des sous-secteurs de l'administration". Les séries temporelles complètes sont accessibles sur le site web http://oe.cd/series-temporelles-completes.

Source : Annual Report of the Revenue Commissioners, Financial Accounts and National Income and Expenditure Accounts.

StatLink https://stat.link/ighlzt

Tableau 4.35. Israël, recettes fiscales et % du PIB (sélection de catégories d'impôts)

	Milliard ILS					% du PIB				
	1990	2000	2010	2019	2020	1990	2000	2010	2019	2020
Recettes fiscales totales	..	**189.3**	**269.7**	**430.5**	**420.6**	..	**34.1**	**30.3**	**30.0**	**29.6**
1000 Impôts sur le revenu, les bénéfices et les gains en capital	..	**74.6**	**78.3**	**140.5**	**139.3**	..	**13.4**	**8.8**	**9.8**	**9.8**
1100 Des personnes physiques	..	54.8	48.2	89.5	91.9	..	9.9	5.4	6.2	6.5
1200 Des sociétés	..	18.0	23.1	43.3	38.8	..	3.2	2.6	3.0	2.7
1300 Non-ventilables entre 1100 et 1200	..	1.8	6.9	7.7	8.6	..	0.3	0.8	0.5	0.6
2000 Cotisations de sécurité sociale	..	**27.6**	**45.3**	**74.4**	**73.0**	..	**5.0**	**5.1**	**5.2**	**5.1**
2100 À la charge des salariés	..	15.8	27.8	41.9	40.8	..	2.8	3.1	2.9	2.9
2200 À la charge des employeurs	..	8.2	11.4	23.1	22.6	..	1.5	1.3	1.6	1.6
2300 À la charge des indép. ou sans emploi	..	3.6	6.1	9.5	9.7	..	0.7	0.7	0.7	0.7
2400 Non-ventilables entre 2100, 2200 et 2300	..	0.0	0.0	0.0	0.0	..	0.0	0.0	0.0	0.0
3000 Sur les salaires ou main d'oeuvre	..	**6.8**	**10.3**	**16.2**	**16.2**	..	**1.2**	**1.2**	**1.1**	**1.1**
4000 Impôts sur le patrimoine	..	**18.0**	**30.0**	**45.8**	**43.4**	..	**3.2**	**3.4**	**3.2**	**3.1**
4100 Impôts périodiques sur la propriété immobilière	..	11.3	18.8	27.1	25.0	..	2.0	2.1	1.9	1.8
4200 Impôts périodiques sur l'actif net	..	0.0	0.0	0.0	0.0	..	0.0	0.0	0.0	0.0
4300 Impôts sur mut. par décès, succ. et donations	..	0.0	0.0	0.0	0.0	..	0.0	0.0	0.0	0.0
4400 Impôts sur transact. mobilières et immob.	..	3.2	4.1	6.9	6.9	..	0.6	0.5	0.5	0.5
4500 Impôts non périodiques sur	..	3.5	7.2	11.8	11.5	..	0.6	0.8	0.8	0.8
4600 Autres impôts périodiques sur patrimoine	..	0.0	0.0	0.0	0.0	..	0.0	0.0	0.0	0.0
5000 Impôts sur les biens et services	..	**62.3**	**105.8**	**153.6**	**148.6**	..	**11.2**	**11.9**	**10.7**	**10.4**
5100 Impôts sur production, vente, transfert, etc.	..	57.9	98.1	143.1	138.7	..	10.4	11.0	10.0	9.8
5110 Impôts généraux	..	49.9	79.9	120.5	118.9	..	9.0	9.0	8.4	8.4
5111 Taxes sur la valeur ajoutée	..	39.8	65.5	102.5	100.4	..	7.2	7.4	7.1	7.1
5120 Impôts sur biens et services déterminés	..	8.0	18.1	22.5	19.9	..	1.4	2.0	1.6	1.4
5121 Accises	..	6.6	15.5	19.5	17.0	..	1.2	1.7	1.4	1.2
5200 Impôts sur utilisation des biens et exerc. activités	..	4.5	7.7	10.6	9.9	..	0.8	0.9	0.7	0.7
5300 Non-ventilables entre 5100 et 5200	..	0.0	0.0	0.0	0.0	..	0.0	0.0	0.0	0.0
6000 Autres impôts	..	**0.0**	**0.0**	**0.0**	**0.0**	..	**0.0**	**0.0**	**0.0**	**0.0**
Crédits d'impôts récupérables										
Crédits d'impôts récupérables contre 1000	..	..	0.1	1.3	1.3	..	..	0.0	0.1	0.1
Composante transfert	..	..	0.0	0.0	0.0	..	..	0.0	0.0	0.0
Composante fiscale	..	..	0.1	1.3	1.3	..	..	0.0	0.1	0.1

.. Non disponible

Note : Des données et des notes plus détaillées par pays sont disponibles dans le chapitre 5 "Tableaux détaillés par pays". Les séries temporelles complètes sont accessibles sur le site web http://oe.cd/series-temporelles-completes.

Source : Israel Central Bureau of Statistics and Israel Ministry of Finance.

StatLink https://stat.link/vuwomx

Tableau 4.36. Israël, recettes fiscales et % du PIB par niveaux d'administration (principaux impôts)

	Milliard ILS					% du PIB				
	1990	2000	2010	2019	2020	1990	2000	2010	2019	2020
Administrations fédérale ou centrale										
Recettes fiscales totales	**..**	**148.0**	**199.9**	**320.2**	**314.2**	**..**	**26.7**	**22.4**	**22.3**	**22.1**
1000 Impôts sur revenu, bénéfices et gains en capital	..	74.6	78.3	140.5	139.3	..	13.4	8.8	9.8	9.8
2000 Cotisations de sécurité sociale	..	0.0	0.0	0.0	0.0	..	0.0	0.0	0.0	0.0
3000 Sur salaires ou main d'oeuvre	..	6.8	10.3	16.2	16.2	..	1.2	1.2	1.1	1.1
4000 Impôts sur le patrimoine	..	4.8	6.6	11.4	11.4	..	0.9	0.7	0.8	0.8
5000 Impôts sur les biens et services	..	61.8	104.7	152.1	147.2	..	11.1	11.8	10.6	10.3
6000 Autres impôts	..	0.0	0.0	0.0	0.0	..	0.0	0.0	0.0	0.0
Administrations d'un État/Régions										
Recettes fiscales totales	**..**	**..**	**..**	**..**	**..**	**..**	**..**	**..**	**..**	**..**
1000 Impôts sur revenu, bénéfices et gains en capital	..	..	..	..	..	..	..	..	..	..
2000 Cotisations de sécurité sociale	..	..	..	..	..	..	..	..	..	..
3000 Sur salaires ou main d'oeuvre	..	..	..	..	..	..	..	..	..	..
4000 Impôts sur le patrimoine	..	..	..	..	..	..	..	..	..	..
5000 Impôts sur les biens et services	..	..	..	..	..	..	..	..	..	..
6000 Autres impôts	..	..	..	..	..	..	..	..	..	..
Administrations locales										
Recettes fiscales totales	**..**	**13.7**	**24.5**	**35.9**	**33.4**	**..**	**2.5**	**2.7**	**2.5**	**2.3**
1000 Impôts sur revenu, bénéfices et gains en capital	..	0.0	0.0	0.0	0.0	..	0.0	0.0	0.0	0.0
2000 Cotisations de sécurité sociale	..	0.0	0.0	0.0	0.0	..	0.0	0.0	0.0	0.0
3000 Sur salaires ou main d'oeuvre	..	0.0	0.0	0.0	0.0	..	0.0	0.0	0.0	0.0
4000 Impôts sur le patrimoine	..	13.2	23.5	34.4	32.0	..	2.4	2.6	2.4	2.2
5000 Impôts sur les biens et services	..	0.6	1.0	1.5	1.4	..	0.1	0.1	0.1	0.1
6000 Autres impôts	..	0.0	0.0	0.0	0.0	..	0.0	0.0	0.0	0.0
Administrations de sécurité sociale										
Recettes fiscales totales	**..**	**27.6**	**45.3**	**74.4**	**73.0**	**..**	**5.0**	**5.1**	**5.2**	**5.1**
1000 Impôts sur revenu, bénéfices et gains en capital	..	0.0	0.0	0.0	0.0	..	0.0	0.0	0.0	0.0
2000 Cotisations de sécurité sociale	..	27.6	45.3	74.4	73.0	..	5.0	5.1	5.2	5.1
3000 Sur salaires ou main d'oeuvre	..	0.0	0.0	0.0	0.0	..	0.0	0.0	0.0	0.0
4000 Impôts sur le patrimoine	..	0.0	0.0	0.0	0.0	..	0.0	0.0	0.0	0.0
5000 Impôts sur les biens et services	..	0.0	0.0	0.0	0.0	..	0.0	0.0	0.0	0.0
6000 Autres impôts	..	0.0	0.0	0.0	0.0	..	0.0	0.0	0.0	0.0

.. Non disponible
Note : Des données et des notes plus détaillées par pays sont disponibles dans le chapitre 6 "Recettes fiscales des sous-secteurs de l'administration". Les séries temporelles complètes sont accessibles sur le site web http://oe.cd/series-temporelles-completes.
Source : Israel Central Bureau of Statistics and Israel Ministry of Finance.

StatLink https://stat.link/xedl0q

Tableau 4.37. Italie, recettes fiscales et % du PIB (sélection de catégories d'impôts)

	Milliard EUR					% du PIB				
	1990	2000	2010	2019	2020	1990	2000	2010	2019	2020
Recettes fiscales totales	**265.1**	**503.1**	**671.9**	**759.4**	**706.7**	**36.3**	**40.5**	**41.7**	**42.3**	**42.7**
1000 Impôts sur le revenu, les bénéfices et les gains en capital	**96.7**	**166.9**	**219.5**	**239.9**	**231.9**	**13.2**	**13.4**	**13.6**	**13.4**	**14.0**
1100 Des personnes physiques	69.7	124.9	180.5	196.3	189.2	9.5	10.1	11.2	10.9	11.4
1200 Des sociétés	26.6	34.7	36.7	35.2	34.2	3.6	2.8	2.3	2.0	2.1
1300 Non-ventilables entre 1100 et 1200	0.4	7.3	2.3	8.4	8.5	0.1	0.6	0.1	0.5	0.5
2000 Cotisations de sécurité sociale	**87.3**	**143.6**	**209.1**	**237.3**	**224.8**	**11.9**	**11.6**	**13.0**	**13.2**	**13.6**
2100 À la charge des salariés	16.8	27.3	37.6	44.5	41.4	2.3	2.2	2.3	2.5	2.5
2200 À la charge des employeurs	62.5	99.9	144.3	158.6	149.8	8.6	8.0	9.0	8.8	9.0
2300 À la charge des indép. ou sans emploi	8.0	16.4	27.2	34.2	33.6	1.1	1.3	1.7	1.9	2.0
2400 Non-ventilables entre 2100, 2200 et 2300	0.0	0.0	0.0	0.0	0.0	0.0	0.0	0.0	0.0	0.0
3000 Sur les salaires ou main d'oeuvre	**0.9**	**0.0**	**0.0**	**0.0**	**0.0**	**0.1**	**0.0**	**0.0**	**0.0**	**0.0**
4000 Impôts sur le patrimoine	**6.0**	**23.4**	**32.4**	**43.2**	**40.4**	**0.8**	**1.9**	**2.0**	**2.4**	**2.4**
4100 Impôts périodiques sur la propriété immobilière	0.0	9.4	9.7	22.0	21.3	0.0	0.8	0.6	1.2	1.3
4200 Impôts périodiques sur l'actif net	0.0	0.0	2.1	0.2	0.4	0.0	0.0	0.1	0.0	0.0
4300 Impôts sur mut. par décès, succ. et donations	0.4	1.0	0.5	0.8	0.4	0.1	0.1	0.0	0.0	0.0
4400 Impôts sur transact. mobilières et immob.	5.6	12.3	17.4	18.8	17.3	0.8	1.0	1.1	1.0	1.0
4500 Impôts non périodiques sur	0.0	0.1	0.9	0.2	0.1	0.0	0.0	0.1	0.0	0.0
4600 Autres impôts périodiques sur patrimoine	0.0	0.6	1.9	1.2	1.0	0.0	0.0	0.1	0.1	0.1
5000 Impôts sur les biens et services	**74.3**	**141.9**	**178.9**	**214.8**	**190.2**	**10.2**	**11.4**	**11.1**	**12.0**	**11.5**
5100 Impôts sur production, vente, transfert, etc.	67.1	127.3	160.8	187.7	164.8	9.2	10.3	10.0	10.4	9.9
5110 Impôts généraux	38.9	77.5	97.6	111.5	99.9	5.3	6.2	6.1	6.2	6.0
5111 Taxes sur la valeur ajoutée	38.9	77.5	97.6	111.5	99.7	5.3	6.2	6.1	6.2	6.0
5120 Impôts sur biens et services déterminés	28.0	49.8	63.2	76.2	64.9	3.8	4.0	3.9	4.2	3.9
5121 Accises	20.3	31.5	36.4	47.1	40.1	2.8	2.5	2.3	2.6	2.4
5200 Impôts sur utilisation des biens et exerc. activités	4.5	8.5	10.5	14.0	12.8	0.6	0.7	0.7	0.8	0.8
5300 Non-ventilables entre 5100 et 5200	2.7	6.1	7.6	13.1	12.7	0.4	0.5	0.5	0.7	0.8
6000 Autres impôts	**0.0**	**27.3**	**31.9**	**24.3**	**19.4**	**0.0**	**2.2**	**2.0**	**1.4**	**1.2**
Crédits d'impôts récupérables										
Crédits d'impôts récupérables contre 1000	..	..	0.0	10.4	12.1	..	..	0.0	0.6	0.7
Composante transfert	..	..	0.1	1.5	1.8	..	..	0.0	0.1	0.1
Composante fiscale	..	..	-0.1	8.9	10.4	..	..	0.0	0.5	0.6
Recettes fiscales collectés pour le compte de l'UE										
Recettes fiscales collectés pour le compte de l'UE, total	1.3	1.5	2.2	3.2	3.0	0.2	0.1	0.1	0.2	0.2
Droits de douane perçus pour le compte de l'UE	0.8	1.5	2.2	2.3	2.0	0.1	0.1	0.1	0.1	0.1
Contributions au Fonds de résolution unique collectées pour le compte de l'UE	..	..	..	0.8	1.0	..	..	..	0.0	0.1

.. Non disponible

Note : Des données et des notes plus détaillées par pays sont disponibles dans le chapitre 5 "Tableaux détaillés par pays". Les séries temporelles complètes sont accessibles sur le site web http://oe.cd/series-temporelles-completes.

Source : Ministero dell'economia e delle finanze; Istituto nazionale di statistica.

StatLink https://stat.link/g8zl3s

Tableau 4.38. Italie, recettes fiscales et % du PIB par niveaux d'administration (principaux impôts)

	Milliard EUR					% du PIB				
	1990	2000	2010	2019	2020	1990	2000	2010	2019	2020
Administrations fédérale ou centrale										
Recettes fiscales totales	**168.9**	**280.8**	**357.3**	**432.6**	**400.9**	**23.1**	**22.6**	**22.2**	**24.1**	**24.2**
1000 Impôts sur revenu, bénéfices et gains en capital	92.7	154.2	193.9	223.0	215.3	12.7	12.4	12.0	12.4	13.0
2000 Cotisations de sécurité sociale	0.0	0.0	0.0	0.0	0.0	0.0	0.0	0.0	0.0	0.0
3000 Sur salaires ou main d'oeuvre	0.9	0.0	0.0	0.0	0.0	0.1	0.0	0.0	0.0	0.0
4000 Impôts sur le patrimoine	6.0	12.9	21.0	24.5	22.5	0.8	1.0	1.3	1.4	1.4
5000 Impôts sur les biens et services	69.3	113.6	142.5	185.1	163.2	9.5	9.2	8.8	10.3	9.8
6000 Autres impôts	0.0	0.0	0.0	0.0	0.0	0.0	0.0	0.0	0.0	0.0
Administrations d'un État/Régions										
Recettes fiscales totales	..	..	..	..	..	..	..	..	..	..
1000 Impôts sur revenu, bénéfices et gains en capital	..	..	..	..	..	..	..	..	..	..
2000 Cotisations de sécurité sociale	..	..	..	..	..	..	..	..	..	..
3000 Sur salaires ou main d'oeuvre	..	..	..	..	..	..	..	..	..	..
4000 Impôts sur le patrimoine	..	..	..	..	..	..	..	..	..	..
5000 Impôts sur les biens et services	..	..	..	..	..	..	..	..	..	..
6000 Autres impôts	..	..	..	..	..	..	..	..	..	..
Administrations locales										
Recettes fiscales totales	**7.7**	**77.2**	**103.2**	**86.4**	**78.1**	**1.1**	**6.2**	**6.4**	**4.8**	**4.7**
1000 Impôts sur revenu, bénéfices et gains en capital	4.0	12.7	25.6	16.8	16.5	0.6	1.0	1.6	0.9	1.0
2000 Cotisations de sécurité sociale	0.0	0.0	0.0	0.0	0.0	0.0	0.0	0.0	0.0	0.0
3000 Sur salaires ou main d'oeuvre	0.0	0.0	0.0	0.0	0.0	0.0	0.0	0.0	0.0	0.0
4000 Impôts sur le patrimoine	0.0	10.5	11.5	18.7	18.0	0.0	0.8	0.7	1.0	1.1
5000 Impôts sur les biens et services	3.7	26.7	34.2	26.5	24.1	0.5	2.1	2.1	1.5	1.5
6000 Autres impôts	0.0	27.3	31.9	24.3	19.4	0.0	2.2	2.0	1.4	1.2
Administrations de sécurité sociale										
Recettes fiscales totales	**87.3**	**143.6**	**209.1**	**237.3**	**224.8**	**11.9**	**11.6**	**13.0**	**13.2**	**13.6**
1000 Impôts sur revenu, bénéfices et gains en capital	0.0	0.0	0.0	0.0	0.0	0.0	0.0	0.0	0.0	0.0
2000 Cotisations de sécurité sociale	87.3	143.6	209.1	237.3	224.8	11.9	11.6	13.0	13.2	13.6
3000 Sur salaires ou main d'oeuvre	0.0	0.0	0.0	0.0	0.0	0.0	0.0	0.0	0.0	0.0
4000 Impôts sur le patrimoine	0.0	0.0	0.0	0.0	0.0	0.0	0.0	0.0	0.0	0.0
5000 Impôts sur les biens et services	0.0	0.0	0.0	0.0	0.0	0.0	0.0	0.0	0.0	0.0
6000 Autres impôts	0.0	0.0	0.0	0.0	0.0	0.0	0.0	0.0	0.0	0.0

.. Non disponible

Note : Des données et des notes plus détaillées par pays sont disponibles dans le chapitre 6 "Recettes fiscales des sous-secteurs de l'administration". Les séries temporelles complètes sont accessibles sur le site web http://oe.cd/series-temporelles-completes.

Source : Ministero dell'economia e delle finanze; Istituto nazionale di statistica.

StatLink https://stat.link/ig0ua4

Tableau 4.39. Japon, recettes fiscales et % du PIB (sélection de catégories d'impôts)

	Milliard JPY					% du PIB				
	1990	2000	2010	2019	2020	1990	2000	2010	2019	2020
Recettes fiscales totales	**130 842.7**	**136 235.8**	**132 484.3**	**175 379.7**	**177 308.3**	**27.7**	**25.3**	**26.2**	**31.5**	**33.2**
1000 Impôts sur le revenu, les bénéfices et les gains en capital	**65 681.6**	**47 398.2**	**40 034.3**	**53 993.6**	**53 933.8**	**13.9**	**8.8**	**7.9**	**9.7**	**10.1**
1100 Des personnes physiques	36 393.6	28 677.3	24 662.7	32 947.2	33 188.6	7.7	5.3	4.9	5.9	6.2
1200 Des sociétés	29 288.0	18 720.9	15 371.6	21 046.4	20 745.2	6.2	3.5	3.0	3.8	3.9
1300 Non-ventilables entre 1100 et 1200	0.0	0.0	0.0	0.0	0.0	0.0	0.0	0.0	0.0	0.0
2000 Cotisations de sécurité sociale	**34 612.6**	**47 968.3**	**54 460.6**	**71 993.4**	**71 549.5**	**7.3**	**8.9**	**10.8**	**12.9**	**13.4**
2100 À la charge des salariés	13 895.0	19 829.9	23 592.6	31 954.0	31 839.3	2.9	3.7	4.7	5.7	6.0
2200 À la charge des employeurs	16 648.8	22 455.5	24 674.2	33 487.9	33 244.8	3.5	4.2	4.9	6.0	6.2
2300 À la charge des indép. ou sans emploi	4 068.8	5 682.9	6 193.8	6 551.5	6 465.4	0.9	1.1	1.2	1.2	1.2
2400 Non-ventilables entre 2100, 2200 et 2300	0.0	0.0	0.0	0.0	0.0	0.0	0.0	0.0	0.0	0.0
3000 Sur les salaires ou main d'oeuvre	**0.0**	**0.0**	**0.0**	**0.0**	**0.0**	**0.0**	**0.0**	**0.0**	**0.0**	**0.0**
4000 Impôts sur le patrimoine	**12 296.3**	**14 294.4**	**12 878.3**	**14 339.8**	**14 327.5**	**2.6**	**2.7**	**2.6**	**2.6**	**2.7**
4100 Impôts périodiques sur la propriété immobilière	7 098.5	10 413.7	10 225.0	10 611.9	10 719.2	1.5	1.9	2.0	1.9	2.0
4200 Impôts périodiques sur l'actif net	0.0	0.0	0.0	0.0	0.0	0.0	0.0	0.0	0.0	0.0
4300 Impôts sur mut. par décès, succ. et donations	1 918.0	1 782.2	1 250.4	2 300.5	2 314.5	0.4	0.3	0.2	0.4	0.4
4400 Impôts sur transact. mobilières et immob.	3 279.8	2 098.5	1 402.9	1 427.4	1 293.8	0.7	0.4	0.3	0.3	0.2
4500 Impôts non périodiques sur	0.0	0.0	0.0	0.0	0.0	0.0	0.0	0.0	0.0	0.0
4600 Autres impôts périodiques sur patrimoine	0.0	0.0	0.0	0.0	0.0	0.0	0.0	0.0	0.0	0.0
5000 Impôts sur les biens et services	**17 916.8**	**26 227.2**	**24 730.2**	**34 598.6**	**37 053.1**	**3.8**	**4.9**	**4.9**	**6.2**	**6.9**
5100 Impôts sur production, vente, transfert, etc.	15 646.5	23 180.2	22 160.4	32 045.9	34 433.1	3.3	4.3	4.4	5.8	6.4
5110 Impôts généraux	5 778.3	12 350.3	12 675.2	23 148.2	26 395.2	1.2	2.3	2.5	4.2	4.9
5111 Taxes sur la valeur ajoutée	5 778.3	12 350.3	12 675.2	23 148.2	26 395.2	1.2	2.3	2.5	4.2	4.9
5120 Impôts sur biens et services déterminés	9 868.2	10 829.9	9 485.2	8 897.7	8 037.9	2.1	2.0	1.9	1.6	1.5
5121 Accises	8 637.2	9 837.0	8 622.4	7 890.9	7 166.6	1.8	1.8	1.7	1.4	1.3
5200 Impôts sur utilisation des biens et exerc. activités	2 270.3	3 047.0	2 569.8	2 552.7	2 620.0	0.5	0.6	0.5	0.5	0.5
5300 Non-ventilables entre 5100 et 5200	0.0	0.0	0.0	0.0	0.0	0.0	0.0	0.0	0.0	0.0
6000 Autres impôts	**335.4**	**347.7**	**381.1**	**454.3**	**444.4**	**0.1**	**0.1**	**0.1**	**0.1**	**0.1**
Crédits d'impôts récupérables										
Crédits d'impôts récupérables contre 1000	..	..	..	..	..	..	..	..	..	..
Composante transfert	..	..	..	..	..	..	..	..	..	..
Composante fiscale	..	..	..	..	..	..	..	..	..	..

.. Non disponible

Note : Des données et des notes plus détaillées par pays sont disponibles dans le chapitre 5 "Tableaux détaillés par pays". Les séries temporelles complètes sont accessibles sur le site web http://oe.cd/series-temporelles-completes.

Source : Tax Bureau, Ministry of Finance.

StatLink https://stat.link/cuo95r

Tableau 4.40. Japon, recettes fiscales et % du PIB par niveaux d'administration (principaux impôts)

	Milliard JPY					% du PIB				
	1990	2000	2010	2019	2020	1990	2000	2010	2019	2020
Administrations fédérale ou centrale										
Recettes fiscales totales	**62 779.7**	**52 720.8**	**43 707.4**	**62 175.1**	**64 933.1**	**13.3**	**9.8**	**8.7**	**11.2**	**12.1**
1000 Impôts sur revenu, bénéfices et gains en capital	44 379.1	30 536.2	23 372.1	33 015.7	33 893.7	9.4	5.7	4.6	5.9	6.3
2000 Cotisations de sécurité sociale	0.0	0.0	0.0	0.0	0.0	0.0	0.0	0.0	0.0	0.0
3000 Sur salaires ou main d'oeuvre	0.0	0.0	0.0	0.0	0.0	0.0	0.0	0.0	0.0	0.0
4000 Impôts sur le patrimoine	4 601.6	3 314.9	2 274.5	3 323.7	3 234.0	1.0	0.6	0.5	0.6	0.6
5000 Impôts sur les biens et services	13 799.0	18 869.7	18 060.9	25 835.1	27 805.2	2.9	3.5	3.6	4.6	5.2
6000 Autres impôts	0.0	0.0	0.0	0.6	0.2	0.0	0.0	0.0	0.0	0.0
Administrations d'un État/Régions										
Recettes fiscales totales	..	..	..	..	..	..	..	..	..	..
1000 Impôts sur revenu, bénéfices et gains en capital	..	..	..	..	..	..	..	..	..	..
2000 Cotisations de sécurité sociale	..	..	..	..	..	..	..	..	..	..
3000 Sur salaires ou main d'oeuvre	..	..	..	..	..	..	..	..	..	..
4000 Impôts sur le patrimoine	..	..	..	..	..	..	..	..	..	..
5000 Impôts sur les biens et services	..	..	..	..	..	..	..	..	..	..
6000 Autres impôts	..	..	..	..	..	..	..	..	..	..
Administrations locales										
Recettes fiscales totales	**33 450.4**	**35 546.7**	**34 316.3**	**41 211.2**	**40 825.7**	**7.1**	**6.6**	**6.8**	**7.4**	**7.6**
1000 Impôts sur revenu, bénéfices et gains en capital	21 302.5	16 862.0	16 662.2	20 977.9	20 040.1	4.5	3.1	3.3	3.8	3.7
2000 Cotisations de sécurité sociale	0.0	0.0	0.0	0.0	0.0	0.0	0.0	0.0	0.0	0.0
3000 Sur salaires ou main d'oeuvre	0.0	0.0	0.0	0.0	0.0	0.0	0.0	0.0	0.0	0.0
4000 Impôts sur le patrimoine	7 694.7	10 979.5	10 603.8	11 016.1	11 093.5	1.6	2.0	2.1	2.0	2.1
5000 Impôts sur les biens et services	4 117.8	7 357.5	6 669.3	8 763.5	9 247.9	0.9	1.4	1.3	1.6	1.7
6000 Autres impôts	335.4	347.7	381.1	453.7	444.2	0.1	0.1	0.1	0.1	0.1
Administrations de sécurité sociale										
Recettes fiscales totales	**34 612.6**	**47 968.3**	**54 460.6**	**71 993.4**	**71 549.5**	**7.3**	**8.9**	**10.8**	**12.9**	**13.4**
1000 Impôts sur revenu, bénéfices et gains en capital	0.0	0.0	0.0	0.0	0.0	0.0	0.0	0.0	0.0	0.0
2000 Cotisations de sécurité sociale	34 612.6	47 968.3	54 460.6	71 993.4	71 549.5	7.3	8.9	10.8	12.9	13.4
3000 Sur salaires ou main d'oeuvre	0.0	0.0	0.0	0.0	0.0	0.0	0.0	0.0	0.0	0.0
4000 Impôts sur le patrimoine	0.0	0.0	0.0	0.0	0.0	0.0	0.0	0.0	0.0	0.0
5000 Impôts sur les biens et services	0.0	0.0	0.0	0.0	0.0	0.0	0.0	0.0	0.0	0.0
6000 Autres impôts	0.0	0.0	0.0	0.0	0.0	0.0	0.0	0.0	0.0	0.0

.. Non disponible

Note : Des données et des notes plus détaillées par pays sont disponibles dans le chapitre 6 "Recettes fiscales des sous-secteurs de l'administration". Les séries temporelles complètes sont accessibles sur le site web http://oe.cd/series-temporelles-completes.

Source : Tax Bureau, Ministry of Finance.

StatLink https://stat.link/id5f6l

Tableau 4.41. Corée, recettes fiscales et % du PIB (sélection de catégories d'impôts)

	Milliard KRW					% du PIB				
	1990	2000	2010	2019	2020	1990	2000	2010	2019	2020
Recettes fiscales totales	**37 261.7**	**136 295.0**	**295 968.0**	**523 985.0**	**538 450.0**	**18.6**	**20.9**	**22.4**	**27.2**	**27.7**
1000 Impôts sur le revenu, les bénéfices et les gains en capital	**12 203.5**	**39 254.0**	**82 905.0**	**174 040.0**	**166 564.0**	**6.1**	**6.0**	**6.3**	**9.0**	**8.6**
1100 Des personnes physiques	7 440.4	19 950.0	42 098.0	91 714.0	101 286.0	3.7	3.1	3.2	4.8	5.2
1200 Des sociétés	4 756.6	19 271.0	40 807.0	82 326.0	65 278.0	2.4	3.0	3.1	4.3	3.4
1300 Non-ventilables entre 1100 et 1200	6.5	33.0	0.0	0.0	0.0	0.0	0.0	0.0	0.0	0.0
2000 Cotisations de sécurité sociale	**3 760.0**	**22 759.0**	**69 090.0**	**140 071.0**	**150 854.0**	**1.9**	**3.5**	**5.2**	**7.3**	**7.8**
2100 À la charge des salariés	1 464.0	8 578.0	28 213.0	60 682.0	65 384.0	0.7	1.3	2.1	3.2	3.4
2200 À la charge des employeurs	1 694.0	9 409.0	30 856.0	63 780.0	67 676.0	0.8	1.4	2.3	3.3	3.5
2300 À la charge des indép. ou sans emploi	602.0	4 772.0	10 021.0	15 609.0	17 794.0	0.3	0.7	0.8	0.8	0.9
2400 Non-ventilables entre 2100, 2200 et 2300	0.0	0.0	0.0	0.0	0.0	0.0	0.0	0.0	0.0	0.0
3000 Sur les salaires ou main d'oeuvre	**152.8**	**258.0**	**714.0**	**1 597.0**	**1 607.0**	**0.1**	**0.0**	**0.1**	**0.1**	**0.1**
4000 Impôts sur le patrimoine	**4 388.9**	**16 846.0**	**33 516.0**	**59 732.0**	**76 512.0**	**2.2**	**2.6**	**2.5**	**3.1**	**3.9**
4100 Impôts périodiques sur la propriété immobilière	980.0	3 385.0	9 270.0	17 750.0	20 044.0	0.5	0.5	0.7	0.9	1.0
4200 Impôts périodiques sur l'actif net	0.0	0.0	0.0	0.0	0.0	0.0	0.0	0.0	0.0	0.0
4300 Impôts sur mut. par décès, succ. et donations	353.9	989.0	3 076.0	8 329.0	10 375.0	0.2	0.2	0.2	0.4	0.5
4400 Impôts sur transact. mobilières et immob.	2 959.7	11 935.0	21 170.0	33 653.0	46 093.0	1.5	1.8	1.6	1.7	2.4
4500 Impôts non périodiques sur	95.3	537.0	0.0	0.0	0.0	0.0	0.1	0.0	0.0	0.0
4600 Autres impôts périodiques sur patrimoine	0.0	0.0	0.0	0.0	0.0	0.0	0.0	0.0	0.0	0.0
5000 Impôts sur les biens et services	**16 497.5**	**52 271.0**	**99 769.0**	**135 276.0**	**131 353.0**	**8.2**	**8.0**	**7.5**	**7.0**	**6.8**
5100 Impôts sur production, vente, transfert, etc.	16 023.5	50 023.0	96 573.0	127 551.0	123 219.0	8.0	7.7	7.3	6.6	6.3
5110 Impôts généraux	6 964.4	23 212.0	51 800.0	82 174.0	81 452.0	3.5	3.6	3.9	4.3	4.2
5111 Taxes sur la valeur ajoutée	6 964.4	23 212.0	51 800.0	82 174.0	81 452.0	3.5	3.6	3.9	4.3	4.2
5120 Impôts sur biens et services déterminés	9 059.1	26 811.0	44 773.0	45 377.0	41 767.0	4.5	4.1	3.4	2.4	2.2
5121 Accises	4 923.7	18 155.0	31 340.0	34 691.0	33 013.0	2.5	2.8	2.4	1.8	1.7
5200 Impôts sur utilisation des biens et exerc. activités	473.9	2 248.0	3 196.0	7 725.0	8 134.0	0.2	0.3	0.2	0.4	0.4
5300 Non-ventilables entre 5100 et 5200	0.0	0.0	0.0	0.0	0.0	0.0	0.0	0.0	0.0	0.0
6000 Autres impôts	**259.1**	**4 907.0**	**9 974.0**	**13 269.0**	**11 560.0**	**0.1**	**0.8**	**0.8**	**0.7**	**0.6**
Crédits d'impôts récupérables										
Crédits d'impôts récupérables contre 1000	..	..	..	..	..	..	..	..	..	..
Composante transfert	..	..	..	..	..	..	..	..	..	..
Composante fiscale	..	..	..	..	..	..	..	..	..	..

.. Non disponible
Note : Des données et des notes plus détaillées par pays sont disponibles dans le chapitre 5 "Tableaux détaillés par pays". Les séries temporelles complètes sont accessibles sur le site web http://oe.cd/series-temporelles-completes.
Source : Ministry of Finance and Economy, Ministry of Home Affairs.

StatLink https://stat.link/d5s2my

Tableau 4.42. Corée, recettes fiscales et % du PIB par niveaux d'administration (principaux impôts)

	Milliard KRW					% du PIB				
	1990	2000	2010	2019	2020	1990	2000	2010	2019	2020
Administrations fédérale ou centrale										
Recettes fiscales totales	**27 140.8**	**92 935.0**	**177 718.0**	**293 454.0**	**285 547.0**	**13.5**	**14.3**	**13.4**	**15.2**	**14.7**
1000 Impôts sur revenu, bénéfices et gains en capital	11 655.2	35 824.0	75 352.0	156 298.0	149 319.0	5.8	5.5	5.7	8.1	7.7
2000 Cotisations de sécurité sociale	0.0	0.0	0.0	0.0	0.0	0.0	0.0	0.0	0.0	0.0
3000 Sur salaires ou main d'oeuvre	29.3	0.0	0.0	0.0	0.0	0.0	0.0	0.0	0.0	0.0
4000 Impôts sur le patrimoine	866.3	5 866.0	11 288.0	19 406.0	29 160.0	0.4	0.9	0.9	1.0	1.5
5000 Impôts sur les biens et services	14 377.5	46 812.0	86 629.0	111 877.0	102 903.0	7.2	7.2	6.5	5.8	5.3
6000 Autres impôts	212.5	4 433.0	4 449.0	5 873.0	4 165.0	0.1	0.7	0.3	0.3	0.2
Administrations d'un État/Régions										
Recettes fiscales totales	..	..	..	..	..	..	..	..	..	..
1000 Impôts sur revenu, bénéfices et gains en capital	..	..	..	..	..	..	..	..	..	..
2000 Cotisations de sécurité sociale	..	..	..	..	..	..	..	..	..	..
3000 Sur salaires ou main d'oeuvre	..	..	..	..	..	..	..	..	..	..
4000 Impôts sur le patrimoine	..	..	..	..	..	..	..	..	..	..
5000 Impôts sur les biens et services	..	..	..	..	..	..	..	..	..	..
6000 Autres impôts	..	..	..	..	..	..	..	..	..	..
Administrations locales										
Recettes fiscales totales	**6 360.9**	**20 601.0**	**49 160.0**	**90 460.0**	**102 049.0**	**3.2**	**3.2**	**3.7**	**4.7**	**5.3**
1000 Impôts sur revenu, bénéfices et gains en capital	548.3	3 430.0	7 553.0	17 742.0	17 245.0	0.3	0.5	0.6	0.9	0.9
2000 Cotisations de sécurité sociale	0.0	0.0	0.0	0.0	0.0	0.0	0.0	0.0	0.0	0.0
3000 Sur salaires ou main d'oeuvre	123.5	258.0	714.0	1 597.0	1 607.0	0.1	0.0	0.1	0.1	0.1
4000 Impôts sur le patrimoine	3 522.6	10 980.0	22 228.0	40 326.0	47 352.0	1.8	1.7	1.7	2.1	2.4
5000 Impôts sur les biens et services	2 120.0	5 459.0	13 140.0	23 399.0	28 450.0	1.1	0.8	1.0	1.2	1.5
6000 Autres impôts	46.6	474.0	5 525.0	7 396.0	7 395.0	0.0	0.1	0.4	0.4	0.4
Administrations de sécurité sociale										
Recettes fiscales totales	**3 760.0**	**22 759.0**	**69 090.0**	**140 071.0**	**150 854.0**	**1.9**	**3.5**	**5.2**	**7.3**	**7.8**
1000 Impôts sur revenu, bénéfices et gains en capital	0.0	0.0	0.0	0.0	0.0	0.0	0.0	0.0	0.0	0.0
2000 Cotisations de sécurité sociale	3 760.0	22 759.0	69 090.0	140 071.0	150 854.0	1.9	3.5	5.2	7.3	7.8
3000 Sur salaires ou main d'oeuvre	0.0	0.0	0.0	0.0	0.0	0.0	0.0	0.0	0.0	0.0
4000 Impôts sur le patrimoine	0.0	0.0	0.0	0.0	0.0	0.0	0.0	0.0	0.0	0.0
5000 Impôts sur les biens et services	0.0	0.0	0.0	0.0	0.0	0.0	0.0	0.0	0.0	0.0
6000 Autres impôts	0.0	0.0	0.0	0.0	0.0	0.0	0.0	0.0	0.0	0.0

.. Non disponible

Note : Des données et des notes plus détaillées par pays sont disponibles dans le chapitre 6 "Recettes fiscales des sous-secteurs de l'administration". Les séries temporelles complètes sont accessibles sur le site web http://oe.cd/series-temporelles-completes.

Source : Ministry of Finance and Economy, Ministry of Home Affairs.

StatLink https://stat.link/yh0erm

Tableau 4.43. Lettonie, recettes fiscales et % du PIB (sélection de catégories d'impôts)

	Milliard EUR					% du PIB				
	1990	2000	2010	2019	2020	1990	2000	2010	2019	2020
Recettes fiscales totales	..	**2.0**	**5.2**	**9.5**	**9.4**	..	**29.0**	**28.5**	**30.9**	**31.8**
1000 Impôts sur le revenu, les bénéfices et les gains en capital	..	**0.5**	**1.3**	**2.0**	**2.0**	..	**7.0**	**7.1**	**6.6**	**6.9**
1100 Des personnes physiques	..	0.4	1.1	2.0	1.8	..	5.5	6.2	6.5	6.1
1200 Des sociétés	..	0.1	0.2	0.0	0.2	..	1.5	1.0	0.2	0.7
1300 Non-ventilables entre 1100 et 1200	..	0.0	0.0	0.0	0.0	..	0.0	0.0	0.0	0.0
2000 Cotisations de sécurité sociale	..	**0.7**	**1.6**	**2.9**	**2.9**	..	**9.7**	**8.6**	**9.5**	**10.0**
2100 À la charge des salariés	..	0.2	0.4	0.8	0.8	..	2.4	2.2	2.8	2.9
2200 À la charge des employeurs	..	0.5	1.2	2.0	2.1	..	7.3	6.4	6.6	7.0
2300 À la charge des indép. ou sans emploi	..	0.0	0.0	0.0	0.0	..	0.0	0.1	0.1	0.1
2400 Non-ventilables entre 2100, 2200 et 2300	..	0.0	0.0	0.0	0.0	..	0.0	0.0	0.0	0.0
3000 Sur les salaires ou main d'oeuvre	..	**0.0**	**0.0**	**0.0**	**0.0**	..	**0.0**	**0.0**	**0.0**	**0.0**
4000 Impôts sur le patrimoine	..	**0.1**	**0.2**	**0.3**	**0.3**	..	**1.1**	**0.9**	**0.9**	**1.0**
4100 Impôts périodiques sur la propriété immobilière	..	0.1	0.1	0.2	0.2	..	0.9	0.7	0.7	0.8
4200 Impôts périodiques sur l'actif net	..	0.0	0.0	0.0	0.0	..	0.0	0.0	0.0	0.0
4300 Impôts sur mut. par décès, succ. et donations	..	0.0	0.0	0.0	0.0	..	0.0	0.0	0.0	0.0
4400 Impôts sur transact. mobilières et immob.	..	0.0	0.0	0.0	0.0	..	0.2	0.1	0.1	0.1
4500 Impôts non périodiques sur	..	0.0	0.0	0.0	0.0	..	0.0	0.0	0.0	0.0
4600 Autres impôts périodiques sur patrimoine	..	0.0	0.0	0.0	0.0	..	0.0	0.0	0.0	0.0
5000 Impôts sur les biens et services	..	**0.8**	**2.2**	**4.3**	**4.1**	..	**11.2**	**11.9**	**13.9**	**14.0**
5100 Impôts sur production, vente, transfert, etc.	..	0.7	2.0	4.0	3.9	..	10.8	11.2	13.0	13.2
5110 Impôts généraux	..	0.5	1.3	2.8	2.7	..	6.9	7.2	9.1	9.2
5111 Taxes sur la valeur ajoutée	..	0.5	1.2	2.6	2.6	..	6.9	6.6	8.6	8.7
5120 Impôts sur biens et services déterminés	..	0.3	0.7	1.2	1.2	..	3.8	4.0	3.9	4.0
5121 Accises	..	0.2	0.6	1.1	1.1	..	3.4	3.6	3.5	3.6
5200 Impôts sur utilisation des biens et exerc. activités	..	0.0	0.1	0.3	0.2	..	0.5	0.7	0.9	0.7
5300 Non-ventilables entre 5100 et 5200	..	0.0	0.0	0.0	0.0	..	0.0	0.0	0.0	0.0
6000 Autres impôts	..	**0.0**	**0.0**	**0.0**	**0.0**	..	**0.0**	**0.0**	**0.0**	**0.0**
Crédits d'impôts récupérables										
Crédits d'impôts récupérables contre 1000	..	..	..	..	..	..	..	..	..	..
Composante transfert	..	..	..	..	..	..	..	..	..	..
Composante fiscale	..	..	..	..	..	..	..	..	..	..
Recettes fiscales collectés pour le compte de l'UE										
Recettes fiscales collectés pour le compte de l'UE, total	..	..	0.0	0.1	0.1	..	..	0.1	0.2	0.2
Droits de douane perçus pour le compte de l'UE	..	..	0.0	0.0	0.0	..	..	0.1	0.2	0.2
Contributions au Fonds de résolution unique collectées pour le compte de l'UE	..	..	..	0.0	0.0	..	..	..	0.0	0.0

.. Non disponible

Note : Des données et des notes plus détaillées par pays sont disponibles dans le chapitre 5 "Tableaux détaillés par pays". Les séries temporelles complètes sont accessibles sur le site web http://oe.cd/series-temporelles-completes.

Source : Ministry of Finance.

StatLink https://stat.link/uqe921

Tableau 4.44. Lettonie, recettes fiscales et % du PIB par niveaux d'administration (principaux impôts)

	Milliard EUR					% du PIB				
	1990	2000	2010	2019	2020	1990	2000	2010	2019	2020
Administrations fédérale ou centrale										
Recettes fiscales totales	**..**	**1.0**	**2.5**	**4.8**	**4.8**	**..**	**14.4**	**14.1**	**15.6**	**16.2**
1000 Impôts sur revenu, bénéfices et gains en capital	..	0.2	0.4	0.4	0.6	..	3.1	2.2	1.4	2.0
2000 Cotisations de sécurité sociale	..	0.0	0.0	0.1	0.1	..	0.0	0.0	0.3	0.3
3000 Sur salaires ou main d'oeuvre	..	0.0	0.0	0.0	0.0	..	0.0	0.0	0.0	0.0
4000 Impôts sur le patrimoine	..	0.0	0.0	0.1	0.0	..	0.2	0.2	0.2	0.2
5000 Impôts sur les biens et services	..	0.8	2.1	4.2	4.1	..	11.1	11.7	13.6	13.8
6000 Autres impôts	..	0.0	0.0	0.0	0.0	..	0.0	0.0	0.0	0.0
Administrations d'un État/Régions										
Recettes fiscales totales	**..**	**..**	**..**	**..**	**..**	**..**	**..**	**..**	**..**	**..**
1000 Impôts sur revenu, bénéfices et gains en capital	..	..	..	..	..	..	..	..	..	..
2000 Cotisations de sécurité sociale	..	..	..	..	..	..	..	..	..	..
3000 Sur salaires ou main d'oeuvre	..	..	..	..	..	..	..	..	..	..
4000 Impôts sur le patrimoine	..	..	..	..	..	..	..	..	..	..
5000 Impôts sur les biens et services	..	..	..	..	..	..	..	..	..	..
6000 Autres impôts	..	..	..	..	..	..	..	..	..	..
Administrations locales										
Recettes fiscales totales	**..**	**0.3**	**1.0**	**1.8**	**1.7**	**..**	**4.9**	**5.7**	**6.0**	**5.7**
1000 Impôts sur revenu, bénéfices et gains en capital	..	0.3	0.9	1.6	1.4	..	3.9	4.9	5.2	4.9
2000 Cotisations de sécurité sociale	..	0.0	0.0	0.0	0.0	..	0.0	0.0	0.0	0.0
3000 Sur salaires ou main d'oeuvre	..	0.0	0.0	0.0	0.0	..	0.0	0.0	0.0	0.0
4000 Impôts sur le patrimoine	..	0.1	0.1	0.2	0.2	..	0.9	0.7	0.7	0.8
5000 Impôts sur les biens et services	..	0.0	0.0	0.0	0.0	..	0.1	0.1	0.1	0.0
6000 Autres impôts	..	0.0	0.0	0.0	0.0	..	0.0	0.0	0.0	0.0
Administrations de sécurité sociale										
Recettes fiscales totales	**..**	**0.7**	**1.6**	**2.8**	**2.8**	**..**	**9.7**	**8.6**	**9.2**	**9.7**
1000 Impôts sur revenu, bénéfices et gains en capital	..	0.0	0.0	0.0	0.0	..	0.0	0.0	0.0	0.0
2000 Cotisations de sécurité sociale	..	0.7	1.6	2.8	2.8	..	9.7	8.6	9.2	9.6
3000 Sur salaires ou main d'oeuvre	..	0.0	0.0	0.0	0.0	..	0.0	0.0	0.0	0.0
4000 Impôts sur le patrimoine	..	0.0	0.0	0.0	0.0	..	0.0	0.0	0.0	0.0
5000 Impôts sur les biens et services	..	0.0	0.0	0.0	0.0	..	0.0	0.0	0.0	0.0
6000 Autres impôts	..	0.0	0.0	0.0	0.0	..	0.0	0.0	0.0	0.0

.. Non disponible
Note : Des données et des notes plus détaillées par pays sont disponibles dans le chapitre 6 "Recettes fiscales des sous-secteurs de l'administration". Les séries temporelles complètes sont accessibles sur le site web http://oe.cd/series-temporelles-completes.
Source : Ministry of Finance.

StatLink https://stat.link/jlpv5z

Tableau 4.45. Lituanie, recettes fiscales et % du PIB (sélection de catégories d'impôts)

	Milliard EUR					% du PIB				
	1990	2000	2010	2019	2020	1990	2000	2010	2019	2020
Recettes fiscales totales	..	**4.1**	**7.9**	**14.8**	**15.3**	..	**30.8**	**28.3**	**30.3**	**30.8**
1000 Impôts sur le revenu, les bénéfices et les gains en capital	..	**1.1**	**1.3**	**4.3**	**4.3**	..	**8.3**	**4.6**	**8.8**	**8.7**
1100 Des personnes physiques	..	1.0	1.0	3.5	3.5	..	7.6	3.6	7.2	7.1
1200 Des sociétés	..	0.1	0.3	0.8	0.8	..	0.7	1.0	1.6	1.6
1300 Non-ventilables entre 1100 et 1200	..	0.0	0.0	0.0	0.0	..	0.0	0.0	0.0	0.0
2000 Cotisations de sécurité sociale	..	**1.3**	**3.3**	**4.7**	**5.1**	..	**9.9**	**11.6**	**9.7**	**10.2**
2100 À la charge des salariés	..	0.1	0.6	3.6	3.9	..	0.8	2.3	7.4	7.8
2200 À la charge des employeurs	..	1.1	2.1	0.3	0.3	..	8.1	7.4	0.7	0.7
2300 À la charge des indép. ou sans emploi	..	0.1	0.5	0.8	0.9	..	1.0	1.9	1.6	1.8
2400 Non-ventilables entre 2100, 2200 et 2300	..	0.0	0.0	0.0	0.0	..	0.0	0.0	0.0	0.0
3000 Sur les salaires ou main d'oeuvre	..	**0.0**	**0.0**	**0.0**	**0.0**	..	**0.0**	**0.0**	**0.0**	**0.0**
4000 Impôts sur le patrimoine	..	**0.1**	**0.1**	**0.1**	**0.1**	..	**0.5**	**0.4**	**0.3**	**0.3**
4100 Impôts périodiques sur la propriété immobilière	..	0.1	0.1	0.1	0.1	..	0.5	0.4	0.3	0.3
4200 Impôts périodiques sur l'actif net	..	0.0	0.0	0.0	0.0	..	0.0	0.0	0.0	0.0
4300 Impôts sur mut. par décès, succ. et donations	..	0.0	0.0	0.0	0.0	..	0.0	0.0	0.0	0.0
4400 Impôts sur transact. mobilières et immob.	..	0.0	0.0	0.0	0.0	..	0.0	0.0	0.0	0.0
4500 Impôts non périodiques sur	..	0.0	0.0	0.0	0.0	..	0.0	0.0	0.0	0.0
4600 Autres impôts périodiques sur patrimoine	..	0.0	0.0	0.0	0.0	..	0.0	0.0	0.0	0.0
5000 Impôts sur les biens et services	..	**1.6**	**3.3**	**5.6**	**5.8**	..	**12.1**	**11.7**	**11.5**	**11.6**
5100 Impôts sur production, vente, transfert, etc.	..	1.6	3.2	5.5	5.6	..	11.7	11.4	11.3	11.4
5110 Impôts généraux	..	1.1	2.2	3.9	3.9	..	8.1	7.8	7.9	7.9
5111 Taxes sur la valeur ajoutée	..	1.0	2.2	3.9	3.9	..	7.5	7.8	7.9	7.9
5120 Impôts sur biens et services déterminés	..	0.5	1.0	1.7	1.7	..	3.5	3.6	3.4	3.5
5121 Accises	..	0.4	0.9	1.5	1.5	..	3.2	3.2	3.1	3.1
5200 Impôts sur utilisation des biens et exerc. activités	..	0.1	0.1	0.1	0.1	..	0.5	0.3	0.2	0.2
5300 Non-ventilables entre 5100 et 5200	..	0.0	0.0	0.0	0.0	..	0.0	0.0	0.0	0.0
6000 Autres impôts	..	**0.0**	**0.0**	**0.0**	**0.0**	..	**0.0**	**0.0**	**0.0**	**0.0**
Crédits d'impôts récupérables										
Crédits d'impôts récupérables contre 1000	..	..	..	..	..	..	..	..	..	..
Composante transfert	..	..	..	.	..	..	..	..	..	.
Composante fiscale	..	..	..	.	..	..	..	..	..	.
Recettes fiscales collectés pour le compte de l'UE										
Recettes fiscales collectés pour le compte de l'UE, total	..	..	0.1	0.1	0.1	..	..	0.2	0.3	0.3
Droits de douane perçus pour le compte de l'UE	..	..	0.1	0.1	0.1	..	..	0.2	0.3	0.3
Contributions au Fonds de résolution unique collectées pour le compte de l'UE	..	..	..	0.0	0.0	..	..	..	0.0	0.0

.. Non disponible

Note : Des données et des notes plus détaillées par pays sont disponibles dans le chapitre 5 "Tableaux détaillés par pays". Les séries temporelles complètes sont accessibles sur le site web http://oe.cd/series-temporelles-completes.

Le total des recettes fiscales a été diminué du montant de tout transfert en capital représentant les impôts non perçus. Le transfert en capital a été directement diminué des impôts spécifiques auxquels il se rapporte. Par conséquent, les montants des recettes fiscales sont différents de ceux présentés dans le chapitre 5 "Tableaux détaillés par pays".

Source : Ministry of Finance.

StatLink https://stat.link/t79qsu

Tableau 4.46. Lituanie, recettes fiscales et % du PIB par niveaux d'administration (principaux impôts)

	Milliard EUR					% du PIB				
	1990	2000	2010	2019	2020	1990	2000	2010	2019	2020
Administrations fédérale ou centrale										
Recettes fiscales totales	**..**	**2.7**	**4.5**	**9.8**	**9.9**	**..**	**20.3**	**16.0**	**20.0**	**20.0**
1000 Impôts sur revenu, bénéfices et gains en capital	..	1.1	1.3	4.3	4.3	..	8.3	4.6	8.8	8.7
2000 Cotisations de sécurité sociale	..	0.0	0.0	0.0	0.0	..	0.0	0.0	0.0	0.0
3000 Sur salaires ou main d'oeuvre	..	0.0	0.0	0.0	0.0	..	0.0	0.0	0.0	0.0
4000 Impôts sur le patrimoine	..	0.0	0.0	0.0	0.0	..	0.0	0.0	0.0	0.0
5000 Impôts sur les biens et services	..	1.6	3.2	5.5	5.6	..	12.0	11.4	11.2	11.3
6000 Autres impôts	..	0.0	0.0	0.0	0.0	..	0.0	0.0	0.0	0.0
Administrations d'un État/Régions										
Recettes fiscales totales	**..**	**..**	**..**	**..**	**..**	**..**	**..**	**..**	**..**	**..**
1000 Impôts sur revenu, bénéfices et gains en capital	..	..	..	..	..	..	..	..	..	..
2000 Cotisations de sécurité sociale	..	..	..	..	..	..	..	..	..	..
3000 Sur salaires ou main d'oeuvre	..	..	..	..	..	..	..	..	..	..
4000 Impôts sur le patrimoine	..	..	..	..	..	..	..	..	..	..
5000 Impôts sur les biens et services	..	..	..	..	..	..	..	..	..	..
6000 Autres impôts	..	..	..	..	..	..	..	..	..	..
Administrations locales										
Recettes fiscales totales	**..**	**0.1**	**0.1**	**0.2**	**0.2**	**..**	**0.6**	**0.5**	**0.3**	**0.3**
1000 Impôts sur revenu, bénéfices et gains en capital	..	0.0	0.0	0.0	0.0	..	0.0	0.0	0.0	0.0
2000 Cotisations de sécurité sociale	..	0.0	0.0	0.0	0.0	..	0.0	0.0	0.0	0.0
3000 Sur salaires ou main d'oeuvre	..	0.0	0.0	0.0	0.0	..	0.0	0.0	0.0	0.0
4000 Impôts sur le patrimoine	..	0.1	0.1	0.1	0.1	..	0.5	0.4	0.3	0.3
5000 Impôts sur les biens et services	..	0.0	0.0	0.0	0.0	..	0.1	0.1	0.1	0.1
6000 Autres impôts	..	0.0	0.0	0.0	0.0	..	0.0	0.0	0.0	0.0
Administrations de sécurité sociale										
Recettes fiscales totales	**..**	**1.3**	**3.3**	**4.7**	**5.1**	**..**	**9.9**	**11.6**	**9.7**	**10.2**
1000 Impôts sur revenu, bénéfices et gains en capital	..	0.0	0.0	0.0	0.0	..	0.0	0.0	0.0	0.0
2000 Cotisations de sécurité sociale	..	1.3	3.3	4.7	5.1	..	9.9	11.6	9.7	10.2
3000 Sur salaires ou main d'oeuvre	..	0.0	0.0	0.0	0.0	..	0.0	0.0	0.0	0.0
4000 Impôts sur le patrimoine	..	0.0	0.0	0.0	0.0	..	0.0	0.0	0.0	0.0
5000 Impôts sur les biens et services	..	0.0	0.0	0.0	0.0	..	0.0	0.0	0.0	0.0
6000 Autres impôts	..	0.0	0.0	0.0	0.0	..	0.0	0.0	0.0	0.0

.. Non disponible
Note : Des données et des notes plus détaillées par pays sont disponibles dans le chapitre 6 "Recettes fiscales des sous-secteurs de l'administration". Les séries temporelles complètes sont accessibles sur le site web http://oe.cd/series-temporelles-completes.
Le total des recettes fiscales a été diminué du montant de tout transfert en capital représentant les impôts non perçus. Le transfert en capital a été directement diminué des impôts spécifiques auxquels il se rapporte. Par conséquent, les montants des recettes fiscales sont différents de ceux présentés dans le chapitre 6 "Recettes fiscales des sous-secteurs de l'administration".
Source : Ministry of Finance.

StatLink https://stat.link/xid51r

Tableau 4.47. Luxembourg, recettes fiscales et % du PIB (sélection de catégories d'impôts)

	Milliard EUR					% du PIB				
	1990	2000	2010	2019	2020	1990	2000	2010	2019	2020
Recettes fiscales totales	**3.7**	**8.5**	**15.1**	**24.7**	**24.7**	**34.7**	**37.0**	**35.7**	**39.6**	**38.1**
1000 Impôts sur le revenu, les bénéfices et les gains en capital	**1.5**	**3.1**	**5.5**	**9.7**	**9.4**	**13.9**	**13.5**	**12.9**	**15.5**	**14.5**
1100 Des personnes physiques	0.9	1.6	3.2	5.9	6.3	8.3	6.8	7.4	9.5	9.7
1200 Des sociétés	0.6	1.5	2.3	3.8	3.1	5.6	6.7	5.4	6.0	4.8
1300 Non-ventilables entre 1100 et 1200	0.0	0.0	0.0	0.0	0.0	0.0	0.0	0.0	0.0	0.0
2000 Cotisations de sécurité sociale	**1.0**	**2.2**	**4.4**	**6.9**	**7.2**	**9.6**	**9.7**	**10.3**	**11.0**	**11.1**
2100 À la charge des salariés	0.4	1.0	2.0	3.2	3.3	3.7	4.3	4.8	5.1	5.2
2200 À la charge des employeurs	0.5	1.0	1.9	2.8	2.9	4.7	4.2	4.5	4.6	4.5
2300 À la charge des indép. ou sans emploi	0.1	0.3	0.5	0.8	0.9	1.2	1.2	1.1	1.4	1.4
2400 Non-ventilables entre 2100, 2200 et 2300	0.0	0.0	0.0	0.0	0.0	0.0	0.0	0.0	0.0	0.0
3000 Sur les salaires ou main d'oeuvre	**0.0**	**0.0**	**0.0**	**0.0**	**0.0**	**0.0**	**0.0**	**0.0**	**0.0**	**0.0**
4000 Impôts sur le patrimoine	**0.3**	**0.9**	**1.1**	**2.4**	**2.5**	**2.9**	**4.0**	**2.5**	**3.9**	**3.8**
4100 Impôts périodiques sur la propriété immobilière	0.0	0.0	0.0	0.0	0.0	0.1	0.1	0.1	0.1	0.1
4200 Impôts périodiques sur l'actif net	0.2	0.6	0.8	1.8	1.9	1.6	2.8	2.0	3.0	2.9
4300 Impôts sur mut. par décès, succ. et donations	0.0	0.0	0.1	0.1	0.1	0.1	0.1	0.1	0.2	0.1
4400 Impôts sur transact. mobilières et immob.	0.1	0.2	0.2	0.4	0.5	1.1	1.0	0.4	0.7	0.8
4500 Impôts non périodiques sur	0.0	0.0	0.0	0.0	0.0	0.0	0.0	0.0	0.0	0.0
4600 Autres impôts périodiques sur patrimoine	0.0	0.0	0.0	0.0	0.0	0.0	0.0	0.0	0.0	0.0
5000 Impôts sur les biens et services	**0.9**	**2.3**	**4.2**	**5.7**	**5.6**	**8.2**	**9.8**	**9.9**	**9.2**	**8.7**
5100 Impôts sur production, vente, transfert, etc.	0.8	2.2	4.1	5.6	5.5	8.0	9.7	9.7	9.0	8.5
5110 Impôts généraux	0.4	1.1	2.6	3.6	3.7	4.2	4.9	6.2	5.8	5.7
5111 Taxes sur la valeur ajoutée	0.4	1.1	2.6	3.6	3.7	4.2	4.9	6.2	5.8	5.7
5120 Impôts sur biens et services déterminés	0.4	1.1	1.5	2.0	1.9	3.8	4.8	3.5	3.2	2.9
5121 Accises	0.4	1.0	1.4	1.7	1.5	3.4	4.5	3.3	2.7	2.3
5200 Impôts sur utilisation des biens et exerc. activités	0.0	0.0	0.1	0.1	0.1	0.2	0.1	0.2	0.2	0.1
5300 Non-ventilables entre 5100 et 5200	0.0	0.0	0.0	0.0	0.0	0.0	0.0	0.0	0.0	0.0
6000 Autres impôts	**0.0**	**0.0**	**0.0**	**0.0**	**0.0**	**0.1**	**0.0**	**0.1**	**0.0**	**0.0**
Crédits d'impôts récupérables										
Crédits d'impôts récupérables contre 1000	..	..	..	0.2	0.2	..	..	..	0.3	0.3
Composante transfert	..	..	..	..	..	..	..	..	..	..
Composante fiscale	..	..	..	..	..	..	..	..	..	..
Recettes fiscales collectés pour le compte de l'UE										
Recettes fiscales collectés pour le compte de l'UE, total	0.0	0.0	0.0	0.2	0.2	0.2	0.1	0.0	0.3	0.3
Droits de douane perçus pour le compte de l'UE	0.0	0.0	0.0	0.0	0.0	0.1	0.1	0.0	0.0	0.0
Contributions au Fonds de résolution unique collectées pour le compte de l'UE	..	..	..	0.1	0.2	..	..	..	0.2	0.3

.. Non disponible

Note : Le total des recettes fiscales a été diminué du montant de tout transfert en capital représentant les impôts non perçus. Le transfert en capital a été directement diminué des impôts spécifiques auxquels il se rapporte. Par conséquent, les montants des recettes fiscales sont différents de ceux présentés dans le chapitre 5 "Tableaux détaillés par pays".

Des données et des notes plus détaillées par pays sont disponibles dans le chapitre 5 "Tableaux détaillés par pays". Les séries temporelles complètes sont accessibles sur le site web http://oe.cd/series-temporelles-completes.

Source : Compte Général de l'État.

StatLink https://stat.link/pgdwsi

Tableau 4.48. Luxembourg, recettes fiscales et % du PIB par niveaux d'administration (principaux impôts)

	Milliard EUR					% du PIB				
	1990	2000	2010	2019	2020	1990	2000	2010	2019	2020
Administrations fédérale ou centrale										
Recettes fiscales totales	**2.4**	**5.8**	**10.2**	**16.7**	**16.4**	**22.9**	**25.4**	**24.0**	**26.7**	**25.4**
1000 Impôts sur revenu, bénéfices et gains en capital	1.3	2.6	4.9	8.6	8.4	12.0	11.5	11.5	13.7	13.0
2000 Cotisations de sécurité sociale	0.0	0.1	0.1	0.2	0.2	0.2	0.3	0.3	0.3	0.3
3000 Sur salaires ou main d'oeuvre	0.0	0.0	0.0	0.0	0.0	0.0	0.0	0.0	0.0	0.0
4000 Impôts sur le patrimoine	0.3	0.9	1.0	2.4	2.4	2.7	3.8	2.4	3.8	3.7
5000 Impôts sur les biens et services	0.8	2.2	4.2	5.5	5.4	8.0	9.7	9.8	8.9	8.4
6000 Autres impôts	0.0	0.0	0.0	0.0	0.0	0.1	0.0	0.0	0.0	0.0
Administrations d'un État/Régions										
Recettes fiscales totales	..	..	..	..	..	..	..	..	..	..
1000 Impôts sur revenu, bénéfices et gains en capital	..	..	..	..	..	..	..	..	..	..
2000 Cotisations de sécurité sociale	..	..	..	..	..	..	..	..	..	..
3000 Sur salaires ou main d'oeuvre	..	..	..	..	..	..	..	..	..	..
4000 Impôts sur le patrimoine	..	..	..	..	..	..	..	..	..	..
5000 Impôts sur les biens et services	..	..	..	..	..	..	..	..	..	..
6000 Autres impôts	..	..	..	..	..	..	..	..	..	..
Administrations locales										
Recettes fiscales totales	**0.2**	**0.5**	**0.7**	**1.2**	**1.0**	**2.2**	**2.2**	**1.5**	**1.9**	**1.6**
1000 Impôts sur revenu, bénéfices et gains en capital	0.2	0.5	0.6	1.1	1.0	2.0	2.0	1.4	1.8	1.5
2000 Cotisations de sécurité sociale	0.0	0.0	0.0	0.0	0.0	0.0	0.0	0.0	0.0	0.0
3000 Sur salaires ou main d'oeuvre	0.0	0.0	0.0	0.0	0.0	0.0	0.0	0.0	0.0	0.0
4000 Impôts sur le patrimoine	0.0	0.0	0.0	0.1	0.1	0.2	0.1	0.1	0.1	0.1
5000 Impôts sur les biens et services	0.0	0.0	0.0	0.0	0.0	0.0	0.0	0.0	0.0	0.0
6000 Autres impôts	0.0	0.0	0.0	0.0	0.0	0.0	0.0	0.0	0.0	0.0
Administrations de sécurité sociale										
Recettes fiscales totales	**1.0**	**2.2**	**4.3**	**6.7**	**7.0**	**9.4**	**9.4**	**10.1**	**10.7**	**10.8**
1000 Impôts sur revenu, bénéfices et gains en capital	0.0	0.0	0.0	0.0	0.0	0.0	0.0	0.0	0.0	0.0
2000 Cotisations de sécurité sociale	1.0	2.2	4.3	6.7	7.0	9.4	9.4	10.1	10.7	10.8
3000 Sur salaires ou main d'oeuvre	0.0	0.0	0.0	0.0	0.0	0.0	0.0	0.0	0.0	0.0
4000 Impôts sur le patrimoine	0.0	0.0	0.0	0.0	0.0	0.0	0.0	0.0	0.0	0.0
5000 Impôts sur les biens et services	0.0	0.0	0.0	0.0	0.0	0.0	0.0	0.0	0.0	0.0
6000 Autres impôts	0.0	0.0	0.0	0.0	0.0	0.0	0.0	0.0	0.0	0.0

.. Non disponible

Note : Le total des recettes fiscales a été diminué du montant de tout transfert en capital représentant les impôts non perçus. Le transfert en capital a été directement diminué des impôts spécifiques auxquels il se rapporte. Par conséquent, les montants des recettes fiscales sont différents de ceux présentés dans le chapitre 6 "Recettes fiscales des sous-secteurs de l'administration".

Des données et des notes plus détaillées par pays sont disponibles dans le chapitre 6 "Recettes fiscales des sous-secteurs de l'administration". Les séries temporelles complètes sont accessibles sur le site web http://oe.cd/series-temporelles-completes.

Source : Compte Général de l'État.

StatLink https://stat.link/90zgp6

Tableau 4.49. Mexique, recettes fiscales et % du PIB (sélection de catégories d'impôts

	Milliard MXN					% du PIB				
	1990	2000	2010	2019	2020	1990	2000	2010	2019	2020
Recettes fiscales totales	**102.0**	**767.2**	**1 716.2**	**3 995.7**	**4 148.7**	**12.1**	**11.5**	**12.8**	**16.3**	**17.8**
1000 Impôts sur le revenu, les bénéfices et les gains en capital	**34.7**	**276.5**	**683.6**	**1 694.1**	**1 768.2**	**4.1**	**4.1**	**5.1**	**6.9**	**7.6**
1100 Des personnes physiques	..	..	313.5	829.5	872.6	..	..	2.3	3.4	3.7
1200 Des sociétés	..	..	246.7	803.6	832.1	..	..	1.8	3.3	3.6
1300 Non-ventilables entre 1100 et 1200	34.7	276.5	123.4	61.0	63.4	4.1	4.1	0.9	0.2	0.3
2000 Cotisations de sécurité sociale	**17.2**	**138.2**	**277.5**	**552.1**	**576.0**	**2.0**	**2.1**	**2.1**	**2.3**	**2.5**
2100 À la charge des salariés	..	..	..	..	..	..	..	..	..	..
2200 À la charge des employeurs	..	..	..	..	..	..	..	..	..	..
2300 À la charge des indép. ou sans emploi	..	..	..	..	..	..	..	..	..	..
2400 Non-ventilables entre 2100, 2200 et 2300	17.2	138.2	277.5	552.1	576.0	2.0	2.1	2.1	2.3	2.5
3000 Sur les salaires ou main d'oeuvre	**1.8**	**11.2**	**36.9**	**101.3**	**105.5**	**0.2**	**0.2**	**0.3**	**0.4**	**0.5**
4000 Impôts sur le patrimoine	**1.9**	**14.0**	**39.0**	**79.3**	**79.2**	**0.2**	**0.2**	**0.3**	**0.3**	**0.3**
4100 Impôts périodiques sur la propriété immobilière	1.0	9.9	25.7	50.5	52.7	0.1	0.1	0.2	0.2	0.2
4200 Impôts périodiques sur l'actif net	0.0	0.0	0.0	0.0	0.0	0.0	0.0	0.0	0.0	0.0
4300 Impôts sur mut. par décès, succ. et donations	0.0	0.0	0.0	0.0	0.0	0.0	0.0	0.0	0.0	0.0
4400 Impôts sur transact. mobilières et immob.	0.9	4.0	13.2	28.7	26.5	0.1	0.1	0.1	0.1	0.1
4500 Impôts non périodiques sur	0.0	0.0	0.0	0.0	0.0	0.0	0.0	0.0	0.0	0.0
4600 Autres impôts périodiques sur patrimoine	0.0	0.0	0.0	0.0	0.0	0.0	0.0	0.0	0.0	0.0
5000 Impôts sur les biens et services	**44.8**	**319.6**	**651.9**	**1 504.3**	**1 544.2**	**5.3**	**4.8**	**4.9**	**6.2**	**6.6**
5100 Impôts sur production, vente, transfert, etc.	44.2	310.3	630.1	1 486.8	1 527.7	5.2	4.6	4.7	6.1	6.5
5110 Impôts généraux	26.6	189.6	504.5	933.3	987.5	3.2	2.8	3.8	3.8	4.2
5111 Taxes sur la valeur ajoutée	26.6	189.6	504.5	933.3	987.5	3.2	2.8	3.8	3.8	4.2
5120 Impôts sur biens et services déterminés	17.5	120.7	125.6	553.4	540.1	2.1	1.8	0.9	2.3	2.3
5121 Accises	10.1	86.2	86.1	471.0	469.0	1.2	1.3	0.6	1.9	2.0
5200 Impôts sur utilisation des biens et exerc. activités	0.7	9.3	21.8	17.5	16.5	0.1	0.1	0.2	0.1	0.1
5300 Non-ventilables entre 5100 et 5200	0.0	0.0	0.0	0.0	0.0	0.0	0.0	0.0	0.0	0.0
6000 Autres impôts	**1.6**	**7.7**	**27.4**	**64.7**	**75.7**	**0.2**	**0.1**	**0.2**	**0.3**	**0.3**
Crédits d'impôts récupérables										
Crédits d'impôts récupérables contre 1000	..	..	40.3	50.6	50.5	..	..	0.3	0.2	0.2
Composante transfert	..	..	9.7	1.3	0.5	..	..	0.1	0.0	0.0
Composante fiscale	..	..	30.6	49.4	50.0	..	..	0.2	0.2	0.2

.. Non disponible
Note : Des données et des notes plus détaillées par pays sont disponibles dans le chapitre 5 "Tableaux détaillés par pays". Les séries temporelles complètes sont accessibles sur le site web http://oe.cd/series-temporelles-completes.
Source : Ministry of Finance, Economic Department.

StatLink https://stat.link/1ge9jl

Tableau 4.50. Mexique, recettes fiscales et % du PIB par niveaux d'administration (principaux impôts)

	Milliard MXN					% du PIB				
	1990	2000	2010	2019	2020	1990	2000	2010	2019	2020
Administrations fédérale ou centrale										
Recettes fiscales totales	**81.4**	**600.5**	**1 351.5**	**3 213.2**	**3 347.5**	**9.7**	**9.0**	**10.1**	**13.1**	**14.3**
1000 Impôts sur revenu, bénéfices et gains en capital	34.7	276.5	683.6	1 694.1	1 768.2	4.1	4.1	5.1	6.9	7.6
2000 Cotisations de sécurité sociale	0.0	0.0	0.0	0.0	0.0	0.0	0.0	0.0	0.0	0.0
3000 Sur salaires ou main d'oeuvre	0.8	0.0	0.0	0.0	0.0	0.1	0.0	0.0	0.0	0.0
4000 Impôts sur le patrimoine	0.0	0.0	0.0	0.0	0.0	0.0	0.0	0.0	0.0	0.0
5000 Impôts sur les biens et services	44.6	318.1	645.6	1 477.9	1 522.3	5.3	4.8	4.8	6.0	6.5
6000 Autres impôts	1.3	5.9	22.2	41.1	57.0	0.2	0.1	0.2	0.2	0.2
Administrations d'un État/Régions										
Recettes fiscales totales	**2.2**	**20.5**	**58.3**	**163.7**	**161.2**	**0.3**	**0.3**	**0.4**	**0.7**	**0.7**
1000 Impôts sur revenu, bénéfices et gains en capital	0.0	0.0	0.0	0.0	0.0	0.0	0.0	0.0	0.0	0.0
2000 Cotisations de sécurité sociale	0.0	0.0	0.0	0.0	0.0	0.0	0.0	0.0	0.0	0.0
3000 Sur salaires ou main d'oeuvre	1.0	11.2	36.8	101.3	105.5	0.1	0.2	0.3	0.4	0.5
4000 Impôts sur le patrimoine	0.9	7.0	13.1	29.2	26.4	0.1	0.1	0.1	0.1	0.1
5000 Impôts sur les biens et services	0.1	1.3	5.8	25.2	21.2	0.0	0.0	0.0	0.1	0.1
6000 Autres impôts	0.2	0.9	2.5	8.1	8.0	0.0	0.0	0.0	0.0	0.0
Administrations locales										
Recettes fiscales totales	**1.3**	**8.0**	**29.0**	**66.7**	**64.1**	**0.1**	**0.1**	**0.2**	**0.3**	**0.3**
1000 Impôts sur revenu, bénéfices et gains en capital	0.0	0.0	0.0	0.0	0.0	0.0	0.0	0.0	0.0	0.0
2000 Cotisations de sécurité sociale	0.0	0.0	0.0	0.0	0.0	0.0	0.0	0.0	0.0	0.0
3000 Sur salaires ou main d'oeuvre	0.0	0.0	0.1	0.0	0.0	0.0	0.0	0.0	0.0	0.0
4000 Impôts sur le patrimoine	1.0	6.9	25.8	50.1	52.8	0.1	0.1	0.2	0.2	0.2
5000 Impôts sur les biens et services	0.1	0.2	0.5	1.2	0.7	0.0	0.0	0.0	0.0	0.0
6000 Autres impôts	0.1	0.9	2.6	15.5	10.6	0.0	0.0	0.0	0.1	0.0
Administrations de sécurité sociale										
Recettes fiscales totales	**17.2**	**138.2**	**277.5**	**552.1**	**576.0**	**2.0**	**2.1**	**2.1**	**2.3**	**2.5**
1000 Impôts sur revenu, bénéfices et gains en capital	0.0	0.0	0.0	0.0	0.0	0.0	0.0	0.0	0.0	0.0
2000 Cotisations de sécurité sociale	17.2	138.2	277.5	552.1	576.0	2.0	2.1	2.1	2.3	2.5
3000 Sur salaires ou main d'oeuvre	0.0	0.0	0.0	0.0	0.0	0.0	0.0	0.0	0.0	0.0
4000 Impôts sur le patrimoine	0.0	0.0	0.0	0.0	0.0	0.0	0.0	0.0	0.0	0.0
5000 Impôts sur les biens et services	0.0	0.0	0.0	0.0	0.0	0.0	0.0	0.0	0.0	0.0
6000 Autres impôts	0.0	0.0	0.0	0.0	0.0	0.0	0.0	0.0	0.0	0.0

Note : Des données et des notes plus détaillées par pays sont disponibles dans le chapitre 6 "Recettes fiscales des sous-secteurs de l'administration". Les séries temporelles complètes sont accessibles sur le site web http://oe.cd/series-temporelles-completes.
Source : Ministry of Finance, Economic Department.

StatLink https://stat.link/a0mqy5

Tableau 4.51. Pays-Bas, recettes fiscales et % du PIB (sélection de catégories d'impôts)

	Milliard EUR					% du PIB				
	1990	2000	2010	2019	2020	1990	2000	2010	2019	2020
Recettes fiscales totales	**104.4**	**166.8**	**227.9**	**319.2**	**318.6**	**39.7**	**36.9**	**35.7**	**39.3**	**40.0**
1000 Impôts sur le revenu, les bénéfices et les gains en capital	**33.7**	**43.3**	**63.6**	**99.0**	**97.8**	**12.8**	**9.6**	**9.9**	**12.2**	**12.3**
1100 Des personnes physiques	25.8	25.1	49.0	69.0	73.1	9.8	5.6	7.7	8.5	9.2
1200 Des sociétés	7.9	18.1	14.6	30.0	24.7	3.0	4.0	2.3	3.7	3.1
1300 Non-ventilables entre 1100 et 1200	0.0	0.0	0.0	0.0	0.0	0.0	0.0	0.0	0.0	0.0
2000 Cotisations de sécurité sociale	**39.1**	**64.5**	**82.7**	**109.3**	**108.7**	**14.9**	**14.3**	**12.9**	**13.4**	**13.6**
2100 À la charge des salariés	24.1	35.3	41.6	40.7	40.3	9.2	7.8	6.5	5.0	5.1
2200 À la charge des employeurs	7.8	18.7	29.4	43.7	44.1	3.0	4.1	4.6	5.4	5.5
2300 À la charge des indép. ou sans emploi	7.1	10.5	11.7	24.9	24.3	2.7	2.3	1.8	3.1	3.0
2400 Non-ventilables entre 2100, 2200 et 2300	0.0	0.0	0.0	0.0	0.0	0.0	0.0	0.0	0.0	0.0
3000 Sur les salaires ou main d'oeuvre	**0.0**	**0.0**	**0.0**	**0.0**	**0.0**	**0.0**	**0.0**	**0.0**	**0.0**	**0.0**
4000 Impôts sur le patrimoine	**3.8**	**8.8**	**8.8**	**12.2**	**13.5**	**1.5**	**1.9**	**1.4**	**1.5**	**1.7**
4100 Impôts périodiques sur la propriété immobilière	1.7	3.1	4.2	7.4	7.9	0.7	0.7	0.7	0.9	1.0
4200 Impôts périodiques sur l'actif net	0.6	0.8	0.0	0.0	0.0	0.2	0.2	0.0	0.0	0.0
4300 Impôts sur mut. par décès, succ. et donations	0.5	1.5	1.7	1.8	2.1	0.2	0.3	0.3	0.2	0.3
4400 Impôts sur transact. mobilières et immob.	1.0	3.4	2.8	3.0	3.6	0.4	0.8	0.4	0.4	0.4
4500 Impôts non périodiques sur	0.0	0.0	0.0	0.0	0.0	0.0	0.0	0.0	0.0	0.0
4600 Autres impôts périodiques sur patrimoine	0.0	0.0	0.0	0.0	0.0	0.0	0.0	0.0	0.0	0.0
5000 Impôts sur les biens et services	**27.6**	**49.5**	**71.9**	**98.0**	**97.0**	**10.5**	**10.9**	**11.2**	**12.1**	**12.2**
5100 Impôts sur production, vente, transfert, etc.	25.1	44.9	64.2	88.5	87.5	9.5	9.9	10.1	10.9	11.0
5110 Impôts généraux	17.2	28.9	42.7	58.2	59.0	6.5	6.4	6.7	7.2	7.4
5111 Taxes sur la valeur ajoutée	17.2	28.8	42.7	58.1	59.0	6.5	6.4	6.7	7.1	7.4
5120 Impôts sur biens et services déterminés	7.9	16.0	21.6	30.3	28.5	3.0	3.5	3.4	3.7	3.6
5121 Accises	6.0	13.8	18.4	22.0	20.4	2.3	3.0	2.9	2.7	2.6
5200 Impôts sur utilisation des biens et exerc. activités	2.5	4.6	7.6	9.5	9.5	1.0	1.0	1.2	1.2	1.2
5300 Non-ventilables entre 5100 et 5200	0.0	0.0	0.0	0.0	0.0	0.0	0.0	0.0	0.0	0.0
6000 Autres impôts	**0.3**	**0.8**	**1.0**	**0.8**	**1.5**	**0.1**	**0.2**	**0.2**	**0.1**	**0.2**
Crédits d'impôts récupérables										
Crédits d'impôts récupérables contre 1000	..	..	..	..	..	..	..	..	..	..
Composante transfert	..	..	..	..	..	..	..	..	..	..
Composante fiscale	..	..	..	..	..	..	..	..	..	..
Recettes fiscales collectés pour le compte de l'UE										
Recettes fiscales collectés pour le compte de l'UE, total	1.5	1.6	2.0	3.6	3.5	0.6	0.4	0.3	0.4	0.4
Droits de douane perçus pour le compte de l'UE	..	1.3	1.7	2.7	2.5	..	0.3	0.3	0.3	0.3
Contributions au Fonds de résolution unique collectées pour le compte de l'UE	..	..	..	0.6	0.7	..	..	..	0.1	0.1

.. Non disponible

Note : Des données et des notes plus détaillées par pays sont disponibles dans le chapitre 5 "Tableaux détaillés par pays". Les series temporelles complètes sont accessibles sur le site web http://oe.cd/series-temporelles-completes.

Source : Social security contributions and local taxes: Central Bureau of Statistics. Other taxes: Ministry of Finance.

StatLink https://stat.link/0mwzd9

Tableau 4.52. Pays-Bas, recettes fiscales et % du PIB par niveaux d'administration (principaux impôts)

	Milliard EUR					% du PIB				
	1990	2000	2010	2019	2020	1990	2000	2010	2019	2020
Administrations fédérale ou centrale										
Recettes fiscales totales	**61.4**	**95.1**	**135.1**	**195.5**	**195.3**	**23.3**	**21.0**	**21.1**	**24.0**	**24.5**
1000 Impôts sur revenu, bénéfices et gains en capital	33.7	43.3	63.6	99.0	97.8	12.8	9.6	9.9	12.2	12.3
2000 Cotisations de sécurité sociale	0.0	0.0	0.0	0.0	0.0	0.0	0.0	0.0	0.0	0.0
3000 Sur salaires ou main d'oeuvre	0.0	0.0	0.0	0.0	0.0	0.0	0.0	0.0	0.0	0.0
4000 Impôts sur le patrimoine	2.1	5.7	4.6	6.5	7.5	0.8	1.3	0.7	0.8	0.9
5000 Impôts sur les biens et services	25.3	45.4	66.2	89.2	88.4	9.6	10.0	10.3	11.0	11.1
6000 Autres impôts	0.3	0.8	0.8	0.8	1.5	0.1	0.2	0.1	0.1	0.2
Administrations d'un État/Régions										
Recettes fiscales totales	**..**	**..**	**..**	**..**	**..**	**..**	**..**	**..**	**..**	**..**
1000 Impôts sur revenu, bénéfices et gains en capital	..	..	..	..	..	..	..	..	..	..
2000 Cotisations de sécurité sociale	..	..	..	..	..	..	..	..	..	..
3000 Sur salaires ou main d'oeuvre	..	..	..	..	..	..	..	..	..	..
4000 Impôts sur le patrimoine	..	..	..	..	..	..	..	..	..	..
5000 Impôts sur les biens et services	..	..	..	..	..	..	..	..	..	..
6000 Autres impôts	..	..	..	..	..	..	..	..	..	..
Administrations locales										
Recettes fiscales totales	**2.5**	**5.6**	**8.1**	**10.9**	**11.1**	**0.9**	**1.2**	**1.3**	**1.3**	**1.4**
1000 Impôts sur revenu, bénéfices et gains en capital	0.0	0.0	0.0	0.0	0.0	0.0	0.0	0.0	0.0	0.0
2000 Cotisations de sécurité sociale	0.0	0.0	0.0	0.0	0.0	0.0	0.0	0.0	0.0	0.0
3000 Sur salaires ou main d'oeuvre	0.0	0.0	0.0	0.0	0.0	0.0	0.0	0.0	0.0	0.0
4000 Impôts sur le patrimoine	1.7	3.1	4.2	5.7	6.0	0.7	0.7	0.7	0.7	0.8
5000 Impôts sur les biens et services	0.8	2.5	3.7	5.2	5.1	0.3	0.6	0.6	0.6	0.6
6000 Autres impôts	0.0	0.0	0.2	0.0	0.0	0.0	0.0	0.0	0.0	0.0
Administrations de sécurité sociale										
Recettes fiscales totales	**39.1**	**64.5**	**82.7**	**109.3**	**108.7**	**14.9**	**14.3**	**12.9**	**13.4**	**13.6**
1000 Impôts sur revenu, bénéfices et gains en capital	0.0	0.0	0.0	0.0	0.0	0.0	0.0	0.0	0.0	0.0
2000 Cotisations de sécurité sociale	39.1	64.5	82.7	109.3	108.7	14.9	14.3	12.9	13.4	13.6
3000 Sur salaires ou main d'oeuvre	0.0	0.0	0.0	0.0	0.0	0.0	0.0	0.0	0.0	0.0
4000 Impôts sur le patrimoine	0.0	0.0	0.0	0.0	0.0	0.0	0.0	0.0	0.0	0.0
5000 Impôts sur les biens et services	0.0	0.0	0.0	0.0	0.0	0.0	0.0	0.0	0.0	0.0
6000 Autres impôts	0.0	0.0	0.0	0.0	0.0	0.0	0.0	0.0	0.0	0.0

.. Non disponible

Note : Des données et des notes plus détaillées par pays sont disponibles dans le chapitre 6 "Recettes fiscales des sous-secteurs de l'administration". Les séries temporelles complètes sont accessibles sur le site web http://oe.cd/series-temporelles-completes.

Source : Social security contributions and local taxes: Central Bureau of Statistics. Other taxes: Ministry of Finance.

StatLink https://stat.link/4lnaw6

Tableau 4.53. Nouvelle-Zélande, recettes fiscales et % du PIB (sélection de catégories d'impôts)

	Milliard NZD					% du PIB				
	1990	2000	2010	2019	2020	1990	2000	2010	2019	2020
Recettes fiscales totales	**27.5**	**39.8**	**62.3**	**99.6**	**115.6**	**36.2**	**32.5**	**30.3**	**31.3**	**33.8**
1000 Impôts sur le revenu, les bénéfices et les gains en capital	**16.4**	**23.9**	**33.5**	**54.9**	**65.3**	**21.6**	**19.5**	**16.3**	**17.2**	**19.1**
1100 Des personnes physiques	13.2	17.1	23.5	39.6	44.5	17.4	14.0	11.4	12.4	13.0
1200 Des sociétés	1.8	4.9	7.6	12.4	17.8	2.3	4.0	3.7	3.9	5.2
1300 Non-ventilables entre 1100 et 1200	1.4	1.8	2.4	2.9	3.0	1.9	1.5	1.2	0.9	0.9
2000 Cotisations de sécurité sociale	**0.0**	**0.0**	**0.0**	**0.0**	**0.0**	**0.0**	**0.0**	**0.0**	**0.0**	**0.0**
2100 À la charge des salariés	0.0	0.0	0.0	0.0	0.0	0.0	0.0	0.0	0.0	0.0
2200 À la charge des employeurs	0.0	0.0	0.0	0.0	0.0	0.0	0.0	0.0	0.0	0.0
2300 À la charge des indép. ou sans emploi	0.0	0.0	0.0	0.0	0.0	0.0	0.0	0.0	0.0	0.0
2400 Non-ventilables entre 2100, 2200 et 2300	0.0	0.0	0.0	0.0	0.0	0.0	0.0	0.0	0.0	0.0
3000 Sur les salaires ou main d'oeuvre	**0.0**	**0.0**	**0.0**	**0.0**	**0.0**	**0.0**	**0.0**	**0.0**	**0.0**	**0.0**
4000 Impôts sur le patrimoine	**1.9**	**2.1**	**4.1**	**6.1**	**6.4**	**2.5**	**1.7**	**2.0**	**1.9**	**1.9**
4100 Impôts périodiques sur la propriété immobilière	1.7	2.0	4.0	6.0	6.3	2.3	1.7	2.0	1.9	1.8
4200 Impôts périodiques sur l'actif net	0.0	0.0	0.0	0.0	0.0	0.0	0.0	0.0	0.0	0.0
4300 Impôts sur mut. par décès, succ. et donations	0.1	0.0	0.0	0.0	0.0	0.1	0.0	0.0	0.0	0.0
4400 Impôts sur transact. mobilières et immob.	0.1	0.1	0.1	0.1	0.1	0.1	0.0	0.0	0.0	0.0
4500 Impôts non périodiques sur	0.0	0.0	0.0	0.0	0.0	0.0	0.0	0.0	0.0	0.0
4600 Autres impôts périodiques sur patrimoine	0.0	0.0	0.0	0.0	0.0	0.0	0.0	0.0	0.0	0.0
5000 Impôts sur les biens et services	**9.2**	**13.8**	**24.7**	**38.6**	**43.9**	**12.1**	**11.3**	**12.0**	**12.1**	**12.8**
5100 Impôts sur production, vente, transfert, etc.	8.7	12.9	23.1	36.0	41.1	11.4	10.5	11.2	11.3	12.0
5110 Impôts généraux	6.2	9.9	19.1	30.3	35.4	8.1	8.1	9.3	9.5	10.4
5111 Taxes sur la valeur ajoutée	6.2	9.9	19.1	30.3	35.4	8.1	8.1	9.3	9.5	10.4
5120 Impôts sur biens et services déterminés	2.5	3.0	4.0	5.7	5.7	3.3	2.5	1.9	1.8	1.7
5121 Accises	1.9	2.1	1.8	2.5	2.1	2.5	1.8	0.9	0.8	0.6
5200 Impôts sur utilisation des biens et exerc. activités	0.5	0.9	1.6	2.6	2.8	0.7	0.7	0.8	0.8	0.8
5300 Non-ventilables entre 5100 et 5200	0.0	0.0	0.0	0.0	0.0	0.0	0.0	0.0	0.0	0.0
6000 Autres impôts	**0.0**	**0.0**	**0.0**	**0.0**	**0.0**	**0.0**	**0.0**	**0.0**	**0.0**	**0.0**
Crédits d'impôts récupérables										
Crédits d'impôts récupérables contre 1000	..	1.1	2.8	3.0	3.0	..	0.9	1.4	0.9	0.9
Composante transfert	..	0.7	1.8	1.5	1.4	..	0.6	0.9	0.5	0.4
Composante fiscale	..	0.3	1.0	1.5	1.5	..	0.3	0.5	0.5	0.4

.. Non disponible

Note : Des données et des notes plus détaillées par pays sont disponibles dans le chapitre 5 "Tableaux détaillés par pays". Les séries temporelles complètes sont accessibles sur le site web http://oe.cd/series-temporelles-completes.

Source : Statistics New Zealand.

StatLink https://stat.link/kywpcr

Tableau 4.54. Nouvelle-Zélande, recettes fiscales et % du PIB par niveaux d'administration (principaux impôts)

	Milliard NZD					% du PIB				
	1990	2000	2010	2019	2020	1990	2000	2010	2019	2020
Administrations fédérale ou centrale										
Recettes fiscales totales	**25.8**	**37.5**	**57.9**	**92.8**	**108.5**	**34.0**	**30.7**	**28.1**	**29.1**	**31.7**
1000 Impôts sur revenu, bénéfices et gains en capital	16.4	23.9	33.5	54.9	65.3	21.6	19.5	16.3	17.2	19.1
2000 Cotisations de sécurité sociale	0.0	0.0	0.0	0.0	0.0	0.0	0.0	0.0	0.0	0.0
3000 Sur salaires ou main d'oeuvre	0.0	0.0	0.0	0.0	0.0	0.0	0.0	0.0	0.0	0.0
4000 Impôts sur le patrimoine	0.3	0.1	0.1	0.1	0.1	0.4	0.1	0.0	0.0	0.0
5000 Impôts sur les biens et services	9.1	13.6	24.3	37.8	43.1	12.0	11.1	11.8	11.9	12.6
6000 Autres impôts	0.0	0.0	0.0	0.0	0.0	0.0	0.0	0.0	0.0	0.0
Administrations d'un État/Régions										
Recettes fiscales totales	**..**	**..**	**..**	**..**	**..**	**..**	**..**	**..**	**..**	**..**
1000 Impôts sur revenu, bénéfices et gains en capital	..	..	..	..	..	..	..	..	..	..
2000 Cotisations de sécurité sociale	..	..	..	..	..	..	..	..	..	..
3000 Sur salaires ou main d'oeuvre	..	..	..	..	..	..	..	..	..	..
4000 Impôts sur le patrimoine	..	..	..	..	..	..	..	..	..	..
5000 Impôts sur les biens et services	..	..	..	..	..	..	..	..	..	..
6000 Autres impôts	..	..	..	..	..	..	..	..	..	..
Administrations locales										
Recettes fiscales totales	**1.7**	**2.3**	**4.5**	**6.8**	**7.1**	**2.2**	**1.9**	**2.2**	**2.1**	**2.1**
1000 Impôts sur revenu, bénéfices et gains en capital	0.0	0.0	0.0	0.0	0.0	0.0	0.0	0.0	0.0	0.0
2000 Cotisations de sécurité sociale	0.0	0.0	0.0	0.0	0.0	0.0	0.0	0.0	0.0	0.0
3000 Sur salaires ou main d'oeuvre	0.0	0.0	0.0	0.0	0.0	0.0	0.0	0.0	0.0	0.0
4000 Impôts sur le patrimoine	1.6	2.0	4.0	6.0	6.3	2.0	1.7	2.0	1.9	1.8
5000 Impôts sur les biens et services	0.1	0.2	0.4	0.8	0.8	0.2	0.2	0.2	0.2	0.2
6000 Autres impôts	0.0	0.0	0.0	0.0	0.0	0.0	0.0	0.0	0.0	0.0
Administrations de sécurité sociale										
Recettes fiscales totales	**0.0**	**0.0**	**0.0**	**0.0**	**0.0**	**0.0**	**0.0**	**0.0**	**0.0**	**0.0**
1000 Impôts sur revenu, bénéfices et gains en capital	0.0	0.0	0.0	0.0	0.0	0.0	0.0	0.0	0.0	0.0
2000 Cotisations de sécurité sociale	0.0	0.0	0.0	0.0	0.0	0.0	0.0	0.0	0.0	0.0
3000 Sur salaires ou main d'oeuvre	0.0	0.0	0.0	0.0	0.0	0.0	0.0	0.0	0.0	0.0
4000 Impôts sur le patrimoine	0.0	0.0	0.0	0.0	0.0	0.0	0.0	0.0	0.0	0.0
5000 Impôts sur les biens et services	0.0	0.0	0.0	0.0	0.0	0.0	0.0	0.0	0.0	0.0
6000 Autres impôts	0.0	0.0	0.0	0.0	0.0	0.0	0.0	0.0	0.0	0.0

.. Non disponible

Note : Des données et des notes plus détaillées par pays sont disponibles dans le chapitre 6 "Recettes fiscales des sous-secteurs de l'administration". Les séries temporelles complètes sont accessibles sur le site web http://oe.cd/series-temporelles-completes.

Source : Statistics New Zealand.

StatLink https://stat.link/vim8uw

Tableau 4.55. Norvège, recettes fiscales et % du PIB (sélection de catégories d'impôts)

	Milliard NOK					% du PIB				
	1990	2000	2010	2019	2020	1990	2000	2010	2019	2020
Recettes fiscales totales	**301.8**	**628.0**	**1 083.3**	**1 427.8**	**1 323.1**	**40.2**	**41.7**	**41.8**	**40.1**	**38.8**
1000 Impôts sur le revenu, les bénéfices et les gains en capital	**106.3**	**284.2**	**512.2**	**583.6**	**470.5**	**14.2**	**18.9**	**19.8**	**16.4**	**13.8**
1100 Des personnes physiques	79.1	152.0	256.5	369.8	389.1	10.5	10.1	9.9	10.4	11.4
1200 Des sociétés	27.2	132.2	255.7	213.8	81.4	3.6	8.8	9.9	6.0	2.4
1300 Non-ventilables entre 1100 et 1200	0.0	0.0	0.0	0.0	0.0	0.0	0.0	0.0	0.0	0.0
2000 Cotisations de sécurité sociale	**79.4**	**132.2**	**243.0**	**377.1**	**381.8**	**10.6**	**8.8**	**9.4**	**10.6**	**11.2**
2100 À la charge des salariés	25.3	45.2	81.0	130.9	134.5	3.4	3.0	3.1	3.7	3.9
2200 À la charge des employeurs	50.1	79.2	148.0	221.0	222.2	6.7	5.3	5.7	6.2	6.5
2300 À la charge des indép. ou sans emploi	3.9	7.8	13.9	25.2	25.2	0.5	0.5	0.5	0.7	0.7
2400 Non-ventilables entre 2100, 2200 et 2300	0.0	0.0	0.0	0.0	0.0	0.0	0.0	0.0	0.0	0.0
3000 Sur les salaires ou main d'oeuvre	**0.0**	**0.0**	**0.0**	**2.0**	**2.1**	**0.0**	**0.0**	**0.0**	**0.1**	**0.1**
4000 Impôts sur le patrimoine	**8.9**	**14.4**	**28.5**	**46.3**	**44.7**	**1.2**	**1.0**	**1.1**	**1.3**	**1.3**
4100 Impôts périodiques sur la propriété immobilière	2.2	2.7	7.1	14.7	14.8	0.3	0.2	0.3	0.4	0.4
4200 Impôts périodiques sur l'actif net	5.1	7.7	13.2	21.2	18.5	0.7	0.5	0.5	0.6	0.5
4300 Impôts sur mut. par décès, succ. et donations	0.4	1.3	2.4	0.0	0.1	0.1	0.1	0.1	0.0	0.0
4400 Impôts sur transact. mobilières et immob.	1.1	2.7	5.9	10.3	11.4	0.1	0.2	0.2	0.3	0.3
4500 Impôts non périodiques sur	0.0	0.0	0.0	0.0	0.0	0.0	0.0	0.0	0.0	0.0
4600 Autres impôts périodiques sur patrimoine	0.0	0.0	0.0	0.0	0.0	0.0	0.0	0.0	0.0	0.0
5000 Impôts sur les biens et services	**107.3**	**197.2**	**299.5**	**418.8**	**424.0**	**14.3**	**13.1**	**11.6**	**11.8**	**12.4**
5100 Impôts sur production, vente, transfert, etc.	102.9	185.9	284.6	398.9	403.9	13.7	12.3	11.0	11.2	11.8
5110 Impôts généraux	56.7	125.0	201.8	308.3	312.9	7.6	8.3	7.8	8.7	9.2
5111 Taxes sur la valeur ajoutée	56.7	124.2	201.2	307.0	311.6	7.6	8.2	7.8	8.6	9.1
5120 Impôts sur biens et services déterminés	46.2	60.9	82.8	90.7	91.0	6.2	4.0	3.2	2.5	2.7
5121 Accises	37.5	54.9	76.3	79.7	81.7	5.0	3.6	2.9	2.2	2.4
5200 Impôts sur utilisation des biens et exerc. activités	4.4	11.3	14.9	19.9	20.1	0.6	0.7	0.6	0.6	0.6
5300 Non-ventilables entre 5100 et 5200	0.0	0.0	0.0	0.0	0.0	0.0	0.0	0.0	0.0	0.0
6000 Autres impôts	**0.0**	**0.0**	**0.0**	**0.0**	**0.0**	**0.0**	**0.0**	**0.0**	**0.0**	**0.0**
Crédits d'impôts récupérables										
Crédits d'impôts récupérables contre 1000	..	..	1.2	4.2	4.0	..	..	0.0	0.1	0.1
Composante transfert	..	..	1.2	3.4	3.2	..	..	0.0	0.1	0.1
Composante fiscale	..	..	0.1	0.8	0.8	..	..	0.0	0.0	0.0

.. Non disponible
Note : Des données et des notes plus détaillées par pays sont disponibles dans le chapitre 5 "Tableaux détaillés par pays". Les séries temporelles complètes sont accessibles sur le site web http://oe.cd/series-temporelles-completes.
Source : Statistics Norway; National Accounts.

StatLink https://stat.link/af5k2g

Tableau 4.56. Norvège, recettes fiscales et % du PIB par niveaux d'administration (principaux impôts)

	Milliard NOK					% du PIB				
	1990	2000	2010	2019	2020	1990	2000	2010	2019	2020
Administrations fédérale ou centrale										
Recettes fiscales totales	**165.4**	**532.5**	**935.7**	**1 208.0**	**1 100.1**	**22.1**	**35.3**	**36.1**	**33.9**	**32.3**
1000 Impôts sur revenu, bénéfices et gains en capital	50.6	198.4	381.0	393.9	277.3	6.8	13.2	14.7	11.1	8.1
2000 Cotisations de sécurité sociale	4.7	132.2	243.0	377.1	381.8	0.6	8.8	9.4	10.6	11.2
3000 Sur salaires ou main d'oeuvre	0.0	0.0	0.0	2.0	2.1	0.0	0.0	0.0	0.1	0.1
4000 Impôts sur le patrimoine	3.4	6.8	13.7	17.9	16.5	0.5	0.5	0.5	0.5	0.5
5000 Impôts sur les biens et services	106.7	195.1	298.0	417.2	422.4	14.2	12.9	11.5	11.7	12.4
6000 Autres impôts	0.0	0.0	0.0	0.0	0.0	0.0	0.0	0.0	0.0	0.0
Administrations d'un État/Régions										
Recettes fiscales totales	**..**	**..**	**..**	**..**	**..**	**..**	**..**	**..**	**..**	**..**
1000 Impôts sur revenu, bénéfices et gains en capital	..	..	..	..	..	..	..	..	..	..
2000 Cotisations de sécurité sociale	..	..	..	..	..	..	..	..	..	..
3000 Sur salaires ou main d'oeuvre	..	..	..	..	..	..	..	..	..	..
4000 Impôts sur le patrimoine	..	..	..	..	..	..	..	..	..	..
5000 Impôts sur les biens et services	..	..	..	..	..	..	..	..	..	..
6000 Autres impôts	..	..	..	..	..	..	..	..	..	..
Administrations locales										
Recettes fiscales totales	**61.6**	**95.5**	**147.7**	**219.8**	**223.0**	**8.2**	**6.3**	**5.7**	**6.2**	**6.5**
1000 Impôts sur revenu, bénéfices et gains en capital	55.7	85.8	131.2	189.8	193.2	7.4	5.7	5.1	5.3	5.7
2000 Cotisations de sécurité sociale	0.0	0.0	0.0	0.0	0.0	0.0	0.0	0.0	0.0	0.0
3000 Sur salaires ou main d'oeuvre	0.0	0.0	0.0	0.0	0.0	0.0	0.0	0.0	0.0	0.0
4000 Impôts sur le patrimoine	5.5	7.6	14.9	28.4	28.2	0.7	0.5	0.6	0.8	0.8
5000 Impôts sur les biens et services	0.4	2.1	1.6	1.6	1.6	0.1	0.1	0.1	0.0	0.0
6000 Autres impôts	0.0	0.0	0.0	0.0	0.0	0.0	0.0	0.0	0.0	0.0
Administrations de sécurité sociale										
Recettes fiscales totales	**74.8**	**0.0**	**0.0**	**0.0**	**0.0**	**10.0**	**0.0**	**0.0**	**0.0**	**0.0**
1000 Impôts sur revenu, bénéfices et gains en capital	0.0	0.0	0.0	0.0	0.0	0.0	0.0	0.0	0.0	0.0
2000 Cotisations de sécurité sociale	74.6	0.0	0.0	0.0	0.0	10.0	0.0	0.0	0.0	0.0
3000 Sur salaires ou main d'oeuvre	0.0	0.0	0.0	0.0	0.0	0.0	0.0	0.0	0.0	0.0
4000 Impôts sur le patrimoine	0.0	0.0	0.0	0.0	0.0	0.0	0.0	0.0	0.0	0.0
5000 Impôts sur les biens et services	0.2	0.0	0.0	0.0	0.0	0.0	0.0	0.0	0.0	0.0
6000 Autres impôts	0.0	0.0	0.0	0.0	0.0	0.0	0.0	0.0	0.0	0.0

.. Non disponible

Note : Des données et des notes plus détaillées par pays sont disponibles dans le chapitre 6 "Recettes fiscales des sous-secteurs de l'administration". Les séries temporelles complètes sont accessibles sur le site web http://oe.cd/series-temporelles-completes.

Source : Statistics Norway; National Accounts.

StatLink https://stat.link/68hyf5

Tableau 4.57. Pologne, recettes fiscales et % du PIB (sélection de catégories d'impôts)

	Milliard PLN					% du PIB				
	1990	2000	2010	2019	2020	1990	2000	2010	2019	2020
Recettes fiscales totales	..	**246.0**	**453.3**	**805.0**	**831.3**	..	**32.9**	**31.3**	**35.1**	**35.5**
1000 Impôts sur le revenu, les bénéfices et les gains en capital	..	**50.3**	**91.0**	**172.5**	**175.8**	..	**6.7**	**6.3**	**7.5**	**7.5**
1100 Des personnes physiques	..	32.4	62.9	121.9	123.0	..	4.3	4.3	5.3	5.3
1200 Des sociétés	..	17.9	28.1	50.6	52.9	..	2.4	1.9	2.2	2.3
1300 Non-ventilables entre 1100 et 1200	..	0.0	0.0	0.0	0.0	..	0.0	0.0	0.0	0.0
2000 Cotisations de sécurité sociale	..	**96.4**	**156.0**	**302.3**	**315.4**	..	**12.9**	**10.8**	**13.2**	**13.5**
2100 À la charge des salariés	..	42.2	59.7	127.5	131.6	..	5.6	4.1	5.6	5.6
2200 À la charge des employeurs	..	41.4	66.1	115.7	119.9	..	5.5	4.6	5.0	5.1
2300 À la charge des indép. ou sans emploi	..	12.8	30.2	59.1	63.9	..	1.7	2.1	2.6	2.7
2400 Non-ventilables entre 2100, 2200 et 2300	..	0.0	0.0	0.0	0.0	..	0.0	0.0	0.0	0.0
3000 Sur les salaires ou main d'oeuvre	..	**1.6**	**3.7**	**5.9**	**7.7**	..	**0.2**	**0.3**	**0.3**	**0.3**
4000 Impôts sur le patrimoine	..	**10.6**	**19.1**	**29.0**	**30.3**	..	**1.4**	**1.3**	**1.3**	**1.3**
4100 Impôts périodiques sur la propriété immobilière	..	8.4	16.4	25.2	26.5	..	1.1	1.1	1.1	1.1
4200 Impôts périodiques sur l'actif net	..	0.0	0.0	0.0	0.0	..	0.0	0.0	0.0	0.0
4300 Impôts sur mut. par décès, succ. et donations	..	0.2	0.3	0.3	0.3	..	0.0	0.0	0.0	0.0
4400 Impôts sur transact. mobilières et immob.	..	2.0	2.4	3.5	3.5	..	0.3	0.2	0.2	0.2
4500 Impôts non périodiques sur	..	0.0	0.0	0.0	0.0	..	0.0	0.0	0.0	0.0
4600 Autres impôts périodiques sur patrimoine	..	0.0	0.0	0.0	0.0	..	0.0	0.0	0.0	0.0
5000 Impôts sur les biens et services	..	**86.9**	**182.8**	**294.1**	**301.0**	..	**11.6**	**12.6**	**12.8**	**12.9**
5100 Impôts sur production, vente, transfert, etc.	..	84.9	176.0	281.8	283.8	..	11.3	12.2	12.3	12.1
5110 Impôts généraux	..	51.6	109.7	182.1	186.0	..	6.9	7.6	7.9	8.0
5111 Taxes sur la valeur ajoutée	..	51.6	109.7	182.1	186.0	..	6.9	7.6	7.9	8.0
5120 Impôts sur biens et services déterminés	..	33.3	66.3	99.6	97.9	..	4.4	4.6	4.3	4.2
5121 Accises	..	27.2	62.0	83.9	81.8	..	3.6	4.3	3.7	3.5
5200 Impôts sur utilisation des biens et exerc. activités	..	2.0	6.8	12.4	17.2	..	0.3	0.5	0.5	0.7
5300 Non-ventilables entre 5100 et 5200	..	0.0	0.0	0.0	0.0	..	0.0	0.0	0.0	0.0
6000 Autres impôts	..	**0.3**	**0.6**	**1.1**	**1.0**	..	**0.0**	**0.0**	**0.0**	**0.0**
Crédits d'impôts récupérables										
Crédits d'impôts récupérables contre 1000	..	..	..	..	..	..	..	..	..	..
Composante transfert	..	..	..	..	..	..	..	..	..	..
Composante fiscale	..	..	..	..	..	..	..	..	..	..
Recettes fiscales collectés pour le compte de l'UE										
Recettes fiscales collectés pour le compte de l'UE, total	..	..	1.7	4.5	4.4	..	..	0.1	0.2	0.2
Droits de douane perçus pour le compte de l'UE	..	..	1.6	4.5	4.4	..	..	0.1	0.2	0.2

.. Non disponible

Note : Le total des recettes fiscales a été diminué du montant de tout transfert en capital représentant les impôts non perçus. Le transfert en capital a été directement diminué des impôts spécifiques auxquels il se rapporte. Par conséquent, les montants des recettes fiscales sont différents de ceux présentés dans le chapitre 5 "Tableaux détaillés par pays".

Des données et des notes plus détaillées par pays sont disponibles dans le chapitre 5 "Tableaux détaillés par pays". Les séries temporelles complètes sont accessibles sur le site web http://oe.cd/series-temporelles-completes.

Source : Ministry of Finance, Economic Department.

StatLink https://stat.link/z7[illegible]rua

Tableau 4.58. Pologne, recettes fiscales et % du PIB par niveaux d'administration (principaux impôts)

	Milliard PLN					% du PIB				
	1990	2000	2010	2019	2020	1990	2000	2010	2019	2020
Administrations fédérale ou centrale										
Recettes fiscales totales	**..**	**126.9**	**238.4**	**396.7**	**408.6**	**..**	**17.0**	**16.5**	**17.3**	**17.5**
1000 Impôts sur revenu, bénéfices et gains en capital	..	40.0	57.7	105.1	108.2	..	5.3	4.0	4.6	4.6
2000 Cotisations de sécurité sociale	..	0.0	0.0	0.0	0.0	..	0.0	0.0	0.0	0.0
3000 Sur salaires ou main d'oeuvre	..	1.6	3.7	5.9	7.7	..	0.2	0.3	0.3	0.3
4000 Impôts sur le patrimoine	..	0.0	0.0	0.0	0.0	..	0.0	0.0	0.0	0.0
5000 Impôts sur les biens et services	..	85.3	177.0	285.7	292.7	..	11.4	12.2	12.5	12.5
6000 Autres impôts	..	0.0	0.0	0.0	0.0	..	0.0	0.0	0.0	0.0
Administrations d'un État/Régions										
Recettes fiscales totales	**..**	**..**	**..**	**..**	**..**	**..**	**..**	**..**	**..**	**..**
1000 Impôts sur revenu, bénéfices et gains en capital	..	..	..	..	..	..	..	..	..	..
2000 Cotisations de sécurité sociale	..	..	..	..	..	..	..	..	..	..
3000 Sur salaires ou main d'oeuvre	..	..	..	..	..	..	..	..	..	..
4000 Impôts sur le patrimoine	..	..	..	..	..	..	..	..	..	..
5000 Impôts sur les biens et services	..	..	..	..	..	..	..	..	..	..
6000 Autres impôts	..	..	..	..	..	..	..	..	..	..
Administrations locales										
Recettes fiscales totales	**..**	**22.7**	**57.1**	**101.5**	**102.9**	**..**	**3.0**	**3.9**	**4.4**	**4.4**
1000 Impôts sur revenu, bénéfices et gains en capital	..	10.3	33.3	67.4	67.6	..	1.4	2.3	2.9	2.9
2000 Cotisations de sécurité sociale	..	0.0	0.0	0.0	0.0	..	0.0	0.0	0.0	0.0
3000 Sur salaires ou main d'oeuvre	..	0.0	0.0	0.0	0.0	..	0.0	0.0	0.0	0.0
4000 Impôts sur le patrimoine	..	10.6	19.1	29.0	30.3	..	1.4	1.3	1.3	1.3
5000 Impôts sur les biens et services	..	1.5	4.1	4.0	4.0	..	0.2	0.3	0.2	0.2
6000 Autres impôts	..	0.3	0.6	1.1	1.0	..	0.0	0.0	0.0	0.0
Administrations de sécurité sociale										
Recettes fiscales totales	**..**	**96.4**	**156.0**	**302.3**	**315.4**	**..**	**12.9**	**10.8**	**13.2**	**13.5**
1000 Impôts sur revenu, bénéfices et gains en capital	..	0.0	0.0	0.0	0.0	..	0.0	0.0	0.0	0.0
2000 Cotisations de sécurité sociale	..	96.4	156.0	302.3	315.4	..	12.9	10.8	13.2	13.5
3000 Sur salaires ou main d'oeuvre	..	0.0	0.0	0.0	0.0	..	0.0	0.0	0.0	0.0
4000 Impôts sur le patrimoine	..	0.0	0.0	0.0	0.0	..	0.0	0.0	0.0	0.0
5000 Impôts sur les biens et services	..	0.0	0.0	0.0	0.0	..	0.0	0.0	0.0	0.0
6000 Autres impôts	..	0.0	0.0	0.0	0.0	..	0.0	0.0	0.0	0.0

.. Non disponible

Note : Le total des recettes fiscales a été diminué du montant de tout transfert en capital représentant les impôts non perçus. Le transfert en capital a été directement diminué des impôts spécifiques auxquels il se rapporte. Par conséquent, les montants des recettes fiscales sont différents de ceux présentés dans le chapitre 6 "Recettes fiscales des sous-secteurs de l'administration".

Des données et des notes plus détaillées par pays sont disponibles dans le chapitre 6 "Recettes fiscales des sous-secteurs de l'administration". Les séries temporelles complètes sont accessibles sur le site web http://oe.cd/series-temporelles-completes.

Source : Ministry of Finance, Economic Department.

StatLink https://stat.link/s9qhzk

Tableau 4.59. Portugal, recettes fiscales et % du PIB (sélection de catégories d'impôts)

	Milliard EUR					% du PIB				
	1990	2000	2010	2019	2020	1990	2000	2010	2019	2020
Recettes fiscales totales	**14.8**	**39.7**	**54.5**	**74.0**	**70.5**	**26.5**	**30.9**	**30.4**	**34.5**	**35.3**
1000 Impôts sur le revenu, les bénéfices et les gains en capital	**3.8**	**11.7**	**14.6**	**20.3**	**19.5**	**6.8**	**9.1**	**8.1**	**9.5**	**9.8**
1100 Des personnes physiques	2.4	6.8	9.6	13.6	14.0	4.2	5.3	5.4	6.3	7.0
1200 Des sociétés	1.2	4.7	4.9	6.7	5.5	2.1	3.7	2.7	3.1	2.8
1300 Non-ventilables entre 1100 et 1200	0.3	0.2	0.0	0.0	0.0	0.5	0.2	0.0	0.0	0.0
2000 Cotisations de sécurité sociale	**4.0**	**10.2**	**15.5**	**20.6**	**20.9**	**7.2**	**7.9**	**8.6**	**9.6**	**10.5**
2100 À la charge des salariés	1.5	4.3	6.7	8.2	8.3	2.6	3.3	3.7	3.8	4.1
2200 À la charge des employeurs	2.4	5.9	8.8	12.4	12.6	4.3	4.6	4.9	5.8	6.3
2300 À la charge des indép. ou sans emploi	0.1	0.0	0.0	0.0	0.0	0.3	0.0	0.0	0.0	0.0
2400 Non-ventilables entre 2100, 2200 et 2300	0.0	0.0	0.0	0.0	0.0	0.0	0.0	0.0	0.0	0.0
3000 Sur les salaires ou main d'oeuvre	**0.0**	**0.0**	**0.0**	**0.0**	**0.0**	**0.0**	**0.0**	**0.0**	**0.0**	**0.0**
4000 Impôts sur le patrimoine	**0.4**	**1.5**	**2.0**	**3.1**	**2.9**	**0.7**	**1.2**	**1.1**	**1.4**	**1.5**
4100 Impôts périodiques sur la propriété immobilière	0.1	0.5	1.1	1.7	1.6	0.2	0.4	0.6	0.8	0.8
4200 Impôts périodiques sur l'actif net	0.0	0.0	0.0	0.0	0.0	0.0	0.0	0.0	0.0	0.0
4300 Impôts sur mut. par décès, succ. et donations	0.1	0.1	0.1	0.0	0.0	0.1	0.1	0.0	0.0	0.0
4400 Impôts sur transact. mobilières et immob.	0.2	0.9	0.8	1.4	1.3	0.3	0.7	0.5	0.6	0.6
4500 Impôts non périodiques sur	0.0	0.0	0.0	0.0	0.0	0.0	0.0	0.0	0.0	0.0
4600 Autres impôts périodiques sur patrimoine	0.0	0.0	0.0	0.0	0.0	0.0	0.0	0.0	0.0	0.0
5000 Impôts sur les biens et services	**6.6**	**16.2**	**22.0**	**29.4**	**26.5**	**11.7**	**12.6**	**12.3**	**13.7**	**13.2**
5100 Impôts sur production, vente, transfert, etc.	6.4	15.8	21.4	28.1	25.2	11.5	12.3	11.9	13.1	12.6
5110 Impôts généraux	2.9	9.7	13.5	18.8	16.8	5.2	7.6	7.5	8.8	8.4
5111 Taxes sur la valeur ajoutée	2.9	9.7	13.5	18.8	16.8	5.2	7.6	7.5	8.8	8.4
5120 Impôts sur biens et services déterminés	3.5	6.1	7.9	9.3	8.4	6.3	4.8	4.4	4.3	4.2
5121 Accises	2.1	4.5	5.7	6.2	5.5	3.7	3.5	3.1	2.9	2.7
5200 Impôts sur utilisation des biens et exerc. activités	0.1	0.3	0.6	1.3	1.3	0.2	0.2	0.3	0.6	0.6
5300 Non-ventilables entre 5100 et 5200	0.0	0.0	0.0	0.0	0.0	0.0	0.0	0.0	0.0	0.0
6000 Autres impôts	**0.0**	**0.2**	**0.4**	**0.6**	**0.7**	**0.1**	**0.2**	**0.2**	**0.3**	**0.3**
Crédits d'impôts récupérables										
Crédits d'impôts récupérables contre 1000	..	..	..	..	..	..	..	..	..	..
Composante transfert	..	..	..	..	..	..	..	..	..	..
Composante fiscale	..	..	..	..	..	..	..	..	..	..
Recettes fiscales collectés pour le compte de l'UE										
Recettes fiscales collectés pour le compte de l'UE, total	0.2	0.2	0.2	0.4	0.3	0.3	0.2	0.1	0.2	0.2
Droits de douane perçus pour le compte de l'UE	..	0.2	0.2	0.2	0.2	..	0.1	0.1	0.1	0.1
Contributions au Fonds de résolution unique collectées pour le compte de l'UE	..	..	..	0.1	0.1	..	..	..	0.1	0.1

.. Non disponible

Note : Des données et des notes plus détaillées par pays sont disponibles dans le chapitre 5 "Tableaux détaillés par pays". Les séries temporelles complètes sont accessibles sur le site web http://oe.cd/series-temporelles-completes.

Source : Instituto Nacional de Estatística.

StatLink https://stat.link/xwgbna

Tableau 4.60. Portugal, recettes fiscales et % du PIB par niveaux d'administration (principaux impôts)

	Milliard EUR					% du PIB				
	1990	2000	2010	2019	2020	1990	2000	2010	2019	2020
Administrations fédérale ou centrale										
Recettes fiscales totales	**9.8**	**27.6**	**36.4**	**48.6**	**45.2**	**17.6**	**21.5**	**20.2**	**22.7**	**22.6**
1000 Impôts sur revenu, bénéfices et gains en capital	3.6	11.1	13.5	18.9	18.2	6.4	8.7	7.5	8.8	9.1
2000 Cotisations de sécurité sociale	0.0	1.3	1.9	2.1	2.1	0.0	1.0	1.1	1.0	1.1
3000 Sur salaires ou main d'oeuvre	0.0	0.0	0.0	0.0	0.0	0.0	0.0	0.0	0.0	0.0
4000 Impôts sur le patrimoine	0.1	0.3	0.3	0.5	0.5	0.1	0.2	0.2	0.2	0.2
5000 Impôts sur les biens et services	6.1	14.7	20.2	26.5	23.7	10.9	11.4	11.2	12.4	11.9
6000 Autres impôts	0.0	0.2	0.4	0.6	0.7	0.1	0.2	0.2	0.3	0.3
Administrations d'un État/Régions										
Recettes fiscales totales	**..**	**..**	**..**	**..**	**..**	**..**	**..**	**..**	**..**	**..**
1000 Impôts sur revenu, bénéfices et gains en capital	..	..	..	..	..	..	..	..	..	..
2000 Cotisations de sécurité sociale	..	..	..	..	..	..	..	..	..	..
3000 Sur salaires ou main d'oeuvre	..	..	..	..	..	..	..	..	..	..
4000 Impôts sur le patrimoine	..	..	..	..	..	..	..	..	..	..
5000 Impôts sur les biens et services	..	..	..	..	..	..	..	..	..	..
6000 Autres impôts	..	..	..	..	..	..	..	..	..	..
Administrations locales										
Recettes fiscales totales	**0.8**	**2.5**	**3.6**	**5.4**	**5.1**	**1.5**	**2.0**	**2.0**	**2.5**	**2.5**
1000 Impôts sur revenu, bénéfices et gains en capital	0.2	0.6	1.1	1.4	1.4	0.4	0.4	0.6	0.6	0.7
2000 Cotisations de sécurité sociale	0.0	0.0	0.0	0.0	0.0	0.0	0.0	0.0	0.0	0.0
3000 Sur salaires ou main d'oeuvre	0.0	0.0	0.0	0.0	0.0	0.0	0.0	0.0	0.0	0.0
4000 Impôts sur le patrimoine	0.3	1.2	1.7	2.6	2.4	0.6	0.9	1.0	1.2	1.2
5000 Impôts sur les biens et services	0.3	0.7	0.8	1.4	1.3	0.5	0.6	0.4	0.7	0.6
6000 Autres impôts	0.0	0.0	0.0	0.0	0.0	0.0	0.0	0.0	0.0	0.0
Administrations de sécurité sociale										
Recettes fiscales totales	**4.0**	**9.4**	**14.4**	**19.6**	**19.9**	**7.2**	**7.3**	**8.0**	**9.1**	**9.9**
1000 Impôts sur revenu, bénéfices et gains en capital	0.0	0.0	0.0	0.0	0.0	0.0	0.0	0.0	0.0	0.0
2000 Cotisations de sécurité sociale	4.0	8.8	13.5	18.5	18.8	7.2	6.9	7.5	8.6	9.4
3000 Sur salaires ou main d'oeuvre	0.0	0.0	0.0	0.0	0.0	0.0	0.0	0.0	0.0	0.0
4000 Impôts sur le patrimoine	0.0	0.0	0.0	0.0	0.0	0.0	0.0	0.0	0.0	0.0
5000 Impôts sur les biens et services	0.0	0.5	0.8	1.1	1.1	0.0	0.4	0.5	0.5	0.5
6000 Autres impôts	0.0	0.0	0.0	0.0	0.0	0.0	0.0	0.0	0.0	0.0

.. Non disponible
Note : Des données et des notes plus détaillées par pays sont disponibles dans le chapitre 6 "Recettes fiscales des sous-secteurs de l'administration". Les séries temporelles complètes sont accessibles sur le site web http://oe.cd/series-temporelles-completes.
Source : Instituto Nacional de Estatística.

StatLink https://stat.link/s6cxug

Tableau 4.61. République slovaque, recettes fiscales et % du PIB (sélection de catégories d'impôts)

	Milliard EUR					% du PIB				
	1990	2000	2010	2019	2020	1990	2000	2010	2019	2020
Recettes fiscales totales	..	**10.6**	**19.2**	**32.5**	**32.4**	..	**33.6**	**28.0**	**34.6**	**35.2**
1000 Impôts sur le revenu, les bénéfices et les gains en capital	..	**2.2**	**3.6**	**6.7**	**6.5**	..	**6.9**	**5.3**	**7.1**	**7.1**
1100 Des personnes physiques	..	1.1	1.8	3.5	3.5	..	3.3	2.6	3.8	3.8
1200 Des sociétés	..	0.8	1.7	2.9	2.8	..	2.6	2.4	3.1	3.0
1300 Non-ventilables entre 1100 et 1200	..	0.3	0.2	0.2	0.2	..	1.0	0.2	0.3	0.3
2000 Cotisations de sécurité sociale	..	**4.4**	**8.2**	**14.1**	**14.2**	..	**13.9**	**11.9**	**15.0**	**15.5**
2100 À la charge des salariés	..	0.9	2.1	3.4	3.5	..	2.8	3.0	3.7	3.8
2200 À la charge des employeurs	..	2.9	4.6	8.5	8.7	..	9.0	6.7	9.1	9.4
2300 À la charge des indép. ou sans emploi	..	0.7	1.5	2.1	2.1	..	2.1	2.2	2.2	2.3
2400 Non-ventilables entre 2100, 2200 et 2300	..	0.0	0.0	0.0	0.0	..	0.0	0.0	0.0	0.0
3000 Sur les salaires ou main d'oeuvre	..	**0.0**	**0.0**	**0.0**	**0.0**	..	**0.0**	**0.0**	**0.0**	**0.0**
4000 Impôts sur le patrimoine	..	**0.2**	**0.3**	**0.4**	**0.4**	..	**0.6**	**0.4**	**0.4**	**0.5**
4100 Impôts périodiques sur la propriété immobilière	..	0.1	0.3	0.4	0.4	..	0.5	0.4	0.4	0.5
4200 Impôts périodiques sur l'actif net	..	0.0	0.0	0.0	0.0	..	0.0	0.0	0.0	0.0
4300 Impôts sur mut. par décès, succ. et donations	..	0.0	0.0	0.0	0.0	..	0.0	0.0	0.0	0.0
4400 Impôts sur transact. mobilières et immob.	..	0.0	0.0	0.0	0.0	..	0.1	0.0	0.0	0.0
4500 Impôts non périodiques sur	..	0.0	0.0	0.0	0.0	..	0.0	0.0	0.0	0.0
4600 Autres impôts périodiques sur patrimoine	..	0.0	0.0	0.0	0.0	..	0.0	0.0	0.0	0.0
5000 Impôts sur les biens et services	..	**3.9**	**7.1**	**11.4**	**11.2**	..	**12.2**	**10.4**	**12.1**	**12.2**
5100 Impôts sur production, vente, transfert, etc.	..	3.6	6.6	10.5	10.4	..	11.5	9.6	11.2	11.3
5110 Impôts généraux	..	2.2	4.2	6.8	6.8	..	6.8	6.1	7.3	7.4
5111 Taxes sur la valeur ajoutée	..	2.2	4.2	6.8	6.8	..	6.8	6.1	7.3	7.4
5120 Impôts sur biens et services déterminés	..	1.5	2.4	3.7	3.6	..	4.6	3.5	3.9	3.9
5121 Accises	..	1.0	2.1	2.8	2.8	..	3.1	3.0	3.0	3.0
5200 Impôts sur utilisation des biens et exerc. activités	..	0.2	0.4	0.7	0.6	..	0.7	0.6	0.7	0.7
5300 Non-ventilables entre 5100 et 5200	..	0.0	0.1	0.2	0.2	..	0.0	0.2	0.2	0.2
6000 Autres impôts	..	**0.0**	**0.0**	**0.0**	**0.0**	..	**0.0**	**0.0**	**0.0**	**0.0**
Crédits d'impôts récupérables										
Crédits d'impôts récupérables contre 1000	..	..	0.3	0.3	0.4	..	..	0.4	0.4	0.4
Composante transfert	..	..	..	..	..	..	..	..	..	..
Composante fiscale	..	..	..	..	..	..	..	..	..	..
Recettes fiscales collectés pour le compte de l'UE										
Recettes fiscales collectés pour le compte de l'UE, total	..	..	0.1	0.1	0.1	..	..	0.2	0.2	0.2
Droits de douane perçus pour le compte de l'UE	..	..	0.1	0.1	0.1	..	..	0.2	0.1	0.1
Contributions au Fonds de résolution unique collectées pour le compte de l'UE	..	..	..	0.0	0.0	..	..	..	0.0	0.0

.. Non disponible

Note : Des données et des notes plus détaillées par pays sont disponibles dans le chapitre 5 "Tableaux détaillés par pays". Les séries temporelles complètes sont accessibles sur le site web http://oe.cd/series-temporelles-completes.

Source : Ministry of Finance.

StatLink https://stat.link/o9ky14

Tableau 4.62. République slovaque, recettes fiscales et % du PIB par niveaux d'administration (principaux impôts)

	Milliard EUR					% du PIB				
	1990	2000	2010	2019	2020	1990	2000	2010	2019	2020
Administrations fédérale ou centrale										
Recettes fiscales totales	**..**	**6.2**	**10.5**	**18.0**	**17.8**	**..**	**19.5**	**15.4**	**19.2**	**19.3**
1000 Impôts sur revenu, bénéfices et gains en capital	..	2.2	3.6	6.7	6.5	..	6.9	5.3	7.1	7.1
2000 Cotisations de sécurité sociale	..	0.1	0.2	0.4	0.4	..	0.3	0.3	0.4	0.5
3000 Sur salaires ou main d'oeuvre	..	0.0	0.0	0.0	0.0	..	0.0	0.0	0.0	0.0
4000 Impôts sur le patrimoine	..	0.1	0.0	0.0	0.0	..	0.2	0.0	0.0	0.0
5000 Impôts sur les biens et services	..	3.9	6.7	11.0	10.8	..	12.2	9.8	11.7	11.7
6000 Autres impôts	..	0.0	0.0	0.0	0.0	..	0.0	0.0	0.0	0.0
Administrations d'un État/Régions										
Recettes fiscales totales	**..**	**..**	**..**	**..**	**..**	**..**	**..**	**..**	**..**	**..**
1000 Impôts sur revenu, bénéfices et gains en capital	..	..	..	..	..	..	..	..	..	..
2000 Cotisations de sécurité sociale	..	..	..	..	..	..	..	..	..	..
3000 Sur salaires ou main d'oeuvre	..	..	..	..	..	..	..	..	..	..
4000 Impôts sur le patrimoine	..	..	..	..	..	..	..	..	..	..
5000 Impôts sur les biens et services	..	..	..	..	..	..	..	..	..	..
6000 Autres impôts	..	..	..	..	..	..	..	..	..	..
Administrations locales										
Recettes fiscales totales	**..**	**0.1**	**0.5**	**0.6**	**0.7**	**..**	**0.5**	**0.8**	**0.6**	**0.7**
1000 Impôts sur revenu, bénéfices et gains en capital	..	0.0	0.0	0.0	0.0	..	0.0	0.0	0.0	0.0
2000 Cotisations de sécurité sociale	..	0.0	0.0	0.0	0.0	..	0.0	0.0	0.0	0.0
3000 Sur salaires ou main d'oeuvre	..	0.0	0.0	0.0	0.0	..	0.0	0.0	0.0	0.0
4000 Impôts sur le patrimoine	..	0.1	0.3	0.4	0.4	..	0.4	0.4	0.4	0.5
5000 Impôts sur les biens et services	..	0.0	0.3	0.2	0.2	..	0.0	0.4	0.2	0.3
6000 Autres impôts	..	0.0	0.0	0.0	0.0	..	0.0	0.0	0.0	0.0
Administrations de sécurité sociale										
Recettes fiscales totales	**..**	**4.3**	**7.9**	**13.7**	**13.8**	**..**	**13.6**	**11.6**	**14.6**	**15.0**
1000 Impôts sur revenu, bénéfices et gains en capital	..	0.0	0.0	0.0	0.0	..	0.0	0.0	0.0	0.0
2000 Cotisations de sécurité sociale	..	4.3	7.9	13.7	13.8	..	13.6	11.6	14.6	15.0
3000 Sur salaires ou main d'oeuvre	..	0.0	0.0	0.0	0.0	..	0.0	0.0	0.0	0.0
4000 Impôts sur le patrimoine	..	0.0	0.0	0.0	0.0	..	0.0	0.0	0.0	0.0
5000 Impôts sur les biens et services	..	0.0	0.0	0.0	0.0	..	0.0	0.0	0.0	0.0
6000 Autres impôts	..	0.0	0.0	0.0	0.0	..	0.0	0.0	0.0	0.0

.. Non disponible

Note : Des données et des notes plus détaillées par pays sont disponibles dans le chapitre 6 "Recettes fiscales des sous-secteurs de l'administration". Les séries temporelles complètes sont accessibles sur le site web http://oe.cd/series-temporelles-completes.

Source : Ministry of Finance.

StatLink https://stat.link/c0sloj

Tableau 4.63. Slovénie, recettes fiscales et % du PIB (sélection de catégories d'impôts)

	Milliard EUR					% du PIB				
	1990	2000	2010	2019	2020	1990	2000	2010	2019	2020
Recettes fiscales totales	..	**7.1**	**13.7**	**18.0**	**17.5**	..	**37.7**	**37.8**	**37.0**	**37.2**
1000 Impôts sur le revenu, les bénéfices et les gains en capital	..	**1.3**	**2.7**	**3.5**	**3.4**	..	**6.8**	**7.4**	**7.2**	**7.2**
1100 Des personnes physiques	..	1.0	2.0	2.5	2.5	..	5.5	5.6	5.3	5.2
1200 Des sociétés	..	0.2	0.7	1.0	0.9	..	1.1	1.8	2.0	1.9
1300 Non-ventilables entre 1100 et 1200	..	0.0	0.0	0.0	0.0	..	0.1	0.0	0.0	0.0
2000 Cotisations de sécurité sociale	..	**2.8**	**5.7**	**7.6**	**7.9**	..	**14.9**	**15.8**	**15.6**	**16.8**
2100 À la charge des salariés	..	1.4	2.8	4.2	3.9	..	7.7	7.7	8.6	8.3
2200 À la charge des employeurs	..	1.0	2.1	2.8	2.9	..	5.3	5.7	5.7	6.1
2300 À la charge des indép. ou sans emploi	..	0.4	0.9	0.6	1.1	..	1.9	2.5	1.3	2.4
2400 Non-ventilables entre 2100, 2200 et 2300	..	0.0	0.0	0.0	0.0	..	0.0	0.0	0.0	0.0
3000 Sur les salaires ou main d'oeuvre	..	**0.3**	**0.0**	**0.0**	**0.0**	..	**1.5**	**0.1**	**0.0**	**0.0**
4000 Impôts sur le patrimoine	..	**0.1**	**0.2**	**0.3**	**0.3**	..	**0.6**	**0.6**	**0.6**	**0.6**
4100 Impôts périodiques sur la propriété immobilière	..	0.1	0.2	0.2	0.2	..	0.4	0.5	0.5	0.5
4200 Impôts périodiques sur l'actif net	..	0.0	0.0	0.0	0.0	..	0.0	0.0	0.0	0.0
4300 Impôts sur mut. par décès, succ. et donations	..	0.0	0.0	0.0	0.0	..	0.0	0.0	0.0	0.0
4400 Impôts sur transact. mobilières et immob.	..	0.0	0.0	0.0	0.0	..	0.1	0.1	0.1	0.1
4500 Impôts non périodiques sur	..	0.0	0.0	0.0	0.0	..	0.1	0.0	0.0	0.0
4600 Autres impôts périodiques sur patrimoine	..	0.0	0.0	0.0	0.0	..	0.0	0.0	0.0	0.0
5000 Impôts sur les biens et services	..	**2.6**	**5.1**	**6.6**	**5.9**	..	**13.8**	**13.9**	**13.5**	**12.5**
5100 Impôts sur production, vente, transfert, etc.	..	2.5	4.8	6.1	5.4	..	13.2	13.3	12.6	11.6
5110 Impôts généraux	..	1.6	2.9	3.9	3.5	..	8.7	8.1	8.0	7.5
5111 Taxes sur la valeur ajoutée	..	1.6	2.9	3.9	3.5	..	8.5	8.1	8.0	7.5
5120 Impôts sur biens et services déterminés	..	0.8	1.9	2.2	1.9	..	4.5	5.3	4.6	4.1
5121 Accises	..	0.6	1.6	1.7	1.4	..	3.1	4.3	3.4	3.0
5200 Impôts sur utilisation des biens et exerc. activités	..	0.1	0.2	0.5	0.4	..	0.6	0.6	0.9	0.9
5300 Non-ventilables entre 5100 et 5200	..	0.0	0.0	0.0	0.0	..	0.0	0.0	0.0	0.0
6000 Autres impôts	..	**0.0**	**0.0**	**0.0**	**0.0**	..	**0.0**	**0.0**	**0.0**	**0.0**
Crédits d'impôts récupérables										
Crédits d'impôts récupérables contre 1000	..	..	..	..	..	..	..	..	..	..
Composante transfert	..	..	..	..	..	..	..	..	..	..
Composante fiscale	..	..	..	..	..	..	..	..	..	..
Recettes fiscales collectés pour le compte de l'UE										
Recettes fiscales collectés pour le compte de l'UE, total	..	..	0.1	0.1	0.1	..	..	0.2	0.1	0.2
Droits de douane perçus pour le compte de l'UE	..	..	0.1	0.1	0.1	..	..	0.2	0.1	0.1
Contributions au Fonds de résolution unique collectées pour le compte de l'UE	..	..	..	0.0	0.0	..	..	..	0.0	0.0

.. Non disponible

Note : Le total des recettes fiscales a été diminué du montant de tout transfert en capital représentant les impôts non perçus. Le transfert en capital a été directement diminué des impôts spécifiques auxquels il se rapporte. Par conséquent, les montants des recettes fiscales sont différents de ceux présentés dans le chapitre 5 "Tableaux détaillés par pays".

Des données et des notes plus détaillées par pays sont disponibles dans le chapitre 5 "Tableaux détaillés par pays". Les séries temporelles complètes sont accessibles sur le site web http://oe.cd/series-temporelles-completes.

Source : Statistical Office of the Republic of Slovenia.

StatLink https://stat.link/bau73y

Tableau 4.64. Slovénie, recettes fiscales et % du PIB par niveaux d'administration (principaux impôts)

	Milliard EUR					% du PIB				
	1990	2000	2010	2019	2020	1990	2000	2010	2019	2020
Administrations fédérale ou centrale										
Recettes fiscales totales	**..**	**3.8**	**6.5**	**8.8**	**7.9**	**..**	**20.2**	**18.0**	**18.1**	**16.8**
1000 Impôts sur revenu, bénéfices et gains en capital	..	0.9	1.6	2.3	2.1	..	4.8	4.3	4.7	4.4
2000 Cotisations de sécurité sociale	..	0.0	0.1	0.1	0.1	..	0.1	0.2	0.2	0.2
3000 Sur salaires ou main d'oeuvre	..	0.3	0.0	0.0	0.0	..	1.5	0.1	0.0	0.0
4000 Impôts sur le patrimoine	..	0.0	0.0	0.0	0.0	..	0.1	0.0	0.0	0.0
5000 Impôts sur les biens et services	..	2.6	4.9	6.4	5.7	..	13.7	13.5	13.2	12.2
6000 Autres impôts	..	0.0	0.0	0.0	0.0	..	0.0	0.0	0.0	0.0
Administrations d'un État/Régions										
Recettes fiscales totales	**..**	**..**	**..**	**..**	**..**	**..**	**..**	**..**	**..**	**..**
1000 Impôts sur revenu, bénéfices et gains en capital	..	..	..	..	..	..	..	..	..	..
2000 Cotisations de sécurité sociale	..	..	..	..	..	..	..	..	..	..
3000 Sur salaires ou main d'oeuvre	..	..	..	..	..	..	..	..	..	..
4000 Impôts sur le patrimoine	..	..	..	..	..	..	..	..	..	..
5000 Impôts sur les biens et services	..	..	..	..	..	..	..	..	..	..
6000 Autres impôts	..	..	..	..	..	..	..	..	..	..
Administrations locales										
Recettes fiscales totales	**..**	**0.5**	**1.5**	**1.6**	**1.7**	**..**	**2.7**	**4.0**	**3.3**	**3.6**
1000 Impôts sur revenu, bénéfices et gains en capital	..	0.4	1.1	1.2	1.3	..	2.0	3.1	2.5	2.8
2000 Cotisations de sécurité sociale	..	0.0	0.0	0.0	0.0	..	0.0	0.0	0.0	0.0
3000 Sur salaires ou main d'oeuvre	..	0.0	0.0	0.0	0.0	..	0.0	0.0	0.0	0.0
4000 Impôts sur le patrimoine	..	0.1	0.2	0.3	0.3	..	0.6	0.6	0.6	0.6
5000 Impôts sur les biens et services	..	0.0	0.1	0.1	0.1	..	0.1	0.3	0.2	0.2
6000 Autres impôts	..	0.0	0.0	0.0	0.0	..	0.0	0.0	0.0	0.0
Administrations de sécurité sociale										
Recettes fiscales totales	**..**	**2.8**	**5.7**	**7.5**	**7.8**	**..**	**14.8**	**15.6**	**15.5**	**16.6**
1000 Impôts sur revenu, bénéfices et gains en capital	..	0.0	0.0	0.0	0.0	..	0.0	0.0	0.0	0.0
2000 Cotisations de sécurité sociale	..	2.8	5.7	7.5	7.8	..	14.8	15.6	15.5	16.6
3000 Sur salaires ou main d'oeuvre	..	0.0	0.0	0.0	0.0	..	0.0	0.0	0.0	0.0
4000 Impôts sur le patrimoine	..	0.0	0.0	0.0	0.0	..	0.0	0.0	0.0	0.0
5000 Impôts sur les biens et services	..	0.0	0.0	0.0	0.0	..	0.0	0.0	0.0	0.0
6000 Autres impôts	..	0.0	0.0	0.0	0.0	..	0.0	0.0	0.0	0.0

.. Non disponible

Note : Le total des recettes fiscales a été diminué du montant de tout transfert en capital représentant les impôts non perçus. Le transfert en capital a été directement diminué des impôts spécifiques auxquels il se rapporte. Par conséquent, les montants des recettes fiscales sont différents de ceux présentés dans le chapitre 6 "Recettes fiscales des sous-secteurs de l'administration".

Des données et des notes plus détaillées par pays sont disponibles dans le chapitre 6 "Recettes fiscales des sous-secteurs de l'administration". Les séries temporelles complètes sont accessibles sur le site web http://oe.cd/series-temporelles-completes.

Source : Statistical Office of the Republic of Slovenia.

StatLink https://stat.link/jfkr58

Tableau 4.65. Espagne, recettes fiscales et % du PIB (sélection de catégories d'impôts)

	Milliard EUR					% du PIB				
	1990	2000	2010	2019	2020	1990	2000	2010	2019	2020
Recettes fiscales totales	**103.7**	**214.1**	**335.6**	**431.7**	**412.0**	**31.5**	**33.[illegible]**	**31.3**	**34.7**	**36.7**
1000 Impôts sur le revenu, les bénéfices et les gains en capital	**31.8**	**60.1**	**93.8**	**123.6**	**119.8**	**9.7**	**9.3**	**8.7**	**9.9**	**10.7**
1100 Des personnes physiques	22.5	41.2	74.1	98.0	97.8	6.9	6.4	6.9	7.9	8.7
1200 Des sociétés	9.1	18.9	19.7	25.7	22.0	2.8	2.9	1.8	2.1	2.0
1300 Non-ventilables entre 1100 et 1200	0.1	0.0	0.0	0.0	0.0	0.0	0.0	0.0	0.0	0.0
2000 Cotisations de sécurité sociale	**36.7**	**74.7**	**127.2**	**152.5**	**154.3**	**11.2**	**11.5**	**11.9**	**12.3**	**13.8**
2100 À la charge des salariés	6.0	11.7	19.4	23.3	22.2	1.8	1.3	1.8	1.9	2.0
2200 À la charge des employeurs	26.4	54.2	89.7	112.3	112.4	8.0	8.4	8.4	9.0	10.0
2300 À la charge des indép. ou sans emploi	4.4	8.7	18.1	17.0	19.7	1.3	1.4	1.7	1.4	1.8
2400 Non-ventilables entre 2100, 2200 et 2300	0.0	0.0	0.0	0.0	0.0	0.0	0.0	0.0	0.0	0.0
3000 Sur les salaires ou main d'oeuvre	**0.0**	**0.0**	**0.0**	**0.0**	**0.0**	**0.0**	**0.0**	**0.0**	**0.0**	**0.0**
4000 Impôts sur le patrimoine	**5.7**	**13.8**	**22.2**	**30.6**	**27.6**	**1.7**	**2.1**	**2.1**	**2.5**	**2.5**
4100 Impôts périodiques sur la propriété immobilière	1.5	4.0	9.7	13.5	13.2	0.4	0.6	0.9	1.1	1.2
4200 Impôts périodiques sur l'actif net	0.6	1.4	0.7	2.2	2.3	0.2	0.2	0.1	0.2	0.2
4300 Impôts sur mut. par décès, succ. et donations	0.4	1.4	2.4	2.5	2.5	0.1	0.2	0.2	0.2	0.2
4400 Impôts sur transact. mobilières et immob.	2.5	5.9	7.6	9.3	7.5	0.8	0.9	0.7	0.7	0.7
4500 Impôts non périodiques sur	0.6	1.1	1.8	3.0	2.1	0.2	0.2	0.2	0.2	0.2
4600 Autres impôts périodiques sur patrimoine	0.0	0.0	0.0	0.0	0.0	0.0	0.0	0.0	0.0	0.0
5000 Impôts sur les biens et services	**29.4**	**65.5**	**92.3**	**124.9**	**110.2**	**9.0**	**10.1**	**8.6**	**10.0**	**9.8**
5100 Impôts sur production, vente, transfert, etc.	26.7	59.4	85.0	115.1	100.9	8.1	9.2	7.9	9.3	9.0
5110 Impôts généraux	16.6	37.8	55.6	81.1	70.8	5.1	5.8	5.2	6.5	6.3
5111 Taxes sur la valeur ajoutée	16.3	37.8	55.3	80.9	70.6	5.0	5.8	5.2	6.5	6.3
5120 Impôts sur biens et services déterminés	10.1	21.6	29.4	34.0	30.1	3.1	3.3	2.7	2.7	2.7
5121 Accises	6.0	18.0	24.4	26.3	23.2	1.8	2.8	2.3	2.1	2.1
5200 Impôts sur utilisation des biens et exerc. activités	2.6	6.1	7.4	9.7	9.3	0.8	0.9	0.7	0.8	0.8
5300 Non-ventilables entre 5100 et 5200	0.1	0.0	0.0	0.0	0.0	0.0	0.0	0.0	0.0	0.0
6000 Autres impôts	**0.0**	**0.0**	**0.0**	**0.2**	**0.1**	**0.0**	**0.0**	**0.0**	**0.0**	**0.0**
Crédits d'impôts récupérables										
Crédits d'impôts récupérables contre 1000	..	..	1.9	2.5	3.0	..	..	0.2	0.2	0.3
Composante transfert	..	..	1.2	1.4	1.7	..	..	0.1	0.1	0.2
Composante fiscale	..	..	0.7	1.1	1.2	..	..	0.1	0.1	0.1
Recettes fiscales collectés pour le compte de l'UE										
Recettes fiscales collectés pour le compte de l'UE, total	0.5	1.0	1.5	2.7	2.5	0.2	0.2	0.1	0.2	0.2
Droits de douane perçus pour le compte de l'UE	..	1.0	1.5	2.0	1.7	..	0.1	0.1	0.2	0.1
Contributions au Fonds de résolution unique collectées pour le compte de l'UE	..	..	..	0.7	0.8	..	..	..	0.1	0.1

.. Non disponible

Note : Des données et des notes plus détaillées par pays sont disponibles dans le chapitre 5 "Tableaux détaillés par pays". Les séries temporelles complètes sont accessibles sur le site web http://oe.cd/series-temporelles-completes.

Source : Information from the Ministry of Finance for taxes and from Social Security System for social security contributions up to 1994. Since 1995 (accrual basis), national account data (IGAE-Ministry of Finance).

StatLink https://stat.link/tapg6j

Tableau 4.66. Espagne, recettes fiscales et % du PIB par niveaux d'administration (principaux impôts)

	Milliard EUR					% du PIB				
	1990	2000	2010	2019	2020	1990	2000	2010	2019	2020
Administrations fédérale ou centrale										
Recettes fiscales totales	**53.7**	**104.7**	**135.9**	**173.6**	**154.0**	**16.3**	**16.2**	**12.7**	**14.0**	**13.7**
1000 Impôts sur revenu, bénéfices et gains en capital	29.5	51.0	60.6	69.6	61.0	9.0	7.9	5.6	5.6	5.4
2000 Cotisations de sécurité sociale	0.4	2.3	3.5	3.5	3.4	0.1	0.4	0.3	0.3	0.3
3000 Sur salaires ou main d'oeuvre	0.0	0.0	0.0	0.0	0.0	0.0	0.0	0.0	0.0	0.0
4000 Impôts sur le patrimoine	0.4	0.4	0.1	0.3	0.4	0.1	0.1	0.0	0.0	0.0
5000 Impôts sur les biens et services	23.4	51.1	71.7	100.2	89.1	7.1	7.9	6.7	8.0	7.9
6000 Autres impôts	0.0	0.0	0.0	0.1	0.1	0.0	0.0	0.0	0.0	0.0
Administrations d'un État/Régions										
Recettes fiscales totales	**5.0**	**16.9**	**44.1**	**66.7**	**68.4**	**1.5**	**2.6**	**4.1**	**5.4**	**6.1**
1000 Impôts sur revenu, bénéfices et gains en capital	0.4	5.6	28.1	47.0	52.1	0.1	0.9	2.6	3.8	4.6
2000 Cotisations de sécurité sociale	0.0	0.0	0.0	0.0	0.0	0.0	0.0	0.0	0.0	0.0
3000 Sur salaires ou main d'oeuvre	0.0	0.0	0.0	0.0	0.0	0.0	0.0	0.0	0.0	0.0
4000 Impôts sur le patrimoine	3.0	7.7	9.7	12.8	11.0	0.9	1.2	0.9	1.0	1.0
5000 Impôts sur les biens et services	1.6	3.6	6.3	6.9	5.3	0.5	0.6	0.6	0.6	0.5
6000 Autres impôts	0.0	0.0	0.0	0.0	0.0	0.0	0.0	0.0	0.0	0.0
Administrations locales										
Recettes fiscales totales	**8.1**	**19.0**	**30.3**	**39.7**	**36.3**	**2.5**	**2.9**	**2.8**	**3.2**	**3.2**
1000 Impôts sur revenu, bénéfices et gains en capital	1.9	3.5	5.2	7.1	6.8	0.6	0.5	0.5	0.6	0.6
2000 Cotisations de sécurité sociale	0.0	0.0	0.0	0.0	0.0	0.0	0.0	0.0	0.0	0.0
3000 Sur salaires ou main d'oeuvre	0.0	0.0	0.0	0.0	0.0	0.0	0.0	0.0	0.0	0.0
4000 Impôts sur le patrimoine	2.3	5.8	12.4	17.5	16.2	0.7	0.9	1.2	1.4	1.4
5000 Impôts sur les biens et services	3.9	9.7	12.8	15.1	13.3	1.2	1.5	1.2	1.2	1.2
6000 Autres impôts	0.0	0.0	0.0	0.0	0.0	0.0	0.0	0.0	0.0	0.0
Administrations de sécurité sociale										
Recettes fiscales totales	**36.4**	**72.4**	**123.7**	**149.0**	**150.8**	**11.1**	**11.2**	**11.5**	**12.0**	**13.4**
1000 Impôts sur revenu, bénéfices et gains en capital	0.0	0.0	0.0	0.0	0.0	0.0	0.0	0.0	0.0	0.0
2000 Cotisations de sécurité sociale	36.4	72.4	123.7	149.0	150.8	11.1	11.2	11.5	12.0	13.4
3000 Sur salaires ou main d'oeuvre	0.0	0.0	0.0	0.0	0.0	0.0	0.0	0.0	0.0	0.0
4000 Impôts sur le patrimoine	0.0	0.0	0.0	0.0	0.0	0.0	0.0	0.0	0.0	0.0
5000 Impôts sur les biens et services	0.0	0.0	0.0	0.0	0.0	0.0	0.0	0.0	0.0	0.0
6000 Autres impôts	0.0	0.0	0.0	0.0	0.0	0.0	0.0	0.0	0.0	0.0

Note : Des données et des notes plus détaillées par pays sont disponibles dans le chapitre 6 "Recettes fiscales des sous-secteurs de l'administration". Les séries temporelles complètes sont accessibles sur le site web http://oe.cd/series-temporelles-completes.

Source : Information from the Ministry of Finance for taxes and from Social Security System for social security contributions up to 1994. Since 1995 (accrual basis), national account data (IGAE-Ministry of Finance).

StatLink https://stat.link/yjz8e4

Tableau 4.67. Suède, recettes fiscales et % du PIB (sélection de catégories d'impôts)

	Milliard SEK					% du PIB				
	1990	2000	2010	2019	2020	1990	2000	2010	2019	2020
Recettes fiscales totales	**756.0**	**1 204.8**	**1 532.3**	**2 162.9**	**2 132.4**	**48.8**	**50.0**	**42.9**	**42.8**	**42.3**
1000 Impôts sur le revenu, les bénéfices et les gains en capital	**314.8**	**514.7**	**546.7**	**772.1**	**762.7**	**20.3**	**21.4**	**15.3**	**15.3**	**15.1**
1100 Des personnes physiques	291.1	427.0	430.9	620.2	613.9	18.8	17.7	12.1	12.3	12.2
1200 Des sociétés	23.7	87.8	115.8	152.0	148.8	1.5	3.6	3.2	3.0	3.0
1300 Non-ventilables entre 1100 et 1200	0.0	0.0	0.0	0.0	0.0	0.0	0.0	0.0	0.0	0.0
2000 Cotisations de sécurité sociale	**205.9**	**307.0**	**384.7**	**462.9**	**455.4**	**13.3**	**12.7**	**10.8**	**9.2**	**9.0**
2100 À la charge des salariés	0.8	63.1	89.2	128.2	131.0	0.1	2.6	2.5	2.5	2.6
2200 À la charge des employeurs	196.9	237.6	288.3	331.1	321.6	12.7	9.9	8.1	6.6	6.4
2300 À la charge des indép. ou sans emploi	8.1	5.6	7.6	4.3	4.1	0.5	0.2	0.2	0.1	0.1
2400 Non-ventilables entre 2100, 2200 et 2300	0.0	0.8	-0.4	-0.7	-1.4	0.0	0.0	0.0	0.0	0.0
3000 Sur les salaires ou main d'oeuvre	**18.7**	**50.1**	**107.5**	**268.8**	**255.9**	**1.2**	**2.1**	**3.0**	**5.3**	**5.1**
4000 Impôts sur le patrimoine	**26.6**	**39.9**	**36.5**	**47.3**	**47.9**	**1.7**	**1.7**	**1.0**	**0.9**	**1.0**
4100 Impôts périodiques sur la propriété immobilière	8.9	23.3	26.4	34.4	34.6	0.6	1.0	0.7	0.7	0.7
4200 Impôts périodiques sur l'actif net	3.2	8.2	0.0	0.0	0.0	0.2	0.3	0.0	0.0	0.0
4300 Impôts sur mut. par décès, succ. et donations	1.4	2.5	0.0	0.0	0.0	0.1	0.1	0.0	0.0	0.0
4400 Impôts sur transact. mobilières et immob.	13.1	5.8	10.1	12.9	13.3	0.8	0.2	0.3	0.3	0.3
4500 Impôts non périodiques sur	0.0	0.0	0.0	0.0	0.0	0.0	0.0	0.0	0.0	0.0
4600 Autres impôts périodiques sur patrimoine	0.0	0.0	0.0	0.0	0.0	0.0	0.0	0.0	0.0	0.0
5000 Impôts sur les biens et services	**188.7**	**291.6**	**455.4**	**610.2**	**608.2**	**12.2**	**12.1**	**12.7**	**12.1**	**12.1**
5100 Impôts sur production, vente, transfert, etc.	181.6	284.2	439.1	589.5	586.6	11.7	11.8	12.3	11.7	11.6
5110 Impôts généraux	112.4	199.6	326.7	459.8	461.3	7.3	8.3	9.1	9.1	9.2
5111 Taxes sur la valeur ajoutée	112.4	197.5	322.6	459.7	461.1	7.3	8.2	9.0	9.1	9.2
5120 Impôts sur biens et services déterminés	69.2	84.6	112.4	129.7	125.3	4.5	3.5	3.1	2.6	2.5
5121 Accises	55.3	70.3	91.5	104.5	105.1	3.6	2.9	2.6	2.1	2.1
5200 Impôts sur utilisation des biens et exerc. activités	7.1	7.4	16.4	20.7	21.6	0.5	0.3	0.5	0.4	0.4
5300 Non-ventilables entre 5100 et 5200	0.0	0.0	0.0	0.0	0.0	0.0	0.0	0.0	0.0	0.0
6000 Autres impôts	**1.3**	**1.5**	**1.4**	**1.7**	**2.4**	**0.1**	**0.1**	**0.0**	**0.0**	**0.0**
Crédits d'impôts récupérables										
Crédits d'impôts récupérables contre 1000	..	..	..	..	..	..	..	..	..	..
Composante transfert	..	..	..	..	..	..	..	..	..	..
Composante fiscale	..	..	..	..	..	..	..	..	..	..
Recettes fiscales collectés pour le compte de l'UE										
Recettes fiscales collectés pour le compte de l'UE, total	..	3.8	5.7	6.9	6.2	..	0.2	0.2	0.1	0.1
Droits de douane perçus pour le compte de l'UE	..	3.4	5.4	6.9	6.2	..	0.1	0.2	0.1	0.1

.. Non disponible

Note : Des données et des notes plus détaillées par pays sont disponibles dans le chapitre 5 "Tableaux détaillés par pays". Les séries temporelles complètes sont accessibles sur le site web http://oe.cd/series-temporelles-completes.

Source : National Financial Management Authority, Stockholm.

StatLink https://stat.link/xq1rsw

Tableau 4.68. Suède, recettes fiscales et % du PIB par niveaux d'administration (principaux impôts)

	Milliard SEK					% du PIB				
	1990	2000	2010	2019	2020	1990	2000	2010	2019	2020
Administrations fédérale ou centrale										
Recettes fiscales totales	**383.9**	**737.9**	**806.2**	**1 122.7**	**1 071.7**	**24.8**	**30.6**	**22.6**	**22.2**	**21.3**
1000 Impôts sur revenu, bénéfices et gains en capital	94.7	178.4	23.8	23.9	-3.4	6.1	7.4	0.7	0.5	-0.1
2000 Cotisations de sécurité sociale	54.8	180.2	201.2	196.3	186.3	3.5	7.5	5.6	3.9	3.7
3000 Sur salaires ou main d'oeuvre	18.7	50.1	107.5	268.8	255.9	1.2	2.1	3.0	5.3	5.1
4000 Impôts sur le patrimoine	26.6	39.9	22.5	28.6	28.6	1.7	1.7	0.6	0.6	0.6
5000 Impôts sur les biens et services	187.8	287.8	449.8	603.3	602.0	12.1	12.0	12.6	11.9	11.9
6000 Autres impôts	1.3	1.5	1.4	1.7	2.4	0.1	0.1	0.0	0.0	0.0
Administrations d'un État/Régions										
Recettes fiscales totales	..	..	..	..	..	..	..	..	..	..
1000 Impôts sur revenu, bénéfices et gains en capital	..	..	..	..	..	..	..	..	..	..
2000 Cotisations de sécurité sociale	..	..	..	..	..	..	..	..	..	..
3000 Sur salaires ou main d'oeuvre	..	..	..	..	..	..	..	..	..	..
4000 Impôts sur le patrimoine	..	..	..	..	..	..	..	..	..	..
5000 Impôts sur les biens et services	..	..	..	..	..	..	..	..	..	..
6000 Autres impôts	..	..	..	..	..	..	..	..	..	..
Administrations locales										
Recettes fiscales totales	**221.0**	**336.3**	**536.9**	**766.8**	**785.4**	**14.3**	**14.0**	**15.0**	**15.2**	**15.6**
1000 Impôts sur revenu, bénéfices et gains en capital	220.1	336.3	522.9	748.2	766.1	14.2	14.0	14.6	14.8	15.2
2000 Cotisations de sécurité sociale	0.0	0.0	0.0	0.0	0.0	0.0	0.0	0.0	0.0	0.0
3000 Sur salaires ou main d'oeuvre	0.0	0.0	0.0	0.0	0.0	0.0	0.0	0.0	0.0	0.0
4000 Impôts sur le patrimoine	0.0	0.0	14.0	18.6	19.3	0.0	0.0	0.4	0.4	0.4
5000 Impôts sur les biens et services	0.9	0.0	0.0	0.0	0.0	0.1	0.0	0.0	0.0	0.0
6000 Autres impôts	0.0	0.0	0.0	0.0	0.0	0.0	0.0	0.0	0.0	0.0
Administrations de sécurité sociale										
Recettes fiscales totales	**151.1**	**126.8**	**183.5**	**266.5**	**269.1**	**9.7**	**5.3**	**5.1**	**5.3**	**5.3**
1000 Impôts sur revenu, bénéfices et gains en capital	0.0	0.0	0.0	0.0	0.0	0.0	0.0	0.0	0.0	0.0
2000 Cotisations de sécurité sociale	151.1	126.8	183.5	266.5	269.1	9.7	5.3	5.1	5.3	5.3
3000 Sur salaires ou main d'oeuvre	0.0	0.0	0.0	0.0	0.0	0.0	0.0	0.0	0.0	0.0
4000 Impôts sur le patrimoine	0.0	0.0	0.0	0.0	0.0	0.0	0.0	0.0	0.0	0.0
5000 Impôts sur les biens et services	0.0	0.0	0.0	0.0	0.0	0.0	0.0	0.0	0.0	0.0
6000 Autres impôts	0.0	0.0	0.0	0.0	0.0	0.0	0.0	0.0	0.0	0.0

.. Non disponible

Note : Des données et des notes plus détaillées par pays sont disponibles dans le chapitre 6 "Recettes fiscales des sous-secteurs de l'administration". Les séries temporelles complètes sont accessibles sur le site web http://oe.cd/series-temporelles-completes.

Source : National Financial Management Authority, Stockholm.

StatLink https://stat.link/n42eaf

Tableau 4.69. Suisse, recettes fiscales et % du PIB (sélection de catégories d'impôts)

	Milliard CHF					% du PIB				
	1990	2000	2010	2019	2020	1990	2000	2010	2019	2020
Recettes fiscales totales	**85.5**	**127.5**	**161.2**	**198.3**	**194.4**	**23.1**	**27.[illegible]**	**25.6**	**27.3**	**27.5**
1000 Impôts sur le revenu, les bénéfices et les gains en capital	**40.0**	**55.8**	**73.6**	**95.5**	**89.9**	**10.8**	**11.8**	**11.7**	**13.1**	**12.7**
1100 Des personnes physiques	27.7	37.5	51.2	60.8	62.4	7.5	7.9	8.1	8.4	8.8
1200 Des sociétés	6.3	11.2	16.2	22.2	21.4	1.7	2.4	2.6	3.1	3.0
1300 Non-ventilables entre 1100 et 1200	6.1	7.1	6.2	12.5	6.1	1.6	1.5	1.0	1.7	0.9
2000 Cotisations de sécurité sociale	**19.9**	**30.8**	**38.3**	**47.1**	**48.9**	**5.4**	**6.5**	**6.1**	**6.5**	**6.9**
2100 À la charge des salariés	9.3	14.5	17.5	22.0	23.7	2.5	3.1	2.8	3.0	3.4
2200 À la charge des employeurs	9.3	14.5	17.6	22.0	22.0	2.5	3.1	2.8	3.0	3.1
2300 À la charge des indép. ou sans emploi	1.2	1.9	3.2	3.1	3.2	0.3	0.4	0.5	0.4	0.5
2400 Non-ventilables entre 2100, 2200 et 2300	0.0	0.0	0.0	0.0	0.0	0.0	0.0	0.0	0.0	0.0
3000 Sur les salaires ou main d'oeuvre	**0.0**	**0.0**	**0.0**	**0.0**	**0.0**	**0.0**	**0.0**	**0.0**	**0.0**	**0.0**
4000 Impôts sur le patrimoine	**7.6**	**12.3**	**12.4**	**15.2**	**15.7**	**2.1**	**2.3**	**2.0**	**2.1**	**2.2**
4100 Impôts périodiques sur la propriété immobilière	0.4	0.7	1.0	1.3	1.3	0.1	0.2	0.2	0.2	0.2
4200 Impôts périodiques sur l'actif net	3.4	5.3	7.1	9.9	10.0	0.9	1.1	1.1	1.4	1.4
4300 Impôts sur mut. par décès, succ. et donations	0.9	1.2	1.0	1.2	1.3	0.2	0.3	0.2	0.2	0.2
4400 Impôts sur transact. mobilières et immob.	2.2	4.3	2.4	1.7	2.0	0.6	0.3	0.4	0.2	0.3
4500 Impôts non périodiques sur	0.0	0.0	0.0	0.0	0.0	0.0	0.0	0.0	0.0	0.0
4600 Autres impôts périodiques sur patrimoine	0.6	0.8	0.9	1.1	1.2	0.2	0.2	0.1	0.1	0.2
5000 Impôts sur les biens et services	**17.9**	**28.3**	**36.4**	**39.5**	**38.9**	**4.8**	**6.0**	**5.8**	**5.4**	**5.5**
5100 Impôts sur production, vente, transfert, etc.	16.0	25.3	32.1	34.2	33.5	4.3	5.4	5.1	4.7	4.7
5110 Impôts généraux	9.9	16.9	20.9	22.7	22.4	2.7	3.6	3.3	3.1	3.2
5111 Taxes sur la valeur ajoutée	9.9	16.6	20.5	22.3	22.0	2.7	3.5	3.3	3.1	3.1
5120 Impôts sur biens et services déterminés	6.1	8.3	11.2	11.3	11.0	1.6	1.8	1.8	1.6	1.6
5121 Accises	4.6	6.8	8.3	8.4	8.0	1.2	1.4	1.3	1.1	1.1
5200 Impôts sur utilisation des biens et exerc. activités	1.9	3.0	4.2	5.3	5.4	0.5	0.6	0.7	0.7	0.8
5300 Non-ventilables entre 5100 et 5200	0.0	0.0	0.0	0.0	0.0	0.0	0.0	0.0	0.0	0.0
6000 Autres impôts	**0.1**	**0.2**	**0.6**	**1.0**	**1.0**	**0.0**	**0.0**	**0.1**	**0.1**	**0.1**
Crédits d'impôts récupérables										
Crédits d'impôts récupérables contre 1000	..	..	..	..	..	..	..	..	..	..
Composante transfert	..	..	..	..	..	..	..	..	..	..
Composante fiscale	..	..	..	..	..	..	..	..	..	..

.. Non disponible

Note : Des données et des notes plus détaillées par pays sont disponibles dans le chapitre 5 "Tableaux détaillés par pays". Les séries temporelles complètes sont accessibles sur le site web http://oe.cd/series-temporelles-completes.

Le total des recettes fiscales a été diminué du montant de tout transfert en capital représentant les impôts non perçus. Le transfert en capital a été directement diminué des impôts spécifiques auxquels il se rapporte. Par conséquent, les montants des recettes fiscales sont différents de ceux présentés dans le chapitre 5 "Tableaux détaillés par pays".

Source : Statistique financière, Administration fédérale des finances.

StatLink https://stat.link/1wketo

Tableau 4.70. Suisse, recettes fiscales et % du PIB par niveaux d'administration (principaux impôts)

	Milliard CHF					% du PIB				
	1990	2000	2010	2019	2020	1990	2000	2010	2019	2020
Administrations fédérale ou centrale										
Recettes fiscales totales	**29.4**	**47.3**	**58.5**	**71.0**	**65.1**	**7.9**	**10.0**	**9.3**	**9.8**	**9.2**
1000 Impôts sur revenu, bénéfices et gains en capital	10.9	17.0	22.7	33.3	27.6	2.9	3.6	3.6	4.6	3.9
2000 Cotisations de sécurité sociale	0.0	0.0	0.0	0.0	0.0	0.0	0.0	0.0	0.0	0.0
3000 Sur salaires ou main d'oeuvre	0.0	0.0	0.0	0.0	0.0	0.0	0.0	0.0	0.0	0.0
4000 Impôts sur le patrimoine	2.1	4.1	2.2	1.4	1.7	0.6	0.9	0.3	0.2	0.2
5000 Impôts sur les biens et services	16.4	26.1	33.5	36.3	35.7	4.4	5.5	5.3	5.0	5.1
6000 Autres impôts	0.0	0.0	0.0	0.1	0.1	0.0	0.0	0.0	0.0	0.0
Administrations d'un État/Régions										
Recettes fiscales totales	**21.3**	**28.9**	**39.9**	**49.6**	**49.8**	**5.8**	**6.1**	**6.3**	**6.8**	**7.1**
1000 Impôts sur revenu, bénéfices et gains en capital	16.4	21.7	30.8	37.6	37.6	4.4	4.6	4.9	5.2	5.3
2000 Cotisations de sécurité sociale	0.0	0.0	0.0	0.0	0.0	0.0	0.0	0.0	0.0	0.0
3000 Sur salaires ou main d'oeuvre	0.0	0.0	0.0	0.0	0.0	0.0	0.0	0.0	0.0	0.0
4000 Impôts sur le patrimoine	3.5	5.1	6.4	8.7	8.8	0.9	1.1	1.0	1.2	1.3
5000 Impôts sur les biens et services	1.4	2.1	2.7	3.0	3.0	0.4	0.4	0.4	0.4	0.4
6000 Autres impôts	0.0	0.0	0.0	0.3	0.4	0.0	0.0	0.0	0.0	0.1
Administrations locales										
Recettes fiscales totales	**14.9**	**20.5**	**24.6**	**30.6**	**30.6**	**4.0**	**4.3**	**3.9**	**4.2**	**4.3**
1000 Impôts sur revenu, bénéfices et gains en capital	12.7	17.1	20.1	24.6	24.6	3.4	3.6	3.2	3.4	3.5
2000 Cotisations de sécurité sociale	0.0	0.0	0.0	0.0	0.0	0.0	0.0	0.0	0.0	0.0
3000 Sur salaires ou main d'oeuvre	0.0	0.0	0.0	0.0	0.0	0.0	0.0	0.0	0.0	0.0
4000 Impôts sur le patrimoine	2.0	3.1	3.8	5.1	5.2	0.5	0.7	0.6	0.7	0.7
5000 Impôts sur les biens et services	0.1	0.1	0.1	0.2	0.2	0.0	0.0	0.0	0.0	0.0
6000 Autres impôts	0.1	0.2	0.6	0.6	0.6	0.0	0.0	0.1	0.1	0.1
Administrations de sécurité sociale										
Recettes fiscales totales	**19.9**	**30.8**	**38.3**	**47.1**	**48.9**	**5.4**	**6.5**	**6.1**	**6.5**	**6.9**
1000 Impôts sur revenu, bénéfices et gains en capital	0.0	0.0	0.0	0.0	0.0	0.0	0.0	0.0	0.0	0.0
2000 Cotisations de sécurité sociale	19.9	30.8	38.3	47.1	48.9	5.4	6.5	6.1	6.5	6.9
3000 Sur salaires ou main d'oeuvre	0.0	0.0	0.0	0.0	0.0	0.0	0.0	0.0	0.0	0.0
4000 Impôts sur le patrimoine	0.0	0.0	0.0	0.0	0.0	0.0	0.0	0.0	0.0	0.0
5000 Impôts sur les biens et services	0.0	0.0	0.0	0.0	0.0	0.0	0.0	0.0	0.0	0.0
6000 Autres impôts	0.0	0.0	0.0	0.0	0.0	0.0	0.0	0.0	0.0	0.0

Note : Des données et des notes plus détaillées par pays sont disponibles dans le chapitre 6 "Recettes fiscales des sous-secteurs de l'administration". Les séries temporelles complètes sont accessibles sur le site web http://oe.cd/series-temporelles-completes.
Le total des recettes fiscales a été diminué du montant de tout transfert en capital représentant les impôts non perçus. Le transfert en capital a été directement diminué des impôts spécifiques auxquels il se rapporte. Par conséquent, les montants des recettes fiscales sont différents de ceux présentés dans le chapitre 6 "Recettes fiscales des sous-secteurs de l'administration".
Source : Statistique financière, Administration fédérale des finances.

StatLink https://stat.link/w7bf3t

Tableau 4.71. Türkiye, recettes fiscales et % du PIB (sélection de catégories d'impôts)

	Milliard TRY					% du PIB				
	1990	2000	2010	2019	2020	1990	2000	2010	2019	2020
Recettes fiscales totales	**0.1**	**40.3**	**287.9**	**997.6**	**1 204.6**	**14.5**	**23.5**	**24.7**	**23.1**	**23.9**
1000 Impôts sur le revenu, les bénéfices et les gains en capital	**0.0**	**11.9**	**61.3**	**241.5**	**263.9**	**4.9**	**6.9**	**5.3**	**5.6**	**5.2**
1100 Des personnes physiques	0.0	9.0	40.4	162.7	158.8	3.9	5.2	3.5	3.8	3.1
1200 Des sociétés	0.0	2.9	20.9	78.8	105.1	1.0	1.7	1.8	1.8	2.1
1300 Non-ventilables entre 1100 et 1200	0.0	0.0	0.0	0.0	0.0	0.0	0.0	0.0	0.0	0.0
2000 Cotisations de sécurité sociale	**0.0**	**7.5**	**71.7**	**312.8**	**357.7**	**2.9**	**4.4**	**6.1**	**7.3**	**7.1**
2100 À la charge des salariés	0.0	2.7	26.9	120.1	137.7	1.1	1.5	2.3	2.8	2.7
2200 À la charge des employeurs	0.0	3.6	39.4	178.3	204.0	1.6	2.1	3.4	4.1	4.0
2300 À la charge des indép. ou sans emploi	0.0	1.2	5.4	14.4	15.9	0.2	0.7	0.5	0.3	0.3
2400 Non-ventilables entre 2100, 2200 et 2300	0.0	0.0	0.0	0.0	0.0	0.0	0.0	0.0	0.0	0.0
3000 Sur les salaires ou main d'oeuvre	**0.0**	**0.0**	**0.0**	**0.0**	**0.0**	**0.0**	**0.0**	**0.0**	**0.0**	**0.0**
4000 Impôts sur le patrimoine	**0.0**	**1.3**	**11.7**	**41.7**	**53.5**	**0.3**	**0.7**	**1.0**	**1.0**	**1.1**
4100 Impôts périodiques sur la propriété immobilière	0.0	0.2	2.7	9.7	11.2	0.0	0.1	0.2	0.2	0.2
4200 Impôts périodiques sur l'actif net	0.0	0.0	0.0	0.0	0.0	0.0	0.0	0.0	0.0	0.0
4300 Impôts sur mut. par décès, succ. et donations	0.0	0.0	0.2	1.1	1.3	0.0	0.0	0.0	0.0	0.0
4400 Impôts sur transact. mobilières et immob.	0.0	1.1	8.8	30.9	41.0	0.3	0.6	0.8	0.7	0.8
4500 Impôts non périodiques sur	0.0	0.0	0.0	0.0	0.0	0.0	0.0	0.0	0.0	0.0
4600 Autres impôts périodiques sur patrimoine	0.0	0.0	0.0	0.0	0.0	0.0	0.0	0.0	0.0	0.0
5000 Impôts sur les biens et services	**0.0**	**16.9**	**137.3**	**389.1**	**517.3**	**4.1**	**9.9**	**11.8**	**9.0**	**10.2**
5100 Impôts sur production, vente, transfert, etc.	0.0	16.3	131.9	373.7	500.4	4.0	9.5	11.3	8.7	9.9
5110 Impôts généraux	0.0	9.7	62.5	180.7	230.8	2.9	5.7	5.4	4.2	4.6
5111 Taxes sur la valeur ajoutée	0.0	9.7	62.5	180.7	230.8	2.7	5.7	5.4	4.2	4.6
5120 Impôts sur biens et services déterminés	0.0	6.6	69.3	193.0	269.6	1.1	3.8	5.9	4.5	5.3
5121 Accises	0.0	4.7	57.3	147.1	207.3	0.1	2.8	4.9	3.4	4.1
5200 Impôts sur utilisation des biens et exerc. activités	0.0	0.6	5.4	15.4	16.9	0.1	0.3	0.5	0.4	0.3
5300 Non-ventilables entre 5100 et 5200	0.0	0.0	0.0	0.0	0.0	0.0	0.0	0.0	0.0	0.0
6000 Autres impôts	**0.0**	**2.7**	**5.9**	**12.4**	**12.2**	**2.4**	**1.6**	**0.5**	**0.3**	**0.2**
Crédits d'impôts récupérables										
Crédits d'impôts récupérables contre 1000	..	..	..	..	..	..	..	..	..	..
Composante transfert	..	..	..	..	..	..	..	..	..	..
Composante fiscale	..	..	..	..	..	..	..	..	..	..

.. Non disponible

Note : Des données et des notes plus détaillées par pays sont disponibles dans le chapitre 5 "Tableaux détaillés par pays". Les séries temporelles complètes sont accessibles sur le site web http://oe.cd/series-temporelles-completes.

Source : Bulletin of national accounts and the Budget revenue Bulletin.

StatLink https://stat.link/6fbicm

Tableau 4.72. Türkiye, recettes fiscales et % du PIB par niveaux d'administration (principaux impôts)

	Milliard TRY					% du PIB				
	1990	2000	2010	2019	2020	1990	2000	2010	2019	2020
Administrations fédérale ou centrale										
Recettes fiscales totales	**0.1**	**29.1**	**189.4**	**593.1**	**733.6**	**10.4**	**17.0**	**16.2**	**13.8**	**14.5**
1000 Impôts sur revenu, bénéfices et gains en capital	0.0	10.5	54.6	212.3	231.8	4.3	6.1	4.7	4.9	4.6
2000 Cotisations de sécurité sociale	0.0	0.0	0.0	0.0	0.0	0.0	0.0	0.0	0.0	0.0
3000 Sur salaires ou main d'oeuvre	0.0	0.0	0.0	0.0	0.0	0.0	0.0	0.0	0.0	0.0
4000 Impôts sur le patrimoine	0.0	0.9	8.1	28.3	37.2	0.3	0.5	0.7	0.7	0.7
5000 Impôts sur les biens et services	0.0	15.2	124.0	346.1	459.6	3.6	8.9	10.6	8.0	9.1
6000 Autres impôts	0.0	2.5	2.7	6.4	5.1	2.2	1.4	0.2	0.1	0.1
Administrations d'un État/Régions										
Recettes fiscales totales	**..**	**..**	**..**	**..**	**..**	**..**	**..**	**..**	**..**	**..**
1000 Impôts sur revenu, bénéfices et gains en capital	..	..	..	..	..	..	..	..	..	..
2000 Cotisations de sécurité sociale	..	..	..	..	..	..	..	..	..	..
3000 Sur salaires ou main d'oeuvre	..	..	..	..	..	..	..	..	..	..
4000 Impôts sur le patrimoine	..	..	..	..	..	..	..	..	..	..
5000 Impôts sur les biens et services	..	..	..	..	..	..	..	..	..	..
6000 Autres impôts	..	..	..	..	..	..	..	..	..	..
Administrations locales										
Recettes fiscales totales	**0.0**	**3.6**	**26.8**	**91.7**	**113.3**	**1.3**	**2.1**	**2.3**	**2.1**	**2.2**
1000 Impôts sur revenu, bénéfices et gains en capital	0.0	1.4	6.7	29.2	32.1	0.6	0.8	0.6	0.7	0.6
2000 Cotisations de sécurité sociale	0.0	0.0	0.0	0.0	0.0	0.0	0.0	0.0	0.0	0.0
3000 Sur salaires ou main d'oeuvre	0.0	0.0	0.0	0.0	0.0	0.0	0.0	0.0	0.0	0.0
4000 Impôts sur le patrimoine	0.0	0.3	3.6	13.4	16.4	0.0	0.2	0.3	0.3	0.3
5000 Impôts sur les biens et services	0.0	1.7	13.3	43.0	57.7	0.5	1.0	1.1	1.0	1.1
6000 Autres impôts	0.0	0.2	3.2	6.0	7.1	0.2	0.1	0.3	0.1	0.1
Administrations de sécurité sociale										
Recettes fiscales totales	**0.0**	**7.5**	**71.7**	**312.8**	**357.7**	**2.9**	**4.4**	**6.1**	**7.3**	**7.1**
1000 Impôts sur revenu, bénéfices et gains en capital	0.0	0.0	0.0	0.0	0.0	0.0	0.0	0.0	0.0	0.0
2000 Cotisations de sécurité sociale	0.0	7.5	71.7	312.8	357.7	2.9	4.4	6.1	7.3	7.1
3000 Sur salaires ou main d'oeuvre	0.0	0.0	0.0	0.0	0.0	0.0	0.0	0.0	0.0	0.0
4000 Impôts sur le patrimoine	0.0	0.0	0.0	0.0	0.0	0.0	0.0	0.0	0.0	0.0
5000 Impôts sur les biens et services	0.0	0.0	0.0	0.0	0.0	0.0	0.0	0.0	0.0	0.0
6000 Autres impôts	0.0	0.0	0.0	0.0	0.0	0.0	0.0	0.0	0.0	0.0

.. Non disponible
Note : Des données et des notes plus détaillées par pays sont disponibles dans le chapitre 6 "Recettes fiscales des sous-secteurs de l'administration". Les séries temporelles complètes sont accessibles sur le site web http://oe.cd/series-temporelles-completes.
Source : Bulletin of national accounts and the Budget revenue Bulletin.

StatLink https://stat.link/r4nmaj

Tableau 4.73. Royaume-Uni, recettes fiscales et % du PIB (sélection de catégories d'impôts)

	Milliard GBP					% du PIB				
	1990	2000	2010	2019	2020	1990	2000	2010	2019	2020
Recettes fiscales totales	**202.4**	**359.7**	**515.3**	**726.7**	**690.5**	**32.9**	**32.7**	**32.0**	**32.2**	**32.1**
1000 Impôts sur le revenu, les bénéfices et les gains en capital	**79.6**	**142.2**	**192.8**	**251.7**	**247.3**	**12.9**	**12.9**	**12.0**	**11.2**	**11.5**
1100 Des personnes physiques	59.5	104.1	147.0	200.5	197.2	9.7	9.5	9.1	8.9	9.2
1200 Des sociétés	20.1	38.1	45.8	51.3	50.1	3.3	3.5	2.8	2.3	2.3
1300 Non-ventilables entre 1100 et 1200	0.0	0.0	0.0	0.0	0.0	0.0	0.0	0.0	0.0	0.0
2000 Cotisations de sécurité sociale	**34.5**	**60.3**	**97.3**	**143.3**	**145.0**	**5.6**	**5.5**	**6.0**	**6.4**	**6.7**
2100 À la charge des salariés	13.3	24.2	38.7	56.2	56.8	2.2	2.2	2.4	2.5	2.6
2200 À la charge des employeurs	20.0	34.0	55.9	82.7	84.0	3.2	3.1	3.5	3.7	3.9
2300 À la charge des indép. ou sans emploi	1.2	2.0	2.8	4.4	4.1	0.2	0.2	0.2	0.2	0.2
2400 Non-ventilables entre 2100, 2200 et 2300	0.0	0.0	0.0	0.0	0.0	0.0	0.0	0.0	0.0	0.0
3000 Sur les salaires ou main d'oeuvre	**0.0**	**0.0**	**0.0**	**2.8**	**2.9**	**0.0**	**0.0**	**0.0**	**0.1**	**0.1**
4000 Impôts sur le patrimoine	**16.5**	**41.1**	**61.8**	**90.3**	**80.1**	**2.7**	**3.7**	**3.8**	**4.0**	**3.7**
4100 Impôts périodiques sur la propriété immobilière	13.5	30.6	50.0	68.8	61.3	2.2	2.8	3.1	3.0	2.9
4200 Impôts périodiques sur l'actif net	0.0	0.0	0.0	0.0	0.0	0.0	0.0	0.0	0.0	0.0
4300 Impôts sur mut. par décès, succ. et donations	1.3	2.2	2.6	5.2	5.3	0.2	0.2	0.2	0.2	0.2
4400 Impôts sur transact. mobilières et immob.	1.8	8.4	9.1	16.0	13.2	0.3	0.8	0.6	0.7	0.6
4500 Impôts non périodiques sur	0.0	0.0	0.0	0.5	0.4	0.0	0.0	0.0	0.0	0.0
4600 Autres impôts périodiques sur patrimoine	0.0	0.0	0.0	0.0	0.0	0.0	0.0	0.0	0.0	0.0
5000 Impôts sur les biens et services	**62.8**	**116.1**	**163.4**	**238.6**	**215.1**	**10.2**	**10.6**	**10.1**	**10.6**	**10.0**
5100 Impôts sur production, vente, transfert, etc.	59.4	110.8	155.5	229.6	206.1	9.6	10.1	9.6	10.2	9.6
5110 Impôts généraux	34.1	65.0	97.6	155.0	139.5	5.5	5.9	6.1	6.9	6.5
5111 Taxes sur la valeur ajoutée	34.1	65.0	97.6	155.0	139.5	5.5	5.9	6.1	6.9	6.5
5120 Impôts sur biens et services déterminés	25.2	45.8	57.8	74.6	66.6	4.1	4.2	3.6	3.3	3.1
5121 Accises	19.7	37.3	45.5	49.3	44.9	3.2	3.4	2.8	2.2	2.1
5200 Impôts sur utilisation des biens et exerc. activités	3.4	5.3	7.9	9.0	9.1	0.6	0.5	0.5	0.4	0.4
5300 Non-ventilables entre 5100 et 5200	0.0	0.0	0.0	0.0	0.0	0.0	0.0	0.0	0.0	0.0
6000 Autres impôts	**9.0**	**0.0**	**0.0**	**0.0**	**0.0**	**1.5**	**0.0**	**0.0**	**0.0**	**0.0**
Crédits d'impôts récupérables										
Crédits d'impôts récupérables contre 1000	7.5	4.7	30.2	25.3	23.9	1.2	0.4	1.9	1.1	1.1
Composante transfert	0.5	3.4	23.7	21.4	19.9	0.1	0.3	1.5	0.9	0.9
Composante fiscale	7.0	1.2	6.5	3.9	4.0	1.1	0.1	0.4	0.2	0.2
Recettes fiscales collectés pour le compte de l'UE										
Recettes fiscales collectés pour le compte de l'UE, total	1.8	2.1	2.9	3.3	2.9	0.3	0.2	0.2	0.1	0.1
Droits de douane perçus pour le compte de l'UE	..	1.8	2.9	3.3	2.9	..	0.2	0.2	0.1	0.1

.. Non disponible

Note : Veuillez noter que les données relatives aux crédits d'impôt récupérables pour le Royaume-Uni sont sur la base d'encaissements et incluent des estimations pour certaines années. Veuillez consulter les notes de bas de page du tableau pour le Royaume-Uni au chapitre 5 pour plus d'informations.

Les recettes fiscales supranationales déclarées par le Royaume-Uni sont déclarées jusqu'en 2020 dans Les statistiques des recettes publiques. À partir de 2021, à la fin de la période de transition du Brexit, cela prend fin et les taxes introduites ultérieurement par le Royaume-Uni sont reflétées dans la catégorie de taxe appropriée au niveau national ou infranational des administrations publiques, selon le cas.

Des données et des notes plus détaillées par pays sont disponibles dans le chapitre 5 "Tableaux détaillés par pays". Les séries temporelles complètes sont accessibles sur le site web http://oe.cd/series-temporelles-completes.

Source : National Income and Expenditure; Central Statistical Office; Annual reports of His Majesty's Revenue and Customs.

StatLink https://stat.link/7c1853

Tableau 4.74. Royaume-Uni, recettes fiscales et % du PIB par niveaux d'administration (principaux impôts)

	Milliard GBP					% du PIB				
	1990	2000	2010	2019	2020	1990	2000	2010	2019	2020
Administrations fédérale ou centrale										
Recettes fiscales totales	**151.9**	**283.1**	**388.7**	**542.5**	**503.9**	**24.7**	**25.8**	**24.1**	**24.1**	**23.4**
1000 Impôts sur revenu, bénéfices et gains en capital	79.6	142.2	192.8	251.7	247.3	12.9	12.9	12.0	11.2	11.5
2000 Cotisations de sécurité sociale	0.0	0.0	0.0	0.0	0.0	0.0	0.0	0.0	0.0	0.0
3000 Sur salaires ou main d'oeuvre	0.0	0.0	0.0	2.8	2.9	0.0	0.0	0.0	0.1	0.1
4000 Impôts sur le patrimoine	11.4	26.9	35.5	52.7	41.4	1.9	2.5	2.2	2.3	1.9
5000 Impôts sur les biens et services	60.9	114.0	160.4	235.2	212.2	9.9	10.4	10.0	10.4	9.9
6000 Autres impôts	0.0	0.0	0.0	0.0	0.0	0.0	0.0	0.0	0.0	0.0
Administrations d'un État/Régions										
Recettes fiscales totales	**..**	**..**	**..**	**..**	**..**	**..**	**..**	**..**	**..**	**..**
1000 Impôts sur revenu, bénéfices et gains en capital	..	..	..	..	..	..	..	..	..	..
2000 Cotisations de sécurité sociale	..	..	..	..	..	..	..	..	..	..
3000 Sur salaires ou main d'oeuvre	..	..	..	..	..	..	..	..	..	..
4000 Impôts sur le patrimoine	..	..	..	..	..	..	..	..	..	..
5000 Impôts sur les biens et services	..	..	..	..	..	..	..	..	..	..
6000 Autres impôts	..	..	..	..	..	..	..	..	..	..
Administrations locales										
Recettes fiscales totales	**14.1**	**14.2**	**26.2**	**37.6**	**38.7**	**2.3**	**1.3**	**1.6**	**1.7**	**1.8**
1000 Impôts sur revenu, bénéfices et gains en capital	0.0	0.0	0.0	0.0	0.0	0.0	0.0	0.0	0.0	0.0
2000 Cotisations de sécurité sociale	0.0	0.0	0.0	0.0	0.0	0.0	0.0	0.0	0.0	0.0
3000 Sur salaires ou main d'oeuvre	0.0	0.0	0.0	0.0	0.0	0.0	0.0	0.0	0.0	0.0
4000 Impôts sur le patrimoine	5.1	14.2	26.2	37.6	38.7	0.8	1.3	1.6	1.7	1.8
5000 Impôts sur les biens et services	0.0	0.0	0.0	0.0	0.0	0.0	0.0	0.0	0.0	0.0
6000 Autres impôts	9.0	0.0	0.0	0.0	0.0	1.5	0.0	0.0	0.0	0.0
Administrations de sécurité sociale										
Recettes fiscales totales	**34.5**	**60.3**	**97.3**	**143.3**	**145.0**	**5.6**	**5.5**	**6.0**	**6.4**	**6.7**
1000 Impôts sur revenu, bénéfices et gains en capital	0.0	0.0	0.0	0.0	0.0	0.0	0.0	0.0	0.0	0.0
2000 Cotisations de sécurité sociale	34.5	60.3	97.3	143.3	145.0	5.6	5.5	6.0	6.4	6.7
3000 Sur salaires ou main d'oeuvre	0.0	0.0	0.0	0.0	0.0	0.0	0.0	0.0	0.0	0.0
4000 Impôts sur le patrimoine	0.0	0.0	0.0	0.0	0.0	0.0	0.0	0.0	0.0	0.0
5000 Impôts sur les biens et services	0.0	0.0	0.0	0.0	0.0	0.0	0.0	0.0	0.0	0.0
6000 Autres impôts	0.0	0.0	0.0	0.0	0.0	0.0	0.0	0.0	0.0	0.0

.. Non disponible

Note : Des données et des notes plus détaillées par pays sont disponibles dans le chapitre 6 "Recettes fiscales des sous-secteurs de l'administration". Les séries temporelles complètes sont accessibles sur le site web http://oe.cd/series-temporelles-completes.

Source : National Income and Expenditure; Central Statistical Office; Annual reports of His Majesty's Revenue and Customs.

StatLink https://stat.link/4y5gxu

Tableau 4.75. États-Unis, recettes fiscales et % du PIB (sélection de catégories d'impôts)

	Milliard USD					% du PIB				
	1990	2000	2010	2019	2020	1990	2000	2010	2019	2020
Recettes fiscales totales	**1 552.4**	**2 900.5**	**3 517.1**	**5 385.0**	**5 380.2**	**26.0**	**28.3**	**23.4**	**25.2**	**25.8**
1000 Impôts sur le revenu, les bénéfices et les gains en capital	**701.7**	**1 453.9**	**1 488.7**	**2 482.9**	**2 446.9**	**11.8**	**14.2**	**9.9**	**11.6**	**11.7**
1100 Des personnes physiques	584.7	1 224.5	1 223.2	2 193.0	2 183.2	9.8	11.9	8.1	10.3	10.4
1200 Des sociétés	117.0	229.3	265.5	289.9	263.8	2.0	2.2	1.8	1.4	1.3
1300 Non-ventilables entre 1100 et 1200	0.0	0.0	0.0	0.0	0.0	0.0	0.0	0.0	0.0	0.0
2000 Cotisations de sécurité sociale	**397.0**	**683.1**	**917.4**	**1 308.7**	**1 334.0**	**6.7**	**6.7**	**6.1**	**6.1**	**6.4**
2100 À la charge des salariés	173.9	305.6	406.4	597.6	607.3	2.9	3.0	2.7	2.8	2.9
2200 À la charge des employeurs	204.1	343.2	461.7	642.8	656.6	3.4	3.3	3.1	3.0	3.1
2300 À la charge des indép. ou sans emploi	19.0	34.4	49.3	68.3	70.1	0.3	0.3	0.3	0.3	0.3
2400 Non-ventilables entre 2100, 2200 et 2300	0.0	0.0	0.0	0.0	0.0	0.0	0.0	0.0	0.0	0.0
3000 Sur les salaires ou main d'oeuvre	**0.0**	**0.0**	**2.3**	**2.3**	**3.4**	**0.0**	**0.0**	**0.0**	**0.0**	**0.0**
4000 Impôts sur le patrimoine	**182.4**	**299.5**	**473.4**	**649.5**	**669.2**	**3.1**	**2.9**	**3.1**	**3.0**	**3.2**
4100 Impôts périodiques sur la propriété immobilière	161.5	254.7	438.6	599.6	615.3	2.7	2.5	2.9	2.8	2.9
4200 Impôts périodiques sur l'actif net	0.0	0.0	0.0	0.0	0.0	0.0	0.0	0.0	0.0	0.0
4300 Impôts sur mut. par décès, succ. et donations	15.8	35.6	19.7	21.7	24.8	0.3	0.3	0.1	0.1	0.1
4400 Impôts sur transact. mobilières et immob.	2.1	4.4	7.5	17.5	18.1	0.0	0.0	0.0	0.1	0.1
4500 Impôts non périodiques sur	0.0	0.0	0.0	0.0	0.0	0.0	0.0	0.0	0.0	0.0
4600 Autres impôts périodiques sur patrimoine	3.0	4.8	7.7	10.6	10.9	0.0	0.0	0.1	0.0	0.1
5000 Impôts sur les biens et services	**271.3**	**464.0**	**635.3**	**941.7**	**926.7**	**4.5**	**4.5**	**4.2**	**4.4**	**4.4**
5100 Impôts sur production, vente, transfert, etc.	235.2	404.1	546.7	823.8	809.5	3.9	3.9	3.6	3.9	3.9
5110 Impôts généraux	125.6	221.4	295.1	443.9	448.9	2.1	2.2	2.0	2.1	2.1
5111 Taxes sur la valeur ajoutée	0.0	0.0	0.0	0.0	0.0	0.0	0.0	0.0	0.0	0.0
5120 Impôts sur biens et services déterminés	109.7	182.7	251.6	379.9	360.7	1.8	1.8	1.7	1.8	1.7
5121 Accises	65.0	108.6	146.6	165.9	162.0	1.1	1.1	1.0	0.8	0.8
5200 Impôts sur utilisation des biens et exerc. activités	36.1	59.9	88.6	117.9	117.2	0.6	0.6	0.6	0.6	0.6
5300 Non-ventilables entre 5100 et 5200	0.0	0.0	0.0	0.0	0.0	0.0	0.0	0.0	0.0	0.0
6000 Autres impôts	**0.0**	**0.0**	**0.0**	**0.0**	**0.0**	**0.0**	**0.0**	**0.0**	**0.0**	**0.0**
Crédits d'impôts récupérables										
Crédits d'impôts récupérables contre 1000	6.2	36.5	171.9	256.0	526.6	0.1	0.4	1.1	1.2	2.5
Composante transfert	4.4	26.9	101.8	153.0	433.7	0.1	0.3	0.7	0.7	2.1
Composante fiscale	1.8	9.6	70.1	103.0	93.0	0.0	0.1	0.5	0.5	0.4

Note : Des données et des notes plus détaillées par pays sont disponibles dans le chapitre 5 "Tableaux détaillés par pays". Les séries temporelles complètes sont accessibles sur le site web http://oe.cd/series-temporelles-completes.

Source : Federal estimates are derived from the US Budget, the Final Monthly Treasury Statement and the Annual Report of the US Treasury Department. The State and Local estimates are derived from Government Finances, published by the Bureau of the Census.

StatLink https://stat.link/r8wl2o

Tableau 4.76. États-Unis, recettes fiscales et % du PIB par niveaux d'administration (principaux impôts)

	Milliard USD					% du PIB				
	1990	2000	2010	2019	2020	1990	2000	2010	2019	2020
Administrations fédérale ou centrale										
Recettes fiscales totales	**632.2**	**1 316.6**	**1 288.7**	**2 143.8**	**2 076.9**	**10.6**	**12.8**	**8.6**	**10.0**	**9.9**
1000 Impôts sur revenu, bénéfices et gains en capital	569.7	1 201.3	1 176.8	1 952.9	1 899.8	9.6	11.7	7.8	9.1	9.1
2000 Cotisations de sécurité sociale	0.0	0.0	0.0	0.0	0.0	0.0	0.0	0.0	0.0	0.0
3000 Sur salaires ou main d'oeuvre	0.0	0.0	0.0	0.0	0.0	0.0	0.0	0.0	0.0	0.0
4000 Impôts sur le patrimoine	11.6	28.1	15.1	16.2	19.1	0.2	0.3	0.1	0.1	0.1
5000 Impôts sur les biens et services	50.9	87.3	96.8	174.7	158.0	0.9	0.9	0.6	0.8	0.8
6000 Autres impôts	0.0	0.0	0.0	0.0	0.0	0.0	0.0	0.0	0.0	0.0
Administrations d'un État/Régions										
Recettes fiscales totales	**309.7**	**547.6**	**723.9**	**1 118.2**	**1 133.1**	**5.2**	**5.3**	**4.8**	**5.2**	**5.4**
1000 Impôts sur revenu, bénéfices et gains en capital	120.2	231.0	279.4	483.9	498.7	2.0	2.3	1.9	2.3	2.4
2000 Cotisations de sécurité sociale	0.0	0.0	0.0	0.0	0.0	0.0	0.0	0.0	0.0	0.0
3000 Sur salaires ou main d'oeuvre	0.0	0.0	2.3	2.3	3.4	0.0	0.0	0.0	0.0	0.0
4000 Impôts sur le patrimoine	12.2	21.9	23.1	36.5	37.6	0.2	0.2	0.2	0.2	0.2
5000 Impôts sur les biens et services	177.3	294.7	419.1	595.5	593.5	3.0	2.9	2.8	2.8	2.8
6000 Autres impôts	0.0	0.0	0.0	0.0	0.0	0.0	0.0	0.0	0.0	0.0
Administrations locales										
Recettes fiscales totales	**213.6**	**353.2**	**587.2**	**814.3**	**836.2**	**3.6**	**3.4**	**3.9**	**3.8**	**4.0**
1000 Impôts sur revenu, bénéfices et gains en capital	11.9	21.6	32.5	46.0	48.5	0.2	0.2	0.2	0.2	0.2
2000 Cotisations de sécurité sociale	0.0	0.0	0.0	0.0	0.0	0.0	0.0	0.0	0.0	0.0
3000 Sur salaires ou main d'oeuvre	0.0	0.0	0.0	0.0	0.0	0.0	0.0	0.0	0.0	0.0
4000 Impôts sur le patrimoine	158.6	249.5	435.3	596.8	612.5	2.7	2.4	2.9	2.8	2.9
5000 Impôts sur les biens et services	43.1	82.0	119.4	171.5	175.2	0.7	0.8	0.8	0.8	0.8
6000 Autres impôts	0.0	0.0	0.0	0.0	0.0	0.0	0.0	0.0	0.0	0.0
Administrations de sécurité sociale										
Recettes fiscales totales	**397.0**	**683.1**	**917.4**	**1 308.7**	**1 334.0**	**6.7**	**6.7**	**6.1**	**6.1**	**6.4**
1000 Impôts sur revenu, bénéfices et gains en capital	0.0	0.0	0.0	0.0	0.0	0.0	0.0	0.0	0.0	0.0
2000 Cotisations de sécurité sociale	397.0	683.1	917.4	1 308.7	1 334.0	6.7	6.7	6.1	6.1	6.4
3000 Sur salaires ou main d'oeuvre	0.0	0.0	0.0	0.0	0.0	0.0	0.0	0.0	0.0	0.0
4000 Impôts sur le patrimoine	0.0	0.0	0.0	0.0	0.0	0.0	0.0	0.0	0.0	0.0
5000 Impôts sur les biens et services	0.0	0.0	0.0	0.0	0.0	0.0	0.0	0.0	0.0	0.0
6000 Autres impôts	0.0	0.0	0.0	0.0	0.0	0.0	0.0	0.0	0.0	0.0

Note : Des données et des notes plus détaillées par pays sont disponibles dans le chapitre 6 "Recettes fiscales des sous-secteurs de l'administration". Les séries temporelles complètes sont accessibles sur le site web http://oe.cd/series-temporelles-completes.
Source : Federal estimates are derived from the US Budget, the Final Monthly Treasury Statement and the Annual Report of the US Treasury Department. The State and Local estimates are derived from Government Finances, published by the Bureau of the Census.

StatLink https://stat.link/x98ztb

4.2 Tableaux pour mémoire

Le Tableau 4.77 présente les différentes sources de financement des prestations sociales, au-delà des cotisations obligatoires de sécurité sociale reportées dans la section 4.1. Cette table montre également les données concernant les autres impôts, les cotisations volontaires aux administrations et les cotisations obligatoires au secteur privé.

Le Tableau 4.78 contient les cotisations de sécurité sociale et les impôts sur les salaires acquittés par les administrations. Lors de la révision du Guide d'interprétation en 1984, la question s'est posée de savoir comment il convenait de traiter les impôts acquittés par les administrations. Les deux exemples les plus marquants d'impôts de ce type sont les cotisations de sécurité sociale et les impôts sur les salaires acquittés par les administrations au titre de leurs agents. Après un échange de vues approfondi, il a été décidé que les données présentées dans cette publication continueraient d'inclure les impôts acquittés par les administrations (voir le §7 du Guide d'interprétation dans l'Annexe A).

Alors qu'il a été admis qu'à certaines fins (par exemple, pour mesurer le flux de paiements allant du secteur privé au secteur des administrations), il conviendrait d'exclure les impôts payés par un secteur de l'administration à un autre ou les impôts acquittés entre les différentes unités d'un même secteur de l'administration, il a été décidé que les impôts acquittés par les administrations devaient être inclus dans les données lorsque l'on comptabilise tous les flux d'impôts de l'ensemble de l'économie. Cette prise en compte permet d'être sûr que les différents flux de ressources d'une économie, y compris la valeur de la production des administrations, sont bien mesurés de façon cohérente nette d'impôt.

Il a été toutefois décidé que les données sur les impôts acquittés par les administrations et que l'on pouvait identifier isolément seraient présentées séparément dans un poste pour mémoire et c'est l'objet des tableaux par pays qui suivent.

Les données reproduites dans les tableaux suivants ont trait aux montants effectifs versés par les administrations publiques au titre de leurs agents. Les cotisations fictives, volontaires et imputées sont exclues de ces données. Les définitions des cotisations de sécurité sociale, des impôts sur les salaires et des administrations publiques correspondent aux définitions données aux §40 á § 46, §47 et §3 á § 4 du Guide d'interprétation. Les informations sur les autres impôts payés par les administrations (à savoir impôts sur la propriété et impôts sur la consommation) ne sont pas disponibles pour la plupart des pays, même s'il semble bien que, dans tous les pays, les impôts assis sur les salaires sont les impôts les plus importants qu'acquittent les administrations. Dans beaucoup de cas, les données sont estimées et ne sont pas toujours établies sur une base compatible avec celle utilisée dans les tableaux principaux.

Tableau 4.77. Financement des prestations de sécurité sociale

En % du PIB

	Total					2020				
	1990	2000	2010	2019	2020	Cotisations de sécurité sociale	Autres impôts	Contributions volontaires au gouvernement	Contributions obligatoires au secteur privé	Total
Allemagne	14.2	15.6	14.4	15.2	15.7	15.0	0.0	0.2	0.4	15.7
Australie	0.0	0.0	0.0	0.0	0.0	..	..	..	..	0.0
Autriche	13.0	14.4	14.1	14.9	15.6	15.5	0.0	0.1	0.0	15.6
Belgique	14.2	15.6	18.5	17.2	18.0	13.6	4.4	0.0	0.0	18.0
Canada	4.3	4.7	4.6	4.7	4.9	4.9	0.0	0.0	0.0	4.9
Chili	4.6	6.2	6.2	7.6	7.6	1.5	0.0	0.0	6.1	7.6
Colombie	0.9	2.6	7.1	6.0	6.0	1.9	0.0	0.0	4.1	6.0
Corée	1.9	3.5	5.2	7.3	7.8	7.8	0.0	0.0	0.0	7.8
Costa Rica	6.5	6.4	7.3	8.0	8.2	8.2	..	..	..	8.2
Danemark	1.1	2.0	1.3	0.8	0.8	0.1	0.0	0.6	0.1	0.8
Espagne	11.2	11.6	12.0	12.3	13.8	13.8	0.0	0.1	0.0	13.8
Estonie	..	10.9	13.0	12.8	13.3	12.1	0.0	0.0	1.1	13.3
États-Unis	6.9	6.9	6.5	6.6	7.0	6.4	0.0	0.6	0.0	7.0
Finlande	12.2	12.4	12.5	12.2	11.8	11.5	0.0	0.1	0.3	11.8
France	18.4	21.0	23.0	24.4	25.0	14.8	10.1	0.0	0.0	25.0
Grèce	7.6	10.1	11.0	12.1	12.9	12.9	0.0	0.0	0.0	12.9
Hongrie	..	13.2	12.9	12.0	11.4	11.1	0.3	0.0	0.0	11.4
Irlande	4.6	3.7	5.1	3.7	3.3	3.3	0.0	0.0	0.0	3.3
Islande	10.0	13.4	14.1	15.5	18.8	3.0	9.2	0.0	6.6	18.8
Israël	..	5.0	6.1	7.8	7.9	5.1	0.0	0.0	2.8	7.9
Italie	11.9	11.6	13.0	13.3	13.6	13.6	0.0	0.0	0.0	13.6
Japon	7.3	8.9	10.8	12.9	13.4	13.4	0.0	0.0	0.0	13.4
Lettonie	..	9.9	8.8	10.0	10.4	10.0	0.4	0.0	0.0	10.4
Lituanie	..	9.9	12.0	9.7	10.2	10.2	0.0	0.0	0.0	10.2
Luxembourg	9.6	9.8	10.4	11.1	11.2	11.1	0.0	0.1	0.0	11.2
Mexique	2.5	3.1	3.2	3.5	3.9	2.5	0.0	0.0	1.4	3.9
Norvège	10.6	8.8	9.4	10.6	11.2	11.2	0.0	0.0	0.0	11.2
Nouvelle-Zélande	0.0	0.0	0.0	0.0	0.0	..	..	..	..	0.0
Pays-Bas	17.1	22.5	12.9	13.4	13.6	13.6	0.0	0.0	..	13.6
Pologne	..	12.9	10.8	13.2	13.5	13.5	0.0	0.0	0.0	13.5
Portugal	7.2	8.3	9.0	10.0	10.9	10.5	0.4	0.0	0.0	10.9
République slovaque	..	13.9	13.0	15.7	16.3	15.5	0.0	0.0	0.8	16.3
République tchèque	..	14.5	14.6	15.5	16.0	15.8	0.0	0.0	0.2	16.0
Royaume-Uni	7.4	7.0	8.0	7.8	8.5	6.7	0.0	1.8	0.0	8.5
Slovénie	..	14.9	15.8	15.6	16.8	16.8	0.0	0.0	0.0	16.8
Suède	13.3	13.1	11.1	9.7	9.5	9.0	0.0	0.5	0.0	9.5
Suisse	11.3	13.7	14.4	15.5	15.9	6.9	0.5	0.0	8.5	15.9
Türkiye	2.9	4.4	6.1	7.3	7.1	7.1	0.0	0.0	0.0	7.1

.. Non disponible

StatLink https://stat.link/ghvxoe

Tableau 4.78. Les cotisations de sécurité sociale et impôts sur les salaires payés par les administrations publiques, totaux

En % du PIB

	Total					2020				
	1990	2000	2010	2019	2020	Administrations fédérale ou centrale	Administrations d'un État/ Régions	Administrations locales	Administrations de sécurité sociale	Total
Allemagne	1.0	0.8	0.8	0.8	0.9	0.1	0.3	0.4	0.1	0.9
Australie[1]	0.0	0.0	0.0	0.0	0.0	0.0	0.0	0.0	0.0	0.0
Autriche	1.0	1.4	1.9	1.9	2.1	0.8	0.6	0.6	0.1	2.1
Belgique	1.0	1.2	1.5	1.8	1.9	0.2	0.6	1.0	0.1	1.9
Canada	..	0.6	0.6	0.6	0.7	0.1	0.3	0.2	0.0	0.7
Chili	..	0.1	0.2	0.2	0.2	0.1	..	0.1	0.0	0.2
Colombie	..	..	..	0.2	0.3	0.1	0.0	0.0	0.2	0.3
Corée	..	..	..	..	..	..	..	..	..	..
Costa Rica	0.7	0.9	1.1	1.1	1.1	1.1	0.0	0.1	0.0	1.1
Danemark	0.0	0.0	0.0	0.0	0.0	..	..	..	..	0.0
Espagne	1.2	1.5	1.7	1.8	2.1	0.3	1.3	0.5	0.0	2.1
Estonie	..	2.6	2.9	2.9	3.2	1.9	..	1.3	0.0	3.2
États-Unis	0.5	0.4	0.5	0.4	0.4	0.1	0.3	0.0	0.0	0.4
Finlande	2.1	2.8	3.0	2.3	2.3	0.5	..	1.8	0.0	2.3
France	2.2	2.5	2.7	2.6	2.8	0.7	..	1.0	1.0	2.8
Grèce	0.3	0.5	0.8	1.3	1.6	1.4	..	0.2	0.0	1.6
Hongrie	..	2.8	2.4	1.5	1.4	1.1	..	0.3	0.0	1.4
Irlande	0.4	0.4	0.7	0.5	0.5	0.2	..	0.3	0.0	0.5
Islande	..	..	..	..	..	..	..	..	..	..
Israël	..	0.7	0.8	0.8	0.8	0.7	..	0.2	0.0	0.8
Italie	..	3.0	3.1	2.9	3.2	0.0	..	0.0	3.2	3.2
Japon	0.4	0.5	0.6	0.6	0.7	0.2	0.0	0.5	0.0	0.7
Lettonie	..	0.6	1.0	1.2	1.1	..	..	..	..	1.1
Lituanie	..	2.7	2.5	0.2	0.2	0.1	..	0.1	0.0	0.2
Luxembourg	2.5	1.3	1.2	1.3	1.3	1.3	..	0.0	0.0	1.3
Mexique	0.3	0.7	0.8	0.8	0.8	0.8	0.0	0.0	0.0	0.8
Norvège	2.4	2.4	2.9	3.5	3.6	1.6	..	2.0	0.0	3.6
Nouvelle-Zélande	0.0	0.0	0.0	0.0	0.0	..	..	..	..	0.0
Pays-Bas	0.1	0.4	0.0	0.0	0.0	..	..	..	..	0.0
Pologne	..	1.5	1.3	1.4	1.5	0.6	..	0.9	0.0	1.5
Portugal	0.1	0.2	0.0	0.0	0.0	..	..	..	..	0.0
République slovaque	..	2.0	2.0	2.5	2.7	1.5	..	1.1	0.1	2.7
République tchèque	..	1.4	1.4	2.0	2.2	1.0	..	1.2	0.0	2.2
Royaume-Uni	0.7	0.6	0.7	0.7	0.8	0.5	..	0.2	0.0	0.8
Slovénie	..	1.9	1.7	1.5	1.8	1.2	..	0.6	0.0	1.8
Suède	4.5	4.2	3.8	4.0	3.9	0.9	..	3.0	0.0	3.9
Suisse	0.4	0.4	0.4	0.5	0.5	0.1	0.3	0.1	0.0	0.5
Türkiye	1.6	2.1	3.4	4.1	4.0	4.0	..	0.0	0.0	4.0

.. Non disponible

1. Pour l'Australie, le total diffère de la somme des quatre niveaux d'administration publique. La différence résulte de l'existence d'un secteur multi-juridictionnel (université) spécifique à ce pays. Ce secteur contient des unités où la juridiction est partagée entre deux administrations publiques au moins, ou contient des unités dont le classement dans une juridiction n'est pas clair. Les universités publiques sont le principal type d'unités appartenant actuellement à cette catégorie.

StatLink https://stat.link/gd73re

5 Tableaux détaillés par pays, 1965-2020

Le Chapitre 5 fournit des tableaux détaillés sur les recettes fiscales de chaque pays membre de l'OCDE.

5.1. Recettes fiscales

Dans tous les tableaux suivants, le symbole (..) signifie que l'information n'est pas disponible ou qu'elle n'est pas applicable. La principale série chronologique des statistiques de recettes fiscales couvre une sélection d'années entre 1965 et 2020. Des séries complètes sont disponible en ligne. La partie V dans l'édition 1998 de ce Rapport fournit des données pour les années 1955 et 1960 (pour dix-neuf pays de l'OCDE).

Tableau 5.1. Australie : recettes fiscales détaillées, 1965-2020

Million AUD

	1965	1980	1990	2000	2007	2010	2013	2015	2019	2020
Recettes fiscales totales	**5 024**	**39 878**	**116 500**	**214 753**	**346 772**	**356 747**	**431 200**	**460 729**	**548 914**	**590 730**
1000 Impôts sur revenu, bénéfices et gains en capital	**2 547**	**22 383**	**66 542**	**124 427**	**206 134**	**202 184**	**246 073**	**261 345**	**324 826**	**348 274**
1100 Des personnes physiques	1 729	17 532	50 062	80 991	127 587	138 163	169 972	191 720	230 798	236 926
1110 Sur le revenu et les bénéfices	1 729	17 532	49 888	80 991	127 587	138 163	169 972	191 720	230 798	236 926
1120 Sur les gains en capital	0	0	174	0	0	0	0	0	0	0
1200 Des sociétés	818	4 851	16 480	43 436	78 547	64 021	76 101	69 625	94 028	111 348
1210 Sur les bénéfices	818	4 851	16 315	43 436	78 547	64 021	76 101	69 625	94 028	111 348
Income tax on companies	791	4 574	15 220	42 221	76 655	62 549	74 535	67 794	91 918	109 819
Dividend and interest taxes	17	161	899	846	1 892	1 472	1 566	1 831	2 110	1 529
Other withholding taxes	0	116	196	369	..	..	..	..	..	..
1220 Sur les gains en capital	0	0	165	0	0	0	0	0	0	0
1300 Non-ventilables entre 1100 et 1200	0	0	0	0	0	0	0	0	0	0
2000 Cotisations de sécurité sociale	**0**	**0**	**0**	**0**	**0**	**0**	**0**	**0**	**0**	**0**
2100 À la charge des salariés	0	0	0	0	0	0	0	0	0	0
2110 Sur la base du salaire	..	..	..	..	..	..	..	..	..	..
2120 Sur la base de l'impôt sur les revenus	..	..	..	..	..	..	..	..	..	..
2200 À la charge des employeurs	0	0	0	0	0	0	0	0	0	0
2210 Sur la base du salaire	..	..	..	..	..	..	..	..	..	..
2220 Sur la base de l'impôt sur les revenus	..	..	..	..	..	..	..	..	..	..
2300 A charge des travailleurs indép. ou sans emploi	0	0	0	0	0	0	0	0	0	0
2310 Sur la base du salaire	..	..	..	..	..	..	..	..	..	..
2320 Sur la base de l'impôt sur les revenus	..	..	..	..	..	..	..	..	..	..
2400 Non-ventilables entre 2100, 2200 et 2300	0	0	0	0	0	0	0	0	0	0
2410 Sur la base du salaire	..	..	..	..	..	..	..	..	..	..
2420 Sur la base de l'impôt sur les revenus	..	..	..	..	..	..	..	..	..	..
3000 Sur salaires ou main d'oeuvre	**157**	**1 988**	**7 115**	**9 624**	**16 407**	**18 492**	**22 210**	**23 354**	**25 701**	**26 383**
4000 Impôts sur le patrimoine	**576**	**3 105**	**10 427**	**18 825**	**31 130**	**33 498**	**40 929**	**49 168**	**53 982**	**59 509**
4100 Impôts périodiques sur la propriété immobilière	341	1 886	6 148	9 067	15 615	19 907	23 603	26 649	33 803	34 471
4110 Ménages	..	..	..	..	..	..	..	..	..	..
4120 Autres agents	..	..	..	..	..	..	..	..	..	..
4200 Impôts périodiques sur l'actif net	0	0	0	0	0	0	0	0	0	0
4210 Personnes physiques	..	..	..	..	..	..	..	..	..	..
4220 Sociétés	..	..	..	..	..	..	..	..	..	..
4300 Impôts sur mut. par décès, succ. et donations	137	175	0	0	0	0	0	0	0	0
4310 Impôts sur mut. par décès et successions	131	174	..	..	..	..	..	..	..	..
Estate duty central government	36	17	..	..	..	..	..	..	..	..
St. and loc. estate probate and succession	95	157	..	..	..	..	..	..	..	..
4320 Impôts sur les donations	7	1	..	..	..	..	..	..	..	..
4400 Impôts sur transact. mobilières et immob.	98	1 044	4 279	9 758	15 515	13 591	17 326	22 519	20 179	25 038
4500 Impôts non-périodiques	0	0	0	0	0	0	0	0	0	0
4510 Sur l'actif net	..	..	..	..	..	..	..	..	..	..
4520 Autres non-périodiques	..	..	..	..	..	..	..	..	..	..
4600 Autres impôts périodiques sur patrimoine	0	0	0	0	0	0	0	0	0	0
5000 Impôts sur les biens et services	**1 744**	**12 402**	**32 416**	**61 877**	**93 101**	**102 573**	**121 988**	**126 862**	**144 405**	**156 564**
5100 Impôts sur production, vente, transfert, etc.	1 508	11 097	27 213	56 179	84 104	90 824	101 312	109 050	123 639	135 100
5110 Impôts généraux	370	2 102	9 365	25 830	44 739	48 146	54 711	60 680	65 720	75 298
5111 Taxes sur la valeur ajoutée	0	0	0	23 854	43 634	46 910	53 409	59 177	64 048	73 297
5112 Impôts sur les ventes	370	2 102	9 365	1 976	1 105	1 236	1 302	1 503	1 672	2 001
5113 Autres impôts	0	0	0	0	0	0	0	0	0	0
5120 Impôts sur biens et services déterminés	1 138	8 995	17 848	30 349	39 365	42 678	46 601	48 370	57 919	59 802
5121 Accises	781	6 183	11 975	19 768	24 357	26 689	26 472	22 541	24 065	25 856
Excises central government	752	5 834	10 359	19 019	23 526	25 803	25 648	21 625	23 116	24 503
Statutory corporate payments	0	83	378	295	231	452	343	405	480	819
Primary production charges	29	266	1 238	454	600	434	481	511	469	534
5122 Bénéfices des monopoles fiscaux	0	0	0	0	0	0	0	0	0	0
5123 Droits de douane et droits à l'importation	271	1 799	3 319	4 606	6 070	5 828	9 280	14 046	19 507	18 123
Customs duties central government	271	1 799	3 319	4 606	6 070	5 828	9 280	14 046	19 507	18 123
5124 Taxes à l'exportation	1	117	57	0	10	11	10	11	0	0
Customs duties on coal exports	0	85	54	..	0	0	0	0	..	..
Other	1	32	3	..	10	11	10	11	..	..
5125 Impôts sur biens d'équipement	0	0	0	0	0	0	0	0	0	0
5126 Impôts sur services déterminés	85	896	2 497	5 975	8 928	10 150	10 839	11 772	14 347	15 823
Taxes race meetings	31	240	651	301	359	373	326	265	596	795
Poker machines	16	140	295	2 074	3 009	3 125	3 238	3 684	3 202	3 935
Lotteries	7	122	325	890	1 118	1 141	1 250	1 362	1 676	1 813
Levies on fire insurance companies	16	157	363	574	937	1 232	740	786	932	1 115
Other	15	237	863	2 136	3 505	4 279	5 285	5 675	7 941	8 165
5127 Autres impôts sur commerce et transact. internat.	0	0	0	0	0	0	0	0	0	0

	1965	1980	1990	2000	2007	2010	2013	2015	2019	2020
5128 Autres impôts	0	0	0	0	0	0	0	0	0	0
5130 Non-ventilables entre 5110 et 5120	0	0	0	0	0	0	0	0	0	0
5200 Impôts sur utilisation des biens et exerc. activités	236	1 305	5 203	5 698	8 997	11 749	20 676	17 812	20 766	21 464
5210 Impôts périodiques	197	1 260	5 109	5 698	8 997	11 749	20 676	15 898	18 609	19 831
5211 À la charge des ménages : véhicules à moteur	65	448	1 373	2 748	4 381	5 064	6 533	7 253	8 128	8 479
5212 À la charge autres agents : véhicules à moteur	65	351	937	1 285	2 005	2 397	2 357	2 649	3 174	3 653
Fees on motor vehicle registry	46	312	794	778	1 165	1 499	1 338	1 530	1 975	2 201
Drivers licences	12	30	111	0	0	0	0	0	0	0
Stamp duty on vehicle registry	6	9	32	506	839	898	1 019	1 119	1 199	1 452
5213 Autres impôts périodiques	67	461	2 799	1 665	2 611	4 288	11 786	5 996	7 307	7 699
Broadcasting tv licences	37	21	125	210	288	150	157	128	37	14
Business franchise lic. tobac. fuel	0	221	2 016	227	0	0	2	1	0	0
Other taxes	2	12	33	1 129	2 321	4 136	11 603	5 846	7 265	7 675
Liquor taxes	28	206	603	97	2	1	24	22	5	10
Dog licenses	0	1	22	0	0	0	0	0	0	0
5220 Impôts non-périodiques	39	45	94	0	0	0	0	1 914	2 157	1 633
5300 Non-ventilables entre 5100 et 5200	0	0	0	0	0	0	0	0	0	0
6000 Autres impôts	**0**	**0**	**0**	**0**	**0**	**0**	**0**	**0**	**0**	**0**
6100 À la charge exclusive des entreprises	..	..	..	..	..	..	..	..	..	..
6200 À la charge d'autres agents	..	..	..	..	..	..	..	..	..	..
Crédits d'impôts récupérables										
Crédits d'impôts récupérables contre 1110	..	..	..	195	2 585	991	323	460	414	363
Composante fiscale	..	..	..	175	178	110	215	334	292	252
Composante transfert	..	..	..	20	2 407	881	108	126	122	111
Crédits d'impôts récupérables contre 1210	..	..	..	0	4 564	5 726	7 914	8 951	10 190	9 727
Composante fiscale	..	..	..	..	1 922	2 253	2 147	3 438	3 471	3 258
Composante transfert	..	..	..	..	2 642	3 473	5 767	5 513	6 719	6 469
Recettes fiscales totales sur la base d'encaissements	**5 024**	**39 878**	**116 500**	..	..	..	..	..	..	..
Recettes fiscales totales sur la base des droits constatés	..	..	..	**214 753**	**346 772**	**356 747**	**431 200**	**460 729**	**548 914**	**530 730**
Conciliation avec les Comptes nationaux										
Impôts additionnels inclus dans les comptes nationaux	..	..	..	0	0	0	0	0	0	0
Impôt exclus des comptes nationaux	..	..	..	0	0	0	0	0	0	0
Différence dans les traitements des crédits d'impôts	..	..	..	175	2 100	2 363	2 362	3 772	3 763	3 510
Transfert en capital des recettes non collectées	..	..	..	0	0	0	0	0	0	0
Cotisations de sécurité sociale volontaires	..	..	..	0	0	0	0	0	0	0
Différences diverses	..	..	..	0	0	0	0	0	0	0
Comptes nationaux : impôts et cotisations sociales effectives	..	..	..	214 928	348 872	359 110	433 562	464 501	552 677	534 240
Cotisations sociales imputées	..	..	..	0	0	0	0	0	0	0
Comptes nationaux : impôts et toutes les cotisations sociales	..	..	..	214 928	348 872	359 110	433 562	464 501	552 677	534 240

.. Non disponible

Note : Data are on a fiscal year basis beginning 1st July.

From 1998 taxes are recorded on an accrual basis; prior to that they were on a cash basis.

Direct taxes paid by public trading enterprises are excluded from receipts.

The figures for total tax revenue do not match the published totals in Taxation Revenue Australia. The latter is based on an accrual IMF GFS methodology and there are some differences between that and the OECD equivalent.

Heading 5213 includes radio and television licenses fees, though these are usually not regarded as a tax revenue in the OECD list.

Headings for non-wastable tax credits 1110 and 1210 include the private health insurance tax offset, family benefit, baby bonus tax offsets (paid during the 2003-04 budget year), film tax offset, and research and development tax offsets. The estimation of non-wastable credits into the expenditure and transfer components is in accordance with the OECD guidelines on the treatment and the data for this memorandum item has been provided by the Australian Taxation Office.

Source : Australian Bureau of Statistics.

StatLink https://stat.link/rcndq2

Tableau 5.2. Autriche : recettes fiscales détaillées, 1965-2020

Million EUR

	1965	1980	1990	2000	2007	2010	2013	2015	2019	2020
Recettes fiscales totales	**6 210**	**29 759**	**54 040**	**90 324**	**115 146**	**121 192**	**138 099**	**148 469**	**169 250**	**160 711**
Recettes fiscales totales excluant les taxes collectés pour le compte de l'UE	..	..	**54 040**	**89 897**	**114 728**	**120 843**	**137 741**	**147 841**	**168 564**	**159 995**
1000 Impôts sur revenu, bénéfices et gains en capital	**1 584**	**7 959**	**13 797**	**25 553**	**34 319**	**34 021**	**39 792**	**44 796**	**49 888**	**44 597**
1100 Des personnes physiques	1 240	6 899	11 326	19 890	25 741	27 098	31 474	35 841	38 262	35 595
1110 Sur le revenu et les bénéfices	1 240	6 899	11 326	19 890	25 741	27 098	31 474	35 841	38 262	35 595
Income tax	415	1 576	2 501	3 202	3 253	3 358	3 737	4 274	5 592	4 210
Special income tax	0	0	0	0	0	0	0	0	0	0
Wage tax	417	4 626	7 823	15 630	20 607	21 783	25 669	28 429	29 631	28 686
Tax on industry and trade	196	402	454	7	0	0	0	0	0	0
Tax on capital yields	2	14	46	354	970	938	981	1 979	1 683	1 342
Contribution to chambers	60	279	501	697	910	1 018	1 087	1 159	1 355	1 358
Water supply fund	151	0	0	0	0	0	0	0	0	0
Contribution emergency fund	0	0	0	0	0	0	0	0	0	0
1120 Sur les gains en capital	0	0	0	0	0	0	0	0	0	0
1200 Des sociétés	334	1 049	1 930	4 157	6 622	5 519	6 963	7 659	10 795	8 182
1210 Sur les bénéfices	334	1 049	1 930	4 157	6 622	5 519	6 963	7 659	10 795	8 182
Corporation tax	195	698	998	3 865	6 094	4 978	6 377	6 752	9 995	7 526
Tax on industry and trade	83	254	624	10	0	1	0	0	0	0
Special tax on income	0	0	0	0	0	0	0	0	0	0
Tax on capital yields	5	33	108	118	346	347	370	684	561	447
Water supply fund	35	0	0	0	0	0	0	0	0	0
Contribution emergency fund	0	0	0	0	0	0	0	0	0	0
Contribution to chambers	14	58	200	164	182	193	216	224	240	210
Directors tax	2	6	0	0	0	0	0	0	0	0
1220 Sur les gains en capital	0	0	0	0	0	0	0	0	0	0
1300 Non-ventilables entre 1100 et 1200	10	12	540	1 506	1 956	1 405	1 354	1 295	830	819
Fines related to tax offences	10	12	18	33	77	99	73	70	85	28
Tax on interest	0	0	522	1 473	1 879	1 305	1 282	1 225	746	791
2000 Cotisations de sécurité sociale	**1 548**	**9 200**	**17 763**	**30 510**	**38 453**	**41 423**	**46 845**	**49 867**	**59 083**	**59 094**
2100 À la charge des salariés	686	3 792	7 512	12 477	15 612	16 846	18 931	20 115	23 778	23 857
2110 Sur la base du salaire	..	..	..	12 477	15 612	16 846	18 931	20 115	23 778	23 857
Health insurance contributions	..	..	..	2 606	3 326	3 675	4 082	4 347	5 206	5 249
Pension insurance contributions	..	..	..	6 410	8 274	8 986	10 183	10 896	13 216	13 350
Pension contributions, civil servants	..	..	..	1 489	1 579	1 625	1 672	1 629	1 553	1 504
Unemployment insurance contributions	..	..	..	1 854	2 284	2 385	2 803	3 040	3 567	3 504
Health insurance contributions, local government employees	..	..	..	100	130	156	169	181	206	222
Special unemployment insurance contributions	..	..	..	17	19	20	22	23	29	29
2120 Sur la base de l'impôt sur les revenus	..	..	..	0	0	0	0	0	0	0
2200 À la charge des employeurs	721	4 563	8 768	14 651	18 091	19 421	21 922	23 281	27 826	27 733
2210 Sur la base du salaire	..	..	..	14 651	18 091	19 421	21 922	23 281	27 826	27 733
Health insurance contributions	..	..	..	2 667	3 395	3 669	4 075	4 339	5 197	5 240
Pension insurance contributions	..	..	..	7 888	10 214	11 145	12 642	13 549	16 475	16 648
Pension contributions, civil servants	..	..	..	438	376	361	297	298	261	244
Accident insurance contributions	..	..	..	952	1 157	1 254	1 409	1 394	1 527	1 459
Unemployment insurance contributions	..	..	..	1 854	2 284	2 385	2 803	3 040	3 567	3 504
Health insurance contributions, local government employees	..	..	..	101	141	157	170	181	207	222
Contributions to sickness benefit fund	..	..	..	341	0	0	0	0	0	0
Special pension contributions, nightshift workers	..	..	..	11	18	15	31	38	44	46
Contributions to insolvency fund	..	..	..	381	488	416	473	419	394	234
Special unemployment insurance contributions construction workers	..	..	..	17	19	20	22	23	154	136
2220 Sur la base de l'impôt sur les revenus	..	..	..	0	0	0	0	0	0	0
2300 A charge des travailleurs indép. ou sans emploi	141	845	1 482	3 382	4 750	5 155	5 993	6 470	7 479	7 504
2310 Sur la base du salaire	..	..	..	3 382	4 750	5 155	5 993	6 470	7 479	7 504
Health insurance contributions	..	..	..	1 971	2 724	3 090	3 441	3 664	4 142	4 219
Pension insurance contributions	..	..	..	1 117	1 527	1 524	1 973	2 210	2 712	2 574
Pension contributions, civil servants (retired)	..	..	..	116	274	297	315	317	308	311
Accident insurance contributions	..	..	..	77	85	88	95	98	110	178
Health insurance contributions, local government employees	..	..	..	101	140	156	169	181	206	222
2320 Sur la base de l'impôt sur les revenus	..	..	..	0	0	0	0	0	0	0
2400 Non-ventilables entre 2100, 2200 et 2300	0	0	0	0	0	0	0	0	0	0
2410 Sur la base du salaire	..	..	..	..	..	..	..	..	..	..
2420 Sur la base de l'impôt sur les revenus	..	..	..	..	..	..	..	..	..	..

	1965	1980	1990	2000	2007	2010	2013	2015	2019	2020
3000 Sur salaires ou main d'oeuvre	**472**	**2 097**	**3 259**	**5 788**	**7 266**	**8 359**	**9 489**	**10 040**	**10 775**	**10 447**
Emplr. contr. equaliz. of family.burdens	318	1 397	2 147	3 140	3 915	4 762	5 319	5 623	5 548	5 389
Tax on sum of wages	82	375	669	1 735	2 238	2 402	2 742	2 911	3 471	3 326
Promotion residential buildings	44	217	389	595	754	811	915	965	1 157	1 149
Tax on employment (Vienna undergr.)	0	20	21	21	22	22	67	65	70	69
Special levy for households allowances	26	80	0	0	0	0	0	0	0	0
Disabled persons equalization levy	2	8	34	54	83	91	138	148	160	163
Contributions to chambers	0	0	0	242	253	271	308	327	369	352
4000 Impôts sur le patrimoine	**246**	**858**	**1 473**	**1 206**	**1 572**	**1 555**	**2 34[illegible]**	**1 965**	**2 158**	**2 195**
4100 Impôts périodiques sur la propriété immobilière	92	231	355	526	626	682	736	761	829	861
4110 Ménages	47	66	84	87	92	93	105	107	133	142
Duty on farms	9	15	20	20	20	20	29	30	40	32
Farm contr. equaliz. of family burdens	5	6	6	6	6	6	6	6	8	30
Farm contribution to chambers	14	23	32	32	39	40	43	44	51	49
Contr. residential buildings reconstruction	4	0	0	0	0	0	0	0	0	0
Land tax A	16	22	25	28	26	26	26	26	34	31
4120 Autres agents	45	165	271	440	534	589	631	654	696	719
Tax on vacant plots	1	4	5	5	5	6	6	6	6	5
Land tax B	44	161	266	435	529	583	625	649	690	714
4200 Impôts périodiques sur l'actif net	103	401	642	1	0	0	0	0	0	0
4210 Personnes physiques	37	140	189	1	..	..	..	..	..	..
Capital tax	25	109	189	1	..	..	..	..	..	..
Contribution emergency fund	0	0	0	0	..	..	..	..	..	..
Tax on industry and trade	10	26	0	0	..	..	..	..	..	..
Contribution to chambers	2	6	0	0	..	..	..	..	..	..
4220 Sociétés	66	260	453	0	..	..	..	..	..	..
Capital tax	24	139	322	0	..	..	..	..	..	..
Capital death duty	20	53	131	0	..	..	..	..	..	..
Contribution emergency fund	0	0	0	0	..	..	..	..	..	..
Tax on industry and trade	19	56	0	0	..	..	..	..	..	..
Contribution to chambers	3	13	0	0	..	..	..	..	..	..
4300 Impôts sur mut. par décès, succ. et donations	16	50	77	111	155	35	19	12	0	0
4310 Impôts sur mut. par décès et successions	..	..	..	..	..	..	..	..	..	..
4320 Impôts sur les donations	..	..	..	..	..	..	..	..	..	..
4400 Impôts sur transact. mobilières et immob.	35	176	399	568	791	828	858	1 116	1 318	1 320
Land transfer tax	30	150	251	452	644	727	790	1 014	1 317	1 319
Capital transfer tax	5	27	148	115	147	102	67	102	1	1
4500 Impôts non-périodiques	0	0	0	0	0	10	728	76	11	14
4510 Sur l'actif net	..	..	..	..	..	0	717	4	0	0
Withholding tax	..	..	..	..	..	..	717	4	0	0
4520 Autres non-périodiques	..	..	..	..	..	10	11	72	11	14
Foundation tax	..	..	..	..	..	10	11	72	11	14
4600 Autres impôts périodiques sur patrimoine	0	0	0	0	0	0	0	0	0	0
5000 Impôts sur les biens et services	**2 321**	**9 379**	**17 034**	**26 497**	**32 609**	**34 740**	**38 701**	**41 064**	**46 533**	**43 690**
5100 Impôts sur production, vente, transfert, etc.	2 275	9 006	16 169	24 616	30 180	32 114	35 721	37 633	42 488	39 625
5110 Impôts généraux	1 160	5 984	11 229	16 857	20 941	22 711	24 920	26 282	30 426	28 437
5111 Taxes sur la valeur ajoutée	0	5 984	11 229	16 857	20 941	22 711	24 920	26 282	30 426	28 437
5112 Impôts sur les ventes	0	0	0	0	0	0	0	0	0	0
5113 Autres impôts	1 160	0	0	0	0	0	0	0	0	0
Turnover tax	664	..	..	..	..	..	..	..	..	..
Additional federal levy-turnover	332	..	..	..	..	..	..	..	..	..
Additional lieu invoice stp.	164	..	..	..	..	..	..	..	..	..
5120 Impôts sur biens et services déterminés	1 115	2 996	4 873	7 721	9 236	9 400	10 800	11 348	12 057	11 186
5121 Accises	610	2 219	3 290	5 484	6 760	6 921	7 598	7 749	8 217	7 246
Tax on beer	39	44	56	161	200	198	193	189	190	194
Tax on wine	7	0	0	0	0	0	0	0	0	0
Tax on sparkling wine	1	7	25	25	1	1	1	19	24	13
Tax on tobacco	188	519	820	1 197	1 446	1 502	1 664	1 782	1 891	1 983
Tax on mineral oils	50	136	1 426	2 726	3 689	3 854	4 173	4 218	4 480	3 579
Additional federal levy mineral oils	202	876	0	0	0	0	0	0	0	0
Special duty alcoholic drinks	0	142	193	0	0	0	0	0	0	0
Special duty vehicles	0	0	0	0	0	0	0	0	0	0
Duty on starch products	0	4	13	0	0	0	0	0	0	0
Beverage tax	46	216	364	178	3	-1	-1	0	0	0
Other receipts-Market Organisation Act	26	35	9	0	1	0	0	0	0	0
Transport equality levy	0	5	1	0	0	0	0	0	0	0
Market Organisation Act - milk	35	177	192	0	0	0	0	0	0	0
Market Organisation Act - livestock	0	0	0	0	0	0	0	0	0	0
Market Organisation Act - grain	16	23	142	0	0	0	0	0	0	0
Duty promotion milk distrib.	0	34	13	0	0	0	0	0	0	0
Special tax on mineral oils	0	0	37	0	0	0	0	0	0	0
Duty on vehicles (fuel consumption)	0	0	0	433	457	453	455	395	555	440

	1965	1980	1990	2000	2007	2010	2013	2015	2019	2020
Agricultural fund	0	0	0	23	16	18	18	17	17	17
Tax on energy	0	0	0	562	764	726	886	931	866	836
Social contributions to the artists' fund	0	0	0	0	11	6	7	13	7	8
Duty on exceeding milk-quota	0	0	0	36	24	6	26	11	0	0
Car registration taxes	0	0	0	143	148	158	175	174	188	175
5122 Bénéfices des monopoles fiscaux	37	57	52	130	122	129	324	328	400	380
Duty on spirits	5	14	17	130	122	129	130	120	154	138
Federal monopolies salt	1	0	0	0	0	0	0	0	0	0
Federal monopolies spirits	30	43	35	0	0	0	0	0	0	0
Federal monopolies gambling	0	0	0	0	0	0	194	208	246	242
5123 Droits de douane et droits à l'importation	332	354	677	351	390	340	328	415	488	474
Customs duties	310	237	418	352	390	339	328	415	488	474
Other import duties	0	21	61	0	0	0	0	0	0	0
Contribution promote foreign trade	10	63	171	0	0	0	0	0	0	0
Import equalization duties	12	33	27	0	0	0	0	0	0	0
5124 Taxes à l'exportation	8	36	1	0	0	0	0	0	0	0
Contribution to promote foreign trade	8	36	1	..	..	..	..	..	..	..
5125 Impôts sur biens d'équipement	0	33	0	0	0	0	0	0	0	0
5126 Impôts sur services déterminés	129	297	854	1 720	1 967	2 005	2 545	2 852	2 951	3 086
Insurance tax	25	135	384	745	993	1 017	1 056	1 122	1 215	1 240
Transport tax	63	0	0	0	0	0	0	0	0	0
Duty on casinos	2	28	64	105	71	55	45	70	114	80
Fire protection tax	5	24	50	45	54	56	57	61	67	67
Advertisement tax	7	31	65	62	0	0	0	0	0	0
Entertainment tax	2	2	2	5	8	9	21	18	0	0
Tax on tourism	8	43	71	103	142	171	182	186	261	235
Amusement tax	13	17	51	73	94	107	84	30	18	9
Announcement tax	3	18	40	81	0	1	0	0	0	0
Tax on interest yields	0	0	0	0	0	0	0	0	0	0
Tax on gambling stakes - licences	0	0	116	197	202	221	251	254	273	276
Tax on advertisement	0	0	0	33	108	110	110	107	106	88
Levy on dangerous waste	0	0	10	71	72	51	53	56	69	100
Duty for airways security	0	0	0	28	56	30	0	0	0	0
Tax on gambling stakes - gains	0	0	0	171	166	176	0	0	0	0
Flight Charge	0	0	0	0	0	0	98	109	72	23
Financial Institutions Stability Fee	0	0	0	0	0	0	588	640	558	724
SRF Contributions	..	..	0	0	0	0	0	198	198	242
5127 Autres impôts sur commerce et transact. internat.	0	0	0	0	0	0	0	0	0	0
5128 Autres impôts	0	0	0	34	-3	4	4	4	0	0
Levy on sugar	..	..	..	34	-3	4	4	4	..	..
5130 Non-ventilables entre 5110 et 5120	0	26	66	38	3	4	2	4	5	2
Fines related to tax offenses	..	26	66	38	3	4	2	4	5	2
5200 Impôts sur utilisation des biens et exerc. activités	46	373	865	1 881	2 429	2 626	2 980	3 431	4 045	4 065
5210 Impôts périodiques	38	335	757	1 733	2 253	2 416	2 715	3 124	3 564	3 631
5211 À la charge des ménages : véhicules à moteur	22	156	366	811	1 173	1 293	1 482	1 814	2 106	2 172
5212 À la charge autres agents : véhicules à moteur	13	41	97	298	370	334	352	421	487	496
5213 Autres impôts périodiques	3	138	294	624	710	789	881	890	971	963
Hunting and fishing duties	1	4	7	10	10	10	19	22	25	15
Dog tax	1	4	6	8	10	11	17	18	21	21
Contribution to promotion of arts	1	3	8	71	120	132	147	143	163	162
Tax on radio and tv - licenses	0	15	46	450	571	636	698	708	763	765
Road transport duty	0	112	226	84	0	0	0	0	0	0
5220 Impôts non-périodiques	8	38	108	147	175	210	265	307	481	434
Certain user fees; taxes on emission of noxious gases	8	38	108	147	175	210	265	307	481	434
5300 Non-ventilables entre 5100 et 5200	0	0	0	0	0	0	0	0	0	0
6000 Autres impôts	**38**	**266**	**714**	**770**	**928**	**1 095**	**931**	**737**	**814**	**688**
Tax on financial institutions	0	0	123	-3	0	0	0	0	0	0
Administration duties	4	17	32	278	366	521	517	302	341	352
Stamp fees	7	46	76	135	92	84	27	32	35	25
Contributions of interested persons	0	0	130	0	0	0	0	0	0	0
Parking duty	0	0	6	0	0	0	0	0	0	0
Contrbutions to students' associations	0	0	0	4	8	11	12	11	15	14
Duty on contribution to political parties	0	0	0	0	-1	1	0	0	0	0
Other fees, taxes on production n.e.c.	0	0	0	272	346	353	227	252	264	223
Embossing fee	0	0	0	0	1	1	1	1	1	0
Other taxes	28	202	347	82	115	124	145	137	153	70
Compensation levy according to the Vienna Tree Protection Act	..	..	0	1	1	2	1	2	5	3
6100 À la charge exclusive des entreprises	..	..	..	..	..	..	..	..	..	..
6200 À la charge d'autres agents	..	..	..	..	..	..	..	..	..	..

	1965	1980	1990	2000	2007	2010	2013	2015	2019	2020
Pour mémoire										
Droits de douane perçus pour le compte de l'UE	..	..	..	352	390	339	328	415	488	474
Contributions au Fonds de résolution unique collectées pour le compte de l'UE	..	..	..	..	..	..	..	198	198	242
Crédits d'impôts récupérables										
Crédits d'impôts récupérables contre 1110	..	..	..	650	650	650	570	540	330	330
Composante fiscale	..	..	..	590	450	422	341	295	210	210
Composante transfert	..	..	..	60	200	228	229	245	120	120
Crédits d'impôts récupérables contre 1210	..	..	..	..	..	..	..	..	..	..
Composante fiscale	..	..	..	..	..	..	..	..	..	..
Composante transfert	..	..	..	..	..	..	..	..	..	..
Recettes fiscales totales sur la base d'encaissements	**6 210**	**29 759**	**54 040**	**90 299**	**115 045**	**120 735**	**137 970**	**148 036**	**168 681**	**158 726**
Recettes fiscales totales sur la base des droits constatés	**..**	**..**	**..**	**90 324**	**115 146**	**121 192**	**138 099**	**148 469**	**169 250**	**160 711**
Conciliation avec les comptes nationaux										
Impôts additionnels inclus dans les comptes nationaux	..	..	..	..	..	..	..	..	..	..
Impôt exclus des comptes nationaux	..	..	..	..	..	..	..	..	..	..
Différence dans les traitements des crédits d'impôts	..	..	..	590	450	422	341	295	210	210
Transfert en capital des recettes non collectées	..	..	..	..	..	..	..	..	..	-517
Cotisations de sécurité sociale volontaires	..	..	..	206	256	339	299	321	336	344
Différences diverses	..	..	..	0	0	0	0	0	0	0
Comptes nationaux : impôts et cotisations sociales effectives	..	..	..	91 120	115 853	121 953	138 739	149 085	169 796	160 748
Cotisations sociales imputées	..	..	..	2 485	2 177	2 106	1 972	1 925	1 703	1 640
Comptes nationaux : impôts et toutes les cotisations sociales	..	..	..	93 605	118 030	124 060	140 711	151 010	171 499	162 388

.. Non disponible
Note : Year ending 31st December.
From 1995 data are on accrual basis.
The pre-1995 figures are not in all cases comparable with those from the following years (due to the switch to the new System of National Accounts implemented only from 1995 onwards).
Source : Statistics Austria.

StatLink https://stat.link/pglcsq

Tableau 5.3. Belgique : recettes fiscales détaillées, 1965-2020

Million EUR

	1965	1980	1990	2000	2007	2010	2013	2015	2019	2020
Recettes fiscales totales	**6 421**	**37 443**	**70 408**	**112 710**	**147 861**	**156 317**	**177 657**	**184 374**	**203 451**	**195 051**
Recettes fiscales totales excluant les taxes collectés pour le compte de l'UE	..	..	..	**111 675**	**146 411**	**155 042**	**176 479**	**182 758**	**201 498**	**193 310**
1000 Impôts sur revenu, bénéfices et gains en capital	**1 774**	**15 379**	**25 983**	**43 461**	**52 854**	**53 313**	**62 762**	**65 572**	**71 827**	**69 113**
1100 Des personnes physiques	1 317	13 626	22 538	35 318	41 020	44 027	50 518	51 877	54 027	54 104
1110 Sur le revenu et les bénéfices	1 317	13 626	22 538	35 318	41 020	44 027	50 518	51 877	54 027	54 104
Précompte immobilier	148	532	1 053	1 857	0	0	0	0	0	0
Précompte mobilier	119	1 062	3 014	1 755	2 351	2 426	4 314	4 104	3 700	3 120
Précompte professionnel	740	9 119	15 422	27 778	36 022	39 829	44 686	45 658	47 635	48 443
Impôt versé par non-salariés	125	1 776	2 144	1 959	1 747	1 611	1 508	1 547	1 586	1 474
Impôt des non-résidents	0	-2	4	585	792	810	841	926	1 133	1 235
Impôt sur revenu global	183	1 128	878	774	-915	-1 697	-1 988	-1 512	-1 337	-1 445
Cotisation spéciale séc. sociale	0	0	19	602	957	1 032	1 117	1 106	1 267	1 223
Autres (personnes physiques)	0	12	2	8	65	17	41	48	42	54
1120 Sur les gains en capital	0	0	0	0	0	0	0	0	0	0
1200 Des sociétés	397	1 744	3 405	8 065	11 749	9 249	12 192	13 644	17 730	14 941
1210 Sur les bénéfices	397	1 744	3 405	8 065	11 749	9 249	12 192	13 644	17 730	14 941
Précompte immobilier	33	0	0	0	0	0	0	0	0	0
Précompte mobilier	41	367	1 206	527	686	315	477	466	354	200
Versements anticipés (sociétés)	262	1 273	2 735	7 112	9 733	7 691	7 930	8 539	14 622	12 426
Impôt sur revenu global	60	79	-553	404	1 270	1 196	3 662	4 466	2 571	2 246
Impôt des non-résidents (sociétés)	0	-6	18	17	41	43	113	154	191	46
Autres (sociétés)	0	32	-2	5	19	4	10	19	-7	24
1220 Sur les gains en capital	0	0	0	0	0	0	0	0	0	0
1300 Non-ventilables entre 1100 et 1200	61	9	40	77	85	38	52	51	71	68
Anciens impôts sur revenu	51	0	0	0	0	0	0	0	0	0
Amendes	3	0	0	0	0	0	0	0	0	0
Autres	7	9	40	77	85	38	52	51	71	68
2000 Cotisations de sécurité sociale	**2 018**	**10 798**	**23 386**	**34 865**	**45 929**	**50 674**	**56 527**	**58 812**	**63 203**	**62 276**
2100 À la charge des salariés	569	3 130	7 152	10 932	13 847	14 996	16 476	17 036	19 071	18 846
2110 Sur la base du salaire	..	3 130	7 152	10 932	13 847	14 996	16 476	17 036	19 071	18 846
Sur les salaires et traitements bruts	..	3 130	7 062	10 932	13 847	14 996	16 476	17 036	19 071	18 846
Sur les prestations sociales	..	0	89	0	0	0	0	0	0	0
2120 Sur la base de l'impôt sur les revenus	..	0	0	0	0	0	0	0	0	0
2200 À la charge des employeurs	1 320	6 791	14 689	21 027	28 216	31 041	34 915	36 240	37 902	37 325
2210 Sur la base du salaire	..	6 791	14 689	21 027	28 216	31 041	34 915	36 240	37 902	37 325
À la charge des administrations publiques	..	1 059	1 769	3 105	4 493	5 381	6 678	7 686	8 557	8 698
À la charge des autres secteurs	..	5 732	12 920	17 922	23 723	25 661	28 236	28 554	29 345	28 627
2220 Sur la base de l'impôt sur les revenus	..	0	0	0	0	0	0	0	0	0
2300 A charge des travailleurs indép. ou sans emploi	129	877	1 546	2 906	3 866	4 637	5 136	5 537	6 230	6 104
Travailleurs indépendants	..	803	1 230	2 053	2 678	3 342	3 703	3 975	4 327	4 088
Sans emploi	..	0	0	0	0	0	0	0	0	0
Pensionnés, retraités	..	29	198	709	1 012	1 134	1 324	1 449	1 778	1 890
Autres	..	45	118	144	176	161	109	113	125	127
2310 Sur la base du salaire	..	877	1 546	2 906	3 866	4 637	5 136	5 537	6 230	6 104
2320 Sur la base de l'impôt sur les revenus	..	0	0	0	0	0	0	0	0	0
2400 Non-ventilables entre 2100, 2200 et 2300	0	0	0	0	0	0	0	0	0	0
2410 Sur la base du salaire	..	..	..	..	..	..	..	..	..	..
2420 Sur la base de l'impôt sur les revenus	..	..	..	..	..	..	..	..	..	..
3000 Sur salaires ou main d'oeuvre	**0**	**0**	**0**	**0**	**6**	**7**	**8**	**8**	**9**	**5**
Cotisation mandats publics	..	..	..	..	6	7	8	8	9	5
4000 Impôts sur le patrimoine	**240**	**1 161**	**2 679**	**5 282**	**10 550**	**11 252**	**13 805**	**14 408**	**16 358**	**15 615**
4100 Impôts périodiques sur la propriété immobilière	2	210	599	1 164	4 146	4 632	5 187	5 433	6 145	6 057
4110 Ménages	0	26	63	102	2 779	3 115	3 478	3 651	4 174	4 127
4120 Autres agents	2	184	536	1 063	1 367	1 517	1 710	1 782	1 971	1 930
Taxes sur associations sans but lucratif	2	7	17	41	32	33	38	41	47	50
Précompte immobilier (soc.)	0	177	519	929	1 269	1 416	1 584	1 651	1 830	1 794
Taxe régionale (Br.)	0	0	0	94	66	68	88	90	94	86
4200 Impôts périodiques sur l'actif net	0	0	0	92	253	237	451	661	922	984
4210 Personnes physiques	..	..	..	0	0	0	0	0	0	0
4220 Sociétés	..	..	..	92	253	237	451	661	922	984
4300 Impôts sur mut. par décès, succ. et donations	75	309	504	1 101	2 053	2 269	3 096	2 996	2 936	2 967
4310 Impôts sur mut. par décès et successions	69	281	475	1 042	1 702	1 939	2 634	2 504	2 400	2 411
4320 Impôts sur les donations	6	29	29	59	351	330	463	492	536	556

	1965	1980	1990	2000	2007	2010	2013	2015	2019	2020
4400 Impôts sur transact. mobilières et immob.	163	633	1 478	2 669	3 704	3 493	3 886	4 358	5 379	4 961
Droits d'enregistrement	153	527	1 213	1 967	3 325	3 210	3 542	3 899	4 911	4 403
Droits d'hypothèque	2	10	29	37	76	75	72	93	95	84
Droits de greffe	2	8	29	38	31	34	37	41	32	19
Fonds d'expansion économique	0	0	0	0	0	0	0	0	0	0
Taxe sur opérations de bourse	4	31	92	386	234	134	193	287	298	413
Taxe sur titres cotés en bourse	2	4	21	0	0	0	0	0	0	0
Taxe sur les titres au porteur	0	0	0	79	3	0	6	0	0	0
Droits de timbre, droits d'écriture	0	53	94	161	35	40	36	38	42	42
4500 Impôts non-périodiques	0	0	0	74	163	327	877	643	456	321
4510 Sur l'actif net	..	..	..	0	0	0	0	0	0	0
4520 Autres non-périodiques	..	..	..	74	163	327	877	643	456	321
Taxe sur l'épargne à long terme	..	..	..	74	163	194	207	413	342	203
Déclaration libératoire unique (DLU)	..	..	..	0	0	0	0	0	0	0
Déclaration libératoire unique (Diamant)	..	..	..	0	0	0	0	0	0	0
Régularisation fiscale (DLU bis)	..	..	..	0	0	133	614	152	28	26
Régularisation fiscale (DLU ter)	..	..	..	0	0	0	54	78	85	92
Contr. spéciale associations de crédit	..	..	..	0	0	0	2	0	0	0
4600 Autres impôts périodiques sur patrimoine	0	8	99	182	232	294	309	318	522	325
Prélèvement visant à lutter contre la non-utilisation d'un site de production d'électricité par un producteur	..	..	..	0	-16	0	0	0	0	0
Transfert au Fonds des Accidents de Travail en provenance des caisses privées d'assurance contre les accidents de travail	..	..	..	182	249	294	309	318	305	297
Taxe sur les comptes titres	..	..	..	0	0	0	0	0	217	27
5000 Impôts sur les biens et services	**2 386**	**10 105**	**18 360**	**29 103**	**38 462**	**41 035**	**44 509**	**45 535**	**52 054**	**48 043**
5100 Impôts sur production, vente, transfert, etc.	2 187	9 606	17 387	27 000	36 091	38 646	42 079	43 043	49 165	45 293
5110 Impôts généraux	1 355	6 321	11 570	18 258	24 411	25 882	27 979	28 170	32 563	30 008
5111 Taxes sur la valeur ajoutée	0	6 321	11 547	18 132	24 140	25 628	27 738	27 952	32 181	29 761
T V A	..	6 293	11 491	18 132	24 140	25 628	27 738	27 952	32 181	29 761
Taxe d'immatriculation	..	28	56	0	0	0	0	0	0	0
5112 Impôts sur les ventes	0	0	23	126	271	253	241	219	381	247
5113 Autres impôts	1 355	0	0	0	0	0	0	0	0	0
Taxes assimilées au timbre	1 355	..	..	..	..	..	..	..	..	..
5120 Impôts sur biens et services déterminés	832	3 285	5 818	8 742	11 680	12 764	14 100	14 873	16 602	15 285
5121 Accises	531	1 997	3 478	5 690	7 367	7 783	8 036	8 649	9 990	9 031
Huiles minérales	278	1 109	2 017	3 392	3 891	4 148	4 072	4 556	5 426	4 401
Gaz de pétrole, hydroc. liquéfiés, benzoles	0	4	0	0	0	0	0	0	0	0
Sur le tabac	132	501	868	1 342	1 821	1 885	2 197	2 262	2 404	2 451
Eaux de vie	23	123	191	206	225	235	272	318	311	344
Taxe consommation alcools, eaux de vie	26	54	0	0	0	0	0	0	0	0
Boissons fermentées mousseuses	1	7	11	24	39	57	77	92	104	90
Boissons fermentées de fruits	18	57	88	101	115	116	132	148	174	186
Bières	38	93	170	208	191	188	183	194	200	180
Eaux de boisson et limonades	10	44	113	148	49	54	58	56	183	186
Sucres et sirops de raffinage + café	5	5	22	13	12	13	15	14	15	15
Cotisation sur l'énergie	0	0	0	193	341	383	337	343	340	321
Produits intermédiaires alcoolisés	0	0	0	32	28	26	26	26	25	26
Redevance de contrôle fuel domestique	0	0	0	29	43	51	41	36	30	32
Ecotaxes	0	0	0	2	1	0	1	0	0	0
Cotisation d'emballage	0	0	0	0	296	320	332	336	349	372
Cotisation fédérale sur l'électricité et le gaz naturel	0	0	0	0	311	292	281	269	430	430
Cotisation environnementale	0	0	0	0	5	15	14	1	0	0
5122 Bénéfices des monopoles fiscaux	0	0	0	0	0	0	0	0	0	0
5123 Droits de douane et droits à l'importation	272	627	809	960	1 388	1 234	1 185	1 373	1 683	1 440
Droits d'entrée	206	0	0	0	0	0	0	0	0	0
Prélèvements agricoles	63	0	0	0	0	0	0	0	0	0
Prélèvements CECA	2	0	0	0	0	0	0	0	0	0
Prélèvements UE, droit d'entrée	0	383	716	932	1 365	1 210	1 149	1 368	1 683	1 440
Prélèvements agricoles UE	0	244	93	28	23	23	36	5	0	0
5124 Taxes à l'exportation	0	1	0	0	0	0	0	0	0	0
5125 Impôts sur biens d'équipement	0	0	0	0	0	0	0	0	0	0
5126 Impôts sur services déterminés	29	452	937	1 365	2 044	2 454	3 136	3 210	3 320	3 398
Taxes jeux et paris	9	47	51	45	64	77	73	80	107	93
Taxe annuelle contrats assurances	19	404	885	1 282	1 930	2 123	2 285	2 307	2 512	2 566
Taxe d'affichage	0	0	1	1	3	3	3	3	3	3
Protection des dépots	0	0	0	36	48	252	609	441	428	435
Fonds de résolution	..	..	..	0	0	0	167	380	270	301
5127 Autres impôts sur commerce et transact. internat.	0	0	0	0	0	0	0	0	0	0
5128 Autres impôts	0	208	593	726	881	1 294	1 743	1 640	1 609	1 416
5130 Non-ventilables entre 5110 et 5120	0	0	0	0	0	0	0	0	0	0
5200 Impôts sur utilisation des biens et exerc. activités	199	496	966	2 096	2 363	2 384	2 420	2 482	2 877	2 738
5210 Impôts périodiques	199	496	966	1 887	2 032	2 005	2 023	2 032	1 973	1 934
Taxe de circulation	100	368	712	1 413	1 693	1 702	1 830	1 851	1 897	1 880
5211 À la charge des ménages : véhicules à moteur	0	204	458	889	1 051	1 054	1 148	1 163	1 270	1 260

	1965	1980	1990	2000	2007	2010	2013	2015	2019	2020
5212 À la charge autres agents : véhicules à moteur	0	164	254	525	642	648	683	689	626	620
5213 Autres impôts périodiques	99	127	254	474	338	303	193	181	76	54
Taxe appareils de divertissement	6	20	20	71	56	58	74	56	53	30
Taxe débits de boissons	1	5	24	18	0	0	0	0	0	0
Taxe sur la chasse	2	0	0	0	0	0	0	0	0	0
Collectivités locales	90	15	19	38	99	112	10	22	23	24
Radio, TV	0	87	191	347	184	133	108	103	0	0
5220 Impôts non-périodiques	0	0	0	209	332	379	397	451	904	804
Taxe de mise en circulation	..	..	..	209	332	379	360	349	497	455
Ménages	..	..	..	139	221	252	240	233	331	303
Autres agents	..	..	..	70	111	126	120	116	166	152
Droits d'émission	..	..	..	0	0	0	36	101	407	349
5300 Non-ventilables entre 5100 et 5200	0	3	7	7	7	6	10	9	13	12
6000 Autres impôts	**2**	**0**	**0**	**0**	**61**	**36**	**46**	**40**	**0**	**0**
6100 À la charge exclusive des entreprises	0	..	..	..	0	0	0	0	..	..
6200 À la charge d'autres agents	2	..	..	..	61	36	46	40	..	..
Amendes et intérets	2	..	..	..	0	0	0	0	..	..
Pour mémoire										
Droits de douane perçus pour le compte de l'UE	..	..	..	960	1 388	1 234	1 185	1 373	1 683	1 440
Contributions au Fonds de résolution unique collectées pour le compte de l'UE	..	..	..	..	..	..	167	380	270	301
Autres taxes pour le compte de l'UE	..	..	..	75	62	42	-7	9	..	..
Impôts sur le revenu et cotisations sociales obligatoires (UE)	..	..	..	310	521	685	665	731	879	939
Impôts sur le revenu (UE)	..	..	..	174	270	345	336	370	446	477
Cotisations sociales obligatoires (UE)	..	..	..	136	250	340	330	360	433	462
Crédits d'impôts récupérables										
Crédits d'impôts récupérables contre 1110	..	..	..	..	348	1 037	1 492	830	1 113	1 126
Composante fiscale	..	..	..	..	78	588	1 077	537	863	868
Composante transfert	..	..	..	..	270	449	415	293	250	258
Crédits d'impôts récupérables contre 1210	..	..	..	..	..	..	..	..	..	..
Composante fiscale	..	..	..	..	..	..	..	..	..	..
Composante transfert	..	..	..	..	..	..	..	..	..	..
Recettes fiscales totales sur la base d'encaissements	**6 421**	**37 438**	**70 268**	**..**	**..**	**..**	**..**	**..**	**..**	**..**
Recettes fiscales totales sur la base des droits constatés	**..**	**37 443**	**70 408**	**112 710**	**147 861**	**156 317**	**177 657**	**184 374**	**203 451**	**195 051**
Conciliation avec les Comptes nationaux										
Impôts additionnels inclus dans les comptes nationaux	..	107	447	1 300	1 740	2 458	3 362	3 670	4 898	5 219
Bénéfices de la loterie nationale	..	107	262	279	225	243	215	206	185	185
Taxes sur les eaux (RF, RW et RB-C)	..	0	66	378	119	137	122	104	142	135
Cot. producteurs produits animaux (Sanitel)	..	0	0	14	13	15	14	6	8	12
Taxe sur les déchets industriels	..	0	27	74	68	54	46	55	81	76
Taxe sur le lisier (RF)	..	0	0	11	11	5	5	1	2	4
Taxe sur les déchets ménagers (RW)	..	0	0	20	..	..	..	..	..	..
Retenue à la source sur salaires (UE)	..	0	93	174	270	345	336	370	446	477
Cotisations de sécurité sociale (UE)	..	0	0	136	250	340	330	360	433	462
Cotisations sociales imputées (UE)	..	0	0	213	431	508	511	554	663	703
Certificats verts	..	..	..	..	354	812	1 777	1 959	2 333	2 433
Conventions article 81 (Managed Entry Agreements)	..	..	..	..	..	..	8	55	605	733
Impôt exclus des comptes nationaux	..	0	0	0	0	0	0	0	0	0
Protection des dépots	..	..	..	..	..	..	..	..	..	..
Différence dans les traitements des crédits d'impôts	..	0	..	..	78	588	1 077	537	863	868
Transfert en capital des recettes non collectées	..	0	0	-291	-381	-597	-730	-547	-632	-970
TVA grevant les produits non recouvrable	..	..	..	-18	-276	-367	-488	-357	-479	-700
Précompte professionnel non recouvrable	..	..	..	-40	-53	-71	-47	-49	-45	-70
Cotisations sociales effectives à la charge des employeurs dues non recouvrables	..	..	..	-233	-52	-159	-194	-141	-107	-200
Cotisations de sécurité sociale volontaires	..	41	52	58	57	59	77	70	84	82
Différences diverses	..	0	0	0	0	0	0	0	0	0
Réallocation niveaux d'administration nationaux	..	..	..	..	..	..	..	..	..	..
Réallocation UE	..	..	..	..	..	..	..	..	..	..
Comptes nationaux : impôts et cotisations sociales effectives	..	37 590	70 907	113 564	148 924	158 318	180 932	187 550	208 001	199 547
Cotisations sociales imputées	..	1 497	2 886	5 377	7 568	8 713	10 071	9 812	11 051	11 416
Comptes nationaux : impôts et toutes les cotisations sociales	..	39 087	73 793	118 940	156 492	167 031	191 003	197 362	219 052	210 962

.. Non disponible

Note : Données établies sur la base de l'année civile se terminant le 31 décembre. A partir de 1970, les données sont sur la base des droits constatés.

Source : Institut de Comptes Nationaux, Service Public Fédéral des Finances.

StatLink https://stat.link/3ymtf5

Tableau 5.4. Canada : recettes fiscales détaillées, 1965-2020

Millions CAD

	1965	1980	1990	2000	2007	2010	2013	2015	2019	2020
Recettes fiscales totales	**15 318**	**101 015**	**244 152**	**390 234**	**512 663**	**516 591**	**592 206**	**653 269**	**764 366**	**755 994**
1000 Impôts sur revenu, bénéfices et gains en capital	**5 910**	**47 064**	**118 566**	**195 320**	**251 198**	**240 961**	**281 787**	**314 841**	**372 233**	**376 509**
1100 Des personnes physiques	3 464	34 451	99 722	143 652	190 025	180 894	214 054	240 304	275 584	278 855
1110 Sur le revenu et les bénéfices	3 464	34 451	99 722	143 652	190 025	180 894	214 054	240 304	275 584	278 855
Taxes federal government	2 635	21 231	60 252	90 694	116 395	109 341	127 655	143 315	164 485	164 902
Taxes on individuals - province	829	13 220	39 470	52 958	73 630	71 553	86 399	96 989	111 099	113 953
1120 Sur les gains en capital	0	0	0	0	0	0	0	0	0	0
1200 Des sociétés	2 276	11 741	17 190	47 643	54 272	54 101	62 359	67 894	86 615	89 503
1210 Sur les bénéfices	2 276	11 741	17 190	47 643	54 272	54 101	62 359	67 894	86 615	89 503
Taxes federal government	1 752	8 110	11 726	31 570	37 093	33 419	38 142	41 726	52 996	55 216
Taxes on corporations - province	524	3 631	5 464	16 073	17 179	20 682	24 217	26 168	33 619	34 287
1220 Sur les gains en capital	0	0	0	0	0	0	0	0	0	0
1300 Non-ventilables entre 1100 et 1200	170	872	1 654	4 025	6 901	5 966	5 374	6 643	10 034	8 151
Non-resident withhold taxes - federal	170	872	1 654	4 025	6 901	5 966	5 374	6 643	10 034	8 151
2000 Cotisations de sécurité sociale	**854**	**10 649**	**29 653**	**53 109**	**73 722**	**76 787**	**90 394**	**96 371**	**108 366**	**107 866**
2100 À la charge des salariés	318	3 756	10 634	21 361	29 361	30 626	36 057	38 685	44 228	44 461
Canada pension plan	47	1 265	3 745	9 401	16 194	16 852	20 021	21 491	25 257	25 699
Quebec pension plan	15	431	1 108	2 897	4 124	5 450	5 815	6 293	7 963	8 105
Employment insurance	164	1 393	5 284	7 782	7 084	7 388	9 198	9 772	9 680	9 331
Hospital insurance premiums	92	667	496	1 281	1 959	937	1 023	1 128	1 327	1 325
2110 Sur la base du salaire	..	..	10 634	20 976	28 654	29 689	35 034	37 557	42 901	43 136
2120 Sur la base de l'impôt sur les revenus	..	..	0	385	707	937	1 023	1 128	1 327	1 325
2200 À la charge des employeurs	536	6 697	18 449	30 307	41 922	43 525	51 261	54 380	60 205	59 403
Canada pension plan	48	1 266	3 745	9 401	16 194	16 852	20 021	21 491	25 257	25 699
Quebec pension plan	15	432	1 108	2 897	4 124	5 450	5 815	6 293	7 963	8 105
Employment insurance	164	2 006	7 398	10 894	9 917	10 343	12 877	13 681	13 553	13 064
Hospital insurance premiums	92	1 270	496	897	1 252	0	0	0	0	0
Social insurance levies	217	1 723	5 702	6 218	10 434	10 881	12 548	12 914	13 432	12 535
2210 Sur la base du salaire	..	..	18 449	30 307	41 922	43 525	51 261	54 380	60 205	59 403
2220 Sur la base de l'impôt sur les revenus	..	..	0	0	0	0	0	0	0	0
2300 A charge des travailleurs indép. ou sans emploi	0	196	570	1 442	2 440	2 636	3 076	3 307	3 933	4 002
Canada pension plan	..	153	478	1 200	2 096	2 181	2 591	2 781	3 268	3 326
Quebec pension plan	..	43	92	242	344	455	486	525	665	677
2310 Sur la base du salaire	..	196	570	1 442	2 440	2 636	3 076	3 307	3 933	4 002
2320 Sur la base de l'impôt sur les revenus	..	0	0	0	0	0	0	0	0	0
2400 Non-ventilables entre 2100, 2200 et 2300	0	0	0	0	0	0	0	0	0	0
2410 Sur la base du salaire	..	..	..	..	..	..	..	..	..	..
2420 Sur la base de l'impôt sur les revenus	..	..	..	..	..	..	..	..	..	..
3000 Sur salaires ou main d'oeuvre	**0**	**0**	**5 499**	**8 013**	**10 038**	**10 760**	**12 482**	**13 256**	**17 390**	**17 360**
4000 Impôts sur le patrimoine	**2 186**	**9 195**	**24 467**	**37 157**	**54 507**	**63 735**	**70 451**	**77 778**	**88 812**	**90 611**
4100 Impôts périodiques sur la propriété immobilière	1 830	8 315	20 189	30 242	44 567	51 702	57 769	62 651	70 781	72 198
On property provincial government	11	133	1 645	3 078	3 164	4 476	4 946	5 410	6 932	6 674
Personal property local government	17	0	18 544	27 165	41 403	47 226	52 823	57 241	63 849	65 524
Real property local government	1 802	8 182	0	0	0	0	0	0	0	0
4110 Ménages	..	..	..	..	..	..	..	..	..	..
4120 Autres agents	..	..	..	..	..	..	..	..	..	..
4200 Impôts périodiques sur l'actif net	25	512	1 911	4 171	2 970	1 523	414	372	459	460
4210 Personnes physiques	0	0	0	0	0	0	0	0	0	0
4220 Sociétés	25	512	1 911	4 171	2 970	1 523	414	372	459	460
4300 Impôts sur mut. par décès, succ. et donations	223	75	3	2	0	178	221	268	344	339
4310 Impôts sur mut. par décès et successions	216	75	3	2	..	178	221	268	344	339
On inheritances federal government	108	0	0	0	..	0	0	0	0	0
Succession duties provincial government	108	75	3	2	..	178	221	268	344	339
4320 Impôts sur les donations	7	0	0	0	..	0	0	0	0	0
On gifts federal government	7	..	..	..	..	..	..	..	..	..
4400 Impôts sur transact. mobilières et immob.	0	0	0	0	2 868	3 077	3 646	4 975	6 689	7 338
4500 Impôts non-périodiques	108	293	2 365	2 742	4 102	7 254	8 401	9 512	10 539	9 676
4510 Sur l'actif net	0	0	0	0	0	0	0	0	0	0
4520 Autres non-périodiques	108	293	2 365	2 742	4 102	7 254	8 401	9 512	10 539	9 676
Special assessments and charges local govt.	108	293	2 365	2 742	4 102	7 254	8 401	9 512	10 539	9 676
4600 Autres impôts périodiques sur patrimoine	0	0	0	0	0	0	0	0	0	0
5000 Impôts sur les biens et services	**6 202**	**32 909**	**63 092**	**94 468**	**122 855**	**123 752**	**136 396**	**150 275**	**176 608**	**162 781**
5100 Impôts sur production, vente, transfert, etc.	5 310	24 808	59 627	88 879	114 701	116 160	128 554	140 750	165 674	152 375
5110 Impôts généraux	2 730	11 658	34 475	55 313	71 242	72 130	81 452	90 598	108 758	102 728
5111 Taxes sur la valeur ajoutée	0	0	0	35 384	46 072	70 712	78 292	86 694	103 412	99 705
5112 Impôts sur les ventes	2 730	11 658	34 475	19 429	25 170	1 418	3 160	3 904	5 346	3 023
Sales taxes federal government	813	5 429	16 866	0	0	0	0	0	0	0
Sales taxes provincial, local govt.	1 917	6 229	17 609	19 429	25 170	1 418	3 160	3 904	5 346	3 023

	1965	1980	1990	2000	2007	2010	2013	2015	2019	2020
5113 Autres impôts	0	0	0	0	0	0	0	0	0	0
5120 Impôts sur biens et services déterminés	2 580	13 150	25 153	33 565	43 459	44 030	47 102	50 152	56 916	49 647
5121 Accises	1 499	6 805	14 473	18 417	22 759	23 281	24 470	25 284	28 859	27 901
Excises federal government	740	3 850	6 405	8 377	9 249	10 244	10 261	10 372	13 194	14 328
Liquor	..	..	926	1 103	1 224	1 554	1 488	1 521	1 881	2 023
Tobacco	..	..	2 247	2 176	2 466	3 025	3 019	2 875	3 024	3 024
Gasoline and motive fuel	..	..	2 472	4 807	5 272	5 306	5 460	5 678	5 795	5 055
Remitted gaming profits	..	..	45	0	0	0	0	0	0	0
Miscellaneous consumption taxes	..	..	715	291	287	358	294	297	2 494	4 226
Excises provincial government	759	2 955	8 067	10 039	13 510	13 037	14 209	14 912	15 665	13 573
Motor fuel	680	1 863	4 674	7 031	8 065	8 198	9 094	9 727	10 200	8 404
Tobacco	53	772	2 776	2 279	4 181	4 620	4 879	5 108	4 667	4 554
Other	26	320	617	730	1 264	219	236	77	798	615
5122 Bénéfices des monopoles fiscaux	294	1 406	3 758	8 756	11 565	11 565	12 059	13 016	14 316	10 562
Own enterprises contributions	294	1 406	3 758	8 756	11 565	11 565	12 059	13 016	14 316	10 562
5123 Droits de douane et droits à l'importation	686	3 199	4 021	2 824	3 829	3 441	4 193	5 181	5 492	4 024
Customs and import duties federal govt.	686	3 199	4 021	2 824	3 829	3 441	4 193	5 181	5 492	4 024
5124 Taxes à l'exportation	0	842	0	0	0	0	0	0	0	0
5125 Impôts sur biens d'équipement	0	0	0	0	0	0	0	0	0	0
5126 Impôts sur services déterminés	84	575	2 385	2 524	4 088	4 489	5 087	5 213	6 613	5 927
Tax on insurance premiums, provincial govt.	45	261	1 141	1 740	2 796	3 305	3 901	3 962	5 118	5 399
Tax on insurance premiums, federal govt.	0	1	1	1	11	28	13	10	9	13
Amusement and admission taxes	4	25	126	538	537	322	280	291	314	86
Air transportation taxes	0	166	488	0	403	600	662	722	800	264
Racetrack betting	35	122	155	55	36	36	32	33	23	19
Tax on meals and hotels	0	0	473	191	305	198	199	195	349	146
5127 Autres impôts sur commerce et transact. internat.	0	0	0	0	0	0	0	0	0	0
5128 Autres impôts	17	323	517	1 045	1 217	1 255	1 292	1 458	1 636	1 233
Other taxes federal government	0	98	272	758	762	557	439	544	499	349
Other taxes provincial government	17	225	245	287	455	698	853	914	1 137	884
5130 Non-ventilables entre 5110 et 5120	0	0	0	0	0	0	0	0	0	0
5200 Impôts sur utilisation des biens et exerc. activités	892	8 101	3 465	5 589	8 154	7 592	7 842	9 525	10 934	10 406
5210 Impôts périodiques	306	1 500	2 393	3 644	4 368	4 452	5 017	5 589	6 288	6 203
5211 À la charge des ménages : véhicules à moteur	103	666	1 056	1 696	2 241	1 986	2 237	2 478	2 980	2 926
5212 À la charge autres agents : véhicules à moteur	141	509	697	1 039	1 242	1 153	1 343	1 552	1 740	1 705
5213 Autres impôts périodiques	62	325	640	909	885	1 313	1 437	1 559	1 568	1 572
5220 Impôts non-périodiques	586	6 601	1 072	1 945	3 786	3 140	2 825	3 936	4 646	4 203
Licences and permits local govt.	36	132	317	499	889	807	952	1 023	1 143	1 094
Licences and permits provincial govt.	550	6 469	755	1 446	2 897	2 333	1 873	2 913	3 503	3 109
5300 Non-ventilables entre 5100 et 5200	0	0	0	0	0	0	0	0	0	0
6000 Autres impôts	**166**	**1 198**	**2 875**	**2 167**	**342**	**596**	**696**	**748**	**957**	**867**
6100 À la charge exclusive des entreprises	139	943	2 386	1 280	0	0	0	0	0	0
6200 À la charge d'autres agents	27	255	489	887	342	596	696	748	957	867
Poll tax local government	5	0	0	0	0	0	0	0	0	0
Miscellaneous local government	11	358	489	887	342	596	696	748	957	867
Other federal government	11	-103	0	0	0	0	0	0	0	0
Crédits d'impôts récupérables										
Crédits d'impôts récupérables contre 1110	..	..	..	1 633	5 550	6 415	7 326	7 510	13 910	13 958
Composante fiscale	..	..	..	276	824	875	965	968	3 943	4 681
Composante transfert	..	..	..	1 357	4 726	5 540	6 361	6 542	9 967	9 277
Crédits d'impôts récupérables contre 1210	..	..	..	1 758	3 445	4 726	3 754	3 768	4 431	4 374
Composante fiscale	..	..	..	20	12	19	17	15	25	23
Composante transfert	..	..	..	1 738	3 433	4 707	3 737	3 753	4 406	4 351
Recettes fiscales totales sur la base d'encaissements	**15 318**	**101 015**	**244 152**	**388 833**	**527 734**	..	..	..	..	..
Recettes fiscales totales sur la base des droits constatés	..	..	..	**390 234**	**512 663**	**516 591**	**592 206**	**653 269**	**764 366**	**755 994**
Conciliation avec les comptes nationaux										
Impôts additionnels inclus dans les comptes nationaux	..	..	..	0	0	0	0	0	0	0
Impôt exclus des comptes nationaux	..	..	..	0	0	0	0	0	0	0
Différence dans les traitements des crédits d'impôts	..	..	..	296	836	894	982	983	3 967	4 704
Transfert en capital des recettes non collectées	..	..	..	0	0	0	0	0	0	0
Cotisations de sécurité sociale volontaires	..	..	..	0	0	0	0	0	0	0
Différences diverses	..	..	..	0	0	0	0	0	0	0
Comptes nationaux : impôts et cotisations sociales effectives	..	..	..	390 234	513 499	517 485	593 188	654 252	768 333	760 698
Cotisations sociales imputées	..	..	..	0	0	0	0	0	0	0
Comptes nationaux : impôts et toutes les cotisations sociales	..	..	..	390 234	513 499	517 485	593 188	654 252	768 333	760 698

.. Non disponible

Note : From 2001, all data are for the year ending 31st December. For 2000 and earlier years, data for the Federal, Provincial and Territorial governments and Social security funds are on a fiscal year basis commencing 1st April. Data for local government are on a fiscal year basis commencing 1st January.
From 1999 data are on accrual basis.
There are some minor differences between the data for the years 1965 to 1978 and those for subsequent years. These mostly relate to the inclusion of fines and penalities or late payment of taxes and deductions for the child tax credits in the data for the years 1979 to 1983.
Heading 1210 - Taxes federal government: Federal corporate taxes include capital taxes.
Heading 2000: Includes receipts from the Canadian Pension Plan, Quebec Pension Plan, Unemployment Insurance Fund and Provincial Health Insurance. Premiums, Medicare Premiums and Social Insurance levies but excludes that part of the taxes on income and sales taxes earmarked for old age security. The practice of earmarking these taxes was discontinued in June 1975.
Heading 4400: From 2002 onward includes land transfer taxes of the provincial, territorial and local governments. Prior to 2002 land transfer taxes of the local government were included in line 6000 and those provincial and territorial governments were included in line 4520.
Heading 5121: The large increase in this heading between 1980 and 1981 is due to the introduction of a 'special petroleum compensation charge', a 'Canadian ownership special charge' and to an increase in the natural gas tax of C$ 2399 millions.
Heading 5122: From 1988, profits on fiscal monopolies include lottery profits.
Heading 5128: From 1988, other taxes of Federal Government does not include the annual fees for managing the spectrum (airwaves) allocation to the cellular industry.
Heading 5211: Some Québec motor vehicle licence administrative fees are included in sales of goods and services for the period 1988-89 to 1997-98.
From 1998-99 onward, these fees are included under other taxes - motor vehicle licences.
Source : Statistics Canada.

StatLink https://stat.link/o79y0l

Tableau 5.5. Chili : recettes fiscales détaillées, 1965-2020

Million CLP

	1965	1980	1990	2000	2007	2010	2013	2015	2019	2020
Recettes fiscales totales	..	..	**1 777 218**	**7 901 998**	**20 598 963**	**21 845 693**	**27 381 686**	**32 533 542**	**41 025 508**	**38 817 226**
1000 Impôts sur revenu, bénéfices et gains en capital	..	..	**412 974**	**1 841 630**	**9 412 056**	**8 329 060**	**9 520 709**	**11 840 521**	**14 283 183**	**12 540 342**
1100 Des personnes physiques	..	..	99 154	604 100	989 348	1 492 837	1 964 172	3 199 876	2 937 532	3 976 009
Second category tax	..	..	65 552	490 980	993 129	1 449 099	1 981 699	2 350 120	3 015 794	3 051 177
Global complementary tax	..	..	33 603	113 120	-3 781	43 738	-17 527	-36 757	-78 261	132 551
Other	..	..	0	0	0	0	0	886 513	0	792 281
1110 Sur le revenu et les bénéfices	..	..	..	..	..	..	..	..	..	..
1120 Sur les gains en capital	..	..	..	..	..	..	..	..	..	..
1200 Des sociétés	..	..	219 586	882 896	6 054 487	4 448 745	6 041 089	6 839 133	9 597 472	9 429 787
First category tax	..	..	200 891	815 747	5 084 996	3 913 870	5 473 355	6 183 830	8 880 080	8 745 612
Surtax on state owned enterprises	..	..	16 074	47 634	113 334	194 203	124 220	132 352	122 054	203 416
Mining tax	..	..	0	0	835 452	298 558	324 577	323 507	277 861	267 544
Other	..	..	2 621	19 516	20 705	42 114	118 937	199 444	317 477	213 216
1210 Sur les bénéfices	..	..	..	..	..	..	..	..	..	..
1220 Sur les gains en capital	..	..	..	..	..	..	..	..	..	..
1300 Non-ventilables entre 1100 et 1200	..	..	94 233	354 634	2 368 221	2 387 478	1 515 449	1 801 512	1 748 179	-865 454
Additional tax	..	..	59 082	350 301	1 462 715	1 414 057	1 337 721	1 429 758	1 902 585	2 063 149
Other	..	..	35 151	4 332	905 507	973 421	177 727	371 755	-154 406	-2 928 603
2000 Cotisations de sécurité sociale	..	..	**159 559**	**576 758**	**1 148 647**	**1 493 987**	**1 968 973**	**2 252 490**	**2 994 906**	**3 104 866**
2100 À la charge des salariés	..	..	154 021	553 937	1 098 620	1 433 159	1 906 340	2 188 576	2 894 725	2 994 036
2110 Sur la base du salaire	..	..	154 021	553 937	1 098 620	1 433 159	1 906 340	2 188 576	2 894 725	2 994 036
2120 Sur la base de l'impôt sur les revenus	..	..	0	0	0	0	0	0	0	0
2200 À la charge des employeurs	..	..	5 538	22 821	50 027	60 828	62 633	63 914	100 181	110 830
2210 Sur la base du salaire	..	..	5 538	22 821	50 027	60 828	62 633	63 914	100 181	110 830
2220 Sur la base de l'impôt sur les revenus	..	..	0	0	0	0	0	0	0	0
2300 A charge des travailleurs indép. ou sans emploi	..	..	0	0	0	0	0	0	0	0
2310 Sur la base du salaire	..	..	..	..	..	..	..	..	..	..
2320 Sur la base de l'impôt sur les revenus	..	..	..	..	..	..	..	..	..	..
2400 Non-ventilables entre 2100, 2200 et 2300	..	..	0	0	0	0	0	0	0	0
2410 Sur la base du salaire	..	..	..	..	..	..	..	..	..	..
2420 Sur la base de l'impôt sur les revenus	..	..	..	..	..	..	..	..	..	..
3000 Sur salaires ou main d'oeuvre	..	..	**0**	**0**	**0**	**0**	**0**	**0**	**0**	**0**
4000 Impôts sur le patrimoine	..	..	**109 319**	**554 037**	**1 013 571**	**898 607**	**1 133 765**	**1 421 274**	**2 242 561**	**2 071 921**
4100 Impôts périodiques sur la propriété immobilière	..	..	59 968	302 244	496 311	662 368	840 842	1 056 920	1 507 182	1 562 317
4110 Ménages	..	..	..	..	..	..	..	..	..	..
4120 Autres agents	..	..	..	..	..	..	..	..	..	..
4200 Impôts périodiques sur l'actif net	..	..	0	0	0	0	0	0	0	0
4210 Personnes physiques	..	..	..	..	..	..	..	..	..	..
4220 Sociétés	..	..	..	..	..	..	..	..	..	..
4300 Impôts sur mut. par décès, succ. et donations	..	..	3 444	10 906	28 501	39 338	45 550	92 236	62 824	155 433
4310 Impôts sur mut. par décès et successions	..	..	..	..	..	..	..	..	..	..
4320 Impôts sur les donations	..	..	..	..	..	..	..	..	..	..
4400 Impôts sur transact. mobilières et immob.	..	..	45 907	240 886	488 759	196 901	247 373	272 118	672 555	354 171
4500 Impôts non-périodiques	..	..	0	0	0	0	0	0	0	0
4510 Sur l'actif net	..	..	..	..	..	..	..	..	..	..
4520 Autres non-périodiques	..	..	..	..	..	..	..	..	..	..
4600 Autres impôts périodiques sur patrimoine	..	..	0	0	0	0	0	0	0	0
5000 Impôts sur les biens et services	..	..	**1 118 722**	**5 041 769**	**9 023 666**	**11 185 156**	**14 779 915**	**17 598 561**	**21 755 381**	**21 275 113**
5100 Impôts sur production, vente, transfert, etc.	..	..	1 074 009	4 789 827	8 578 636	10 532 904	13 869 529	16 516 668	20 167 012	19 614 250
5110 Impôts généraux	..	..	664 421	3 306 350	6 781 501	8 399 926	11 170 794	13 273 958	16 348 944	15 963 032
5111 Taxes sur la valeur ajoutée	..	..	664 421	3 306 350	6 781 501	8 399 926	11 170 794	13 273 958	16 348 944	15 963 032
5112 Impôts sur les ventes	..	..	0	0	0	0	0	0	0	0
5113 Autres impôts	..	..	0	0	0	0	0	0	0	0
5120 Impôts sur biens et services déterminés	..	..	409 588	1 483 477	1 797 135	2 132 978	2 698 735	3 242 710	3 818 068	3 651 218
5121 Accises	..	..	166 050	816 160	1 299 844	1 561 205	1 987 475	2 413 957	2 862 327	2 900 245
Cigarettes and tobacco	..	..	60 604	283 275	455 595	647 637	815 991	982 609	973 335	1 021 917
Gasolene and diesel	..	..	105 445	532 885	844 249	913 568	1 171 483	1 388 218	1 811 132	1 799 846
Oil stabilisation fund	..	..	0	0	0	0	0	0	0	0
Fisheries Law Extraction Rights	..	..	0	0	0	0	0	8 558	17 662	33 104
Additional tax on new motor vehicles	..	..	0	0	0	0	0	34 571	60 197	45 379
5122 Bénéfices des monopoles fiscaux	..	..	0	0	0	0	0	0	0	0
5123 Droits de douane et droits à l'importation	..	..	222 486	548 571	300 416	267 331	303 393	343 491	331 846	294 204
5124 Taxes à l'exportation	..	..	0	0	0	0	0	0	0	0
5125 Impôts sur biens d'équipement	..	..	0	0	0	0	0	0	0	0
5126 Impôts sur services déterminés	..	..	21 052	118 746	196 875	304 442	407 867	485 263	623 895	456 768
5127 Autres impôts sur commerce et transact. internat.	..	..	0	0	0	0	0	0	0	0
5128 Autres impôts	..	..	0	0	0	0	0	0	0	0
5130 Non-ventilables entre 5110 et 5120	..	..	0	0	0	0	0	0	0	0

	1965	1980	1990	2000	2007	2010	2013	2015	2019	2020
5200 Impôts sur utilisation des biens et exerc. activités	..	..	44 714	251 942	445 030	652 252	910 386	1 081 893	1 588 369	1 660 863
5210 Impôts périodiques	..	..	44 714	251 942	445 030	652 252	910 386	1 081 893	1 461 686	1 503 269
Motor vehicles	..	..	24 469	93 880	155 158	218 219	330 754	397 608	592 327	585 116
5211 À la charge des ménages : véhicules à moteur	..	..	0	0	0	0	0	0	0	0
5212 À la charge autres agents : véhicules à moteur	..	..	0	0	0	0	0	0	0	0
5213 Autres impôts périodiques	..	..	20 245	158 062	289 872	434 033	579 632	684 285	869 359	918 153
Municipal permits	..	..	18 401	136 138	263 996	396 944	527 955	630 943	813 159	862 199
Mining patents	..	..	3 374	34 730	25 184	36 213	50 094	51 767	54 696	54 932
Other	..	..	-1 530	-12 806	692	876	1 583	1 575	1 504	1 023
5220 Impôts non-périodiques	..	..	0	0	0	0	0	0	126 683	157 594
Tax on Polluting Fixed Sources	..	..	..	..	..	..	..	..	126 683	157 594
5300 Non-ventilables entre 5100 et 5200	..	..	0	0	0	0	0	0	0	0
6000 Autres impôts	**..**	**..**	**-23 356**	**-112 195**	**1 023**	**-61 117**	**-21 676**	**-579 303**	**-250 523**	**-175 017**
6100 À la charge exclusive des entreprises	..	..	0	0	0	0	0	0	0	0
6200 À la charge d'autres agents	..	..	-23 356	-112 195	1 023	-61 117	-21 676	-579 303	-250 523	-175 017
Crédits d'impôts récupérables										
Crédits d'impôts récupérables contre 1110	..	..	0	0	0	0	0	0	0	0
Composante fiscale	..	..	..	..	..	..	..	..	..	..
Composante transfert	..	..	..	..	..	..	..	..	..	..
Crédits d'impôts récupérables contre 1210	..	..	0	0	0	0	0	175 468	278 792	297 981
Composante fiscale	..	..	..	..	..	..	..	45 774	78 226	74 949
Composante transfert	..	..	..	..	..	..	..	129 694	200 566	223 032
Recettes fiscales totales sur la base d'encaissements	**..**	**..**	**1 777 218**	**7 901 998**	**20 598 963**	**21 845 693**	**27 381 686**	**32 533 542**	**41 025 508**	**38 317 226**
Recettes fiscales totales sur la base des droits constatés	..	..	..	..	..	..	.	..	..	..
Conciliation avec les comptes nationaux										
Impôts additionnels inclus dans les comptes nationaux	..	..	..	..	..	..	.	..	..	..
Impôt exclus des comptes nationaux	..	..	..	..	..	..	..	..	..	..
Différence dans les traitements des crédits d'impôts	..	..	..	..	..	..	..	..	..	..
Transfert en capital des recettes non collectées	..	..	..	..	..	..	..	..	..	..
Cotisations de sécurité sociale volontaires	..	..	..	..	..	..	.	..	..	.
Différences diverses	..	..	..	..	..	..	.	..	..	.
Comptes nationaux : impôts et cotisations sociales effectives	..	..	..	..	..	..	.	..	..	.
Cotisations sociales imputées	..	..	..	..	..	..	..	..	..	..
Comptes nationaux : impôts et toutes les cotisations sociales	..	..	..	..	..	..	..	..	..	..

.. Non disponible
Note : Year ending 31st December.
The data are on a cash basis.
Source : Servicio de Impuestos internos (Chile's Tax Service).

StatLink https://stat.link/b72x5a

Tableau 5.6. Colombie : recettes fiscales détaillées, 1965-2020

Million COP

	1965	1980	1990	2000	2007	2010	2013	2015	2019	2020
Recettes fiscales totales	**..**	**..**	**2 579 426**	**30 598 630**	**82 697 457**	**98 455 335**	**142 976 023**	**160 157 693**	**209 071 314**	**187 664 589**
1000 Impôts sur revenu, bénéfices et gains encapital	**..**	**..**	**771 694**	**7 103 525**	**24 010 404**	**26 218 852**	**47 743 096**	**52 656 876**	**67 519 599**	**61 812 525**
1100 Des personnes physiques	..	..	47 210	1 499 345	4 751 580	5 192 384	7 797 962	9 219 350	14 233 704	14 469 873
1110 Sur le revenu et les bénéfices	..	..	47 210	1 499 345	4 751 580	5 192 384	7 797 962	9 219 350	14 233 704	14 469 873
Income tax	..	..	47 210	1 499 345	4 751 580	5 192 384	7 797 962	9 219 350	14 227 156	14 434 275
Simple tax regime	..	..	0	0	0	0	0	0	6 549	35 598
1120 Sur les gains en capital	..	..	..	..	..	..	..	..	..	..
1200 Des sociétés	..	..	359 758	5 119 828	18 427 899	20 405 209	38 889 291	41 409 107	50 287 051	43 240 197
1210 Sur les bénéfices	..	..	359 758	5 119 828	18 427 899	20 405 209	38 889 291	41 409 107	50 287 051	43 240 197
Income tax	..	..	359 758	5 119 828	18 427 899	20 405 209	35 949 712	27 482 938	50 171 185	43 113 857
Pro Equity Income Tax - CREE	..	..	0	0	0	0	2 939 579	13 926 169	99 798	39 871
Simple tax regime	..	..	0	0	0	0	0	0	16 068	86 469
1220 Sur les gains en capital	..	..	..	..	..	..	..	..	..	..
1300 Non-ventilables entre 1100 et 1200	..	..	364 726	484 352	830 925	621 258	1 055 842	2 028 420	2 998 844	4 102 455
Income tax	..	..	364 726	484 352	830 925	621 258	1 055 842	2 028 420	2 998 844	4 102 455
Pro Equity Income Tax - CREE	..	..	0	0	0	0	0	0	0	0
2000 Cotisations de sécurité sociale	**..**	**..**	**203 596**	**4 989 000**	**9 694 000**	**11 478 085**	**16 644 445**	**13 585 138**	**19 875 398**	**18 615 408**
2100 À la charge des salariés	..	..	..	..	..	..	..	..	..	..
2110 Sur la base du salaire	..	..	..	..	..	..	..	..	..	..
2120 Sur la base de l'impôt sur les revenus	..	..	..	..	..	..	..	..	..	..
2200 À la charge des employeurs	..	..	..	..	..	..	..	..	..	..
2210 Sur la base du salaire	..	..	..	..	..	..	..	..	..	..
2220 Sur la base de l'impôt sur les revenus	..	..	..	..	..	..	..	..	..	..
2300 A charge des travailleurs indép. ou sans emploi	..	..	..	..	..	..	..	..	..	..
2310 Sur la base du salaire	..	..	..	..	..	..	..	..	..	..
2320 Sur la base de l'impôt sur les revenus	..	..	..	..	..	..	..	..	..	..
2400 Non-ventilables entre 2100, 2200 et 2300	..	..	203 596	4 989 000	9 694 000	11 478 085	16 644 445	13 585 138	19 875 398	18 615 408
2410 Sur la base du salaire	..	..	203 596	4 989 000	9 694 000	11 478 085	16 644 445	13 585 138	19 875 398	18 615 408
2420 Sur la base de l'impôt sur les revenus	..	..	0	0	0	0	0	0	0	0
3000 Sur salaires ou main d'oeuvre	**..**	**..**	**0**	**1 286 803**	**2 798 906**	**4 022 503**	**3 527 459**	**2 797 308**	**3 604 071**	**3 670 490**
4000 Impôts sur le patrimoine	**..**	**..**	**56 160**	**2 027 654**	**6 459 259**	**8 535 238**	**14 907 909**	**18 156 105**	**18 984 414**	**18 167 358**
4100 Impôts périodiques sur la propriété immobilière	..	..	56 160	991 070	2 298 829	3 338 935	4 735 321	6 061 965	8 743 115	9 109 598
4110 Ménages	..	..	0	0	0	0	0	0	0	0
4120 Autres agents	..	..	56 160	991 070	2 298 829	3 338 935	4 735 321	6 061 965	8 743 115	9 109 598
4200 Impôts périodiques sur l'actif net	..	..	0	0	1 170 908	1 970 530	4 274 832	5 352 940	923 255	957 137
4210 Personnes physiques	..	..	..	..	1 170 908	1 970 530	4 274 832	5 352 940	923 255	957 137
4220 Sociétés	..	..	..	..	0	0	0	0	0	0
4300 Impôts sur mut. par décès, succ. et donations	..	..	0	0	0	0	0	0	0	0
4310 Impôts sur mut. par décès et successions	..	..	..	..	..	..	..	..	..	..
4320 Impôts sur les donations	..	..	..	..	..	..	..	..	..	..
4400 Impôts sur transact. mobilières et immob.	..	..	0	1 036 584	2 989 522	3 225 773	5 897 755	6 741 200	8 190 516	7 476 295
4500 Impôts non-périodiques	..	..	0	0	0	0	0	0	1 127 528	624 327
4510 Sur l'actif net	..	..	..	..	..	..	..	..	0	0
4520 Autres non-périodiques	..	..	..	..	..	..	..	..	1 127 528	624 327
4600 Autres impôts périodiques sur patrimoine	..	..	0	0	0	0	0	0	0	0
5000 Impôts sur les biens et services	**..**	**..**	**1 388 653**	**14 180 450**	**36 766 741**	**44 411 642**	**55 285 569**	**65 716 566**	**89 797 927**	**77 752 543**
5100 Impôts sur production, vente, transfert, etc.	..	..	1 388 653	14 048 655	36 447 297	44 038 074	54 326 006	64 688 081	88 064 087	75 960 351
5110 Impôts généraux	..	..	672 368	9 585 866	26 910 512	33 333 802	40 479 366	48 684 900	71 235 138	62 866 653
5111 Taxes sur la valeur ajoutée	..	..	583 078	8 445 776	23 377 821	28 811 682	34 642 822	41 659 696	61 936 282	53 912 648
5112 Impôts sur les ventes	..	..	89 290	1 140 090	3 532 691	4 522 121	5 836 544	7 025 204	9 298 856	8 954 004
Industry and commerce tax (State)	..	..	89 290	1 140 090	3 532 691	4 522 121	5 836 544	7 025 204	9 298 856	8 954 004
5113 Autres impôts	..	..	0	0	0	0	0	0	0	0
5120 Impôts sur biens et services déterminés	..	..	716 285	4 462 789	9 536 785	10 704 271	13 846 640	16 003 181	16 828 948	13 093 698
5121 Accises	..	..	404 699	2 718 692	5 276 999	6 052 273	9 949 457	11 412 250	12 995 955	10 159 930
Petrol	..	..	141 270	833 004	1 211 511	1 418 766	2 883 410	3 297 392	1 585 141	1 205 806
Tobacco (State)	..	..	52 898	213 412	330 016	390 472	496 513	524 357	1 278 561	1 239 269
Beer (State)	..	..	85 722	471 135	1 203 838	1 432 453	2 031 349	2 305 895	2 611 466	2 243 811
Liquors (State)	..	..	124 808	520 394	834 390	929 328	1 292 743	1 253 466	2 146 818	1 675 472
Restaurant service, vehicle sale and mobile telephone service	..	..	0	0	0	0	1 181 998	1 684 179	2 208 669	1 226 863
Carbon	..	..	0	0	0	0	0	0	436 914	281 911
Plastic bags	..	..	0	0	0	0	0	0	37 331	43 777
Medicinal cannabis	..	..	0	0	0	0	0	0	145	972
Diesel surcharge	..	..	0	85 716	388 091	500 405	572 022	598 993	599 600	505 000
Petrol surcharge	..	..	0	595 031	1 309 154	1 380 848	1 491 423	1 747 969	2 091 310	1 737 050
5122 Bénéfices des monopoles fiscaux	..	..	0	0	0	0	0	0	0	0

	1965	1980	1990	2000	2007	2010	2013	2015	2019	2020
5123 Droits de douane et droits à l'importation	..	..	311 586	1 744 097	4 259 786	4 651 999	3 897 184	4 590 931	3 832 994	2 933 768
Custom duties	..	..	180 989	1 744 097	4 259 786	4 651 999	3 897 184	4 590 931	3 832 994	2 933 768
Imports surcharge	..	..	130 597	0	0	0	0	0	0	0
5124 Taxes à l'exportation	..	..	0	0	0	0	0	0	0	0
5125 Impôts sur biens d'équipement	..	..	0	0	0	0	0	0	0	0
5126 Impôts sur services déterminés	..	..	0	0	0	0	0	0	0	0
5127 Autres impôts sur commerce et transact. internat.	..	..	0	0	0	0	0	0	0	0
5128 Autres impôts	..	..	0	0	0	0	0	0	0	0
5130 Non-ventilables entre 5110 et 5120	..	..	0	0	0	0	0	0	0	0
5200 Impôts sur utilisation des biens et exerc. activités	..	..	0	131 795	319 444	373 568	959 563	1 028 485	1 733 840	1 792 192
5210 Impôts périodiques	..	..	..	131 795	319 444	373 568	959 563	1 028 485	1 733 840	1 792 192
5211 À la charge des ménages : véhicules à moteur	..	..	..	131 795	319 444	373 568	959 563	1 028 485	1 733 840	1 792 192
Tax on motor vehicle ownership	..	..	..	131 795	319 444	373 568	959 563	1 028 485	1 733 840	1 792 192
5212 À la charge autres agents : véhicules à moteur	..	..	..	..	..	..	..	..	..	..
5213 Autres impôts périodiques	..	..	..	..	..	..	..	..	..	..
5220 Impôts non-périodiques	..	..	..	..	..	..	..	..	..	..
5300 Non-ventilables entre 5100 et 5200	..	..	0	0	0	0	0	0	0	0
6000 Autres impôts	**..**	**..**	**159 323**	**1 011 197**	**2 968 147**	**3 789 014**	**4 867 545**	**7 245 701**	**9 289 906**	**7 646 264**
6100 À la charge exclusive des entreprises	..	..	0	0	0	0	0	0	0	0
6200 À la charge d'autres agents	..	..	159 323	1 011 197	2 968 147	3 789 014	4 867 545	7 245 701	9 289 906	7 646 264
Stamp tax	..	..	0	401 497	759 787	357 160	58 378	101 668	85 799	41 373
Other	..	..	78 306	79 287	86 297	126 602	200 465	318 271	533 852	245 541
Other (sub-national)	..	..	81 017	530 413	2 122 062	3 305 252	4 608 702	6 825 762	8 670 255	7 359 350
Recettes fiscales totales sur la base d'encaissements	**..**	**..**	**2 579 426**	**30 598 630**	**82 697 457**	**98 455 335**	**142 976 023**	**160 157 693**	**209 071 314**	**187 664 589**
Recettes fiscales totales sur la base des droits constatés	**..**	**..**	**..**	**..**	**..**	**..**	**..**	**..**	**..**	**..**
Conciliation avec les comptes nationaux										
Impôts additionnels inclus dans les comptes nationaux	..	..	..	..	..	..	..	..	..	..
Impôt exclus des comptes nationaux	..	..	..	..	..	..	..	..	..	..
Différence dans les traitements des crédits d'impôts	..	..	..	..	..	..	..	..	..	..
Transfert en capital des recettes non collectées	..	..	..	..	..	..	..	..	..	..
Cotisations de sécurité sociale volontaires	..	..	..	..	..	..	..	..	..	..
Différences diverses	..	..	..	..	..	..	..	..	..	..
Comptes nationaux : impôts et cotisations sociales effectives	..	..	..	..	..	..	..	..	..	..
Cotisations sociales imputées	..	..	..	..	..	..	..	..	..	..
Comptes nationaux : impôts et toutes les cotisations sociales	..	..	..	..	..	..	..	..	..	..

.. Non disponible

Note : Year ending 31st December.

Data on an cash basis.

Includes the reported consolidated revenues of the territorial entities (departments and municipalities).

Heading 2000: Before 2013, social security contributions did not include all the contributions entering FOSYGA (Solidarity and Guarantee Fund). Only the portion of the contributions used to finance the subsidised regime (up to 1.5 pp of the 12.5% of the monthly wage paid by employers and employees as an obligatory health contribution) was included. The part of the contributions entering FOSYGA to finance the contributory regime was classified in the social security sector as "other incomes".

From 2013 onwards, all of the health contributions entering FOSYGA are classified as social security contributions. The portion of the contributions not entering FOSYGA that is both collected and spent by the health insurers – EPS - is not part of the fiscal accounts.

Headings 1100 and 1200: The data are estimated.

Source : Dirección de Impuestos y Aduanas Nacionales de Colombia, Ministerio de Hacienda y Crédito Público y Banco Central de Colombia. (National Tax and Customs Administration, Ministry of Finance and Public Credit and Central Bank of Colombia).

StatLink https://stat.link/npdomi

Tableau 5.7. Costa Rica : recettes fiscales détaillées, 1965-2020

Million CRC

	1965	1980	1990	2000	2007	2010	2013	2015	2019	2020
Recettes fiscales totales	..	..	**117 711**	**978 114**	**3 213 401**	**4 382 367**	**5 851 096**	**6 923 575**	**8 855 885**	**8 235 528**
1000 Impôts sur revenu, bénéfices et gains en capital	..	..	**11 820**	**128 805**	**531 552**	**748 093**	**1 014 440**	**1 247 308**	**1 854 866**	**1 651 249**
1100 Des personnes physiques	..	..	..	..	123 194	202 849	316 894	386 241	540 954	556 084
1110 Sur le revenu et les bénéfices	..	..	..	..	123 194	202 849	316 894	386 241	535 412	554 486
1120 Sur les gains en capital	..	..	..	..	0	0	0	0	5 542	1 598
1200 Des sociétés	..	..	..	..	348 826	450 312	545 183	659 951	1 058 086	692 551
1210 Sur les bénéfices	..	..	..	..	348 826	450 312	545 183	659 951	955 908	685 470
1220 Sur les gains en capital	..	..	..	..	0	0	0	0	102 177	7 081
1300 Non-ventilables entre 1100 et 1200	..	..	11 820	128 805	59 531	94 932	152 363	201 116	255 827	402 613
2000 Cotisations de sécurité sociale	..	..	**33 990**	**297 069**	**885 053**	**1 450 531**	**1 928 082**	**2 305 133**	**3 026 691**	**2 971 589**
2100 À la charge des salariés	..	..	..	..	..	..	..	..	..	..
2110 Sur la base du salaire	..	..	..	..	..	..	..	..	..	..
2120 Sur la base de l'impôt sur les revenus	..	..	..	..	..	..	..	..	..	..
2200 À la charge des employeurs	..	..	3 447	37 313	107 398	207 206	272 706	318 652	381 940	387 840
Government contributions	..	..	3 447	37 313	107 398	207 206	272 706	318 652	381 940	387 840
2210 Sur la base du salaire	..	..	..	..	..	..	..	..	..	..
2220 Sur la base de l'impôt sur les revenus	..	..	..	..	..	..	..	..	..	..
2300 A charge des travailleurs indép. ou sans emploi	..	..	..	..	..	..	..	..	..	..
2310 Sur la base du salaire	..	..	..	..	..	..	..	..	..	..
2320 Sur la base de l'impôt sur les revenus	..	..	..	..	..	..	..	..	..	..
2400 Non-ventilables entre 2100, 2200 et 2300	..	..	30 543	259 756	777 654	1 243 325	1 655 376	1 986 481	2 644 751	2 583 749
Contributions by employees and non-government employers	..	..	30 543	249 182	727 844	1 139 265	1 511 383	1 785 522	2 274 644	2 212 249
Contributions for the special regimes	..	..	0	10 574	49 811	104 060	143 993	200 959	292 634	292 072
2410 Sur la base du salaire	..	..	..	..	..	..	..	..	..	..
2420 Sur la base de l'impôt sur les revenus	..	..	..	..	..	..	..	..	..	..
3000 Sur salaires ou main d'oeuvre	..	..	**7 575**	**61 796**	**170 996**	**260 664**	**352 755**	**423 616**	**522 529**	**537 654**
Contributions by non-government employers	..	..	7 484	59 129	165 677	248 259	337 696	406 296	501 734	515 624
Contributions by government employers	..	..	91	2 666	5 320	12 405	15 059	17 321	20 795	22 030
4000 Impôts sur le patrimoine	..	..	**1 566**	**8 396**	**42 658**	**63 706**	**99 030**	**123 261**	**167 952**	**162 950**
4100 Impôts périodiques sur la propriété immobilière	..	..	1 200	5 390	23 293	48 963	70 785	90 003	125 398	127 625
Land tax	..	..	0	0	0	0	0	0	0	0
Additional land tax	..	..	0	0	0	0	0	0	0	0
Tax on sumptuary constructions	..	..	0	0	0	0	0	0	0	0
Immovable property tax	..	..	0	0	0	3 527	3 998	4 076	4 699	4 655
Municipal immovable property tax	..	..	1 200	5 390	23 293	45 436	66 787	85 927	120 698	122 970
4110 Ménages	..	..	..	..	..	..	..	..	..	..
4120 Autres agents	..	..	..	..	..	..	..	..	..	..
4200 Impôts périodiques sur l'actif net	..	..	0	0	0	0	0	0	0	0
4210 Personnes physiques	..	..	..	..	..	..	..	..	..	..
4220 Sociétés	..	..	..	..	..	..	..	..	..	..
4300 Impôts sur mut. par décès, succ. et donations	..	..	0	0	0	0	0	0	0	0
4310 Impôts sur mut. par décès et successions	..	..	..	..	..	..	..	..	..	..
4320 Impôts sur les donations	..	..	..	..	..	..	..	..	..	..
4400 Impôts sur transact. mobilières et immob.	..	..	366	3 007	19 366	14 743	28 246	33 258	42 554	35 300
4500 Impôts non-périodiques	..	..	0	0	0	0	0	0	0	24
4510 Sur l'actif net	..	..	..	..	..	..	..	..	..	0
4520 Autres non-périodiques	..	..	..	..	..	..	..	..	..	24
4600 Autres impôts périodiques sur patrimoine	..	..	0	0	0	0	0	0	0	0
5000 Impôts sur les biens et services	..	..	**53 509**	**456 851**	**1 505 510**	**1 766 914**	**2 302 986**	**2 661 902**	**3 081 941**	**2 745 118**
5100 Impôts sur production, vente, transfert, etc.	..	..	49 867	425 713	1 406 100	1 600 302	2 092 588	2 388 900	2 756 759	2 500 510
5110 Impôts généraux	..	..	21 326	222 775	797 850	920 298	1 212 471	1 368 601	1 662 503	1 649 531
5111 Taxes sur la valeur ajoutée	..	..	21 326	222 775	797 850	920 298	1 176 745	1 336 075	1 634 986	1 623 695
5112 Impôts sur les ventes	..	..	0	0	0	0	0	0	0	0
5113 Autres impôts	..	..	0	0	0	0	35 726	32 526	27 517	25 836
5120 Impôts sur biens et services déterminés	..	..	28 541	202 939	608 250	680 004	880 117	1 020 299	1 094 256	850 979
5121 Accises	..	..	11 096	157 204	447 168	523 617	689 528	798 412	864 985	688 784
Fuels and energy	..	..	0	0	250 577	320 638	404 210	457 827	552 017	436 384
Alcoholic beverages	..	..	0	8 229	23 802	28 035	35 254	43 095	43 849	44 373
Non alcoholic beverages	..	..	0	0	18 263	26 566	32 519	36 353	41 247	38 510
Soaps	..	..	0	0	883	1 317	1 989	2 562	3 020	3 052
Cement	..	..	0	0	0	227	291	304	216	123
Tobaco	..	..	0	0	0	0	38 860	33 681	27 185	23 896
Abolished specific taxes on production and consumption	..	..	0	0	0	0	0	0	0	0
Other specific taxes on consumption	..	..	11 096	148 975	153 643	146 834	176 405	224 590	197 452	142 447
5122 Bénéfices des monopoles fiscaux	..	..	0	0	0	0	0	0	0	0

	1965	1980	1990	2000	2007	2010	2013	2015	2019	2020
5123 Droits de douane et droits à l'importation	..	..	15 052	40 485	134 576	126 134	154 576	174 568	164 224	133 733
Import duties	..	..	13 977	32 336	107 565	103 851	130 634	148 666	140 919	114 777
Custom duties	..	..	1 075	8 149	27 011	22 284	23 942	25 902	23 305	18 956
Import duties on animals	..	..	0	0	0	0	0	0	0	0
5124 Taxes à l'exportation	..	..	2 113	2 238	2 432	3 973	4 877	4 468	5 412	5 471
Export duties	..	..	..	..	..	..	..	..	..	..
Export duties Law 133	..	..	..	..	..	..	..	..	..	..
Export duties Law 5519	..	..	..	..	..	..	..	..	..	..
Tax on banana exports	..	..	..	..	..	..	..	..	..	..
Export tax on ground transportation	..	..	..	..	..	..	..	..	..	..
5125 Impôts sur biens d'équipement	..	..	0	0	0	0	0	0	0	0
5126 Impôts sur services déterminés	..	..	280	2 929	23 242	24 767	28 571	38 687	54 556	18 463
Casinos and gambling	..	..	0	225	442	445	1 019	1 455	1 241	378
Port cargo movements	..	..	0	6	0	0	0	0	0	0
Overseas departure tax	..	..	0	0	22 799	24 322	27 552	37 232	53 315	18 085
10% on public shows	..	..	0	0	0	0	0	0	0	0
Pro-national airports stamp tax	..	..	0	0	0	0	0	0	0	0
Stamp tax on the use of borders and ports	..	..	280	2 697	0	0	0	0	0	0
5127 Autres impôts sur commerce et transact. internat.	..	..	0	83	832	1 513	2 565	3 093	3 841	3 304
5128 Autres impôts	..	..	0	0	0	0	0	1 071	1 238	1 225
5130 Non-ventilables entre 5110 et 5120	..	..	0	0	0	0	0	0	0	0
5200 Impôts sur utilisation des biens et exerc. activités	..	..	3 642	31 138	99 410	166 612	210 398	273 003	325 182	244 608
5210 Impôts périodiques	..	..	3 642	31 138	99 410	166 612	210 398	273 003	325 182	244 608
5211 À la charge des ménages : véhicules à moteur	..	..	0	0	0	0	0	0	0	0
5212 À la charge autres agents : véhicules à moteur	..	..	1 425	15 374	52 511	94 102	113 727	145 894	181 198	108 198
Property tax on vehicles, aircraft and boats	..	..	1 425	15 374	52 511	94 102	113 727	145 894	181 198	108 198
5213 Autres impôts périodiques	..	..	2 217	15 763	46 899	72 510	96 671	127 109	143 984	136 410
Local taxes	..	..	1 262	11 898	43 874	68 808	91 163	122 248	137 979	130 332
Hunting and fishing licences	..	..	0	0	0	0	0	0	0	0
Spirits license	..	..	0	0	0	0	0	0	0	0
Revenue stamps	..	..	955	3 866	3 025	3 702	5 508	4 861	6 004	6 078
Sport stamp tax	..	..	0	0	0	0	0	0	0	0
5220 Impôts non-périodiques	..	..	0	0	0	0	0	0	0	0
5300 Non-ventilables entre 5100 et 5200	..	..	0	0	0	0	0	0	0	0
6000 Autres impôts	**..**	**..**	**9 251**	**25 198**	**77 632**	**92 460**	**153 803**	**162 355**	**201 906**	**166 969**
6100 À la charge exclusive des entreprises	..	..	0	0	0	0	0	0	0	0
6200 À la charge d'autres agents	..	..	9 251	25 198	77 632	92 460	153 803	162 355	201 906	166 969
STransfers of vehicles, aircraft and boats	..	..	497	2 530	9 937	12 311	17 177	20 999	23 223	22 593
Tax revenue from decentralised units	..	..	2 764	15 048	22 257	29 969	45 700	49 334	67 968	60 054
Other taxes	..	..	5 990	7 620	45 438	50 180	90 926	92 022	110 654	84 266
Recettes fiscales totales sur la base d'encaissements	..	..	..	..	..	..	..	..	..	..
Recettes fiscales totales sur la base des droits constatés	..	..	..	..	..	..	..	..	..	..
Conciliation avec les comptes nationaux										
Impôts additionnels inclus dans les comptes nationaux	..	..	..	..	..	..	..	..	..	..
Impôt exclus des comptes nationaux	..	..	..	..	..	..	..	..	..	..
Différence dans les traitements des crédits d'impôts	..	..	..	..	..	..	..	..	..	..
Transfert en capital des recettes non collectées	..	..	..	..	..	..	..	..	..	..
Cotisations de sécurité sociale volontaires	..	..	..	..	..	..	..	..	..	..
Différences diverses	..	..	..	..	..	..	..	..	..	..
Comptes nationaux : impôts et cotisations sociales effectives	..	..	..	..	..	..	..	..	..	..
Cotisations sociales imputées	..	..	..	..	..	..	..	..	..	..
Comptes nationaux : impôts et toutes les cotisations sociales	..	..	..	..	..	..	..	..	..	..

.. Non disponible

Note : Note: Year ending 31st December.

Data on an cash basis.

Heading 2000: The data include social security contributions paid by the governments for their employees as well as the contributions for special regimes (teachers and magistrates). In ECLAC data, social security contributions also include INA (National Institute of Apprenticeship), IMAS (Joint Social Aid Institute) and FODESAF (Social Development and Family Allowances Fund).

Heading 3000: In Costa Rica and for ECLAC, payments from decentralised institutions are classified under heading 2000.

Heading 5212: In ECLAC data, tax on ownership of vehicles, aircraft and boats is classified in category 4000.

In ECLAC data, the tax on the transfer of used vehicles Law No. 7088 of 30/11/87 is classified as a property tax.

Source : Secretaría Técnica de la Autoridad Presupuestaria, Ministerio de Finanzas y Contraloría General de la República.

(Technical Secretary of the Budgeting Authority, Ministry of Finance and National General Comptroller).

StatLink https://stat.link/l8snqe

Tableau 5.8. République tchèque : recettes fiscales détaillées, 1965-2020

Million CZK

	1965	1980	1990	2000	2007	2010	2013	2015	2019	2020
Recettes fiscales totales	..	..	..	**771 596**	**1 316 197**	**1 286 861**	**1 396 555**	**1 532 565**	**2 014 190**	**1 982 587**
Recettes fiscales totales excluant les taxes collectés pour le compte de l'UE	..	..	..	**771 596**	**1 309 754**	**1 280 288**	**1 390 999**	**1 524 653**	**2 005 418**	**1 974 510**
1000 Impôts sur revenu, bénéfices et gains en capital	..	..	..	**175 846**	**327 771**	**259 934**	**290 263**	**329 768**	**458 786**	**453 244**
1100 Des personnes physiques	..	..	..	99 668	155 817	131 706	149 831	164 678	255 670	266 628
1110 Sur le revenu et les bénéfices	..	..	..	99 668	155 817	131 706	149 831	164 678	255 670	266 628
Wages and salaries withholding	..	..	..	73 474	127 524	115 755	129 793	139 888	221 720	233 421
Of unincorporated individuals	..	..	..	17 254	19 568	5 747	7 437	9 100	13 260	12 195
Withheld on interest and dividends paid to individuals	..	..	..	8 940	8 725	10 204	12 602	15 691	20 690	21 012
1120 Sur les gains en capital	..	..	..	0	0	0	0	0	0	0
1200 Des sociétés	..	..	..	76 178	171 954	128 228	140 432	165 090	203 116	186 617
1210 Sur les bénéfices	..	..	..	76 178	171 954	128 228	140 432	165 090	203 116	186 617
Profit tax	..	..	..	68 945	164 016	118 248	124 820	147 157	184 705	172 720
Withheld on interest and dividends paid to corporations	..	..	..	7 233	7 162	9 156	7 736	9 415	7 708	4 187
Levy on lottery revenue	..	..	..	0	776	824	7 876	8 518	10 703	9 709
1220 Sur les gains en capital	..	..	..	0	0	0	0	0	0	0
1300 Non-ventilables entre 1100 et 1200	..	..	..	0	0	0	0	0	0	0
2000 Cotisations de sécurité sociale	..	..	..	**341 544**	**573 417**	**576 029**	**603 072**	**659 743**	**889 237**	**901 670**
2100 À la charge des salariés	..	..	..	77 272	127 662	116 818	123 353	133 878	184 563	187 733
2110 Sur la base du salaire	..	..	..	77 272	127 662	116 818	123 353	133 878	184 563	187 733
Retirement	..	..	..	40 489	66 644	69 272	71 871	78 120	108 137	107 988
State employment policy	..	..	..	2 492	4 101	0	0	0	0	0
Sick leave	..	..	..	6 852	11 279	0	0	0	0	0
Health insurance	..	..	..	27 439	45 638	47 546	51 482	55 758	76 426	79 745
2120 Sur la base de l'impôt sur les revenus	..	..	..	0	0	0	0	0	0	0
2200 À la charge des employeurs	..	..	..	220 207	359 493	363 074	382 498	417 778	569 522	573 753
2210 Sur la base du salaire	..	..	..	220 207	359 493	363 074	382 498	417 778	569 522	573 753
Retirement	..	..	..	121 547	220 591	229 450	239 248	261 786	358 382	357 887
State employment policy	..	..	..	19 933	12 303	12 756	13 345	14 604	19 989	19 961
Sick leave	..	..	..	20 555	33 834	24 332	25 454	27 851	36 427	34 687
Health insurance	..	..	..	54 879	91 275	95 095	102 964	111 517	152 853	159 493
Penalties	..	..	..	3 293	1 490	1 441	1 487	2 020	1 871	1 725
2220 Sur la base de l'impôt sur les revenus	..	..	..	0	0	0	0	0	0	0
2300 A charge des travailleurs indép. ou sans emploi	..	..	..	44 065	86 262	96 137	97 221	108 088	135 153	140 184
2310 Sur la base du salaire	..	..	..	44 065	86 262	96 137	97 221	108 088	135 153	140 184
Retirement	..	..	..	7 819	19 508	20 510	21 262	22 472	30 441	20 882
State employment policy	..	..	..	1 082	1 114	1 173	911	962	1 305	896
Sick leave	..	..	..	0	0	0	0	0	0	0
Health insurance	..	..	..	34 992	65 483	74 299	74 908	84 460	103 232	118 288
Self-employed	..	..	..	7 328	15 921	17 603	18 732	20 748	27 925	17 846
Non-employed	..	..	..	200	2 103	3 996	2 500	2 768	3 458	3 180
Government	..	..	..	27 464	47 459	52 700	53 676	60 944	71 849	97 262
Penalties	..	..	..	172	157	155	140	193	175	118
2320 Sur la base de l'impôt sur les revenus	..	..	..	0	0	0	0	0	0	0
2400 Non-ventilables entre 2100, 2200 et 2300	..	..	..	0	0	0	0	0	0	0
2410 Sur la base du salaire	..	..	..	..	..	..	..	..	..	..
2420 Sur la base de l'impôt sur les revenus	..	..	..	..	..	..	..	..	..	..
3000 Sur salaires ou main d'oeuvre	..	..	..	**0**	**0**	**0**	**0**	**0**	**0**	**0**
4000 Impôts sur le patrimoine	..	..	..	**10 890**	**15 495**	**16 364**	**19 210**	**21 920**	**24 080**	**11 615**
4100 Impôts périodiques sur la propriété immobilière	..	..	..	4 469	5 126	8 752	9 852	10 333	10 967	11 606
4110 Ménages	..	..	..	1 452	2 228	4 302	5 387	5 433	5 828	6 079
Real property tax	..	..	..	1 452	2 228	4 302	5 387	5 433	5 828	6 079
4120 Autres agents	..	..	..	3 017	2 898	4 450	4 465	4 900	5 138	5 526
Levy collected by Winery Fund	..	..	..	0	2	5	5	20	32	26
Real property tax	..	..	..	3 017	2 895	4 445	4 461	4 880	5 106	5 501
4200 Impôts périodiques sur l'actif net	..	..	..	0	0	0	0	0	0	0
4210 Personnes physiques	..	..	..	..	..	..	..	..	..	..
4220 Sociétés	..	..	..	..	..	..	..	..	..	..
4300 Impôts sur mut. par décès, succ. et donations	..	..	..	587	460	218	215	20	1	7
4310 Impôts sur mut. par décès et successions	..	..	..	112	115	78	76	10	0	8
Inheritance tax	..	..	..	112	115	78	76	10	0	8
4320 Impôts sur les donations	..	..	..	475	345	140	139	10	0	-2
Gift tax	..	..	..	475	345	140	139	10	0	-2
4400 Impôts sur transact. mobilières et immob.	..	..	..	5 834	9 909	7 394	9 143	11 566	13 113	3
Real property transfer tax	..	..	..	5 834	9 909	7 394	9 143	11 566	13 113	3
4500 Impôts non-périodiques	..	..	..	0	0	0	0	0	0	0
4510 Sur l'actif net	..	..	..	..	..	..	..	..	..	..

	1965	1980	1990	2000	2007	2010	2013	2015	2019	2020
4520 Autres non-périodiques	..	..	..	..	..	..	..	..	..	..
4600 Autres impôts périodiques sur patrimoine	..	..	..	0	0	0	0	0	0	0
5000 Impôts sur les biens et services	..	..	..	**242 960**	**399 484**	**434 386**	**483 943**	**520 747**	**641 867**	**615 888**
5100 Impôts sur production, vente, transfert, etc.	..	..	..	226 354	372 441	408 645	459 419	495 291	613 003	588 343
5110 Impôts généraux	..	..	..	141 235	232 288	263 457	303 822	333 274	435 463	422 479
5111 Taxes sur la valeur ajoutée	..	..	..	141 235	232 288	263 457	303 822	333 274	435 463	422 479
5112 Impôts sur les ventes	..	..	..	0	0	0	0	0	0	0
5113 Autres impôts	..	..	..	0	0	0	0	0	0	0
Previous turnover tax	..	..	..	..	..	..	..	..	..	..
5120 Impôts sur biens et services déterminés	..	..	..	85 119	140 153	145 188	155 597	162 017	177 540	165 864
5121 Accises	..	..	..	71 404	133 492	138 401	149 760	153 785	168 195	157 444
On mineral oils	..	..	..	46 998	81 661	80 508	77 160	83 460	92 194	33 308
On alcohol and liquor	..	..	..	5 629	7 201	5 820	6 658	7 203	9 388	6 787
On beer	..	..	..	3 410	3 564	4 396	4 545	4 648	4 782	4 344
On wine	..	..	..	350	342	317	288	332	407	439
On tobacco products	..	..	..	14 984	40 713	44 062	52 193	53 380	55 967	57 148
Duty on CFC	..	..	..	33	0	0	0	0	0	0
Levy collected by Winery Fund	..	..	..	0	11	24	21	0	5	5
On electricity	..	..	..	0	0	1 433	1 305	1 229	1 575	1 497
On natural gas	..	..	..	0	0	1 347	1 256	1 146	1 360	1 434
On solid fuels	..	..	..	0	0	495	469	415	353	323
Fee on electricity from solar radiation	..	..	..	0	0	0	5 866	1 972	2 166	2 159
5122 Bénéfices des monopoles fiscaux	..	..	..	0	0	0	0	0	0	0
5123 Droits de douane et droits à l'importation	..	..	..	13 572	6 443	6 573	5 556	7 912	8 772	8 077
Customs duties	..	..	..	13 572	6 443	6 573	5 556	7 912	8 772	8 077
Previous import surcharge	..	..	..	0	0	0	0	0	0	0
5124 Taxes à l'exportation	..	..	..	0	0	0	0	0	0	0
5125 Impôts sur biens d'équipement	..	..	.	0	0	0	0	0	0	0
5126 Impôts sur services déterminés	..	..	..	143	218	214	281	320	573	343
Fees on entry tickets	..	..	..	65	61	53	56	53	82	19
Fees on recreational units (based on capacity)	..	..	..	69	144	147	213	240	297	132
Fees on advertising facilities	..	..	..	0	0	0	0	0	0	0
Restaurant sale alcoh. beverages and tobac. products	..	..	..	0	0	0	0	0	0	0
Fees collected by the cinematography EBF	..	..	..	9	13	14	12	27	0	0
Fees on advertisement	..	..	..	0	0	0	126	191	194	191
5127 Autres impôts sur commerce et transact. internat.	..	..	..	0	0	0	0	0	0	0
5128 Autres impôts	..	..	..	0	0	0	0	0	0	0
5130 Non-ventilables entre 5110 et 5120	..	..	..	0	0	0	0	0	0	0
5200 Impôts sur utilisation des biens et exerc. activités	..	..	..	16 606	27 043	25 740	24 523	25 456	28 864	27 545
5210 Impôts périodiques	..	..	..	10 788	18 100	18 461	18 176	19 023	21 627	20 999
Highway fee	..	..	..	1 753	2 429	3 061	3 803	4 397	5 384	4 930
5211 À la charge des ménages : véhicules à moteur	..	..	..	0	0	0	0	0	0	0
5212 À la charge autres agents : véhicules à moteur	..	..	..	5 456	5 882	5 138	5 323	5 868	6 501	5 933
Road tax (commercial)	..	..	..	5 456	5 882	5 138	5 323	5 868	6 501	5 933
5213 Autres impôts périodiques	..	..	..	3 579	9 790	10 262	9 050	8 758	9 743	10 137
Resort and recreation fees on visitors	..	..	..	232	312	284	307	327	435	322
Dog fees	..	..	..	191	277	281	281	277	275	287
Motor vehicle entry fees	..	..	..	32	25	23	14	13	19	14
Water pollution fee	..	..	..	520	404	202	208	173	22	228
Air pollution fee	..	..	..	685	525	399	263	283	457	451
Waste deposit fee	..	..	..	454	5 728	5 948	6 162	6 218	6 723	7 065
Levy on temp. withdrawal of land from agriculture	..	..	..	94	40	34	52	39	88	63
Radioactive waste fee	..	..	..	642	1 310	1 430	1 563	1 393	1 692	1 668
Fees on operated gambling machines	..	..	..	722	1 145	927	131	0	0	0
Fees on registration and recording of packaging	..	..	..	0	17	17	16	18	17	17
Levy on temp. withdrawal of land from forestry	..	..	..	7	6	6	6	7	7	11
Other environmental fees	..	..	..	0	0	710	47	11	7	5
5220 Impôts non-périodiques	..	..	..	5 818	8 943	7 280	6 348	6 433	7 237	6 546
Levy on withdrawal of land from agriculture	..	..	..	532	361	306	469	348	791	609
Levy on withdrawal of land from forestry	..	..	..	40	57	57	55	59	63	103
Tax on use of public space	..	..	..	645	639	626	629	632	739	506
Misc. licence and permit fees	..	..	..	4 601	7 881	6 279	5 187	5 382	5 631	5 293
Land betterment fee	..	..	..	0	4	11	7	11	12	35
Licence for lorry transport	..	..	..	0	1	1	0	1	0	0
5300 Non-ventilables entre 5100 et 5200	..	..	..	0	0	0	0	0	0	0
6000 Autres impôts	..	..	..	**356**	**29**	**149**	**57**	**387**	**220**	**170**
Unallocated previous taxes and levies	..	..	..	0	0	0	0	0	0	0
6100 À la charge exclusive des entreprises	..	..	..	0	0	0	0	0	0	0

	1965	1980	1990	2000	2007	2010	2013	2015	2019	2020
6200 À la charge d'autres agents	..	..	..	356	29	149	67	387	220	170
Other taxes, fees and related payments	..	..	..	356	29	149	67	387	220	170
Pour mémoire										
Droits de douane perçus pour le compte de l'UE	..	..	..	..	6 443	6 573	5 556	7 912	8 772	8 077
Crédits d'impôts récupérables										
Crédits d'impôts récupérables contre 1110	..	..	..	0	13 093	25 727	28 696	31 415	39 854	38 913
Composante fiscale	..	..	..	..	10 487	17 922	20 203	22 532	31 554	31 057
Composante transfert	..	..	..	..	2 606	7 805	8 493	8 883	8 301	7 856
Recettes fiscales totales sur la base d'encaissements	**..**	**..**	**..**	**772 272**	**1 310 618**	**1 273 676**	**1 353 469**	**1 478 758**	**1 982 448**	**1 937 606**
Recettes fiscales totales sur la base des droits constatés	**..**	**..**	**..**	**771 596**	**1 316 197**	**1 286 861**	**1 396 555**	**1 532 565**	**2 014 190**	**1 982 587**
Conciliation avec les comptes nationaux										
Impôts additionnels inclus dans les comptes nationaux	..	..	..	2 837	5 757	6 094	6 424	0	0	0
Compulsory injury insurance	..	..	..	2 837	5 757	6 094	6 424	0	0	0
Driving licence fees	..	..	..	0	0	0	0	0	0	0
Impôt exclus des comptes nationaux	..	..	..	-9 488	-17 797	-20 096	-18 893	-20 314	-22 857	-21 838
Tax on use of public space	..	..	..	-645	-639	-632	-629	-632	-739	-506
Waste deposit fee	..	..	..	-454	-5 728	-5 948	-6 162	-6 218	-6 723	-7 065
Misc. licence and permit fees	..	..	..	-2 301	-3 940	-3 139	-2 593	-2 691	-2 816	-2 646
Radioactive waste fee	..	..	..	-642	-1 310	-1 430	-1 563	-1 393	-1 692	-1 668
Health insurance: non-employed	..	..	..	-200	-2 103	-3 996	-2 500	-2 768	-3 458	-3 180
Health insurance: government	..	..	..	0	0	0	0	0	0	0
Soc. Security contr. employers: Penalties	..	..	..	-3 293	-1 490	-1 441	-1 487	-2 020	-1 871	-1 725
Soc. Security contr. Self-employed or non-employed: Penalties	..	..	..	-200	-157	-155	-140	-193	-175	-118
Licence for lorry transport	..	..	..	0	-1	-1	0	-1	0	0
Highway fee	..	..	..	-1 753	-2 429	-3 061	-3 803	-4 397	-5 384	-4 930
Other environmental fees	..	..	..	0	0	-105	-14	0	0	0
Levy on loterry revenue	..	..	..	0	0	-187	0	0	0	0
Value added taxes	..	..	..	0	0	0	0	0	0	0
Différence dans les traitements des crédits d'impôts	..	..	..	0	-127	451	-778	118	272	0
Transfert en capital des recettes non collectées	..	..	..	0	0	0	0	0	0	0
Cotisations de sécurité sociale volontaires	..	..	..	1 099	974	661	337	386	578	537
Différences diverses	..	..	..	2 162	0	0	0	0	0	0
Comptes nationaux : impôts et cotisations sociales effectives	..	..	..	768 206	1 305 004	1 273 971	1 383 645	1 512 755	1 992 183	1 961 286
Cotisations sociales imputées	..	..	..	423	299	600	934	1 027	1 867	3 179
Comptes nationaux : impôts et toutes les cotisations sociales	..	..	..	768 629	1 305 303	1 274 571	1 384 579	1 513 782	1 994 050	1 964 465

.. Non disponible
Note : Year ending 31st December.
From 1995 data are on accrual basis.
Source : Ministry of Finance, Tax Analyses Department.

StatLink https://stat.link/zmjeiu

Tableau 5.9. Danemark : recettes fiscales détaillées, 1965-2020

Million DKK

	1965	1980	1990	2000	2007	2010	2013	2015	2019	2020
Recettes fiscales totales	**20 821**	**166 358**	**382 232**	**623 911**	**809 988**	**813 972**	**901 001**	**957 281**	**1 094 118**	**1 105 573**
Recettes fiscales totales excluant les taxes collectés pour le compte de l'UE	**..**	**..**	**379 547**	**621 274**	**806 337**	**810 697**	**898 126**	**953 963**	**1 090 990**	**1 102 484**
1000 Impôts sur revenu, bénéfices et gains en capital	**9 712**	**92 404**	**233 739**	**383 244**	**486 845**	**500 276**	**564 937**	**605 698**	**706 131**	**714 576**
1100 Des personnes physiques	8 758	86 958	206 478	328 532	427 412	422 685	490 887	525 144	569 897	539 795
1110 Sur le revenu et les bénéfices	8 758	86 909	206 335	328 305	427 070	422 364	490 627	524 856	569 673	539 528
Central government income tax	5 020	33 351	91 638	77 491	155 540	124 943	141 399	169 059	198 398	207 190
County income tax	0	10 742	31 361	56 135	0	0	0	0	0	0
Municipality income tax	2 948	33 555	77 571	121 975	173 114	193 111	209 303	220 815	247 730	263 001
Seaman's income tax	66	457	0	0	0	0	0	0	0	0
Old-age pension fund contributions	592	2 163	0	0	0	0	0	0	0	0
Social pension fund contributions	0	3 340	0	0	0	0	0	0	0	0
Sickness benefit fund contributions	0	1 804	0	0	0	0	0	0	0	0
Pension schemes and annuity insurance	22	355	2 627	6 923	8 948	9 842	42 974	22 842	5 555	5 705
Special income tax	101	1 054	2 810	0	0	0	0	0	0	0
Duty on canceled pension schemes	9	82	0	0	0	0	0	0	0	0
Duty on feed rent increases	0	8	5	0	0	0	0	0	0	0
Duty on employees' remuneration compens. fund releases	0	0	325	654	1 144	982	1 129	11 177	2 406	2 293
Duty on interest on consumer loans	0	0	0	0	0	0	0	0	0	0
Labour market contributions	0	0	0	56 729	76 609	80 863	82 599	87 359	100 814	106 263
Imputed income from owner-occupied dwelling	0	0	0	8 399	11 716	12 623	13 223	13 604	14 770	15 077
1120 Sur les gains en capital	0	49	144	226	343	321	260	289	224	267
Tax on winnings from lotteries, pools, etc.	..	49	144	226	343	321	260	289	224	267
1200 Des sociétés	954	5 446	14 660	42 279	54 871	41 057	54 066	57 723	72 820	66 551
1210 Sur les bénéfices	954	5 446	14 660	42 279	54 871	41 057	54 066	57 723	72 820	66 551
1220 Sur les gains en capital	0	0	0	0	0	0	0	0	0	0
1300 Non-ventilables entre 1100 et 1200	0	0	12 601	12 434	4 562	36 535	19 984	22 832	63 414	48 230
2000 Cotisations de sécurité sociale	**690**	**710**	**101**	**8 453**	**1 286**	**1 815**	**1 618**	**1 378**	**991**	**1 359**
2100 À la charge des salariés	567	1	98	8 209	1 057	900	879	826	684	751
Sickness benefit fund contributions	30	0	0	0	0	0	0	0	0	0
Sickday benefit contributions, ordinary	534	0	0	0	0	0	0	0	0	0
Sickday benefit contributions, special	3	0	0	0	0	0	0	0	0	0
Contribution to merchant marine's welf. board	0	1	1	0	0	0	0	0	0	0
Special pension scheme savings	0	0	0	6 846	0	0	0	0	0	0
Contr. to pension funds from officials in companies	0	0	0	879	555	450	476	438	355	402
Contr. to pension funds from officials in non-profit institutions	0	0	96	485	502	450	403	388	328	349
2110 Sur la base du salaire	..	..	..	..	..	..	..	..	..	..
2120 Sur la base de l'impôt sur les revenus	..	..	..	..	..	..	..	..	..	..
2200 À la charge des employeurs	123	709	3	244	229	914	739	552	308	609
Unemployment insurance contributions	41	598	0	0	0	0	0	0	0	0
Disablement insurance contributions	21	58	0	0	0	0	0	0	0	0
Sickness benefit fund contributions	61	0	0	0	0	0	0	0	0	0
Contribution to employee's wage guarantee fund	0	50	0	241	227	908	731	542	305	601
Contribution to merchant marine's welf. board	0	1	1	0	0	0	0	0	0	0
Shipping owners contr. sickness assist. seamen	0	1	2	3	2	6	8	10	3	8
2210 Sur la base du salaire	..	..	..	..	..	..	..	..	..	..
2220 Sur la base de l'impôt sur les revenus	..	..	..	..	..	..	..	..	..	..
2300 A charge des travailleurs indép. ou sans emploi	0	0	0	0	0	0	0	0	0	0
2310 Sur la base du salaire	..	..	..	..	..	..	..	..	..	..
2320 Sur la base de l'impôt sur les revenus	..	..	..	..	..	..	..	..	..	..
2400 Non-ventilables entre 2100, 2200 et 2300	0	0	0	0	0	0	0	0	0	0
2410 Sur la base du salaire	..	..	..	..	..	..	..	..	..	..
2420 Sur la base de l'impôt sur les revenus	..	..	..	..	..	..	..	..	..	..
3000 Sur salaires ou main d'oeuvre	**0**	**0**	**2 494**	**2 258**	**3 975**	**4 160**	**6 130**	**5 894**	**6 534**	**4 203**
4000 Impôts sur le patrimoine	**1 691**	**9 806**	**16 269**	**20 738**	**31 556**	**33 533**	**34 995**	**39 169**	**46 352**	**45 629**
4100 Impôts périodiques sur la propriété immobilière	1 029	5 676	8 891	13 565	18 996	24 161	26 370	28 085	30 567	31 531
Central government land tax	130	264	0	0	0	0	0	0	0	0
County land tax	169	2 315	2 915	4 070	0	0	0	0	0	0
Municipal land tax	408	2 257	4 123	7 049	15 601	19 645	22 530	24 707	27 433	28 440
Centr. Govt. fixed tax on real property	32	11	0	0	0	0	0	0	0	0
County fixed tax on real property	45	0	0	0	0	0	0	0	0	0
Municipal fixed tax on real property	190	91	0	0	0	0	0	0	0	0
County duty on land (public property)	4	22	22	25	0	0	0	0	0	0
County duty on buildings (public property)	0	53	88	97	0	0	0	0	0	0
Municipal duty on land (public property)	26	103	244	383	393	434	359	364	333	332
Municipal duty on buildings (residential)	0	195	335	381	757	814	641	599	556	567
Municipal duty on buildings (business)	25	366	1 165	1 560	2 244	3 269	2 789	2 416	2 245	2 242

	1965	1980	1990	2000	2007	2010	2013	2015	2019	2020
4110 Ménages	..	..	..	..	..	..	..	..	..	..
4120 Autres agents	..	..	..	..	..	..	..	..	..	..
4200 Impôts périodiques sur l'actif net	306	963	934	0	0	0	0	0	0	0
4210 Personnes physiques	306	963	934	..	..	..	..	..	..	..
4220 Sociétés	0	0	0	..	..	..	..	..	..	..
4300 Impôts sur mut. par décès, succ. et donations	137	738	2 197	2 863	3 896	3 646	3 940	5 177	8 571	6 676
4310 Impôts sur mut. par décès et successions	..	..	..	..	..	..	..	..	..	..
4320 Impôts sur les donations	..	..	..	..	..	..	..	..	..	..
4400 Impôts sur transact. mobilières et immob.	219	2 313	4 166	4 171	8 659	5 726	4 685	5 907	7 214	7 372
Stamp duties	214	2 243	2 829	4 125	8 574	5 695	4 664	5 879	7 165	7 313
Duty on share capital creation	0	32	500	0	0	0	0	0	0	0
Duty to land registry office	5	38	28	46	85	30	21	28	49	59
Duty on transfers of shares	0	0	809	0	0	0	0	0	0	0
4500 Impôts non-périodiques	0	116	81	140	6	0	0	0	0	0
4510 Sur l'actif net	..	0	0	0	0	0	..	..	..	..
4520 Autres non-périodiques	..	116	81	140	6	0	..	..	..	..
4600 Autres impôts périodiques sur patrimoine	0	0	0	0	0	0	0	0	0	0
5000 Impôts sur les biens et services	**8 727**	**63 437**	**129 630**	**208 826**	**286 136**	**273 982**	**293 170**	**304 823**	**333 822**	**339 547**
5100 Impôts sur production, vente, transfert, etc.	8 239	60 545	123 645	197 991	267 325	254 303	270 493	281 109	308 401	314 865
5110 Impôts généraux	2 139	37 727	80 650	121 955	174 639	171 583	181 378	191 479	223 180	231 628
5111 Taxes sur la valeur ajoutée	2 139	37 727	72 120	121 955	174 639	171 583	181 378	191 479	223 180	231 628
5112 Impôts sur les ventes	0	0	0	0	0	0	0	0	0	0
5113 Autres impôts	0	0	8 530	0	0	0	0	0	0	0
Labour market contrib. concerning imports	..	..	4 903	..	..	..	..	..	..	..
Labour market contrib. concerning value added	..	..	3 627	..	..	..	..	..	..	..
5120 Impôts sur biens et services déterminés	6 100	22 817	42 995	76 036	92 686	82 720	89 116	89 630	85 221	83 237
5121 Accises	5 466	20 473	38 339	68 977	82 861	74 032	81 894	81 893	76 758	75 482
Duty on petrol	1 016	3 713	5 637	10 005	9 154	8 029	7 286	7 348	7 658	7 055
Motor vehicle registration duty	818	2 989	7 917	13 858	24 289	13 586	15 218	17 988	20 307	18 683
Cigarettes and tobacco duties	1 469	4 472	6 516	7 489	7 201	8 283	8 417	7 658	7 830	8 809
Duties on cigars, cheroots and cigarillos	234	220	128	80	40	32	47	113	46	51
Sale of revenue labels	0	3	10	13	13	5	4	4	0	0
Sales duties on chocolate and sugar	254	331	801	1 205	1 289	1 470	2 020	2 156	2 191	2 285
Raw material duty on chocolate and sugar	11	14	54	60	93	144	180	187	94	0
Special tax on chocolate and sugar	0	2	13	76	46	51	68	103	93	121
Duty on ice-cream	33	58	135	168	180	201	297	297	356	408
Duty on coffee	5	249	224	266	250	243	271	280	277	274
Duty on mineral water	68	195	466	505	418	383	374	0	0	0
Duty on beer	622	1 983	3 100	1 510	1 080	895	977	916	810	781
Duty on wine	122	611	1 448	1 166	1 032	1 071	1 674	1 764	1 664	1 803
Duty on spirits	412	1 432	1 982	1 756	1 213	1 028	1 127	1 201	1 205	1 179
Duty on restaurant sales of alcoholic bev.	150	0	0	0	0	0	0	0	0	0
Duty on wireless sets	55	67	0	0	0	0	0	0	0	0
Duty on television sets	0	93	-18	0	0	0	0	0	0	0
Duty on video recorders	0	17	-15	0	0	0	0	0	0	0
Duty on major household appliances	0	199	-10	0	0	0	0	0	0	0
Duty on grammophone records	10	46	84	0	0	0	0	0	0	0
Duty on playing cards	1	2	0	0	0	0	0	0	0	0
Duty on matches	5	3	-1	0	0	0	0	0	0	0
Duty on lighters	1	8	-4	0	0	0	0	0	0	0
Duty on electric bulbs	36	67	152	176	211	117	95	86	42	38
Duty on perfumery and toilet articles	91	214	506	0	0	0	0	0	0	0
Duty on almanacs	3	0	0	0	0	0	0	0	0	0
Duty on salmon	0	1	0	0	0	0	0	0	0	0
Duty on paper and cardboard	45	0	0	0	0	0	0	0	0	0
Duty on sugar	0	174	-8	0	0	0	0	0	0	0
Duty on tea	0	12	10	8	8	8	8	8	0	0
Duty on electricity	0	1 222	4 317	7 430	8 665	10 195	10 013	11 501	11 178	11 203
Duty on certain oil products	0	1 719	2 938	6 757	8 549	8 623	9 306	9 347	9 971	9 467
Duty on certain retail containers	0	100	397	594	727	706	715	316	244	132
Duty on gas	0	56	47	0	0	0	0	0	0	0
Duty on extraction and import of raw materials	0	16	129	172	220	119	132	148	163	183
Duty on disposable tableware	0	0	72	65	126	120	121	138	140	267
Duty on insecticides, herbicides, etc.	0	0	13	366	449	466	656	598	590	563
Duty on videotapes	0	0	0	0	0	0	0	0	0	0
Duty on coal, etc.	0	0	849	1 217	1 450	2 587	2 991	2 255	1 766	1 600
Other duties on goods and services	5	186	20	53	147	189	-13	186	178	136
Duty on waste	0	0	404	1 025	1 225	51	167	130	120	158
Duty on CFC	0	0	27	0	53	56	82	65	45	41
Duty on CO2	0	0	0	4 883	5 108	5 822	5 762	3 652	3 565	3 306
Duty on cigarette paper	0	0	0	68	32	28	36	38	32	30
Duty on rechargeable Ni-Cd batteries	0	0	0	21	17	4	3	2	1	1

	1965	1980	1990	2000	2007	2010	2013	2015	2019	2020
Duty on piped water	0	0	0	1 357	1 371	1 334	1 584	1 688	1 673	1 687
Duty on carrier bags made of paper, plastic, etc.	0	0	0	178	210	201	186	208	166	324
Duty on tires	0	0	0	29	45	62	50	57	47	56
Duty on sulphur	0	0	0	165	108	48	51	42	33	35
Duty on chlorinated solvents	0	0	0	2	0	0	0	0	0	0
Duty on natural gas	0	0	0	2 532	3 375	4 524	5 255	3 160	2 781	2 784
Duty on nitrogen	0	0	0	30	27	26	2[illegible]	17	14	15
Duty on specific growth stimulants	0	0	0	0	0	0	0	0	0	0
Duty on PVC-film	0	0	0	7	12	11	10	11	0	0
Duty on PVC and phathalates	0	0	0	31	42	23	18	19	0	0
Duty on lead accumulators	0	0	0	14	0	0	[illegible]	0	0	0
Duty on mineral phosphorus	0	0	0	0	51	51	49	52	25	0
Surcharge on alcoholic soft drinks	0	0	0	0	17	26	33	33	0	0
Duty on nitrogen oxides	0	0	0	0	0	212	870	820	152	155
Duty on saturated fat	0	0	0	0	0	0	0	0	0	0
Duty on PSO (Public Service Obligations)	0	0	0	3 641	4 319	3 004	5 734	7 302	1 301	1 853
5122 Bénéfices des monopoles fiscaux	16	183	404	1 402	1 648	1 481	1 339	1 230	1 989	1 574
5123 Droits de douane et droits à l'importation	556	1 113	1 849	2 325	3 282	3 242	2 824	3 285	3 129	3 089
Customs duties	0	1 032	1 779	2 325	3 282	3 242	2 824	3 285	3 129	3 089
Temporary import surcharge	556	0	0	0	0	0	0	0	0	0
Import duties on agricultural produce	0	81	70	0	0	0	0	0	0	0
5124 Taxes à l'exportation	0	0	0	0	0	0	0	0	0	0
5125 Impôts sur biens d'équipement	0	0	0	0	0	0	0	0	0	0
5126 Impôts sur services déterminés	62	771	1 567	3 019	4 525	3 932	3 008	3 189	3 346	3 092
Sales tax on gambling stakes races	17	28	20	12	18	16	15	14	0	0
Tax on football pools	31	152	284	942	1 143	1 071	0	0	0	0
Tax on cinema tickets	14	0	0	0	0	0	0	0	0	0
Duty on motor vehicle compl. insurance	0	470	923	1 327	2 104	1 854	1 598	1 529	1 478	1 444
Duty on insurance on pleasure boats	0	13	57	66	100	122	127	126	93	104
Duty on charter flight	0	109	283	0	0	0	0	0	0	0
Turnover tax on 6-win horse race betting	0	0	0	0	0	0	0	0	0	0
Duty on casinos	0	0	0	180	261	173	192	200	198	132
Passenger duty	0	0	0	477	6	0	0	0	0	0
Duty on the Danish State Lottery	0	0	0	16	35	41	42	44	44	45
Duty on slot machines	0	0	0	0	858	656	545	618	569	414
Duty on gambling	0	0	0	0	0	0	288	397	490	459
Duty on online casinos	0	0	0	0	0	0	2[illegible]2	261	475	495
5127 Autres impôts sur commerce et transact. internat.	0	0	0	0	0	0	0	0	0	0
5128 Autres impôts	0	277	837	312	370	33	51	33	0	0
Duty paid to ECSC	..	4	5	0	0	0	0	0	..	..
Sugar storing duty	..	83	113	62	0	0	0	0	..	..
Duty on the production of sugar	..	81	145	249	-26	33	51	33	..	..
Duty on milk co-reponsibility levy	..	109	255	0	0	0	0	0	..	..
Grain co-reponsibility levy	..	0	319	0	0	0	0	0	..	..
Restructuring scheme for EU sugar system	..	0	0	0	397	0	0	0	..	..
5130 Non-ventilables entre 5110 et 5120	0	0	0	0	0	0	0	0	0	0
5200 Impôts sur utilisation des biens et exerc. activités	488	2 893	4 410	7 468	14 088	14 731	16 130	16 537	16 099	15 076
5210 Impôts périodiques	488	2 893	4 410	7 468	14 088	14 731	15 966	16 171	14 859	13 836
5211 À la charge des ménages : véhicules à moteur	199	1 874	2 922	5 485	7 105	7 614	8 094	8 136	7 298	7 177
Weight duty automobiles	199	1 874	2 922	5 318	6 954	7 467	7 936	7 859	7 048	6 917
Recycling fee on cars	0	0	0	167	151	147	158	277	251	259
5212 À la charge autres agents : véhicules à moteur	287	1 014	1 441	1 919	3 125	2 980	3 336	3 483	3 935	3 908
Weight duty automobiles	287	1 014	1 441	1 612	2 652	2 611	2 952	3 088	3 416	3 352
Road charges	0	0	0	307	473	370	383	395	519	555
5213 Autres impôts périodiques	2	5	47	64	3 858	4 137	4 537	4 552	3 626	2 752
5220 Impôts non-périodiques	0	0	0	0	0	0	214	365	1 240	1 240
5300 Non-ventilables entre 5100 et 5200	0	0	1 575	3 368	4 724	4 948	6 497	7 177	9 322	9 606
6000 Autres impôts	**0**	**0**	**0**	**391**	**190**	**206**	**[illegible]52**	**320**	**289**	**258**
6100 À la charge exclusive des entreprises	..	..	..	391	190	206	[illegible]52	320	289	258
6200 À la charge d'autres agents	..	..	..	0	0	0	0	0	0	0
Pour mémoire										
Droits de douane perçus pour le compte de l'UE	..	..	1 779	2 325	3 282	3 242	2 824	3 285	3 129	3 089
Crédits d'impôts récupérables										
Crédits d'impôts récupérables contre 1110	..	..	..	..	..	4 960	5 515	4 228	3 099	3 025
Composante fiscale	..	..	..	..	..	4 712	5 24[illegible]	4 016	2 944	2 876
Composante transfert	..	..	..	..	..	248	276	211	155	15
Crédits d'impôts récupérables contre 1210	..	..	..	..	..	0	[illegible]	0	0	[illegible]
Composante fiscale	..	..	..	..	..	..	..	..	..	..
Composante transfert	..	..	..	..	..	..	..	..	..	..
Recettes fiscales totales sur la base d'encaissements	..	..	..	..	..	..	..	..	..	..
Recettes fiscales totales sur la base des droits constatés	**20 821**	**166 358**	**382 232**	**623 911**	**809 988**	**813 972**	**901 00[illegible]**	**957 281**	**1 094 118**	**[illegible] 105 573**

	1965	1980	1990	2000	2007	2010	2013	2015	2019	2020
Conciliation avec les comptes nationaux										
Impôts additionnels inclus dans les comptes nationaux	0	0	..	..	..	..	..	..	..	..
Impôt exclus des comptes nationaux	0	0	..	..	..	..	..	..	..	..
Différence dans les traitements des crédits d'impôts	0	0	0	0	0	4 712	5 240	4 016	2 944	2 876
Transfert en capital des recettes non collectées	0	-1 374	-2 387	-1 917	-2 726	-3 475	-15 512	-19 396	-10 370	-10 754
Cotisations de sécurité sociale volontaires	0	1 673	8 087	16 633	17 061	17 192	14 655	14 721	14 792	14 873
Différences diverses	0	0	..	..	..	..	..	..	..	..
Comptes nationaux : impôts et cotisations sociales effectives	20 821	166 657	387 932	638 626	824 323	832 401	905 384	956 623	1 101 485	1 112 568
Cotisations sociales imputées	0	5 958	4 592	6 223	5 693	5 356	4 520	4 067	3 227	3 094
Comptes nationaux : impôts et toutes les cotisations sociales	20 821	172 615	392 525	644 849	830 017	837 758	909 904	960 690	1 104 712	1 115 662

.. Non disponible
Note : Year ending 31st December.
The figures are on an accrual basis.
Heading 2300 includes a small amount of voluntary contributions which cannot be isolated.
Source : Statistics Denmark.

StatLink https://stat.link/bak8p6

Tableau 5.10. Estonie : recettes fiscales détaillées, 1965-2020

Million EUR

	1965	1980	1990	2000	2007	2010	2013	2015	2019	2020
Recettes fiscales totales	..	..	..	**1 919**	**5 082**	**4 894**	**5 988**	**6 874**	**9 298**	**9 134**
Recettes fiscales totales excluant les taxes collectés pour le compte de l'UE	..	..	..	**1 919**	**5 047**	**4 870**	**5 960**	**6 840**	**9 239**	**9 084**
1000 Impôts sur revenu, bénéfices et gains en capital	..	..	..	**476**	**1 197**	**970**	**1 357**	**1 607**	**2 041**	**2 102**
1100 Des personnes physiques	..	..	..	421	936	776	1 031	1 182	1 532	1 652
1110 Sur le revenu et les bénéfices	..	..	..	421	936	776	1 031	1 182	1 532	1 652
1120 Sur les gains en capital	..	..	..	0	0	0	0	0	0	0
1200 Des sociétés	..	..	..	55	261	194	327	424	509	450
1210 Sur les bénéfices	..	..	..	55	65	35	62	38	94	82
1220 Sur les gains en capital	..	..	..	0	196	159	265	386	416	368
1300 Non-ventilables entre 1100 et 1200	..	..	..	0	0	0	0	0	0	0
2000 Cotisations de sécurité sociale	..	..	..	**674**	**1 683**	**1 879**	**2 077**	**2 300**	**3 256**	**3 331**
2100 À la charge des salariés	..	..	..	0	28	116	109	99	136	139
2110 Sur la base du salaire	..	..	..	..	28	116	109	99	136	139
2120 Sur la base de l'impôt sur les revenus	..	..	..	..	0	0	0	0	0	0
2200 À la charge des employeurs	..	..	..	662	1 635	1 742	1 949	2 181	3 101	2 974
2210 Sur la base du salaire	..	..	..	662	1 635	1 742	1 949	2 181	3 101	2 974
2220 Sur la base de l'impôt sur les revenus	..	..	..	0	0	0	0	0	0	0
2300 A charge des travailleurs indép. ou sans emploi	..	..	..	12	21	21	19	20	20	217
2310 Sur la base du salaire	..	..	..	12	21	21	19	20	20	217
2320 Sur la base de l'impôt sur les revenus	..	..	..	0	0	0	0	0	0	0
2400 Non-ventilables entre 2100, 2200 et 2300	..	..	..	0	0	0	0	0	0	0
2410 Sur la base du salaire	..	..	..	..	..	..	..	..	..	..
2420 Sur la base de l'impôt sur les revenus	..	..	..	..	..	..	..	..	..	..
3000 Sur salaires ou main d'oeuvre	..	..	..	**0**	**0**	**0**	**0**	**0**	**0**	**0**
4000 Impôts sur le patrimoine	..	..	..	**24**	**35**	**51**	**57**	**58**	**58**	**58**
4100 Impôts périodiques sur la propriété immobilière	..	..	..	24	35	51	57	58	58	58
Land tax	..	..	..	24	35	51	57	58	58	58
4110 Ménages	..	..	..	..	..	..	..	..	..	..
4120 Autres agents	..	..	..	..	..	..	..	..	..	..
4200 Impôts périodiques sur l'actif net	..	..	..	0	0	0	0	0	0	0
4210 Personnes physiques	..	..	..	..	..	..	..	..	..	..
4220 Sociétés	..	..	..	..	..	..	..	..	..	..
4300 Impôts sur mut. par décès, succ. et donations	..	..	..	0	0	0	0	0	0	0
4310 Impôts sur mut. par décès et successions	..	..	..	..	..	..	..	..	..	..
4320 Impôts sur les donations	..	..	..	..	..	..	..	..	..	..
4400 Impôts sur transact. mobilières et immob.	..	..	..	0	0	0	0	0	0	0
4500 Impôts non-périodiques	..	..	..	0	0	0	0	0	0	0
4510 Sur l'actif net	..	..	..	..	..	..	..	..	..	..
4520 Autres non-périodiques	..	..	..	..	..	..	..	..	..	..
4600 Autres impôts périodiques sur patrimoine	..	..	..	0	0	0	0	0	0	0
5000 Impôts sur les biens et services	..	..	..	**745**	**2 166**	**1 993**	**2 496**	**2 909**	**3 943**	**3 643**
5100 Impôts sur production, vente, transfert, etc.	..	..	..	723	2 099	1 938	2 431	2 829	3 725	3 438
5110 Impôts généraux	..	..	..	521	1 423	1 263	1 558	1 873	2 483	2 439
5111 Taxes sur la valeur ajoutée	..	..	..	520	1 423	1 257	1 558	1 873	2 483	2 439
5112 Impôts sur les ventes	..	..	..	0	0	6	0	0	0	0
5113 Autres impôts	..	..	..	0	0	0	0	0	0	0
5120 Impôts sur biens et services déterminés	..	..	..	202	675	675	873	956	1 243	999
5121 Accises	..	..	..	183	577	619	796	869	1 128	897
Alcohol	..	..	..	62	153	154	212	207	225	211
Tobacco	..	..	..	36	134	91	169	183	231	231
Fuel	..	..	..	76	290	343	383	444	638	437
Motor vehicle	..	..	..	9	0	0	0	0	0	0
Package	..	..	..	0	0	0	0	1	0	0
Fur	..	..	..	0	0	0	0	0	0	0
Electricity	..	..	..	0	0	31	33	34	34	18
5122 Bénéfices des monopoles fiscaux	..	..	..	0	0	0	0	0	0	0
5123 Droits de douane et droits à l'importation	..	..	..	2	35	24	29	34	52	42
5124 Taxes à l'exportation	..	..	..	0	0	0	0	0	0	0
5125 Impôts sur biens d'équipement	..	..	..	0	0	0	0	0	0	0
5126 Impôts sur services déterminés	..	..	..	17	64	33	48	53	62	60
Gambling tax	..	..	..	7	30	21	22	23	30	28
Advertising tax	..	..	..	1	3	2	4	4	6	0
Postal service payment	..	..	..	0	0	0	0	0	0	5
Liquid fuel stockpiling fee	..	..	..	0	2	5	6	5	5	4
Contributions to the Guarantee Fund	..	..	..	9	29	5	17	20	21	23
5127 Autres impôts sur commerce et transact. internat.	..	..	..	0	0	0	0	0	0	0
5128 Autres impôts	..	..	..	0	0	0	0	0	0	0

	1965	1980	1990	2000	2007	2010	2013	2015	2019	2020
5130 Non-ventilables entre 5110 et 5120	..	..	..	0	0	0	0	0	0	0
5200 Impôts sur utilisation des biens et exerc. activités	..	..	..	22	68	55	65	80	217	204
5210 Impôts périodiques	..	..	..	22	68	55	65	73	77	61
Car registration fee	..	..	..	2	5	4	7	7	8	6
Heavy vehicle tax	..	..	..	0	4	4	4	5	5	5
5211 À la charge des ménages : véhicules à moteur	..	..	..	..	..	..	..	..	..	..
5212 À la charge autres agents : véhicules à moteur	..	..	..	..	..	..	..	..	..	..
5213 Autres impôts périodiques	..	..	..	20	58	47	55	61	64	50
Business and professional licenses	..	..	..	3	2	1	1	1	4	4
Pollution fee	..	..	..	10	44	31	37	44	44	29
Specific use of water	..	..	..	4	9	13	14	13	13	14
Fees for closure of roads, streets and squares	..	..	..	0	1	1	1	2	2	2
Fishing fees	..	..	..	1	1	1	2	2	2	2
Tax on motor vehicle	..	..	..	2	0	0	0	0	0	0
Boat tax	..	..	..	0	0	0	0	0	0	0
Animal tax	..	..	..	0	0	0	0	0	0	0
5220 Impôts non-périodiques	..	..	..	0	0	0	0	7	140	143
Revenue from the sale of emission permits	..	..	..	..	..	..	..	7	140	143
5300 Non-ventilables entre 5100 et 5200	..	..	..	0	0	0	0	0	0	0
6000 Autres impôts	**..**	**..**	**..**	**0**	**0**	**0**	**0**	**0**	**0**	**0**
6100 À la charge exclusive des entreprises	..	..	..	..	..	..	..	..	..	..
6200 À la charge d'autres agents	..	..	..	..	..	..	..	..	..	..
Other taxes	..	..	..	..	..	..	..	..	..	..
Pour mémoire										
Droits de douane perçus pour le compte de l'UE	..	..	..	..	35	24	29	34	52	42
Contributions au Fonds de résolution unique collectées pour le compte de l'UE	..	..	..	..	..	..	..	..	7	8
Recettes fiscales totales sur la base d'encaissements	**..**	**..**	**..**	**1 907**	**5 003**	**4 921**	**5 964**	**6 848**	**9 195**	**9 204**
Recettes fiscales totales sur la base des droits constatés	**..**	**..**	**..**	**1 919**	**5 082**	**4 894**	**5 988**	**6 874**	**9 298**	**9 134**
Conciliation avec les comptes nationaux										
Impôts additionnels inclus dans les comptes nationaux	..	..	..	0	0	0	0	0	0	0
Impôt exclus des comptes nationaux	..	..	..	0	0	0	0	0	0	0
Différence dans les traitements des crédits d'impôts	..	..	..	0	0	0	0	0	0	0
Transfert en capital des recettes non collectées	..	..	..	0	0	0	0	0	0	0
Cotisations de sécurité sociale volontaires	..	..	..	0	0	0	0	0	0	0
Différences diverses	..	..	..	0	0	0	0	0	0	0
Comptes nationaux : impôts et cotisations sociales effectives	..	..	..	1 919	5 082	4 894	5 988	6 874	9 298	9 134
Cotisations sociales imputées	..	..	..	4	20	30	38	49	73	86
Comptes nationaux : impôts et toutes les cotisations sociales	..	..	..	1 922	5 102	4 924	6 026	6 923	9 371	9 220

.. Non disponible
Note : Year ending 31st December.
Data on an accrual basis.
Source : Statistics Estonia.

StatLink https://stat.link/tea7z3

Tableau 5.11. Finlande : recettes fiscales détaillées, 1965-2020

Million EUR

	1965	1980	1990	2000	2007	2010	2013	2015	2019	2020
Recettes fiscales totales	**1 362**	**11 895**	**39 052**	**62 435**	**77 447**	**76 315**	**88 688**	**92 003**	**101 439**	**99 610**
Recettes fiscales totales excluant les taxes collectés pour le compte de l'UE	..	..	**39 052**	**62 296**	**77 247**	**76 163**	**88 521**	**91 760**	**101 036**	**99 201**
1000 Impôts sur revenu, bénéfices et gains en capital	**564**	**4 654**	**15 323**	**26 910**	**30 358**	**27 104**	**30 797**	**32 371**	**35 470**	**34 962**
1100 Des personnes physiques	453	4 248	13 562	19 118	23 396	22 545	25 998	27 824	29 401	29 873
1110 Sur le revenu et les bénéfices	453	4 234	13 520	19 118	23 396	22 545	25 998	27 824	29 401	29 873
Tax on income	125	1 827	5 917	9 036	9 086	6 465	7 903	9 138	9 986	9 360
The final withdrawal tax on interest income	0	0	0	92	254	205	207	110	39	36
Communal tax	279	2 376	7 603	9 990	14 056	15 875	17 888	18 576	19 376	20 477
Seaman's tax	3	31	0	0	0	0	0	0	0	0
National pension contributions	32	0	0	0	0	0	0	0	0	0
National health insurance contributions	15	0	0	0	0	0	0	0	0	0
1120 Sur les gains en capital	0	14	42	0	0	0	0	0	0	0
Tax on lottery prizes	..	14	42	..	..	..	..	..	..	..
1200 Des sociétés	111	405	1 761	7 792	6 962	4 559	4 739	4 547	6 069	5 039
1210 Sur les bénéfices	111	405	1 761	7 792	6 962	4 559	4 739	4 547	6 069	5 039
Tax on income	72	202	1 001	4 758	5 298	2 972	3 227	2 761	4 151	2 933
Communal tax	36	187	699	2 900	1 541	1 471	1 456	1 668	1 918	2 156
Church tax	3	16	61	134	123	116	116	118	0	0
1220 Sur les gains en capital	0	0	0	0	0	0	0	0	0	0
1300 Non-ventilables entre 1100 et 1200	0	0	0	0	0	0	0	0	0	0
2000 Cotisations de sécurité sociale	**93**	**2 776**	**10 012**	**15 756**	**21 384**	**22 648**	**25 632**	**26 639**	**28 295**	**27 326**
2100 À la charge des salariés	1	394	1 152	2 926	4 050	4 710	5 811	6 364	8 546	8 553
For employment pension schemes	1	10	23	2 120	2 950	3 386	4 235	4 714	6 078	6 239
For unemployment schemes	0	0	0	435	369	267	457	489	1 379	1 072
2110 Sur la base du salaire	..	10	23	2 565	3 319	3 653	4 692	5 203	7 457	7 311
2120 Sur la base de l'impôt sur les revenus	..	384	1 129	361	731	1 057	1 119	1 161	1 089	1 242
National pension contributions	..	251	502	2	0	0	0	0	0	0
National health insurance contributions	..	133	627	359	731	1 057	1 119	1 161	1 089	1 242
2200 À la charge des employeurs	93	2 230	8 127	11 571	15 715	16 041	17 888	18 232	17 778	16 704
For national pension schemes	29	685	1 502	1 566	1 331	0	0	0	0	0
For national health insurance	10	244	792	839	1 142	1 590	1 612	1 662	694	1 197
For unemployment schemes	3	106	206	1 143	1 346	1 377	1 775	1 676	1 250	1 006
For employment pension schemes	50	1 195	5 627	8 023	11 896	13 074	14 501	14 894	15 824	14 501
For accident and group life insurance premiums	0	0	0	0	0	0	0	0	0	0
2210 Sur la base du salaire	..	2 230	8 127	11 571	15 715	16 041	17 888	18 232	17 778	16 704
2220 Sur la base de l'impôt sur les revenus	..	0	0	0	0	0	0	0	0	0
2300 A charge des travailleurs indép. ou sans emploi	0	152	733	1 259	1 619	1 897	1 933	2 043	1 971	2 069
For employment pension schemes	..	84	394	576	817	932	1 187	1 269	1 245	1 241
2310 Sur la base du salaire	..	84	394	576	817	932	1 187	1 269	1 245	1 241
2320 Sur la base de l'impôt sur les revenus	..	68	339	683	802	965	746	774	726	828
National pension contributions	..	43	151	5	0	0	0	0	0	0
National health insurance contributions	..	25	188	678	802	965	746	774	726	828
2400 Non-ventilables entre 2100, 2200 et 2300	0	0	0	0	0	0	0	0	0	0
2410 Sur la base du salaire	..	..	..	..	..	..	..	..	..	..
2420 Sur la base de l'impôt sur les revenus	..	..	..	..	..	..	..	..	..	..
3000 Sur salaires ou main d'oeuvre	**70**	**22**	**0**	**0**	**0**	**0**	**0**	**0**	**0**	**0**
Soc. Sec. contr. for children allowance	70	22	..	..	..	..	..	..	..	..
4000 Impôts sur le patrimoine	**54**	**221**	**956**	**1 518**	**2 012**	**2 087**	**2 599**	**3 017**	**3 477**	**3 569**
4100 Impôts périodiques sur la propriété immobilière	0	0	76	570	855	1 169	1 363	1 603	1 871	1 950
4110 Ménages	..	..	46	273	405	576	623	733	860	899
4120 Autres agents	..	..	30	297	450	593	740	870	1 011	1 051
4200 Impôts périodiques sur l'actif net	24	24	27	179	0	0	0	0	0	0
4210 Personnes physiques	11	23	25	175	..	..	..	..	..	..
4220 Sociétés	13	2	2	4	..	..	..	..	..	..
4300 Impôts sur mut. par décès, succ. et donations	3	26	146	368	459	387	646	631	749	797
4310 Impôts sur mut. par décès et successions	3	21	121	307	384	324	541	528	612	650
4320 Impôts sur les donations	1	5	25	61	75	63	105	103	137	147
4400 Impôts sur transact. mobilières et immob.	27	170	707	401	698	531	590	783	857	822
Stamp duty excluded entertainment	27	170	688	-20	0	0	0	0	0	0
Credit tax	0	0	19	0	0	0	0	0	0	0
Transfer tax	0	0	0	421	698	531	590	783	857	822
4500 Impôts non-périodiques	0	0	0	0	0	0	0	0	0	0
4510 Sur l'actif net	..	..	..	..	..	..	..	..	..	..
4520 Autres non-périodiques	..	..	..	..	..	..	..	..	..	..
4600 Autres impôts périodiques sur patrimoine	0	0	0	0	0	0	0	0	0	0
5000 Impôts sur les biens et services	**578**	**4 202**	**12 711**	**18 221**	**23 624**	**24 407**	**29 596**	**29 895**	**34 146**	**33 680**
5100 Impôts sur production, vente, transfert, etc.	570	4 158	12 555	17 781	22 953	23 642	28 662	28 835	32 667	32 224

	1965	1980	1990	2000	2007	2010	2013	2015	2019	2020
5110 Impôts généraux	251	2 062	7 519	10 869	15 207	15 533	18 888	18 974	21 974	22 005
5111 Taxes sur la valeur ajoutée	251	2 062	7 519	10 869	15 207	15 533	18 888	18 974	21 974	22 005
Value added taxes	251	2 062	7 519	9 616	13 657	13 691	16 561	16 680	18 929	18 802
VAT repayments of local government	0	0	0	849	1 550	1 842	2 327	2 294	3 045	3 203
Social Insur. Institutions' part of VAT revenue	0	0	0	404	0	0	0	0	0	0
5112 Impôts sur les ventes	0	0	0	0	0	0	0	0	0	0
5113 Autres impôts	0	0	0	0	0	0	0	0	0	0
Suppl. sales tax on consumer durables	..	..	..	..	..	..	..	..	..	..
5120 Impôts sur biens et services déterminés	319	2 096	5 036	6 912	7 746	8 109	9 774	9 862	10 693	10 219
5121 Accises	183	1 615	3 813	5 613	6 013	6 286	7 511	7 678	8 118	8 006
Excise on tobacco products	52	206	473	561	622	655	852	885	1 019	1 054
Excise on sweetments	6	23	26	0	0	0	0	0	0	0
Excise on medium, strong beer	3	109	419	0	0	0	0	0	0	0
Excise on non-alcoholic beverages	2	17	22	32	35	37	204	250	180	209
Excise on certain foodstuffs	3	218	36	0	0	0	0	0	0	0
Excise on liquid fuels	58	504	986	2 583	2 907	3 167	3 925	4 054	4 294	4 253
Excise on motor cars	28	238	697	1 059	1 217	941	931	882	886	713
Tax on alcoholic beverages	29	353	813	1 239	1 016	1 279	1 355	1 356	1 483	1 521
Levies on pharmacy	2	16	46	85	113	122	153	165	188	198
Levies for price reduction on butter	0	3	0	0	0	0	0	0	0	0
Levies for marketing of milk	0	12	58	0	0	0	0	0	0	0
Excise on margarines	0	18	55	0	0	0	0	0	0	0
Stock-building levies on liquid fuels	0	15	44	46	50	48	45	43	43	40
Excise on sugar products	0	18	34	0	0	0	0	0	0	0
Excise on feeding stuffs	0	0	0	0	0	0	0	0	0	0
Excise on fertilizers	0	21	21	0	0	0	0	0	0	0
Excise on oil-based concentrated feed	0	1	0	0	0	0	0	0	0	0
Excise on protein feed	0	0	0	0	0	0	0	0	0	0
Equalization fee agricultural products	0	8	29	0	0	0	0	0	0	0
Excise on albumen	0	0	30	0	0	0	0	0	0	0
Tax on electricity	0	65	0	0	0	0	0	0	0	0
Oil damage levy	0	0	7	5	8	20	27	24	7	2
Oil waste levy	0	0	4	3	4	4	4	4	4	0
Price difference compensations	0	-231	0	0	0	0	0	0	0	0
The milk quota charge	0	0	6	0	0	0	0	0	0	0
Levies for marketing of special agric. prod.	0	0	0	0	0	0	0	0	0	0
Excise on phosphorous fertilizers	0	0	7	0	0	0	0	0	0	0
Excise on certain beverage packages	0	0	0	0	41	13	15	15	14	16
5122 Bénéfices des monopoles fiscaux	38	86	202	0	0	0	0	0	0	0
Excess profits on alcohol	38	86	202	..	..	..	..	..	..	..
5123 Droits de douane et droits à l'importation	88	235	423	130	199	151	166	166	187	174
Import duties	62	126	232	0	0	0	0	0	0	0
Import levies on agricultural products	26	6	12	0	0	0	0	0	0	0
Local import duties (Town dues)	1	0	0	0	0	0	0	0	0	0
Import levies price stabilisation fund	0	3	0	0	0	0	0	0	0	0
Agricultural levies	0	0	0	0	0	0	0	0	0	0
Equalization tax	0	100	179	0	0	0	0	0	0	0
Custom duties	..	..	0	130	199	151	166	166	187	174
5124 Taxes à l'exportation	0	0	0	0	0	0	0	0	0	0
Export duties	..	..	..	..	..	..	..	..	..	..
Levies on export	..	..	..	..	..	..	..	..	..	..
Counter-cyclical tax exports	..	..	..	..	..	..	..	..	..	..
5125 Impôts sur biens d'équipement	0	0	0	0	0	0	0	0	0	0
Investment tax on buildings	..	..	..	..	..	..	..	..	..	..
5126 Impôts sur services déterminés	9	161	598	1 160	1 533	1 671	2 096	2 017	2 388	2 039
Net revenue of betting	8	94	328	704	807	874	948	967	1 099	746
Tax on motion pictures	0	0	0	0	0	0	0	0	0	0
Stamp duties on entertainment	2	5	0	0	0	0	0	0	0	0
Fire protection levy	0	3	7	6	8	9	10	11	11	11
Tax on waste	0	0	0	33	56	42	56	32	3	7
Rail tax	0	0	0	0	18	18	19	6	0	0
Tax on insurance premiums	0	58	263	337	509	584	712	777	789	820
Tax on lottery prizes	0	0	0	80	135	144	217	222	217	163
Tax on telecommunications	0	0	0	0	0	0	0	0	0	0
Bank tax	0	0	0	0	0	0	134	-74	-3	-2
Contributions to the Resolution Fund	..	..	0	0	0	0	0	76	216	235
Contributions to the Deposit Guarantee Fund	..	..	0	0	0	0	0	0	56	59
5127 Autres impôts sur commerce et transact. internat.	0	0	0	0	0	0	0	0	0	0
Tax on charter flights	..	..	..	..	..	..	..	..	..	..
5128 Autres impôts	0	0	0	9	1	1	1	1	0	0
Sugar levy	..	..	..	9	1	1	1	1	..	..
Steel and coal levy	..	..	..	0	0	0	0	0	..	..

	1965	1980	1990	2000	2007	2010	2013	2015	2019	2020
5130 Non-ventilables entre 5110 et 5120	0	0	0	0	0	0	0	0	0	0
5200 Impôts sur utilisation des biens et exerc. activités	8	44	156	440	671	765	934	1 059	1 479	1 456
5210 Impôts périodiques	8	44	156	423	637	725	897	960	1 189	1 208
5211 À la charge des ménages : véhicules à moteur	0	2	5	165	486	541	696	748	949	965
5212 À la charge autres agents : véhicules à moteur	7	32	135	235	126	150	170	182	201	203
5213 Autres impôts périodiques	1	10	16	23	25	34	31	30	39	40
Dog licenses	1	2	4	5	3	2	2	1	0	0
Hunting and fishing licenses	1	7	12	17	17	24	23	22	27	28
Seamens welfare and rescue levy	0	0	0	1	1	1	1	0	0	0
Nuclear energy research levy	0	0	0	0	4	7	5	7	12	12
5220 Impôts non-périodiques	0	0	0	17	34	40	37	99	290	248
Vehicle registration tax	..	..	..	17	34	40	37	36	27	27
Income from auction of emission allowances	..	..	..	0	0	0	0	63	263	221
5300 Non-ventilables entre 5100 et 5200	0	0	0	0	0	0	0	0	0	0
6000 Autres impôts	**2**	**21**	**50**	**30**	**69**	**69**	**64**	**81**	**51**	**73**
6100 À la charge exclusive des entreprises	0	0	0	0	0	0	0	0	0	0
6200 À la charge d'autres agents	2	21	50	30	69	69	64	81	51	73
Pour mémoire										
Droits de douane perçus pour le compte de l'UE	..	..	..	130	199	151	166	166	187	174
Contributions au Fonds de résolution unique collectées pour le compte de l'UE	..	..	..	..	..	..	..	76	216	235
Recettes fiscales totales sur la base d'encaissements	**1 362**	**11 895**	**39 396**	**61 638**	**77 110**	**76 176**	**88 425**	**91 846**	**101 219**	**98 048**
Recettes fiscales totales sur la base des droits constatés	**..**	**..**	**39 052**	**62 435**	**77 447**	**76 315**	**88 688**	**92 003**	**101 439**	**99 610**
Conciliation avec les comptes nationaux										
Impôts additionnels inclus dans les comptes nationaux	..	0	0	0	0	0	0	0	0	0
Impôt exclus des comptes nationaux	..	0	0	0	0	0	0	0	0	0
Différence dans les traitements des crédits d'impôts	..	0	0	0	0	0	0	0	0	0
Transfert en capital des recettes non collectées	..	0	0	0	0	0	0	0	0	0
Cotisations de sécurité sociale volontaires	..	262	632	236	228	254	270	303	246	235
Différences diverses	..	0	0	0	0	0	0	0	0	0
Comptes nationaux : impôts et cotisations sociales effectives	..	12 157	39 684	62 671	77 675	76 569	88 958	92 306	101 685	99 845
Cotisations sociales imputées	..	513	688	30	0	0	0	0	..	..
Comptes nationaux : impôts et toutes les cotisations sociales	..	12 670	40 372	62 701	77 675	76 569	88 958	92 306	101 685	99 845

.. Non disponible

Note : Year ending 31st December.

From 1988 data are on accrual basis.

The comparability of the time series to earlier years is slightly lower.

Headings 2120 and 2320: The breakdown of contributions paid by employees and self-employed or non-employed is estimated, except for the healthcare fee of students in higher education included also into 2320 (in effect from 2021).

Headings 4110 and 4120: The breakdown of contributions paid by households and others is estimated.

Heading 4400: Negative values in Stamp duties are due to repayments during transition time from Stamp duties to Transfer tax.

Heading 5121: Negative items in Price difference compensations were due to subsidies under the price compensation scheme, which could be offset against any positive tax liability.

Heading 5126: Negative values are due to repayments temporary bank tax.

Heading 5212: Prior to 1990, a part of the tax was paid by households.

Source : Statistics Finland, basing on data from State Treasury, Tax Administration, Finnish Customs, Finnish Transport and Communication Agency, Financial Stability Authority and Financial Supervisory Authority. Supplementary information from unpublished sources.

StatLink https://stat.link/kzw1cq

Tableau 5.12. France : recettes fiscales détaillées, 1965-2020

Million EUR

	1965	1980	1990	2000	2007	2010	2013	2015	2019	2020
Recettes fiscales totales	**25 776**	**178 576**	**433 771**	**645 528**	**831 226**	**846 318**	**966 817**	**1 002 131**	**1 098 902**	**1 058 387**
Recettes fiscales totales excluant les taxes collectés pour le compte de l'UE	..	..	..	**643 655**	**829 411**	**844 346**	**964 743**	**999 064**	**1 094 291**	**1 053 334**
1000 Impôts sur revenu, bénéfices et gains en capital	**4 095**	**30 019**	**69 649**	**160 363**	**197 939**	**191 085**	**235 964**	**234 532**	**282 086**	**276 718**
1100 Des personnes physiques	2 736	20 734	46 272	115 885	141 405	144 165	179 715	188 357	227 806	222 907
1110 Sur le revenu et les bénéfices	2 723	20 674	46 252	115 884	141 405	144 165	179 715	188 357	227 806	222 907
Impôt sur revenu personnes physiques	..	18 207	39 237	49 548	48 597	49 575	70 098	72 750	77 681	75 556
Retenue source sur B.N.C.	..	51	189	293	559	446	598	927	979	694
Retenue sur capitaux mobiliers	..	2 333	3 971	0	0	0	0	0	0	0
CSG, CRDS, prélèvements sociaux au profit du FSV, du FNAL ou/et du FS	..	0	0	65 953	92 204	93 972	108 247	113 065	135 098	131 852
Taxe forfaitaire sur métaux précieux	..	70	58	47	37	52	69	71	104	79
Ressources sur cumuls rémunérations	..	7	20	38	0	0	0	0	0	0
Prélèvements de solidarité	..	0	2 207	5	0	82	381	0	10 537	10 292
Autres	..	6	571	0	8	38	322	1 544	3 407	4 434
1120 Sur les gains en capital	14	59	20	1	0	0	0	0	0	0
Sur les gains en capital	..	0	0	0	..	..	..	..	..	..
Prélèv. sur bénéf. construction immobilière	..	59	20	1	..	..	..	..	..	..
1200 Des sociétés	1 358	9 158	23 117	44 478	56 534	46 920	56 249	46 175	54 280	53 811
1210 Sur les bénéfices	1 358	9 158	23 117	44 478	56 534	46 920	56 249	46 175	54 280	53 811
Impôts sur les sociétés (émission de rôles)	..	8 524	20 804	39 755	51 063	39 095	46 474	39 579	48 670	49 942
3% dividendes	..	0	0	0	0	0	1 943	2 165	0	0
Retenue sur capitaux mobiliers	..	487	1 333	1 460	3 492	5 952	5 894	3 325	4 339	1 575
Précomptes sur bénéfices distribués (devenu prélèvement exceptionnel de 25% en 2005)	..	36	247	1 135	88	28	-6	4	-131	0
Prélèv. except. entrep. travail temporaire	..	0	0	0	0	0	0	0	0	0
Contribution sociale sur bénéfices des sociétés	..	0	0	589	158	842	1 160	971	1 240	1 171
Imposition annuelle forfaitaire	..	111	658	1 484	1 656	599	680	4	1	1
Prélèvement except. assurances	..	0	61	55	64	94	104	127	161	1 122
Autres	..	0	14	0	13	310	0	0	0	0
1220 Sur les gains en capital	0	0	0	0	0	0	0	0	0	0
1300 Non-ventilables entre 1100 et 1200	0	127	260	0	0	0	0	0	0	0
2000 Cotisations de sécurité sociale	**8 804**	**76 235**	**191 141**	**231 875**	**307 663**	**323 816**	**356 934**	**370 375**	**363 817**	**348 335**
2100 À la charge des salariés	1 701	19 851	57 347	57 686	76 815	78 268	88 097	93 767	87 940	84 244
Cotisations effectives	0	19 851	57 347	57 686	76 815	78 268	88 097	93 767	87 940	84 244
2110 Sur la base du salaire	0	0	0	57 686	76 815	78 268	88 097	93 767	87 940	84 244
2120 Sur la base de l'impôt sur les revenus	0	0	0	0	0	0	0	0	0	0
2200 À la charge des employeurs	6 525	50 742	118 079	159 476	208 688	219 687	240 672	248 173	247 437	236 893
Cotisations effectives	0	50 742	118 079	159 476	208 688	219 687	240 672	248 173	247 437	236 893
2210 Sur la base du salaire	0	0	0	159 476	208 688	219 687	240 672	248 173	247 437	236 893
2220 Sur la base de l'impôt sur les revenus	0	0	0	0	0	0	0	0	0	0
2300 À charge des travailleurs indép. ou sans emploi	578	5 642	15 714	14 713	22 160	25 861	28 165	28 435	28 440	27 198
Cotisations effectives	..	5 642	15 714	14 713	22 160	25 861	28 165	28 435	28 440	27 198
2310 Sur la base du salaire	0	0	0	14 713	22 160	25 861	28 165	28 435	28 440	27 198
2320 Sur la base de l'impôt sur les revenus	0	0	0	0	0	0	0	0	0	0
2400 Non-ventilables entre 2100, 2200 et 2300	0	0	0	0	0	0	0	0	0	0
2410 Sur la base du salaire	0	0	0	..	..	..	..	..	..	..
2420 Sur la base de l'impôt sur les revenus	0	0	0	..	..	..	..	..	..	..
3000 Sur salaires ou main d'oeuvre	**1 189**	**3 935**	**8 254**	**14 916**	**22 874**	**26 926**	**33 595**	**34 574**	**43 522**	**43 656**
Taxe sur les salaires	0	2 413	5 208	7 583	10 272	11 440	13 127	13 165	13 533	14 537
Forfait social	0	0	0	0	0	657	4 654	5 019	5 251	5 428
Taxe d'apprentissage	0	172	101	102	964	1 130	1 317	1 436	3 758	0
Taxe au profit de l'AGS : redevances pour concessions, brevets, licences, marques, procédés, droits et valeurs similaires	0	263	379	551	736	1 759	1 435	1 479	841	798
Taxe de formation professionnelle	0	236	30	97	19	13	17	17	5 447	8 442
Taxe au profit du FNAL : ACOSS (part cotisations employeurs)	0	120	754	1 506	2 412	2 465	3 123	2 929	2 855	2 978
Taxe au profit des syndicats de transports	0	731	1 600	3 786	5 738	6 344	7 326	7 842	9 402	9 185
Versement au profit de l'UNEDIC	0	0	23	24	0	0	0	0	0	0
Taxe sur salaires retraités réemployés	0	0	0	0	0	0	0	0	0	0
Cotisation de prévoyance	0	0	0	415	773	1 120	496	415	331	283
Autres	0	0	159	851	100	81	49	27	26	11
Caisse nationale de solidarité pour l'autonomie (CNSA)	0	0	0	0	1 860	1 917	2 051	1 891	2 049	1 993
Contribution employeurs pour le FCAATA	0	0	0	0	0	0	0	0	0	0
Taxe exceptionnelle de solidarité sur les hautes rémunérations	0	0	0	0	0	0	0	354	29	1
4000 Impôts sur le patrimoine	**1 105**	**8 591**	**27 434**	**44 070**	**65 318**	**70 613**	**81 343**	**89 311**	**94 802**	**91 679**
4100 Impôts périodiques sur la propriété immobilière	506	5 358	14 808	27 340	39 875	47 589	54 545	57 431	57 572	54 847

	1965	1980	1990	2000	2007	2010	2013	2015	2019	2020
4110 Ménages	198	4 454	11 493	20 186	30 584	36 480	41 818	43 861	42 235	39 231
Taxe d'habitation	0	2 306	5 100	8 366	12 433	15 254	17 470	18 424	13 928	10 456
Contributions foncieres (bâti)	0	1 034	4 040	8 460	11 983	14 403	16 539	17 557	19 936	20 309
Taxe d'enlèvement ordures ménagères	0	534	1 219	3 103	5 117	5 699	6 552	6 567	7 027	7 155
Imposition foncier non-bâti	0	506	979	172	851	919	955	980	998	1 001
Taxe au profit chambre d'agriculture	0	0	0	53	59	61	62	61	56	55
Taxe de balayage	0	0	0	68	74	75	109	109	112	111
Autres	0	74	156	-36	67	69	131	163	178	144
4120 Autres agents	308	904	3 315	7 154	9 291	11 109	12 727	13 570	15 337	15 616
Contribution foncière propriété bâtie	0	759	3 032	6 256	9 054	10 865	12 477	13 246	15 039	15 321
Impositions foncier non-bâti	0	127	245	688	0	0	0	0	0	0
Taxe au profit chambre d'agriculture	0	18	39	210	237	244	250	242	222	219
Autres	0	0	0	0	0	0	0	82	76	76
4200 Impôts périodiques sur l'actif net	0	0	2 615	2 440	4 390	4 461	4 372	5 224	2 054	1 999
4210 Personnes physiques	..	..	938	2 440	4 390	4 461	4 372	5 224	2 054	1 999
4220 Sociétés	..	..	1 677	0	0	0	0	0	0	0
4300 Impôts sur mut. par décès, succ. et donations	145	1 010	4 124	6 907	8 910	7 738	10 456	12 317	15 252	15 039
4310 Impôts sur mut. par décès et successions	140	875	3 490	5 508	7 853	6 862	9 368	10 690	12 311	12 578
Mutations à titre gratuit	0	861	3 453	5 428	7 794	6 806	8 433	10 540	12 208	12 527
Recettes diverses et pénalités	0	14	37	80	59	56	935	150	103	51
4320 Impôts sur les donations	5	135	634	1 399	1 057	876	1 088	1 627	2 941	2 461
Donations	0	113	568	1 399	1 057	876	1 088	1 627	2 941	2 461
Recettes diverses et pénalités	0	0	0	0	0	0	[illegible]	0	0	[illegible]
Autres	0	22	66	0	0	0	0	0	0	0
4400 Impôts sur transact. mobilières et immob.	447	2 224	5 886	7 383	12 143	10 825	11 970	14 339	19 924	19 794
Créances rentes offices	0	30	209	279	443	279	359	335	428	322
Fonds de commerce	0	253	518	199	268	154	135	132	159	159
Meubles corporels	0	14	18	0	0	1	0	1	0	0
Immeubles et droits immobiliers	0	63	4	2	2	3	1	1	0	0
Conventions et actes civils entre sociétés	0	95	218	4	5	8	6	7	0	0
Recettes diverses et pénalités	0	35	60	367	179	253	4	6	15	3
Actes judiciaires et extra-judiciaires	0	6	10	0	0	0	0	0	0	0
Taxe de publicité foncière	0	781	38	68	130	140	703	770	1 034	991
Droits et timbres divers	0	94	242	0	0	0	0	0	0	0
Impôts sur opérations de bourse	0	168	525	407	271	0	0	0	0	0
Taxe sur les transactions financières	0	0	0	0	0	0	697	917	906	1 290
Taxe additionnelle droits d'enregistrement	0	679	4 002	5 339	10 396	9 567	9 538	11 618	16 844	16 549
Autres droits et recettes	0	5	44	718	449	420	527	552	538	480
4500 Impôts non-périodiques	8	0	0	0	0	0	0	0	0	0
4510 Sur l'actif net	8	..	..	..	..	..	..	..	..	..
4520 Autres non-périodiques	0	..	..	..	..	..	..	..	..	..
4600 Autres impôts périodiques sur patrimoine	0	0	0	0	0	0	0	0	0	0
5000 Impôts sur les biens et services	**9 902**	**54 317**	**123 235**	**170 220**	**210 205**	**224 637**	**248 337**	**261 968**	**302 425**	**285 486**
5100 Impôts sur production, vente, transfert, etc.	9 676	52 719	119 201	163 520	202 109	215 844	238 774	251 793	290 464	274 374
5110 Impôts généraux	5 994	37 760	81 341	110 296	142 033	151 565	163 103	169 913	194 261	182 045
5111 Taxes sur la valeur ajoutée	5 173	37 282	79 972	107 511	137 137	136 129	145 264	152 550	174 854	162 577
TVA (budget général)	0	36 895	78 902	103 054	136 927	135 578	144 490	151 680	173 953	161 537
TVA (BAPSA)	0	62	10[illegible]	4 111	0	0	0	0	0	0
Autres TVA	0	325	969	0	0	0	0	0	0	0
Sous-compensation TVA agriculture	0	0	0	346	138	330	462	381	406	407
TVA sur subventions	0	0	0	0	72	221	312	489	535	633
5112 Impôts sur les ventes	822	0	0	0	0	0	0	0	0	0
5113 Autres impôts	0	477	1 369	2 784	4 896	15 436	17 839	17 363	19 367	19 468
Contribution sociale de solidarité	..	477	1 369	2 784	4 896	5 090	5 671	4 390	3 899	4 107
Cotisation sur la valeur ajoutée des entreprises	..	..	..	0	0	10 346	12 168	12 973	15 [illegible]91	14 986
Taxe sur les services numériques	..	..	..	0	0	0	0	0	277	375
5120 Impôts sur biens et services déterminés	3 682	14 960	37 860	53 225	60 076	64 279	75 671	81 880	96 203	92 329

	1965	1980	1990	2000	2007	2010	2013	2015	2019	2020
5121 Accises	2 775	11 013	26 834	39 850	44 013	45 770	52 343	56 660	64 796	61 310
Taxe intérieure de consommation sur les produits énergétiques	0	7 136	17 476	23 493	24 318	23 577	23 693	26 238	31 438	27 018
Prélèv. except. sur entrep. produits pétroliers	0	0	0	0	0	0	0	0	0	0
Droits sur vins, cidres et hydromels	0	97	174	0	121	121	486	501	572	533
Droits sur alcools	0	1 238	1 593	3 025	484	2 482	2 950	2 956	2 900	2 909
Droits sur bières et eaux minérales	0	58	91	20	409	538	803	931	1 114	1 048
Autres droits et recettes	0	136	38	19	2 169	100	90	110	76	61
Impôts et taxes sur tabacs et allumettes	0	1 188	2 989	7 965	9 659	11 083	12 227	12 318	13 682	15 416
Amendes et confiscations	0	2	1	0	0	0	0	0	0	0
Garantie matières or et argent	0	6	19	29	2	0	0	0	0	0
Taxes au profit de l'ANDA	0	84	147	89	0	0	0	0	0	0
Taxe de protection sanitaire et d'organisation du marché des viandes	0	0	0	48	46	43	41	43	41	41
Taxe sur les céréales	0	147	275	19	19	24	18	14	4	4
Redevances débits de tabac	0	0	0	0	0	0	0	0	0	0
Redevances sur sel de potasse	0	0	0	0	0	0	0	0	0	0
Taxe sur les farines	0	0	0	38	0	0	0	0	0	0
Redevances incluses dans prix carburants	0	36	32	453	485	495	499	493	558	499
Taxe au profit du Fonds National du Livre	0	7	17	0	0	0	0	0	0	0
Taxe sur produit exploitations forestières	0	11	0	0	0	0	0	0	0	0
Redevances des mines	0	16	59	43	23	25	22	16	19	18
Taxe sur électricité et chauffage	0	426	1 340	1 061	2 990	3 717	7 253	8 703	9 955	9 434
Surtaxe sur les apéritifs	0	12	17	0	0	0	0	0	0	0
Vignettes pharmaceutiques	0	4	559	0	0	0	0	0	0	0
Taxe sur betterave, sucre et alcool	0	22	400	0	0	0	0	0	0	0
Taxe solidarité sur graines oléagineuses	0	8	41	0	0	0	0	0	0	0
Taxe sur corps gras alimentaires	0	32	89	99	0	0	0	0	0	0
Taxe au profit Caisse Nationale des Lettres	0	23	0	0	0	0	0	0	0	0
Taxe sur consommation eau au profit FNAE	0	34	51	74	5	11	1	2	0	0
Taxe sur les viandes	0	25	36	0	19	1	1	0	0	0
Taxe au profit agences financières de bassin	0	217	609	1 624	1 821	1 763	2 175	2 268	2 237	2 175
Taxe au profit du FIRS (marché du sucre)	0	0	0	0	0	0	0	0	0	0
Contrib. except. pharmacies et laboratoires	0	16	0	522	0	0	0	0	0	0
Taxe locale	0	5	8	241	247	325	127	126	64	95
Contrib. distributeurs énergie élec. au profit du FACE	0	0	0	183	322	324	374	375	378	376
Taxe au profit de l'ADEME	0	0	0	80	212	489	499	449	0	0
Octroi de mer	0	0	0	449	544	581	386	422	466	467
Taxe générale sur les activités polluantes	0	0	0	6	16	16	205	117	331	268
Stocks sur les produits pétroliers	0	0	0	0	0	0	367	379	401	384
Autres	0	30	772	78	102	55	126	199	560	564
Taxe au profit de l'Institut français du pétrole (IFP)	0	0	0	193	0	0	0	0	0	0
5122 Bénéfices des monopoles fiscaux	0	0	0	0	0	0	0	0	0	0
5123 Droits de douane et droits à l'importation	471	966	1 669	1 810	2 043	2 180	2 605	2 665	2 848	2 873
Droits à l'importation (Etat)	0	0	0	0	0	0	0	0	0	0
Droits à l'importation (UE)	0	873	1 623	0	0	0	0	0	0	0
Octroi de mer	0	0	0	267	327	361	627	678	765	768
Autres	0	94	46	30	59	67	136	55	56	40
5124 Taxes à l'exportation	0	75	15	0	0	0	0	0	0	0
Prélèv. agricoles (part de l'Etat)	..	0	0	..	..	..	..	..	..	..
Prélèv. agricoles (part UE)	..	75	15	..	..	..	..	..	..	..
5125 Impôts sur biens d'équipement	0	0	0	0	0	0	0	0	0	0

	1965	1980	1990	2000	2007	2010	2013	2015	2019	2020
5126 Impôts sur services déterminés	431	2 690	8 373	11 204	14 007	16 274	20 656	22 501	28 559	28 146
Prélèvements sur le PMU	0	446	545	502	719	626	434	446	421	362
Prélèv. produit jeux et casinos	0	0	0	727	1 022	748	708	691	803	476
Prélèv. sur loterie nationale et loto	0	200	702	1 305	1 982	1 800	1 941	2 118	2 593	2 107
Prélèv. except. sur banque et établ. crédit	0	0	0	0	0	0	0	0	0	0
Taxe sur convention d'assurance	0	1 292	4 782	5 097	6 571	7 099	9 973	10 386	11 407	12 205
Baux enregistrement	0	264	633	573	29	-5	-1	0	0	0
Taxes funéraires	0	11	32	14	11	12	12	12	13	15
Droits de timbre contrat transport	0	9	77	10	0	0	0	0	0	0
Expertises et vérifications techniques	0	0	0	0	0	0	0	0	0	0
Taxe au profit de l'ANAEM	0	0	0	33	58	129	145	146	115	115
Taxe sur l'utilisation des voies navigables	0	0	0	104	157	169	192	183	176	167
Autres taxes diverses	0	98	272	273	449	1 007	547	798	2 686	2 735
Taxes sur les jeux et spectacles	0	75	195	274	372	425	793	785	1 238	1 053
Taxe sur fonds de garantie automobile (FGAC)	0	32	135	223	274	323	387	450	766	783
Taxes assurance auto. (Etat + Séc. Soc.)	0	0	0	55	0	0	0	0	0	0
Taxe Fonds National Calamités Agricoles	0	0	0	261	96	101	120	125	60	60
Prélèv. 5% Fonds Nat. Amélioration Habitat	0	114	258	678	604	604	726	932	992	1 0[illegible]0
Cotisat. des entrep. au Centre Nat. du Cinéma	0	52	207	397	144	766	735	695	741	6[illegible]6
Taxe alimentation au Fonds Assurances Agricoles	0	0	0	0	0	0	0	0	0	0
Taxe au profit du Fonds National Sportif	0	3	0	0	0	0	0	0	0	0
Taxe Fonds de Revalorisation Rentes et Pensions	0	15	0	0	0	0	0	0	0	0
Taxe annuelle sur encours de crédits	0	0	0	0	0	0	0	0	0	0
Taxe sur la publicité	0	0	26	52	38	156	219	232	247	173
Prelèv. sur salaires des conserv. hypothèques	0	67	188	0	0	0	0	0	0	0
Taxe de sécurité et sûreté	0	0	0	220	353	459	521	574	773	261
Taxe de risque systémique	0	0	0	0	0	0	899	591	29	28
Taxe sur les mutuelles au profit de la CMU	0	0	0	247	560	1 637	1 851	1 909	2 430	2 531
Taxe au profit du FPRNM (Fonds de prévention des risques naturels majeurs)	0	0	0	0	0	0	197	205	137	137
Contributions au Fonds de résolution unique collectées pour le compte de l'UE	..	..	..	..	..	..	..	916	2 419	2 988
Autres	0	10	320	159	568	218	251	307	513	334
5127 Autres impôts sur commerce et transact. internat.	0	0	0	0	0	0	0	0	0	0
5128 Autres impôts	5	215	970	360	13	55	67	54	0	0
Taxe de co-responsabilité sur le lait	0	48	119	0	0	0	0	0	..	..
Taxe de co-responsabilité sur les céréales	0	0	520	0	0	0	0	0	..	..
Prélèvement pour la CECA	0	14	0	0	0	0	0	0	..	..
Receveur des douanes	0	9	24	0	0	0	0	0	..	..
Divers (collect. locales)	0	0	0	0	0	0	0	0	..	..
Cotisations sur les sucres	0	68	185	270	0	42	54	41	..	..
Taxe au profit du FIRS (marché du sucre)	0	76	120	76	0	0	0	0	..	..
Autres	0	0	2	14	13	13	13	13	..	..
5130 Non-ventilables entre 5110 et 5120	0	0	0	0	0	0	0	0	0	0
5200 Impôts sur utilisation des biens et exerc. activités	226	1 598	4 034	6 700	8 096	8 793	9 563	10 175	11 961	11 112
5210 Impôts périodiques	178	1 226	3 024	4 909	5 264	5 338	5 715	5 681	6 177	5 677
5211 À la charge des ménages : véhicules à moteur	27	545	1 236	126	0	0	0	0	0	0
Taxe différentielle (budget gén. et collect. loc.)	0	545	1 236	126	..	..	..	..	..	..
5212 À la charge autres agents : véhicules à moteur	79	545	1 086	1 280	1 559	1 269	1 181	1 028	917	927
Taxe sur les véhicules des sociétés	0	197	345	644	891	992	876	753	767	801
Taxe sur les véhicules (budg. gén. et coll. loc.)	0	348	741	636	668	277	305	275	150	126
5213 Autres impôts périodiques	72	136	702	3 503	3 705	4 069	4 534	4 653	5 260	4 750
Taxe spéciale usage des routes	0	0	0	420	526	539	573	574	640	530
Droit de pesage	0	17	14	0	0	0	0	0	0	0
Divers taxes (collectivités locales)	0	7	33	0	0	0	0	0	0	0
Taxe magnétoscopes	0	0	0	0	0	0	0	0	0	0
Redev. pour surveillance centrales nucléaires	0	8	41	0	0	0	0	0	0	0
Taxe d'usage des abattoirs	0	19	13	0	0	0	0	0	0	0
Contrib. des entrepr. à la prépa. médicaments	0	0	20	238	0	379	213	255	252	269
Taxe sur les pylones électriques	0	1	66	128	183	213	244	231	272	283
Licence débit de boisson	0	8	22	23	0	[illegible]	0	0	[illegible]	0
Droit annuel de francisation et de navigation	0	0	0	0	0	39	37	37	38	38
Redevances d'usage des fréquences radioélectriques	0	0	0	191	280	275	262	187	270	240
Contribution à l'audiovisuel public	..	..	..	2 099	2 255	2 472	2 866	3 012	3 147	3 048
Autres	0	75	493	404	461	152	339	357	641	342

	1965	1980	1990	2000	2007	2010	2013	2015	2019	2020
5220 Impôts non-périodiques	47	372	1 010	1 791	2 832	3 455	3 848	4 494	5 784	5 435
Récépissés de mise en circulation	0	75	0	0	0	0	0	0	0	0
Quotas d'émission carbone	..	..	..	0	0	0	48	215	828	727
Taxes et licences débits de boissons	0	0	0	3	0	0	0	0	0	0
Redevance pour droit de construire	0	79	53	72	0	18	18	0	0	0
Taxe d'aménagement	0	146	263	305	848	1 252	1 381	1 839	2 164	2 048
Taxe sur les certificats d'immatriculation des véhicules	0	0	0	1 373	1 939	1 917	2 042	2 086	2 299	2 091
Dépassement plafond légal de densité	0	38	270	38	45	82	82	52	0	0
Taxe additionnelle sur certif. d'immatric. des véhicules	0	0	0	0	0	186	277	302	493	569
Autres	0	35	423	0	0	0	0	0	0	0
5300 Non-ventilables entre 5100 et 5200	0	0	0	0	0	0	0	0	0	0
6000 Autres impôts	**681**	**5 480**	**14 060**	**24 084**	**27 227**	**9 241**	**10 644**	**11 371**	**12 250**	**12 513**
6100 À la charge exclusive des entreprises	678	5 480	14 060	22 398	27 219	9 235	10 638	11 365	12 227	12 491
Taxes au profit de l'INPI	0	43	67	115	156	165	180	193	231	234
Taxe sur les frais généraux	0	0	0	0	0	0	0	0	0	0
Taxe professionnelle	0	5 152	13 381	19 641	22 035	0	0	0	0	0
Taxe des prestations des syndicats (collect. loc.)	0	36	197	293	0	0	0	0	0	0
Taxes diverses (budget gén. et org. div. adm. cent.)	0	0	0	61	236	255	478	649	813	848
Taxe annuelle sur les encours de crédits	0	110	0	0	0	0	0	0	0	0
Prélèv. except. sur entreprises d'assurances	0	0	0	0	0	0	0	0	0	0
Produit de l'imposition (Chambre des Métiers)	0	36	125	155	203	275	233	253	200	201
Versements des entreprises industrielles au profit du FNE	0	4	240	204	33	10	3	0	0	0
Autres	0	98	50	1 127	3 721	1 078	727	1 269	1 046	999
Taxe ANDA - ADAR	0	0	0	32	0	0	0	0	0	0
Cotisation foncière des entreprises	..	..	..	0	0	10 346	12 168	12 973	15 191	14 986
Imposition forfaitaire sur les entreprises de réseaux	0	0	0	0	0	1 223	1 206	1 297	1 408	1 444
Exit taxe sur les assurances	0	0	0	0	0	0	0	0	0	0
Produit imposition Chambre de Commerce	0	0	0	770	835	1 103	1 323	458	655	642
Contribution patronale sur stock-options	0	0	0	0	0	185	380	490	567	755
Taxe sur le résultat des entreprises ferroviaires	0	0	0	0	0	0	200	400	226	226
6200 À la charge d'autres agents	3	0	0	1 686	8	6	6	6	23	22
Autres	0	..	..	1 686	8	6	6	6	23	22
Ecart aux comptes de secteurs	0	..	..	0	0	0	0	0	0	0
Pour mémoire										
Droits de douane perçus pour le compte de l'UE	..	..	..	1 513	1 657	1 752	1 842	1 932	2 027	2 065
Contributions au Fonds de résolution unique collectées pour le compte de l'UE	..	..	..	..	..	..	..	916	2 419	2 988
Crédits d'impôts récupérables										
Crédits d'impôts récupérables contre 1110	..	..	..	0	7 663	10 761	8 214	8 041	8 473	7 848
Composante fiscale	..	..	..	..	..	8 234	6 755	5 669	6 245	6 365
Composante transfert	..	..	..	..	..	2 527	1 459	2 372	2 228	1 483
Crédits d'impôts récupérables contre 1210	..	..	..	457	1 860	6 655	5 466	18 618	26 885	18 209
Composante fiscale	..	..	..	..	..	1 277	3 572	10 560	10 661	5 349
Composante transfert	..	..	..	..	..	5 378	1 894	8 058	16 224	12 860
Crédits d'impôts récupérables contre 3000	..	..	..	0	0	0	0	0	578	0
Composante fiscale	..	..	..	..	..	..	..	..	578	..
Composante transfert	..	..	..	..	..	..	..	..	0	..
Recettes fiscales totales sur la base d'encaissements	**25 776**	**178 576**	**433 771**	**642 156**	**825 954**	**840 905**	**960 513**	**995 462**	**1 100 141**	**1 047 573**
Recettes fiscales totales sur la base des droits constatés	**..**	**..**	**..**	**645 528**	**831 226**	**846 318**	**966 817**	**1 002 131**	**1 098 902**	**1 058 387**
Conciliation avec les comptes nationaux										
Impôts additionnels inclus dans les comptes nationaux	..	..	..	0	0	0	0	0	0	0
Impôt exclus des comptes nationaux	..	..	..	-3 171	-5 191	-5 774	-6 661	-6 676	-7 139	-7 266
Taxe d'enlèvement des ordures ménagères	..	..	..	-3 103	-5 117	-5 699	-6 552	-6 567	-7 027	-7 155
Taxe sur les pylônes	..	..	..	0	0	0	0	0	0	0
Taxe de balayage	..	..	..	-68	-74	-75	-109	-109	-112	-111
Différence dans les traitements des crédits d'impôts	..	..	..	0	0	9 511	10 327	16 229	17 484	11 714
Transfert en capital des recettes non collectées	..	..	..	-3 372	-5 272	-5 413	-6 304	-6 669	-4 761	-10 814
Cotisations de sécurité sociale volontaires	..	..	..	0	0	0	0	0	0	0
Différences diverses	..	..	..	0	0	0	0	0	0	0
Comptes nationaux : impôts et cotisations sociales effectives	..	..	..	638 985	820 763	844 642	964 179	1 005 015	1 104 486	1 052 021
Cotisations sociales imputées	..	..	..	25 875	33 510	38 028	41 947	42 655	43 965	44 458
Comptes nationaux : impôts et toutes les cotisations sociales	..	..	..	664 860	854 273	882 670	1 006 126	1 047 670	1 148 451	1 096 479

.. Non disponible

Note : Année civile se terminant le 31 décembre.
A partir de 1992, les données sont sur la base des droits constatés.
A partir de 1970 les chiffres ont été calculés selon le nouveau Système de Comptes Nationaux et ne sont pas, de ce fait, comparables à ceux des années précédentes.
La rubrique 2000 comprend certaines contributions volontaires.
Source : Institut de Comptes Nationaux, Service Public Fédéral des Finances.

StatLink https://stat.link/pxe0v5

Tableau 5.13. Allemagne : recettes fiscales détaillées, 1965-2020

Million EUR

	1965	1980	1990	2000	2007	2010	2013	2015	2019	2020
Recettes fiscales totales	**74 359**	**287 373**	**454 764**	**767 045**	**884 216**	**911 161**	**1 038 904**	**1 128 773**	**1 341 320**	**1 291 049**
Recettes fiscales totales excluant les taxes collectés pour le compte de l'UE	..	..	**450 620**	**763 300**	**880 273**	**906 897**	**1 034 589**	**1 121 962**	**1 334 206**	**1 284 104**
1000 Impôts sur revenu, bénéfices et gains en capital	**25 059**	**100 821**	**147 257**	**231 249**	**273 596**	**257 817**	**319 926**	**351 386**	**436 763**	**404 583**
1100 Des personnes physiques	19 254	85 134	125 296	194 173	218 848	219 387	270 179	299 362	367 218	348 944
1110 Sur le revenu et les bénéfices	19 254	85 134	125 296	194 173	218 848	219 387	270 179	299 362	367 218	348 944
Taxes on wages and salaries	8 558	57 039	90 801	135 733	146 365	145 202	174 512	194 116	236 355	228 377
Assessed income tax	7 567	18 813	18 672	12 225	25 341	31 346	42 586	48 902	63 781	59 447
Withholding tax on dividends	691	2 135	5 538	13 515	13 572	12 982	17 258	17 944	23 486	21 498
Supplementary tax	0	0	0	10 347	10 907	10 706	13 085	14 555	17 829	17 105
Enterprise tax	2 438	7 147	10 285	16 486	14 630	13 709	17 305	18 553	22 193	18 112
Stabilisation tax	0	0	0	0	0	0	0	0	0	0
Withholding tax on interest	0	0	0	5 867	8 033	5 442	5 433	5 292	3 574	4 405
1120 Sur les gains en capital	0	0	0	0	0	0	0	0	0	0
1200 Des sociétés	5 806	15 686	21 961	37 076	54 748	38 430	49 747	52 024	69 545	55 639
1210 Sur les bénéfices	5 806	15 686	21 961	37 076	54 748	38 430	49 747	52 024	69 545	55 639
Corporation tax	4 177	10 902	15 385	23 575	23 386	12 516	19 762	20 178	32 284	24 514
Supplementary tax	0	20	1	1 494	1 550	982	1 337	1 409	1 896	1 460
Sacrifice for Berlin	3	0	0	0	0	0	0	0	0	0
Enterprise tax	1 625	4 765	6 576	10 540	25 486	22 002	25 722	27 589	33 441	27 293
Stabilisation tax	0	0	0	0	0	0	0	0	0	0
Withholding tax on interest	0	0	0	1 467	4 326	2 930	2 926	2 848	1 924	2 372
1220 Sur les gains en capital	0	0	0	0	0	0	0	0	0	0
1300 Non-ventilables entre 1100 et 1200	0	0	0	0	0	0	0	0	0	0
2000 Cotisations de sécurité sociale	**19 876**	**98 659**	**170 449**	**299 440**	**320 750**	**354 320**	**392 378**	**424 841**	**508 124**	**512 122**
2100 À la charge des salariés	8 723	43 833	73 580	131 610	139 927	152 843	171 657	186 305	220 204	217 235
Payments by employees total	8 723	43 833	73 580	131 610	139 927	152 843	171 657	186 305	220 204	217 235
2110 Sur la base du salaire	..	..	..	131 610	139 927	152 843	171 657	186 305	220 204	217 235
2120 Sur la base de l'impôt sur les revenus	..	..	..	0	0	0	0	0	0	0
2200 À la charge des employeurs	10 693	52 985	86 659	147 410	151 094	165 476	181 782	196 679	238 358	244 692
Payments by employers total	10 693	52 985	86 659	147 410	151 094	165 476	181 782	196 679	238 358	244 692
2210 Sur la base du salaire	..	..	..	147 410	151 094	165 476	181 782	196 679	238 358	244 692
2220 Sur la base de l'impôt sur les revenus	..	..	..	0	0	0	0	0	0	0
2300 A charge des travailleurs indép. ou sans emploi	460	1 841	10 210	20 420	29 729	36 001	38 939	41 857	49 562	50 195
Payments total	460	1 841	10 210	20 420	29 729	36 001	38 939	41 857	49 562	50 195
2310 Sur la base du salaire	..	..	..	20 420	29 729	36 001	38 939	41 857	49 562	50 195
2320 Sur la base de l'impôt sur les revenus	..	..	..	0	0	0	0	0	0	0
2400 Non-ventilables entre 2100, 2200 et 2300	0	0	0	0	0	0	0	0	0	0
2410 Sur la base du salaire	..	..	..	..	..	..	..	..	..	..
2420 Sur la base de l'impôt sur les revenus	..	..	..	..	..	..	..	..	..	..
3000 Sur salaires ou main d'oeuvre	**477**	**445**	**0**	**0**	**0**	**0**	**0**	**0**	**0**	**0**
Payroll tax	477	445	..	..	..	..	..	..	..	..
4000 Impôts sur le patrimoine	**4 313**	**9 414**	**15 321**	**17 505**	**21 873**	**21 012**	**26 104**	**32 440**	**38 680**	**42 427**
4100 Impôts périodiques sur la propriété immobilière	1 079	2 968	4 461	8 849	10 713	11 315	12 377	13 215	14 439	14 675
4110 Ménages	644	1 187	1 784	3 540	4 285	4 526	4 951	5 286	5 776	5 870
4120 Autres agents	435	1 780	2 676	5 309	6 428	6 789	7 426	7 929	8 663	8 805
4200 Impôts périodiques sur l'actif net	2 530	4 362	6 213	433	5	2	700	1 686	1 466	1 517
4210 Personnes physiques	973	977	1 425	191	2	1	0	-1	0	0
General wealth tax	471	954	1 425	191	2	1	..	-1	..	..
Equalization of war burden	502	23	0	0	0	0	..	0	..	..
4220 Sociétés	1 557	3 385	4 788	242	3	1	700	1 687	1 466	1 517
General wealth tax	490	1 431	1 813	242	3	1	0	-1	0	0
Equalization of war burden	350	15	0	0	0	0	0	0	0	0
Enterprise tax	717	1 939	2 975	0	0	0	0	0	0	0
Bank levy	0	0	0	0	0	0	520	0	14	21
Contribution to Deposit Protection Fund	0	0	0	0	0	0	180	1 688	1 452	1 496
4300 Impôts sur mut. par décès, succ. et donations	162	520	1 545	2 982	4 203	4 405	4 633	6 290	6 986	8 657
4310 Impôts sur mut. par décès et successions	134	416	1 359	2 624	3 699	3 876	4 077	5 535	6 148	7 618
4320 Impôts sur les donations	28	104	186	358	504	529	556	755	838	1 039
4400 Impôts sur transact. mobilières et immob.	542	1 564	3 103	5 241	6 952	5 290	8 394	11 249	15 789	17 578
Real property transfer tax	150	521	1 999	5 081	6 952	5 290	8 394	11 249	15 789	17 578
Additional real property transfer	198	680	148	160	0	0	0	0	0	0
Capital transfer tax	111	200	807	0	0	0	0	0	0	0
Bill of exchange tax	83	163	149	0	0	0	0	0	0	0
4500 Impôts non-périodiques	0	0	0	0	0	0	0	0	0	0
4510 Sur l'actif net	..	..	..	..	..	..	..	..	..	..
4520 Autres non-périodiques	..	..	..	..	..	..	..	..	..	..
4600 Autres impôts périodiques sur patrimoine	0	0	0	0	0	0	0	0	0	0

	1965	1980	1990	2000	2007	2010	2013	2015	2019	2020
5000 Impôts sur les biens et services	**24 462**	**77 863**	**121 577**	**218 686**	**267 901**	**277 912**	**300 368**	**319 890**	**357 434**	**331 709**
5100 Impôts sur production, vente, transfert, etc.	23 079	74 406	117 209	211 444	251 558	261 160	281 997	301 101	337 086	310 695
5110 Impôts généraux	12 235	47 779	75 459	140 871	170 387	180 533	197 326	211 936	244 433	221 882
5111 Taxes sur la valeur ajoutée	0	47 779	75 459	140 871	170 387	180 533	197 326	211 936	244 433	221 882
5112 Impôts sur les ventes	0	0	0	0	0	0	0	0	0	0
5113 Autres impôts	12 235	0	0	0	0	0	0	0	0	0
Turnover tax old	11 028	..	..	..	..	..	..	..	..	..
Old turnover tax on import	1 208	..	..	..	..	..	..	..	..	..
5120 Impôts sur biens et services déterminés	10 844	26 627	41 750	70 573	80 819	80 287	84 383	88 873	92 365	88 525
5121 Accises	8 213	20 566	31 158	57 224	63 780	63 438	64 623	65 332	66 187	63 192
Duty on mineral oils	3 798	10 917	17 701	37 826	38 877	39 601	39 260	39 605	40 837	37 703
Duty on power	0	0	0	3 356	6 439	6 167	6 987	6 560	6 696	6 569
Duty on tobacco	2 402	5 771	8 898	11 443	14 108	13 453	14 131	14 963	14 469	14 789
Duty on alcohol	771	1 986	2 162	2 151	2 169	2 049	2 100	2 075	2 116	2 098
Duty on beer	501	645	693	843	750	708	675	679	604	572
Duty on coffee	488	756	986	1 087	985	998	1 030	1 034	1 069	1 070
Duty on sugar	59	72	79	0	0	0	0	0	0	0
Duty on tea	16	32	31	0	0	0	0	0	0	0
Duty on salt	20	20	23	0	0	0	0	0	0	0
Duty on electric lamps	34	63	83	0	0	0	0	0	0	0
Duty on playing cards	2	4	0	0	0	0	0	0	0	0
Duty on beverages	46	22	8	6	1	0	0	0	0	0
Duty on acetic acid	3	2	0	0	0	0	0	0	0	0
Duty on champagne	69	274	494	512	451	462	440	416	396	391
Duty on matches	5	2	0	0	0	0	0	0	0	0
Duty on ice cream	1	0	0	0	0	0	0	0	0	0
5122 Bénéfices des monopoles fiscaux	8	2	0	0	0	0	0	0	0	0
5123 Droits de douane et droits à l'importation	1 658	3 125	3 847	3 394	3 972	4 234	4 251	5 195	5 117	4 715
Monetary compensation accounts	0	368	1	0	0	0	0	0	0	0
Customs (mainly EU)	1 294	2 353	3 662	3 394	3 972	4 234	4 251	5 195	5 117	4 715
Agricultural levies EU	364	404	184	0	0	0	0	0	0	0
5124 Taxes à l'exportation	0	0	0	0	0	0	0	0	0	0
5125 Impôts sur biens d'équipement	0	0	0	0	0	0	0	0	0	0
5126 Impôts sur services déterminés	942	2 689	6 443	9 599	13 095	12 583	15 443	18 306	21 059	20 617
Duty transport goods on residents	0	0	0	0	0	0	0	0	0	0
Transport tax	452	0	0	0	0	0	0	0	0	0
Insurance tax	198	910	2 266	7 243	10 410	10 261	11 588	12 445	14 179	14 551
Fire insurance tax	33	124	200	288	319	326	392	413	482	510
Entertainment tax	55	44	140	267	210	376	708	881	997	746
Taxes on betting and gambling	204	655	1 046	1 801	1 702	1 412	1 635	1 711	1 974	2 043
Tax on electricity bills	0	956	2 792	0	0	0	0	0	0	0
Aviation tax	0	0	0	0	0	0	955	1 027	1 168	349
Gaming casinos levy	0	0	0	0	454	208	165	251	262	188
SRF Contributions	..	..	..	..	..	..	..	1 578	1 997	2 230
5127 Autres impôts sur commerce et transact. internat.	0	0	4	5	1	2	2	2	2	1
5128 Autres impôts	24	244	298	351	-29	30	64	38	0	0
Levies CECA	24	56	36	0	0	0	0	0	..	..
Cotisation sugar EU	0	112	224	351	-29	30	64	38	..	..
Levy on milk	0	75	38	0	0	0	0	0	..	..
5130 Non-ventilables entre 5110 et 5120	0	0	0	0	352	340	288	292	288	288
Contributions to the German National Petroleum Stockpiling Agency	..	..	..	..	352	340	288	292	288	288
5200 Impôts sur utilisation des biens et exerc. activités	1 383	3 457	4 368	7 242	16 343	16 752	18 371	18 789	20 348	21 014
5210 Impôts périodiques	1 369	3 454	4 368	7 239	16 343	16 189	17 699	18 034	17 597	17 931
5211 À la charge des ménages : véhicules à moteur	614	1 892	2 950	5 177	6 823	6 447	6 393	6 992	7 338	7 439
5212 À la charge autres agents : véhicules à moteur	728	1 475	1 300	1 838	2 075	2 041	2 097	1 812	2 034	2 089
5213 Autres impôts périodiques	27	87	118	224	7 445	7 701	9 209	9 230	8 225	8 403
Dog taxes	24	75	101	198	240	258	299	322	370	380
Hunting and fishing taxes	4	13	17	26	23	19	10	10	8	8
Nuclear fuel tax	0	0	0	0	0	0	1 285	1 018	0	0
Licence fee (private households)	0	0	0	0	6 464	6 681	6 914	7 155	7 125	7 278
Licence fee (companies)	0	0	0	0	718	743	701	725	722	737
5220 Impôts non-périodiques	14	3	1	3	0	563	672	755	2 751	3 083
Non-recurrent taxes	..	..	0	0	..	0	0	0	0	0
CO2 emission certificates	..	..	0	0	..	563	672	755	2 751	3 083
5300 Non-ventilables entre 5100 et 5200	0	0	0	0	0	0	0	0	0	0
6000 Autres impôts	**172**	**172**	**160**	**165**	**96**	**100**	**128**	**216**	**319**	**208**
6100 À la charge exclusive des entreprises	0	0	0	0	0	0	0	0	0	0
6200 À la charge d'autres agents	172	172	160	165	96	100	128	216	319	208

	1965	1980	1990	2000	2007	2010	2013	2015	2019	2020
Pour mémoire										
Droits de douane perçus pour le compte de l'UE	..	..	3 662	3 394	3 972	4 234	4 251	5 195	5 117	4 715
Contributions au Fonds de résolution unique collectées pour le compte de l'UE	..	..	..	..	..	..	..	1 578	1 997	2 230
Taxes and compulsory social security contributions paid by EU civil servants	..	..	..	..	..	..	39	43	53	56
Taxes paid by EU civil servants: income taxes	..	..	..	..	..	..	20	22	27	29
Taxes paid by EU civil servants: compulsory social security contributions	..	..	..	..	..	..	19	21	26	27
Crédits d'impôts récupérables										
Crédits d'impôts récupérables contre 1110	..	..	..	38 356	43 602	45 475	41 890	41 951	45 153	51 861
Composante fiscale	..	..	..	..	29 499	28 268	26 275	26 817	29 273	31 527
Composante transfert	..	..	..	..	14 104	17 207	15 616	15 134	15 880	20 334
Crédits d'impôts récupérables contre 1210	..	..	..	962	804	802	426	200	44	-2
Composante fiscale	..	..	..	..	348	326	172	120	40	0
Composante transfert	..	..	..	..	456	474	254	80	6	-2
Recettes fiscales totales sur la base d'encaissements	**74 359**	**287 373**	**454 764**	**767 045**	**881 517**	**911 154**	**1 037 607**	**1 126 986**	**1 338 427**	**1 289 798**
Recettes fiscales totales sur la base des droits constatés	**..**	**..**	**..**	**..**	**884 216**	**911 161**	**1 038 904**	**1 128 773**	**1 341 320**	**1 291 049**
Conciliation avec les comptes nationaux										
Impôts additionnels inclus dans les comptes nationaux	..	..	..	..	2 406	2 067	2 411	2 856	2 450	2 419
Several duties, administrative fees and other revenues	..	..	..	..	2 406	2 067	2 411	2 856	2 450	2 419
Impôt exclus des comptes nationaux	..	..	..	..	0	0	0	0	..	..
Différence dans les traitements des crédits d'impôts	..	..	..	..	12 623	9 230	6 358	5 619	5 720	7 311
Transfert en capital des recettes non collectées	..	..	..	..	0	0	0	0	..	..
Cotisations de sécurité sociale volontaires	..	..	..	..	21 409	5 102	5 352	6 068	7 262	7 378
Différences diverses	..	..	..	..	33 134	34 234	34 081	35 455	42 922	47 419
Comptes nationaux : impôts et cotisations sociales effectives	..	..	..	..	953 788	961 794	1 087 106	1 178 771	1 399 674	1 355 576
Cotisations sociales imputées	..	..	..	..	29 509	32 687	33 506	34 542	40 053	41 414
Comptes nationaux : impôts et toutes les cotisations sociales	..	..	..	..	983 297	994 481	1 120 612	1 213 313	1 439 727	1 396 990

.. Non disponible

Note : Year ending 31st December.

From 2002 data are on accrual basis.

The tax revenues for Germany refer to the old Länder until 1990 and to all Germany beginning in 1991.

Heading 1000: In the years up to 2000, the revenues shown take into account the whole amount of non-wastable tax credits including that part paid out by the tax authorities which should, under the OECD criteria, be treated as expenditure. From 2001, the data necessary to make the adjustment have become available and the revenue figures comply with the OECD criteria from that year.

Heading for non-wastable tax credits against 1110 comprise child tax credits (paid out of wage tax revenue), tax credits for owner occupied housing (paid out of assessed income tax revenue), retirement allowance ("Riester allowance", paid out of wage tax revenue), investment tax credits for unincorporated businesses (for investment in former East Germany; paid out of assessed income tax revenue), research allowance for unincorporated businesses (paid out of assessed income tax revenue) and employee savings allowance.

Heading for non-wastable tax credits against 1210 are investment tax credits for incorporated businesses (for investment in former East Germany; paid out of corporate income tax revenue) and research allowance for incorporated businesses (paid out of corporate income tax revenue).

Source : Finanzbericht, Bonn; Tax Statistics. Unpublished estimates by the Ministry of Finance.

StatLink https://stat.link/vw5cp9

Tableau 5.14. Grèce : recettes fiscales détaillées, 1965-2020

Million EUR

	1965	1980	1990	2000	2007	2010	2013	2015	2019	2020
Recettes fiscales totales	**116**	**1 475**	**11 472**	**47 211**	**73 990**	**72 414**	**64 560**	**64 510**	**72 387**	**64 248**
Recettes fiscales totales excluant les taxes collectés pour le compte de l'UE	..	..	**11 361**	**46 990**	**73 683**	**72 134**	**64 410**	**64 235**	**72 004**	**63 906**
1000 Impôts sur revenu, bénéfices et gains en capital	**11**	**286**	**2 283**	**12 662**	**17 176**	**15 953**	**14 015**	**14 586**	**15 642**	**13 111**
1100 Des personnes physiques	8	220	1 619	6 127	10 554	9 015	10 780	10 155	11 001	10 447
1110 Sur le revenu et les bénéfices	8	220	1 619	6 102	10 500	8 948	10 698	10 047	10 855	10 359
Personal income tax	..	..	1 414	..	..	..	..	..	..	..
Receipts from previous years	..	..	62	..	..	..	..	..	..	..
Agricultural social security fund	..	..	143	..	..	..	..	..	..	..
1120 Sur les gains en capital	0	0	0	25	54	67	82	108	146	88
1200 Des sociétés	2	56	631	5 625	5 304	5 717	2 071	3 800	4 071	1 999
1210 Sur les bénéfices	2	56	631	5 625	5 304	5 717	2 071	3 800	4 071	1 999
Corporation income tax	2	39	553	..	..	..	..	..	..	..
Receipts from previous years	0	8	33	..	..	..	..	..	..	..
Agricultural social security fund	0	9	46	..	..	..	..	..	..	..
1220 Sur les gains en capital	0	0	0	0	0	0	0	0	0	0
1300 Non-ventilables entre 1100 et 1200	1	10	32	910	1 318	1 221	1 164	631	570	665
Extraordinary taxes	0	10	32	..	..	..	..	..	..	..
Other taxes on income and profits	1	0	0	..	..	..	..	..	..	..
2000 Cotisations de sécurité sociale	**37**	**485**	**3 466**	**14 284**	**24 940**	**24 748**	**19 354**	**18 807**	**22 260**	**21 352**
2100 À la charge des salariés	15	214	1 735	7 629	13 417	13 292	10 881	11 095	12 063	11 622
2110 Sur la base du salaire	..	..	..	..	..	..	..	..	..	..
2120 Sur la base de l'impôt sur les revenus	..	..	..	..	..	..	..	..	..	..
2200 À la charge des employeurs	14	213	1 728	6 655	11 523	11 456	8 473	7 712	10 197	9 730
2210 Sur la base du salaire	..	..	..	..	..	..	..	..	..	..
2220 Sur la base de l'impôt sur les revenus	..	..	..	..	..	..	..	..	..	..
2300 A charge des travailleurs indép. ou sans emploi	0	0	3	0	0	0	0	0	0	0
2310 Sur la base du salaire	..	..	..	..	..	..	..	..	..	..
2320 Sur la base de l'impôt sur les revenus	..	..	..	..	..	..	..	..	..	..
2400 Non-ventilables entre 2100, 2200 et 2300	7	58	0	0	0	0	0	0	0	0
2410 Sur la base du salaire	..	..	..	..	..	..	..	..	..	..
2420 Sur la base de l'impôt sur les revenus	..	..	..	..	..	..	..	..	..	..
3000 Sur salaires ou main d'oeuvre	**1**	**27**	**79**	**0**	**0**	**0**	**0**	**0**	**0**	**0**
4000 Impôts sur le patrimoine	**11**	**68**	**532**	**3 631**	**4 908**	**3 741**	**5 698**	**5 418**	**5 602**	**5 038**
4100 Impôts périodiques sur la propriété immobilière	0	4	22	372	709	553	2 619	3 592	3 268	3 064
4110 Ménages	0	3	22	..	..	..	..	..	..	..
4120 Autres agents	0	1	0	..	..	..	..	..	..	..
Taxes on immovable property	0	0	..	..	..	..	..	..	..	..
4200 Impôts périodiques sur l'actif net	0	0	0	714	1 208	1 272	1 084	1 083	1 193	1 161
4210 Personnes physiques	..	..	..	..	..	..	..	..	..	..
4220 Sociétés	..	..	..	..	..	..	..	..	..	..
4300 Impôts sur mut. par décès, succ. et donations	1	18	141	372	208	165	99	134	244	169
4310 Impôts sur mut. par décès et successions	1	13	85	..	..	..	..	..	..	..
4320 Impôts sur les donations	0	4	55	..	..	..	..	..	..	..
4400 Impôts sur transact. mobilières et immob.	10	44	368	2 035	2 556	1 146	615	547	869	630
Stamp and transaction taxes	10	41	368	2 035	2 556	1 146	615	547	869	630
Receipts from previous years	0	3	0	0	0	0	0	0	0	0
4500 Impôts non-périodiques	0	2	1	27	0	1	0	0	0	0
4510 Sur l'actif net	0	0	0	..	..	..	..	..	..	..
4520 Autres non-périodiques	0	2	1	..	..	..	..	..	..	..
4600 Autres impôts périodiques sur patrimoine	0	0	0	111	227	604	1 281	62	28	14
5000 Impôts sur les biens et services	**57**	**608**	**5 109**	**16 634**	**26 966**	**27 972**	**25 493**	**25 699**	**28 883**	**24 747**
5100 Impôts sur production, vente, transfert, etc.	51	564	4 881	14 797	24 541	25 505	21 536	21 480	24 892	21 139
5110 Impôts généraux	12	194	3 040	9 234	17 020	16 504	13 100	13 077	15 474	13 007
5111 Taxes sur la valeur ajoutée	0	0	2 821	8 927	16 511	15 958	12 593	12 885	15 390	12 925
5112 Impôts sur les ventes	9	185	123	0	0	0	0	0	0	0
5113 Autres impôts	2	9	96	307	509	546	507	192	84	82
Other taxes on goods and services	1	9	34	307	509	546	507	192	84	82
Receipts from previous years	1	0	62	0	0	0	0	0	0	0
5120 Impôts sur biens et services déterminés	39	370	1 789	5 526	7 407	8 922	8 327	8 302	9 373	8 097
5121 Accises	20	165	1 372	4 069	5 876	7 567	6 997	6 929	7 215	6 349
Duty on tobacco products	8	45	357	1 769	2 657	2 712	2 506	2 365	2 207	2 081
Duty on alcohol and spirits	1	7	50	262	334	501	417	393	504	375
Duty on mineral oil	7	75	637	2 016	2 878	4 242	3 894	3 971	4 182	3 607
Duty on sugar	3	6	0	0	0	0	0	0	0	0
Duty on coton and other products	0	30	328	22	7	112	180	200	322	286
5122 Bénéfices des monopoles fiscaux	2	6	0	0	0	0	0	0	0	0

	1965	1980	1990	2000	2007	2010	2013	2015	2019	2020
5123 Droits de douane et droits à l'importation	12	94	112	220	314	279	153	181	299	255
Import duties	11	90	111	220	314	279	153	181	299	255
Agricultural social security fund	1	5	1	0	0	0	0	0	0	0
5124 Taxes à l'exportation	0	1	1	0	0	0	0	0	0	0
5125 Impôts sur biens d'équipement	0	0	0	0	0	0	0	0	0	0
5126 Impôts sur services déterminés	2	47	293	1 237	1 217	1 076	1 177	1 192	1 859	1 493
5127 Autres impôts sur commerce et transact. internat.	0	0	0	0	0	0	0	0	0	0
5128 Autres impôts	4	58	10	0	0	0	0	0	0	0
Agricultural social security fund	2	..	0	..	..	..	..	..	..	..
Other taxes	2	..	0	..	..	..	..	..	..	..
5130 Non-ventilables entre 5110 et 5120	0	0	52	37	114	79	109	101	45	35
5200 Impôts sur utilisation des biens et exerc. activités	6	44	228	1 320	2 169	1 682	2 954	3 217	3 258	2 945
5210 Impôts périodiques	5	24	219	1 320	2 169	1 682	2 954	3 217	3 258	2 945
Motor vehicle tax	5	0	0	0	0	0	0	0	0	0
5211 À la charge des ménages : véhicules à moteur	..	23	210	281	598	825	781	780	819	789
5212 À la charge autres agents : véhicules à moteur	..	0	8	735	1 182	272	120	207	301	240
5213 Autres impôts périodiques	0	1	1	304	389	585	2 053	2 230	2 138	1 916
Taxes on boats/ships	0	0	1	..	..	..	..	..	..	..
5220 Impôts non-périodiques	1	20	9	0	0	0	0	0	0	0
Exceptional tax on construction of buildings	0	..	9	..	..	..	..	..	..	..
Building permits	0	..	0	..	..	..	..	..	..	..
5300 Non-ventilables entre 5100 et 5200	0	0	0	517	256	785	1 003	1 002	733	663
6000 Autres impôts	**0**	**1**	**3**	**0**	**0**	**0**	**0**	**0**	**0**	**0**
6100 À la charge exclusive des entreprises	..	0	0	..	..	..	..	..	..	..
6200 À la charge d'autres agents	..	1	3	..	..	..	..	..	..	..
Pour mémoire										
Droits de douane perçus pour le compte de l'UE	..	..	100	210	307	278	148	181	299	255
Contributions au Fonds de résolution unique collectées pour le compte de l'UE	..	..	..	..	..	..	..	92	84	87
Recettes fiscales totales sur la base d'encaissements	**116**	**1 475**	**11 472**	**45 979**	**72 429**	**73 083**	**62 632**	**63 210**	**71 533**	**62 166**
Recettes fiscales totales sur la base des droits constatés	**..**	**..**	**..**	**47 211**	**73 990**	**72 414**	**64 560**	**64 510**	**72 387**	**64 248**
Conciliation avec les comptes nationaux										
Impôts additionnels inclus dans les comptes nationaux	..	..	..	0	0	0	0	0	0	0
Impôt exclus des comptes nationaux	..	..	..	0	0	0	0	0	0	0
Différence dans les traitements des crédits d'impôts	..	..	..	0	0	0	0	0	0	0
Transfert en capital des recettes non collectées	..	..	..	0	0	0	0	0	0	0
Tax (Employer's actual social contributions)	..	..	..	..	..	..	..	..	..	..
Tax (Employee's actual social contributions)	..	..	..	..	..	..	..	..	..	..
Cotisations de sécurité sociale volontaires	..	..	..	0	0	0	0	0	0	0
Différences diverses	..	..	..	0	0	0	0	0	0	0
Comptes nationaux : impôts et cotisations sociales effectives	..	..	..	47 211	73 990	72 414	64 560	64 510	72 387	64 248
Cotisations sociales imputées	..	..	..	2 055	3 952	4 952	5 101	5 615	4 394	4 086
Comptes nationaux : impôts et toutes les cotisations sociales	..	..	..	49 266	77 942	77 366	69 661	70 125	76 781	68 334

.. Non disponible

Note : Year ending 31st December.

From 1998 data are on accrual basis.

Source : Ministry of Finance, General accounting Office, Directorate of General Government Budget in collaboration with the National Statistical Authority (ELSTAT).

StatLink https://stat.link/upof9t

Tableau 5.15. Hongrie : recettes fiscales détaillées, 1965-2020

Million HUF

	1965	1980	1990	2000	2007	2010	2013	2015	2019	2020
Recettes fiscales totales	..	..	..	**5 132 570**	**10 098 955**	**10 121 687**	**11 668 441**	**13 519 622**	**17 308 702**	**17 425 586**
Recettes fiscales totales excluant les taxes collectés pour le compte de l'UE	..	..	..	**5 132 570**	**10 055 315**	**10 096 033**	**11 641 223**	**13 479 897**	**17 244 422**	**17 362 091**
1000 Impôts sur revenu, bénéfices et gains en capital	..	..	..	**1 247 420**	**2 539 389**	**2 093 830**	**2 009 010**	**2 425 958**	**3 045 893**	**3 165 880**
1100 Des personnes physiques	..	..	..	954 698	1 838 563	1 764 082	1 604 686	1 824 671	2 457 567	2 543 593
1110 Sur le revenu et les bénéfices	..	..	..	954 698	1 838 563	1 764 082	1 604 686	1 824 671	2 457 567	2 543 593
1120 Sur les gains en capital	..	..	..	0	0	0	0	0	0	0
1200 Des sociétés	..	..	..	292 722	700 826	329 748	404 324	601 287	588 326	622 287
Corporate income tax	..	..	..	292 722	510 781	323 370	322 467	539 777	534 518	549 822
Research and development fund levy	..	..	..	0	0	0	0	0	0	0
Financial institutions' special tax	..	..	..	0	10 890	21 618	27 686	19 902	8 253	8 842
Separate tax for companies	..	..	..	0	178 598	-32 390	0	0	0	0
Medicine tax	..	..	..	0	558	163	111	0	0	0
Energy corporations' special tax	..	..	..	0	0	16 987	54 060	41 608	45 555	63 623
1210 Sur les bénéfices	..	..	..	..	..	..	..	..	..	..
1220 Sur les gains en capital	..	..	..	..	..	..	..	..	..	..
1300 Non-ventilables entre 1100 et 1200	..	..	..	0	0	0	0	0	0	0
Interest withholding	..	..	..	..	..	..	..	..	..	..
2000 Cotisations de sécurité sociale	..	..	..	**1 506 755**	**3 402 194**	**3 179 509**	**3 899 154**	**4 433 464**	**5 545 481**	**5 364 764**
2100 À la charge des salariés	..	..	..	275 323	941 682	1 112 583	1 592 995	1 770 923	2 771 550	2 813 766
Pensions	..	..	..	150 585	336 855	537 556	875 371	969 908	1 481 874	1 539 523
Health	..	..	..	81 874	513 633	467 208	591 224	656 147	1 003 683	1 046 999
Unemployment	..	..	..	42 864	91 194	107 819	126 400	144 868	285 993	227 244
2110 Sur la base du salaire	..	..	..	..	..	..	..	..	..	..
2120 Sur la base de l'impôt sur les revenus	..	..	..	..	..	..	..	..	..	..
2200 À la charge des employeurs	..	..	..	1 213 190	2 402 941	2 043 771	2 280 505	2 637 330	2 745 966	2 521 692
Pensions	..	..	..	734 456	1 508 490	1 800 864	2 254 959	2 235 536	1 961 423	1 781 794
Health	..	..	..	385 019	693 705	169 202	25 546	398 618	783 108	738 506
Unemployment	..	..	..	93 715	200 746	73 705	0	3 176	1 435	1 392
2210 Sur la base du salaire	..	..	..	..	..	..	..	..	..	..
2220 Sur la base de l'impôt sur les revenus	..	..	..	..	..	..	..	..	..	..
2300 A charge des travailleurs indép. ou sans emploi	..	..	..	873	2 534	0	0	0	0	0
Pensions: of which	..	..	..	0	0	..	..	..	..	..
Self-employed	..	..	..	0	0	..	..	..	..	..
Unemployed	..	..	..	0	0	..	..	..	..	..
Retired	..	..	..	0	0	..	..	..	..	..
Other	..	..	..	0	0	..	..	..	..	..
Health: of which	..	..	..	873	2 534	..	..	..	..	..
Self-employed	..	..	..	873	2 534	..	..	..	..	..
Unemployed	..	..	..	0	0	..	..	..	..	..
Retired	..	..	..	0	0	..	..	..	..	..
Other	..	..	..	0	0	..	..	..	..	..
2310 Sur la base du salaire	..	..	..	..	..	..	..	..	..	..
2320 Sur la base de l'impôt sur les revenus	..	..	..	..	..	..	..	..	..	..
2400 Non-ventilables entre 2100, 2200 et 2300	..	..	..	17 368	55 037	23 155	25 654	25 211	27 965	29 306
2410 Sur la base du salaire	..	..	..	..	..	..	..	..	..	..
2420 Sur la base de l'impôt sur les revenus	..	..	..	..	..	..	..	..	..	..
3000 Sur salaires ou main d'oeuvre	..	..	..	**183 430**	**82 068**	**113 689**	**206 426**	**241 750**	**494 906**	**501 324**
Rehabilitation contribution	..	..	..	2 184	13 559	56 004	64 400	67 460	102 990	107 943
Training levy	..	..	..	13 186	36 612	47 083	89 348	96 427	145 280	140 513
Wage guarantee contribution	..	..	..	0	0	0	0	0	0	0
Communal tax on enterprises	..	..	..	1 192	1 261	1 170	2	0	0	0
Health contribution	..	..	..	166 869	20 427	0	0	0	0	0
Medicine tax	..	..	..	0	10 209	9 431	9 547	10 283	10 179	9 543
Tax on home-workers	..	..	..	0	0	1	23	29	24	20
Lump sum tax for small taxpayers	..	..	..	0	0	0	31 241	55 409	161 207	158 736
Small business tax	..	..	..	0	0	0	11 865	12 142	75 226	84 569
4000 Impôts sur le patrimoine	..	..	..	**89 024**	**202 711**	**312 059**	**388 824**	**437 329**	**446 471**	**507 379**
4100 Impôts périodiques sur la propriété immobilière	..	..	..	30 810	72 071	92 525	190 249	200 906	221 441	224 590
Land tax	..	..	..	0	0	0	0	0	0	0
Building tax	..	..	..	22 262	54 556	71 025	102 719	111 963	127 594	130 529
Development land tax	..	..	..	3 099	6 900	9 861	19 395	19 102	24 095	26 168
Communal tax on recreational howes	..	..	..	893	1 412	1 515	21	26	0	0
Communal tax on households	..	..	..	4 557	9 069	10 124	13 175	13 451	14 566	14 770
Luxury tax	..	..	..	0	134	0	0	0	0	0
Public utility tax	..	..	..	0	0	0	54 939	55 906	54 509	52 502
Community tax	..	..	..	0	0	0	0	458	677	621
4110 Ménages	..	..	..	..	..	..	..	..	..	..

	1965	1980	1990	2000	2007	2010	2013	2015	2019	2020
4120 Autres agents	..	..	..	..	..	..	..	..	..	..
4200 Impôts périodiques sur l'actif net	..	..	..	0	0	135 652	128 560	135 661	44 894	108 104
Surtax payable by financial institutions	..	..	..	..	..	135 652	128 560	135 661	44 894	108 104
4210 Personnes physiques	..	..	..	..	..	..	..	..	..	..
4220 Sociétés	..	..	..	..	..	..	..	..	..	..
4300 Impôts sur mut. par décès, succ. et donations	..	..	..	5 460	13 175	6 264	5 307	7 373	11 428	9 493
4310 Impôts sur mut. par décès et successions	..	..	..	4 020	10 775	4 243	4 097	6 230	9 758	8 026
Inheritance tax-local	..	..	..	2 010	4 658	1 858	0	0	0	0
Inheritance tax-central	..	..	..	2 010	6 117	2 385	4 097	6 230	9 758	8 026
4320 Impôts sur les donations	..	..	..	1 440	2 400	2 021	1 210	1 143	1 670	1 467
Gift tax-local	..	..	..	720	1 038	885	0	0	0	0
Gift tax-central	..	..	..	720	1 363	1 136	1 210	1 143	1 670	1 467
4400 Impôts sur transact. mobilières et immob.	..	..	..	52 754	117 465	77 618	64 708	93 389	168 708	165 192
Property transfer tax-local	..	..	..	26 349	50 783	33 990	0	0	0	0
Property transfer tax-central	..	..	..	26 405	66 682	43 628	64 708	93 389	168 708	165 192
4500 Impôts non-périodiques	..	..	..	0	0	0	0	0	0	0
4510 Sur l'actif net	..	..	..	..	..	..	..	..	..	..
4520 Autres non-périodiques	..	..	..	..	..	..	..	..	..	..
4600 Autres impôts périodiques sur patrimoine	..	..	..	0	0	0	0	0	0	0
5000 Impôts sur les biens et services	**..**	**..**	**..**	**2 081 439**	**3 832 361**	**4 383 865**	**5 127 520**	**5 936 435**	**7 742 057**	**7 863 946**
5100 Impôts sur production, vente, transfert, etc.	..	..	..	2 052 712	3 751 218	4 272 312	5 002 824	5 798 298	7 524 731	7 645 017
5110 Impôts généraux	..	..	..	1 340 572	2 622 027	3 010 781	3 414 342	4 099 741	5 527 475	5 632 941
5111 Taxes sur la valeur ajoutée	..	..	..	1 153 750	2 013 271	2 325 608	2 693 555	3 309 540	4 526 757	4 717 048
5112 Impôts sur les ventes	..	..	..	0	0	37 795	47 927	50 635	90 743	96 406
Public health product tax	..	..	..	..	..	0	19 090	29 882	54 912	57 685
Hydrocarbons stockholding fee	..	..	..	..	..	37 795	28 837	20 753	35 831	38 721
5113 Autres impôts	..	..	..	186 823	608 756	647 378	672 860	739 566	909 975	819 487
Local tax on company sales	..	..	..	186 823	427 134	443 093	500 868	584 380	788 308	729 000
Simplified business tax	..	..	..	0	152 812	181 880	110 021	89 406	43 364	1 690
Research and development contribution	..	..	..	0	28 810	22 405	61 971	65 780	78 303	88 797
5120 Impôts sur biens et services déterminés	..	..	..	712 140	1 129 192	1 261 531	1 588 482	1 698 557	1 997 256	2 012 076
5121 Accises	..	..	..	533 502	969 730	929 881	992 269	1 119 189	1 303 858	1 318 427
Road fund petrol tax	..	..	..	0	0	0	0	0	0	0
Alcohol production duty	..	..	..	3 848	5 621	3 021	196	8 007	7 640	6 535
Water fund tax	..	..	..	6 017	13 171	14 444	13 164	12 305	12 513	12 632
Forestry fund tax	..	..	..	2 858	3 353	284	0	0	0	0
Environment petrol tax	..	..	..	14 837	19 447	17 274	46 711	65 534	80 511	74 825
Budget excises (central budget)	..	..	..	505 942	916 869	877 778	915 546	1 015 555	1 184 136	1 207 253
Coffee	..	..	..	3 200	0	0	0	0	0	0
Alcohol	..	..	..	53 500	88 600	83 078	85 487	87 369	90 126	90 640
Tobacco	..	..	..	107 000	252 400	251 778	312 509	321 922	369 155	409 123
Petrol	..	..	..	156 000	218 200	216 728	189 755	206 220	238 390	227 025
Diesel	..	..	..	157 000	256 600	293 588	308 736	375 026	459 013	459 231
Other oil	..	..	..	6 000	2 200	2 567	3 451	3 608	2 364	1 711
Other budget excises	..	..	..	30 343	93 442	30 039	15 608	21 410	25 088	19 523
Energy tax	..	..	..	0	11 269	17 080	16 652	17 788	19 058	17 182
5122 Bénéfices des monopoles fiscaux	..	..	..	0	0	0	0	0	0	0
5123 Droits de douane et droits à l'importation	..	..	..	137 730	37 174	33 446	35 307	52 395	80 315	79 357
Customs duties	..	..	..	137 730	37 174	33 446	35 307	52 395	80 315	79 357
5124 Taxes à l'exportation	..	..	..	0	0	0	0	0	0	0
5125 Impôts sur biens d'équipement	..	..	..	0	0	0	0	0	0	0
5126 Impôts sur services déterminés	..	..	..	40 908	106 629	297 554	507 201	465 479	587 967	590 136
Gambling tax	..	..	..	27 935	71 804	62 718	41 316	44 972	39 656	48 956
Tourism tax	..	..	..	4 379	0	0	0	0	0	0
Communal tourism tax	..	..	..	2 943	4 935	5 798	8 411	10 475	16 249	3 953
Cultural contribution	..	..	..	4 387	8 432	1 096	105	127	0	0
Pork slaughterhouse tax	..	..	..	32	0	0	0	0	0	0
Breeding contribution	..	..	..	899	919	0	0	0	0	0
Medicine tax	..	..	..	0	19 789	28 104	40 496	45 529	51 318	53 064
Surtax payable by financial institutions	..	..	..	0	0	39 611	1 217	4 155	3 428	3 513
Specific sectors' surtax	..	..	..	0	0	151 693	9 815	285	94	0
Telecommunication services tax	..	..	..	0	0	0	50 176	54 516	53 412	58 709
Accident tax	..	..	..	0	0	0	23 313	27 694	5 125	-10
Insurance tax	..	..	..	0	0	4 018	28 088	30 108	87 784	97 220
Financial transaction levy	..	..	..	0	0	0	289 321	205 616	245 548	213 979
Waste dumping contribution	..	..	..	0	0	0	6 639	11 123	16 177	15 473
Advertising tax	..	..	..	0	0	0	0	5 675	6 451	0
Protection Fund levies (BEVA)	..	..	..	0	0	1 036	1 000	2 600	7 328	7 624
Protection Fund levies (OBA)	..	..	..	0	0	2 435	7 299	14 391	10 041	10 027

	1965	1980	1990	2000	2007	2010	2013	2015	2019	2020
Protection Fund levies (Resolution Fund)	..	..	..	0	0	0	0	7 290	12 114	16 576
Protection Fund levies (SZHTKA)	..	..	..	0	0	0	5	923	1 166	1 226
Protection Fund levies (KA)	..	..	..	0	0	0	0	0	4 765	4 744
Tourism development contribution	..	..	..	0	0	0	0	0	27 311	7 445
Protection Fund Levies (PGA)	..	..	..	332	750	1 045	0	0	0	0
Retail tax	..	..	..	0	0	0	0	0	0	47 637
5127 Autres impôts sur commerce et transact. internat.	..	..	..	0	0	0	0	0	0	0
Previous differential producer's turnover tax	..	..	..	..	..	..	..	..	..	..
5128 Autres impôts	..	..	..	0	15 659	650	53 705	61 494	25 116	24 156
Sugar duty	..	..	..	..	15 659	650	881	765	0	0
Payments by companies in the energy sector (MAVIR)	..	..	..	..	0	0	52 824	60 729	25 116	24 156
5130 Non-ventilables entre 5110 et 5120	..	..	..	0	0	0	0	0	0	0
5200 Impôts sur utilisation des biens et exerc. activités	..	..	..	28 727	81 143	111 553	124 696	138 137	217 326	218 929
5210 Impôts périodiques	..	..	..	25 454	74 268	106 903	121 126	130 238	201 235	206 069
Tax on domestically registered vehicles-local	..	..	..	12 622	62 432	71 112	69 248	73 248	84 095	85 563
Tax on domestically registered vehicles-extra budget	..	..	..	0	0	0	0	0	0	0
Tax on domestically registered vehicles-central	..	..	..	8 250	0	79	0	0	0	0
Tax on foreign registered vehicles extra budget fund	..	..	..	0	0	0	0	0	0	0
Tax on foreign registered vehicles-central	..	..	..	3 073	1 655	1 397	0	0	0	0
Company car tax	..	..	..	0	0	25 867	32 935	31 570	36 928	37 511
5211 À la charge des ménages : véhicules à moteur	..	..	..	0	0	0	0	0	0	0
5212 À la charge autres agents : véhicules à moteur	..	..	..	0	0	0	0	0	0	0
5213 Autres impôts périodiques	..	..	..	1 504	10 181	8 448	18 943	25 420	80 212	82 995
Environmental protection charge	..	..	..	5	13	27	0	0	0	0
Fishing development contribution	..	..	..	40	104	0	0	0	0	0
Environmental pollution charge	..	..	..	0	8 785	7 653	7 861	6 680	6 413	6 357
Air pollution levy	..	..	..	751	610	53	0	0	0	0
Water pollution levy	..	..	..	225	186	0	0	0	0	0
Toxic waste levy	..	..	..	65	42	130	0	0	0	0
Noise abatement levy	..	..	..	13	8	19	0	0	0	0
Unidentified environmental protection levies paid to local governments	..	..	..	404	433	566	521	265	144	155
Sale of emission allowances	..	..	..	0	0	0	10 561	17 479	72 223	74 177
Concession fees (tobacco shops)	..	..	..	0	0	0	0	996	1 432	2 306
5220 Impôts non-périodiques	..	..	..	3 273	6 875	4 650	3 570	7 899	16 091	12 860
Land protection levy	..	..	..	1 640	3 777	2 488	1 881	3 610	8 331	5 776
Vehicle weight fee	..	..	..	805	1 288	820	624	0	2 948	2 059
Game protection contribution	..	..	..	178	176	1	0	0	0	0
Casino license fee	..	..	..	650	1 635	1 341	1 065	4 289	4 812	5 025
5300 Non-ventilables entre 5100 et 5200	..	..	..	0	0	0	0	0	0	0
6000 Autres impôts	**..**	**..**	**..**	**24 503**	**40 232**	**38 735**	**37 507**	**44 686**	**33 894**	**22 293**
Unallocable tax penalties	..	..	..	23 546	33 321	36 250	37 507	35 530	25 751	22 293
6100 À la charge exclusive des entreprises	..	..	..	957	6 911	2 485	0	9 156	8 143	0
Nuclear contribution	..	..	..	957	6 711	2 485	..	9 156	8 143	..
Medicine tax	..	..	..	0	200	0	..	0	0	..
6200 À la charge d'autres agents	..	..	..	0	0	0	0	0	0	0
Pour mémoire										
Droits de douane perçus pour le compte de l'UE	..	..	..	..	27 981	25 004	26 337	38 960	64 280	63 435
Recettes fiscales totales sur la base d'encaissements	**..**	**..**	**..**	**5 132 570**	**10 020 734**	**10 137 257**	**11 480 296**	**13 218 609**	**16 799 260**	**16 994 739**
Recettes fiscales totales sur la base des droits constatés	**..**	**..**	**..**	**..**	**10 098 955**	**10 121 687**	**11 668 441**	**13 519 622**	**17 308 702**	**17 425 536**
Conciliation avec les comptes nationaux										
Impôts additionnels inclus dans les comptes nationaux	..	..	..	..	45 120	49 057	73 565	75 364	38 847	32 597
Social security contributions	..	..	..	..	0	11 675	36 063	40 688	3 386	84
Duty for state procedures	..	..	..	..	45 084	37 331	37 417	35 653	35 443	32 498
Other taxes	..	..	..	..	36	51	85	23	18	15
Impôt exclus des comptes nationaux	..	..	..	..	-49 439	-53 707	-51 838	-43 414	-38 432	-35 100
Water fund tax	..	..	..	..	-13 171	-14 444	-13 164	-12 305	-12 513	-12 632
Tax on foreign registered vehicles	..	..	..	..	-1 655	-1 397	0	0	0	0
Environmental protection fee	..	..	..	..	-446	-593	-520	-265	-144	-155
Air pollution levy	..	..	..	..	-610	-53	0	0	0	0
Water pollution levy	..	..	..	..	-186	0	0	0	0	0
Toxic waste levy	..	..	..	..	-42	-130	0	0	0	0
Noise abatement levy	..	..	..	..	-8	-19	0	0	0	0
Vehicle weight fee	..	..	..	..	0	-820	-624	0	0	0

	1965	1980	1990	2000	2007	2010	2013	2015	2019	2020
Unallocable tax penalties	..	..	..	..	-33 320	-36 250	-37 507	-35 530	-25 751	-22 293
Tax on home-workers	..	..	..	..	0	-1	-23	-29	-24	-20
Specific sectors' surtax correction	..	..	..	..	0	0	0	-285	0	0
Différence dans les traitements des crédits d'impôts	..	..	..	..	0	0	0	0	0	0
Transfert en capital des recettes non collectées	..	..	..	..	0	0	0	0	0	0
Cotisations de sécurité sociale volontaires	..	..	..	..	1 762	1 693	1 523	1 229	983	953
Différences diverses	..	..	..	..	-2 687	-28	2	-43	190	1 433
Inheritance tax	..	..	..	..	0	0	0	0	0	0
Gift tax	..	..	..	..	0	0	0	0	0	0
Property transfer tax	..	..	..	..	0	0	0	0	0	0
Rounding	..	..	..	..	4	-2	2	0	-1	-1
Taxes on income and profits	..	..	..	..	-2 087	0	0	0	0	0
Corporate income tax	..	..	..	..	0	0	0	0	0	0
Customs duties	..	..	..	..	-603	-26	0	-43	191	1 434
Vehicle weight fee	..	..	..	..	0	0	0	0	0	0
Environment petrol tax	..	..	..	..	0	0	0	0	0	0
Social security contributions	..	..	..	..	0	0	0	0	0	0
Credit institutions' special tax	..	..	..	..	0	0	0	0	0	0
Comptes nationaux : impôts et cotisations sociales effectives	..	..	..	..	10 093 712	10 118 702	11 691 693	13 548 758	17 310 290	17 425 469
Cotisations sociales imputées	..	..	..	..	21 113	24 841	21 669	28 783	21 940	28 280
Comptes nationaux : impôts et toutes les cotisations sociales	..	..	..	..	10 114 825	10 143 543	11 713 362	13 577 541	17 332 230	17 453 749

.. Non disponible
Note : Year ending 31st December.
From 2002 onwards, data are on accrual basis, except for the preliminary year, which is on a cash basis.
Heading 5121: the aggregate figure for excise tax revenues is on a cash basis. Revenue from specific excises is in several cases reported on an accrual basis.
Tax base for "Environment petrol tax" is broader than petrol only.
Source : Ministry of Finance, Economic Department.

StatLink https://stat.link/kvngrp

Tableau 5.16. Islande : recettes fiscales détaillées, 1965-2020

Million ISK

	1965	1980	1990	2000	2007	2010	2013	2015	2019	2020
Recettes fiscales totales	**60**	**4 731**	**114 932**	**254 571**	**532 769**	**541 578**	**676 142**	**812 002**	**1 061 978**	**1 061 089**
1000 Impôts sur revenu, bénéfices et gains en capital	**13**	**1 211**	**34 106**	**101 488**	**241 378**	**239 664**	**315 577**	**380 979**	**530 192**	**542 035**
1100 Des personnes physiques	12	1 092	30 908	88 492	180 070	197 318	258 623	297 979	435 351	457 255
1110 Sur le revenu et les bénéfices	..	..	30 908	88 492	180 070	197 318	258 623	297 979	435 351	457 255
1120 Sur les gains en capital	..	..	..	0	0	0	0	0	0	0
1200 Des sociétés	1	119	3 198	8 371	32 555	14 609	40 479	52 544	62 972	64 447
1210 Sur les bénéfices	..	..	3 198	8 371	32 555	14 609	40 479	52 544	62 972	64 447
1220 Sur les gains en capital	..	..	..	0	0	0	0	0	0	0
1300 Non-ventilables entre 1100 et 1200	0	0	0	4 625	28 754	27 737	16 475	30 457	31 868	20 333
2000 Cotisations de sécurité sociale	**5**	**102**	**3 607**	**19 680**	**39 594**	**63 599**	**69 899**	**79 707**	**97 423**	**88 364**
2100 À la charge des salariés	0	0	315	..	..	..	..	..	..	..
2110 Sur la base du salaire	..	..	..	..	..	..	..	..	..	..
2120 Sur la base de l'impôt sur les revenus	..	..	..	..	..	..	..	..	..	..
2200 À la charge des employeurs	5	102	3 292	..	..	..	..	..	..	..
2210 Sur la base du salaire	..	..	..	..	..	..	..	..	..	..
2220 Sur la base de l'impôt sur les revenus	..	..	..	..	..	..	..	..	..	..
2300 A charge des travailleurs indép. ou sans emploi	0	0	0	..	..	..	..	..	..	..
2310 Sur la base du salaire	..	..	..	..	..	..	..	..	..	..
2320 Sur la base de l'impôt sur les revenus	..	..	..	..	..	..	..	..	..	..
2400 Non-ventilables entre 2100, 2200 et 2300	0	0	0	19 680	39 594	63 599	69 899	79 707	97 423	88 364
2410 Sur la base du salaire	..	..	..	19 680	39 594	63 599	69 899	79 707	97 423	88 364
2420 Sur la base de l'impôt sur les revenus	..	..	..	0	0	0	0	0	0	0
3000 Sur salaires ou main d'oeuvre	**1**	**180**	**4 071**	**184**	**1 519**	**2 827**	**6 534**	**6 638**	**9 124**	**9 233**
4000 Impôts sur le patrimoine	**2**	**297**	**9 689**	**16 839**	**23 039**	**35 412**	**42 520**	**39 160**	**58 366**	**66 312**
4100 Impôts périodiques sur la propriété immobilière	1	138	4 131	10 107	20 567	28 542	30 664	34 879	52 522	56 040
4110 Ménages	0	50	1 862	..	..	..	..	..	..	..
4120 Autres agents	1	88	2 269	..	..	..	..	..	..	..
4200 Impôts périodiques sur l'actif net	0	69	2 402	5 173	-8	3 849	8 886	657	10	34
4210 Personnes physiques	..	29	1 476	..	..	..	..	..	..	..
4220 Sociétés	..	40	926	..	..	..	..	..	..	..
4300 Impôts sur mut. par décès, succ. et donations	0	6	235	765	1 663	2 613	2 437	2 919	4 668	9 059
4310 Impôts sur mut. par décès et successions	0	6	235	765	1 663	2 613	2 437	2 919	4 668	9 059
4320 Impôts sur les donations	0	0	0	0	0	0	0	0	0	0
4400 Impôts sur transact. mobilières et immob.	1	84	2 921	0	0	0	0	0	0	0
4500 Impôts non-périodiques	0	0	0	113	460	146	233	362	623	612
4510 Sur l'actif net	..	..	..	0	0	0	0	0	0	0
4520 Autres non-périodiques	..	..	..	113	460	146	233	362	623	612
4600 Autres impôts périodiques sur patrimoine	0	0	0	681	356	263	299	343	542	567
5000 Impôts sur les biens et services	**37**	**2 834**	**58 943**	**115 389**	**225 480**	**194 088**	**230 592**	**267 155**	**348 278**	**335 971**
5100 Impôts sur production, vente, transfert, etc.	37	2 778	56 564	103 813	202 449	182 953	219 244	254 422	325 802	312 821
5110 Impôts généraux	10	1 368	37 084	75 811	148 085	126 351	153 800	188 001	248 554	239 773
5111 Taxes sur la valeur ajoutée	0	0	32 698	72 668	138 601	123 695	149 828	183 674	243 285	233 732
5112 Impôts sur les ventes	10	1 368	4 386	0	0	0	0	0	0	0
5113 Autres impôts	0	0	0	3 143	9 484	2 656	3 973	4 327	5 269	6 040
5120 Impôts sur biens et services déterminés	27	1 410	19 480	28 002	54 364	56 603	65 444	66 421	77 248	73 049
5121 Accises	1	311	2 346	23 585	45 891	46 711	55 171	56 909	66 833	64 251
5122 Bénéfices des monopoles fiscaux	5	263	5 986	0	0	0	0	0	0	0
5123 Droits de douane et droits à l'importation	20	715	9 181	2 702	5 446	5 952	5 815	4 989	3 430	2 575
5124 Taxes à l'exportation	1	2	0	0	0	0	0	0	0	0
5125 Impôts sur biens d'équipement	0	0	0	0	0	0	0	0	0	0
5126 Impôts sur services déterminés	1	69	1 404	1 715	3 026	3 940	4 457	4 523	6 986	6 223
5127 Autres impôts sur commerce et transact. internat.	0	50	563	0	0	0	0	0	0	0
5128 Autres impôts	0	0	0	0	0	0	0	0	0	0
5130 Non-ventilables entre 5110 et 5120	0	0	0	0	0	0	0	0	0	0
5200 Impôts sur utilisation des biens et exerc. activités	1	56	2 379	11 576	23 032	11 135	11 347	12 733	22 476	23 150
5210 Impôts périodiques	1	56	2 379	..	..	..	..	..	..	..
5211 À la charge des ménages : véhicules à moteur	0	10	970	..	..	..	..	..	..	..
5212 À la charge autres agents : véhicules à moteur	0	41	1 331	..	..	..	..	..	..	..
5213 Autres impôts périodiques	0	5	78	..	..	..	..	..	..	..
5220 Impôts non-périodiques	0	0	0	..	..	..	..	..	..	..
5300 Non-ventilables entre 5100 et 5200	0	0	0	0	0	0	0	0	0	0
6000 Autres impôts	**2**	**107**	**4 516**	**991**	**1 758**	**5 988**	**11 020**	**38 364**	**18 594**	**19 174**
6100 À la charge exclusive des entreprises	2	107	4 145	418	628	763	5 255	32 477	11 629	12 046
6200 À la charge d'autres agents	0	0	371	573	1 130	5 225	5 766	5 887	6 966	7 127

	1965	1980	1990	2000	2007	2010	2013	2015	2019	2020
Crédits d'impôts récupérables										
Crédits d'impôts récupérables contre 1110	..	..	..	..	..	..	0	0	0	0
Composante fiscale	..	..	..	..	..	..	..	..	..	..
Composante transfert	..	..	..	..	..	..	..	..	..	..
Crédits d'impôts récupérables contre 1210	..	..	..	..	..	..	1 025	1 190	3 577	4 361
Composante fiscale	..	..	..	..	..	..	127	173	608	824
Composante transfert	..	..	..	..	..	..	898	1 017	2 969	4 362
Recettes fiscales totales sur la base d'encaissements	**60**	**4 731**	**114 932**	**..**	**..**	**..**	**..**	**..**	**..**	**..**
Recettes fiscales totales sur la base des droits constatés	**..**	**..**	**..**	**254 571**	**532 769**	**541 578**	**676 142**	**812 002**	**1 061 978**	**1 061 089**
Conciliation avec les comptes nationaux										
Impôts additionnels inclus dans les comptes nationaux	..	..	..	0	0	0	0	0	0	0
Impôt exclus des comptes nationaux	..	..	..	-765	-1 663	-2 613	-2 437	-2 919	-4 668	-9 059
Estate and inheritance taxes (4310)	..	..	..	-765	-1 663	-2 613	-2 437	-2 919	-4 668	-9 059
Différence dans les traitements des crédits d'impôts	..	..	..	0	0	0	0	0	0	0
Transfert en capital des recettes non collectées	..	..	..	0	0	0	0	0	0	0
Cotisations de sécurité sociale volontaires	..	..	..	0	0	0	0	0	0	0
Différences diverses	..	..	..	0	0	0	0	0	0	0
Comptes nationaux : impôts et cotisations sociales effectives	..	..	..	253 806	531 105	538 964	673 704	809 084	1 057 310	1 052 029
Cotisations sociales imputées	..	..	..	0	0	0	0	0	0	0
Comptes nationaux : impôts et toutes les cotisations sociales	..	..	..	253 806	531 105	538 964	673 704	809 084	1 057 310	1 052 029

.. Non disponible
Note : Year ending 31st December.
From 1998 data are on accrual basis.
Source : Statistics Iceland.

StatLink https://stat.link/ykf13v

Tableau 5.17. Irlande : recettes fiscales détaillées, 1965-2020

Million EUR

	1965	1980	1990	2000	2007	2010	2013	2015	2019	2020
Recettes fiscales totales	**317**	**4 046**	**12 260**	**33 363**	**60 790**	**46 399**	**51 459**	**60 898**	**77 962**	**74 034**
Recettes fiscales totales excluant les taxes collectés pour le compte de l'UE	..	..	**12 075**	**33 155**	**60 517**	**46 170**	**51 212**	**60 572**	**77 505**	**73 624**
1000 Impôts sur revenu, bénéfices et gains en capital	**82**	**1 478**	**4 662**	**14 551**	**25 364**	**18 617**	**21 298**	**26 599**	**35 560**	**36 333**
1100 Des personnes physiques	53	1 294	4 059	10 650	18 970	14 665	17 020	19 722	24 671	24 380
1110 Sur le revenu et les bénéfices	53	1 286	4 023	9 876	15 872	14 320	16 652	19 053	23 599	23 428
Income tax	66	1 286	4 023	9 876	15 872	14 320	16 652	19 053	23 599	23 428
Surtax	3	0	0	0	0	0	0	0	0	0
Income tax paid by corporations	-17	0	0	0	0	0	0	0	0	0
1120 Sur les gains en capital	0	8	36	774	3 097	345	369	669	1 072	952
1200 Des sociétés	29	184	603	3 900	6 395	3 945	4 273	6 873	10 888	11 954
1210 Sur les bénéfices	29	184	603	3 900	6 395	3 945	4 273	6 873	10 888	11 954
Corporation profits tax	12	2	0	0	0	0	0	0	0	0
Corporation tax	0	176	603	3 885	6 393	3 944	4 272	6 872	10 887	11 953
Income tax paid by corporation	17	0	0	0	0	0	0	0	0	0
Agricultural produce duty	0	6	0	14	1	1	1	1	1	1
1220 Sur les gains en capital	0	0	0	0	0	0	0	0	0	0
1300 Non-ventilables entre 1100 et 1200	0	0	0	2	0	7	4	4	0	0
2000 Cotisations de sécurité sociale	**21**	**578**	**1 729**	**3 966**	**8 143**	**8 458**	**8 871**	**9 999**	**13 110**	**12 285**
2100 À la charge des salariés	10	190	570	962	1 926	3 195	3 141	3 327	3 977	3 785
2110 Sur la base du salaire	..	..	570	962	1 926	3 195	3 141	3 327	3 977	3 785
2120 Sur la base de l'impôt sur les revenus	..	..	0	0	0	0	0	0	0	0
2200 À la charge des employeurs	10	380	1 092	2 814	5 796	4 932	5 326	6 211	8 501	7 368
2210 Sur la base du salaire	..	..	1 092	2 814	5 796	4 932	5 326	6 211	8 501	7 868
2220 Sur la base de l'impôt sur les revenus	..	..	0	0	0	0	0	0	0	0
2300 A charge des travailleurs indép. ou sans emploi	0	8	67	190	421	331	403	460	632	632
2310 Sur la base du salaire	..	..	67	190	421	331	403	460	632	632
2320 Sur la base de l'impôt sur les revenus	..	..	0	0	0	0	0	0	0	0
2400 Non-ventilables entre 2100, 2200 et 2300	0	0	0	0	0	0	0	0	0	0
2410 Sur la base du salaire	..	..	..	..	..	..	..	..	..	..
2420 Sur la base de l'impôt sur les revenus	..	..	..	..	..	..	..	..	..	..
3000 Sur salaires ou main d'oeuvre	**0**	**9**	**159**	**15**	**411**	**310**	**314**	**357**	**774**	**717**
4000 Impôts sur le patrimoine	**48**	**213**	**569**	**1 902**	**4 789**	**2 389**	**3 632**	**3 918**	**4 435**	**3 687**
4100 Impôts périodiques sur la propriété immobilière	39	139	312	587	1 233	1 322	1 724	1 864	1 933	1 215
4110 Ménages	..	..	..	..	..	..	..	..	..	..
4120 Autres agents	..	..	..	..	..	..	..	..	..	..
4200 Impôts périodiques sur l'actif net	0	1	0	0	0	0	536	169	0	0
4210 Personnes physiques	..	..	..	..	..	..	0	0	0	0
4220 Sociétés	..	..	..	..	..	..	536	169	0	0
4300 Impôts sur mut. par décès, succ. et donations	6	14	48	225	405	235	278	401	531	505
4310 Impôts sur mut. par décès et successions	6	14	45	210	337	192	259	365	467	499
Estate duty	5	..	0	0	0	0	0	0	0	0
Legacy duty	1	..	0	0	0	0	0	0	0	0
Succession duty	0	..	0	0	0	0	0	0	0	0
4320 Impôts sur les donations	0	0	3	15	68	43	20	36	64	6
4400 Impôts sur transact. mobilières et immob.	3	59	209	1 090	3 151	832	1 093	1 484	1 971	1 968
Stamp duty	3	59	209	1 090	3 151	832	1 093	1 484	1 971	1 968
4500 Impôts non-périodiques	0	0	0	0	0	0	0	0	0	0
4510 Sur l'actif net	..	..	..	..	..	..	..	..	..	..
4520 Autres non-périodiques	..	..	..	..	..	..	..	..	..	..
4600 Autres impôts périodiques sur patrimoine	0	0	0	0	0	0	0	0	0	0
5000 Impôts sur les biens et services	**167**	**1 769**	**5 140**	**12 929**	**22 082**	**16 619**	**17 321**	**20 013**	**24 078**	**21 002**
5100 Impôts sur production, vente, transfert, etc.	155	1 741	4 939	12 374	20 982	15 319	15 789	18 036	22 263	19 183
5110 Impôts généraux	18	597	2 500	7 643	14 355	10 067	10 372	11 831	15 271	12 753
5111 Taxes sur la valeur ajoutée	0	597	2 500	7 643	14 355	10 067	10 372	11 831	15 271	12 753
Value added tax	..	597	2 500	7 643	14 355	10 067	10 372	11 831	15 271	12 753
5112 Impôts sur les ventes	18	0	0	0	0	0	0	0	0	0
Turnover tax	18	..	..	..	..	..	..	..	..	..
Wholesale tax	0	..	..	..	..	..	..	..	..	..
5113 Autres impôts	0	0	0	0	0	0	0	0	0	0
5120 Impôts sur biens et services déterminés	137	1 143	2 439	4 731	6 627	5 252	5 417	6 205	6 992	6 430

	1965	1980	1990	2000	2007	2010	2013	2015	2019	2020
5121 Accises	124	1 045	2 084	4 402	6 125	4 859	5 013	5 474	5 974	5 470
Beer	19	192	356	475	459	316	363	418	421	348
Oils	31	330	745	1 491	2 204	2 099	2 035	2 120	2 165	1 805
Spirits	16	148	153	241	363	244	282	313	375	379
Table waters	0	11	23	0	0	0	0	0	0	0
Tobacco	50	187	419	1 035	1 192	1 160	1 064	1 055	1 137	1 202
Wine, cider, perry	1	18	46	154	297	266	354	414	433	478
Motor vehicle (incl. tyres)	7	148	331	985	1 554	395	459	702	950	717
Others	1	11	11	20	57	379	457	451	493	541
5122 Bénéfices des monopoles fiscaux	0	0	0	0	0	0	0	0	0	0
5123 Droits de douane et droits à l'importation	10	62	147	208	273	229	247	327	342	272
5124 Taxes à l'exportation	0	0	0	0	0	0	0	0	0	0
UE agriculture levies	..	..	0	..	..	..	..	..	..	..
5125 Impôts sur biens d'équipement	0	0	0	0	0	0	0	0	0	0
5126 Impôts sur services déterminés	3	21	171	122	229	164	157	404	676	688
Duty on betting	2	19	37	59	36	30	26	37	110	83
Sweepstakes duty	1	1	0	0	0	0	0	0	0	0
Bank levy	0	0	46	61	66	-70	-23	190	398	427
Other	0	1	88	2	127	204	154	178	168	178
5127 Autres impôts sur commerce et transact. internat.	0	0	0	0	0	0	0	0	0	0
5128 Autres impôts	0	14	37	0	0	0	0	0	0	0
5130 Non-ventilables entre 5110 et 5120	0	0	0	0	0	0	0	0	0	0
5200 Impôts sur utilisation des biens et exerc. activités	11	28	201	555	1 100	1 300	1 532	1 977	1 815	1 819
5210 Impôts périodiques	11	28	201	555	1 100	1 300	1 532	1 977	1 815	1 819
5211 À la charge des ménages : véhicules à moteur	6	14	100	373	723	768	888	904	795	756
5212 À la charge autres agents : véhicules à moteur	5	11	82	124	239	256	284	281	241	235
5213 Autres impôts périodiques	0	3	20	58	138	276	360	792	779	828
5220 Impôts non-périodiques	0	0	0	0	0	0	0	0	0	0
5300 Non-ventilables entre 5100 et 5200	0	0	0	0	0	0	0	0	0	0
6000 Autres impôts	**0**	**0**	**0**	**0**	**0**	**6**	**23**	**12**	**5**	**9**
6100 À la charge exclusive des entreprises	..	..	..	..	..	0	0	0	0	0
6200 À la charge d'autres agents	..	..	..	..	..	6	23	12	5	9
Pour mémoire										
Droits de douane perçus pour le compte de l'UE	..	..	148	208	273	229	247	327	342	272
Contributions au Fonds de résolution unique collectées pour le compte de l'UE	..	..	..	..	..	..	..	..	114	138
Crédits d'impôts récupérables										
Crédits d'impôts récupérables contre 1110	..	..	..	..	843	1 073	816	555	413	400
Composante fiscale	..	..	..	..	843	1 073	816	555	413	400
Composante transfert	..	..	..	..	0	0	0	0	0	0
Recettes fiscales totales sur la base d'encaissements	**317**	**4 046**	**12 260**	**32 997**	**60 836**	**46 609**	**51 491**	**60 867**	**77 815**	**73 733**
Recettes fiscales totales sur la base des droits constatés	**..**	**..**	**..**	**33 363**	**60 790**	**46 399**	**51 459**	**60 898**	**77 962**	**74 034**
Conciliation avec les comptes nationaux										
Impôts additionnels inclus dans les comptes nationaux	..	..	..	0	0	178	178	177	185	185
Impôt exclus des comptes nationaux	..	..	..	0	0	0	0	0	0	0
Différence dans les traitements des crédits d'impôts	..	..	..	0	0	0	0	0	0	0
Transfert en capital des recettes non collectées	..	..	..	0	0	0	0	0	0	0
Cotisations de sécurité sociale volontaires	..	..	..	0	0	0	0	0	0	0
Différences diverses	..	..	..	0	0	0	0	0	0	0
Comptes nationaux : impôts et cotisations sociales effectives	..	..	..	33 363	60 790	46 577	51 637	61 075	78 147	74 219
Cotisations sociales imputées	..	..	..	1 366	2 579	1 053	2 064	2 223	2 917	3 144
Comptes nationaux : impôts et toutes les cotisations sociales	..	..	..	34 729	63 369	47 630	53 700	63 298	81 064	77 362

.. Non disponible

Note : The personal income tax data shown for the country table for Ireland is different to the ESA2010 presentation as the expenditure component of the payable tax credits are excluded in accordance with the OECD Interpretative Guide.

The data for years 1965 to 1973 are on fiscal year basis (commencing on 1st April) and are therefore not strictly comparable with the data for later years, which are on a calendar year basis.

From 1998, data are on accrual basis.

Heading 1200: Capital gains taxes paid by corporations are included in heading 1210.

Heading 2100: Includes contributions by self-employed and certain voluntary contributions.

Heading 2200: Since 1976 income tax paid by corporations and corporation profits tax have been replaced by corporation tax.

Heading 5111: Includes arrears of the wholesale and turnover taxes.

Tax receipts in 1988 were inflated by the success of the new arrangements for assessment and collection of tax.These arrangements included an amnesty for tax arrears paid by 30th September. This amnesty waived penalities and interest charge tax. It resulted in payments of 631 millons of euros spread across the main tax headings.

Source : Annual Report of he Revenue Commissioners, Financial Accounts and National Income and Expenditure Accounts.

StatLink https://stat.link/ri5acj

Tableau 5.18. Israël : recettes fiscales détaillées, 1965-2020

Million ILS

	1965	1980	1990	2000	2007	2010	2013	2015	2019	2020
Recettes fiscales totales	..	..	..	**139 300**	**252 028**	**269 672**	**326 855**	**366 044**	**430 461**	**420 585**
1000 Impôts sur revenu, bénéfices et gains en capital	..	..	..	**74 551**	**91 530**	**78 265**	**101 481**	**113 966**	**140 453**	**139 321**
1100 Des personnes physiques	..	..	..	54 753	56 434	48 214	57 311	70 885	89 493	91 900
1110 Sur le revenu et les bénéfices	..	..	..	53 698	55 213	47 550	55 831	68 455	86 593	88 630
On wages – deduction at source	..	..	..	45 278	45 515	40 159	46 458	54 087	68 041	70 414
On self employement income – deduction at source	..	..	..	688	0	853	1 051	0	83	96
On self employement income – other	..	..	..	7 731	9 698	6 538	8 322	14 368	18 469	13 120
1120 Sur les gains en capital	..	..	..	1 055	1 221	664	1 480	2 430	2 900	3 270
1200 Des sociétés	..	..	..	18 001	30 210	23 113	36 639	34 676	43 291	38 831
1210 Sur les bénéfices	..	..	..	16 109	27 582	22 291	33 959	33 446	41 731	37 071
Déduction à la source	..	..	..	361	0	520	751	0	41	49
In lieu of VAT on the profits of Financial Institutions	..	..	..	1 290	2 200	1 920	2 560	1 890	2 500	2 700
Other	..	..	..	14 458	25 382	19 850	30 648	31 556	39 190	34 322
1220 Sur les gains en capital	..	..	..	1 892	2 628	822	2 680	1 230	1 560	1 760
1300 Non-ventilables entre 1100 et 1200	..	..	..	1 797	4 886	6 938	7 531	8 405	7 669	8 590
Tax deducted at the source on the capital market	..	..	..	1 797	4 886	6 938	7 531	8 405	7 669	8 590
2000 Cotisations de sécurité sociale	..	..	..	**27 565**	**37 909**	**45 343**	**53 364**	**59 561**	**74 420**	**73 031**
2100 À la charge des salariés	..	..	..	15 771	23 093	27 788	31 537	34 692	41 852	40 797
2110 Sur la base du salaire	..	..	..	15 771	23 093	27 788	31 537	34 692	41 852	40 797
2120 Sur la base de l'impôt sur les revenus	..	..	..	0	0	0	0	0	0	0
2200 À la charge des employeurs	..	..	..	8 182	9 960	11 427	15 026	17 247	23 105	22 564
2210 Sur la base du salaire	..	..	..	8 182	9 960	11 427	15 026	17 247	23 105	22 564
2220 Sur la base de l'impôt sur les revenus	..	..	..	0	0	0	0	0	0	0
2300 A charge des travailleurs indép. ou sans emploi	..	..	..	3 612	4 856	6 128	6 802	7 622	9 464	9 670
2310 Sur la base du salaire	..	..	..	3 612	4 856	6 128	6 802	7 622	9 464	9 670
2320 Sur la base de l'impôt sur les revenus	..	..	..	0	0	0	0	0	0	0
2400 Non-ventilables entre 2100, 2200 et 2300	..	..	..	0	0	0	0	0	0	0
2410 Sur la base du salaire	..	..	..	..	..	..	..	..	..	..
2420 Sur la base de l'impôt sur les revenus	..	..	..	..	..	..	..	..	..	..
3000 Sur salaires ou main d'oeuvre	..	..	..	**6 350**	**9 920**	**10 280**	**12 780**	**13 770**	**16 168**	**16 191**
Employers tax on the the non-profit sector other than govt	..	..	..	1 250	1 500	320	390	410	555	472
In lieu of VAT on the wage-bill in the non-profit sector	..	..	..	4 260	6 580	7 650	9 540	10 320	12 521	12 716
In lieu VAT on the wage-bill in Financial Institutions	..	..	..	1 340	1 840	2 310	2 850	3 040	3 092	3 003
4000 Impôts sur le patrimoine	..	..	..	**17 987**	**25 049**	**30 029**	**34 144**	**40 609**	**45 794**	**43 409**
4100 Impôts périodiques sur la propriété immobilière	..	..	..	11 311	16 156	18 768	21 499	23 702	27 105	25 031
Land tax	..	..	..	442	52	48	59	44	25	10
4110 Ménages	..	..	..	0	0	0	0	0	0	0
4120 Autres agents	..	..	..	10 869	16 104	18 720	21 440	23 658	27 080	25 022
4200 Impôts périodiques sur l'actif net	..	..	..	0	0	0	0	0	0	0
4210 Personnes physiques	..	..	..	..	..	..	..	..	..	..
4220 Sociétés	..	..	..	..	..	..	..	..	..	..
4300 Impôts sur mut. par décès, succ. et donations	..	..	..	0	0	0	0	0	0	0
4310 Impôts sur mut. par décès et successions	..	..	..	..	..	..	..	..	..	..
4320 Impôts sur les donations	..	..	..	..	..	..	..	..	..	..
4400 Impôts sur transact. mobilières et immob.	..	..	..	3 181	3 555	4 071	4 532	6 732	6 923	6 864
Transaction tax on the buyer of real estate	..	..	..	1 972	3 084	4 024	4 513	6 731	6 917	6 864
Transaction tax on the seller of real estate	..	..	..	206	404	27	19	1	6	0
Stamp tax	..	..	..	1 003	67	20	0	0	0	0
4500 Impôts non-périodiques	..	..	..	3 495	5 338	7 190	8 114	10 175	11 766	11 514
4510 Sur l'actif net	..	..	..	0	0	0	0	0	0	0
4520 Autres non-périodiques	..	..	..	3 495	5 338	7 190	8 114	10 175	11 766	11 514
Capital gains tax on real estate	..	..	..	3 495	5 338	7 190	8 114	10 175	11 766	11 514
4600 Autres impôts périodiques sur patrimoine	..	..	..	0	0	0	0	0	0	0
5000 Impôts sur les biens et services	..	..	..	**62 347**	**87 621**	**105 756**	**125 086**	**133 138**	**153 626**	**148 633**
5100 Impôts sur production, vente, transfert, etc.	..	..	..	57 887	81 108	98 094	116 334	123 277	143 066	138 750
5110 Impôts généraux	..	..	..	49 876	67 570	79 947	97 356	107 765	120 541	118 854
5111 Taxes sur la valeur ajoutée	..	..	..	39 805	53 983	65 510	81 523	90 824	102 463	100 373
5112 Impôts sur les ventes	..	..	..	10 071	13 587	14 437	15 833	16 941	18 078	18 481
On domestic production	..	..	..	662	287	291	457	450	287	303
On imports	..	..	..	9 409	13 300	14 146	15 376	16 491	17 791	18 178
5113 Autres impôts	..	..	..	0	0	0	0	0	0	0
5120 Impôts sur biens et services déterminés	..	..	..	8 012	13 538	18 147	18 978	20 512	22 525	19 896
5121 Accises	..	..	..	6 595	11 323	15 458	16 680	17 642	19 509	17 021
On domestically refined fuel	..	..	..	5 666	10 590	14 637	15 876	17 008	18 966	16 526
On domestically processed tobacco products	..	..	..	929	733	821	804	634	543	495
5122 Bénéfices des monopoles fiscaux	..	..	..	0	0	0	0	0	0	0
5123 Droits de douane et droits à l'importation	..	..	..	1 417	2 215	2 689	2 298	2 870	3 016	2 875

	1965	1980	1990	2000	2007	2010	2013	2015	2019	2020
5124 Taxes à l'exportation	..	..	..	0	0	0	0	0	0	0
5125 Impôts sur biens d'équipement	..	..	..	0	0	0	0	0	0	0
5126 Impôts sur services déterminés	..	..	..	0	0	0	0	0	0	0
5127 Autres impôts sur commerce et transact. internat.	..	..	..	0	0	0	0	0	0	0
5128 Autres impôts	..	..	..	0	0	0	0	0	0	0
5130 Non-ventilables entre 5110 et 5120	..	..	..	0	0	0	0	0	0	0
5200 Impôts sur utilisation des biens et exerc. activités	..	..	..	4 460	6 512	7 663	8 752	9 861	10 560	9 884
5210 Impôts périodiques	..	..	..	4 460	6 512	7 663	8 752	9 861	10 560	9 884
5211 À la charge des ménages : véhicules à moteur	..	..	..	1 436	1 895	2 274	2 249	2 515	2 966	2 868
5212 À la charge autres agents : véhicules à moteur	..	..	..	479	632	758	1 580	1 723	1 927	1 864
5213 Autres impôts périodiques	..	..	..	2 546	3 986	4 630	4 923	5 623	5 668	5 152
Licences collected by the Ministry of Transportation	..	..	..	257	535	350	132	196	165	64
Licences collected by the Ministry of Communication	..	..	..	151	0	274	299	338	371	356
Licences collected by other ministries	..	..	..	1 587	2 597	2 989	3 245	3 781	3 624	3 331
Business and professional licences paid locally	..	..	..	500	769	917	1 122	1 181	1 353	1 250
Other local authority fees	..	..	..	51	86	101	125	128	155	150
5220 Impôts non-périodiques	..	..	..	0	0	0	0	0	0	0
5300 Non-ventilables entre 5100 et 5200	..	..	..	0	0	0	0	0	0	0
6000 Autres impôts	**..**	**..**	**..**	**0**	**0**	**0**	**0**	**0**	**0**	**0**
6100 À la charge exclusive des entreprises	..	..	..	..	..	..	..	..	..	..
6200 À la charge d'autres agents	..	..	..	..	..	..	..	..	..	..
Crédits d'impôts récupérables										
Crédits d'impôts récupérables contre 1110	..	..	..	..	..	87	911	1 415	1 327	1 283
Composante fiscale	..	..	..	..	..	84	879	1 348	1 327	1 283
Composante transfert	..	..	..	..	..	3	32	67	0	0
Crédits d'impôts récupérables contre 1210	..	..	..	..	..	0	0	0	0	0
Composante fiscale	..	..	..	..	..	..	..	..	..	..
Composante transfert	..	..	..	..	..	..	..	..	..	..
Recettes fiscales totales sur la base d'encaissements	**..**	**..**	**..**	**189 300**	**252 028**	**269 672**	**326 855**	**366 044**	**430 461**	**420 585**
Recettes fiscales totales sur la base des droits constatés	**..**	**..**	**..**	**..**	**..**	**..**	**..**	**..**	**..**	**..**
Conciliation avec les comptes nationaux										
Impôts additionnels inclus dans les comptes nationaux	..	..	..	0	0	0	0	0	0	0
Impôt exclus des comptes nationaux	..	..	..	..	..	..	..	..	..	..
Différence dans les traitements des crédits d'impôts	..	..	..	..	..	..	..	..	..	..
Transfert en capital des recettes non collectées	..	..	..	..	..	..	..	..	..	..
Cotisations de sécurité sociale volontaires	..	..	..	..	..	..	..	..	..	..
Différences diverses	..	..	..	..	..	..	..	..	..	..
Comptes nationaux : impôts et cotisations sociales effectives	..	..	..	189 300	252 028	269 672	326 855	366 044	430 461	420 585
Cotisations sociales imputées	..	..	..	6 172	7 131	8 203	9 084	9 186	9 072	8 826
Comptes nationaux : impôts et toutes les cotisations sociales	..	..	..	195 472	259 159	277 875	335 940	375 230	439 533	429 411

.. Non disponible
Note : Year ending 31st December.
Data are on a cash basis.
Source : Israel Central Bureau of Statistics and Israel Ministry of Finance.

StatLink https://stat.link/xrybw4

Tableau 5.19. Italie : recettes fiscales détaillées, 1965-2020

Million EUR

	1965	1980	1990	2000	2007	2010	2013	2015	2019	2020
Recettes fiscales totales	**5 505**	**60 422**	**265 116**	**503 096**	**671 189**	**671 912**	**706 829**	**711 114**	**759 445**	**7[illegible]6 743**
Recettes fiscales totales excluant les taxes collectés pour le compte de l'UE	..	..	**263 829**	**501 560**	**668 928**	**669 687**	**704 939**	**706 522**	**756 285**	**7[illegible]3 791**
1000 Impôts sur revenu, bénéfices et gains en capital	**982**	**18 821**	**96 707**	**166 912**	**226 498**	**219 547**	**233 294**	**225 934**	**239 859**	**2[illegible]1 868**
1100 Des personnes physiques	603	13 940	69 654	124 918	172 136	180 512	185 996	184 622	196 283	1[illegible]9 206
1110 Sur le revenu et les bénéfices	603	13 796	68 786	124 233	172 122	180 505	185 991	184 619	196 283	1[illegible]9 206
Personal income tax	0	11 538	57 318	121 211	162 644	173 991	175 921	173 007	185 726	1[illegible]8 938
Local income tax paid by households	0	829	4 492	67	0	0	0	0	0	0
Tax on income from investments (60%)	319	55	15	0	0	0	11	80	47	53
10% Surcharge on income	94	37	5	0	0	0	0	0	0	0
10% proportional surcharge	1	0	0	0	0	0	0	0	0	0
Withholding tax on company dividends paid by households	23	51	496	110	542	393	564	875	1 751	1 742
Law 1177 proportional surcharge (60%)	39	0	1	0	0	0	0	0	0	0
Direct taxes 5% proportional surcharge (60%)	0	8	72	0	0	0	0	0	0	0
Additional Treasury increase (60%)	23	6	1	0	0	0	0	0	0	0
Decree 1132 revenues (60%)	0	0	0	0	0	0	0	0	0	0
Tax on households	65	7	0	0	0	0	0	0	0	0
Rental value tax	2	0	0	0	0	0	0	0	0	0
Driving licence tax	1	0	0	0	0	0	0	0	0	0
Municipal surcharge on buildings (40%)	37	5	0	22	0	0	0	0	0	0
Withholding tax on income from deposits paid by households	0	1 206	6 223	2 823	8 402	5 440	8 994	10 076	7 798	[illegible]583
Direct taxes refund (60%)	0	0	41	0	0	0	0	0	0	0
Other	0	53	123	0	534	681	501	581	962	390
1120 Sur les gains en capital	0	144	867	685	14	7	5	3	0	0
Tax on capital gains on land	..	0	0	0	0	0	0	0	..	..
Municipal capital gains tax on buildings paid by households (60%)	..	144	867	685	14	7	5	3	..	..
1200 Des sociétés	379	4 710	26 605	34 399	50 529	36 740	41 194	33 530	35 176	34[illegible]62
1210 Sur les bénéfices	379	4 494	26 027	34 242	50 520	36 736	41 190	33 528	35 172	34 160
Corporation tax	0	1 245	9 042	28 377	47 192	34 841	39 160	31 927	32 781	31[illegible]36
Municipal surcharge on buildings (60%)	37	8	0	32	0	0	0	0	0	0
Tax on income from investments (40%)	213	37	10	0	0	0	8	54	31	36
Company franchise and liabilities tax	88	12	2	0	0	0	0	0	0	0
Law 1177 proportional surcharge (40%)	26	0	0	0	0	0	0	0	0	0
Direct taxes 5% proportional surcharge (40%)	0	20	48	0	0	0	0	0	0	0
Decree 1132 revenues (40%)	0	0	0	0	0	0	0	0	0	0
Additional Treasury increase (40%)	15	4	0	0	0	0	0	0	0	0
Withholding tax on company dividends paid by firms	0	77	745	166	0	0	0	0	0	0
Withholding tax on income from deposits paid by firms	0	1 810	9 334	4 235	2 370	605	1 464	759	472	592
Local income tax paid by firms	0	1 245	6 738	130	15	13	12	12	6	4
Direct taxes refund (40%)	0	0	27	0	0	0	0	0	0	0
Other	0	36	82	832	943	1 277	546	776	1 882	1 [illegible]2
1220 Sur les gains en capital	0	216	578	457	9	4	4	2	4	2
Municipal capital gains tax on buildings paid by firms (40%)	..	216	578	457	9	4	4	2	4	2
1300 Non-ventilables entre 1100 et 1200	0	171	448	7 295	3 833	2 295	6 104	7 782	8 399	8 5[illegible]0
Refunds tax on income	..	-240	-1 768	-5 175	0	0	0	0	0	0
Other	..	412	2 216	12 470	3 833	2 295	6 104	7 782	8 399	8 5[illegible]0
2000 Cotisations de sécurité sociale	**1 881**	**22 976**	**87 256**	**143 629**	**200 772**	**209 122**	**210 462**	**214 376**	**237 290**	**224 7[illegible]**
2100 À la charge des salariés	..	4 171	16 753	27 333	35 715	37 598	39 284	39 805	44 486	41 3[illegible]
2110 Sur la base du salaire	..	..	..	27 333	35 715	37 598	39 284	39 805	44 486	41 3[illegible]
2120 Sur la base de l'impôt sur les revenus	..	..	..	0	0	0	0	0	0	0
2200 À la charge des employeurs	..	17 152	62 540	99 904	137 924	144 281	141 629	143 273	158 616	149 8[illegible]
2210 Sur la base du salaire	..	..	..	99 904	137 924	144 281	141 629	143 273	158 616	149 8[illegible]
2220 Sur la base de l'impôt sur les revenus	..	..	..	0	0	0	0	0	0	0
2300 A charge des travailleurs indép. ou sans emploi	..	1 654	7 962	16 392	27 133	27 243	29 549	31 298	34 188	33 6[illegible]
2310 Sur la base du salaire	..	..	..	16 392	27 133	27 243	29 549	31 298	34 188	33 6[illegible]
2320 Sur la base de l'impôt sur les revenus	..	..	..	0	0	0	0	0	0	0
2400 Non-ventilables entre 2100, 2200 et 2300	1 881	0	0	0	0	0	0	0	0	0
2410 Sur la base du salaire	..	..	..	..	..	..	..	..	..	..
2420 Sur la base de l'impôt sur les revenus	..	..	..	..	..	..	..	..	..	..
3000 Sur salaires ou main d'oeuvre	**0**	**387**	**890**	**0**	**0**	**0**	**0**	**0**	**0**	**0**
Contributions to GESCAL	..	387	890	..	..	..	..	..	..	..
4000 Impôts sur le patrimoine	**397**	**2 248**	**5 983**	**23 360**	**32 646**	**32 441**	**43 883**	**46 259**	**43 243**	**40 44[illegible]**

	1965	1980	1990	2000	2007	2010	2013	2015	2019	2020
4100 Impôts périodiques sur la propriété immobilière	96	7	1	9 354	12 778	9 663	20 748	25 558	22 002	21 270
Income tax on landowners	2	0	0	0	0	0	0	0	0	0
Income tax on buildings	12	2	1	0	0	0	0	0	0	0
Income tax on luxury buildings	1	0	0	0	0	0	0	0	0	0
Surcharge on land (provincial)	16	0	0	0	0	0	0	0	0	0
Surcharge on land (municipal)	18	0	0	0	0	0	0	0	0	0
Surcharge on buildings (provincial)	26	2	0	0	0	0	0	0	0	0
Surcharge on buildings (municipal)	21	3	0	0	0	0	0	0	0	0
Municipal real estate tax	0	0	0	9 354	12 778	9 663	20 748	20 798	20 824	21 137
Tax on indivisible services (TASI)	0	0	0	0	0	0	0	4 760	1 178	133
4110 Ménages	..	..	..	..	..	..	..	..	..	..
4120 Autres agents	..	..	..	..	..	..	..	..	..	..
4200 Impôts périodiques sur l'actif net	0	0	0	14	1	2 118	2 547	231	226	427
4210 Personnes physiques	..	..	..	5	0	0	0	0	0	0
4220 Sociétés	..	..	..	9	1	2 118	2 547	231	226	427
4300 Impôts sur mut. par décès, succ. et donations	47	128	376	1 005	149	483	622	674	798	396
Inheritance and gift duty	33	119	376	1 005	149	483	622	674	798	396
Estate duty	11	9	0	0	0	0	0	0	0	0
Proportional surcharge and premium	3	0	0	0	0	0	0	0	0	0
4310 Impôts sur mut. par décès et successions	..	..	..	..	..	..	..	..	..	..
4320 Impôts sur les donations	..	..	..	..	..	..	..	..	..	..
4400 Impôts sur transact. mobilières et immob.	255	2 113	5 606	12 320	18 256	17 365	17 092	17 245	18 800	17 252
Registration tax	120	1 048	2 421	6 794	9 410	9 019	7 353	7 625	9 587	8 118
Mortgage taxes and land registry duties	22	190	469	1 067	2 525	2 071	1 841	1 529	1 625	1 464
5% proportional surcharge	6	0	0	0	0	0	0	0	0	0
Additional surcharge	4	0	0	0	0	0	0	0	0	0
Stamp duties and surcharges accruing on cadastral acts	104	751	2 185	4 459	6 321	6 275	7 898	7 600	7 190	7 261
Other	0	123	530	0	0	0	0	491	398	409
4500 Impôts non-périodiques	0	0	0	98	151	916	985	309	228	121
4510 Sur l'actif net	..	..	..	0	0	0	0	0	0	0
4520 Autres non-périodiques	..	..	..	98	151	916	985	309	228	121
4600 Autres impôts périodiques sur patrimoine	0	0	0	569	1 311	1 896	1 889	2 242	1 189	977
5000 Impôts sur les biens et services	**2 173**	**15 990**	**74 280**	**141 852**	**171 869**	**178 863**	**187 210**	**196 473**	**214 775**	**190 248**
5100 Impôts sur production, vente, transfert, etc.	2 037	15 251	67 083	127 281	155 191	160 775	164 597	174 443	187 651	164 766
Direct taxes refund	0	-73	-86	0	0	0	0	0	0	0
5110 Impôts généraux	710	9 438	38 940	77 473	95 623	97 586	93 921	100 692	111 464	99 902
5111 Taxes sur la valeur ajoutée	0	9 438	38 940	77 473	95 623	97 586	93 921	100 692	111 464	99 669
VAT	..	9 438	38 940	77 473	95 623	97 586	93 921	100 692	111 464	99 669
5112 Impôts sur les ventes	0	0	0	0	0	0	0	0	0	0
5113 Autres impôts	710	0	0	0	0	0	0	0	0	233
General tax on receipts	662	..	..	..	..	..	..	..	..	0
Compensation tax on imported products	48	..	..	..	..	..	..	..	..	0
Digital Services Tax	..	..	..	..	..	..	..	..	..	233
5120 Impôts sur biens et services déterminés	1 327	5 886	28 048	49 808	59 568	63 189	70 676	73 751	76 187	64 864
5121 Accises	816	4 088	20 304	31 479	32 904	36 414	45 720	46 238	47 108	40 119
Duty on mineral oils	465	3 462	15 928	22 172	23 252	22 884	26 332	25 759	25 907	21 454
Duty on spirits	27	87	206	486	595	570	571	600	652	593
Duty on beer	12	54	172	242	489	476	532	633	709	624
Duty on sugars	22	25	68	120	0	5	10	5	0	0
Duty on electricity	20	51	2 018	3 079	3 034	7 152	13 542	15 246	15 150	13 507
Duty on bananas	9	53	97	0	0	0	0	0	0	0
Duty on coffee	31	60	74	0	0	0	0	0	0	0
Duty on cocoa	3	4	7	0	0	0	0	0	0	0
Duty on olive oil	0	0	0	0	0	0	0	0	0	0
Other duty	44	190	1 037	5 201	5 385	5 268	4 659	3 898	4 666	3 922
Alcohol, spirits, liquor	5	0	0	0	0	0	0	0	0	0
On matches and flints	13	22	47	0	0	0	0	0	0	0
Meat	26	0	0	0	0	0	0	0	0	0
In-bond surcharge	0	81	650	174	143	54	67	90	17	12
Combustible materials	39	0	0	0	0	0	0	0	0	0
Construction materials	30	0	0	0	0	0	0	0	0	0
Excise duty on sound and video	3	0	0	0	0	0	0	0	0	0
Tax on phonograph records	1	0	0	0	0	0	0	0	0	0
Stamp duty on playing cards	1	0	0	0	0	0	0	0	0	0
Other	66	0	0	5	6	5	7	7	7	7
5122 Bénéfices des monopoles fiscaux	303	1 033	3 248	7 718	10 440	10 983	10 683	10 711	10 653	10 539
Duty on tobacco	292	1 033	3 248	7 712	10 436	10 978	10 679	10 710	10 652	10 538
On salt	10	0	0	0	0	0	0	0	0	0
Duty on products of Monopoli di Stato	1	0	0	6	4	5	4	1	1	1

	1965	1980	1990	2000	2007	2010	2013	2015	2019	2020
5123 Droits de douane et droits à l'importation	142	261	1 164	1 536	2 261	2 225	1 890	2 246	2 314	1 971
Common Customs tariff (CEE)	0	0	836	1 536	2 261	2 225	1 890	2 246	2 314	1 971
Customs and shipping duties	115	14	0	0	0	0	0	0	0	0
Administrative services duties	11	0	0	0	0	0	0	0	0	0
Tax on agriculture	15	228	207	0	0	0	0	0	0	0
Other duties	0	9	68	0	0	0	0	0	0	0
Compensatory amounts	0	9	53	0	0	0	0	0	0	0
5124 Taxes à l'exportation	0	0	0	0	0	0	0	0	0	0
5125 Impôts sur biens d'équipement	0	0	0	0	0	0	0	0	0	0
5126 Impôts sur services déterminés	67	483	3 141	9 029	13 932	13 567	12 383	14 556	16 112	12 235
Entertainment tax	20	59	167	118	68	58	42	40	32	15
Stamp duty	6	0	0	0	0	0	0	0	0	0
Tax on advertisements	6	56	168	389	392	384	424	405	455	374
Tax on lotto, lotteries, betting and Totocalcio game	3	123	617	4 164	7 144	7 983	7 088	7 488	10 514	6 930
Casino takings, special duties, etc.	0	0	0	158	152	192	130	112	106	45
Single tax on games of skill and betting-levied indirectly	9	74	476	487	405	242	85	116	181	214
Aerotaxi passengers tax	0	0	0	0	0	0	7	8	9	5
Local tax (including insurance)	23	171	1 714	3 713	5 771	4 708	4 607	3 835	3 969	3 671
Bank levy for the National Resolution Fund	..	..	0	0	0	0	0	2 552	846	981
5127 Autres impôts sur commerce et transact. internat.	0	0	0	0	0	0	0	0	0	0
Special Duty on foreign payments and currency selling	..	..	..	..	..	..	..	..	..	..
5128 Autres impôts	0	21	192	46	31	0	0	0	0	0
ECSC taxes and contributions on sugar and other levies	..	21	121	0	0	..	..	..	..	..
Other	..	0	70	46	31	..	..	..	..	..
Bank cont. to the unique European Resolution Fund	..	0	0	0	0	..	..	..	..	..
5130 Non-ventilables entre 5110 et 5120	0	0	180	0	0	0	0	0	0	0
5200 Impôts sur utilisation des biens et exerc. activités	136	456	4 474	8 479	10 550	10 531	11 352	11 130	14 021	12 800
5210 Impôts périodiques	136	456	4 474	8 479	10 550	1 155	1 359	1 653	1 904	1 571
Public motor vehicle register tax	64	152	967	1 034	1 326	1 155	1 359	1 653	1 904	1 571
Tax on vehicles 5% proportional surcharge	3	13	450	0	0	0	0	0	0	0
Surcharge on diesel cars	0	66	683	0	0	0	0	0	0	0
Surcharge on gas cars	0	0	171	0	0	0	0	0	0	0
5211 À la charge des ménages : véhicules à moteur	..	..	..	3 433	4 652	4 628	4 487	4 710	5 323	4 713
5212 À la charge autres agents : véhicules à moteur	..	..	..	1 006	1 332	1 300	1 395	1 446	1 394	1 235
Motor vehicle duty paid by firms	..	..	..	1 006	1 332	1 300	1 395	1 446	1 394	1 235
5213 Autres impôts périodiques	67	225	2 203	3 006	3 240	3 448	4 111	3 321	5 400	5 281
Law 1177 proportional surcharge	22	0	0	0	0	0	0	0	0	0
Taxes on signs	2	4	0	0	0	0	0	0	0	0
Tax on dog tags	0	7	12	0	0	0	0	0	0	0
Tax on hunting and fishing	0	0	0	0	0	0	0	0	0	0
Duty on official franchises	43	215	2 191	3 006	3 240	3 448	4 111	3 321	3 482	3 381
Television tax (households)	0	0	0	0	0	0	0	0	1 918	1 900
5220 Impôts non-périodiques	0	0	0	0	0	0	0	0	0	0
Motor vehicles, airplanes	..	..	..	..	..	..	..	..	..	..
Pro-Friuli tax on vehicles	..	..	..	..	..	..	..	..	..	..
5300 Non-ventilables entre 5100 et 5200	0	283	2 724	6 092	6 128	7 557	11 261	10 900	13 103	12 632
Indirect taxes refund	..	0	160	288	616	693	477	715	788	524
Other	..	283	2 564	5 804	5 512	6 864	10 784	10 185	12 315	12 158
6000 Autres impôts	**72**	**0**	**0**	**27 343**	**39 404**	**31 939**	**31 980**	**28 072**	**24 278**	**19 403**
6100 À la charge exclusive des entreprises	0	..	..	27 343	39 404	31 939	31 980	28 072	24 278	19 403
6200 À la charge d'autres agents	72	..	..	0	0	0	0	0	0	0
Capital levies	2	..	..	..	..	..	..	..	..	..
Other taxes	71	..	..	..	..	..	..	..	..	..
Pour mémoire										
Droits de douane perçus pour le compte de l'UE	..	..	836	1 536	2 261	2 225	1 890	2 246	2 314	1 971
Contributions au Fonds de résolution unique collectées pour le compte de l'UE	..	..	..	..	..	..	..	2 346	846	981
Taxes and compulsory social security contributions paid by EU civil servants	..	..	..	..	..	..	55	61	72	77
Taxes paid by EU civil servants: income taxes	..	..	..	..	..	..	28	31	37	39
Taxes paid by EU civil servants: compulsory social security contributions	..	..	..	..	..	..	27	30	35	38
Crédits d'impôts récupérables										
Crédits d'impôts récupérables contre 1110	..	..	..	..	0	0	357	9 793	10 085	11 667
Composante fiscale	..	..	..	..	..	-109	206	8 615	8 917	10 362
Composante transfert	..	..	..	.	..	109	151	1 178	1 167	1 305
Crédits d'impôts récupérables contre 1210	..	..	..	.	0	0	2 401	4 866	308	469
Composante fiscale	..	..	..	..	..	..	0	0	0	0
Composante transfert	..	..	..	..	..	..	2 401	4 866	308	469
Recettes fiscales totales sur la base d'encaissements	**5 505**	**60 422**	**265 116**	**488 738**	**653 836**	**659 704**	**689 299**	**71[illegible] 837**	**754 038**	**715 825**

	1965	1980	1990	2000	2007	2010	2013	2015	2019	2020
Recettes fiscales totales sur la base des droits constatés	..	..	..	**503 096**	**671 189**	**671 912**	**706 829**	**711 114**	**759 445**	**706 743**
Conciliation avec les comptes nationaux										
Impôts additionnels inclus dans les comptes nationaux	..	..	..	0	0	0	0	0	0	0
Impôt exclus des comptes nationaux	..	..	..	-5 416	-5 470	-6 538	-9 786	-9 801	-10 949	-10 622
The tax for the urban solid waste disposal (TARSU)	..	..	..	-4 387	-4 443	-5 519	-8 363	-8 519	-9 459	-9 381
Other	..	..	..	-1 029	-1 027	-1 019	-1 423	-1 282	-1 490	-1 241
Différence dans les traitements des crédits d'impôts	..	..	..	0	0	-109	206	8 615	8 917	10 362
Transfert en capital des recettes non collectées	..	..	..	0	0	0	0	0	0	0
Cotisations de sécurité sociale volontaires	..	..	..	464	567	561	738	750	764	724
Différences diverses	..	..	..	0	0	0	0	0	0	0
Comptes nationaux : impôts et cotisations sociales effectives	..	..	..	498 144	666 286	665 826	697 987	710 678	758 177	707 207
Cotisations sociales imputées	..	..	..	3 884	3 980	3 984	4 093	3 938	4 151	4 190
Comptes nationaux : impôts et toutes les cotisations sociales	..	..	..	502 028	670 266	669 810	702 080	714 616	762 328	711 397

.. Non disponible
Note : The tax year ends in December 31th.
As from 2000, revenues data are computed on accrual basis.
As from 1997, revenues data are based on data provided to the European Union as for the Treaty of Maastricht excessive deficit procedure.
Section 6000: Regional Tax on Productive Activities (IRAP); it is a tax on the value of production therefore its taxable base is different from other groups tax bases.
Regarding the section "Taxes excluded National Accounts" the item "Others" includes: tax on the public areas utilization and tax on the collection and disposal of waste water.
Source : Ministero dell'economia e delle finanze; Istituto nazionale di statistica.

StatLink https://stat.link/2xa13i

Tableau 5.20. Japon : recettes fiscales détaillées, 1965-2020

Billion JPY

	1965	1980	1990	2000	2007	2010	2013	2015	2019	2020
Recettes fiscales totales	**6 172**	**62 443**	**130 843**	**136 236**	**146 248**	**132 484**	**146 405**	**163 533**	**175 380**	**177 308**
1000 Impôts sur revenu, bénéfices et gains en capital	**2 708**	**28 800**	**65 682**	**47 398**	**53 174**	**40 034**	**47 534**	**50 969**	**53 994**	**53 934**
1100 Des personnes physiques	1 338	15 180	36 394	28 677	28 600	24 663	28 150	30 847	32 947	33 189
1110 Sur le revenu et les bénéfices	1 338	15 180	36 394	28 677	28 600	24 663	28 150	30 847	32 947	33 189
Income tax	970	10 800	25 996	18 789	16 080	12 984	15 865	18 178	19 571	19 591
Prefectural inhabitants tax	123	1 415	3 675	3 621	5 008	4 699	5 090	5 252	4 840	4 955
Municipal inhabitants tax	220	2 890	6 475	6 044	7 294	6 795	7 015	7 224	8 325	3 427
Enterprise tax	25	75	249	223	218	184	181	194	211	216
1120 Sur les gains en capital	0	0	0	0	0	0	0	0	0	0
1200 Des sociétés	1 370	13 620	29 288	18 721	24 573	15 372	19 384	20 122	21 046	20 745
1210 Sur les bénéfices	1 370	13 620	29 288	18 721	24 573	15 372	19 384	20 122	21 046	20 745
Corporation tax	927	8 923	18 384	11 747	14 744	8 968	11 698	10 832	10 797	11 235
Prefectural inhabitants tax	53	557	1 414	879	1 206	777	854	859	821	548
Municipal inhabitants tax	85	1 297	3 198	2 176	3 015	1 954	2 157	2 324	2 395	1 813
Enterprise tax	305	2 843	6 293	3 918	5 608	2 253	2 674	3 510	4 385	4 082
Local special corporate tax	0	0	0	0	0	1 420	2 001	2 081	2 044	978
Local corporate tax	0	0	0	0	0	0	0	516	604	1 418
Special corporate enterprise tax	..	..	0	0	0	0	0	0	0	672
1220 Sur les gains en capital	0	0	0	0	0	0	0	0	0	0
1300 Non-ventilables entre 1100 et 1200	0	0	0	0	0	0	0	0	0	0
2000 Cotisations de sécurité sociale	**1 344**	**18 178**	**34 613**	**47 968**	**53 325**	**54 461**	**59 803**	**64 465**	**71 993**	**71 550**
2100 À la charge des salariés	446	6 393	13 895	19 830	21 975	23 593	25 984	28 224	31 954	31 839
2110 Sur la base du salaire	..	..	13 895	19 830	21 975	23 593	25 984	28 224	31 954	31 839
2120 Sur la base de l'impôt sur les revenus	..	..	0	0	0	0	0	0	0	0
2200 À la charge des employeurs	588	9 267	16 649	22 456	24 243	24 674	27 143	29 479	33 488	33 245
2210 Sur la base du salaire	..	..	16 649	22 456	24 243	24 674	27 143	29 479	33 488	33 245
2220 Sur la base de l'impôt sur les revenus	..	..	0	0	0	0	0	0	0	0
2300 A charge des travailleurs indép. ou sans emploi	107	2 518	4 069	5 683	7 108	6 194	6 676	6 763	6 552	6 465
2310 Sur la base du salaire	..	..	4 069	5 683	7 108	6 194	6 676	6 763	6 552	6 465
2320 Sur la base de l'impôt sur les revenus	..	..	0	0	0	0	0	0	0	0
2400 Non-ventilables entre 2100, 2200 et 2300	203	0	0	0	0	0	0	0	0	0
2410 Sur la base du salaire	..	..	..	..	..	..	..	..	..	..
2420 Sur la base de l'impôt sur les revenus	..	..	..	..	..	..	..	..	..	..
3000 Sur salaires ou main d'oeuvre	**0**	**0**	**0**	**0**	**0**	**0**	**0**	**0**	**0**	**0**
4000 Impôts sur le patrimoine	**498**	**5 114**	**12 296**	**14 294**	**13 138**	**12 878**	**12 940**	**13 400**	**14 340**	**14 328**
4100 Impôts périodiques sur la propriété immobilière	319	3 326	7 099	10 414	9 949	10 225	9 882	10 005	10 612	10 719
Prefectural property tax	4	8	15	11	14	5	2	2	8	9
Municipal property tax	296	2 784	6 023	9 041	8 729	8 961	8 653	8 755	9 286	9 380
City planning tax	19	469	942	1 318	1 202	1 256	1 227	1 244	1 318	1 330
Special landholding tax	0	65	118	43	4	3	1	3	0	0
Water and land utilization tax	0	0	0	0	0	0	0	0	0	0
Land value tax	0	0	0	1	0	0	0	0	0	0
4110 Ménages	..	..	..	..	..	..	..	..	..	..
4120 Autres agents	..	..	..	..	..	..	..	..	..	..
4200 Impôts périodiques sur l'actif net	0	0	0	0	0	0	0	0	0	0
4210 Personnes physiques	..	..	..	..	..	..	..	..	..	..
4220 Sociétés	..	..	..	..	..	..	..	..	..	..
4300 Impôts sur mut. par décès, succ. et donations	44	441	1 918	1 782	1 503	1 250	1 574	1 968	2 301	2 315
4310 Impôts sur mut. par décès et successions	34	375	..	..	..	..	..	..	..	..
Inheritance tax	34	375	..	..	..	..	..	..	..	..
4320 Impôts sur les donations	10	65	..	..	..	..	..	..	..	..
Tax on gifts	10	65	..	..	..	..	..	..	..	..
4400 Impôts sur transact. mobilières et immob.	135	1 347	3 280	2 099	1 686	1 403	1 483	1 426	1 427	1 294
Bourse tax	3	15	41	0	0	0	0	0	0	0
Securities transaction	8	209	748	0	0	0	0	0	0	0
Bank of Japan note issue tax	0	0	0	0	0	0	0	0	0	0
Stamp revenues	83	841	1 394	1 532	1 202	1 024	1 126	1 050	1 023	920
Real property acquisition tax	41	282	596	567	485	379	357	377	404	374
4500 Impôts non-périodiques	0	0	0	0	0	0	0	0	0	0
4510 Sur l'actif net	..	..	..	..	..	..	..	..	..	..
4520 Autres non-périodiques	..	..	..	..	..	..	..	..	..	..
4600 Autres impôts périodiques sur patrimoine	0	0	0	0	0	0	0	0	0	0
5000 Impôts sur les biens et services	**1 620**	**10 200**	**17 917**	**26 227**	**26 256**	**24 730**	**25 744**	**24 286**	**34 599**	**37 053**
5100 Impôts sur production, vente, transfert, etc.	1 544	8 822	15 647	23 180	23 241	22 160	23 313	21 871	32 046	34 433
5110 Impôts généraux	0	0	5 778	12 350	12 841	12 675	13 479	22 400	23 148	26 395
5111 Taxes sur la valeur ajoutée	..	..	5 778	12 350	12 841	12 675	13 479	22 400	23 148	26 395
5112 Impôts sur les ventes	..	..	0	0	0	0	0	0	0	0
5113 Autres impôts	..	..	0	0	0	0	0	0	0	0

	1965	1980	1990	2000	2007	2010	2013	2015	2019	2020
5120 Impôts sur biens et services déterminés	1 544	8 822	9 868	10 830	10 400	9 485	9 834	9 470	8 898	8 038
5121 Accises	1 062	6 674	8 637	9 837	9 374	8 622	8 728	8 351	7 891	7 167
Liquor tax	353	1 424	1 935	1 816	1 524	1 389	1 371	1 338	1 247	1 134
Sugar excises	29	43	0	0	0	0	0	0	0	0
Local gasoline tax	46	278	361	296	302	294	275	264	244	220
Gasoline tax	254	1 547	2 007	2 769	2 820	2 750	2 574	2 465	2 281	2 058
Liquefied petroleum gas tax	0	30	31	28	27	24	21	18	14	9
Aviation fuel tax	0	58	76	104	104	89	67	66	65	11
Commodity tax	138	1 038	5	0	0	0	0	0	0	0
Playing-card tax	1	1	0	0	0	0	0	0	0	0
Prefectural tobacco tax	44	229	361	282	278	256	173	153	140	134
Municipal tobacco tax	73	402	636	865	853	788	983	936	854	817
Timber delivery tax	3	3	0	0	0	0	0	0	0	0
Mineral product tax	2	5	3	2	2	2	2	2	2	2
Electricity and gas tax	54	386	0	0	0	0	0	0	0	0
Diesel oil tax	65	447	834	1 208	1 034	918	943	925	945	910
Vehicle acquisition tax	0	270	613	464	425	192	193	137	104	0
Promotion of power resources development tax	0	109	295	375	352	349	328	316	316	311
Petroleum and coal tax	0	404	487	489	513	502	600	630	638	608
Tobacco tax	0	0	996	876	925	908	1 038	954	874	840
Special tobacco tax	0	0	0	264	214	163	161	148	124	112
International tourist tax	..	..	0	0	0	0	0	0	44	1
5122 Bénéfices des monopoles fiscaux	179	808	0	0	0	0	0	0	0	0
Monopoly profits	179	808	..	..	..	..	..	..	..	..
5123 Droits de douane et droits à l'importation	222	786	928	877	941	786	1 034	1 049	941	820
Customs duty	222	786	928	877	941	786	1 034	1 049	941	820
5124 Taxes à l'exportation	0	0	0	0	0	0	0	0	0	0
5125 Impôts sur biens d'équipement	0	0	0	0	0	0	0	0	0	0
5126 Impôts sur services déterminés	81	554	303	116	85	77	71	70	66	52
Travel tax	4	64	0	0	0	0	0	0	0	0
Admission tax	10	5	0	0	0	0	0	0	0	0
Local entertainment tax	10	74	0	0	0	0	0	0	0	0
Golf course utilization tax	0	0	90	81	60	55	49	48	43	39
Meal and lodging tax	56	398	0	0	0	0	0	0	0	0
Special local consumption tax	0	0	195	12	0	0	0	0	0	0
Bathing tax	1	13	18	23	25	22	22	23	23	12
5127 Autres impôts sur commerce et transact. internat.	0	0	0	0	0	0	0	0	0	0
5128 Autres impôts	0	0	0	0	0	0	0	0	0	0
5130 Non-ventilables entre 5110 et 5120	0	0	0	0	0	0	0	0	0	0
5200 Impôts sur utilisation des biens et exerc. activités	76	1 378	2 270	3 047	3 015	2 570	2 431	2 416	2 553	2 620
5210 Impôts périodiques	69	1 358	2 250	3 027	2 993	2 548	2 409	2 393	2 530	2 599
Automobile tax	55	781	1 276	1 765	1 717	1 616	1 574	1 543	1 588	1 623
Light vehicle tax	13	43	88	125	164	178	189	200	269	285
Motor vehicle tonnage tax	0	527	881	1 134	1 110	753	643	649	671	690
Hunter licence tax	0	3	2	2	0	0	0	0	0	0
Hunting tax	0	3	2	1	2	2	2	1	1	1
Mine lot tax	1	1	1	1	0	0	0	0	0	0
5211 À la charge des ménages : véhicules à moteur	..	..	..	..	..	..	..	..	..	..
5212 À la charge autres agents : véhicules à moteur	..	..	..	..	..	..	..	..	..	..
5213 Autres impôts périodiques	..	..	..	..	..	..	..	..	..	..
5220 Impôts non-périodiques	7	20	20	20	22	21	22	22	23	21
5300 Non-ventilables entre 5100 et 5200	0	0	0	0	0	0	0	0	0	0
6000 Autres impôts	**2**	**151**	**335**	**348**	**356**	**381**	**384**	**413**	**454**	**444**
6100 À la charge exclusive des entreprises	0	139	288	324	313	330	348	361	387	385
Business office tax	..	139	288	324	313	330	348	361	387	385
6200 À la charge d'autres agents	2	12	47	24	43	52	36	52	68	60
Taxes not in local tax law	2	12	47	24	43	52	36	52	67	60
Other	0	0	0	0	0	0	0	0	1	0
Recettes fiscales totales sur la base d'encaissements	**6 172**	**62 443**	..	..	..	..	..	..	..	..
Recettes fiscales totales sur la base des droits constatés	..	..	**130 843**	**136 236**	**146 248**	**132 484**	**146 405**	**163 533**	**175 380**	**177 308**

	1965	1980	1990	2000	2007	2010	2013	2015	2019	2020
Conciliation avec les comptes nationaux										
Impôts additionnels inclus dans les comptes nationaux	..	..	..	..	..	..	..	..	..	..
Impôt exclus des comptes nationaux	..	..	..	..	..	..	..	..	..	..
Différence dans les traitements des crédits d'impôts	..	..	..	..	..	..	..	..	..	..
Transfert en capital des recettes non collectées	..	..	..	..	..	..	..	..	..	..
Cotisations de sécurité sociale volontaires	..	..	..	..	..	..	..	..	..	..
Différences diverses	..	..	..	..	..	..	..	..	..	..
Comptes nationaux : impôts et cotisations sociales effectives	..	..	..	..	..	..	..	..	..	..
Cotisations sociales imputées	..	..	..	..	..	..	..	..	..	..
Comptes nationaux : impôts et toutes les cotisations sociales	..	..	..	..	..	..	..	..	..	..

.. Non disponible

Note : Data are on a fiscal year basis beginning 1st April.

From 1990, data are on accrual basis.

The figures for different groups of taxes are reported on different reporting bases, namely: Social security contributions (heading 2000) : in principle accrual basis, Central government taxes : accrual basis (revenues accrued during the fiscal year plus cash receipts collected before the end of May (the end of April until 1977), Local government taxes : accrual basis (due to be paid during the fiscal year and cash receipts collected before the end of May).

Heading 2300: Includes contributions to the National pension, National Health Insurance and the Farmer's pension fund.

Heading 4100: Municipal property tax, includes Prefectural property tax from 1990 to 1994 because data is not available to provide a breakdown.

Heading 5121: Municipal tobacco tax, includes Prefectural tobacco tax from 1990 to 1994 because data is not available to provide a breakdown.

Heading 5121: In sub-item Petroleum and coal tax, the data before 2003 refer to petroleum tax.

Source : Tax Bureau, Ministry of Finance.

StatLink https://stat.link/ilu3p2

Tableau 5.21 Corée : recettes fiscales détaillées, 1965-2020

Billion KRW

	1965	1980	1990	2000	2007	2010	2013	2015	2019	2020
Recettes fiscales totales	..	**6 687**	**37 262**	**136 295**	**258 571**	**295 968**	**347 332**	**393 559**	**523 985**	**538 450**
1000 Impôts sur revenu, bénéfices et gains en capital	..	**1 704**	**12 203**	**39 254**	**82 239**	**82 905**	**101 792**	**119 151**	**174 040**	**166 564**
1100 Des personnes physiques	..	766	7 440	19 950	43 276	42 098	53 311	67 600	91 714	101 286
1110 Sur le revenu et les bénéfices	..	766	6 327	18 569	31 984	33 935	46 654	55 744	75 613	77 630
Income tax	..	0	0	0	0	0	0	0	0	0
Dividends and interest income tax	..	0	0	0	4 682	4 425	4 889	4 561	5 577	5 830
Wages and salaries income tax	..	0	0	0	14 124	15 517	21 931	27 055	38 466	40 905
Other income tax	..	0	0	0	2 607	2 986	3 432	4 467	6 640	6 645
Global income tax	..	661	4 723	16 128	6 151	6 369	10 901	12 784	16 778	16 073
Defence tax on income tax	..	105	938	0	0	0	0	0	0	0
Education tax on income tax	..	0	325	0	0	0	0	0	0	0
Rural dev. tax on interest, bus. Inc. & cap. gains relief	..	0	0	156	160	179	124	105	139	225
Inhabitant tax on income tax (local)	..	0	341	2 285	4 260	4 459	5 377	6 772	8 013	7 952
1120 Sur les gains en capital	..	0	1 113	1 381	11 292	8 163	6 657	11 856	16 101	23 656
Capital gains tax	..	..	1 113	1 381	11 292	8 163	6 657	11 856	16 101	23 656
1200 Des sociétés	..	738	4 757	19 271	38 963	40 807	48 481	51 551	82 326	65 278
1210 Sur les bénéfices	..	738	4 757	19 271	38 963	40 807	48 481	51 551	82 326	65 278
Corporation tax - withholding	..	..	677	8 577	8 360	9 095	12 176	12 317	14 168	13 179
Corporation tax - final returns	..	..	2 549	9 302	27 057	28 173	31 679	32 713	58 006	42 335
Defence tax on corporation tax	..	..	1 323	0	0	0	0	0	0	0
Inhabitant tax on corporation tax (local)	..	..	207	1 142	3 152	3 094	4 118	6 217	9 729	9 293
Rural development tax corporate income	..	..	0	251	394	445	508	304	423	471
Excess profit tax	..	0	0	0	0	0	0	0	0	0
1220 Sur les gains en capital	..	0	0	0	0	0	0	0	0	0
Capital gains tax	..	..	..	..	..	..	..	..	..	..
1300 Non-ventilables entre 1100 et 1200	..	199	6	33	0	0	0	0	0	0
Business income tax	..	0	0	0	..	..	..	..	..	..
Real estate income tax	..	0	0	0	..	..	..	..	..	..
Defence tax on real estate & business income	..	0	0	0	..	..	..	..	..	..
Rural dev. tax on bus. inc. & cap. gains relief	..	0	0	30	..	..	..	..	..	..
Inhabitant tax before 1990 (local)	..	117	0	0	..	..	..	..	..	..
Farm land tax (local)	..	83	6	3	..	..	..	..	..	..
Inhabitant tax on farm land tax (local)	..	0	0	0	..	..	..	..	..	..
2000 Cotisations de sécurité sociale	..	**73**	**3 760**	**22 759**	**53 588**	**69 090**	**91 596**	**104 693**	**140 071**	**150 854**
2100 À la charge des salariés	..	0	1 464	8 578	21 773	28 213	38 396	44 281	60 682	65 384
Veterans' relief fund	..	0	0	0	0	0	0	0	0	0
Soldiers' annuity fund	..	0	0	0	0	0	0	0	0	0
Unemployment assurance	..	0	0	598	1 164	1 358	2 418	3 076	4 027	4 895
National welfare pension fund	..	0	429	4 325	9 338	11 004	13 890	15 821	20 630	21 722
Social benefit fund	..	0	0	0	0	0	0	0	0	0
Health Insurance	..	0	483	2 066	8 180	11 783	17 128	19 868	27 911	30 184
Teachers' pensions	..	0	86	279	581	868	1 077	1 125	1 678	1 780
Government employees pensions	..	0	406	1 144	2 202	2 878	3 435	3 876	5 796	6 134
Military personal pensions	..	0	60	166	308	322	448	515	640	669
2110 Sur la base du salaire	..	..	..	8 578	21 773	28 213	38 396	44 281	60 682	65 384
2120 Sur la base de l'impôt sur les revenus	..	..	..	0	0	0	0	0	0	0
2200 À la charge des employeurs	..	73	1 694	9 409	23 557	30 856	41 518	47 846	63 780	67 676
Ind. works' insurance fund	..	73	550	1 876	4 431	4 632	5 436	6 062	7 539	7 088
Soldiers' annuity fund	..	0	0	0	0	0	0	0	0	0
Pneumoconiosis fund	..	0	0	0	0	0	0	0	0	0
Unemployment insurance	..	0	0	1 449	2 474	2 860	4 545	5 499	7 063	8 024
Veterans' relief fund	..	0	0	0	0	0	0	0	0	0
National welfare pension fund	..	0	430	4 340	9 383	11 052	13 958	15 895	20 631	21 722
Social benefit fund	..	0	0	0	0	0	0	0	0	0
Health Insurance	..	0	658	1 547	6 844	11 718	16 826	19 493	27 110	29 288
Teachers' pensions	..	0	56	197	425	594	753	897	1 437	1 554
Government employees pensions	..	0	0	0	0	0	0	0	0	0
2210 Sur la base du salaire	..	..	..	9 409	23 557	30 856	41 518	47 846	63 780	67 676
2220 Sur la base de l'impôt sur les revenus	..	..	..	0	0	0	0	0	0	0
2300 A charge des travailleurs indép. ou sans emploi	..	0	602	4 772	8 258	10 021	11 682	12 566	15 609	17 794
2310 Sur la base du salaire	..	..	0	0	0	0	0	0	0	0
2320 Sur la base de l'impôt sur les revenus	..	..	602	4 772	8 258	10 021	11 682	12 566	15 609	17 794
2400 Non-ventilables entre 2100, 2200 et 2300	..	0	0	0	0	0	0	0	0	0
2410 Sur la base du salaire	..	..	..	..	..	..	..	..	..	..
2420 Sur la base de l'impôt sur les revenus	..	..	..	..	..	..	..	..	..	..
3000 Sur salaires ou main d'oeuvre	..	**34**	**153**	**258**	**619**	**714**	**981**	**1 122**	**1 597**	**1 607**
Workshop tax on workforce (local)	..	31	124	258	619	714	981	1 122	1 597	1 607
Vocational training promotion fund	..	3	29	0	0	0	0	0	0	0

	1965	1980	1990	2000	2007	2010	2013	2015	2019	2020
4000 Impôts sur le patrimoine	..	**537**	**4 389**	**16 846**	**33 109**	**33 516**	**35 847**	**48 625**	**59 732**	**76 512**
4100 Impôts périodiques sur la propriété immobilière	..	183	980	3 385	9 196	9 270	10 809	12 486	17 750	20 044
Property tax (local)	..	119	227	728	3 755	4 817	8 267	9 294	12 677	13 773
City planning tax on urban real estate (local)	..	51	244	815	1 883	2 465	0	0	0	0
Community facilities tax (local)	..	13	86	341	543	650	912	1 351	1 681	1 777
Tax on excessive land holdings (local)	..	0	1	0	0	0	0	0	0	0
Tax on aggregate land holdings (local)	..	0	400	1 282	5	0	0	0	0	0
Rural dev. tax on local agg. land holdings tax	..	0	0	81	1	0	0	0	0	0
Tax on excessively increased land value	..	0	0	0	0	0	0	0	0	0
Comprehensive real estate tax	..	0	0	0	2 414	1 029	1 224	1 399	2 671	3 601
Rural dev. tax on comprehensive real estate tax	..	0	0	0	483	208	250	267	505	680
4110 Ménages	..	..	0	0	0	0	0	0	0	0
4120 Autres agents	..	..	22	138	112	101	156	175	216	213
Workshop tax on property (local)	..	..	22	138	112	101	156	175	216	213
4200 Impôts périodiques sur l'actif net	..	0	0	0	0	0	0	0	0	0
4210 Personnes physiques	..	..	..	..	..	..	..	..	..	..
4220 Sociétés	..	..	..	..	..	..	..	..	..	..
4300 Impôts sur mut. par décès, succ. et donations	..	12	354	989	2 842	3 076	4 290	5 044	8 329	10 375
4310 Impôts sur mut. par décès et successions	..	5	85	449	1 059	1 203	1 587	1 944	3 154	3 904
Inheritance tax	..	3	71	449	1 059	1 203	1 587	1 944	3 154	3 904
Defence tax on inheritance tax	..	2	14	0	0	0	0	0	0	0
4320 Impôts sur les donations	..	7	269	540	1 783	1 873	2 703	3 100	5 175	6 471
Gift tax	..	7	225	540	1 783	1 873	2 703	3 100	5 175	6 471
Defence tax on gift tax	..	0	44	0	0	0	0	0	0	0
4400 Impôts sur transact. mobilières et immob.	..	319	2 960	11 935	21 071	21 170	20 748	31 095	33 653	46 093
Registration tax (local)	..	122	1 378	4 528	7 254	7 370	1 312	1 831	1 837	2 053
Registration tax	..	0	0	0	0	0	0	0	0	0
Defence tax on registration tax	..	0	0	0	0	0	0	0	0	0
Rural dev. tax on local acquisition tax	..	0	0	246	627	632	874	969	947	1 164
Rural dev. tax on local registration tax	..	0	0	66	143	144	1	1	0	0
Securities transactions tax	..	0	224	2 736	3 469	3 667	3 077	4 670	4 473	8 759
Rural dev. tax on securities transaction tax	..	0	0	823	1 729	2 010	1 529	1 861	1 635	3 616
Acquisition tax (local)	..	163	1 165	3 148	7 261	6 825	13 318	20 810	23 915	29 536
Stamp tax	..	34	193	388	588	522	637	953	846	965
4500 Impôts non-périodiques	..	22	95	537	0	0	0	0	0	0
Asset revaluation tax	..	22	95	537	..	..	..	..	..	..
4510 Sur l'actif net	..	..	0	0	..	..	..	..	..	..
4520 Autres non-périodiques	..	..	0	0	..	..	..	..	..	..
4600 Autres impôts périodiques sur patrimoine	..	0	0	0	0	0	0	0	0	0
5000 Impôts sur les biens et services	..	**4 190**	**16 497**	**52 271**	**80 861**	**99 769**	**106 717**	**110 326**	**135 276**	**131 353**
5100 Impôts sur production, vente, transfert, etc.	..	4 114	16 024	50 023	78 414	96 573	99 970	103 254	127 551	123 219
5110 Impôts généraux	..	1 471	6 964	23 212	40 942	51 800	59 105	60 162	82 174	81 452
5111 Taxes sur la valeur ajoutée	..	1 471	6 964	23 212	40 942	51 800	59 105	60 162	82 174	81 452
Value added tax	..	1 471	6 964	23 212	40 942	51 800	59 105	60 162	82 174	81 452
5112 Impôts sur les ventes	..	0	0	0	0	0	0	0	0	0
Business tax	..	..	..	..	..	..	..	..	..	..
5113 Autres impôts	..	0	0	0	0	0	0	0	0	0
5120 Impôts sur biens et services déterminés	..	2 643	9 059	26 811	37 472	44 773	40 865	43 092	45 377	41 767
5121 Accises	..	1 029	4 924	18 155	27 880	31 340	27 661	31 857	34 691	33 013
Commodity tax	..	0	0	0	0	0	0	0	0	0
Defence tax on commodity tax	..	0	0	0	0	0	0	0	0	0
Liquor tax	..	298	1 022	1 963	2 268	2 878	2 947	3 228	3 504	3 008
Defence tax on liquor tax	..	78	0	0	0	0	0	0	0	0
Education tax on liquor tax	..	0	81	5[illegible]6	580	724	764	808	844	733
Textile tax	..	0	0	0	0	0	0	0	0	0
Petroleum tax	..	0	0	0	0	0	0	0	0	0
Transport tax on petrol products	..	0	0	8 404	11 464	13 970	13 248	14 055	14 563	13 938
Education tax on transport tax	..	0	0	1 247	1 715	2 133	1 895	2 154	2 190	2 041
Electricity and gas tax	..	0	0	0	0	0	0	0	0	0
Special excise tax	..	583	1 912	2 985	5 161	5 066	5 484	3 001	9 719	9 218
Defence tax on special excise tax	..	70	337	0	0	0	0	0	0	0
Education tax on special excise tax	..	0	0	493	607	501	485	515	455	440
Rural development on special excise tax	..	0	0	37	54	24	56	61	58	57
Tobacco sales tax (local)	..	0	0	0	0	0	0	0	0	0
Tobacco consumption tax (local)	..	0	1 572	2 251	2 761	2 875	2 782	3 035	3 358	3 578
Motor fuel tax (local)	..	0	0	254	3 270	3 169	0	0	0	0
5122 Bénéfices des monopoles fiscaux	..	510	0	0	0	0	0	0	0	0
Monopoly profit	..	510	..	..	..	..	..	..	..	..

	1965	1980	1990	2000	2007	2010	2013	2015	2019	2020
5123 Droits de douane et droits à l'importation	..	1 014	3 692	5 936	7 690	11 046	11 012	8 907	8 250	7 413
Customs duties	..	762	2 765	5 800	7 411	10 666	10 562	8 495	7 882	7 059
Defence tax on customs duties	..	248	919	0	0	0	0	0	0	0
Special customs duties	..	0	0	0	0	0	0	0	0	0
Tonnage tax	..	0	0	0	0	0	0	0	0	0
Education tax on imports	..	0	7	99	234	336	429	390	345	341
Rural dev. tax on customs exemptions	..	0	0	37	45	44	21	22	23	13
Previous year receipts	..	4	0	0	0	0	0	0	0	0
5124 Taxes à l'exportation	..	0	0	0	0	0	0	0	0	0
5125 Impôts sur biens d'équipement	..	0	0	0	0	0	0	0	0	0
5126 Impôts sur services déterminés	..	90	444	2 720	1 902	2 387	2 192	2 328	2 436	1 341
Telephone tax	..	50	262	1 457	0	0	0	0	0	0
Defence tax on telephone tax	..	33	0	0	0	0	0	0	0	0
Entertainment tax	..	0	0	0	0	0	0	0	0	0
Defence tax on entertainment tax	..	0	0	0	0	0	0	0	0	0
Entertainment tax (local)	..	0	0	0	0	0	0	0	0	0
Travel tax	..	0	0	0	0	0	0	0	0	0
Admission tax	..	0	0	0	0	0	0	0	0	0
Defence tax on admission tax	..	0	0	0	0	0	0	0	0	0
Education tax on banking & insurance	..	0	108	473	721	951	938	1 004	1 277	1 138
Horse race tax (local)	..	3	56	566	864	1 068	1 042	1 089	970	169
Rural dev. tax on horse race tax	..	0	0	84	165	215	212	235	189	34
Butchery tax (local)	..	5	18	51	52	58	0	0	0	0
Regional development tax (local)	..	0	0	89	100	95	0	0	0	0
5127 Autres impôts sur commerce et transact. internat.	..	0	0	0	0	0	0	0	0	0
5128 Autres impôts	..	0	0	0	0	0	0	0	0	0
5130 Non-ventilables entre 5110 et 5120	..	0	0	0	0	0	0	0	0	0
5200 Impôts sur utilisation des biens et exerc. activités	..	75	474	2 248	2 447	3 196	6 747	7 072	7 725	8 134
5210 Impôts périodiques	..	75	474	2 248	2 447	3 196	6 747	7 072	7 725	8 134
License tax (local)	..	18	48	241	77	76	0	0	0	0
Automobile tax (local)	..	57	426	2 007	2 370	3 120	6 747	7 072	7 725	8 134
5211 À la charge des ménages : véhicules à moteur	..	..	..	..	..	..	..	..	..	..
5212 À la charge autres agents : véhicules à moteur	..	..	..	..	..	..	..	..	..	..
5213 Autres impôts périodiques	..	..	..	..	..	..	..	..	..	..
5220 Impôts non-périodiques	..	0	0	0	0	0	0	0	0	0
5300 Non-ventilables entre 5100 et 5200	..	0	0	0	0	0	0	0	0	0
6000 Autres impôts	**..**	**150**	**259**	**4 907**	**8 155**	**9 974**	**10 399**	**9 642**	**13 269**	**11 560**
6100 À la charge exclusive des entreprises	..	0	0	0	0	0	0	0	0	0
6200 À la charge d'autres agents	..	150	259	4 907	8 155	9 974	10 399	9 642	13 269	11 560
Unallocable tax revenue	..	143	0	0	0	0	0	0	0	0
Previous year tax	..	0	213	1 474	2 965	4 449	4 774	3 435	5 873	4 165
Previous year tax (local)	..	6	47	474	672	654	601	392	719	259
Unallocable defence tax	..	0	0	-3	0	0	0	0	0	0
Education tax on local taxes	..	0	0	2 962	4 518	4 871	5 024	5 815	6 677	7 136
Recettes fiscales totales sur la base d'encaissements	**..**	**6 687**	**37 262**	**136 295**	**258 571**	**295 968**	**347 332**	**393 559**	**523 985**	**538 450**
Recettes fiscales totales sur la base des droits constatés	**..**	**..**	**..**	**..**	**..**	**..**	**..**	**..**	**..**	**..**
Conciliation avec les comptes nationaux										
Impôts additionnels inclus dans les comptes nationaux	..	..	..	..	..	..	..	..	..	..
Impôt exclus des comptes nationaux	..	..	..	..	..	..	..	..	..	..
Différence dans les traitements des crédits d'impôts	..	..	..	..	..	..	..	..	..	..
Transfert en capital des recettes non collectées	..	..	..	..	..	..	..	..	..	..
Cotisations de sécurité sociale volontaires	..	..	..	..	..	..	..	..	..	..
Différences diverses	..	..	..	..	..	..	..	..	..	..
Comptes nationaux : impôts et cotisations sociales effectives	..	..	..	..	..	..	..	..	..	..
Cotisations sociales imputées	..	..	..	..	..	..	..	..	..	..
Comptes nationaux : impôts et toutes les cotisations sociales	..	..	..	..	..	..	..	..	..	..

.. Non disponible
Note : Year ending 31st December.
Data are on cash basis.
Heading 2000: From 1997 the contributions to the three funds (civil servant pension fund, private school teachers pension fund and medical insurance fund) are classified as security social contributions. The reasons for the change are that the contributions either became mandatory or the fund started to be managed by public authorities in that year, thereby meeting the OECD definition of social security contributions.
Heading 2200: From 2007, this includes long-term care insurance.
Source : Ministry of Finance and Economy, Ministry of Home Affairs.

StatLink https://stat.link/6gw1aq

Tableau 5.22. Lettonie : recettes fiscales détaillées, 1965-2020

Million EUR

	1965	1980	1990	2000	2007	2010	2013	2015	2019	2020
Recettes fiscales totales	..	..	..	**1 995**	**6 401**	**5 162**	**6 695**	**7 320**	**9 482**	**9 357**
Recettes fiscales totales excluant les taxes collectés pour le compte de l'UE	..	..	..	**1 995**	**6 362**	**5 137**	**6 667**	**7 272**	**9 426**	**9 304**
1000 Impôts sur revenu, bénéfices et gains en capital	..	..	..	**480**	**1 857**	**1 292**	**1 690**	**1 833**	**2 026**	**2 021**
1100 Des personnes physiques	..	..	..	376	1 287	1 116	1 320	1 445	1 978	1 808
1110 Sur le revenu et les bénéfices	..	..	..	376	1 287	1 116	1 320	1 445	1 978	1 808
Personal income tax	..	..	..	376	1 287	1 116	1 320	1 445	1 978	1 808
Solidarity tax	..	..	..	0	0	0	0	0	1	0
1120 Sur les gains en capital	..	..	..	0	0	0	0	0	0	0
1200 Des sociétés	..	..	..	105	570	175	370	389	48	213
1210 Sur les bénéfices	..	..	..	105	570	175	370	389	48	213
1220 Sur les gains en capital	..	..	..	0	0	0	0	0	0	0
1300 Non-ventilables entre 1100 et 1200	..	..	..	0	0	0	0	0	0	0
2000 Cotisations de sécurité sociale	..	..	..	**669**	**1 774**	**1 554**	**1 933**	**2 030**	**2 911**	**2 937**
2100 À la charge des salariés	..	..	..	167	479	389	531	585	847	841
2110 Sur la base du salaire	..	..	..	167	479	389	531	585	847	841
2120 Sur la base de l'impôt sur les revenus	..	..	..	0	0	0	0	0	0	0
2200 À la charge des employeurs	..	..	..	501	1 283	1 155	1 391	1 432	2 037	2 068
2210 Sur la base du salaire	..	..	..	501	1 283	1 155	1 391	1 432	2 037	2 068
2220 Sur la base de l'impôt sur les revenus	..	..	..	0	0	0	0	0	0	0
2300 A charge des travailleurs indép. ou sans emploi	..	..	..	1	12	9	11	12	27	29
2310 Sur la base du salaire	..	..	..	1	12	9	11	12	27	29
2320 Sur la base de l'impôt sur les revenus	..	..	..	0	0	0	0	0	0	0
2400 Non-ventilables entre 2100, 2200 et 2300	..	..	..	0	0	0	0	0	0	0
2410 Sur la base du salaire	..	..	..	..	..	..	..	..	..	..
2420 Sur la base de l'impôt sur les revenus	..	..	..	..	..	..	..	..	..	..
3000 Sur salaires ou main d'oeuvre	..	..	..	**0**	**4**	**3**	**3**	**3**	**3**	**3**
Risk duty of business	..	..	..	..	4	3	3	3	3	3
4000 Impôts sur le patrimoine	..	..	..	**76**	**195**	**157**	**221**	**249**	**287**	**281**
4100 Impôts périodiques sur la propriété immobilière	..	..	..	63	106	128	173	197	226	222
4110 Ménages	..	..	..	0	0	0	22	24	40	39
4120 Autres agents	..	..	..	63	106	128	151	173	187	183
Tax on property	..	..	..	63	106	128	151	173	187	183
Tax on land	..	..	..	0	0	0	0	0	0	0
4200 Impôts périodiques sur l'actif net	..	..	..	0	0	0	0	0	0	0
4210 Personnes physiques	..	..	..	..	..	..	..	..	..	..
4220 Sociétés	..	..	..	..	..	..	..	..	..	..
4300 Impôts sur mut. par décès, succ. et donations	..	..	..	0	3	3	5	7	11	12
4310 Impôts sur mut. par décès et successions	..	..	..	..	3	3	5	7	11	12
Duty for legacies and donations	..	..	..	..	0	2	3	4	9	9
Stamp duty for transactions made in Land Register in relation to legacies and donations	..	..	..	..	1	0	0	1	1	1
Duty for consolidation of ownership and legal cliens in Land Register anent legacies and donations	..	..	..	..	2	2	2	2	2	2
4320 Impôts sur les donations	..	..	..	..	0	0	0	0	0	0
4400 Impôts sur transact. mobilières et immob.	..	..	..	13	86	26	43	42	45	44
Duties on transactions with privatization vouchers	..	..	..	0	0	0	0	0	0	0
Stamp duty for transactions made in Land Register, which have been collected from juridical persons, except legacies and donations	..	..	..	0	1	1	1	1	1	1
Duty for consolidation of ownership and legal liens in Land Register, which have been collected from juridical persons, except legacies and donations	..	..	..	4	27	13	17	18	19	18
Stamp duty for transactions made in Land Register, which have been collected from physical persons, except legacies and donations	..	..	..	1	8	1	2	2	2	2
Duty for consolidation of ownership and legal liens in Land Register, which have been collected from physical persons, except legacies and donations	..	..	..	7	51	11	23	20	23	23
4500 Impôts non-périodiques	..	..	..	0	0	0	0	3	4	3
4510 Sur l'actif net	..	..	..	..	..	..	..	0	0	0
4520 Autres non-périodiques	..	..	..	..	..	..	..	3	4	3
The payment made by a foreigner before receiving temporary residence permit	..	..	..	..	..	..	..	3	4	3
4600 Autres impôts périodiques sur patrimoine	..	..	..	0	0	0	0	0	0	0
5000 Impôts sur les biens et services	..	..	..	**770**	**2 572**	**2 157**	**2 849**	**3 205**	**4 254**	**4 114**
5100 Impôts sur production, vente, transfert, etc.	..	..	..	739	2 515	2 031	2 695	3 052	3 977	3 896
5110 Impôts généraux	..	..	..	476	1 753	1 301	1 855	2 130	2 783	2 720
5111 Taxes sur la valeur ajoutée	..	..	..	476	1 727	1 202	1 690	1 876	2 632	2 571

	1965	1980	1990	2000	2007	2010	2013	2015	2019	2020
5112 Impôts sur les ventes	..	..	..	0	0	0	0	31	0	0
Subsidised electricity tax	..	..	..	..	..	..	..	31	..	..
5113 Autres impôts	..	..	..	0	27	99	165	223	150	149
Mandatory procurement public service obligation fee	..	..	..	..	27	99	165	223	150	149
5120 Impôts sur biens et services déterminés	..	..	..	262	761	730	840	922	1 194	1 176
5121 Accises	..	..	..	232	626	645	742	807	1 068	1 065
Excise duty on alcoholic beverages	..	..	..	63	127	111	124	128	200	189
Excise duty on beer	..	..	..	4	15	25	24	27	54	52
Excise duty on oil products	..	..	..	124	359	360	388	428	542	560
Excise duty on tobacco	..	..	..	27	92	130	160	178	228	223
Excise duty on other products	..	..	..	14	32	18	24	25	17	18
Excise duty on coffee and non alcoholic beverages	..	..	..	6	8	13	14	14	17	18
Excise duty / Tax on cars and motorcycles	..	..	..	8	24	5	10	11	0	0
Excise duty on natural gas	..	..	..	0	0	1	22	20	22	17
Tax on electricity	..	..	..	0	1	1	1	2	5	5
5122 Bénéfices des monopoles fiscaux	..	..	..	0	0	0	0	0	0	0
5123 Droits de douane et droits à l'importation	..	..	..	21	70	38	29	43	52	48
Customs duties	..	..	..	21	40	25	28	40	50	48
Levies on imported agricultural products	..	..	..	0	2	0	0	0	0	0
Excise duty of imported goods for omission for free turnover	..	..	..	0	28	14	2	3	2	0
5124 Taxes à l'exportation	..	..	..	0	0	0	0	0	0	0
5125 Impôts sur biens d'équipement	..	..	..	0	0	0	0	0	0	0
5126 Impôts sur services déterminés	..	..	..	10	66	47	68	72	74	63
Taxes on lotteries and gambling	..	..	..	7	42	22	29	32	47	34
Financial stability fee	..	..	..	0	0	0	5	4	7	6
Passenger departure duty	..	..	..	3	0	0	0	0	0	0
Contributions to the EU Single Resolution Fund	..	..	..	0	0	0	0	8	6	4
Contributions to the fund for the protection of the insured	..	..	..	0	1	1	1	1	0	0
Contributions to the deposit guarantee fund	..	..	..	0	22	24	32	28	14	18
Other special target State duties	..	..	..	0	0	0	0	0	0	1
5127 Autres impôts sur commerce et transact. internat.	..	..	..	0	0	0	0	0	0	0
5128 Autres impôts	..	..	..	0	0	0	0	0	0	0
5130 Non-ventilables entre 5110 et 5120	..	..	..	0	0	0	0	0	0	0
5200 Impôts sur utilisation des biens et exerc. activités	..	..	..	32	57	126	154	153	277	219
5210 Impôts périodiques	..	..	..	32	57	73	140	142	171	177
5211 À la charge des ménages : véhicules à moteur	..	..	..	12	16	34	48	54	64	66
Vehicle tax for vehicles which have been registered on physical persons	..	..	..	0	0	0	48	54	64	66
Annual vehicle duty for vehicles which have been registered on physical persons	..	..	..	12	16	34	0	0	0	0
5212 À la charge autres agents : véhicules à moteur	..	..	..	0	20	22	45	46	52	53
Tax on cars belonging to enterprises	..	..	..	..	0	0	21	20	21	22
Vehicle tax for vehicles which have been registered on judical persons	..	..	..	..	0	0	24	26	31	31
Annual vehicle duty for vehicles which have been registered on judical persons	..	..	..	..	20	22	0	0	0	0
5213 Autres impôts périodiques	..	..	..	20	21	17	47	42	55	58
Duty for keeping animals	..	..	..	0	0	0	0	0	0	0
Income from lease of reservoirs and fishing rights and non-production use of fishing rights (fishing cards)	..	..	..	0	0	0	1	1	1	1
Business and professional licences	..	..	..	5	6	4	27	20	23	23
State duties and payments for issue of special permits (licences) and registration of documents that commensurate correspondence of professional qualification	..	..	..	1	0	0	0	0	0	0
Lottery and gambling state duty	..	..	..	1	4	2	2	2	4	4
Gambling equipment marking duty	..	..	..	0	1	1	0	0	0	0
Payment for rental of commercial fishing rights	..	..	..	0	0	0	0	1	1	0
Lottery of goods and services organization duty	..	..	..	2	0	0	0	0	0	0
State duty for using numerative rights	..	..	..	0	0	0	0	0	0	0
State duty for keeping oil products` security reserves	..	..	..	0	0	0	24	16	19	18
Tax on natural resources	..	..	..	15	15	12	19	22	30	34
State fee from weapon	..	..	..	0	0	0	0	0	0	0
5220 Impôts non-périodiques	..	..	..	0	0	53	14	11	105	42
Revenue from state-owned greenhouse gas emission unit trade	..	..	..	..	..	53	14	0	0	0
Payment for emission quota trading	..	..	..	..	..	0	0	11	105	42
The fee for the appeal of procurement	..	..	..	..	..	0	0	0	0	0
5300 Non-ventilables entre 5100 et 5200	..	..	..	0	0	0	0	0	0	0
6000 Autres impôts	**..**	**..**	**..**	**0**	**0**	**0**	**0**	**0**	**0**	**0**
6100 À la charge exclusive des entreprises	..	..	..	..	..	..	..	..	..	..

	1965	1980	1990	2000	2007	2010	2013	2015	2019	2020
6200 À la charge d'autres agents	..	..	..	..	..	..	..	..	..	..
Pour mémoire										
Droits de douane perçus pour le compte de l'UE	..	..	..	..	37	25	28	40	50	48
Contributions au Fonds de résolution unique collectées pour le compte de l'UE	..	..	..	..	..	..	..	8	6	4
Recettes fiscales totales sur la base d'encaissements	..	..	..	..	..	..	..	..	..	..
Recettes fiscales totales sur la base des droits constatés	..	..	..	**1 995**	**6 401**	**5 162**	**6 695**	**7 320**	**9 482**	**9 357**
Conciliation avec les comptes nationaux										
Impôts additionnels inclus dans les comptes nationaux	..	..	..	14	1	1	0	0	0	0
Impôt exclus des comptes nationaux	..	..	..	0	0	0	0	0	0	0
Différence dans les traitements des crédits d'impôts	..	..	..	0	0	0	0	0	0	0
Transfert en capital des recettes non collectées	..	..	..	0	0	0	0	0	0	0
Cotisations de sécurité sociale volontaires	..	..	..	0	0	0	0	0	0	0
Différences diverses	..	..	..	0	0	0	0	0	0	0
Comptes nationaux : impôts et cotisations sociales effectives	..	..	..	2 009	6 402	5 163	6 695	7 320	9 482	9 357
Cotisations sociales imputées	..	..	..	12	51	36	59	80	149	128
Comptes nationaux : impôts et toutes les cotisations sociales	..	..	..	2 022	6 453	5 199	6 754	7 401	9 630	9 484

.. Non disponible
Note : Year ending 31st December.
Data on accrual basis.
Source : Ministry of Finance.

StatLink https://stat.link/5w9gl7

Tableau 5.23. Lituanie : recettes fiscales détaillées, 1965-2020

Million EUR

	1965	1980	1990	2000	2007	2010	2013	2015	2019	2020
Recettes fiscales totales	..	..	..	**4 154**	**8 730**	**7 961**	**9 445**	**10 826**	**14 817**	**15 327**
Recettes fiscales totales excluant les taxes collectés pour le compte de l'UE	..	..	..	**4 154**	**8 656**	**7 908**	**9 370**	**10 716**	**14 687**	**15 193**
1000 Impôts sur revenu, bénéfices et gains en capital	..	..	..	**1 111**	**2 625**	**1 281**	**1 726**	**2 013**	**4 288**	**4 296**
1100 Des personnes physiques	..	..	..	1 020	1 891	1 005	1 250	1 440	3 529	3 517
1110 Sur le revenu et les bénéfices	..	..	..	1 020	1 810	972	1 226	1 390	3 529	3 517
Tax on payroll and workforce	..	..	..	950	1 628	793	1 008	1 148	2 990	3 517
Tax on income from individual activities	..	..	..	40	81	36	48	55	110	0
Tax on capital income	..	..	..	31	102	143	170	187	429	0
1120 Sur les gains en capital	..	..	..	0	81	33	24	50	0	0
1200 Des sociétés	..	..	..	90	734	276	477	574	759	780
1210 Sur les bénéfices	..	..	..	90	734	276	477	574	759	780
1220 Sur les gains en capital	..	..	..	0	0	0	0	0	0	0
1300 Non-ventilables entre 1100 et 1200	..	..	..	0	0	0	0	0	0	0
2000 Cotisations de sécurité sociale	..	..	..	**1 362**	**2 643**	**3 293**	**3 791**	**4 338**	**4 743**	**5 127**
2100 À la charge des salariés	..	..	..	107	233	641	763	873	3 605	3 872
2110 Sur la base du salaire	..	..	..	107	233	641	763	873	3 605	3 872
2120 Sur la base de l'impôt sur les revenus	..	..	..	0	0	0	0	0	0	0
2200 À la charge des employeurs	..	..	..	1 119	2 180	2 109	2 526	2 916	359	378
2210 Sur la base du salaire	..	..	..	1 119	2 180	2 109	2 526	2 916	359	378
2220 Sur la base de l'impôt sur les revenus	..	..	..	0	0	0	0	0	0	0
2300 A charge des travailleurs indép. ou sans emploi	..	..	..	135	230	544	502	549	779	877
2310 Sur la base du salaire	..	..	..	135	230	544	502	549	779	877
2320 Sur la base de l'impôt sur les revenus	..	..	..	0	0	0	0	0	0	0
2400 Non-ventilables entre 2100, 2200 et 2300	..	..	..	0	0	0	0	0	0	0
2410 Sur la base du salaire	..	..	..	..	..	..	..	..	..	..
2420 Sur la base de l'impôt sur les revenus	..	..	..	..	..	..	..	..	..	..
3000 Sur salaires ou main d'oeuvre	..	..	..	**0**	**0**	**0**	**0**	**0**	**0**	**0**
4000 Impôts sur le patrimoine	..	..	..	**62**	**83**	**103**	**97**	**126**	**145**	**147**
4100 Impôts périodiques sur la propriété immobilière	..	..	..	61	82	102	96	125	143	145
4110 Ménages	..	..	..	3	6	7	8	17	39	40
4120 Autres agents	..	..	..	58	76	95	88	108	105	105
Tax on land from corporations	..	..	..	3	8	9	10	10	6	6
Tax on immovable property	..	..	..	55	69	86	77	98	99	99
4200 Impôts périodiques sur l'actif net	..	..	..	0	0	0	0	0	0	0
4210 Personnes physiques	..	..	..	..	..	..	..	..	..	..
4220 Sociétés	..	..	..	..	..	..	..	..	..	..
4300 Impôts sur mut. par décès, succ. et donations	..	..	..	1	2	1	1	1	2	2
4310 Impôts sur mut. par décès et successions	..	..	..	1	2	1	1	1	2	2
4320 Impôts sur les donations	..	..	..	0	0	0	0	0	0	0
4400 Impôts sur transact. mobilières et immob.	..	..	..	0	0	0	0	0	0	0
4500 Impôts non-périodiques	..	..	..	0	0	0	0	0	0	0
4510 Sur l'actif net	..	..	..	..	..	..	..	..	..	..
4520 Autres non-périodiques	..	..	..	..	..	..	..	..	..	..
4600 Autres impôts périodiques sur patrimoine	..	..	..	0	0	0	0	0	0	0
5000 Impôts sur les biens et services	..	..	..	**1 619**	**3 378**	**3 284**	**3 830**	**4 348**	**5 640**	**5 756**
5100 Impôts sur production, vente, transfert, etc.	..	..	..	1 556	3 298	3 202	3 753	4 275	5 541	5 642
5110 Impôts généraux	..	..	..	1 086	2 339	2 183	2 611	2 913	3 876	3 931
5111 Taxes sur la valeur ajoutée	..	..	..	1 005	2 330	2 180	2 611	2 889	3 850	3 907
5112 Impôts sur les ventes	..	..	..	0	0	0	0	0	0	0
5113 Autres impôts	..	..	..	81	8	3	0	24	26	24
Deductions from revenue according to the RoL on the financing of road maintence and development	..	..	..	81	0	0	..	0	0	0
Deductions from revenue according to the RoL Forestry Law	..	..	..	0	0	0	..	24	26	24
Turnover tax on goods	..	..	..	0	0	0	..	0	0	0
Deductions from Ignalina nuclear power plant income generated by sales of electricity	..	..	..	0	8	3	..	0	0	0
Turnover tax on publications of erotic and violent nature	..	..	..	0	0	0	..	0	0	0
Turnover tax on motor cars	..	..	..	0	0	0	..	0	0	0
Turnover tax on goods containing ethyl	..	..	..	0	0	0	..	0	0	0
5120 Impôts sur biens et services déterminés	..	..	..	470	960	1 019	1 141	1 362	1 665	1 711

	1965	1980	1990	2000	2007	2010	2013	2015	2019	2020
5121 Accises	..	..	..	428	835	903	996	1 165	1 503	1 546
Alcoholic beverages	..	..	..	10	2	10	12	6	20	17
Manufactured tabacco	..	..	..	41	121	170	209	270	300	306
Oil and other oil products	..	..	..	230	451	487	534	619	835	858
Electricity	..	..	..	2	0	3	3	4	2	2
Luxury cars	..	..	..	1	0	0	0	0	0	0
Sugar	..	..	..	25	13	1	7	1	0	0
Other former minor excises	..	..	..	5	0	0	0	0	0	0
Wine and sparkling wine	..	..	..	6	23	30	31	36	48	49
Beer	..	..	..	24	38	44	38	50	84	84
Other alcoholic beverages	..	..	..	84	186	158	162	179	213	231
5122 Bénéfices des monopoles fiscaux	..	..	..	0	0	0	0	0	0	0
5123 Droits de douane et droits à l'importation	..	..	..	41	61	53	68	99	122	128
Taxes on international trades and transactions	..	..	..	41	0	0	0	0	0	0
Imported sugar tax	..	..	..	0	0	0	0	0	0	0
Custom duties collected for the EU	..	..	..	0	61	53	68	99	122	128
5124 Taxes à l'exportation	..	..	..	0	0	0	0	0	0	0
5125 Impôts sur biens d'équipement	..	..	..	0	0	0	0	0	0	0
5126 Impôts sur services déterminés	..	..	..	0	64	63	77	98	39	37
Tax on lotteries and gambling	..	..	..	..	9	8	12	15	19	17
Contributions to the Guarantee Fund	..	..	..	..	11	5	12	16	0	0
Deposit and investment insurance tax	..	..	..	..	43	48	52	56	11	13
Resolution Fund	..	..	..	..	0	0	0	10	8	6
Other taxes on specific services	..	..	..	..	0	1	2	1	2	2
5127 Autres impôts sur commerce et transact. internat.	..	..	..	0	0	0	0	0	0	0
5128 Autres impôts	..	..	..	0	0	0	0	0	0	0
5130 Non-ventilables entre 5110 et 5120	..	..	..	0	0	0	0	0	0	0
5200 Impôts sur utilisation des biens et exerc. activités	..	..	..	64	80	83	78	74	99	114
5210 Impôts périodiques	..	..	..	64	80	83	78	74	99	114
5211 À la charge des ménages : véhicules à moteur	..	..	..	0	0	0	0	0	0	0
5212 À la charge autres agents : véhicules à moteur	..	..	..	7	30	13	31	32	38	51
Car registration taxes	..	..	..	0	0	0	15	15	18	30
Conveyance taxes	..	..	..	7	30	13	16	17	20	21
5213 Autres impôts périodiques	..	..	..	57	50	70	47	42	61	64
Pollution taxes	..	..	..	6	18	7	19	13	20	20
Payments by households for licences (not for business purposes)	..	..	..	5	3	6	2	2	2	2
Tax on market place	..	..	..	2	0	0	0	0	0	0
State-imposed fees and charges	..	..	..	34	22	44	6	5	6	6
Other taxes on production	..	..	..	10	6	13	21	22	33	36
5220 Impôts non-périodiques	..	..	..	0	0	0	0	0	0	0
5300 Non-ventilables entre 5100 et 5200	..	..	..	0	0	0	0	0	0	0
6000 Autres impôts	**..**	**..**	**..**	**0**	**0**	**0**	**0**	**0**	**0**	**0**
6100 À la charge exclusive des entreprises	..	..	..	..	..	..	..	..	..	..
6200 À la charge d'autres agents	..	..	..	..	..	..	..	..	..	..
Pour mémoire										
Droits de douane perçus pour le compte de l'UE	..	..	..	..	61	53	68	99	122	128
Contributions au Fonds de résolution unique collectées pour le compte de l'UE	..	..	..	..	..	..	..	10	8	6
Recettes fiscales totales sur la base d'encaissements	**..**	**..**	**..**	**..**	**..**	**..**	**..**	**..**	**..**	**..**
Recettes fiscales totales sur la base des droits constatés	**..**	**..**	**..**	**4 154**	**8 730**	**7 961**	**9 445**	**10 826**	**14 817**	**15 327**
Conciliation avec les comptes nationaux										
Impôts additionnels inclus dans les comptes nationaux	..	..	..	0	0	0	0	0	0	0
Impôt exclus des comptes nationaux	..	..	..	0	0	0	0	0	0	0
Différence dans les traitements des crédits d'impôts	..	..	..	0	0	0	0	0	0	0
Transfert en capital des recettes non collectées	..	..	..	-39	-9	-32	-17	-18	-25	-69
Cotisations de sécurité sociale volontaires	..	..	..	0	2	2	3	2	2	0
Différences diverses	..	..	..	0	0	0	0	0	0	0
Comptes nationaux : impôts et cotisations sociales effectives	..	..	..	4 115	8 723	7 932	9 430	10 811	14 794	15 258
Cotisations sociales imputées	..	..	..	3	91	103	99	116	160	171
Comptes nationaux : impôts et toutes les cotisations sociales	..	..	..	4 118	8 814	8 035	9 529	10 927	14 954	15 429

.. Non disponible

Note : Year ending 31st December.

Data on an accrual basis.

Source : Ministry of Finance.

StatLink https://stat.link/5vgq2z

Tableau 5.24. Luxembourg : recettes fiscales détaillées, 1965-2020

Million EUR

	1965	1980	1990	2000	2007	2010	2013	2015	2019	2020
Recettes fiscales totales	**266**	**1 543**	**3 671**	**8 510**	**13 456**	**15 117**	**17 777**	**18 830**	**24 696**	**24 697**
Recettes fiscales totales excluant les taxes collectés pour le compte de l'UE	..	..	**3 654**	**8 482**	**13 432**	**15 099**	**17 761**	**18 777**	**24 530**	**24 488**
1000 Impôts sur revenu, bénéfices et gains en capital	**95**	**667**	**1 476**	**3 106**	**4 654**	**5 467**	**6 274**	**7 011**	**9 678**	**9 370**
1100 Des personnes physiques	66	417	884	1 573	2 677	3 156	4 061	4 716	5 917	6 290
1110 Sur le revenu et les bénéfices	66	417	884	1 573	2 677	3 156	4 061	4 716	5 917	6 290
Impôt sur le revenu des personnes physiques	27	106	184	258	389	540	666	721	782	874
Impôt solidarité majoration personnes physiques	0	10	41	37	59	74	268	305	381	410
Impôt sur traitements et salaires	36	287	601	1 177	1 909	2 136	2 797	3 227	4 146	4 468
Impôt sur le revenu des capitaux	2	11	52	88	188	315	223	313	516	456
Impôt sur les tantièmes	1	2	5	11	20	26	38	44	57	53
Impôt sur le revenu de certains non-résidents	0	1	1	2	1	1	1	1	2	1
Impôt retenu sur revenus épargne (non résidents)	0	0	0	0	51	33	40	0	0	0
Retenu libératoire nationale sur les intérêts	0	0	0	0	60	31	28	20	30	21
Contribution à la crise	0	0	0	0	0	0	0	0	0	0
Impôt d'équilibrage budgétaire temporaire	0	0	0	0	0	0	0	85	2	1
Impôt retenu sur les contributions versées à un régime complémentaire de pension agréé pour indépendants	..	..	0	0	0	0	0	0	1	6
1120 Sur les gains en capital	0	0	0	0	0	0	0	0	0	0
Prélèvement sur gains des paris	..	..	..	..	..	..	..	..	..	..
1200 Des sociétés	29	250	592	1 533	1 977	2 311	2 213	2 295	3 761	3 080
1210 Sur les bénéfices	29	250	592	1 533	1 977	2 311	2 213	2 295	3 761	3 080
Impôt sur le revenu des collectivites	18	168	376	1 031	1 381	1 646	1 530	1 569	2 460	1 965
Impôt de solidarité sur le revenu des collectivités	0	2	8	43	58	61	113	120	192	146
Impôt commercial communal	0	80	209	460	538	603	569	606	1 110	969
1220 Sur les gains en capital	0	0	0	0	0	0	0	0	0	0
1300 Non-ventilables entre 1100 et 1200	0	0	0	0	0	0	0	0	0	0
2000 Cotisations de sécurité sociale	**86**	**443**	**1 011**	**2 224**	**3 710**	**4 387**	**5 132**	**5 548**	**6 862**	**7 216**
2100 À la charge des salariés	32	175	388	993	1 691	2 017	2 308	2 498	3 164	3 345
2110 Sur la base du salaire	..	175	388	993	1 691	2 017	2 308	2 498	3 164	3 345
2120 Sur la base de l'impôt sur les revenus	..	0	0	0	0	0	0	0	0	0
2200 À la charge des employeurs	49	243	494	964	1 580	1 888	2 157	2 335	2 847	2 959
2210 Sur la base du salaire	..	243	494	964	1 580	1 888	2 157	2 335	2 847	2 959
2220 Sur la base de l'impôt sur les revenus	..	0	0	0	0	0	0	0	0	0
2300 A charge des travailleurs indép. ou sans emploi	5	25	129	266	438	482	667	715	851	911
2310 Sur la base du salaire	..	25	129	266	438	482	667	715	851	911
2320 Sur la base de l'impôt sur les revenus	..	0	0	0	0	0	0	0	0	0
2400 Non-ventilables entre 2100, 2200 et 2300	0	0	0	0	0	0	0	0	0	0
2410 Sur la base du salaire	..	..	..	..	..	..	..	..	..	..
2420 Sur la base de l'impôt sur les revenus	..	..	..	..	..	..	..	..	..	..
3000 Sur salaires ou main d'oeuvre	**2**	**10**	**0**	**0**	**0**	**0**	**0**	**0**	**0**	**0**
Impôt sur la somme des salaires	2	10	..	..	..	..	..	..	..	..
4000 Impôts sur le patrimoine	**16**	**87**	**309**	**910**	**1 294**	**1 062**	**1 296**	**1 715**	**2 416**	**2 463**
4100 Impôts périodiques sur la propriété immobilière	4	9	14	21	27	29	33	36	38	39
Impôt foncier	4	9	14	21	27	29	33	36	38	39
4110 Ménages	..	..	..	..	..	..	..	..	..	..
4120 Autres agents	..	..	..	..	..	..	..	..	..	..
4200 Impôts périodiques sur l'actif net	7	44	172	633	878	831	980	1 318	1 844	1 852
4210 Personnes physiques	0	0	0	0	0	0	0	0	0	0
Impôt sur la fortune	..	..	..	..	..	..	..	..	..	..
4220 Sociétés	7	44	172	633	878	831	980	1 318	1 844	1 852
Impôt sur la fortune	2	15	58	152	172	208	269	385	771	780
Taxe d'abonnement	3	29	114	481	706	622	710	933	1 073	1 072
4300 Impôts sur mut. par décès, succ. et donations	1	5	11	23	47	50	72	74	114	84
4310 Impôts sur mut. par décès et successions	1	5	11	23	47	50	72	74	114	84
4320 Impôts sur les donations	0	0	0	0	0	0	0	0	0	0
4400 Impôts sur transact. mobilières et immob.	4	30	112	232	343	152	212	287	420	487
Droits d'enregistrement	4	26	94	208	288	116	164	221	319	381
Droits d'hypothèque	1	3	9	12	29	21	28	39	64	72
Droits de timbre	0	2	2	5	7	5	7	8	9	9
Taxe pour construction dans secteurs centraux	0	0	0	0	1	1	1	2	3	3
Surtaxe sur les mutations immobilières	0	0	6	7	17	8	10	16	23	22
Hypothèques salaires	0	0	1	1	1	1	1	1	1	1
Autorisations à bâtir	0	0	0	0	0	0	0	0	0	0
Taxe d'infrastructure	0	0	0	0	0	0	0	0	0	0
Taxes d'autorisation sur les réservoirs de mazout	0	0	0	0	0	0	0	0	0	0
Taxe sur les résidences secondaires	0	0	0	0	0	1	0	0	0	0
4500 Impôts non-périodiques	0	0	0	0	0	0	0	0	0	0

	1965	1980	1990	2000	2007	2010	2013	2015	2019	2020
4510 Sur l'actif net	..	..	..	..	..	..	..	..	..	..
4520 Autres non-périodiques	..	..	..	..	..	..	..	..	..	..
4600 Autres impôts périodiques sur patrimoine	0	0	0	0	0	0	0	0	0	0
5000 Impôts sur les biens et services	**66**	**336**	**868**	**2 260**	**3 784**	**4 180**	**5 052**	**4 528**	**5 711**	**5 626**
5100 Impôts sur production, vente, transfert, etc.	62	327	848	2 229	3 709	4 105	4 969	4 442	5 614	5 530
5110 Impôts généraux	33	179	443	1 127	2 231	2 616	3 399	2 946	3 637	3 674
5111 Taxes sur la valeur ajoutée	0	179	443	1 127	2 231	2 616	3 399	2 946	3 637	3 674
TVA ressources propres UE	..	18	75	92	50	41	49	45	64	56
5112 Impôts sur les ventes	0	0	0	0	0	0	0	0	0	0
5113 Autres impôts	33	0	0	0	0	0	0	0	0	0
Impôt sur chiffre d'affaires	33	..	..	..	..	..	..	..	..	..
5120 Impôts sur biens et services déterminés	30	148	404	1 103	1 478	1 489	1 570	1 496	1 977	1 855
5121 Accises	26	134	365	1 036	1 394	1 401	1 484	1 374	1 674	1 516
Droits d'accises autonomes huiles minérales	1	1	10	100	135	145	197	184	221	180
Droits d'accises autonomes tabac	..	0	8	24	66	70	85	81	159	176
Droits d'accises sur les huiles minérales (R203)	..	76	173	414	559	536	530	495	551	436
Taxe sur la consommation d'alcool	1	5	19	20	21	20	25	28	46	47
Droits d'accises sur le tabac	..	40	141	407	418	422	445	394	462	481
Produit de la contrib.sociale prélevée sur les carburants	..	0	0	59	145	132	126	117	135	106
Redevance de contrôle sur le fuel domestique	..	0	0	2	3	3	2	2	2	2
Droits d'accises sur gaz liquéfiés (R203)	..	0	0	0	0	0	0	0	0	0
Droits d'accises sur benzols (R203)	..	0	0	1	1	1	1	1	1	1
Droits d'accises sur alcools étrangers (R203)	..	3	5	5	6	5	7	8	13	13
Droits d'accises sur bières indigènes	..	4	2	3	4	4	4	5	4	3
Droits d'accises sur boissons fermentées fruits (R203)	..	2	3	0	0	0	0	0	0	0
Droits d'accises boissons fermentées mousseuses (R203)	..	0	1	0	0	0	0	0	0	0
Droits d'accises sur sucres et sirops raffinés (R203)	..	0	1	0	0	0	0	0	0	0
Ajustement accises U.E.B.L.	..	0	0	0	0	0	0	0	0	0
Droits d'accises sur alcools indigènes	..	1	1	0	0	0	0	0	0	0
Accise "Kyoto"	..	0	0	0	37	62	62	58	80	70
Surtaxe sur les boissons confectionnées (alcopops)	..	0	0	0	0	0	0	0	0	0
Produit de la contribution taxe CO2	..	0	0	0	0	0	0	0	0	0
5122 Bénéfices des monopoles fiscaux	0	0	0	0	0	0	0	0	0	0
5123 Droits de douane et droits à l'importation	1	5	11	27	24	18	16	23	26	24
Prélèvements agricoles UE	1	0	0	0	1	0	0	0	0	0
Droits de douane	0	0	0	0	0	0	0	0	0	0
Droits de douane + mobiles + C.E.C.A. + anti-dumping	0	4	11	27	23	18	15	23	26	24
Montants compensatoires agricoles communautaires	0	0	0	0	0	0	0	0	0	0
5124 Taxes à l'exportation	0	0	0	0	0	0	0	0	0	0
5125 Impôts sur biens d'équipement	0	0	0	0	0	0	0	0	0	0
5126 Impôts sur services déterminés	2	6	22	39	60	69	70	98	277	316
Prélév. sommes engagées dans les paris	0	0	0	0	0	0	0	0	0	0
Taxe sur les assurances	1	5	15	23	32	40	45	46	59	61
Taxe sur les transports	1	0	0	0	0	0	0	0	0	0
Taxe de séjour	0	0	1	1	2	2	2	3	3	1
Taxe sur le loto	0	0	3	4	3	3	0	0	0	0
Prélèvement sur les jeux du casino	0	0	3	9	21	23	21	19	22	12
Impôts sur les billets de banque	0	0	0	0	0	0	0	0	0	0
Taxe sur amusements publics (nuits blanches)	0	1	1	2	2	1	2	2	1	0
Contributions au FGDL	0	0	0	0	0	0	0	0	45	50
Contributions au FRL	..	..	0	0	0	0	0	29	139	185
Impôt spécial en charge des assureurs dans l'intérêt du service des secours	0	0	0	0	0	0	0	0	6	6
5127 Autres impôts sur commerce et transact. internat.	0	0	0	0	0	0	0	0	0	0
5128 Autres impôts	0	4	6	1	0	1	1	1	0	0
C.E.C.A.	..	3	4	0	0	0	0	0	..	..
Taxe de coresponsabilité sur le lait	..	1	2	1	0	1	1	1	..	..
Taxe de coresponsabilité sur les céréales	..	0	0	0	0	0	0	0	..	..
5130 Non-ventilables entre 5110 et 5120	0	0	0	0	0	0	0	0	0	0
5200 Impôts sur utilisation des biens et exerc. activités	3	9	20	30	75	75	83	86	97	97
5210 Impôts périodiques	3	8	18	28	68	68	72	71	70	71
5211 À la charge des ménages : véhicules à moteur	2	4	9	16	39	39	40	41	40	41
5212 À la charge autres agents : véhicules à moteur	1	4	7	11	26	26	27	28	27	28

	1965	1980	1990	2000	2007	2010	2013	2015	2019	2020
5213 Autres impôts périodiques	0	0	1	2	2	3	4	3	3	3
Taxe sur les cabarets	0	0	0	0	1	1	1	1	1	0
Taxes d'immatriculation (Com. aux affaires maritimes)	0	0	0	1	1	1	2	1	1	1
Taxe sur les chiens	0	0	1	1	1	1	1	1	1	1
Taxe de colportage	0	0	0	0	0	0	0	0	0	0
Taxe sur les navires	0	0	0	0	0	0	0	0	0	0
5220 Impôts non-périodiques	0	0	2	2	7	7	11	15	27	26
Crédits d'émission	..	..	0	0	0	0	5	7	17	17
Taxes d'immatriculation de voitures	..	..	2	2	7	7	6	8	10	9
5300 Non-ventilables entre 5100 et 5200	0	0	0	0	0	0	0	0	0	0
6000 Autres impôts	**0**	**0**	**7**	**11**	**14**	**22**	**23**	**28**	**29**	**23**
6100 À la charge exclusive des entreprises	..	0	6	11	13	16	15	28	29	23
Taxe supplémentaire sur l'électricité	..	0	0	2	2	2	2	2	2	2
Taxe sur la distribution d'électricité	..	0	3	4	1	1	1	1	1	1
Taxe sur la production d'électricité	..	0	2	2	1	1	1	0	2	0
Taxe sur la consommation de gaz naturel	..	0	0	0	3	4	5	4	5	4
Registre aux firmes: taxes	..	0	1	1	0	0	0	0	0	0
Recettes conc. les dép. des affaires étrangères	..	0	0	0	2	5	5	4	5	6
Timbres de chancellerie	..	0	1	2	4	3	2	1	2	1
TVA reclassée et autres impôts sur la production	..	0	0	1	1	1	1	1	1	2
Sous-compensation TVA	..	0	2	0	0	0	0	0	0	0
Taxe de prélèvement sur l'eau	..	0	2	0	0	0	0	0	0	0
6200 À la charge d'autres agents	..	0	0	0	0	0	0	0	0	0
Pour mémoire										
Droits de douane perçus pour le compte de l'UE	..	..	11	27	23	18	15	23	26	24
Contributions au Fonds de résolution unique collectées pour le compte de l'UE	..	..	..	..	..	..	..	29	139	185
Impôts sur le revenu et cotisations sociales obligatoires (UE)	..	..	140	133	339	420	401	450	587	608
Impôts sur le revenu (UE)	..	..	37	55	103	112	112	125	165	171
Cotisations sociales obligatoires (UE)	..	..	103	77	236	308	289	325	422	437
Crédits d'impôts récupérables										
Crédits d'impôts récupérables contre 1110	..	..	..	..	..	..	..	198	191	189
Composante fiscale	..	..	..	..	..	..	..	..	..	..
Composante transfert	..	..	..	..	..	..	..	..	..	..
Recettes fiscales totales sur la base d'encaissements	**266**	**1 543**	**3 722**	**8 612**	**13 385**	**14 746**	**17 800**	**19 087**	**25 178**	**24 715**
Recettes fiscales totales sur la base des droits constatés	**..**	**..**	**3 671**	**8 510**	**13 456**	**15 117**	**17 777**	**18 830**	**24 696**	**24 697**
Conciliation avec les comptes nationaux										
Impôts additionnels inclus dans les comptes nationaux	..	..	0	0	0	0	0	0	0	0
Impôt exclus des comptes nationaux	..	..	0	0	0	0	0	0	0	0
Différence dans les traitements des crédits d'impôts	..	..	0	0	0	0	0	0	0	0
Transfert en capital des recettes non collectées	..	..	0	0	0	0	-13	-1	-10	-17
Cotisations de sécurité sociale volontaires	..	..	4	18	18	28	33	38	48	52
Différences diverses	..	..	0	0	0	0	0	0	0	0
Comptes nationaux : impôts et cotisations sociales effectives	..	..	3 675	8 528	13 474	15 146	17 797	18 867	24 733	24 732
Cotisations sociales imputées	..	..	267	288	429	505	605	669	814	855
Comptes nationaux : impôts et toutes les cotisations sociales	..	..	3 941	8 816	13 903	15 651	18 402	19 536	25 547	25 587

.. Non disponible
Note : Année civile se terminant le 31 décembre.
Les données sont sur la base des droits constatés.
A la rubrique 2000, la différence entre le total des cotisations de sécurité sociale et celles recueillies par les parastataux de la sécurité sociale correspond au prélèvement pour la péréquation des pensions opéré sur les rémunérations et les pensions des salariés et anciens agents de P&T de la Caisse d'épargne de l'État; ces établissements ressortissant l'un au secteur "sociétés et quasi-sociétés non financières" et l'autre à celui des institutions de crédit.
Les cotisations de sécurité sociale obligatoires versées par les fonctionnaires de l'UE incluent les cotisations de sécurité sociale imputées.
Source : Compte Général de l'État.

StatLink https://stat.link/lpm3h9

Tableau 5.25. Mexique : recettes fiscales détaillées, 1965-2020

Million MXN

	1965	1980	1990	2000	2007	2010	2013	2015	2019	2020
Recettes fiscales totales	..	**771**	**102 005**	**767 216**	**1 382 103**	**1 716 243**	**2 165 50[illegible]**	**2 953 480**	**3 995 654**	**4 [illegible]48 699**
1000 Impôts sur revenu, bénéfices et gains en capital	..	**230**	**34 673**	**276 548**	**554 099**	**683 604**	**957 21[illegible]**	**1 230 555**	**1 694 143**	**1 [illegible]68 161**
1100 Des personnes physiques	..	..	..	..	238 938	313 473	425 621	609 384	829 501	[illegible]2 598
Tax on income of individuals	..	..	..	..	238 938	313 473	425 621	609 384	829 501	[illegible]2 598
1110 Sur le revenu et les bénéfices	..	..	..	..	..	..	..	..	..	..
1120 Sur les gains en capital	..	..	..	..	..	..	..	..	..	..
1200 Des sociétés	..	..	..	..	217 790	246 745	392 199	592 443	803 643	8[illegible]2 120
Tax on income of corporations	..	..	..	..	217 790	246 745	392 199	592 443	803 643	8[illegible]2 120
1210 Sur les bénéfices	..	..	..	..	..	..	..	..	..	..
1220 Sur les gains en capital	..	..	..	..	..	..	..	..	..	..
1300 Non-ventilables entre 1100 et 1200	..	230	34 673	276 548	97 370	123 386	139 393	28 728	60 999	[illegible]3 443
Tax on income	..	..	..	244 841	54 785	66 937	89 028	36 268	54 686	[illegible] 196
Tax on asset	..	..	..	13 913	15 670	-624	-1 325	-502	-585	[illegible] 245
Credit on salary	..	..	..	17 794	23 177	9 708	1 274	993	1 290	479
Oil yields tax	..	..	..	0	3 738	2 296	3 210	0	0	0
IETU	..	..	..	0	0	45 069	47 205	-11 777	-195	-888
Imposed by activity exploration and extraction of hydrocarbon	..	..	..	0	0	0	0	3 746	5 803	[illegible] 902
2000 Cotisations de sécurité sociale	..	**109**	**17 165**	**138 223**	**236 727**	**277 459**	**351 993**	**409 249**	**552 058**	**57[illegible] 019**
2100 À la charge des salariés	..	..	..	..	..	..	..	..	..	..
2110 Sur la base du salaire	..	..	..	..	..	..	..	..	..	..
2120 Sur la base de l'impôt sur les revenus	..	..	..	..	..	..	..	..	..	..
2200 À la charge des employeurs	..	..	..	..	..	..	..	..	..	..
2210 Sur la base du salaire	..	..	..	..	..	..	..	..	..	..
2220 Sur la base de l'impôt sur les revenus	..	..	..	..	..	..	..	..	..	..
2300 A charge des travailleurs indép. ou sans emploi	..	..	..	..	..	..	..	..	..	..
2310 Sur la base du salaire	..	..	..	..	..	..	..	..	..	..
2320 Sur la base de l'impôt sur les revenus	..	..	..	..	..	..	..	..	..	..
2400 Non-ventilables entre 2100, 2200 et 2300	..	109	17 165	138 223	236 727	277 459	351 993	409 249	552 058	57[illegible] 019
2410 Sur la base du salaire	..	..	..	138 223	236 727	277 459	351 993	409 249	552 058	57[illegible] 019
2420 Sur la base de l'impôt sur les revenus	..	..	..	0	0	0	0	0	0	0
3000 Sur salaires ou main d'oeuvre	..	**8**	**1 797**	**11 217**	**28 071**	**36 911**	**53 042**	**70 221**	**101 284**	**105 [illegible]56**
Substitute tax on salary	..	..	..	0	0	0	0	0	0	0
Payroll tax	..	..	..	11 101	20 277	27 813	41 184	69 866	100 798	104 [illegible]25
Tax on remuneration to the personal work	..	..	..	65	7 578	8 841	11 645	152	298	[illegible]07
Tax on professions and fees	..	..	..	36	68	71	50	106	121	177
Tax on operations by contract	..	..	..	15	148	186	163	96	67	47
4000 Impôts sur le patrimoine	..	**15**	**1 914**	**13 964**	**33 161**	**38 955**	**46 238**	**57 673**	**79 262**	**79 [illegible]37**
4100 Impôts périodiques sur la propriété immobilière	..	10	1 036	9 948	19 425	25 724	31 338	37 961	50 540	52 [illegible]28
4110 Ménages	..	0	0	0	0	0	0	0	0	0
4120 Autres agents	..	10	1 036	9 948	19 425	25 724	31 338	37 961	50 540	52 [illegible]28
Property tax	..	..	..	9 [illegible]48	19 425	25 724	31 338	37 961	50 540	52 [illegible]28
4200 Impôts périodiques sur l'actif net	..	0	0	0	0	0	0	0	0	0
4210 Personnes physiques	..	..	..	..	..	..	..	..	..	..
4220 Sociétés	..	..	..	..	..	..	..	..	..	..
4300 Impôts sur mut. par décès, succ. et donations	..	0	8	0	0	0	0	0	0	0
4310 Impôts sur mut. par décès et successions	..	..	8	..	..	..	..	..	..	..
4320 Impôts sur les donations	..	..	0	..	..	..	..	..	..	..
4400 Impôts sur transact. mobilières et immob.	..	5	870	4 017	13 736	13 231	14 900	19 712	28 722	26 [illegible]9
Alienation of immovable property	..	..	..	1 763	1 076	1 122	1 271	1 595	1 939	1 [illegible]2
Transfer of ownership of real estate	..	..	..	2 236	8 147	5 027	4 518	6 671	8 385	12 0[illegible]2
Purchasing property	..	..	..	[illegible]8	4 513	7 082	9 110	1 447	18 397	12 4[illegible]
4500 Impôts non-périodiques	..	0	0	0	0	0	0	0	0	0
4510 Sur l'actif net	..	..	..	..	..	..	..	..	..	..
4520 Autres non-périodiques	..	..	..	..	..	..	..	..	..	..
4600 Autres impôts périodiques sur patrimoine	..	0	0	0	0	0	0	0	0	0
5000 Impôts sur les biens et services	..	**395**	**44 837**	**319 612**	**513 140**	**651 915**	**715 811**	**1 141 170**	**1 504 252**	**1 544 1[illegible]**
5100 Impôts sur production, vente, transfert, etc.	..	388	44 171	310 325	491 928	630 123	696 150	1 120 610	1 486 758	1 527 6[illegible]
5110 Impôts généraux	..	121	26 635	189 606	409 013	504 509	556 794	707 213	933 327	987 5[illegible]
5111 Taxes sur la valeur ajoutée	..	120	26 635	189 606	409 013	504 509	556 794	707 213	933 327	987 5[illegible]
5112 Impôts sur les ventes	..	0	0	0	0	0	0	0	0	[illegible]
5113 Autres impôts	..	1	0	0	0	0	0	0	0	[illegible]
5120 Impôts sur biens et services déterminés	..	265	17 519	120 720	82 915	125 614	139 356	41[illegible] 397	553 432	540 1[illegible]
5121 Accises	..	45	10 072	86 163	47 008	86 098	104 111	36[illegible] 538	470 993	469 0[illegible]
Special tax on production and services	..	..	..	81 544	41 532	81 427	97 860	35[illegible] 294	460 496	460 67[illegible]
Tax on new automobiles	..	..	..	4 619	5 476	4 671	6 252	[illegible] 244	10 497	8 36[illegible]
Tax on luxury goods and services	..	..	..	0	0	0	0	0	0	[illegible]
5122 Bénéfices des monopoles fiscaux	..	0	0	0	0	0	0	0	0	[illegible]

	1965	1980	1990	2000	2007	2010	2013	2015	2019	2020
5123 Droits de douane et droits à l'importation	..	45	6 998	33 285	33 344	26 602	32 324	45 366	66 295	59 247
Step customs officer	..	..	..	423	1 156	2 071	3 065	1 270	1 554	1 309
Import taxes	..	..	..	32 861	32 188	24 531	29 260	44 096	64 741	57 938
5124 Taxes à l'exportation	..	2	75	4	3	0	1	1	0	0
Tax on exports	..	..	..	4	3	0	1	1	0	0
5125 Impôts sur biens d'équipement	..	0	0	0	0	0	0	0	0	0
5126 Impôts sur services déterminés	..	8	132	1 042	2 146	10 958	-967	1 763	9 196	5 625
IDE	..	8	..	0	0	8 022	-5 988	-3 323	-405	-252
Tax on lodging	..	0	..	504	1 059	1 384	1 890	2 561	4 254	2 500
Public entertainment tax	..	0	..	240	365	462	566	689	924	467
Tax on lotteries, raffles and gambling	..	0	..	267	705	923	1 213	1 416	3 403	2 114
Tax on commercials	..	0	..	4	17	166	203	210	376	0
Various indirect taxes	..	0	..	28	0	1	1 149	209	644	795
5127 Autres impôts sur commerce et transact. internat.	..	0	0	0	0	0	0	0	0	0
5128 Autres impôts	..	165	242	226	414	1 956	3 886	4 730	6 947	6 238
Mining fees	..	..	..	226	414	1 956	3 886	4 730	6 947	6 238
5130 Non-ventilables entre 5110 et 5120	..	2	17	0	0	0	0	0	0	0
5200 Impôts sur utilisation des biens et exerc. activités	..	7	666	9 287	21 212	21 793	19 661	20 560	17 494	16 482
5210 Impôts périodiques	..	7	666	9 287	21 212	21 793	19 661	20 560	17 494	16 482
5211 À la charge des ménages : véhicules à moteur	..	3	567	8 878	20 692	21 319	19 174	19 880	16 624	15 699
Tax on motor vehicules	..	..	..	8 878	20 692	21 319	19 174	19 880	16 624	15 699
5212 À la charge autres agents : véhicules à moteur	..	0	0	301	275	281	357	439	645	437
Tax on federal auto transport	..	..	..	301	275	281	357	439	645	437
5213 Autres impôts périodiques	..	4	99	108	246	193	130	240	225	347
Sport fishing	..	..	..	40	98	59	50	62	73	55
Sport hunting	..	..	..	3	0	0	0	0	0	0
Tax on commercial activities	..	..	..	63	147	50	26	64	41	159
Trade in books and magazines	..	..	..	0	0	0	3	1	0	0
Tax on industrial activities	..	..	..	2	0	82	49	93	92	113
Mining	..	..	..	0	0	1	1	21	17	19
5220 Impôts non-périodiques	..	0	0	0	0	0	0	0	0	0
5300 Non-ventilables entre 5100 et 5200	..	0	0	0	0	0	0	0	0	0
6000 Autres impôts	**..**	**14**	**1 619**	**7 651**	**16 905**	**27 398**	**41 204**	**44 612**	**64 654**	**75 671**
6100 À la charge exclusive des entreprises	..	0	0	0	0	0	0	0	0	0
6200 À la charge d'autres agents	..	14	1 619	7 651	16 905	27 398	41 204	44 612	64 654	75 671
Accessories	..	..	..	5 504	12 403	22 206	25 301	23 211	41 063	56 793
Unallocable between 1000 and 5000 caused in exercices fiscal previous liquidation slopes or of payment	..	..	..	374	222	30	1 618	4 168	79	218
Additional state and local taxes	..	..	..	1 773	4 280	5 162	14 285	17 232	23 512	18 660
Crédits d'impôts récupérables										
Crédits d'impôts récupérables contre 1000	..	..	..	..	59 065	40 344	41 800	43 806	50 649	50 476
Composante fiscale	..	..	..	..	35 888	30 635	40 526	42 813	49 359	49 997
Composante transfert	..	..	..	..	23 177	9 708	1 274	993	1 290	479
Recettes fiscales totales sur la base d'encaissements	**..**	**771**	**102 005**	**767 216**	**1 382 103**	**1 716 243**	**2 165 501**	**2 953 480**	**3 995 654**	**4 148 699**
Recettes fiscales totales sur la base des droits constatés	**..**	**..**	**..**	**..**	**..**	**..**	**..**	**..**	**..**	**..**
Conciliation avec les comptes nationaux										
Impôts additionnels inclus dans les comptes nationaux	..	..	..	..	..	..	..	..	..	..
Impôt exclus des comptes nationaux	..	..	..	..	..	..	..	..	..	..
Différence dans les traitements des crédits d'impôts	..	..	..	..	..	..	..	..	..	..
Transfert en capital des recettes non collectées	..	..	..	..	..	..	..	..	..	..
Cotisations de sécurité sociale volontaires	..	..	..	..	..	..	..	..	..	..
Différences diverses	..	..	..	..	..	..	..	..	..	..
Comptes nationaux : impôts et cotisations sociales effectives	..	..	..	..	..	..	..	..	..	..
Cotisations sociales imputées	..	..	..	..	..	..	..	..	..	..
Comptes nationaux : impôts et toutes les cotisations sociales	..	..	..	..	..	..	..	..	..	..

.. Non disponible
Note : Year ending 31st December.
Data are on cash basis.
Source : Ministry of Finance, Economic Department.

StatLink https://stat.link/90an54

Tableau 5.26. Pays-Bas : recettes fiscales détaillées, 1965-2020

Million EUR

	1965	1980	1990	2000	2007	2010	2013	2015	2019	2020
Recettes fiscales totales	**10 860**	**69 982**	**104 419**	**156 824**	**220 950**	**227 911**	**238 488**	**255 348**	**319 236**	**318 601**
Recettes fiscales totales excluant les taxes collectés pour le compte de l'UE	..	..	**102 926**	**155 227**	**218 926**	**225 943**	**236 479**	**252 272**	**315 652**	**315 077**
1000 Impôts sur revenu, bénéfices et gains en capital	**3 884**	**22 998**	**33 689**	**43 256**	**62 463**	**63 581**	**59 085**	**70 849**	**99 003**	**97 810**
1100 Des personnes physiques	3 008	18 383	25 806	25 116	41 414	48 992	44 830	52 405	68 968	73 116
1110 Sur le revenu et les bénéfices	3 007	18 364	25 757	25 057	41 276	48 771	44 592	52 167	68 811	72 937
Income tax	1 359	2 895	2 455	-880	2 294	2 076	-1 337	-2 566	4 858	8 109
Wage tax	1 466	14 984	22 258	24 433	37 729	46 102	45 546	53 953	61 757	62 077
Dividend tax	123	486	1 044	1 504	1 253	593	383	780	2 196	2 751
Directors tax	14	0	0	0	0	0	0	0	0	0
Inhabited house tax	45	0	0	0	0	0	0	0	0	0
1120 Sur les gains en capital	1	18	50	59	138	221	238	238	157	179
Tax on games of chance	1	18	50	59	138	221	238	238	157	179
1200 Des sociétés	876	4 615	7 882	18 140	21 049	14 589	14 255	18 444	30 035	24 694
1210 Sur les bénéfices	876	4 615	7 882	18 140	21 049	14 589	14 255	18 444	30 035	24 694
Corporate income and dividend taxes	876	4 615	7 882	18 140	21 049	14 589	14 255	18 444	30 035	24 694
1220 Sur les gains en capital	0	0	0	0	0	0	0	0	0	0
1300 Non-ventilables entre 1100 et 1200	0	0	0	0	0	0	0	0	0	0
2000 Cotisations de sécurité sociale	**3 342**	**26 641**	**39 075**	**64 522**	**77 072**	**82 732**	**97 372**	**96 426**	**109 298**	**108 685**
2100 À la charge des salariés	1 659	11 018	24 109	35 305	40 918	41 637	49 327	48 213	40 695	40 295
2110 Sur la base du salaire	..	..	..	35 305	40 918	41 637	49 327	48 213	40 695	40 295
2120 Sur la base de l'impôt sur les revenus	..	..	..	0	0	0	0	0	0	0
2200 À la charge des employeurs	1 371	12 465	7 837	18 671	25 925	29 351	31 603	34 614	43 693	44 135
2210 Sur la base du salaire	..	..	..	18 671	25 925	29 351	31 603	34 614	43 693	44 135
2220 Sur la base de l'impôt sur les revenus	..	..	..	0	0	0	0	0	0	0
2300 A charge des travailleurs indép. ou sans emploi	311	3 158	7 129	10 546	10 229	11 744	16 442	13 599	24 910	24 255
2310 Sur la base du salaire	..	..	..	0	0	0	0	0	0	0
2320 Sur la base de l'impôt sur les revenus	..	..	..	10 546	10 229	11 744	16 442	13 599	24 910	24 255
2400 Non-ventilables entre 2100, 2200 et 2300	0	0	0	0	0	0	0	0	0	0
2410 Sur la base du salaire	..	..	..	..	..	..	..	..	..	..
2420 Sur la base de l'impôt sur les revenus	..	..	..	..	..	..	..	..	..	..
3000 Sur salaires ou main d'oeuvre	**0**	**0**	**0**	**0**	**0**	**0**	**0**	**0**	**0**	**0**
4000 Impôts sur le patrimoine	**476**	**2 509**	**3 816**	**8 797**	**10 363**	**8 770**	**8 084**	**9 768**	**12 179**	**13 544**
4100 Impôts périodiques sur la propriété immobilière	111	1 021	1 711	3 094	3 488	4 241	5 249	6 382	7 385	7 910
Municipal immovable property tax	-59	821	1 398	..	..	..	..	..	..	..
Other municipal taxes	66	5	18	..	..	..	..	..	..	..
Contributions polder boards	44	195	295	..	..	..	..	..	..	..
Tax on land	59	0	0	..	..	..	..	..	..	..
4110 Ménages	..	..	..	1 806	1 642	2 058	2 802	3 741	4 417	4 769
Municipal immovable property tax	..	..	..	1 651	1 368	1 553	1 754	1 882	2 125	2 243
Contributions polder boards	..	..	..	155	274	429	492	514	606	638
Levies on social housing corporations	..	..	..	0	0	76	556	1 345	1 686	1 888
4120 Autres agents	..	..	..	1 288	1 846	2 183	2 447	2 641	2 968	3 141
Municipal immovable property tax	..	..	..	893	1 319	1 488	1 686	1 809	2 041	2 156
Contributions polder boards	..	..	..	395	527	695	761	832	927	985
4200 Impôts périodiques sur l'actif net	86	517	554	824	30	23	1	0	0	0
4210 Personnes physiques	86	517	554	824	30	23	1	..	..	..
Property tax of individuals	86	517	554	824	30	23	1	..	..	..
4220 Sociétés	0	0	0	0	0	0	0	..	..	..
4300 Impôts sur mut. par décès, succ. et donations	117	336	522	1 483	1 877	1 721	1 730	1 614	1 777	2 081
4310 Impôts sur mut. par décès et successions	..	304	472	1 303	1 877	1 721	1 730	1 614	1 777	2 081
Estate tax	..	0	0	0	0	0	0	0	0	0
Inheritance tax	..	304	472	1 303	1 877	1 721	1 730	1 614	1 777	2 081
4320 Impôts sur les donations	..	32	50	180	0	0	0	0	0	0
4400 Impôts sur transact. mobilières et immob.	162	635	1 030	3 396	4 968	2 785	1 104	1 772	3 017	3 553
Stamp duties	44	0	0	0	0	0	0	0	0	0
Registration duties	118	0	0	0	0	0	0	0	0	0
Tax on legal transactions	0	635	1 030	0	0	0	0	0	0	0
Real estate transfer tax	0	0	0	2 804	4 925	2 785	1 104	1 772	3 017	3 553
Tax on capital formation	0	0	0	592	43	0	0	0	0	0
4500 Impôts non-périodiques	0	0	0	0	0	0	0	0	0	0
4510 Sur l'actif net	..	..	..	..	..	..	..	..	..	..
4520 Autres non-périodiques	..	..	..	..	..	..	..	..	..	..
4600 Autres impôts périodiques sur patrimoine	0	0	0	0	0	0	0	0	0	0
5000 Impôts sur les biens et services	**3 110**	**17 675**	**27 585**	**49 472**	**70 084**	**71 866**	**72 824**	**77 889**	**97 978**	**97 033**
5100 Impôts sur production, vente, transfert, etc.	2 943	16 204	25 067	44 871	63 673	64 247	65 030	69 315	88 461	87 507
5110 Impôts généraux	1 344	11 081	17 216	28 857	42 884	42 674	42 459	44 922	58 186	59 033
5111 Taxes sur la valeur ajoutée	0	11 081	17 216	28 849	42 873	42 654	42 424	44 879	58 115	58 971

	1965	1980	1990	2000	2007	2010	2013	2015	2019	2020
5112 Impôts sur les ventes	0	0	0	0	0	0	0	0	0	0
5113 Autres impôts	1 344	0	0	8	11	20	35	43	71	67
Turnover tax	1 344	..	..	..	..	..	..	..	..	..
5120 Impôts sur biens et services déterminés	1 600	5 123	7 850	16 014	20 789	21 573	22 571	24 393	30 275	28 469
5121 Accises	880	3 789	5 985	13 755	17 724	18 392	17 309	18 020	22 039	20 410
Excise on spirits	129	463	422	397	335	331	306	314	331	321
Excise on beer	34	123	259	263	310	389	413	451	422	384
Excise on sugar	45	9	27	0	0	0	0	0	0	0
Excise on tobacco	307	839	948	1 590	2 136	2 437	2 228	2 222	2 547	3 178
Excise on wine	14	82	91	173	257	304	348	354	330	329
Registration tax on motor vehicles	0	613	1 189	2 875	3 647	2 096	1 159	1 462	2 347	1 501
Excise on soft drinks	0	59	186	216	155	156	154	207	269	269
Levies for nuclear reactor	0	0	0	0	0	0	0	0	0	0
Excise on petrol	310	1 280	1 684	3 151	4 010	4 086	3 960	4 109	4 574	3 888
Excise on other mineral oils	41	295	808	2 139	2 965	3 573	3 630	3 757	3 887	3 483
Levies on air pollution	0	27	304	0	0	0	0	0	0	0
Taxes on pollution/resources	0	0	68	462	456	655	144	345	502	532
Levies on energy	0	0	0	2 387	3 333	4 250	4 856	4 679	6 698	6 409
Other excise duties and consumption taxes	0	0	0	0	0	0	0	0	0	0
Other environmental taxes	0	0	0	34	35	15	10	14	22	21
Strategic stockpile tax on mineral oils	0	0	0	68	85	100	101	106	110	95
5122 Bénéfices des monopoles fiscaux	0	0	0	0	0	0	0	0	0	0
5123 Droits de douane et droits à l'importation	702	971	1 375	1 310	1 679	1 732	1 756	2 266	2 709	2 533
EU levies on food products	338	295	168	0	0	0	0	0	0	0
MCA levy	0	9	0	0	0	0	0	0	0	0
Remaining import duties	364	667	1 207	0	0	0	0	0	0	0
Custom duties collected for the EU	..	..	0	1 310	1 679	1 732	1 756	2 266	2 709	2 533
5124 Taxes à l'exportation	0	0	0	0	0	0	0	0	0	0
5125 Impôts sur biens d'équipement	0	77	0	0	0	0	0	0	0	0
Selective investment regulation levy	..	77	..	..	..	..	..	..	..	..
5126 Impôts sur services déterminés	16	222	372	662	1 041	1 213	3 253	3 751	5 284	5 283
Tax on fire insurance	2	0	0	0	0	0	0	0	0	0
Entertainment tax	14	0	0	0	0	0	0	0	0	0
Tax on insurances	0	209	340	512	807	861	2 343	2 375	2 880	3 048
Tourist tax	0	14	32	83	125	131	164	206	342	211
Tax on games of chance	0	0	0	67	109	221	239	238	415	181
Flight tax	0	0	0	0	0	0	0	0	0	0
Bank levies	0	0	0	0	0	0	507	478	1 015	1 095
Contribution to EU Single Resolution Fund	..	..	0	0	0	0	0	454	632	748
5127 Autres impôts sur commerce et transact. internat.	0	0	0	0	0	0	0	0	0	0
5128 Autres impôts	1	64	118	287	345	236	253	356	243	243
ESCC levy	1	5	0	0	0	0	0	0	0	0
Sugar contribution	0	23	36	0	0	0	0	0	0	0
Milk levy	0	36	82	0	0	0	0	0	0	0
EU levies on food products	0	0	0	273	345	236	253	356	243	243
Sugar storage duty	0	0	0	14	0	0	0	0	0	0
5130 Non-ventilables entre 5110 et 5120	0	0	0	0	0	0	0	0	0	0
5200 Impôts sur utilisation des biens et exerc. activités	167	1 470	2 518	4 601	6 411	7 619	7 794	8 574	9 517	9 526
5210 Impôts périodiques	165	1 470	2 518	4 601	6 411	7 619	7 751	8 410	8 993	9 083
5211 À la charge des ménages : véhicules à moteur	27	463	799	2 288	3 211	4 084	4 008	4 470	4 752	4 784
Motor vehicle tax	27	427	744	2 288	3 211	4 084	4 008	4 470	4 752	4 784
Motor vehicle licence	0	36	54	0	0	0	0	0	0	0
5212 À la charge autres agents : véhicules à moteur	132	604	1 044	554	760	976	959	1 069	1 137	1 144
Motor vehicle tax	132	590	1 026	554	760	976	959	1 069	1 137	1 144
Motor vehicle licence	0	14	18	0	0	0	0	0	0	0
Heavy motor vehicle tax	0	0	0	0	0	0	0	0	0	0
5213 Autres impôts périodiques	6	404	676	1 759	2 440	2 559	2 784	2 871	3 104	3 155
Dog licences	3	23	27	40	54	59	67	65	52	50
Commuter tax	0	5	5	12	21	25	29	29	35	39
Levies on water pollution	1	372	644	1 003	1 220	1 127	1 182	1 212	1 339	1 351
Permission to sell spirits	2	5	0	0	0	0	0	0	0	0
Sewerage charges	0	0	0	650	1 094	1 304	1 463	1 531	1 669	1 702
Levies on manure surplus	0	0	0	18	-4	2	4	3	7	12
Noise nuisance tax civil aviation	0	0	0	36	55	42	39	31	2	1
5220 Impôts non-périodiques	2	0	0	0	0	0	43	164	524	443
Emission permits	..	..	..	..	..	..	43	164	524	443
5300 Non-ventilables entre 5100 et 5200	0	0	0	0	0	0	0	0	0	0
6000 Autres impôts	**48**	**159**	**254**	**777**	**968**	**962**	**1 123**	**416**	**778**	**1 529**
6100 À la charge exclusive des entreprises	48	159	254	410	322	326	139	0	0	0
Administrative levies	48	159	254	410	322	326	139	..	..	..

	1965	1980	1990	2000	2007	2010	2013	2015	2019	2020
6200 À la charge d'autres agents	0	0	0	367	646	636	984	416	778	1 529
Employers tax	..	..	..	331	497	609	804	208	496	1 226
Tax revenue from Caribbean Netherlands	..	..	..	0	0	13	100	128	161	148
Other taxes on wealth	..	..	..	36	149	14	80	80	121	155
Pour mémoire										
Droits de douane perçus pour le compte de l'UE	..	..	..	1 310	1 679	1 732	1 756	2 266	2 709	2 533
Contributions au Fonds de résolution unique collectées pour le compte de l'UE	..	..	..	..	..	..	..	454	632	748
Recettes fiscales totales sur la base d'encaissements	**10 860**	**69 982**	**104 419**	**155 503**	..	..	..	..	..	..
Recettes fiscales totales sur la base des droits constatés	..	..	..	**156 824**	**220 950**	**227 911**	**238 488**	**255 348**	**319 236**	**318 601**
Conciliation avec les comptes nationaux										
Impôts additionnels inclus dans les comptes nationaux	..	..	..	1 400	0	0	0	0	0	0
Wage Tax reductions	..	..	..	1 400	..	..	..	..	..	..
Impôt exclus des comptes nationaux	..	..	..	0	0	0	0	0	0	0
Différence dans les traitements des crédits d'impôts	..	..	..	0	0	0	0	0	0	0
Transfert en capital des recettes non collectées	..	..	..	0	0	0	0	0	0	0
Cotisations de sécurité sociale volontaires	..	..	..	0	0	0	0	0	0	0
Différences diverses	..	..	..	-70	0	0	0	0	0	0
Comptes nationaux : impôts et cotisations sociales effectives	..	..	..	168 154	220 950	227 911	238 488	255 348	319 236	318 601
Cotisations sociales imputées	..	..	..	3 808	3 509	3 545	3 414	3 160	3 852	3 801
Comptes nationaux : impôts et toutes les cotisations sociales	..	..	..	171 962	224 459	231 456	241 902	258 508	323 088	322 402

.. Non disponible
Note : Year ending 31st December.
From 1999 data are on accrual basis.
Heading 2000: From 1998 the figures include some violuntary contributions and the breakdown between premiums paid by employees (2100) and by self-employed / non-employed has been estimated. This is also the case for the breakdown between premiums paid on a payroll or on an income tax basis for those years where both apply.
Heading 4100: From 1992, there was a structural break in the data for the 'municipal immovable property tax'. The tax ceased to be collected by the central government at that time and the figures are presented on a different type of statistical registration (no longer cash basis).
Heading 5110: Includes 358 millions of euros (1969) and 186 millions of euros (1970) in respect of deduction of turnover tax on stocks existing at 1st January 1969.
Heading 5213: Small amounts (less than 2.3 millions euros) of hunting and fishing licence receipts which should be classified here have been omitted.
Source : Social security contributions and local taxes: Central Bureau of Statistics.
Other taxes: Ministry of Finance.

StatLink https://stat.link/1elkco

Tableau 5.27. Nouvelle-Zélande : recettes fiscales détaillées, 1965-2020

Million NZD

	1965	1980	1990	2000	2007	2010	2013	2015	2019	2020
Recettes fiscales totales	**1 001**	**7 594**	**27 471**	**39 765**	**64 046**	**62 310**	**72 187**	**81 499**	**99 620**	**115 600**
1000 Impôts sur revenu, bénéfices et gains en capital	**606**	**5 299**	**16 370**	**23 861**	**40 308**	**33 494**	**39 415**	**44 723**	**54 913**	**65 298**
1100 Des personnes physiques	394	4 679	13 177	17 126	26 965	23 519	26 555	30 297	39 574	44 494
1110 Sur le revenu et les bénéfices	394	4 679	13 177	17 126	26 965	23 519	26 555	30 297	39 574	44 494
1120 Sur les gains en capital	0	0	0	0	0	0	0	0	0	0
1200 Des sociétés	207	589	1 780	4 914	9 069	7 609	10 344	11 407	12 415	17 819
1210 Sur les bénéfices	207	589	1 780	4 914	9 069	7 609	10 344	11 407	12 415	17 819
1220 Sur les gains en capital	0	0	0	0	0	0	0	0	0	0
1300 Non-ventilables entre 1100 et 1200	5	31	1 413	1 821	4 274	2 366	2 516	3 019	2 924	2 985
NRWT	5	24	277	760	1 506	467	427	733	570	470
Property speculation	0	0	0	0	0	0	0	0	0	0
Absentee income tax	0	7	0	0	0	0	0	0	0	0
Interest	0	0	1 028	990	2 699	1 704	1 643	1 660	1 528	999
Dividends	0	0	83	71	69	195	446	626	826	1 516
Other	0	0	25	0	0	0	0	0	0	0
2000 Cotisations de sécurité sociale	**0**	**0**	**0**	**0**	**0**	**0**	**0**	**0**	**0**	**0**
2100 À la charge des salariés	0	0	0	0	0	0	0	0	0	0
2110 Sur la base du salaire	..	..	..	..	..	..	..	..	..	..
2120 Sur la base de l'impôt sur les revenus	..	..	..	..	..	..	..	..	..	..
2200 À la charge des employeurs	0	0	0	0	0	0	0	0	0	0
2210 Sur la base du salaire	..	..	..	..	..	..	..	..	..	..
2220 Sur la base de l'impôt sur les revenus	..	..	..	..	..	..	..	..	..	..
2300 A charge des travailleurs indép. ou sans emploi	0	0	0	0	0	0	0	0	0	0
2310 Sur la base du salaire	..	..	..	..	..	..	..	..	..	..
2320 Sur la base de l'impôt sur les revenus	..	..	..	..	..	..	..	..	..	..
2400 Non-ventilables entre 2100, 2200 et 2300	0	0	0	0	0	0	0	0	0	0
2410 Sur la base du salaire	..	..	..	..	..	..	..	..	..	..
2420 Sur la base de l'impôt sur les revenus	..	..	..	..	..	..	..	..	..	..
3000 Sur salaires ou main d'oeuvre	**0**	**0**	**0**	**0**	**0**	**0**	**0**	**0**	**0**	**0**
4000 Impôts sur le patrimoine	**116**	**602**	**1 880**	**2 112**	**3 417**	**4 119**	**4 585**	**5 046**	**6 138**	**6 361**
4100 Impôts périodiques sur la propriété immobilière	84	515	1 722	2 049	3 322	4 031	4 492	4 962	6 037	6 273
Local govt rates and services	81	503	1 550	2 049	3 322	4 031	4 492	4 962	6 037	6 273
Land tax	3	12	172	0	0	0	0	0	0	0
4110 Ménages	..	..	0	..	..	..	..	..	..	..
4120 Autres agents	..	..	172	..	..	..	..	..	..	..
4200 Impôts périodiques sur l'actif net	0	0	0	0	0	0	0	0	0	0
4210 Personnes physiques	..	..	..	..	..	..	..	..	..	..
4220 Sociétés	..	..	..	..	..	..	..	..	..	..
4300 Impôts sur mut. par décès, succ. et donations	23	39	80	2	3	2	0	0	0	0
4310 Impôts sur mut. par décès et successions	21	37	74	0	0	0	..	..	..	..
4320 Impôts sur les donations	2	2	6	2	3	2	..	..	..	..
4400 Impôts sur transact. mobilières et immob.	9	48	78	61	92	86	93	84	101	88
Instrument duty	7	40	62	51	85	82	91	84	101	88
Cheque duty	2	8	16	10	7	4	2	0	0	0
4500 Impôts non-périodiques	0	0	0	0	0	0	0	0	0	0
4510 Sur l'actif net	..	..	..	..	..	..	..	..	..	..
4520 Autres non-périodiques	..	..	..	..	..	..	..	..	..	..
4600 Autres impôts périodiques sur patrimoine	0	0	0	0	0	0	0	0	0	0
5000 Impôts sur les biens et services	**280**	**1 693**	**9 220**	**13 792**	**20 290**	**24 692**	**28 184**	**31 728**	**38 567**	**43 940**
5100 Impôts sur production, vente, transfert, etc.	262	1 624	8 680	12 887	18 832	23 107	26 344	29 584	35 996	41 122
5110 Impôts généraux	77	776	6 163	9 885	15 046	19 143	22 063	24 587	30 259	35 397
5111 Taxes sur la valeur ajoutée	0	0	6 163	9 885	15 046	19 143	22 063	24 587	30 259	35 397
5112 Impôts sur les ventes	77	776	0	0	0	0	0	0	0	0
Motor vehicles	..	231	..	..	..	..	..	..	..	..
Other sales tax	..	544	..	..	..	..	..	..	..	..
5113 Autres impôts	0	0	0	0	0	0	0	0	0	0
5120 Impôts sur biens et services déterminés	186	849	2 517	3 002	3 786	3 964	4 281	4 997	5 737	5 725

	1965	1980	1990	2000	2007	2010	2013	2015	2019	2020
5121 Accises	124	548	1 929	2 148	1 627	1 782	1 854	2 280	2 460	2 111
On alcoholic beverages	37	84	411	436	573	622	650	672	710	780
Beer	33	64	0	201	290	207	250	262	268	308
Wine	0	0	0	100	163	181	204	216	221	229
Spirits	4	20	0	135	120	234	196	194	221	243
Tobacco	33	99	568	764	159	220	273	362	485	45
Motor vehicles	0	0	7	0	0	0	0	0	0	0
Refined sugar	2	0	0	0	0	0	0	0	0	0
CA petroleum fuels	0	140	835	810	819	872	865	1 185	1 075	1 084
NRF fuel excise	49	121	0	0	0	0	0	0	0	0
Local petroleum fuels	0	18	21	27	30	32	31	33	167	179
CA mileage tax	0	0	0	0	0	0	0	0	0	0
NRF mileage tax	3	0	0	0	0	0	0	0	0	0
Road user charges	0	68	0	0	0	0	0	0	0	0
Energy resources levy	0	20	87	111	46	36	35	28	23	23
5122 Bénéfices des monopoles fiscaux	0	0	0	0	0	0	0	0	0	0
5123 Droits de douane et droits à l'importation	49	231	505	648	1 857	1 916	2 160	2 442	3 001	3 292
5124 Taxes à l'exportation	0	0	0	0	0	0	0	0	0	0
5125 Impôts sur biens d'équipement	0	0	0	0	0	0	0	0	0	0
5126 Impôts sur services déterminés	13	57	83	206	302	266	267	275	276	322
Lottery (national)	1	6	26	167	290	253	254	260	266	314
Lottery (overseas)	0	0	0	0	0	0	0	0	0	0
Racing	12	46	57	39	12	13	13	15	10	8
Film hire tax	0	1	0	0	0	0	0	0	0	0
Domestic air travel tax	0	3	0	0	0	0	0	0	0	0
5127 Autres impôts sur commerce et transact. internat.	0	12	0	0	0	0	0	0	0	0
Foreign fishing vessels tax	..	0	..	..	..	..	..	..	..	..
Foreign travel tax	..	0	..	..	..	..	..	..	..	..
International departure tax	..	12	..	..	..	..	..	..	..	..
5128 Autres impôts	0	0	0	0	0	0	0	0	0	0
5130 Non-ventilables entre 5110 et 5120	0	0	0	0	0	0	0	0	0	0
5200 Impôts sur utilisation des biens et exerc. activités	18	69	539	905	1 458	1 585	1 840	2 144	2 571	2 818
5210 Impôts périodiques	18	69	539	905	1 458	1 585	1 840	2 144	2 571	2 818
Motor vehicle registration	7	47	154	181	226	172	187	214	226	231
Heavy traffic fees	8	0	285	532	851	1 016	1 205	1 381	1 716	1 330
Accident compensation levies	0	0	0	0	0	0	0	0	0	0
5211 À la charge des ménages : véhicules à moteur	0	0	0	0	0	0	0	0	0	0
5212 À la charge autres agents : véhicules à moteur	0	0	0	0	0	0	0	0	0	0
5213 Autres impôts périodiques	3	23	100	192	381	397	448	549	629	657
Local authority fees and charges	3	23	100	192	381	397	448	549	629	657
5220 Impôts non-périodiques	0	0	0	0	0	0	0	0	0	0
5300 Non-ventilables entre 5100 et 5200	0	0	0	0	0	0	0	0	0	0
6000 Autres impôts	**0**	**0**	**1**	**0**	**31**	**5**	**3**	**2**	**2**	**1**
6100 À la charge exclusive des entreprises	..	..	0	..	0	0	0	0	0	0
6200 À la charge d'autres agents	..	..	1	..	31	5	3	2	2	1
Crédits d'impôts récupérables										
Crédits d'impôts récupérables contre 1110	..	..	..	1 057	2 568	2 794	2 582	2 352	3 016	2 958
Composante fiscale	..	..	..	311	873	950	1 349	1 254	1 532	1 520
Composante transfert	..	..	..	746	1 695	1 844	1 233	1 098	1 484	1 438
Crédits d'impôts récupérables contre 1210	..	..	..	0	0	0	0	0	0	0
Composante fiscale	..	..	..	..	..	..	..	..	..	..
Composante transfert	..	..	..	..	..	..	..	..	..	..
Recettes fiscales totales sur la base d'encaissements	**1 001**	**7 594**	**27 471**	**39 276**	**64 273**	**62 053**	**73 172**	**82 481**	**100 104**	**114 309**
Recettes fiscales totales sur la base des droits constatés	**..**	**..**	**..**	**39 765**	**64 046**	**62 310**	**72 187**	**81 499**	**99 620**	**115 600**
Conciliation avec les comptes nationaux										
Impôts additionnels inclus dans les comptes nationaux	..	..	..	..	0	0	2 397	3 858	4 673	4 248
Impôt exclus des comptes nationaux	..	..	..	..	0	0	-4 955	-6 903	-8 497	-9 821
Différence dans les traitements des crédits d'impôts	..	..	..	..	873	950	1 349	1 254	1 532	1 520
Transfert en capital des recettes non collectées	..	..	..	..	0	0	0	0	0	0
Cotisations de sécurité sociale volontaires	..	..	..	..	0	0	0	0	0	0
Différences diverses	..	..	..	..	0	0	461	-1 602	6 760	-8 389
Comptes nationaux : impôts et cotisations sociales effectives	..	..	..	..	64 919	63 260	71 439	78 106	104 088	103 158
Cotisations sociales imputées	..	..	..	..	0	0	2 617	2 063	2 199	2 221
Comptes nationaux : impôts et toutes les cotisations sociales	..	..	..	..	64 919	63 260	74 056	80 169	106 287	105 379

.. Non disponible

Note : For the years before 1989 data are on a fiscal year basis ending 31st March. The figures provided for 1989 and onwards relate to the financial year ending 30th June of the following year.
From 1993, data are on accrual basis.
Heading 1000: Tax credits to exporters under the export incentives schemes are non-wastable, but that part of the excess of taxliability paid out to taxpayers is not identifiable.
Heading 1100: The figures up to 1969 include revenues collected by a social security income tax. The base of this tax was the same as the ordinary income tax base and the two have now been incorporated into a single income tax.
Heading 5121: From October 1986 incorporates that portion of the selective impost on wine, spirits, tobacco and motor vehicles which was formerly collected and reported as sales tax. The revenue collected on those imported goods which are subject to the equivalent of the domestic excise has been classified as excise duty. In this respect, there is a discontinuity between the excises recorded before and after October 1986.
Heading 5210: The other local authority licence fees include some small items which could be regarded as non-tax revenues.
Heading for non-wastable tax credits 1110 comprises four Family assistance tax credits. The total in item 1100 is net of the tax expenditure component but not net of the transfer component.
Source : Statistics New Zealand.

StatLink https://stat.link/bewz5d

Tableau 5.28. Norvège : recettes fiscales détaillées, 1965-2020

Million NOK

	1965	1980	1990	2000	2007	2010	2013	2015	2019	2020
Recettes fiscales totales	**16 842**	**133 499**	**301 812**	**627 989**	**987 278**	**1 083 337**	**1 222 890**	**1 195 354**	**1 427 835**	**1 323 112**
1000 Impôts sur revenu, bénéfices et gains en capital	**7 316**	**55 837**	**106 290**	**284 189**	**474 460**	**512 244**	**558 171**	**475 374**	**583 628**	**470 512**
1100 Des personnes physiques	6 671	38 018	79 068	152 013	219 726	256 544	304 409	335 199	369 790	389 129
1110 Sur le revenu et les bénéfices	6 671	38 018	79 068	152 013	219 726	256 544	304 409	335 199	369 790	389 129
Employee social security contributions	1 305	0	0	0	0	0	0	0	0	0
Income taxes	5 366	38 018	79 068	152 013	219 726	256 544	304 409	335 199	369 790	389 129
1120 Sur les gains en capital	0	0	0	0	0	0	0	0	0	0
1200 Des sociétés	645	17 819	27 222	132 176	254 734	255 700	253 762	140 175	213 838	81 383
1210 Sur les bénéfices	..	..	..	132 176	254 734	255 700	253 762	140 175	213 838	81 383
1220 Sur les gains en capital	..	..	..	0	0	0	0	0	0	0
1300 Non-ventilables entre 1100 et 1200	0	0	0	0	0	0	0	0	0	0
2000 Cotisations de sécurité sociale	**2 009**	**28 205**	**79 362**	**132 170**	**204 473**	**243 002**	**292 461**	**325 130**	**377 057**	**381 838**
2100 À la charge des salariés	0	6 639	25 345	45 162	68 518	81 032	98 124	112 662	130 878	134 450
2110 Sur la base du salaire	..	..	..	45 162	68 518	81 032	98 124	112 662	130 878	134 450
2120 Sur la base de l'impôt sur les revenus	..	..	..	0	0	0	0	0	0	0
2200 À la charge des employeurs	1 716	20 454	50 116	79 242	124 178	148 047	177 458	190 923	220 966	222 175
2210 Sur la base du salaire	..	..	..	79 242	124 178	148 047	177 458	190 923	220 966	222 175
2220 Sur la base de l'impôt sur les revenus	..	..	..	0	0	0	0	0	0	0
2300 A charge des travailleurs indép. ou sans emploi	293	1 112	3 901	7 766	11 777	13 923	16 879	21 545	25 213	25 213
2310 Sur la base du salaire	..	..	..	7 766	11 777	13 923	16 879	21 545	25 213	25 213
2320 Sur la base de l'impôt sur les revenus	..	..	..	0	0	0	0	0	0	0
2400 Non-ventilables entre 2100, 2200 et 2300	0	0	0	0	0	0	0	0	0	0
2410 Sur la base du salaire	..	..	..	..	..	..	..	..	..	..
2420 Sur la base de l'impôt sur les revenus	..	..	..	..	..	..	..	..	..	..
3000 Sur salaires ou main d'oeuvre	**0**	**0**	**0**	**0**	**0**	**0**	**0**	**0**	**2 011**	**2 065**
4000 Impôts sur le patrimoine	**523**	**2 295**	**8 887**	**14 422**	**26 601**	**28 547**	**34 810**	**34 021**	**46 334**	**44 693**
4100 Impôts périodiques sur la propriété immobilière	100	431	2 216	2 724	5 571	7 109	8 879	11 177	14 748	14 818
4110 Ménages	..	431	2 216	2 724	2 149	3 024	3 693	5 437	7 680	7 224
4120 Autres agents	..	0	0	0	3 422	4 085	5 186	5 740	7 068	7 594
4200 Impôts périodiques sur l'actif net	341	1 450	5 118	7 703	12 900	13 193	16 376	14 123	21 232	13 459
4210 Personnes physiques	235	907	3 692	6 869	10 746	12 169	14 039	12 902	16 599	13 200
4220 Sociétés	106	543	1 426	834	2 154	1 024	2 337	1 221	4 633	2 259
4300 Impôts sur mut. par décès, succ. et donations	45	122	446	1 273	2 576	2 377	2 246	295	44	64
4310 Impôts sur mut. par décès et successions	..	122	446	1 273	2 576	2 377	2 246	295	44	64
4320 Impôts sur les donations	..	0	0	0	0	0	0	0	0	0
4400 Impôts sur transact. mobilières et immob.	37	292	1 107	2 722	5 554	5 868	7 309	8 426	10 310	11 352
4500 Impôts non-périodiques	0	0	0	0	0	0	0	0	0	0
4510 Sur l'actif net	..	..	..	..	..	..	..	..	..	..
4520 Autres non-périodiques	..	..	..	..	..	..	..	..	..	..
4600 Autres impôts périodiques sur patrimoine	0	0	0	0	0	0	0	0	0	0
5000 Impôts sur les biens et services	**6 928**	**47 154**	**107 262**	**197 208**	**281 744**	**299 544**	**337 448**	**360 829**	**418 805**	**424 004**
5100 Impôts sur production, vente, transfert, etc.	6 720	45 882	102 901	185 921	266 456	284 646	321 557	342 410	398 944	403 893
5110 Impôts généraux	3 622	24 350	56 656	124 985	189 424	201 802	235 771	256 029	308 280	312 936
5111 Taxes sur la valeur ajoutée	0	24 350	56 656	124 166	188 705	201 184	234 941	255 182	307 000	311 600
Value added tax	..	24 350	56 656	124 166	188 705	201 184	234 941	255 182	307 000	311 600
5112 Impôts sur les ventes	0	0	0	0	719	618	0	0	1 280	1 336
5113 Autres impôts	3 622	0	0	819	0	0	830	847	0	0
5120 Impôts sur biens et services déterminés	3 098	21 532	46 245	60 936	77 032	82 844	85 786	86 381	90 664	90 957
5121 Accises	2 338	14 914	37 453	54 871	71 047	76 328	78 515	78 845	79 654	81 652
Stamp duty on tobacco	392	1 076	3 750	6 806	6 815	7 768	6 375	7 219	6 313	9 127
Taxes on spirits and wines	449	2 013	3 454	5 217	0	0	0	0	0	0
Excise on beer	162	605	2 195	3 650	0	0	0	0	0	0
Excise on petrol	480	2 310	7 057	9 756	8 132	7 373	6 417	5 711	5 239	4 409
Vehicles transfer tax	395	2 761	4 554	10 956	22 898	21 835	22 229	19 355	14 418	10 793
Chocolate and sweets	123	247	551	739	1 078	1 173	1 261	1 324	1 458	1 576
Sugar	0	0	217	230	192	196	201	206	191	205
Non-alcoholic beverages	38	120	487	1 113	1 024	1 739	1 803	1 972	3 071	3 057
Electric energy	89	1 515	3 414	5 091	7 079	8 110	8 656	9 233	11 393	11 322
Oil and gas products	0	3 703	8 729	38	92	98	108	103	112	111
Sales of radio and tv sets	0	163	220	920	0	0	0	0	0	0
Mineral oil	0	113	1 098	490	685	1 419	1 383	1 986	1 912	1 770
Cosmetics	0	0	0	159	0	0	0	0	0	0
Recording equipment	0	0	92	35	0	0	0	0	0	0
Others	210	288	1 635	1 249	1 821	1 965	2 060	2 535	2 915	3 345
Taxes on alcoholic beverages	0	0	0	0	10 338	11 317	12 602	12 969	14 518	17 973
Excise on diesel	0	0	0	4 802	6 424	8 653	10 507	10 267	10 040	9 583
Tax on Co2 emissions, petroleum sector excepted	0	0	0	3 520	4 469	4 682	4 913	5 965	8 074	8 442

	1965	1980	1990	2000	2007	2010	2013	2015	2019	2020
5122 Bénéfices des monopoles fiscaux	31	395	751	2 534	2 902	3 433	3 751	3 869	5 168	5 311
Profits state wine monopoly	31	30	67	41	32	44	36	0	0	0
Norsk tipping	0	365	684	2 493	2 870	3 389	3 715	3 869	5 168	5 311
5123 Droits de douane et droits à l'importation	634	697	1 360	1 944	2 132	2 505	3 111	3 305	3 403	3 588
Customs revenue	615	689	1 305	1 944	2 132	2 505	3 111	3 305	3 403	3 588
Loading and lighthouse dues	11	0	0	0	0	0	0	0	0	0
Other import duties	8	8	55	0	0	0	0	0	0	0
5124 Taxes à l'exportation	7	105	227	0	112	151	177	178	322	316
5125 Impôts sur biens d'équipement	0	4 274	4 454	0	0	0	0	0	0	0
5126 Impôts sur services déterminés	88	195	1 233	1 386	131	114	140	138	2 058	21
Excise on race tracks	9	25	15	88	119	114	140	138	127	21
Taxes on specific services	34	49	150	1 298	0	0	0	0	1 931	0
Pengelotteriet (national lotteries)	45	121	462	0	0	0	0	0	0	0
Excise on lotto games	0	0	606	0	12	0	0	0	0	0
5127 Autres impôts sur commerce et transact. internat.	0	0	0	0	0	0	0	0	0	0
5128 Autres impôts	0	952	767	201	708	313	92	46	59	59
5130 Non-ventilables entre 5110 et 5120	0	0	0	0	0	0	0	0	0	0
5200 Impôts sur utilisation des biens et exerc. activités	208	1 272	4 361	11 287	15 288	14 898	15 891	18 419	19 861	20 111
5210 Impôts périodiques	208	1 272	4 361	11 287	15 288	13 423	15 603	17 635	17 521	17 735
5211 À la charge des ménages : véhicules à moteur	88	458	1 789	4 435	6 699	7 157	8 007	8 400	7 613	7 640
5212 À la charge autres agents : véhicules à moteur	108	696	2 072	1 346	712	539	494	352	335	330
5213 Autres impôts périodiques	12	118	500	5 506	7 877	5 727	7 102	8 883	9 573	9 765
CO2 tax	0	0	0	3 047	3 385	2 166	3 293	4 906	5 478	5 713
Excise on pharmacies	6	32	59	105	153	80	78	99	74	64
Others	6	86	441	2 354	3 132	3 394	3 666	3 809	3 956	3 933
Tax on emissions of NOX	0	0	0	0	1 207	87	65	69	65	55
5220 Impôts non-périodiques	0	0	0	0	0	1 475	288	784	2 340	2 376
5300 Non-ventilables entre 5100 et 5200	0	0	0	0	0	0	0	0	0	0
6000 Autres impôts	**66**	**8**	**11**	**0**	**0**	**0**	**0**	**0**	**0**	**0**
6100 À la charge exclusive des entreprises	0	3	2	..	..	..	..	..	..	..
6200 À la charge d'autres agents	66	5	9	..	..	..	..	..	..	..
Crédits d'impôts récupérables										
Crédits d'impôts récupérables contre 1210	..	..	..	..	994	1 229	1 576	2 959	4 183	4 003
Composante fiscale	..	..	..	..	350	75	307	484	830	830
Composante transfert	..	..	..	..	644	1 154	1 269	2 475	3 353	3 173
Recettes fiscales totales sur la base d'encaissements	**16 842**	**133 499**	**301 812**	**575 989**	**0**	**0**	**0**	**0**	**1 434 405**	**1 361 127**
Recettes fiscales totales sur la base des droits constatés	**..**	**..**	**..**	**627 989**	**987 278**	**1 083 337**	**1 222 890**	**1 195 354**	**1 427 835**	**1 323 112**
Conciliation avec les comptes nationaux										
Impôts additionnels inclus dans les comptes nationaux	..	..	1 485	2 773	3 288	4 022	4 560	4 674	4 904	0
Impôt exclus des comptes nationaux	..	..	..	0	0	0	0	0	0	0
Différence dans les traitements des crédits d'impôts	..	..	..	0	350	75	307	484	830	830
Transfert en capital des recettes non collectées	..	..	..	0	0	0	0	0	0	0
Cotisations de sécurité sociale volontaires	..	..	..	0	0	0	0	0	0	0
Différences diverses	..	..	..	0	0	0	0	0	0	0
Comptes nationaux : impôts et cotisations sociales effectives	..	..	..	630 762	990 916	1 087 434	1 227 757	1 200 512	1 433 569	1 323 942
Cotisations sociales imputées	..	..	..	2 076	2 931	3 164	3 628	3 870	5 803	5 932
Comptes nationaux : impôts et toutes les cotisations sociales	..	..	..	632 838	993 847	1 090 598	1 231 385	1 204 382	1 439 372	1 329 874

.. Non disponible
Note : Year ending 31st December.
From 2000, data are on accrual basis.
Heading 5211: Up to 1971 this item contains motor vehicle licences paid by both households and enterprises.
Heading 5121: From 2005, taxes on alcoholic beverages include both 'taxes on spirits and wines' and 'excise on beer'.
Heading 5125: From 1998, revenue from taxes on investments goods is included in item 5121 "Others".
Source : Statistics Norway; National Accounts.

StatLink https://stat.link/xsvd6j

Tableau 5.29. Pologne : recettes fiscales détaillées, 1965-2020

Million PLN

	1965	1980	1990	2000	2007	2010	2013	2015	2019	2020
Recettes fiscales totales	..	..	..	**247 064**	**412 656**	**454 660**	**530 086**	**586 263**	**808 079**	**834 476**
Recettes fiscales totales excluant les taxes collectés pour le compte de l'UE	..	..	..	**247 064**	**410 945**	**452 961**	**527 935**	**583 369**	**803 616**	**830 082**
1000 Impôts sur revenu, bénéfices et gains en capital	..	..	..	**50 268**	**93 795**	**91 026**	**103 567**	**117 078**	**172 539**	**175 845**
1100 Des personnes physiques	..	..	..	32 415	61 471	62 901	74 216	83 974	121 932	122 973
Individual income tax	..	..	..	32 415	61 403	62 818	74 124	83 861	121 755	122 817
Tax on winnings from lottery or gambling	..	..	..	0	68	83	92	113	177	156
1110 Sur le revenu et les bénéfices	..	..	..	..	..	..	..	..	..	..
1120 Sur les gains en capital	..	..	..	..	..	..	..	..	..	..
1200 Des sociétés	..	..	..	17 853	32 324	28 125	29 351	33 104	50 607	52 872
1210 Sur les bénéfices	..	..	..	..	..	..	..	..	..	..
1220 Sur les gains en capital	..	..	..	..	..	..	..	..	..	..
1300 Non-ventilables entre 1100 et 1200	..	..	..	0	0	0	0	0	0	0
2000 Cotisations de sécurité sociale	..	..	..	**97 411**	**141 457**	**157 432**	**204 600**	**225 711**	**305 353**	**318 637**
2100 À la charge des salariés	..	..	..	42 606	51 745	60 278	83 429	92 052	128 664	132 901
2110 Sur la base du salaire	..	..	..	..	..	..	..	..	..	..
2120 Sur la base de l'impôt sur les revenus	..	..	..	..	..	..	..	..	..	..
2200 À la charge des employeurs	..	..	..	41 834	56 016	66 712	81 114	89 570	116 901	121 101
2210 Sur la base du salaire	..	..	..	..	..	..	..	..	..	..
2220 Sur la base de l'impôt sur les revenus	..	..	..	..	..	..	..	..	..	..
2300 A charge des travailleurs indép. ou sans emploi	..	..	..	12 971	33 696	30 442	40 057	44 089	59 788	64 635
2310 Sur la base du salaire	..	..	..	..	..	..	..	..	..	..
2320 Sur la base de l'impôt sur les revenus	..	..	..	..	..	..	..	..	..	..
2400 Non-ventilables entre 2100, 2200 et 2300	..	..	..	0	0	0	0	0	0	0
2410 Sur la base du salaire	..	..	..	..	..	..	..	..	..	..
2420 Sur la base de l'impôt sur les revenus	..	..	..	..	..	..	..	..	..	..
3000 Sur salaires ou main d'oeuvre	..	..	..	**1 628**	**3 081**	**3 720**	**3 998**	**4 028**	**5 928**	**7 383**
Rehabilitation fund contribution	..	..	..	1 508	2 860	3 370	3 633	3 621	4 737	4 937
Wage guarantee fund contribution	..	..	..	120	221	350	365	407	424	416
Receipts from employers' obligatory payments to the Fundusz Solidarnościowy	..	..	..	0	0	0	0	0	767	2 030
4000 Impôts sur le patrimoine	..	..	..	**10 584**	**17 116**	**19 068**	**23 120**	**24 637**	**28 993**	**30 293**
4100 Impôts periodiques sur la propriété immobilière	..	..	..	8 404	13 515	16 399	20 747	22 206	25 201	26 454
Agricultural tax-local	..	..	..	720	906	969	1 666	1 579	1 527	1 628
Forest tax-local	..	..	..	96	157	165	228	230	298	301
Real estate tax-local	..	..	..	7 588	12 452	15 265	18 853	20 397	23 376	24 525
4110 Ménages	..	..	..	2 348	3 613	4 555	6 289	6 549	7 436	7 796
4120 Autres agents	..	..	..	6 056	9 902	11 844	14 458	15 657	17 765	18 658
4200 Impôts périodiques sur l'actif net	..	..	..	0	0	0	0	0	0	0
4210 Personnes physiques	..	..	..	..	..	..	..	..	..	..
4220 Sociétés	..	..	..	..	..	..	..	..	..	..
4300 Impôts sur mut. par décès, succ. et donations	..	..	..	172	328	290	252	246	325	313
Inheritance and gift tax-local	..	..	..	172	328	290	252	246	325	313
4310 Impôts sur mut. par décès et successions	..	..	..	..	..	..	..	..	..	..
4320 Impôts sur les donations	..	..	..	..	..	..	..	..	..	..
4400 Impôts sur transact. mobilières et immob.	..	..	..	2 008	3 273	2 379	2 121	2 185	3 467	3 526
Tax on civil law transactions and stamp tax	..	..	..	2 008	3 273	2 379	2 121	2 185	3 467	3 526
4500 Impôts non-périodiques	..	..	..	0	0	0	0	0	0	0
4510 Sur l'actif net	..	..	..	..	..	..	..	..	..	..
4520 Autres non-périodiques	..	..	..	..	..	..	..	..	..	..
4600 Autres impôts périodiques sur patrimoine	..	..	..	0	0	0	0	0	0	0
5000 Impôts sur les biens et services	..	..	..	**86 880**	**156 683**	**182 820**	**193 776**	**214 162**	**294 143**	**301 032**
5100 Impôts sur production, vente, transfert, etc.	..	..	..	84 885	151 804	176 044	188 331	206 197	281 787	283 819
5110 Impôts généraux	..	..	..	51 615	97 848	109 717	116 607	125 895	182 147	185 964
5111 Taxes sur la valeur ajoutée	..	..	..	51 615	97 848	109 717	116 607	125 895	182 147	185 964
5112 Impôts sur les ventes	..	..	..	0	0	0	0	0	0	0
5113 Autres impôts	..	..	..	0	0	0	0	0	0	0
Turnover tax, of which:	..	..	..	..	..	..	..	..	..	..
On spirits	..	..	..	..	..	..	..	..	..	..
On fuels	..	..	..	..	..	..	..	..	..	..
On tobacco	..	..	..	..	..	..	..	..	..	..
5120 Impôts sur biens et services déterminés	..	..	..	33 270	53 956	66 327	71 724	80 302	99 640	97 855

	1965	1980	1990	2000	2007	2010	2013	2015	2019	2020
5121 Accises	..	..	..	27 170	49 376	62 016	66 310	70 632	83 854	81 756
On domestic excise products, of which:	..	..	..	24 213	45 752	58 935	60 774	62 442	79 127	77 649
On spirits	..	..	..	4 309	5 000	6 154	7 393	6 655	8 202	8 202
On fuels	..	..	..	11 056	22 128	26 545	28 184	29 874	43 078	43 078
On tobacco	..	..	..	6 143	11 973	17 348	18 126	17 788	20 752	20 752
On beer	..	..	..	1 758	2 975	3 303	3 473	3 547	3 328	3 328
On wine	..	..	..	459	378	315	219	246	218	218
On other products	..	..	..	488	3 298	5 270	3 379	4 332	3 549	2 071
On imported excise products, of which:	..	..	..	2 957	3 624	3 081	5 536	8 190	4 727	4 107
On spirits	..	..	..	90	253	311	279	267	400	400
On fuels	..	..	..	2 031	2 045	1 051	3 481	5 650	966	966
On tobacco	..	..	..	18	214	114	62	86	45	45
On beer	..	..	..	26	12	14	43	53	64	64
On wine	..	..	..	71	106	133	149	139	181	181
On other products	..	..	..	721	994	1 458	1 522	1 995	3 071	2 451
5122 Bénéfices des monopoles fiscaux	..	..	..	0	0	0	0	0	0	0
5123 Droits de douane et droits à l'importation	..	..	..	5 038	1 711	1 627	1 977	2 823	4 463	4 394
5124 Taxes à l'exportation	..	..	..	0	0	0	0	0	0	0
5125 Impôts sur biens d'équipement	..	..	..	0	0	0	0	0	0	0
5126 Impôts sur services déterminés	..	..	..	1 062	1 297	1 974	2 534	5 795	10 211	10 582
Taxes and payments of financial institutions	..	..	..	443	189	375	1 077	4 472	3 076	3 485
Gambling tax	..	..	..	619	1 108	1 599	1 457	1 323	2 319	2 366
Tax from some financial institutions	..	..	..	0	0	0	0	0	4 816	4 731
5127 Autres impôts sur commerce et transact. internat.	..	..	..	0	0	0	0	0	0	0
5128 Autres impôts	..	..	..	0	1 572	710	903	1 052	1 112	1 123
5130 Non-ventilables entre 5110 et 5120	..	..	..	0	0	0	0	0	0	0
5200 Impôts sur utilisation des biens et exerc. activités	..	..	..	1 995	4 879	6 776	5 445	7 965	12 356	17 213
5210 Impôts périodiques	..	..	..	433	2 383	3 667	3 432	4 317	4 377	3 596
5211 À la charge des ménages : véhicules à moteur	..	..	..	0	0	0	0	0	0	0
5212 À la charge autres agents : véhicules à moteur	..	..	..	0	0	0	0	0	0	0
5213 Autres impôts périodiques	..	..	..	433	2 383	3 667	3 432	4 317	4 377	3 596
5220 Impôts non-périodiques	..	..	..	1 562	2 496	3 109	2 013	3 648	7 979	13 617
5300 Non-ventilables entre 5100 et 5200	..	..	..	0	0	0	0	0	0	0
6000 Autres impôts	**..**	**..**	**..**	**293**	**524**	**594**	**1 025**	**647**	**1 123**	**986**
Abolished taxes	..	..	..	0	0	0	0	0	0	0
6100 À la charge exclusive des entreprises	..	..	..	0	0	0	0	0	0	0
6200 À la charge d'autres agents	..	..	..	293	524	594	1 025	647	1 123	986
Pour mémoire										
Droits de douane perçus pour le compte de l'UE	..	..	..	..	1 711	1 627	1 977	2 823	4 463	4 394
Recettes fiscales totales sur la base d'encaissements	**..**	**..**	**..**	**..**	**..**	**..**	**..**	**..**	**..**	**..**
Recettes fiscales totales sur la base des droits constatés	**..**	**..**	**..**	**247 064**	**412 656**	**454 660**	**530 086**	**586 263**	**808 079**	**834 476**
Conciliation avec les comptes nationaux										
Impôts additionnels inclus dans les comptes nationaux	..	..	..	..	..	..	..	..	..	..
Impôt exclus des comptes nationaux	..	..	..	..	..	..	..	..	..	..
Différence dans les traitements des crédits d'impôts	..	..	..	..	..	..	..	..	..	..
Transfert en capital des recettes non collectées	..	..	..	1 025	1 371	1 406	2 005	2 229	3 035	3 201
Cotisations de sécurité sociale volontaires	..	..	..	..	..	..	34	49	46	48
Différences diverses	..	..	..	..	..	..	..	..	..	..
Comptes nationaux : impôts et cotisations sociales effectives	..	..	..	246 039	411 285	453 254	528 115	584 083	805 090	831 323
Cotisations sociales imputées	..	..	..	777	10 848	13 841	16 603	17 423	19 465	20 464
Comptes nationaux : impôts et toutes les cotisations sociales	..	..	..	252 943	422 133	467 095	544 718	601 506	824 555	851 787

.. Non disponible

Note : Year ending 31st December.

From 2002, data are on accrual basis.

Source : Ministry of Finance, Economic Department.

StatLink https://stat.link/ikt49x

Tableau 5.30. Portugal : recettes fiscales détaillées, 1965-2020

Million EUR

	1965	1980	1990	2000	2007	2010	2013	2015	2019	2020
Recettes fiscales totales	**99**	**1 798**	**14 825**	**39 705**	**55 885**	**54 541**	**57 913**	**61 788**	**73 955**	**70 541**
Recettes fiscales totales excluant les taxes collectés pour le compte de l'UE	..	..	**14 675**	**39 501**	**55 695**	**54 363**	**57 769**	**61 630**	**73 602**	**70 209**
1000 Impôts sur revenu, bénéfices et gains en capital	**24**	**355**	**3 805**	**11 691**	**15 546**	**14 585**	**18 664**	**18 762**	**20 262**	**19 549**
1100 Des personnes physiques	..	..	2 350	6 768	9 328	9 637	13 119	13 149	13 580	14 009
Individual income tax	..	..	2 350	6 768	9 328	9 637	13 119	13 149	13 580	14 009
1110 Sur le revenu et les bénéfices	..	..	..	..	..	..	..	..	..	..
1120 Sur les gains en capital	..	..	..	..	..	..	..	..	..	..
1200 Des sociétés	..	..	1 182	4 744	6 128	4 936	5 545	5 614	6 682	5 540
Corporate income tax	..	..	1 088	4 457	5 815	4 670	5 327	5 405	6 308	5 193
Local corporate income tax ("Derrama")	..	..	84	287	313	266	217	208	374	347
Other	..	..	11	0	0	0	0	0	0	0
1210 Sur les bénéfices	..	..	..	..	..	..	..	..	..	..
1220 Sur les gains en capital	..	..	..	..	..	..	..	..	..	..
1300 Non-ventilables entre 1100 et 1200	24	355	273	178	90	12	0	0	0	0
Tax on wages and professional income	2	93	9	0	0	0	0	0	..	..
Industrial tax	7	108	129	0	0	0	0	0	..	..
Tax on income from movable capital	2	71	1	0	0	0	0	0	..	..
Property income tax	3	23	17	0	0	0	0	0	..	..
Agricultural income tax	0	0	1	0	0	0	0	0	..	..
Complementary income ax	4	43	58	0	0	0	0	0	..	..
Tax on capital gains	0	3	1	0	0	0	0	0	..	..
Taxes abolished by DL 442-A/88 and DL 442-B/88	0	0	0	0	0	0	0	0	..	..
Other	6	15	58	178	90	12	0	0	..	..
2000 Cotisations de sécurité sociale	**22**	**531**	**4 026**	**10 168**	**14 305**	**15 462**	**15 139**	**16 182**	**20 602**	**20 914**
2100 À la charge des salariés	8	203	1 470	4 286	6 344	6 670	6 403	6 992	8 170	8 294
2110 Sur la base du salaire	8	203	1 470	4 286	6 344	6 670	6 403	6 992	8 170	8 294
Compulsory employee's social contributions	8	203	1 470	4 286	6 344	6 670	6 403	6 992	8 170	8 294
2120 Sur la base de l'impôt sur les revenus	0	0	0	0	0	0	0	0	0	0
2200 À la charge des employeurs	13	318	2 413	5 882	7 961	8 792	8 736	9 191	12 432	12 620
2210 Sur la base du salaire	13	318	2 413	5 882	7 961	8 792	8 736	9 191	12 432	12 620
Employers' social contributions	13	318	2 413	5 882	7 961	8 792	8 736	9 191	12 432	12 620
2220 Sur la base de l'impôt sur les revenus	0	0	0	0	0	0	0	0	0	0
2300 A charge des travailleurs indép. ou sans emploi	0	10	143	0	0	0	0	0	0	0
Compulsory social contributions by self-employed	0	10	143	..	..	..	..	..	..	..
2310 Sur la base du salaire	..	..	0	..	..	..	..	..	..	..
2320 Sur la base de l'impôt sur les revenus	..	..	0	..	..	..	..	..	..	..
2400 Non-ventilables entre 2100, 2200 et 2300	0	0	0	0	0	0	0	0	0	0
2410 Sur la base du salaire	..	..	..	..	..	..	..	..	..	..
2420 Sur la base de l'impôt sur les revenus	..	..	..	..	..	..	..	..	..	..
3000 Sur salaires ou main d'oeuvre	**1**	**47**	**0**	**0**	**0**	**0**	**0**	**0**	**0**	**0**
Contributions for Unemployment Fund	1	47	..	..	..	..	..	..	..	..
Stamp duty on wages and salaries	0	0	..	..	..	..	..	..	..	..
4000 Impôts sur le patrimoine	**5**	**26**	**402**	**1 468**	**2 330**	**2 028**	**1 915**	**2 307**	**3 078**	**2 928**
4100 Impôts périodiques sur la propriété immobilière	0	0	133	508	1 008	1 112	1 339	1 535	1 699	1 635
Real estate tax	..	..	133	508	1 008	1 112	1 339	1 535	1 699	1 635
4110 Ménages	..	..	..	..	..	..	..	..	..	..
4120 Autres agents	..	..	..	..	..	..	..	..	..	..
4200 Impôts périodiques sur l'actif net	0	0	0	0	0	0	0	0	0	0
4210 Personnes physiques	..	..	..	..	..	..	..	..	..	..
4220 Sociétés	..	..	..	..	..	..	..	..	..	..
4300 Impôts sur mut. par décès, succ. et donations	2	4	74	103	10	85	2	0	0	0
Inheritance and gift taxes	2	4	74	103	10	85	2	..	..	0
4310 Impôts sur mut. par décès et successions	..	..	0	103	10	85	2	..	..	0
4320 Impôts sur les donations	..	..	0	0	0	0	0	..	..	0
4400 Impôts sur transact. mobilières et immob.	2	21	195	857	1 312	831	575	772	1 379	1 293
Real estate transfer tax	2	21	195	674	973	595	356	569	1 020	949
Stamp duty on registrations and mortgages	0	0	0	34	45	35	28	49	20	19
Stamp duty on the raising of capital	0	0	0	0	9	1	0	0	0	0
Stamp duty on real estate transactions	0	0	0	150	285	201	191	154	339	325
4500 Impôts non-périodiques	0	0	0	0	0	0	0	0	0	0
4510 Sur l'actif net	..	..	..	..	..	..	..	..	..	–
4520 Autres non-périodiques	..	..	..	..	..	..	..	..	..	–
4600 Autres impôts périodiques sur patrimoine	0	0	0	0	0	0	0	0	0	0
5000 Impôts sur les biens et services	**47**	**837**	**6 555**	**16 155**	**23 166**	**22 023**	**21 554**	**23 957**	**29 438**	**26 458**
5100 Impôts sur production, vente, transfert, etc.	44	810	6 440	15 847	22 708	21 433	20 727	23 094	28 086	25 176
5110 Impôts généraux	0	290	2 906	9 733	14 333	13 527	13 710	15 368	18 786	16 803

	1965	1980	1990	2000	2007	2010	2013	2015	2019	2020
5111 Taxes sur la valeur ajoutée	0	0	2 899	9 733	14 333	13 527	13 710	15 368	18 786	16 803
VAT	..	..	2 899	9 733	14 333	13 527	13 710	15 368	18 786	16 803
5112 Impôts sur les ventes	0	290	7	0	0	0	0	0	0	0
General sales tax	..	290	7	..	..	..	..	..	..	..
5113 Autres impôts	0	0	0	0	0	0	0	0	0	0
5120 Impôts sur biens et services déterminés	44	519	3 534	6 113	8 374	7 906	7 017	7 726	9 300	8 373
5121 Accises	15	295	2 052	4 496	5 937	5 653	4 677	5 211	6 198	5 490
Excise duties on tobacco	3	62	362	1 077	1 165	1 496	1 387	1 357	1 484	1 474
Excise duties on beer	1	0	55	87	97	80	75	75	93	73
Tax on motor vehicle sales	1	59	304	1 239	1 221	832	360	585	743	447
Tax on oil products	6	166	1 251	1 969	3 320	3 126	2 740	3 069	3 642	3 298
Excise duties on alcoholic beverages	0	0	23	123	126	112	108	115	143	113
Excise duties on alcohol	0	0	0	1	1	1	1	0	1	1
Tax on sugary soft drinks	0	0	0	0	0	0	0	0	64	53
Other	4	7	59	0	6	6	4	11	28	30
5122 Bénéfices des monopoles fiscaux	0	0	0	261	521	425	538	582	779	629
5123 Droits de douane et droits à l'importation	21	96	511	204	190	177	144	158	229	203
Import levies	14	36	392	0	0	0	0	0	0	0
Import surtax	0	26	1	0	0	0	0	0	0	0
Agricultural Levies	..	..	0	30	29	20	25	0	0	0
Levy on sugar and isoglucse	..	..	0	4	5	0	0	0	0	0
Other	6	34	119	0	0	0	0	0	0	0
Custom duties collected for the EU	..	..	0	170	156	157	119	158	229	203
5124 Taxes à l'exportation	0	0	0	0	0	0	0	0	0	0
Taxes on Oporto wine exports	0	0	..	..	..	..	..	..	..	..
Other	0	0	..	..	..	..	..	..	..	..
5125 Impôts sur biens d'équipement	0	0	0	0	0	0	0	0	0	0
5126 Impôts sur services déterminés	1	38	547	1 116	1 679	1 539	1 493	1 523	1 879	1 845
Tax on insurance premiums	0	6	47	131	170	215	200	218	277	286
Stamp duty on bank transactions	1	24	405	330	694	619	508	464	608	583
Stamp duty on debt related operations, interest and leasing of buildings	0	0	22	258	386	293	212	144	145	139
Stamp duty on insurance premiums	0	0	0	248	335	325	308	313	401	385
Bank levies	0	0	0	100	48	46	238	353	378	412
Other	2	8	73	47	46	40	29	30	70	40
5127 Autres impôts sur commerce et transact. internat.	0	0	0	0	0	0	0	0	0	0
5128 Autres impôts	6	91	424	36	48	111	166	251	215	206
Stamp taxes (miscellaneous)	6	91	424	36	48	111	166	251	215	206
Other	0	0	0	0	0	0	0	0	0	0
5130 Non-ventilables entre 5110 et 5120	0	0	0	0	0	0	0	0	0	0
5200 Impôts sur utilisation des biens et exerc. activités	4	27	115	267	427	573	802	850	1 339	1 274
5210 Impôts périodiques	4	27	115	267	427	573	768	770	1 099	1 016
5211 À la charge des ménages : véhicules à moteur	0	4	15	55	94	139	225	209	252	230
Local tax on vehicles	..	4	15	55	94	139	225	209	252	230
5212 À la charge autres agents : véhicules à moteur	2	10	20	67	132	180	303	330	463	453
Local tax on vehicles	0	2	6	0	0	0	0	0	0	0
Road taxes	2	8	14	67	132	180	303	330	463	453
5213 Autres impôts périodiques	2	13	80	145	202	255	240	232	383	333
Gambling tax	0	3	72	110	140	143	107	108	222	219
Tax on the use, carrying and possession of weapons	0	0	1	3	6	4	7	5	8	4
Tax on motor vehicles - compensation	2	8	0	0	0	0	0	0	0	0
Hunting and fishery licenses	0	1	4	1	7	12	12	13	14	11
Fee for the use of water resources	0	0	0	0	2	19	23	19	22	21
Other	0	1	2	31	47	76	92	88	118	78
5220 Impôts non-périodiques	0	0	0	0	0	0	34	80	240	258
Special tax on motor vehicles	..	..	0	..	..	..	0	0	0	0
Emissions Permits	..	..	0	..	..	..	34	80	240	258
5300 Non-ventilables entre 5100 et 5200	0	0	0	41	31	17	25	13	13	7
Miscellaneous taxes on production	..	..	..	41	31	17	25	13	13	7
6000 Autres impôts	**0**	**3**	**37**	**224**	**539**	**442**	**641**	**580**	**576**	**692**
6100 À la charge exclusive des entreprises	0	2	17	90	200	210	214	341	317	442
General services and licenses granted to corporations	0	2	17	90	200	210	214	341	317	442
6200 À la charge d'autres agents	0	0	20	134	339	231	427	239	259	250
Fees collected by courts of justice	0	0	0	128	328	215	401	237	256	248
Miscellaneous taxes	0	0	20	5	11	17	25	1	2	2
Pour mémoire										
Droits de douane perçus pour le compte de l'UE	..	..	..	170	156	157	119	158	229	203
Contributions au Fonds de résolution unique collectées pour le compte de l'UE	..	..	..	..	..	..	..	..	124	128
Recettes fiscales totales sur la base d'encaissements	**99**	**1 798**	**14 825**	..	..	..	..	..	..	..

	1965	1980	1990	2000	2007	2010	2013	2015	2019	2020
Recettes fiscales totales sur la base des droits constatés	..	..	..	**39 705**	**55 885**	**54 541**	**57 913**	**61 788**	**73 955**	**70 541**
Conciliation avec les comptes nationaux										
Impôts additionnels inclus dans les comptes nationaux	..	..	..	5	7	14	14	18	20	21
Impôt exclus des comptes nationaux	..	..	0	0	0	0	0	0	0	0
Différence dans les traitements des crédits d'impôts	..	..	0	0	0	0	0	0	0	0
Transfert en capital des recettes non collectées	..	..	0	0	0	0	0	0	0	0
Cotisations de sécurité sociale volontaires	..	..	0	0	0	0	0	0	0	0
Différences diverses	..	..	0	0	0	0	0	0	0	0
Comptes nationaux : impôts et cotisations sociales effectives	..	..	..	39 710	55 892	54 555	57 927	61 806	73 975	70 562
Cotisations sociales imputées	..	..	..	3 292	5 592	5 906	5 311	4 602	4 758	4 691
Comptes nationaux : impôts et toutes les cotisations sociales	..	..	..	43 002	61 484	60 461	63 238	66 408	78 733	75 253

.. Non disponible
Note : Fiscal year ending 31 December.
From 1995, data are on accrual basis.
Source : Instituto Nacional de Estatística.

StatLink https://stat.link/6hf2s0

Tableau 5.31. République slovaque : recettes fiscales détaillées, 1965-2020

Million EUR

	1965	1980	1990	2000	2007	2010	2013	2015	2019	2020
Recettes fiscales totales	..	..	..	**10 648**	**18 456**	**19 159**	**23 082**	**26 049**	**32 494**	**32 401**
Recettes fiscales totales excluant les taxes collectés pour le compte de l'UE	..	..	..	**10 648**	**18 321**	**19 016**	**22 967**	**25 930**	**32 348**	**32 263**
1000 Impôts sur revenu, bénéfices et gains en capital	..	..	..	**2 181**	**3 844**	**3 601**	**4 471**	**5 542**	**6 658**	**6 535**
1100 Des personnes physiques	..	..	..	1 055	1 820	1 790	2 175	2 464	3 534	3 500
1110 Sur le revenu et les bénéfices	..	..	..	1 055	1 820	1 790	2 175	2 464	3 534	3 500
Wages and salaries withholding	..	..	..	0	0	0	0	0	0	0
Of unicorporated individuals	..	..	..	0	0	0	0	0	0	0
1120 Sur les gains en capital	..	..	..	0	0	0	0	0	0	0
1200 Des sociétés	..	..	..	813	1 835	1 659	2 118	2 917	2 878	2 800
1210 Sur les bénéfices	..	..	..	0	0	0	0	0	0	0
1220 Sur les gains en capital	..	..	..	0	0	0	0	0	0	0
1300 Non-ventilables entre 1100 et 1200	..	..	..	314	189	152	178	162	246	235
2000 Cotisations de sécurité sociale	..	..	..	**4 409**	**7 244**	**8 154**	**9 847**	**10 897**	**14 085**	**14 233**
2100 À la charge des salariés	..	..	..	901	1 700	2 077	2 238	2 410	3 435	3 477
Retirement	..	..	..	0	0	0	0	0	0	0
State employment policy	..	..	..	0	0	0	0	0	0	0
Health insurance	..	..	..	0	0	0	0	0	0	0
Sick leave	..	..	..	0	0	0	0	0	0	0
2110 Sur la base du salaire	..	..	..	901	1 700	2 077	2 238	2 410	3 435	3 477
2120 Sur la base de l'impôt sur les revenus	..	..	..	0	0	0	0	0	0	0
2200 À la charge des employeurs	..	..	..	2 850	3 914	4 579	5 556	6 319	8 539	8 654
Retirement	..	..	..	0	0	0	0	0	0	0
State employment policy	..	..	..	0	0	0	0	0	0	0
Health insurance	..	..	..	0	0	0	0	0	0	0
Sick leave	..	..	..	0	0	0	0	0	0	0
2210 Sur la base du salaire	..	..	..	2 850	3 914	4 579	5 556	6 319	8 539	8 654
2220 Sur la base de l'impôt sur les revenus	..	..	..	0	0	0	0	0	0	0
2300 A charge des travailleurs indép. ou sans emploi	..	..	..	658	1 631	1 498	2 054	2 168	2 111	2 103
Retirement	..	..	..	0	0	0	0	0	0	0
State employment policy	..	..	..	0	0	0	0	0	0	0
Health insurance	..	..	..	0	0	0	0	0	0	0
Sick leave	..	..	..	0	0	0	0	0	0	0
2310 Sur la base du salaire	..	..	..	658	1 631	1 498	2 054	2 168	2 111	2 103
2320 Sur la base de l'impôt sur les revenus	..	..	..	0	0	0	0	0	0	0
2400 Non-ventilables entre 2100, 2200 et 2300	..	..	..	0	0	0	0	0	0	0
2410 Sur la base du salaire	..	..	..	..	..	..	..	..	..	..
2420 Sur la base de l'impôt sur les revenus	..	..	..	..	..	..	..	..	..	..
3000 Sur salaires ou main d'oeuvre	..	..	..	**0**	**0**	**0**	**0**	**0**	**0**	**0**
4000 Impôts sur le patrimoine	..	..	..	**194**	**245**	**277**	**327**	**335**	**378**	**438**
4100 Impôts périodiques sur la propriété immobilière	..	..	..	143	243	277	327	335	378	438
4110 Ménages	..	..	..	28	22	25	28	29	35	36
4120 Autres agents	..	..	..	114	222	252	299	306	343	402
4200 Impôts périodiques sur l'actif net	..	..	..	0	0	0	0	0	0	0
4210 Personnes physiques	..	..	..	..	..	..	..	..	..	..
4220 Sociétés	..	..	..	..	..	..	..	..	..	..
4300 Impôts sur mut. par décès, succ. et donations	..	..	..	8	0	0	0	0	0	0
4310 Impôts sur mut. par décès et successions	..	..	..	3	0	0	0	0	..	..
4320 Impôts sur les donations	..	..	..	5	0	0	0	0	..	..
4400 Impôts sur transact. mobilières et immob.	..	..	..	43	1	0	0	0	0	0
Real property transfer tax	..	..	..	30	1	0	0	0	0	0
4500 Impôts non-périodiques	..	..	..	0	0	0	0	0	0	0
4510 Sur l'actif net	..	..	..	..	..	..	..	..	..	..
4520 Autres non-périodiques	..	..	..	..	..	..	..	..	..	..
4600 Autres impôts périodiques sur patrimoine	..	..	..	0	0	0	0	0	0	0
5000 Impôts sur les biens et services	..	..	..	**3 864**	**7 123**	**7 127**	**8 436**	**9 275**	**11 374**	**11 195**
5100 Impôts sur production, vente, transfert, etc.	..	..	..	3 631	6 580	6 573	7 780	8 573	10 527	10 371
5110 Impôts généraux	..	..	..	2 168	4 147	4 182	4 696	5 423	6 830	6 820
5111 Taxes sur la valeur ajoutée	..	..	..	2 168	4 147	4 182	4 696	5 423	6 830	6 820
5112 Impôts sur les ventes	..	..	..	0	0	0	0	0	0	0
5113 Autres impôts	..	..	..	0	0	0	0	0	0	0
5120 Impôts sur biens et services déterminés	..	..	..	1 464	2 433	2 391	3 084	3 151	3 697	3 550

	1965	1980	1990	2000	2007	2010	2013	2015	2019	2020
5121 Accises	..	..	..	971	2 171	2 081	2 462	2 567	2 839	2 752
On hydrocarbon fuels and lubricants	..	..	..	617	1 118	1 032	1 045	1 139	1 289	1 196
On alcohol and liquers	..	..	..	143	201	197	201	205	218	208
On beer	..	..	..	43	66	56	56	57	59	57
On wine	..	..	..	12	4	4	4	4	5	5
On tobacco products	..	..	..	156	783	602	636	665	767	732
On electricity	..	..	..	0	0	16	17	13	12	12
On coal	..	..	..	0	0	1	1	0	0	0
On natural gas	..	..	..	0	0	24	25	23	23	24
5122 Bénéfices des monopoles fiscaux	..	..	..	0	0	0	0	0	0	0
5123 Droits de douane et droits à l'importation	..	..	..	437	136	143	115	119	127	121
Customs duties	..	..	..	122	136	143	115	119	127	121
Import surcharges	..	..	..	315	0	0	0	0	0	0
Other customs revenues	..	..	..	0	0	0	0	0	0	0
5124 Taxes à l'exportation	..	..	..	0	0	0	0	0	0	0
5125 Impôts sur biens d'équipement	..	..	..	0	0	0	6	2	3	3
5126 Impôts sur services déterminés	..	..	..	55	125	167	501	462	728	674
5127 Autres impôts sur commerce et transact. internat.	..	..	..	0	0	0	0	0	0	0
5128 Autres impôts	..	..	..	0	0	0	0	0	0	0
5130 Non-ventilables entre 5110 et 5120	..	..	..	0	0	0	0	0	0	0
5200 Impôts sur utilisation des biens et exerc. activités	..	..	..	231	438	421	505	549	666	620
5210 Impôts périodiques	..	..	..	219	372	384	466	470	523	453
5211 À la charge des ménages : véhicules à moteur	..	..	..	0	0	0	0	0	0	0
5212 À la charge autres agents : véhicules à moteur	..	..	..	93	153	153	198	204	233	200
5213 Autres impôts périodiques	..	..	..	127	219	231	268	266	290	253
5220 Impôts non-périodiques	..	..	..	12	66	37	39	79	142	167
5300 Non-ventilables entre 5100 et 5200	..	..	..	2	105	134	151	153	181	204
6000 Autres impôts	**..**	**..**	**..**	**0**	**0**	**0**	**0**	**0**	**0**	**0**
6100 À la charge exclusive des entreprises	..	..	..	..	..	..	..	..	..	..
6200 À la charge d'autres agents	..	..	..	..	..	..	..	..	..	..
Pour mémoire										
Droits de douane perçus pour le compte de l'UE	..	..	..	..	136	143	115	119	127	121
Contributions au Fonds de résolution unique collectées pour le compte de l'UE	..	..	..	..	..	..	..	..	19	17
Crédits d'impôts récupérables										
Crédits d'impôts récupérables contre 1110	..	..	..	..	252	276	265	261	338	368
Composante fiscale	..	..	..	..	..	..	..	..	..	..
Composante transfert	..	..	..	..	..	..	..	..	..	..
Crédits d'impôts récupérables contre 1210	..	..	..	..	0	0	0	0	0	0
Composante fiscale	..	..	..	..	..	..	..	..	..	..
Composante transfert	..	..	..	..	..	..	..	..	..	..
Recettes fiscales totales sur la base d'encaissements	**..**	**..**	**..**	**10 843**	**18 033**	**18 358**	**22 082**	**25 757**	**31 337**	**30 986**
Recettes fiscales totales sur la base des droits constatés	**..**	**..**	**..**	**10 648**	**18 456**	**19 159**	**23 082**	**26 049**	**32 494**	**32 401**
Conciliation avec les comptes nationaux										
Impôts additionnels inclus dans les comptes nationaux	..	..	..	53	33	47	0	43	4	4
Impôt exclus des comptes nationaux	..	..	..	0	-103	-131	-148	-149	-178	-201
Différence dans les traitements des crédits d'impôts	..	..	..	0	0	0	0	0	0	0
Transfert en capital des recettes non collectées	..	..	..	0	0	0	0	0	0	0
Cotisations de sécurité sociale volontaires	..	..	..	0	22	31	17	11	11	12
Différences diverses	..	..	..	0	0	0	0	0	0	0
Comptes nationaux : impôts et cotisations sociales effectives	..	..	..	10 702	18 409	19 106	22 951	25 953	32 332	32 216
Cotisations sociales imputées	..	..	..	19	80	143	147	171	219	254
Comptes nationaux : impôts et toutes les cotisations sociales	..	..	..	10 721	18 488	19 250	23 098	26 124	32 550	32 470

.. Non disponible
Note : Year ending 31st December.
Data are on accrual basis.
Source : Ministry of Finance.

StatLink https://stat.link/sqt2gi

Tableau 5.32. Slovénie : recettes fiscales détaillées, 1965-2020

Million EUR

	1965	1980	1990	2000	2007	2010	2013	2015	2019	2020
Recettes fiscales totales	..	..	..	**7 114**	**13 377**	**13 758**	**13 578**	**14 498**	**17 981**	**17 508**
Recettes fiscales totales excluant les taxes collectés pour le compte de l'UE	..	..	..	**7 114**	**13 292**	**13 698**	**13 526**	**14 430**	**17 911**	**17 437**
1000 Impôts sur revenu, bénéfices et gains en capital	..	..	..	**1 280**	**3 041**	**2 692**	**2 285**	**2 547**	**3 505**	**3 388**
1100 Des personnes physiques	..	..	..	1 041	1 919	2 020	1 849	1 977	2 548	2 471
1110 Sur le revenu et les bénéfices	..	..	..	1 039	1 916	2 017	1 847	1 974	2 545	2 469
Personal income tax	..	..	..	1 039	1 916	2 017	1 847	1 974	2 545	2 469
Special contribution for the reconstruction of the Posocje region	..	..	..	0	0	0	0	0	0	0
1120 Sur les gains en capital	..	..	..	2	3	3	3	3	3	2
Taxes on winnings from lottery and gambling	..	..	..	2	3	3	3	3	3	2
1200 Des sociétés	..	..	..	216	1 116	668	433	568	954	914
1210 Sur les bénéfices	..	..	..	216	1 116	668	433	568	954	914
1220 Sur les gains en capital	..	..	..	0	0	0	0	0	0	0
1300 Non-ventilables entre 1100 et 1200	..	..	..	24	5	4	3	2	3	2
Tax on income - copy rights, patents and trademarks	..	..	..	24	5	4	2	2	2	2
Tax on profits due to changes in land use	..	..	..	0	0	0	0	0	0	0
2000 Cotisations de sécurité sociale	..	..	..	**2 820**	**5 046**	**5 761**	**5 647**	**5 983**	**7 587**	**7 908**
2100 À la charge des salariés	..	..	..	1 447	2 490	2 785	2 637	2 910	4 168	3 895
2110 Sur la base du salaire	..	..	..	1 447	2 490	2 785	2 637	2 910	4 168	3 895
2120 Sur la base de l'impôt sur les revenus	..	..	..	0	0	0	0	0	0	0
2200 À la charge des employeurs	..	..	..	1 012	1 852	2 070	2 022	2 135	2 781	2 865
2210 Sur la base du salaire	..	..	..	1 012	1 852	2 070	2 022	2 135	2 781	2 865
2220 Sur la base de l'impôt sur les revenus	..	..	..	0	0	0	0	0	0	0
2300 A charge des travailleurs indép. ou sans emploi	..	..	..	361	705	906	988	938	637	1 148
2310 Sur la base du salaire	..	..	..	361	705	906	988	938	637	1 148
2320 Sur la base de l'impôt sur les revenus	..	..	..	0	0	0	0	0	0	0
2400 Non-ventilables entre 2100, 2200 et 2300	..	..	..	0	0	0	0	0	0	0
2410 Sur la base du salaire	..	..	..	..	..	..	..	..	..	..
2420 Sur la base de l'impôt sur les revenus	..	..	..	..	..	..	..	..	..	..
3000 Sur salaires ou main d'oeuvre	..	..	..	**289**	**418**	**28**	**23**	**20**	**23**	**22**
Payroll tax	..	..	..	272	391	0	0	0	0	0
Tax on work contracts	..	..	..	18	27	28	23	20	23	22
4000 Impôts sur le patrimoine	..	..	..	**120**	**206**	**222**	**232**	**241**	**299**	**295**
4100 Impôts périodiques sur la propriété immobilière	..	..	..	81	140	173	199	199	235	237
4110 Ménages	..	..	..	17	38	46	61	56	70	72
Property tax on weekend cottages	..	..	..	1	1	1	1	1	1	1
Compensation on the use of building ground - paid by individuals	..	..	..	16	37	45	48	56	68	71
Tax on immovable property of higher value	..	..	..	0	0	0	13	0	0	0
4120 Autres agents	..	..	..	65	102	127	138	142	165	164
Property tax on buildings	..	..	..	2	3	3	4	4	9	7
Compensation on the use of building ground - paid by legal entities	..	..	..	63	100	124	134	139	156	157
4200 Impôts périodiques sur l'actif net	..	..	..	4	0	0	0	0	0	0
4210 Personnes physiques	..	..	..	0	..	..	..	..	..	..
4220 Sociétés	..	..	..	4	..	..	..	..	..	..
Tax on balance wealth paid by banks	..	..	..	4	..	..	..	..	..	..
4300 Impôts sur mut. par décès, succ. et donations	..	..	..	2	9	14	8	8	16	10
4310 Impôts sur mut. par décès et successions	..	..	..	..	..	..	..	..	..	..
4320 Impôts sur les donations	..	..	..	..	..	..	..	..	..	..
4400 Impôts sur transact. mobilières et immob.	..	..	..	23	57	32	23	29	44	40
Taxes on the sale of immovable property - from legal entities	..	..	..	11	19	7	5	7	9	7
Taxes on the sale of immovable property - from individuals	..	..	..	12	38	25	18	23	36	33
4500 Impôts non-périodiques	..	..	..	10	0	2	1	4	3	8
4510 Sur l'actif net	..	..	..	0	..	0	0	0	0	0
4520 Autres non-périodiques	..	..	..	10	..	2	1	4	3	8
Payments for the change of use of agricultural and forest land	..	..	..	10	..	0	1	2	2	2
Granting of easements and the creation of building rights	..	..	..	0	..	2	1	3	1	6
4600 Autres impôts périodiques sur patrimoine	..	..	..	0	0	0	0	0	0	0
Property tax on boats	..	..	..	0	0	0	0	0	0	0
5000 Impôts sur les biens et services	..	..	..	**2 604**	**4 666**	**5 055**	**5 390**	**5 707**	**6 568**	**5 896**
5100 Impôts sur production, vente, transfert, etc.	..	..	..	2 483	4 451	4 840	5 051	5 331	6 114	5 456
5110 Impôts généraux	..	..	..	1 642	2 941	2 929	3 050	3 224	3 892	3 543

	1965	1980	1990	2000	2007	2010	2013	2015	2019	2020
5111 Taxes sur la valeur ajoutée	..	..	..	1 611	2 941	2 929	3 050	3 224	3 892	3 543
Value added tax	..	..	..	1 599	2 923	2 926	3 046	3 220	3 889	3 542
Negative compensation of farmers in a VAT flat rate system	..	..	..	12	18	3	4	4	3	2
5112 Impôts sur les ventes	..	..	..	8	0	0	0	0	0	0
Customs duties paid by individuals	..	..	..	1	..	..	..	..	..	..
Special import duties and customs charges	..	..	..	7	..	..	..	..	..	..
5113 Autres impôts	..	..	..	23	0	0	0	0	0	0
Turnover tax on goods	..	..	..	11	..	..	..	..	..	..
Turnover tax on services	..	..	..	12	..	..	..	..	..	..
Special turnover tax on alcohol	..	..	..	0	..	..	..	..	..	..
5120 Impôts sur biens et services déterminés	..	..	..	841	1 510	1 911	2 001	2 107	2 222	1 913
5121 Accises	..	..	..	581	1 196	1 555	1 579	1 626	1 671	1 432
Alcohol and alcoholic drinks	..	..	..	39	71	89	96	108	122	112
Mineral oil and gas	..	..	..	405	758	1 016	998	1 033	1 053	852
Tobacco	..	..	..	97	301	391	425	419	419	404
Duty free shops - alcohol and alcoholic drinks	..	..	..	3	0	0	0	0	0	0
Duty free shops - tobacco	..	..	..	17	0	0	0	0	0	0
Electric power and coal	..	..	..	0	4	19	31	34	32	31
Tax on the sales of new motor vehicles	..	..	..	18	60	40	26	26	37	26
Tax on the sales of used motor vehicles	..	..	..	2	2	0	0	0	0	0
Additional tax on motor vehicles	..	..	..	0	0	0	3	6	8	7
5122 Bénéfices des monopoles fiscaux	..	..	..	0	0	0	0	0	0	0
5123 Droits de douane et droits à l'importation	..	..	..	158	85	60	53	53	61	62
Import duties	..	..	..	151	0	0	0	0	0	0
Levies on imported agricultural products	..	..	..	7	0	0	0	0	0	0
Custom duties collected for the EU	..	..	..	0	85	60	53	53	61	62
5124 Taxes à l'exportation	..	..	..	0	0	0	0	0	0	0
5125 Impôts sur biens d'équipement	..	..	..	0	0	0	0	0	0	0
5126 Impôts sur services déterminés	..	..	..	102	230	296	369	428	490	418
Tax on special gambling (gambling in casinos)	..	..	..	25	64	53	41	48	46	26
Tax on classical gambling (lottery...)	..	..	..	1	3	3	3	3	3	3
Special tax on slot machines	..	..	..	4	0	0	0	0	0	0
Tax on insurance services	..	..	..	37	65	69	65	82	101	102
Sojourn tax	..	..	..	3	7	7	8	11	25	15
Concessions	..	..	..	1	29	40	90	79	77	64
Concessions duties on special gambling (in casinos)	..	..	..	26	55	47	38	37	39	23
Fire protection tax	..	..	..	4	6	7	8	8	9	10
Tax on lottery tickets	..	..	..	0	0	0	3	17	20	18
Tax on financial services	..	..	..	0	0	0	32	57	71	67
FIHO, FSO	..	..	..	0	0	25	26	27	26	25
SOS	..	..	..	0	0	23	10	11	12	9
Tax on balance wealth paid by banks	..	..	..	0	0	0	18	2	0	0
Commodity reserve fund	..	..	..	0	0	21	27	32	31	26
Deposit guarantee Fund, Single Resolution Fund	..	..	..	0	0	0	0	16	30	31
5127 Autres impôts sur commerce et transact. internat.	..	..	..	0	0	0	0	0	0	0
5128 Autres impôts	..	..	..	0	0	0	0	0	0	0
Sugar levy	..	..	..	..	0	..	..	..	..	..
5130 Non-ventilables entre 5110 et 5120	..	..	..	0	0	0	0	0	0	0
5200 Impôts sur utilisation des biens et exerc. activités	..	..	..	121	215	215	340	377	453	440
5210 Impôts périodiques	..	..	..	121	215	215	321	353	387	375
5211 À la charge des ménages : véhicules à moteur	..	..	..	49	87	86	109	118	127	128
Registration fees on motor vehicles, boats and airplanes paid by individuals	..	..	..	49	87	86	109	118	127	128
5212 À la charge autres agents : véhicules à moteur	..	..	..	12	21	20	24	27	33	32
Registration fees on motor vehicles, boats and airplanes paid by legal entities	..	..	..	12	21	20	24	27	33	32
Registration fees on tractors	..	..	..	0	0	0	0	0	0	0
5213 Autres impôts périodiques	..	..	..	59	107	110	187	208	228	215
Charges on the use of water	..	..	..	4	22	23	29	32	32	32
Taxes on waste pollution	..	..	..	7	10	3	2	2	1	1
Taxes on air pollution - caused by gas and hard fuels	..	..	..	3	8	10	10	13	15	16
Cont. of nuclear power plant to finance its de-composition	..	..	..	16	8	8	8	8	6	6
Indemnity for the restricted use of area on the territory of nuclear power plant	..	..	..	0	7	10	11	12	6	6
Taxes on air pollution	..	..	..	29	21	23	98	114	145	130
Special water tax	..	..	..	0	30	33	29	27	22	24
5220 Impôts non-périodiques	..	..	..	0	0	0	19	24	66	65
Emission permits	..	..	..	..	..	..	19	24	66	65
5300 Non-ventilables entre 5100 et 5200	..	..	..	0	0	0	0	0	0	0
6000 Autres impôts	**..**	**..**	**..**	**0**	**0**	**0**	**0**	**0**	**0**	**0**
6100 À la charge exclusive des entreprises	..	..	..	..	..	..	..	..	..	..

	1965	1980	1990	2000	2007	2010	2013	2015	2019	2020
Pour mémoire										
Droits de douane perçus pour le compte de l'UE	..	..	..	..	85	60	53	53	61	62
Contributions au Fonds de résolution unique collectées pour le compte de l'UE	..	..	..	..	..	..	..	16	9	9
Recettes fiscales totales sur la base d'encaissements	**..**	**..**	**..**	**7 135**	**13 140**	**13 605**	**13 485**	**14 560**	**18 118**	**17 367**
Recettes fiscales totales sur la base des droits constatés	**..**	**..**	**..**	**7 114**	**13 377**	**13 758**	**13 578**	**14 498**	**17 981**	**17 508**
Conciliation avec les comptes nationaux										
Impôts additionnels inclus dans les comptes nationaux	..	..	..	..	..	87	90	94	96	96
Radio and television licence fee	..	..	..	..	..	87	90	94	96	96
Impôt exclus des comptes nationaux	..	..	..	..	..	..	..	..	..	..
Différence dans les traitements des crédits d'impôts	..	..	..	0	0	0	0	0	0	0
Transfert en capital des recettes non collectées	..	..	..	-7	-35	-17	-2	-2	-2	-25
Cotisations de sécurité sociale volontaires	..	..	..	0	0	0	0	0	0	0
Différences diverses	..	..	..	0	0	0	0	0	0	0
Comptes nationaux : impôts et cotisations sociales effectives	..	..	..	7 107	13 342	13 828	13 667	14 590	18 075	17 580
Cotisations sociales imputées	..	..	..	39	81	100	117	118	136	153
Comptes nationaux : impôts et toutes les cotisations sociales	..	..	..	7 146	13 423	13 928	13 784	14 708	18 211	17 733

.. Non disponible
Note : Year ending 31st December.
Data are on accrual basis.
Source : Statistical Office of the Republic of Slovenia.

StatLink https://stat.link/41kbfy

Tableau 5.33. Espagne : recettes fiscales détaillées, 1965-2020

Million EUR

	1965	1980	1990	2000	2007	2010	2013	2015	2019	2020
Recettes fiscales totales	**1 238**	**22 002**	**103 662**	**214 114**	**391 648**	**335 563**	**337 891**	**364 683**	**431 736**	**411 973**
Recettes fiscales totales excluant les taxes collectés pour le compte de l'UE	..	..	..	**213 067**	**389 927**	**334 019**	**336 567**	**362 175**	**429 062**	**409 471**
1000 Impôts sur revenu, bénéfices et gains en capital	**304**	**5 714**	**31 763**	**60 145**	**130 081**	**93 798**	**97 664**	**102 645**	**123 638**	**119 785**
1100 Des personnes physiques	177	4 481	22 527	41 248	80 719	74 118	77 230	78 896	97 956	97 770
Personal income tax	..	..	22 527	40 366	79 973	73 534	76 690	78 586	97 494	97 476
Income tax of non-residents	..	..	0	882	746	584	540	310	462	294
1110 Sur le revenu et les bénéfices	..	..	..	..	..	..	..	..	..	..
1120 Sur les gains en capital	..	..	..	..	..	..	..	..	..	..
1200 Des sociétés	114	1 119	9 146	18 897	49 362	19 680	20 434	23 749	25 682	22 015
Corporate income tax	..	..	9 146	18 597	47 499	17 567	19 516	22 471	23 721	20 749
Income tax of non-residents (legal persons)	..	..	0	300	1 863	2 113	918	1 278	1 961	1 266
1210 Sur les bénéfices	..	..	..	..	..	..	..	..	..	..
Tax on commercial activity	..	..	..	..	..	..	..	..	..	..
Special tax 4 percent	..	..	..	..	..	..	..	..	..	..
Taxes on profits	..	..	..	..	..	..	..	..	..	..
1220 Sur les gains en capital	..	..	..	..	..	..	..	..	..	..
1300 Non-ventilables entre 1100 et 1200	13	114	91	0	0	0	0	0	0	0
Local taxes	13	114	0	..	..	..	..	..	..	..
Other taxes	..	..	..	..	..	..	..	..	..	..
2000 Cotisations de sécurité sociale	**350**	**10 682**	**36 722**	**74 683**	**127 088**	**127 235**	**116 875**	**122 835**	**152 527**	**154 276**
2100 À la charge des salariés	81	2 376	5 976	11 711	19 625	19 423	16 603	18 783	23 272	22 243
2110 Sur la base du salaire	..	..	5 976	11 711	19 625	19 423	16 603	18 783	23 272	22 243
2120 Sur la base de l'impôt sur les revenus	..	..	0	..	..	..	..	..	..	..
2200 À la charge des employeurs	269	8 306	26 385	54 226	93 234	89 666	82 224	87 988	112 274	112 380
2210 Sur la base du salaire	..	..	26 385	54 226	93 234	89 666	82 224	87 988	112 274	112 380
2220 Sur la base de l'impôt sur les revenus	..	..	0	..	..	..	..	..	..	..
2300 A charge des travailleurs indép. ou sans emploi	0	0	4 361	8 746	14 229	18 146	18 048	16 064	16 981	19 653
Self-employment	..	..	2 492	6 788	10 120	10 119	10 244	10 872	11 501	11 599
Unemployment	..	..	1 869	1 958	4 109	8 027	7 804	5 192	5 480	8 054
2310 Sur la base du salaire	..	..	..	..	..	..	..	..	..	..
2320 Sur la base de l'impôt sur les revenus	..	..	..	..	..	..	..	..	..	..
2400 Non-ventilables entre 2100, 2200 et 2300	0	0	0	0	0	0	0	0	0	0
2410 Sur la base du salaire	..	..	..	..	..	..	..	..	..	..
2420 Sur la base de l'impôt sur les revenus	..	..	..	..	..	..	..	..	..	..
3000 Sur salaires ou main d'oeuvre	**0**	**0**	**0**	**0**	**0**	**0**	**0**	**0**	**0**	**0**
4000 Impôts sur le patrimoine	**79**	**1 004**	**5 718**	**13 827**	**32 133**	**22 178**	**24 250**	**27 855**	**30 567**	**27 619**
4100 Impôts périodiques sur la propriété immobilière	6	41	1 478	3 988	7 281	9 666	11 829	12 623	13 488	13 161
Real State tax (IBI)/Real State tax surcharge	..	41	1 478	3 982	7 267	9 657	11 755	12 581	13 437	13 081
Special Real State tax for non-residents	..	0	0	6	6	8	8	4	2	3
Other taxes on property, land or building use	..	0	0	0	3	0	1	1	0	0
4110 Ménages	..	..	..	..	..	..	..	..	..	..
4120 Autres agents	..	..	..	0	5	1	65	37	49	77
Tax on large commercial establishments	..	..	..	..	5	1	65	37	49	77
4200 Impôts périodiques sur l'actif net	0	107	637	1 413	2 479	688	2 049	1 904	2 240	2 297
4210 Personnes physiques	..	107	637	1 413	2 479	688	2 049	1 904	2 240	2 297
Wealth tax	..	..	637	1 199	2 054	104	1 339	1 144	1 414	1 496
Real State tax (unoccupied dwellings) and others	..	..	0	214	425	584	710	760	826	801
4220 Sociétés	..	0	0	0	0	0	0	0	0	0
4300 Impôts sur mut. par décès, succ. et donations	13	90	440	1 379	2 901	2 412	2 492	2 790	2 513	2 494
Inheritance and gift tax	..	..	440	1 379	2 901	2 412	2 492	2 790	2 513	2 494
4310 Impôts sur mut. par décès et successions	..	..	..	..	..	..	..	..	..	..
4320 Impôts sur les donations	..	..	..	..	..	..	..	..	..	..
4400 Impôts sur transact. mobilières et immob.	60	767	2 478	5 939	17 025	7 603	5 301	6 984	9 329	7 535
Taxes on property transactions	60	767	2 478	5 939	17 025	7 603	5 301	6 984	9 329	7 535
Tax on financial transactions	..	..	..	..	..	..	..	..	..	..
4500 Impôts non-périodiques	0	0	646	1 108	2 447	1 809	2 579	3 554	2 997	2 132
4510 Sur l'actif net	..	..	467	0	495	192	325	1 006	338	316
Tax on land holding gains	..	..	467	..	..	..	..	0	..	..
Urban use tax	..	..	..	..	495	192	90	73	104	82
Extraordinary resource of FGD	..	..	..	..	0	0	235	933	234	234
4520 Autres non-périodiques	..	..	179	1 108	1 952	1 617	2 254	2 548	2 659	1 816
Special duties	..	..	179	180	168	129	84	70	74	55
Land development contributions	..	..	0	223	368	225	71	61	66	43
Tax on the increase in value of urban terrains	..	..	0	705	1 416	1 263	1 711	2 417	2 519	1 718
Others	..	..	0	0	0	0	2	0	0	0
Levy on "Revaluation of Reserve Account"	..	..	..	0	0	0	386	0	0	0
4600 Autres impôts périodiques sur patrimoine	0	0	38	0	0	0	0	0	0	0

	1965	1980	1990	2000	2007	2010	2013	2015	2019	2020
5000 Impôts sur les biens et services	**506**	**4 553**	**29 437**	**65 456**	**102 334**	**92 344**	**99 026**	**111 159**	**124 852**	**110 188**
5100 Impôts sur production, vente, transfert, etc.	503	4 552	26 732	59 383	93 814	84 985	91 122	102 912	115 125	100 936
5110 Impôts généraux	275	2 234	16 611	37 800	62 778	55 629	60 488	69 478	81 079	70 793
5111 Taxes sur la valeur ajoutée	0	0	16 304	37 785	62 743	55 318	60 314	69 294	80 889	70 616
Value added tax (VAT)	..	..	16 304	37 045	61 472	54 509	59 207	67 913	79 301	69 382
Canary Islands general indirect tax	..	..	0	740	1 271	809	1 107	1 381	1 588	1 234
5112 Impôts sur les ventes	0	0	0	15	35	311	174	184	190	177
Fees for RTVE (since 2010)	..	..	..	0	0	278	174	184	190	177
Fees from Nat. Commission of Telecomms. Market	..	..	..	15	35	33	0	0	0	0
Tax on certain digital services	..	..	..	..	..	..	..	..	..	..
5113 Autres impôts	275	2 234	307	0	0	0	0	0	0	0
Cascade tax	118	1 483	197	..	..	..	..	..	..	..
Excises on luxury expenditure	96	939	15	..	..	..	..	..	..	..
Other import duties	94	832	128	..	..	..	..	..	..	..
Refund of internal taxes	-33	-1 020	-33	..	..	..	..	..	..	..
5120 Impôts sur biens et services déterminés	228	2 317	10 120	21 583	31 036	29 356	30 634	33 434	34 046	30 143
5121 Accises	69	1 239	6 048	17 952	25 581	24 384	24 550	25 908	26 301	23 177
Special excises	69	1 239	10	0	0	0	0	0	0	0
On beer	0	0	87	202	307	302	302	316	352	331
On wine	0	0	0	0	0	0	0	0	0	0
On alcohol	0	0	481	785	1 008	876	775	843	874	672
On hydrocarbon	0	0	4 222	9 977	11 787	10 907	11 949	12 465	13 719	11 471
On tobacco	0	0	1 123	4 507	7 258	7 976	7 114	7 213	7 101	6 827
On electricity bills	0	0	0	703	1 153	1 483	1 558	1 458	1 460	1 309
On carbon	0	0	0	0	0	0	148	308	139	41
Tax on retail sales of specific hydrocarbons	0	0	0	0	1 356	1 238	453	7	1	0
Tax on oil derived fuels	0	0	120	237	253	220	267	314	332	254
Petrol tax	0	0	0	6	5	5	13	22	23	20
Production and storage of electricity	0	0	0	0	0	0	1 261	1 576	718	1 146
Tax Greenhouse Effect Flourinated	0	0	0	0	0	0	0	99	81	67
Other taxes	0	0	5	17	21	18	17	22	22	20
Canary Islands taxes on national products	0	0	0	51	86	71	75	85	84	86
Taxes on national products in Ceuta and Melilla	0	0	0	108	110	105	103	115	113	74
Fees from the National Energy Commission	0	0	0	13	27	35	0	0	0	0
Contribution to the National Energy Efficiency Fund	0	0	0	0	0	366	150	207	201	209
Special tax on certain means of transport	0	0	0	1 317	2 158	735	325	358	697	446
Fee for use of continental waters for electricity production	0	0	0	0	0	0	0	453	317	154
Special duties and other taxes on imported products	0	0	0	29	52	47	40	47	33	21
Other taxes on products	0	0	0	0	0	0	0	0	34	29
5122 Bénéfices des monopoles fiscaux	66	132	546	0	0	0	0	0	0	0
Tobacco	21	77	0	..	..	..	..	..	..	..
Petroleum	45	55	546	..	..	..	..	..	..	..
5123 Droits de douane et droits à l'importation	87	561	2 078	1 044	1 816	1 593	1 401	1 899	2 063	1 739
Import duties	87	561	1 394	0	0	0	0	0	0	0
Tax on Imports of Goods in the Canary Islands	0	0	137	33	51	44	45	53	54	55
Tax on Imports in Ceuta and Melilla	0	0	36	41	42	40	39	43	43	28
Customs duties collected for the EU	..	..	511	970	1 723	1 509	1 317	1 803	1 966	1 656
5124 Taxes à l'exportation	0	0	0	..	..	..	..	..	..	..
5125 Impôts sur biens d'équipement	0	0	0	0	0	0	0	0	0	0
5126 Impôts sur services déterminés	7	385	1 427	2 497	3 633	3 166	4 469	5 408	5 461	5 008
Taxes on betting and gambling	0	232	1 307	1 649	2 051	1 635	1 249	1 164	1 361	820
Taxes on other specific services	6	153	120	0	0	0	0	0	0	0
Taxes on insurance premiums	0	0	0	848	1 581	1 531	1 417	1 446	1 714	1 704
Tax on deposits of credit institution	0	0	0	0	1	0	227	421	381	410
Ordinary resource DGF	0	0	0	0	0	0	1 576	1 644	1 101	1 161
Tourist tax	0	0	0	0	0	0	0	43	196	67
EU SRF contribution	..	..	..	..	..	..	..	690	708	846
5127 Autres impôts sur commerce et transact. internat.	0	0	0	0	0	0	0	0	0	0
5128 Autres impôts	0	0	22	90	6	213	214	219	221	219
EU levies	..	..	22	77	-2	35	7	15	0	0
Others	..	..	0	13	8	9	20	37	69	67
Resource CORES	..	..	0	0	0	169	187	167	152	152
5130 Non-ventilables entre 5110 et 5120	0	0	0	0	0	0	0	0	0	0
5200 Impôts sur utilisation des biens et exerc. activités	3	1	2 633	6 073	8 520	7 359	7 904	8 247	9 727	9 252
5210 Impôts périodiques	3	1	1 616	4 306	5 311	5 782	6 493	6 420	6 861	6 449
Other taxes on luxury expenses	..	..	..	2	7	4	3	3	3	2
5211 À la charge des ménages : véhicules à moteur	..	0	461	1 117	1 626	1 770	1 848	1 725	1 775	1 707
Car registration tax	..	..	461	1 117	1 626	1 770	1 848	1 725	1 775	1 707
5212 À la charge autres agents : véhicules à moteur	..	0	117	298	502	498	503	470	491	472
Car registration tax	..	..	117	298	502	498	503	470	491	472

	1965	1980	1990	2000	2007	2010	2013	2015	2019	2020
5213 Autres impôts périodiques	..	1	1 038	2 889	3 176	3 510	4 139	4 222	4 592	4 268
Hunting and fishing taxes	..	..	0	28	28	34	34	30	27	26
Economic activity tax	..	..	925	1 934	1 633	1 785	1 701	1 794	1 890	1 838
Advertising	..	..	27	0	0	0	0	0	0	0
Taxes on environment and pollution	..	..	0	42	91	141	616	563	673	661
Tax on effluent, use of hydrocarbon and mines	..	..	0	51	83	67	158	184	194	177
Other fees paid by households for licences	..	..	0	179	264	228	206	245	328	280
Compensation for local taxes	..	..	86	140	176	165	129	118	130	125
Vehicle inspection duty	..	..	0	6	18	17	20	19	13	13
Municipal fees for private use of public space	..	..	0	509	883	1 073	1 275	1 269	1 337	1 148
5220 Impôts non-périodiques	0	0	1 017	1 767	3 209	1 577	1 411	1 827	2 866	2 803
Tax and building permits	..	..	327	1 117	2 227	859	519	575	1 108	868
Urban licenses	..	..	0	451	490	260	157	200	333	265
Greenhouse gas emission trading	..	..	0	0	0	0	138	412	1 015	1 264
Parafiscal taxes	..	..	690	199	492	458	597	640	410	406
5300 Non-ventilables entre 5100 et 5200	0	0	72	0	0	0	0	0	0	0
6000 Autres impôts	**0**	**49**	**22**	**3**	**12**	**8**	**76**	**189**	**152**	**105**
6100 À la charge exclusive des entreprises	..	49	0	0	0	0	0	0	0	0
6200 À la charge d'autres agents	..	0	22	3	12	8	76	189	152	105
Other taxes on production	..	..	..	3	12	8	76	189	152	105
Pour mémoire										
Droits de douane perçus pour le compte de l'UE	..	..	..	970	1 723	1 509	1 317	1 803	1 966	1 656
Contributions au Fonds de résolution unique collectées pour le compte de l'UE	..	..	..	..	..	..	..	690	708	846
Crédits d'impôts récupérables										
Crédits d'impôts récupérables contre 1110	..	..	..	..	1 323	1 897	774	1 093	2 338	2 697
Composante fiscale	..	..	..	..	522	729	432	546	1 077	1 199
Composante transfert	..	..	..	..	801	1 168	342	547	1 261	1 498
Crédits d'impôts récupérables contre 1210	..	..	..	..	0	0	0	46	177	296
Composante fiscale	..	..	..	..	..	..	..	12	39	47
Composante transfert	..	..	..	..	..	..	..	34	138	249
Recettes fiscales totales sur la base d'encaissements	**1 238**	**22 002**	**103 662**	**212 669**	**388 829**	**333 697**	**338 878**	**360 947**	**429 621**	**398 471**
Recettes fiscales totales sur la base des droits constatés	**..**	**..**	**..**	**214 114**	**391 648**	**335 563**	**337 891**	**364 683**	**431 736**	**411 973**
Conciliation avec les comptes nationaux										
Impôts additionnels inclus dans les comptes nationaux	..	..	..	0	0	0	0	0	0	0
Impôt exclus des comptes nationaux	..	..	..	0	0	0	0	0	0	0
Différence dans les traitements des crédits d'impôts	..	..	..	0	522	729	432	558	1 116	1 246
Transfert en capital des recettes non collectées	..	..	..	0	0	0	0	0	0	0
Cotisations de sécurité sociale volontaires	..	..	..	447	937	1 155	2 209	1 170	987	891
Différences diverses	..	..	..	0	0	0	0	0	0	0
Comptes nationaux : impôts et cotisations sociales effectives	..	..	..	214 561	393 107	337 447	340 532	366 411	433 839	414 110
Cotisations sociales imputées	..	..	..	5 379	7 618	8 585	7 772	7 503	7 142	7 048
Comptes nationaux : impôts et toutes les cotisations sociales	..	..	..	219 940	400 725	346 032	348 304	373 914	440 981	421 158

.. Non disponible
Note : Year ending 31st December.
From 1995, data are on accrual basis.
Since 1995, the data are consistent with those transmitted to Eurostat in the framework of Government Finance Statistics (ESA).
From 1981 the figures take into account the classification procedures set out in the OECD Interpretative Guide. Consequently, they are not completely comparable with the figures for earlier years though the amounts involved are quite small
Heading 2300: Contributions paid by self-employed were shown under heading 2100 until 1982.
Source : Information from the Ministry of Finance for taxes and from Social Security System for social security contributions up to 1994. Since 1995 (accrual basis), national account data (IGAE-Ministry of Finance)

StatLink https://stat.link/m32c9s

Tableau 5.34. Suède : recettes fiscales détaillées, 1965-2020

Million SEK

	1965	1980	1990	2000	2007	2010	2013	2015	2019	2020
Recettes fiscales totales	**40 003**	**259 216**	**755 953**	**1 204 794**	**1 491 190**	**1 532 259**	**1 624 632**	**1 816 204**	**2 162 928**	**2 132 388**
Recettes fiscales totales excluant les taxes collectés pour le compte de l'UE	..	..	**755 953**	**1 200 999**	**1 485 306**	**1 526 585**	**1 619 411**	**1 809 928**	**2 156 063**	**2 126 176**
1000 Impôts sur revenu, bénéfices et gains en capital	**21 956**	**112 730**	**314 797**	**514 729**	**580 372**	**546 696**	**566 234**	**657 539**	**772 120**	**762 656**
1100 Des personnes physiques	19 500	106 376	291 146	426 956	464 435	430 896	466 286	533 660	620 161	613 894
1110 Sur le revenu et les bénéfices	19 390	105 866	289 598	392 532	414 728	396 353	433 985	464 596	550 584	553 813
Coupon tax	9	44	233	2 040	6 306	3 047	4 108	4 615	7 216	3 551
Duties on foreign artists	4	3	3	50	86	89	-1	2	0	0
National income tax individual	8 676	31 682	70 755	66 850	44 326	42 595	44 664	52 480	57 083	52 716
Local income tax individual	9 294	78 134	220 072	336 304	479 068	522 850	581 934	635 719	748 197	766 082
Tax reduction individual	0	-3 997	-1 465	-18 872	-122 029	-179 890	-204 632	-236 613	-271 871	-278 728
Public service tax	..	..	0	5 061	6 674	6 981	7 208	7 759	9 028	9 211
Other	1 407	0	0	1 098	296	681	704	635	931	981
1120 Sur les gains en capital	110	510	1 548	34 425	49 707	34 543	32 301	69 064	69 577	60 081
Lottery prize tax	110	510	1 548	60	0	0	0	0	0	0
1200 Des sociétés	2 456	6 354	23 651	87 772	115 937	115 800	99 948	123 878	151 959	148 762
1210 Sur les bénéfices	2 456	6 354	23 651	87 772	115 937	115 800	99 948	123 878	151 959	148 762
Tax on profits not distributed	1	10	3	0	0	0	0	0	0	0
National income tax b.c. list	1 425	2 078	19 774	74 501	103 150	103 944	93 097	115 507	146 651	143 118
Local income tax b.c. list	1 030	4 266	0	0	0	0	0	0	0	0
Special tax on profits	0	0	3 874	0	0	0	0	0	0	0
Taxes on pension insurance savings	0	0	0	13 271	12 787	11 856	6 850	8 371	5 308	5 644
1220 Sur les gains en capital	0	0	0	0	0	0	0	0	0	0
1300 Non-ventilables entre 1100 et 1200	0	0	0	0	0	0	0	0	0	0
2000 Cotisations de sécurité sociale	**4 851**	**74 647**	**205 867**	**306 974**	**388 505**	**384 668**	**376 684**	**404 851**	**462 860**	**455 396**
2100 À la charge des salariés	743	254	823	63 074	81 088	89 175	100 861	108 356	128 161	131 044
Health insurance fees	743	9	5	0	0	0	0	0	0	0
Unemployment insurance fees	0	245	818	0	0	0	0	0	0	0
Pension fees	0	0	0	63 074	81 088	89 175	100 861	108 356	128 161	131 044
2110 Sur la base du salaire	..	..	..	63 074	81 088	89 175	100 861	108 356	128 161	131 044
2120 Sur la base de l'impôt sur les revenus	..	..	..	0	0	0	0	0	0	0
2200 À la charge des employeurs	3 568	71 602	196 905	237 576	300 010	288 310	271 449	291 646	331 065	321 621
Survivors pension fees	0	20 343	44 181	14 847	19 611	20 362	15 693	17 305	11 159	10 493
Health insurance fees	717	26 005	58 334	74 097	100 979	71 292	58 365	64 332	66 015	62 066
Unemployment insurance fees	0	0	0	0	0	0	0	0	0	0
Labour market fees	0	982	12 516	45 975	48 471	55 443	39 007	37 926	47 682	44 078
Industrial injury insurance fees	132	1 201	4 663	12 030	7 844	8 146	4 022	4 431	3 718	3 496
Seamen's pension fees	0	10	26	30	0	0	0	0	0	0
Part pension fees	0	1 119	2 897	0	0	0	0	0	0	0
Supplementary pension fees	2 719	21 458	73 129	71 384	97 748	106 712	119 508	129 204	154 165	156 039
Parent insurance fees	0	484	1 159	19 215	25 356	26 355	34 854	38 448	48 326	45 449
2210 Sur la base du salaire	..	..	..	237 576	300 010	288 310	271 449	291 646	331 065	321 621
2220 Sur la base de l'impôt sur les revenus	..	..	..	0	0	0	0	0	0	0
2300 A charge des travailleurs indép. ou sans emploi	540	2 791	8 139	5 569	8 391	7 584	5 607	5 058	4 297	4 100
Survivors pension fees	0	943	1 580	451	662	687	442	443	158	91
Health insurance fees	260	992	1 702	1 988	3 297	2 082	550	256	152	59
Industrial injury insurance fees	0	64	191	365	264	275	113	84	51	29
Parent insurance fees	0	58	106	573	856	888	960	603	518	279
Supplementary pension fees	280	734	4 560	2 192	3 312	3 652	3 542	3 672	3 420	3 641
Reduction	0	0	0	0	0	0	0	0	0	0
2310 Sur la base du salaire	..	..	..	5 569	8 391	7 584	5 607	5 058	4 297	4 100
2320 Sur la base de l'impôt sur les revenus	..	..	..	0	0	0	0	0	0	0
2400 Non-ventilables entre 2100, 2200 et 2300	0	0	0	756	-984	-401	-1 233	-209	-662	-1 368
2410 Sur la base du salaire	..	..	..	756	-984	-401	-1 233	-209	-662	-1 368
2420 Sur la base de l'impôt sur les revenus	..	..	..	0	0	0	0	0	0	0
3000 Sur salaires ou main d'oeuvre	**13**	**6 759**	**18 686**	**50 106**	**83 279**	**107 515**	**172 170**	**194 121**	**268 832**	**255 891**
Special wage tax	0	61	0	22 391	30 225	33 090	36 832	40 283	49 367	50 836
Child care fees	0	4 740	13 080	0	0	0	0	0	0	0
Adult education fees	0	614	1 555	0	0	0	0	0	0	0
Building research fees	13	105	0	0	0	0	0	0	0	0
Labour welfare fees	0	257	2 033	0	0	0	0	0	0	0
Labour education fees	0	982	0	0	0	0	0	0	0	0
Labour market fees	0	0	0	112	156	219	7	-1	1	0
General wage fees	0	0	2 018	27 603	52 898	74 207	135 331	153 839	219 464	205 054
4000 Impôts sur le patrimoine	**712**	**2 424**	**26 630**	**39 890**	**36 228**	**36 509**	**41 182**	**43 852**	**47 265**	**47 885**
4100 Impôts périodiques sur la propriété immobilière	10	16	8 946	23 286	25 899	26 402	31 596	32 444	34 391	34 562
4110 Ménages	0	0	3 877	13 321	13 474	11 666	12 936	13 320	15 387	15 966
Special tax on real estate	..	..	3 877	13 321	13 474	11 666	12 936	13 320	15 387	15 966

	1965	1980	1990	2000	2007	2010	2013	2015	2019	2020
4120 Autres agents	10	16	5 069	9 965	12 424	14 736	18 660	19 124	19 003	18 596
Forestry levy	10	16	423	22	34	18	37	19	9	4
Special tax on real estate	0	0	4 646	9 943	12 390	14 718	18 623	19 105	18 995	18 591
4200 Impôts périodiques sur l'actif net	366	717	3 200	8 223	0	0	0	0	0	0
4210 Personnes physiques	361	702	3 135	8 043	..	..	..	..	..	..
4220 Sociétés	5	15	65	180	..	..	..	..	..	..
4300 Impôts sur mut. par décès, succ. et donations	155	545	1 433	2 549	23	9	-4	0	0	0
4310 Impôts sur mut. par décès et successions	143	495	1 118	2 088	15	9	-4	0	..	..
4320 Impôts sur les donations	12	50	315	460	8	0	0	0	..	..
4400 Impôts sur transact. mobilières et immob.	181	1 146	13 051	5 833	10 305	10 097	9 590	11 408	12 874	13 323
Taxes on financial and capital transactions	181	1 146	6 946	4 878	9 414	8 968	8 913	10 895	12 276	12 721
Turnover tax on securities	0	0	6 105	0	0	0	0	0	0	0
Tax on life group insurances	0	0	0	955	891	1 129	678	513	598	602
4500 Impôts non-périodiques	0	0	0	0	0	0	0	0	0	0
4510 Sur l'actif net	..	..	..	..	..	..	..	..	..	..
4520 Autres non-périodiques	..	..	..	..	..	..	..	..	..	..
4600 Autres impôts périodiques sur patrimoine	0	0	0	0	0	0	0	0	0	0
5000 Impôts sur les biens et services	**12 471**	**62 234**	**188 709**	**291 615**	**401 038**	**455 450**	**466 556**	**514 485**	**610 185**	**608 185**
5100 Impôts sur production, vente, transfert, etc.	11 808	58 474	181 587	284 182	387 956	439 050	450 054	495 733	589 535	586 604
5110 Impôts généraux	4 147	34 643	112 399	199 606	286 211	326 685	341 952	383 002	459 825	461 267
5111 Taxes sur la valeur ajoutée	0	34 643	112 399	197 483	282 586	322 603	337 822	379 120	459 699	461 138
5112 Impôts sur les ventes	4 147	0	0	0	0	0	0	0	0	0
5113 Autres impôts	0	0	0	2 123	3 625	4 082	4 130	3 882	126	129
5120 Impôts sur biens et services déterminés	7 661	23 831	69 188	84 576	101 745	112 365	108 102	112 731	129 710	125 337
5121 Accises	5 953	19 941	55 332	70 313	84 873	91 470	88 168	91 572	104 451	105 144
Taxes on petrol and fuel	1 420	4 229	17 171	39 011	44 501	47 426	43 869	44 906	48 718	45 847
Special sales tax	390	585	1 098	0	0	0	0	0	0	0
Sales tax on motor vehicles	325	553	1 983	195	3	0	0	0	0	0
Tobacco tax	1 150	3 087	5 636	7 747	9 742	10 588	11 136	11 825	11 892	11 912
Tax on spirits	1 548	4 431	6 205	4 902	4 250	4 324	4 001	4 208	4 532	5 250
Tax on wine	149	930	2 922	3 567	4 001	4 589	4 887	5 654	6 143	6 552
Tax on beer and soft drinks	242	964	2 532	2 355	2 773	3 219	3 329	3 895	4 313	4 477
Tax on energy consumption	729	5 162	16 352	11 451	18 994	21 035	20 827	20 787	27 130	28 796
Taxes on electricity from certain sources	0	0	1 018	0	0	0	0	0	0	0
Tax on wastes	0	0	0	1 085	609	289	119	297	252	681
Tax on cassette tapes	0	0	194	0	0	0	0	0	0	0
Tax on video recorders	0	0	221	0	0	0	0	0	0	0
Tax on chemicals	0	0	0	0	0	0	0	0	1 469	1 629
5122 Bénéfices des monopoles fiscaux	72	204	332	3 641	3 952	5 068	5 385	5 001	1 817	2 094
Alcohol monopoly wholesale	23	116	98	0	0	0	0	0	0	0
Alcohol monopoly retailing	49	88	234	80	296	302	116	198	240	471
Gaming monopoly retailing	0	0	0	3 561	3 657	4 766	5 269	4 803	1 577	1 623
5123 Droits de douane et droits à l'importation	1 419	2 433	8 308	3 450	5 099	5 412	4 976	6 243	6 865	6 212
Customs	1 080	1 300	3 115	3 450	5 099	5 412	4 976	6 243	6 865	6 212
Agricultural levies	339	1 133	5 193	0	0	0	0	0	0	0
5124 Taxes à l'exportation	0	0	0	0	0	0	0	0	0	0
5125 Impôts sur biens d'équipement	0	0	40	0	0	0	0	0	0	0
Investment tax	..	..	40	..	..	..	..	..	..	..
5126 Impôts sur services déterminés	217	1 253	5 176	5 834	3 361	4 712	6 594	7 120	13 730	10 215
Betting tax	79	223	616	0	0	0	0	0	0	0
Advertisement tax	0	202	1 073	1 116	657	335	244	200	151	114
Tax on gambling	0	69	88	1 245	1 315	1 378	1 309	1 353	3 801	3 777
Other specific services	138	656	2 938	3 473	1 388	2 999	5 041	5 567	7 993	5 829
Tax on charter travelling	0	103	461	0	0	0	0	0	0	0
Tax on air travel	..	..	0	0	0	0	0	0	1 785	495
5127 Autres impôts sur commerce et transact. internat.	0	0	0	0	0	0	0	0	0	0
5128 Autres impôts	0	0	0	1 339	4 460	5 702	2 980	2 795	2 847	1 672
5130 Non-ventilables entre 5110 et 5120	0	0	0	0	0	0	0	0	0	0
5200 Impôts sur utilisation des biens et exerc. activités	663	3 760	7 122	7 433	13 083	16 400	16 502	18 752	20 650	21 581
5210 Impôts périodiques	663	3 760	7 122	7 433	13 083	16 400	16 502	18 752	20 650	21 581
5211 À la charge des ménages : véhicules à moteur	336	1 241	2 003	4 969	7 414	8 550	8 275	10 897	10 067	10 347
5212 À la charge autres agents : véhicules à moteur	313	2 476	5 055	2 464	5 669	7 850	8 227	7 855	10 584	11 234
5213 Autres impôts périodiques	14	43	64	0	0	0	0	0	0	0
5220 Impôts non-périodiques	0	0	0	0	0	0	0	0	0	0
5300 Non-ventilables entre 5100 et 5200	0	0	0	0	0	0	0	0	0	0
6000 Autres impôts	**0**	**422**	**1 264**	**1 479**	**1 768**	**1 421**	**1 806**	**1 356**	**1 665**	**2 374**
6100 À la charge exclusive des entreprises	..	0	0	0	0	0	0	0	0	0
6200 À la charge d'autres agents	..	422	1 264	1 479	1 768	1 421	1 806	1 356	1 665	2 374
Pour mémoire										
Droits de douane perçus pour le compte de l'UE	..	..	..	3 450	5 099	5 412	4 976	6 243	6 865	6 212
Recettes fiscales totales sur la base d'encaissements	**40 003**	**259 216**	**755 953**	**1 144 233**	**1 465 382**	**1 496 374**	**1 611 798**	**1 762 187**	**0**	**0**

	1965	1980	1990	2000	2007	2010	2013	2015	2019	2020
Recettes fiscales totales sur la base des droits constatés	..	..	..	**1 204 794**	**1 491 190**	**1 532 259**	**1 624 632**	**1 816 204**	**2 162 928**	**2 132 388**
Conciliation avec les comptes nationaux										
Impôts additionnels inclus dans les comptes nationaux	..	..	..	0	0	0	0	0	0	0
Impôt exclus des comptes nationaux	..	..	..	0	0	0	0	0	0	0
Différence dans les traitements des crédits d'impôts	..	..	..	0	0	0	0	0	0	0
Transfert en capital des recettes non collectées	..	..	..	0	0	0	0	0	0	0
Cotisations de sécurité sociale volontaires	..	..	..	7 951	12 376	13 167	15 909	16 726	24 966	24 731
Différences diverses	..	..	..	0	0	0	0	0	0	0
Comptes nationaux : impôts et cotisations sociales effectives	..	..	..	1 212 745	1 503 566	1 545 426	1 640 541	1 832 930	2 187 894	2 157 119
Cotisations sociales imputées	..	..	..	0	0	0	0	0	0	0
Comptes nationaux : impôts et toutes les cotisations sociales	..	..	..	1 212 745	1 503 566	1 545 426	1 640 541	1 832 930	2 187 894	2 157 119

.. Non disponible
Note : Year ending 31st December.
From 2000 data are on accrual basis.
Figures prior to 1970 are not strictly comparable with those of later years, though the amounts involved are insignificant.
Heading 1000: Receipts are on accrual and not on a cash basis for all years.
Source : National Financial Management Authority, Stockholm.

StatLink https://stat.link/7ox4mi

Tableau 5.35. Suisse : recettes fiscales détaillées, 1965-2020

Million CHF

	1965	1980	1990	2000	2007	2010	2013	2015	2019	2020
Recettes fiscales totales	**11 237**	**46 385**	**85 774**	**128 205**	**151 404**	**162 356**	**173 121**	**181 128**	**199 354**	**195 261**
1000 Impôts sur revenu, bénéfices et gains en capital	**4 616**	**21 022**	**40 203**	**56 411**	**69 790**	**74 439**	**79 267**	**84 362**	**96 240**	**90 452**
1100 Des personnes physiques	3 748	18 056	27 824	37 948	47 994	51 835	53 801	56 375	61 355	62 876
1110 Sur le revenu et les bénéfices	3 547	17 622	27 824	37 948	47 994	51 835	53 801	56 375	61 355	62 876
Impôt fédéral direct	245	2 525	4 432	5 713	8 589	9 880	9 655	10 394	11 483	12 054
Taxe d'exemption service militaire	35	103	135	163	138	155	163	173	168	185
Impôt cantonal personnes physiques	1 473	7 510	12 856	17 592	23 094	24 957	26 253	27 156	29 677	30 284
Impôt communal personnes physiques	1 322	6 235	10 402	14 481	16 174	16 844	17 731	18 651	20 026	20 353
Impôt anticipé	358	1 249	0	0	0	0	0	0	0	0
Coupons	114	0	0	0	0	0	0	0	0	0
1120 Sur les gains en capital	201	434	0	0	0	0	0	0	0	0
Impôt cantonal personnes physiques	84	229	..	..	..	..	..	..	..	..
Impôt communal personnes physiques	112	190	..	..	..	..	..	..	..	..
Impôt fédéral direct	5	15	..	..	..	..	..	..	..	..
1200 Des sociétés	868	2 966	6 300	11 323	16 161	16 378	17 814	19 432	22 301	21 485
1210 Sur les bénéfices	801	2 818	6 300	11 323	16 161	16 378	17 814	19 432	22 301	21 485
Impôt fédéral direct	153	781	2 214	4 928	6 800	8 006	8 698	9 731	11 785	12 092
Impôt cantonal personnes morales	363	1 230	2 576	3 989	6 098	5 445	5 985	6 294	6 900	6 127
Impôt communal personnes morales	285	807	1 510	2 406	3 263	2 927	3 130	3 407	3 616	3 267
Impôt anticipé	0	0	0	0	0	0	0	0	0	0
1220 Sur les gains en capital	67	148	..	..	..	..	..	..	..	..
Impôt sur gains personnes morales	2	7	..	..	..	..	..	..	..	..
Impôt cantonal personnes morales	28	77	..	..	..	..	..	..	..	..
Impôt communal personnes morales	37	64	..	..	..	..	..	..	..	..
1300 Non-ventilables entre 1100 et 1200	0	0	6 079	7 140	5 635	6 226	7 652	8 556	12 585	6 091
Impôt anticipé	..	..	4 044	6 202	4 211	4 723	5 619	6 543	9 842	3 316
Impôt sur les gains immobiliers	..	..	2 035	938	1 424	1 502	2 033	2 013	2 743	2 775
Autre	..	..	..	..	..	..	..	..	..	..
2000 Cotisations de sécurité sociale	**1 670**	**10 844**	**19 952**	**30 961**	**34 974**	**38 385**	**42 862**	**44 285**	**47 233**	**49 057**
2100 À la charge des salariés	716	4 833	9 341	14 491	16 369	17 581	19 814	20 542	22 031	23 753
2110 Sur la base du salaire	716	4 833	9 341	14 491	16 369	17 581	19 814	20 542	22 031	23 753
2120 Sur la base de l'impôt sur les revenus	0	0	..	..	..	..	..	..	..	..
2200 À la charge des employeurs	747	4 897	9 350	14 504	16 383	17 608	19 846	20 574	22 072	22 044
2210 Sur la base du salaire	747	4 897	9 350	14 504	16 383	17 608	19 846	20 574	22 072	22 044
2220 Sur la base de l'impôt sur les revenus	0	0	..	..	..	..	..	..	..	..
2300 A charge des travailleurs indép. ou sans emploi	208	1 046	1 261	1 967	2 222	3 197	3 202	3 169	3 131	3 260
2310 Sur la base du salaire	209	1 046	1 261	1 967	2 222	3 197	3 202	3 169	3 131	3 260
2320 Sur la base de l'impôt sur les revenus	0	0	..	..	..	..	..	..	..	..
2400 Non-ventilables entre 2100, 2200 et 2300	0	68	0	0	0	0	0	0	0	0
2410 Sur la base du salaire	..	68	..	..	..	..	..	..	..	..
2420 Sur la base de l'impôt sur les revenus	..	0	..	..	..	..	..	..	..	..
3000 Sur salaires ou main d'oeuvre	**0**	**0**	**0**	**0**	**0**	**0**	**0**	**0**	**0**	**0**
4000 Impôts sur le patrimoine	**1 108**	**3 830**	**7 586**	**12 333**	**12 223**	**12 402**	**12 041**	**13 140**	**15 230**	**15 744**
4100 Impôts périodiques sur la propriété immobilière	78	304	447	735	895	968	1 052	1 138	1 290	1 341
4110 Ménages	78	304	447	735	895	968	1 052	1 138	1 290	1 341
Impôt sur immeubles canton	20	71	125	187	265	286	303	349	395	392
Impôt sur immeubles commune	58	233	322	548	630	682	748	789	895	949
4120 Autres agents	0	0	..	..	..	..	..	..	..	..
4200 Impôts périodiques sur l'actif net	692	2 201	3 382	5 254	7 002	7 105	7 406	8 096	9 938	9 350
4210 Personnes physiques	420	1 383	2 194	3 972	5 309	5 576	5 787	6 606	7 932	8 246
Impôt fortune canton	206	739	1 232	2 241	3 145	3 324	3 532	4 044	4 855	5 081
Impôt fortune commune	214	644	962	1 731	2 164	2 252	2 255	2 562	3 076	3 165
4220 Sociétés	272	818	1 188	1 282	1 693	1 529	1 619	1 490	2 006	1 704
Impôt capital fédéral direct	21	92	0	0	0	0	0	0	0	0
Impôt capital canton	142	436	760	821	1 107	969	1 032	947	1 325	1 090
Impôt capital commune	109	290	428	461	586	561	586	542	681	614
4300 Impôts sur mut. par décès, succ. et donations	142	393	896	1 215	869	974	966	1 088	1 234	1 272
4310 Impôts sur mut. par décès et successions	142	393	896	1 215	869	974	966	1 088	1 234	1 272
Impôt successions cantons	128	361	820	1 118	774	886	854	964	1 065	1 128
Impôt successions commune	14	32	76	97	96	88	112	124	169	144
4320 Impôts sur les donations	0	0	..	..	..	..	..	..	..	..
4400 Impôts sur transact. mobilières et immob.	196	932	2 245	4 342	2 562	2 428	1 671	1 902	1 701	1 992
Impôt mutations canton	48	245	115	144	182	182	185	177	207	233
Impôt mutations commune	21	103	39	52	42	50	52	52	60	64
Emissions de titres	99	175	0	0	405	779	182	360	173	179
Négociation de titres	19	409	0	0	1 933	1 417	1 253	1 314	1 262	1 516
Effets de change	9	0	0	0	0	0	0	0	0	0
Emissions et négociation de titres	0	0	2 091	4 146	0	0	0	0	0	0

	1965	1980	1990	2000	2007	2010	2013	2015	2019	2020
4500 Impôts non-périodiques	0	0	0	0	0	0	0	0	0	0
4510 Sur l'actif net	..	..	..	..	..	..	..	..	..	..
4520 Autres non-périodiques	..	..	..	..	..	..	..	..	..	..
4600 Autres impôts périodiques sur patrimoine	0	0	616	786	895	927	946	915	1 067	1 189
5000 Impôts sur les biens et services	**3 843**	**10 689**	**17 894**	**28 285**	**34 168**	**36 539**	**38 287**	**38 542**	**39 636**	**38 958**
5100 Impôts sur production, vente, transfert, etc.	3 582	9 863	15 975	25 302	30 669	32 264	33 861	33 771	34 327	33 544
5110 Impôts généraux	1 191	4 772	9 871	16 917	19 962	21 035	22 870	22 791	22 915	22 435
5111 Taxes sur la valeur ajoutée	0	0	9 871	16 594	19 604	20 662	22 501	22 397	22 508	22 104
5112 Impôts sur les ventes	1 191	4 772	0	323	358	373	369	393	407	331
Impôt sur les automobiles	..	..	..	323	358	373	369	393	407	331
Autres impôt sur les ventes	..	..	..	0	0	0	0	0	0	0
5113 Autres impôts	0	0	..	..	..	..	..	..	..	..
5120 Impôts sur biens et services déterminés	2 391	5 091	6 058	8 337	10 663	11 191	10 936	10 912	11 307	11 016
5121 Accises	1 016	3 427	4 604	6 810	7 805	8 295	8 099	8 056	8 353	8 049
Impôt sur bière	26	33	0	0	107	112	113	114	117	110
Impôt sur tabac	190	634	15	32	2 247	2 417	2 354	2 255	2 095	2 158
Supplément de prix autres	104	542	1 503	1 783	3	0	0	3	3	3
Droits carburants	467	955	1 334	2 975	3 076	3 110	3 034	2 864	2 746	2 543
Droits supplémentaires carburants	229	1 263	1 753	2 020	2 071	2 082	2 025	1 905	1 821	1 683
Taxes routières	0	0	0	0	0	0	0	0	0	0
Impôt sur les huiles minérales grèvant les combustibles	0	0	0	0	20	20	23	19	17	17
Impôt sur les automobiles	0	0	0	0	0	0	0	0	0	0
Impôt boissons distillées	0	0	0	1	281	296	292	279	275	290
Taxe sur la consommation d'électricité	0	0	0	0	0	259	258	617	1 281	1 245
5122 Bénéfices des monopoles fiscaux	158	472	..	..	..	..	..	..	..	..
Monopole d'alcool	111	354	..	..	..	..	..	..	..	..
Régale des sels	16	25	..	..	..	..	..	..	..	..
Régale des eaux	30	90	..	..	..	..	..	..	..	..
Autres	1	3	..	..	..	..	..	..	..	..
5123 Droits de douane et droits à l'importation	1 104	953	1 201	1 096	1 040	1 079	1 059	1 056	1 143	1 187
Droits d'entrée	972	923	1 201	1 096	1 040	1 079	1 059	1 056	1 143	1 187
Droits tabac	114	6	0	0	0	0	0	0	0	0
Autres droits supplémentaires	18	24	0	0	0	0	0	0	0	0
5124 Taxes à l'exportation	0	0	..	..	..	..	..	..	..	..
5125 Impôts sur biens d'équipement	0	0	..	..	..	..	..	..	..	..
5126 Impôts sur services déterminés	113	239	253	431	1 818	1 816	1 778	1 800	1 812	1 780
Jeux dans kursaals confédération	2	2	2	37	449	381	308	272	311	250
Impôt sur divertissement canton	17	37	23	27	39	101	73	67	73	53
Impôt sur divertissement commune	11	19	46	26	18	17	15	15	15	5
Autres impôts dépenses canton	24	63	0	0	0	0	0	0	0	0
Autres impôts dépenses commune	19	6	0	0	0	0	0	0	0	0
Quittances de primes	40	112	0	0	645	659	700	715	717	726
Impôts loteries	0	0	181	320	474	459	466	527	493	526
Autres	0	0	0	20	193	199	216	204	203	220
5127 Autres impôts sur commerce et transact. internat.	0	0	..	..	..	..	..	..	..	..
5128 Autres impôts	0	0	..	..	..	..	..	..	..	..
5130 Non-ventilables entre 5110 et 5120	0	0	46	47	44	38	55	68	106	92
5200 Impôts sur utilisation des biens et exerc. activités	261	826	1 918	2 983	3 499	4 276	4 426	4 771	5 308	5 415
5210 Impôts périodiques	261	826	1 918	2 983	3 499	4 276	4 426	4 767	5 300	5 406
5211 À la charge des ménages : véhicules à moteur	152	501	921	1 336	1 580	1 667	1 685	1 768	1 863	1 875
À la charge des ménages : véhicules à moteur	..	..	921	1 336	1 580	1 667	1 685	1 768	1 863	1 875
À la charge des ménages : vignette autoroutière	..	..	0	0	0	0	0	0	0	0
5212 À la charge autres agents : véhicules à moteur	76	251	230	334	395	417	421	442	466	469
À la charge des autres agents : véhicules à moteur	..	..	230	334	395	417	421	442	466	469
À la charge des autres agents : vignette autoroutière	..	..	0	0	0	0	0	0	0	0
À la charge autres agents : redevance trafic poids lourds	..	..	0	0	0	0	0	0	0	0
5213 Autres impôts périodiques	33	74	768	1 314	1 524	2 192	2 319	2 556	2 971	3 062
Chasse et pêche	9	20	0	0	0	0	0	0	0	0
Impôt sur chiens canton	3	9	6	9	8	8	10	9	11	12
Impôt sur chiens commune	2	8	14	21	25	30	33	35	43	44
Auberges canton	12	24	0	0	0	0	0	0	0	0
Patentes canton	5	12	0	0	0	0	0	0	0	0
Autres	2	1	0	33	33	30	31	24	12	11
Taxes d'incitation, protection de l'environnement	0	0	3	73	166	755	833	1 036	1 447	1 497
Patentes et concessions	0	0	42	53	64	84	100	101	131	121
Licences de radio et de télévision	..	..	703	1 124	1 228	1 285	1 313	1 351	1 328	1 377
5220 Impôts non-périodiques	0	0	0	0	0	0	0	5	9	8
5300 Non-ventilables entre 5100 et 5200	0	0	0	0	0	0	0	0	0	0
6000 Autres impôts	**0**	**0**	**140**	**215**	**249**	**590**	**664**	**799**	**1 014**	**1 050**
6100 À la charge exclusive des entreprises	..	..	42	65	75	274	300	342	352	388

	1965	1980	1990	2000	2007	2010	2013	2015	2019	2020
6200 À la charge d'autres agents	..	..	98	151	174	316	364	457	662	662
Taxe de compensation	..	..	98	151	174	187	191	190	197	201
Autres	..	..	0	0	0	130	173	267	465	461
Recettes fiscales totales sur la base d'encaissements	**11 237**	**46 385**	..	..	..	..	..	..	..	..
Recettes fiscales totales sur la base des droits constatés	..	..	**85 774**	**128 205**	**151 404**	**162 356**	**173 121**	**181 128**	**199 354**	**195 261**
Conciliation avec les comptes nationaux										
Impôts additionnels inclus dans les comptes nationaux	..	..	0	0	0	0	0	0	0	0
Impôt exclus des comptes nationaux	..	..	0	0	0	0	0	0	0	0
Différence dans les traitements des crédits d'impôts	..	..	0	0	0	0	0	0	0	0
Transfert en capital des recettes non collectées	..	..	-242	-733	-936	-1 121	-1 309	-1 058	-1 062	-818
Cotisations de sécurité sociale volontaires	..	..	0	0	0	0	0	0	0	0
Différences diverses	..	..	0	0	0	0	0	0	0	0
Comptes nationaux : impôts et cotisations sociales effectives	..	..	85 533	127 472	150 468	161 235	171 812	180 070	198 291	194 443
Cotisations sociales imputées	..	..	362	502	467	454	483	337	393	785
Comptes nationaux : impôts et toutes les cotisations sociales	..	..	85 895	127 974	150 935	161 689	172 295	180 407	198 684	195 228

.. Non disponible
Note : Année civile se terminant le 31 décembre.
Les données sont sur la base des droits constatés.
Les chiffres antérieurs à 1970 ne sont pas strictement comparables avec ceux des années suivantes qui ont été révisés.
A compter de 1985 les "Impôts paroissiaux" ne sont plus reportés dans ces statistiques.
A la rubrique 1100: les paiements effectués en contrepartie de l'exemption du service militaire pourraient être classés dans les recettes non fiscales.
La rubrique 2000 (Cotisations de sécurité sociale) a été révisée depuis 1985 pour tenir compte de la sectorisation des administrations publiques retenue dans le cadre du passage aux Comptes nationaux SEC95. De ce fait, les cotisations à l'assurance maladie et à la Caisse nationale suisse contre les accidents sont maintenant exclues de la rubrique 2000.
Source : Statistique financière, Administration fédérale des finances.

StatLink https://stat.link/49weca

Tableau 5.36. Türkiye : recettes fiscales détaillées, 1965-2020

Million TRY

	1965	1980	1990	2000	2007	2010	2013	2015	2019	2020
Recettes fiscales totales	**0**	**1**	**79**	**40 263**	**203 053**	**287 873**	**458 698**	**586 722**	**997 551**	**1 204 629**
1000 Impôts sur revenu, bénéfices et gains en capital	**0**	**0**	**26**	**11 890**	**48 197**	**61 317**	**92 749**	**119 144**	**241 533**	**263 898**
1100 Des personnes physiques	0	0	21	8 954	34 447	40 392	63 761	85 756	162 704	158 842
1110 Sur le revenu et les bénéfices	0	0	21	8 954	34 447	40 392	63 761	85 756	162 704	158 842
Income tax	0	0	21	8 954	34 447	40 392	63 761	85 756	162 704	158 842
1120 Sur les gains en capital	0	0	0	0	0	0	0	0	0	0
1200 Des sociétés	0	0	5	2 935	13 751	20 925	28 988	33 388	78 829	105 057
1210 Sur les bénéfices	0	0	5	2 935	13 751	20 925	28 988	33 388	78 829	105 057
Corporation tax	0	0	5	2 935	13 751	20 925	28 988	33 388	78 829	105 057
1220 Sur les gains en capital	0	0	0	0	0	0	0	0	0	0
1300 Non-ventilables entre 1100 et 1200	0	0	0	0	0	0	0	0	0	0
Fiscal balance tax	..	0	..	..	..	..	..	..	..	..
Capital gains tax on real estate sales	..	0	..	..	..	..	..	..	..	..
2000 Cotisations de sécurité sociale	**0**	**0**	**15**	**7 543**	**44 052**	**71 696**	**125 871**	**170 282**	**312 808**	**357 677**
2100 À la charge des salariés	0	0	6	2 712	17 867	26 934	49 831	64 214	120 108	137 742
2110 Sur la base du salaire	..	..	..	2 712	17 867	26 934	49 831	64 214	120 108	137 742
2120 Sur la base de l'impôt sur les revenus	..	..	..	0	0	0	0	0	0	0
2200 À la charge des employeurs	0	0	9	3 619	20 442	39 363	71 184	95 067	178 345	204 045
2210 Sur la base du salaire	..	..	..	3 619	20 442	39 363	71 184	95 067	178 345	204 045
2220 Sur la base de l'impôt sur les revenus	..	..	..	0	0	0	0	0	0	0
2300 A charge des travailleurs indép. ou sans emploi	0	0	1	1 211	5 743	5 399	4 856	11 001	14 356	15 890
2310 Sur la base du salaire	..	..	..	1 211	5 743	5 399	4 856	11 001	14 356	15 890
2320 Sur la base de l'impôt sur les revenus	..	..	..	0	0	0	0	0	0	0
2400 Non-ventilables entre 2100, 2200 et 2300	0	0	0	0	0	0	0	0	0	0
2410 Sur la base du salaire	..	..	..	..	..	..	..	..	..	..
2420 Sur la base de l'impôt sur les revenus	..	..	..	..	..	..	..	..	..	..
3000 Sur salaires ou main d'oeuvre	**0**	**0**	**0**	**0**	**0**	**0**	**0**	**0**	**0**	**0**
4000 Impôts sur le patrimoine	**0**	**0**	**2**	**1 272**	**7 621**	**11 684**	**21 280**	**28 582**	**41 721**	**53 548**
4100 Impôts périodiques sur la propriété immobilière	0	0	0	191	1 464	2 669	3 847	5 882	9 681	11 204
Real estate tax	0	0	..	191	1 464	2 669	3 847	5 882	9 681	11 204
4110 Ménages	..	..	..	..	..	..	..	..	..	..
4120 Autres agents	..	..	..	..	..	..	..	..	..	..
4200 Impôts périodiques sur l'actif net	0	0	0	0	0	0	0	0	0	0
4210 Personnes physiques	..	..	..	..	..	..	..	..	..	..
4220 Sociétés	..	..	..	..	..	..	..	..	..	..
4300 Impôts sur mut. par décès, succ. et donations	0	0	0	15	125	215	340	435	1 104	1 298
Gift and inheritance tax	0	0	0	15	125	215	340	435	1 104	1 298
4310 Impôts sur mut. par décès et successions	..	..	..	..	..	..	..	..	..	..
4320 Impôts sur les donations	..	..	..	..	..	..	..	..	..	..
4400 Impôts sur transact. mobilières et immob.	0	0	2	1 065	6 032	8 800	17 093	22 265	30 937	41 045
Stamp tax	0	0	2	818	3 642	5 083	9 416	12 045	18 853	20 964
Real estate purchase tax	0	0	0	0	0	0	0	0	0	0
Title deed fees	0	0	0	207	2 000	3 329	7 072	9 530	11 213	19 001
Notary fees	0	0	0	40	389	388	606	690	872	1 081
4500 Impôts non-périodiques	0	0	0	0	0	0	0	0	0	0
4510 Sur l'actif net	..	..	..	..	..	..	..	..	..	..
4520 Autres non-périodiques	..	..	..	..	..	..	..	..	..	..
4600 Autres impôts périodiques sur patrimoine	0	0	0	0	0	0	0	0	0	0
5000 Impôts sur les biens et services	**0**	**0**	**22**	**16 901**	**96 766**	**137 252**	**211 257**	**259 964**	**389 092**	**517 288**
5100 Impôts sur production, vente, transfert, etc.	0	0	22	16 328	92 605	131 878	203 364	250 261	373 692	500 367
5110 Impôts généraux	0	0	16	9 735	43 285	62 533	100 723	121 070	180 729	230 761
5111 Taxes sur la valeur ajoutée	..	..	14	9 735	43 285	62 533	100 723	121 070	180 729	230 761
5112 Impôts sur les ventes	..	..	0	0	0	0	0	0	0	0
5113 Autres impôts	..	..	1	0	0	0	0	0	0	0
5120 Impôts sur biens et services déterminés	0	0	6	6 593	49 320	69 345	102 641	129 191	192 963	269 606
5121 Accises	0	0	1	4 718	39 111	57 285	85 462	105 922	147 131	207 273
Sales taxes	0	0	0	0	0	0	0	0	0	0
Domestic production tax	0	0	0	0	0	0	0	0	0	0
Domestic production tax on petrol	0	0	0	0	0	0	0	0	0	0
Production tax on monopoly goods	0	0	0	0	0	0	0	0	0	0
Sugar consumption taxes	0	0	0	0	0	0	0	0	0	0
Motor vehicles purchase tax (Total)	0	0	1	916	4 293	6 193	10 565	17 027	13 807	46 596
Motor vehicles purchase tax	0	0	0	498	4 293	6 193	10 565	17 027	13 807	46 596
Additional motor vehicle purchase tax	0	0	0	418	0	0	0	0	0	0
Revenue from other excises	0	0	0	533	12 765	19 395	29 739	38 066	72 328	91 667
Petroleum consumption tax	0	0	0	3 269	22 052	31 697	45 158	50 830	60 997	69 009
5122 Bénéfices des monopoles fiscaux	0	0	0	0	0	0	0	0	0	0

	1965	1980	1990	2000	2007	2010	2013	2015	2019	2020
5123 Droits de douane et droits à l'importation	0	0	4	462	2 478	3 319	5 542	8 521	17 460	26 246
Customs duty	0	0	1	449	2 441	3 240	5 409	8 280	16 832	25 637
Customs duty on petrol	0	0	0	0	0	0	0	0	0	0
Production tax on imports	0	0	0	0	0	0	0	0	0	0
Production tax on petrol imports	0	0	0	0	0	0	0	0	0	0
Stamp duty on imports	0	0	2	0	0	0	0	0	0	0
Wharf duty	0	0	1	0	0	0	0	0	0	0
Other	0	0	0	13	37	80	133	240	628	609
5124 Taxes à l'exportation	0	0	0	0	0	0	0	0	0	0
5125 Impôts sur biens d'équipement	0	0	0	0	0	0	0	0	0	0
5126 Impôts sur services déterminés	0	0	1	997	7 686	4 005	6 853	10 014	24 352	30 533
Bank, insurance transaction tax	0	0	1	997	3 149	3 571	6 160	9 172	22 670	27 069
Transportation tax	0	0	0	0	0	0	0	0	0	0
PTT service tax	0	0	0	0	4 211	0	0	0	0	0
Tax on football pool	0	0	0	0	0	0	0	0	0	0
Lottery tax	0	0	0	0	327	434	692	842	1 681	3 464
5127 Autres impôts sur commerce et transact. internat.	0	0	0	0	0	0	0	0	0	0
Foreign travel expenditures tax	0	0	..	..	..	..	..	..	..	..
5128 Autres impôts	0	0	0	416	46	4 736	4 785	4 734	4 019	5 553
5130 Non-ventilables entre 5110 et 5120	0	0	0	0	0	0	0	0	0	0
5200 Impôts sur utilisation des biens et exerc. activités	0	0	0	572	4 161	5 374	7 894	9 703	15 400	13 921
5210 Impôts périodiques	0	0	0	359	4 161	5 374	7 894	9 703	15 400	13 921
Motor vehicles tax	0	0	0	359	0	5 374	7 894	9 703	15 400	13 921
5211 À la charge des ménages : véhicules à moteur	..	..	..	0	0	0	0	0	0	0
5212 À la charge autres agents : véhicules à moteur	..	..	..	359	4 161	5 374	7 894	9 703	15 400	13 921
Motor vehicles tax	..	..	..	302	3 521	5 033	7 353	8 949	14 503	15 983
Traffic fees	..	..	..	58	640	341	540	754	897	938
5213 Autres impôts périodiques	..	..	..	0	0	0	0	0	0	0
5220 Impôts non-périodiques	0	0	0	213	0	0	0	0	0	0
Building construction tax	..	0	..	0	..	..	..	..	..	..
5300 Non-ventilables entre 5100 et 5200	0	0	0	0	0	0	0	0	0	0
6000 Autres impôts	**0**	**0**	**13**	**2 658**	**6 417**	**5 924**	**7 541**	**8 750**	**12 397**	**12 218**
6100 À la charge exclusive des entreprises	..	0	0	0	0	0	0	0	0	0
6200 À la charge d'autres agents	..	0	13	2 658	6 417	5 924	7 541	8 750	12 397	12 218
Funds	..	..	..	1 938	0	0	0	0	0	0
Vocatial Train Pro.F.	..	..	..	67	0	0	0	0	0	0
Tax penalties and fines	..	..	..	548	4 191	2 689	3 175	3 779	6 361	5 123
Municipalities revenue	..	..	..	106	2 227	3 235	4 366	4 971	6 035	7 095
Recettes fiscales totales sur la base d'encaissements	**0**	**1**	**79**	**40 263**	**203 053**	**287 873**	**458 698**	**586 722**	**997 551**	**1 204 629**
Recettes fiscales totales sur la base des droits constatés	..	..	..	..	..	..	..	..	..	..
Conciliation avec les comptes nationaux										
Impôts additionnels inclus dans les comptes nationaux	..	..	..	..	..	..	..	..	..	..
Impôt exclus des comptes nationaux	..	..	..	..	..	..	..	..	..	..
Différence dans les traitements des crédits d'impôts	..	..	..	..	..	..	..	..	..	..
Transfert en capital des recettes non collectées	..	..	..	..	..	..	..	..	..	..
Cotisations de sécurité sociale volontaires	..	..	..	..	..	..	..	..	..	..
Différences diverses	..	..	..	..	..	..	..	..	..	..
Comptes nationaux : impôts et cotisations sociales effectives	..	..	..	..	..	..	..	..	..	..
Cotisations sociales imputées	..	..	..	..	..	..	..	..	..	..
Comptes nationaux : impôts et toutes les cotisations sociales	..	..	..	..	..	..	..	..	..	..

.. Non disponible

Note : From 1982 the data are based on the fiscal year ending 31st December. Before that the data are on a fiscal year basis beginning 1st March. Revenue is reported on a cash basis except for social security contributions which are reported on an assessment basis.

The figures under the local tax collections include taxes under 'Municipalities Revenues Law' and Property tax. They also include transfers to the local authorities from central budget tax revenues under the revenue sharing system.

Heading 2000: Before 2003, contributions to some private social security schemes are included in this heading.

Source : Bulletin of national accounts and the Budget revenue Bulletin.

StatLink https://stat.link/wscm4r

Tableau 5.37. Royaume-Uni : recettes fiscales détaillées, 1965-2020

Million GBP

	1965	1980	1990	2000	2007	2010	2013	2015	2019	2020
Recettes fiscales totales	**10 945**	**81 153**	**202 368**	**359 690**	**509 308**	**515 253**	**570 196**	**611 338**	**726 723**	**690 450**
Recettes fiscales totales excluant les taxes collectés pour le compte de l'UE	..	..	**200 520**	**357 560**	**506 893**	**512 308**	**567 270**	**608 251**	**723 380**	**687 554**
1000 Impôts sur revenu, bénéfices et gains en capital	**4 050**	**30 651**	**79 576**	**142 197**	**201 316**	**192 771**	**199 769**	**212 697**	**251 743**	**247 296**
1100 Des personnes physiques	3 618	23 868	59 506	104 136	151 157	147 019	156 570	168 873	200 490	197 219
1110 Sur le revenu et les bénéfices	3 615	23 376	57 614	101 925	147 309	144 502	152 668	163 291	191 303	186 966
Income tax	..	23 370	57 614	101 925	147 309	144 502	152 668	163 291	191 303	186 966
Surtax	..	6	0	0	0	0	0	0	0	0
1120 Sur les gains en capital	3	492	1 892	2 211	3 848	2 517	3 902	5 582	9 187	10 253
1200 Des sociétés	484	6 783	20 070	38 061	50 159	45 752	43 199	43 824	51 253	50 077
1210 Sur les bénéfices	484	6 510	18 994	35 730	46 841	44 857	42 190	42 407	49 949	49 052
Petroleum revenue tax	..	1 799	941	1 540	1 387	1 349	1 296	-552	-319	-431
Supplementary petroleum duty	..	0	0	0	0	0	0	0	0	0
Corporation tax	..	4 712	18 053	34 190	44 740	42 865	40 227	42 339	49 454	48 748
Corporation tax overspill relief	..	-1	0	0	0	0	0	0	0	0
Profits tax	..	0	0	0	0	0	0	0	0	0
Windfall tax	..	0	0	0	0	0	0	0	0	0
Betting tax	..	0	0	0	590	568	605	595	814	735
Non fossil fuel obligation levy	..	0	0	0	124	75	62	25	0	0
1220 Sur les gains en capital	0	273	1 076	2 331	3 318	895	1 009	1 417	1 304	1 025
1300 Non-ventilables entre 1100 et 1200	-52	0	0	0	0	0	0	0	0	0
2000 Cotisations de sécurité sociale	**1 685**	**13 531**	**34 457**	**60 252**	**93 210**	**97 346**	**106 085**	**114 173**	**143 306**	**144 990**
2100 À la charge des salariés	770	5 228	13 296	24 175	36 585	38 703	41 481	44 488	56 222	56 847
2110 Sur la base du salaire	..	..	13 296	24 175	36 585	38 703	41 481	44 488	56 222	56 847
2120 Sur la base de l'impôt sur les revenus	..	..	0	0	0	0	0	0	0	0
2200 À la charge des employeurs	831	8 210	19 984	34 028	53 765	55 887	62 019	66 491	82 728	84 042
2210 Sur la base du salaire	..	..	19 984	34 028	53 765	55 887	62 019	66 491	82 728	84 042
2220 Sur la base de l'impôt sur les revenus	..	..	0	0	0	0	0	0	0	0
2300 A charge des travailleurs indép. ou sans emploi	75	317	1 177	2 049	2 860	2 756	2 585	3 194	4 356	4 101
2310 Sur la base du salaire	..	..	1 177	2 049	2 860	2 756	2 585	3 194	4 356	4 101
2320 Sur la base de l'impôt sur les revenus	..	..	0	0	0	0	0	0	0	0
2400 Non-ventilables entre 2100, 2200 et 2300	9	-224	0	0	0	0	0	0	0	0
2410 Sur la base du salaire	..	..	..	..	..	..	..	..	..	..
2420 Sur la base de l'impôt sur les revenus	..	..	..	..	..	..	..	..	..	..
3000 Sur salaires ou main d'oeuvre	**0**	**3 498**	**0**	**0**	**0**	**0**	**0**	**0**	**2 764**	**2 892**
Selective employment tax	..	0	..	..	..	..	..	..	0	0
National insurance surcharge	..	3 498	..	..	..	..	..	..	0	0
Apprenticeship Levy	..	0	..	..	..	..	..	..	2 764	2 892
4000 Impôts sur le patrimoine	**1 591**	**9 774**	**16 538**	**41 134**	**63 392**	**61 768**	**70 889**	**76 427**	**90 329**	**80 134**
4100 Impôts périodiques sur la propriété immobilière	1 228	8 665	13 462	30 552	44 891	50 028	55 058	58 019	68 751	61 342
4110 Ménages	539	3 687	2 373	14 205	23 609	25 919	27 655	29 373	36 715	38 003
Northern Ireland rates paid to CG	..	37	113	141	265	335	346	323	416	402
Council tax	..	0	0	13 991	23 217	25 438	27 061	28 777	35 958	37 270
Rates paid to LA	..	3 650	2 260	73	127	146	248	273	341	331
4120 Autres agents	689	4 978	11 089	16 347	21 282	24 109	27 403	28 646	32 036	23 339
National non-domestic rates	..	0	7 542	14 966	19 358	21 602	24 611	25 834	28 928	20 327
Rates paid to LA	..	4 925	2 869	149	267	497	495	480	567	542
Northern Ireland rates paid to CG	..	53	115	207	353	361	349	335	392	383
London Regional Transport levy	..	0	47	0	0	0	0	0	0	0
LA payments of NNDR	..	0	469	889	1 111	1 236	1 389	1 389	1 389	1 389
NPISH payments of NNDR	..	0	47	136	193	245	342	384	489	501
Crossrail Business rates supplement	..	0	0	0	0	168	217	224	271	197
4200 Impôts périodiques sur l'actif net	0	0	0	0	0	0	0	0	0	0
4210 Personnes physiques	..	..	..	..	..	..	..	..	..	..
4220 Sociétés	..	..	..	..	..	..	..	..	..	..
4300 Impôts sur mut. par décès, succ. et donations	287	479	1 321	2 215	3 867	2 642	4 255	4 470	5 164	5 252
Swiss Bank Tax	..	..	..	0	0	0	876	28	-1	0
4310 Impôts sur mut. par décès et successions	287	479	1 321	2 215	3 867	2 642	3 379	4 442	5 165	5 252
Death duties	..	423	1 278	2 156	3 764	2 592	3 293	4 359	5 097	5 202
Development land tax	..	42	6	0	0	0	0	0	0	0
Taxes on other capital transfers	..	14	37	59	50	50	50	50	50	50
Special tax on bank deposits	..	0	0	0	0	0	0	0	0	0
Betterment duty	..	0	0	0	0	0	0	0	0	0
Special charges	..	0	0	0	0	0	0	0	0	0
Special contribution	..	0	0	0	0	0	0	0	0	0
Equal pay on capital transfers	..	0	0	0	53	0	36	33	18	0
4320 Impôts sur les donations	0	0	0	0	0	0	0	0	0	0

	1965	1980	1990	2000	2007	2010	2013	2015	2019	2020
4400 Impôts sur transact. mobilières et immob.	76	630	1 755	8 367	14 634	9 098	11 540	13 791	15 962	13 187
Stamp duties	..	630	1 755	8 367	14 634	9 098	11 540	13 791	15 962	13 187
4500 Impôts non-périodiques	0	0	0	0	0	0	36	147	452	353
4510 Sur l'actif net	..	..	..	..	..	..	0	0	0	0
4520 Autres non-périodiques	..	..	..	..	..	..	36	147	452	353
4600 Autres impôts périodiques sur patrimoine	0	0	0	0	0	0	0	0	0	0
5000 Impôts sur les biens et services	**3 619**	**23 699**	**62 780**	**116 107**	**151 390**	**163 368**	**193 453**	**208 041**	**238 581**	**215 138**
5100 Impôts sur production, vente, transfert, etc.	3 406	22 677	59 379	110 804	144 752	155 471	185 262	200 179	229 578	206 079
5110 Impôts généraux	647	11 897	34 136	65 018	93 374	97 646	121 460	132 906	154 996	139 461
5111 Taxes sur la valeur ajoutée	0	11 897	34 136	65 018	93 374	97 646	121 460	132 906	154 996	139 461
Value added tax	..	11 893	33 620	64 918	93 348	97 565	121 650	132 790	155 023	139 384
Adj. to VAT contribution	..	4	516	100	26	81	-190	116	-27	77
Purchase tax	..	0	0	0	0	0	0	0	0	0
5112 Impôts sur les ventes	647	0	0	0	0	0	0	0	0	0
5113 Autres impôts	0	0	0	0	0	0	0	0	0	0
5120 Impôts sur biens et services déterminés	2 759	10 780	25 243	45 786	51 378	57 825	63 802	67 273	74 582	65 618
5121 Accises	2 383	8 616	19 707	37 315	40 427	45 454	46 588	47 294	49 285	41 880
Beer	..	1 029	2 220	2 813	3 042	3 278	3 337	3 294	3 659	3 062
Wines, spirits, cider and perry	..	1 513	2 627	3 751	5 008	6 075	7 063	7 385	8 457	9 084
Tobacco	..	2 735	5 541	7 666	7 862	9 076	9 479	9 190	9 038	9 790
Hydrocarbon oil	..	3 327	9 302	23 041	24 512	27 013	26 697	27 415	27 795	22 647
Other excise duties	..	12	17	0	0	0	0	0	0	0
Sugar levy	..	12	0	44	3	12	12	10	0	0
Soft Drinks Levy	..	..	0	0	0	0	0	0	336	297
5122 Bénéfices des monopoles fiscaux	0	0	0	0	0	0	0	0	0	0
5123 Droits de douane et droits à l'importation	343	1 109	1 837	2 086	2 522	3 058	3 042	3 219	3 516	3 385
Custom duties	..	..	..	1 800	2 074	2 933	2 914	3 077	3 343	2 896
Import duties	..	855	1 722	0	0	0	0	0	0	0
Agricultural levies	..	254	115	286	338	0	0	0	0	0
Temporary charges of import	..	0	0	0	0	0	0	0	0	0
British Transport Police	..	0	0	0	110	125	128	142	145	145
Customs Duties - UK Receipts	..	..	..	0	0	0	0	0	0	0
Digital Services Tax	..	..	..	0	0	0	0	0	28	344
5124 Taxes à l'exportation	0	-1	36	0	0	0	0	0	0	0
Levies on exports	..	-1	36	..	..	..	..	..	..	..
5125 Impôts sur biens d'équipement	0	0	0	0	0	0	0	0	0	0
5126 Impôts sur services déterminés	33	456	1 022	5 826	6 523	7 292	11 601	13 626	17 039	13 417
Betting and gaming	..	456	1 022	1 522	959	1 092	1 538	2 053	2 502	2 187
National Lottery contributions to fund	..	0	0	1 590	1 310	1 625	1 644	1 713	1 713	1 713
Air passenger duty	..	0	0	940	1 883	2 094	2 960	3 119	3 806	927
Insurance premium tax	..	0	0	1 707	2 306	2 401	3 018	3 294	6 417	6 306
Bank Levy - Stability Fee Scheme	..	0	0	0	0	0	2 352	3 369	2 523	2 214
Light Dues	..	0	0	67	65	80	89	78	78	70
5127 Autres impôts sur commerce et transact. internat.	0	0	0	0	0	0	0	0	0	0
5128 Autres impôts	0	600	2 641	559	1 906	2 021	2 571	3 134	4 742	4 936
Fossil fuel levy	..	0	875	56	0	0	0	0	0	0
European coal and steel levy	..	21	11	0	0	0	0	0	0	0
Gas levy	..	12	291	0	0	0	0	0	0	0
Car tax	..	83	1 464	0	0	0	0	0	0	0
Landfill tax	..	484	0	461	877	1 065	1 191	1 028	784	701
Climate change levy	..	0	0	0	690	666	1 098	1 752	2 091	1 833
Aggregates levy	..	0	0	0	339	290	282	354	396	360
Hydro benefit	..	0	0	42	0	0	0	0	0	0
Renewable energy obligations	..	0	0	0	0	0	0	0	0	0
Channel 4 advertising formula	..	0	0	0	0	0	0	0	0	0
Milk super levy	..	0	0	0	0	0	0	0	0	0
Contracts for Difference	..	0	0	0	0	0	0	0	1 471	2 042
5130 Non-ventilables entre 5110 et 5120	0	0	0	0	0	0	0	0	0	0
5200 Impôts sur utilisation des biens et exerc. activités	212	1 378	3 401	5 303	6 638	7 897	8 191	7 862	9 003	9 059
5210 Impôts périodiques	212	1 378	3 401	5 303	6 638	7 897	8 191	7 862	8 848	8 905
5211 À la charge des ménages : véhicules à moteur	118	729	1 841	2 996	4 146	4 618	4 377	4 021	5 048	5 089
Motor vehicle duty	..	726	1 837	2 992	4 096	4 561	4 312	3 970	4 998	5 026
Boat licences	..	3	4	4	0	0	0	0	0	0
Dartford Tolls	..	..	..	0	50	57	65	51	50	63
5212 À la charge autres agents : véhicules à moteur	74	588	1 134	1 614	1 304	1 295	1 816	1 954	2 030	2 024
Motor vehicle levy	..	588	1 134	1 614	1 288	1 279	1 789	1 929	2 007	1 999
Dartford Tolls	..	..	..	0	16	16	27	25	23	25

	1965	1980	1990	2000	2007	2010	2013	2015	2019	2020
5213 Autres impôts périodiques	20	61	426	693	1 188	1 984	1 998	1 887	1 770	1 792
IBA levy	..	..	134	0	0	0	0	0	0	0
Telecommunications regulator fees	..	..	7	12	17	12	0	0	0	0
Gas regulator fees	..	..	2	0	0	0	0	0	0	0
Electricity regulator fees	..	..	5	0	0	0	0	0	0	0
Water regulator fees	..	..	6	11	11	12	24	27	36	27
Rail regulator fees	..	..	0	14	12	12	12	12	12	12
Company registration surplus fees	..	..	12	0	0	0	0	0	0	0
Consumer and credit act fees	..	..	163	119	281	480	480	480	480	480
Levy funded bodies	..	..	97	217	349	1 040	922	970	814	947
1936 Tithe Act payments	..	..	0	0	0	0	0	0	0	0
Recurrent taxes paid in respect of other goods	..	..	0	0	0	45	44	55	66	28
Land Registry - Registration Title Tax	..	..	..	285	462	331	464	285	299	234
Companies House - Registration Tax	..	..	..	35	56	52	52	58	63	64
5220 Impôts non-périodiques	0	0	0	0	0	0	0	0	155	154
Immigration Skills Charge	..	..	..	..	..	..	..	..	155	154
5300 Non-ventilables entre 5100 et 5200	1	-356	0	0	0	0	0	0	0	0
6000 Autres impôts	**0**	**0**	**9 017**	**0**	**0**	**0**	**0**	**0**	**0**	**0**
6100 À la charge exclusive des entreprises	..	..	0	..	..	..	..	..	..	..
6200 À la charge d'autres agents	..	..	9 017	..	..	..	..	..	..	..
Community charge	..	..	9 017	..	..	..	..	..	..	..
Pour mémoire										
Droits de douane perçus pour le compte de l'UE	..	..	..	1 800	2 074	2 933	2 914	3 077	3 343	2 896
Crédits d'impôts récupérables										
Crédits d'impôts récupérables contre 1110	..	..	7 454	4 651	20 030	28 879	29 710	28 539	18 003	15 296
Composante fiscale	..	..	6 973	1 233	4 414	5 542	2 538	2 571	1 622	1 378
Composante transfert	..	..	481	3 418	15 617	23 338	27 172	25 968	16 381	13 918
Crédits d'impôts récupérables contre 1210	..	..	0	1	918	1 313	1 156	3 273	7 254	8 590
Composante fiscale	..	..	0	0	654	915	626	1 136	2 252	2 625
Composante transfert	..	..	0	1	264	398	530	2 137	5 002	5 965
Recettes fiscales totales sur la base d'encaissements	**10 945**	**81 153**	**202 400**	**356 071**	**509 032**	**509 500**	**562 278**	**601 185**	**709 076**	**638 594**
Recettes fiscales totales sur la base des droits constatés	**..**	**..**	**202 368**	**359 690**	**509 308**	**515 253**	**570 196**	**611 338**	**726 723**	**690 450**
Conciliation avec les comptes nationaux										
Impôts additionnels inclus dans les comptes nationaux	..	..	1 323	2 062	4 072	4 731	5 816	7 261	9 895	10 147
Impôt exclus des comptes nationaux	..	..	0	0	0	0	0	0	0	0
Différence dans les traitements des crédits d'impôts	..	..	6 973	1 233	5 068	6 457	3 164	3 707	3 874	4 003
Transfert en capital des recettes non collectées	..	..	0	0	0	0	0	0	0	0
Cotisations de sécurité sociale volontaires	..	..	3 288	8 103	18 629	21 217	22 438	25 025	33 474	38 013
Différences diverses	..	..	0	0	0	0	0	0	0	0
Comptes nationaux : impôts et cotisations sociales effectives	..	..	213 952	371 088	537 077	547 658	601 614	647 331	773 966	742 613
Cotisations sociales imputées	..	..	3 966	4 234	1 391	1 616	1 568	1 566	1 879	2 057
Comptes nationaux : impôts et toutes les cotisations sociales	..	..	217 918	375 322	538 468	549 274	603 182	648 897	775 845	744 670

.. Non disponible

Note : Year ending 31st December.

From 1990 data are on accrual basis.

Supranational taxes reported by the United Kingdom continue to be reported for 2020 in Revenue Statistics as in previous years. From 2021, at the end of the Brexit transition period, this will come to an end and taxes subsequently introduced by the United Kingdom will be reflected in the appropriate tax category at the national or subnational levels of government, as appropriate.

Heading 1210: The corporate tax figures include company income tax from 1990 onwards.

Heading 2000: Includes some voluntary contributions which cannot be separately identified.

Heading 6200: The community charge replaced domestic rates in Scotland in April 1989 and was extended to England and Wales in April 1990. This tax has been classified in heading 6200 as it is a lump-sum tax levied on each adult in a household (domestic rates are classified in heading 4100). Headings for non-wastable tax credits 1110 and 1210 are consistent with the guidelines, and the figures in the data are treated accordingly. The following method is adopted separately for Working Families 'Tax Credit and Disabled Persons Tax Credit' paid from 1999 to 2003. For each calendar year, a random sample of awards over-lapping the quarter is taken. Each recipient family's income tax liability for the fiscal year within which the quarter falls is calculated , based on the earned income reported for the award (uprated to the middle of the overlap period). And the result multiplied by the number of days in the overlap period divided by 365. The tax expenditure component is defined as the minimum of this amount and the total amount of award paid in the overlap period. The total amount of award paid and the tax expenditure component are each summed over the sample cases, and the ratio is taken as the tax expenditure ration for the quarter. From 2003, the equivalent breakdown for Child and Working tax credits is based on household survey data. Survey data is used to estimate the breakdown into the tax expenditure and the transfer components for the other smaller tax credits.

The United Kingdom Personal Tax Credit information presented in Revenue Statistics is on a cash basis (rather than an accrual basis as for the rest of the data). PTC information on a financial year basis has been used as a proxy for calendar year. Please note that since 2015-16 tax credits is no longer split into tax expenditure and transfer component. The split for years after 2014-15 is estimated by applying the 2014-15 split to total personal tax credits expenditure. The sum of tax expenditure and transfer components may not match the total due to rounding. Total values are consistent with published figures available here: https://www.gov.uk/government/statistics/hmrc-tax-and-nics-receipts-for-the-uk.

Please note that the sum of the corporate tax credit (CTC) components in the United Kingdom may not match total CTC's due to rounding. The CTC information presented in Revenue Statistics is on a cash basis (rather than an accrual basis as for the rest of the data). CTC information on a financial year basis has been used as a proxy for calendar year. Please note that the breakdown of total CTCs from 2002/03 to 2010/11 have been estimated using historic proportional splits applied to total published CTC information. Total values are consistent with published figures available here: https://www.gov.uk/government/statistics/hmrc-tax-and-nics-receipts-for-the-uk.

Source : National Income and Expenditure; Central Statistical Office; Annual reports of His Majesty's Revenue and Customs.

StatLink https://stat.link/3usjim

Tableau 5.38. État-Unis : recettes fiscales détaillées, 1965-2020

Million USD

	1965	1980	1990	2000	2007	2010	2013	2015	2019	2020
Recettes fiscales totales	**167 022**	**730 672**	**1 552 413**	**2 900 519**	**3 868 612**	**3 517 144**	**4 291 752**	**4 773 680**	**5 385 030**	**5 380 217**
1000 Impôts sur revenu, bénéfices et gains en capital	**80 284**	**364 137**	**701 731**	**1 453 865**	**1 865 205**	**1 488 699**	**2 016 390**	**2 314 542**	**2 482 885**	**2 446 932**
1100 Des personnes physiques	52 894	285 513	584 733	1 224 538	1 479 085	1 223 218	1 664 074	1 929 215	2 192 995	2 183 169
1110 Sur le revenu et les bénéfices	50 401	272 879	552 859	1 088 967	1 326 736	1 163 737	1 556 113	1 753 783	2 004 445	1 967 925
Individual income tax federal	46 492	233 269	449 239	895 677	1 062 755	910 874	1 235 275	1 413 376	1 586 635	1 538 726
Individual income tax state and local govt.	3 909	39 610	103 620	193 290	263 981	252 863	320 838	340 407	417 810	429 198
1120 Sur les gains en capital	2 493	12 634	31 874	135 571	152 349	59 481	107 961	175 432	188 550	215 244
Capital gains federal	2 300	10 800	25 900	111 507	122 036	46 557	85 702	141 381	149 248	168 300
Capital gains tax state and local govt.	193	1 834	5 974	24 064	30 313	12 924	22 259	34 051	39 302	46 944
1200 Des sociétés	27 390	78 624	116 998	229 327	386 119	265 481	352 316	385 327	289 890	263 763
1210 Sur les bénéfices	26 745	73 586	106 134	170 835	330 597	240 445	313 172	337 786	242 971	227 710
Corporate income tax federal	24 861	60 525	85 736	144 590	281 040	198 698	265 274	288 486	181 893	166 401
Corporate income tax state and local govt.	1 884	13 061	20 398	25 245	49 556	41 747	47 898	49 300	61 077	61 309
1220 Sur les gains en capital	645	5 038	10 864	53 492	55 523	25 036	39 144	47 541	46 919	36 053
Capital gains tax corp. federal	600	4 143	8 776	49 506	47 200	20 689	33 157	40 602	35 125	26 346
Capital gains tax corp. state and local govt.	45	895	2 088	3 986	8 323	4 347	5 987	6 939	11 794	9 707
1300 Non-ventilables entre 1100 et 1200	0	0	0	0	0	0	0	0	0	0
2000 Cotisations de sécurité sociale	**22 192**	**159 763**	**396 972**	**683 104**	**907 357**	**917 409**	**1 030 099**	**1 125 493**	**1 308 696**	**1 333 998**
2100 À la charge des salariés	8 459	67 022	173 860	305 555	400 941	406 404	456 777	502 103	597 633	607 264
Federal insurance contribution Act tax	8 084	66 221	..	..	..	..	..	..	..	..
Less refund federal	-192	-507	..	..	..	..	..	..	..	..
Railroad retirement taxes federal	322	590	..	..	..	..	..	..	..	..
Fed. hosp. insur. recpts from railroad retir.	0	111	..	..	..	..	..	..	..	..
Unemployment state tax federal	20	127	..	..	..	..	..	..	..	..
Temp. disability insurance state and local	225	480	..	..	..	..	..	..	..	..
2110 Sur la base du salaire	..	..	..	..	..	..	..	..	..	..
2120 Sur la base de l'impôt sur les revenus	..	..	..	..	..	..	..	..	..	..
2200 À la charge des employeurs	12 703	87 019	204 102	343 184	456 602	461 702	519 064	561 936	642 810	656 538
Federal insurance contributions act tax	7 802	64 768	..	..	..	..	..	..	..	..
Railroad retirement taxes federal	314	1 722	..	..	..	..	..	..	..	..
Fed. hosp. insur. recpts from railroad retir.	0	111	..	..	..	..	..	..	..	..
Military service credit federal	14	652	..	..	..	..	..	..	..	..
Old-age dis. hosp. insur. fed. employer contr.	282	1 453	..	..	..	..	..	..	..	..
Unemployment state tax federal	3 032	11 788	..	..	..	..	..	..	..	..
Federal unemployment tax Act	615	3 246	..	..	..	..	..	..	..	..
Railroad unempl. insurance Act tax federal	152	175	..	..	..	..	..	..	..	..
Workmen's compensation state and local	484	3 039	..	..	..	..	..	..	..	..
Temp. disability insurance state and local	8	65	..	..	..	..	..	..	..	..
2210 Sur la base du salaire	..	..	..	..	..	..	..	..	..	..
2220 Sur la base de l'impôt sur les revenus	..	..	..	..	..	..	..	..	..	..
2300 A charge des travailleurs indép. ou sans emploi	1 030	5 722	19 010	34 365	49 814	49 303	54 258	61 454	68 253	70 096
Federal old-age survivors trust	0	4 250	..	..	..	..	..	..	..	..
Federal disability insurance trust	1 030	733	..	..	..	..	..	..	..	..
Federal hospital insurance trust	0	739	..	..	..	..	..	..	..	..
2310 Sur la base du salaire	..	..	..	..	..	..	..	..	..	..
2320 Sur la base de l'impôt sur les revenus	..	..	..	..	..	..	..	..	..	..
2400 Non-ventilables entre 2100, 2200 et 2300	0	0	0	0	0	0	0	0	0	0
2410 Sur la base du salaire	..	..	..	..	..	..	..	..	..	..
2420 Sur la base de l'impôt sur les revenus	..	..	..	..	..	..	..	..	..	..
3000 Sur salaires ou main d'oeuvre	**0**	**0**	**0**	**0**	**285**	**2 285**	**1 591**	**1 751**	**2 264**	**3 386**
4000 Impôts sur le patrimoine	**26 529**	**77 913**	**182 408**	**299 546**	**463 052**	**473 422**	**503 220**	**539 732**	**649 494**	**669 173**
4100 Impôts périodiques sur la propriété immobilière	22 918	68 499	161 533	254 669	403 688	438 588	456 790	490 410	599 586	615 329
4110 Ménages	8 548	28 975	..	..	..	..	..	..	..	..
Property tax state and local	8 548	28 975	..	..	..	..	..	..	..	..
Other	0	0	..	..	..	..	..	..	..	..
4120 Autres agents	14 370	39 524	..	..	..	..	..	..	..	..
Property tax state and local	14 370	39 524	..	..	..	..	..	..	..	..
Other	0	0	..	..	..	..	..	..	..	..
4200 Impôts périodiques sur l'actif net	0	0	0	0	0	0	0	0	0	0
4210 Personnes physiques	..	..	..	..	..	..	..	..	..	..
4220 Sociétés	..	..	..	..	..	..	..	..	..	..
4300 Impôts sur mut. par décès, succ. et donations	3 447	8 425	15 755	35 640	31 927	19 699	26 178	25 582	21 744	24 840
4310 Impôts sur mut. par décès et successions	3 080	8 149	..	..	..	..	..	..	..	..
Estate tax less refund federal	2 427	6 181	..	..	..	..	..	..	..	..
Estate tax state and local govt.	653	1 968	..	..	..	..	..	..	..	..

	1965	1980	1990	2000	2007	2010	2013	2015	2019	2020
4320 Impôts sur les donations	367	276	..	..	..	..	..	..	..	..
Gift tax less refund federal	289	209	..	..	..	..	..	..	..	..
Gift tax calculate state and local govt.	78	67	..	..	..	..	..	..	..	..
4400 Impôts sur transact. mobilières et immob.	164	989	2 148	4 389	20 503	7 460	12 171	14 896	17 544	18 097
Interest equalisation tax federal	15	0	..	..	..	..	..	..	..	..
Document and stock transfer state and local	149	989	2 148	4 389	20 503	7 460	12 171	14 896	17 544	18 097
4500 Impôts non-périodiques	0	0	0	0	0	0	0	0	0	0
4510 Sur l'actif net	..	..	..	..	..	..	..	..	0	0
4520 Autres non-périodiques	..	..	..	..	..	..	..	..	..	..
4600 Autres impôts périodiques sur patrimoine	0	0	2 972	4 848	6 934	7 675	8 081	8 844	10 621	10 907
5000 Impôts sur les biens et services	**38 017**	**128 844**	**271 301**	**464 004**	**632 713**	**635 329**	**740 452**	**792 162**	**941 692**	**926 730**
5100 Impôts sur production, vente, transfert, etc.	33 300	111 810	235 233	404 093	540 291	546 710	640 249	695 784	823 829	809 540
5110 Impôts généraux	8 016	51 328	125 575	221 358	301 403	295 123	343 853	374 173	443 927	448 882
5111 Taxes sur la valeur ajoutée	0	0	0	0	0	0	0	0	0	0
5112 Impôts sur les ventes	8 016	51 328	125 575	221 358	301 403	295 123	343 853	374 173	443 927	448 882
General sales - general receipts state and local	7 981	51 328	125 575	221 358	301 403	295 123	343 853	374 173	443 927	448 882
Other state and local	35	0	0	0	0	0	0	0	0	0
5113 Autres impôts	0	0	0	0	0	0	0	0	0	0
5120 Impôts sur biens et services déterminés	25 284	60 482	109 658	182 735	238 888	251 587	296 396	321 611	379 902	360 658
5121 Accises	21 209	45 471	64 953	108 600	137 373	146 582	154 390	156 902	165 942	161 955
Alcohol taxes federal govt.	3 689	5 601	5 228	7 281	8 571	8 848	9 026	9 514	9 711	9 470
Tobacco taxes federal govt.	2 142	2 443	4 217	6 741	8 377	17 487	15 830	14 265	11 739	11 240
Airport, airway, highway federal	3 559	6 411	0	0	0	0	0	0	0	0
Manufacturer's excise taxes federal govt.	2 867	6 122	0	0	0	0	0	0	0	0
Sugar tax federal govt.	97	0	0	0	0	0	0	0	0	0
Other taxes excise federal govt.	889	2	0	0	0	0	0	0	0	0
Undistributed tax deposits federal government	-11	152	0	0	0	0	0	0	0	0
Other taxes excise and undist. fed.govt. -	0	0	13 316	32 005	31 747	26 913	33 746	35 287	36 445	34 174
Less special tax liquor occupations federal	-22	-21	0	0	0	0	0	0	0	0
Other federal (refunds)	-7	-32	0	0	0	0	0	0	0	0
Alcohol taxes state and local govt.	949	2 642	3 577	4 485	5 684	6 197	6 706	7 260	7 989	7 610
Tobacco taxes state and local govt.	1 386	3 874	6 009	8 726	16 433	18 611	18 464	18 002	18 740	18 987
Public utilities state and local govt.	871	5 888	11 814	17 989	27 879	28 892	28 544	27 834	27 414	27 167
Motor fuel taxes state and local govt.	4 331	9 822	20 792	31 373	38 682	39 634	42 074	44 740	53 904	53 307
Other state and local taxes	469	2 295	0	0	0	0	0	0	0	0
Coal tonnage tax federal govt.	0	272	0	0	0	0	0	0	0	0
Hazardous substances tax federal	0	0	0	0	0	0	0	0	0	0
Transportation fuels tax federal	0	0	0	0	0	0	0	0	0	0
Boat fuels and equipment tax federal	0	0	0	0	0	0	0	0	0	0
Waste site deposits tax federal	0	0	0	0	0	0	0	0	0	0
Leaking underground storage federal	0	0	0	0	0	0	0	0	0	0
Vaccine injury compens. federal	0	0	0	0	0	0	0	0	0	0
Ozone depletion tax federal	0	0	0	0	0	0	0	0	0	0
Oil spill liability federal	0	0	0	0	0	0	0	0	0	0
Luxury tax federal govt.	0	0	0	0	0	0	0	0	0	0
5122 Bénéfices des monopoles fiscaux	275	608	..	..	..	..	..	..	..	..
Liquor store revenue state and local govt.	1 447	3 200	..	..	..	..	..	..	..	..
Liquor store expend. state and local govt.	-1 172	-2 592	..	..	..	..	..	..	..	..
5123 Droits de douane et droits à l'importation	1 442	7 436	17 490	21 123	28 793	28 603	35 468	38 123	77 752	68 627
Custom duties federal	1 442	7 436	17 490	21 123	28 793	28 603	35 468	38 123	77 752	68 627
Petroleum import fees federal govt.	0	0	0	0	0	0	0	0	0	0
5124 Taxes à l'exportation	0	0	0	0	0	0	0	0	0	0
5125 Impôts sur biens d'équipement	0	0	0	0	0	0	0	0	0	0
5126 Impôts sur services déterminés	2 358	6 967	8 895	13 857	23 639	23 642	26 899	30 153	36 446	35 914
Amusements state and local govt.	23	234	671	3 668	7 105	7 082	7 784	8 202	9 419	7 935
Parimutuels state and local govt.	386	731	659	326	328	206	193	182	196	188
Transportation of persons federal	126	1 601	0	0	0	0	0	0	0	0
Transport of property	0	92	0	0	0	0	0	0	0	0
General and toll telephone federal	1 079	1 118	0	0	0	0	0	0	0	0
Foreign insurance policies federal	0	75	0	0	0	0	0	0	0	0
Insurance state and local govt.	744	3 113	7 565	9 863	16 206	16 354	18 922	21 769	26 830	27 791
Employee pension plans federal	0	3	0	0	0	0	0	0	0	0
Inland waterway tax federal	0	0	0	0	0	0	0	0	0	0
Ship departure tax federal	0	0	0	0	0	0	0	0	0	0
5127 Autres impôts sur commerce et transact. internat.	0	0	0	0	0	0	0	0	0	0
5128 Autres impôts	0	0	18 320	39 155	49 083	52 760	79 639	96 433	99 762	94 162
5130 Non-ventilables entre 5110 et 5120	0	0	0	0	0	0	0	0	0	0
5200 Impôts sur utilisation des biens et exerc. activités	4 717	17 034	36 068	59 910	92 422	88 619	100 203	96 377	117 864	117 190
5210 Impôts périodiques	3 490	9 501	21 262	37 114	68 547	66 440	70 557	74 447	88 084	89 028

	1965	1980	1990	2000	2007	2010	2013	2015	2019	2020
5211 À la charge des ménages : véhicules à moteur	1 211	3 370	8 104	11 409	14 996	16 294	17 781	18 809	21 445	21 304
Motor vehicle regis. license st. and loc.	1 056	2 981	..	..	..	..	..	..	..	..
Motor vehicle oper. license st. and loc.	152	389	..	..	..	..	..	..	..	..
Other motor vehicle	3	0	..	..	..	..	..	..	..	..
5212 À la charge autres agents : véhicules à moteur	937	2 343	3 564	6 688	8 484	9 108	10 071	10 702	12 300	12 259
Motor vehicle regis. license st. and loc.	937	2 343	..	..	..	..	..	..	..	..
Motor vehicle oper. license st. and loc.	0	0	..	..	..	..	..	..	..	..
5213 Autres impôts périodiques	1 342	3 788	9 594	19 017	45 067	41 038	42 705	44 936	54 339	55 464
Misc. fees permit license federal	19	0	0	0	0	0	0	0	0	0
Special tax liquor occupations federal	22	21	0	0	0	0	0	0	0	0
Use tax of certain vehicles federal	99	277	0	0	0	0	0	0	0	0
Use of internat. travel facilities federal	0	92	0	0	0	0	0	0	0	0
Use tax of aircraft federal	0	21	0	0	0	0	0	0	0	0
Corporation in general license st. and loc.	528	1 388	3 147	6 736	10 658	9 473	7 560	6 678	7 634	7 431
Alcoholic beverage license tax st. and loc.	133	179	264	308	608	596	899	824	956	983
Public utilities license tax st. and loc.	30	130	270	395	1 903	1 468	1 432	1 665	1 814	1 756
Amusements license taxes st. and loc.	7	69	202	196	966	638	604	740	750	609
Occupation and business license st. and loc.	349	1 113	3 512	7 651	16 484	17 812	19 284	20 423	23 404	21 284
Wagering occupation tax federal	7	12	0	0	0	0	0	0	0	0
Other license taxes st. and loc.	10	69	2 118	3 619	14 302	10 900	12 772	14 445	19 610	20 218
Hunting and fishing license taxes st. and loc.	138	417	82	112	146	151	155	162	171	184
Other	0	0	0	0	0	0	0	0	0	0
5220 Impôts non-périodiques	1 227	7 533	14 806	22 796	23 875	22 179	29 645	21 930	29 780	23 162
Severance state and local govt.	503	4 167	5 224	5 285	12 895	11 751	18 266	9 755	13 178	11 272
Poll taxes state and local govt.	9	0	0	0	0	0	0	0	0	0
Other taxes state and local govt.	715	3 366	9 582	17 511	10 980	10 428	11 379	12 175	16 601	16 890
5300 Non-ventilables entre 5100 et 5200	0	0	0	0	0	0	0	0	0	0
6000 Autres impôts	**0**	**15**	**0**	**0**	**0**	**0**	**0**	**0**	**0**	**0**
6100 À la charge exclusive des entreprises	..	0	..	..	..	..	..	..	..	..
6200 À la charge d'autres agents	..	15	..	..	..	..	..	..	..	..
Crédits d'impôts récupérables										
Crédits d'impôts récupérables contre 1110	..	..	6 155	36 511	90 439	171 630	158 160	156 656	255 580	525 970
Composante fiscale	..	..	1 800	9 602	35 910	69 870	41 560	42 826	102 660	92 340
Composante transfert	..	..	4 355	26 909	54 529	101 760	116 600	113 830	152 920	433 630
Crédits d'impôts récupérables contre 1210	..	..	..	..	..	250	630	577	440	660
Composante fiscale	..	..	..	..	..	240	610	527	380	630
Composante transfert	..	..	..	..	..	10	20	50	60	30
Non-ventilables composante transfert	..	..	..	..	..	2 420	4 280	4 890	4 230	2 600
Recettes fiscales totales sur la base d'encaissements	**167 022**	**730 672**	..	..	..	..	..	..	..	..
Recettes fiscales totales sur la base des droits constatés	..	..	..	..	..	..	..	..	..	..
Conciliation avec les comptes nationaux										
Impôts additionnels inclus dans les comptes nationaux	..	..	..	..	..	..	..	..	..	..
Impôt exclus des comptes nationaux	..	..	..	..	..	..	..	..	..	..
Différence dans les traitements des crédits d'impôts	..	..	..	..	..	..	..	..	..	..
Transfert en capital des recettes non collectées	..	..	..	..	..	..	..	..	..	..
Cotisations de sécurité sociale volontaires	..	..	11 719	22 562	51 635	61 833	69 903	74 886	108 999	121 434
Différences diverses	..	..	..	..	..	..	..	..	..	..
Comptes nationaux : impôts et cotisations sociales effectives	..	..	1 564 132	2 923 081	3 920 247	3 578 977	4 361 655	4 848 566	5 494 029	5 501 651
Cotisations sociales imputées	..	..	3 384	3 727	7 134	9 428	9 438	9 636	8 925	9 100
Comptes nationaux : impôts et toutes les cotisations sociales	..	..	1 567 516	2 926 808	3 927 381	3 588 405	4 371 093	4 858 202	5 502 954	5 510 751

.. Non disponible

Note : From 1990, data are on a year ending 31st December basis. For years up to and including 1976 the dated covered fiscal years ending 30th June. Between 1977 and 1989, Federal government data covered fiscal years ending 30th September and State & Local government data covered fiscal years ending 30th June.

From 1990, data are on accrual basis. There are no separate estimates for the State and Local capital gains tax revenues.

Heading 5121: In 1994 through 1996, some Federal excise taxes formerly shown separately were included in 'Other taxes,excises and undistributed, Federal government'.

Source : Federal estimates are derived from the US Budget, the Final Monthly Treasury Statement and the Annual Report of the US Treasury Department. The State and Local estimates are derived from Government Finances, published by the Bureau of the Census.

StatLink https://stat.link/kdorhn

5.2. Tableaux pour mémoire

Le Tableau 5.39 présente les différentes sources de financement des prestations sociales, au-delà des cotisations obligatoires de sécurité sociale reportées dans la section 5.1. Cette table montre également les données concernant les autres impôts, les cotisations volontaires aux administrations et les cotisations obligatoires au secteur privé.

Le Tableau 5.40 contient les cotisations de sécurité sociale et les impôts sur les salaires acquittés par les administrations. Lors de la révision du Guide d'interprétation en 1984, la question s'est posée de savoir comment il convenait de traiter les impôts acquittés par les administrations. Les deux exemples les plus marquants d'impôts de ce type sont les cotisations de sécurité sociale et les impôts sur les salaires acquittés par les administrations au titre de leurs agents. Après un échange de vues approfondi, il a été décidé que les données présentées dans cette publication continueraient d'inclure les impôts acquittés par les administrations (voir le §7 du Guide d'interprétation dans l'Annexe A).

Alors qu'il a été admis qu'à certaines fins (par exemple, pour mesurer le flux de paiements allant du secteur privé au secteur des administrations), il conviendrait d'exclure les impôts payés par un secteur de l'administration à un autre ou les impôts acquittés entre les différentes unités d'un même secteur de l'administration, il a été décidé que les impôts acquittés par les administrations devaient être inclus dans les données lorsque l'on comptabilise tous les flux d'impôts de l'ensemble de l'économie. Cette prise en compte permet d'être sûr que les différents flux de ressources d'une économie, y compris la valeur de la production des administrations, sont bien mesurés de façon cohérente nette d'impôt.

Il a été toutefois décidé que les données sur les impôts acquittés par les administrations et que l'on pouvait identifier isolément seraient présentées séparément dans un poste pour mémoire et c'est l'objet des tableaux par pays qui suivent.

Les données reproduites dans les tableaux suivants ont trait aux montants effectifs versés par les administrations publiques au titre de leurs agents. Les cotisations fictives, volontaires et imputées sont exclues de ces données. Les définitions des cotisations de sécurité sociale, des impôts sur les salaires et des administrations publiques correspondent aux définitions données aux §40 á § 46, §47 et §3 á § 4 du Guide d'interprétation. Les informations sur les autres impôts payés par les administrations (à savoir impôts sur la propriété et impôts sur la consommation) ne sont pas disponibles pour la plupart des pays, même s'il semble bien que, dans tous les pays, les impôts assis sur les salaires sont les impôts les plus importants qu'acquittent les administrations. Dans beaucoup de cas, les données sont estimées et ne sont pas toujours établies sur une base compatible avec celle utilisée dans les tableaux principaux.

Tableau 5.39. Le financement des prestations sociales

	1965	1980	1990	2000	2007	2010	2013	2015	2019	2020
Australie, millions AUD										
Impôts de la série 2000	..	..	..	..	..	..	..	..	..	..
Autres impôts	..	..	..	..	..	..	..	..	..	..
Contributions volontaires au gouvernement	..	..	..	..	..	..	..	..	..	..
Contributions obligatoires au secteur privé	..	..	..	..	..	..	..	..	..	..
Total	**0**	**0**	**0**	**0**	**0**	**0**	**0**	**0**	**0**	**0**
Autriche, millions EUR										
Impôts de la série 2000	1 548	9 200	17 763	30 510	38 453	41 423	46 845	49 867	59 083	59 094
Autres impôts	0	0	0	0	0	0	0	0	0	0
Contributions volontaires au gouvernement	32	135	141	206	256	339	299	321	336	344
Contributions obligatoires au secteur privé	0	0	0	0	0	0	0	0	0	0
Total	**1 580**	**9 335**	**17 904**	**30 716**	**38 709**	**41 762**	**47 144**	**50 188**	**59 418**	**59 438**
Belgique, millions EUR										
Impôts de la série 2000	2 018	10 798	23 386	34 865	45 929	50 674	56 527	58 812	63 203	62 276
Autres impôts	0	171	644	5 375	13 659	16 772	18 382	12 292	19 153	20 009
Contributions volontaires au gouvernement	0	41	52	58	57	59	77	70	84	82
Contributions obligatoires au secteur privé	0	0	0	0	0	0	0	0	0	0
Total	**2 018**	**11 009**	**24 082**	**40 298**	**59 644**	**67 505**	**74 986**	**71 174**	**82 440**	**82 367**
Canada, millions CAD										
Impôts de la série 2000	854	10 649	29 653	53 109	73 722	76 787	90 394	96 371	108 366	107 866
Autres impôts	1 199	0	0	0	0	0	0	0	0	0
Contributions volontaires au gouvernement	0	0	0	0	0	0	0	0	0	0
Contributions obligatoires au secteur privé	0	0	0	0	0	0	0	0	0	0
Total	**2 053**	**10 649**	**29 653**	**53 109**	**73 722**	**76 787**	**90 394**	**96 371**	**108 366**	**107 866**
Chili, millions CLP										
Impôts de la série 2000	..	..	159 559	576 758	1 148 647	1 493 987	1 968 973	2 252 490	2 994 906	3 104 866
Autres impôts	..	..	0	0	0	0	0	0	0	0
Contributions volontaires au gouvernement	..	..	0	0	0	0	0	0	0	0
Contributions obligatoires au secteur privé	..	..	328 102	2 021 631	3 808 658	5 408 703	7 583 251	8 914 415	11 975 273	12 194 451
Total	**..**	**..**	**487 661**	**2 598 389**	**4 957 305**	**6 902 690**	**9 552 224**	**11 166 905**	**14 970 179**	**15 299 318**
Colombie, millions COP										
Impôts de la série 2000	..	..	203 596	4 989 000	9 694 000	11 478 085	16 644 445	13 585 138	19 875 398	18 315 408
Autres impôts	..	..	0	0	0	0	0	0	0	0
Contributions volontaires au gouvernement	..	..	0	0	0	0	0	0	0	0
Contributions obligatoires au secteur privé	..	..	0	0	18 667 073	27 354 493	30 808 731	31 112 566	43 732 211	40 388 910
Total	**..**	**..**	**203 596**	**4 989 000**	**28 361 073**	**38 832 579**	**47 453 177**	**44 697 703**	**63 607 609**	**59 504 318**
Costa Rica, millions CRC										
Impôts de la série 2000	..	..	33 990	297 069	885 053	1 450 531	1 928 082	2 305 133	3 026 691	2 971 589
Autres impôts	..	..	..	..	..	..	..	..	..	..
Contributions volontaires au gouvernement	..	..	..	..	..	..	..	..	..	..
Contributions obligatoires au secteur privé	..	..	..	..	..	..	..	..	..	..
Total	**..**	**..**	**33 990**	**297 069**	**885 053**	**1 450 531**	**1 928 082**	**2 305 133**	**3 026 691**	**2 971 589**
République tchèque, million CZK										
Impôts de la série 2000	..	..	..	341 544	573 417	576 029	603 072	659 743	889 237	901 670
Autres impôts	..	..	..	0	0	0	0	0	0	0
Contributions volontaires au gouvernement	..	..	..	1 099	974	661	337	386	578	537
Contributions obligatoires au secteur privé	..	..	..	2 337	5 757	6 094	6 424	6 741	8 921	9 048
Total	**..**	**..**	**..**	**345 480**	**580 148**	**582 784**	**609 833**	**666 871**	**898 736**	**911 255**
Danemark, millions DKK										
Impôts de la série 2000	690	710	101	8 453	1 286	1 815	1 618	1 378	991	1 359
Autres impôts	0	0	0	0	0	0	0	0	0	0
Contributions volontaires au gouvernement	0	1 673	8 087	16 633	17 061	17 192	14 655	14 721	14 792	14 873
Contributions obligatoires au secteur privé	145	554	1 278	1 445	4 526	3 847	3 068	2 964	2 828	2 875
Total	**835**	**2 937**	**9 466**	**26 531**	**22 874**	**22 854**	**19 341**	**19 063**	**18 611**	**19 107**
Estonie, millions EUR										
Impôts de la série 2000	..	..	..	674	1 683	1 879	2 077	2 300	3 256	3 331
Autres impôts	..	..	..	0	0	0	0	0	0	0
Contributions volontaires au gouvernement	..	..	..	0	0	0	0	0	0	0
Contributions obligatoires au secteur privé	..	..	..	1	341	38	268	389	299	313
Total	**..**	**..**	**..**	**674**	**2 024**	**1 918**	**2 346**	**2 689**	**3 556**	**3 644**

	1965	1980	1990	2000	2007	2010	2013	2015	2019	2020
Finlande, millions EUR										
Impôts de la série 2000	93	2 776	10 012	15 756	21 384	22 648	25 632	26 639	28 295	27 326
Autres impôts	47	22	0	404	0	0	0	0	0	0
Contributions volontaires au gouvernement	0	262	632	236	228	254	270	303	246	235
Contributions obligatoires au secteur privé	0	123	431	532	653	619	694	673	655	619
Total	**140**	**3 183**	**11 075**	**16 928**	**22 265**	**23 521**	**26 596**	**27 615**	**29 196**	**28 180**
France, millions EUR										
Impôts de la série 2000	8 804	76 235	191 141	231 875	307 663	323 816	356 934	370 375	363 817	348 335
Autres impôts	0	895	2 950	81 001	127 511	137 383	162 838	170 210	232 687	234 036
Contributions volontaires au gouvernement	0	0	0	0	0	0	0	0	0	0
Contributions obligatoires au secteur privé	0	0	0	0	0	0	0	0	0	0
Total	**8 804**	**77 130**	**194 091**	**312 876**	**435 174**	**461 199**	**519 772**	**540 585**	**596 504**	**582 371**
Allemagne, millions EUR										
Impôts de la série 2000	19 876	98 659	170 449	299 440	320 750	354 320	392 378	424 841	508 124	512 122
Autres impôts	0	0	0	0	0	0	0	0	0	0
Contributions volontaires au gouvernement	1 946	8 441	13 002	23 329	21 409	5 102	5 352	6 068	7 262	7 378
Contributions obligatoires au secteur privé	107	690	1 462	6 120	8 243	9 386	10 444	11 202	13 780	13 860
Total	**21 929**	**107 791**	**184 914**	**328 889**	**350 402**	**368 808**	**408 174**	**442 111**	**529 166**	**533 360**
Grèce, millions EUR										
Impôts de la série 2000	37	485	3 466	14 284	24 940	24 748	19 354	18 807	22 260	21 352
Autres impôts	8	0	0	0	0	0	0	0	0	0
Contributions volontaires au gouvernement	0	0	0	0	0	0	0	0	0	0
Contributions obligatoires au secteur privé	0	0	0	0	0	0	0	0	0	0
Total	**44**	**485**	**3 466**	**14 284**	**24 940**	**24 748**	**19 354**	**18 807**	**22 260**	**21 352**
Hongrie, millions HUF										
Impôts de la série 2000	..	..	..	1 506 755	3 402 194	3 179 509	3 899 154	4 433 464	5 545 481	5 364 764
Autres impôts	..	..	..	188 413	85 058	78 629	246 574	294 313	145 025	128 079
Contributions volontaires au gouvernement	..	..	..	1 273	1 762	1 693	1 523	1 229	983	953
Contributions obligatoires au secteur privé	..	..	..	62 836	190 331	279 814	0	0	0	0
Total	**..**	**..**	**..**	**1 759 277**	**3 679 344**	**3 539 645**	**4 147 251**	**4 729 006**	**5 691 489**	**5 493 796**
Islande, millions ISK										
Impôts de la série 2000	5	102	3 607	19 680	39 594	63 599	69 899	79 707	97 423	88 364
Autres impôts	0	1 047	20 571	26 732	52 444	77 472	90 895	97 987	187 636	269 721
Contributions volontaires au gouvernement	0	0	0	0	0	0	0	0	0	0
Contributions obligatoires au secteur privé	0	459	13 454	48 847	118 117	95 438	117 903	139 792	187 003	194 483
Total	**5**	**1 608**	**37 632**	**95 260**	**210 155**	**236 509**	**278 697**	**317 486**	**472 062**	**552 568**
Irlande, millions EUR										
Impôts de la série 2000	21	578	1 729	3 966	8 143	8 458	8 854	9 992	13 109	12 283
Autres impôts	0	0	0	0	0	0	0	0	0	0
Contributions volontaires au gouvernement	0	0	0	0	0	0	0	0	0	0
Contributions obligatoires au secteur privé	0	0	0	0	0	0	0	0	0	0
Total	**21**	**578**	**1 729**	**3 966**	**8 143**	**8 458**	**8 854**	**9 992**	**13 109**	**12 283**
Israël, millions ILS										
Impôts de la série 2000	..	..	..	27 565	37 909	45 343	53 364	59 561	74 420	73 031
Autres impôts	..	..	..	0	0	0	0	0	0	0
Contributions volontaires au gouvernement	..	..	..	0	0	0	0	0	0	0
Contributions obligatoires au secteur privé	..	..	..	0	0	9 100	22 400	28 700	37 700	39 200
Total	**..**	**..**	**..**	**27 565**	**37 909**	**54 443**	**75 764**	**88 261**	**112 120**	**112 231**
Italie, millions EUR										
Impôts de la série 2000	1 881	22 976	87 256	143 629	200 772	209 122	210 462	214 376	237 290	224 781
Autres impôts	0	0	0	0	0	0	0	0	0	0
Contributions volontaires au gouvernement	0	0	0	464	567	561	738	750	764	724
Contributions obligatoires au secteur privé	0	0	0	0	0	0	0	0	0	0
Total	**1 881**	**22 976**	**87 256**	**144 093**	**201 339**	**209 683**	**211 200**	**215 126**	**238 054**	**225 505**
Japon, billions JPY										
Impôts de la série 2000	1 344	18 178	34 613	47 968	53 325	54 461	59 803	64 465	71 993	71 550
Autres impôts	0	0	0	0	0	0	0	0	0	0
Contributions volontaires au gouvernement	0	0	0	0	0	0	0	0	0	0
Contributions obligatoires au secteur privé	0	0	0	0	0	0	0	0	0	0
Total	**1 344**	**18 178**	**34 613**	**47 968**	**53 325**	**54 461**	**59 803**	**64 465**	**71 993**	**71 550**

	1965	1980	1990	2000	2007	2010	2013	2015	2019	2020
Corée, billions KRW										
Impôts de la série 2000	..	73	3 760	22 759	53 588	69 090	91 596	104 693	140 071	150 854
Autres impôts	..	0	0	0	0	0	0	0	0	0
Contributions volontaires au gouvernement	..	0	0	0	0	0	0	0	0	0
Contributions obligatoires au secteur privé	..	0	0	0	0	0	0	0	0	0
Total	**..**	**73**	**3 760**	**22 759**	**53 588**	**69 090**	**91 596**	**104 693**	**140 071**	**150 854**
Lettonie, millions EUR										
Impôts de la série 2000	..	..	..	669	1 774	1 554	1 933	2 030	2 911	2 937
Autres impôts	..	..	..	12	51	36	59	80	149	128
Contributions volontaires au gouvernement	..	..	..	0	0	0	0	0	0	0
Contributions obligatoires au secteur privé	..	..	..	0	0	0	0	0	0	0
Total	**..**	**..**	**..**	**682**	**1 825**	**1 590**	**1 992**	**2 111**	**3 060**	**3 065**
Lituanie, millions EUR										
Impôts de la série 2000	..	..	..	1 362	2 643	3 293	3 791	4 338	4 743	5 127
Autres impôts	..	..	..	0	0	0	0	0	0	0
Contributions volontaires au gouvernement	..	..	..	0	2	2	3	2	2	0
Contributions obligatoires au secteur privé	..	..	..	0	247	95	149	140	3	0
Total	**..**	**..**	**..**	**1 362**	**2 892**	**3 391**	**3 943**	**4 480**	**4 748**	**5 127**
Luxembourg, millions EUR										
Impôts de la série 2000	86	443	1 011	2 224	3 710	4 387	5 132	5 548	6 862	7 216
Autres impôts	0	0	0	0	0	0	0	0	0	0
Contributions volontaires au gouvernement	0	0	4	18	18	28	33	38	48	52
Contributions obligatoires au secteur privé	0	0	0	0	0	0	0	0	0	0
Total	**86**	**443**	**1 015**	**2 241**	**3 728**	**4 415**	**5 166**	**5 587**	**6 910**	**7 268**
Mexique, millions MXN										
Impôts de la série 2000	..	109	17 165	138 223	236 727	277 459	351 993	409 249	552 058	576 019
Autres impôts	..	0	0	0	0	0	0	0	0	0
Contributions volontaires au gouvernement	..	0	0	0	0	0	0	0	0	0
Contributions obligatoires au secteur privé	..	25	3 840	67 352	144 331	146 110	168 111	206 824	303 426	332 725
Total	**..**	**134**	**21 005**	**205 575**	**381 057**	**423 569**	**520 104**	**616 073**	**855 484**	**908 743**
Pays-Bas, millions EUR										
Impôts de la série 2000	3 342	26 641	39 075	64 522	77 072	82 732	97 372	96 426	109 298	108 685
Autres impôts	0	0	0	0	0	0	0	0	0	0
Contributions volontaires au gouvernement	168	1 139	163	0	0	0	0	0	0	0
Contributions obligatoires au secteur privé	1 266	7 642	5 727	37 088	..	..	..	..	..	..
Total	**4 776**	**35 422**	**44 965**	**101 610**	**77 072**	**82 732**	**97 372**	**96 426**	**109 298**	**108 685**
Nouvelle-Zélande, millions NZD										
Impôts de la série 2000	..	..	..	..	..	..	..	..	..	..
Autres impôts	..	..	..	..	..	..	..	..	..	..
Contributions volontaires au gouvernement	..	..	..	..	..	..	..	..	..	..
Contributions obligatoires au secteur privé	..	..	..	..	..	..	..	..	..	..
Total	**0**	**0**	**0**	**0**	**0**	**0**	**0**	**0**	**0**	**0**
Norvège, millions NOK										
Impôts de la série 2000	2 009	28 205	79 362	132 170	204 473	243 002	292 461	325 130	377 057	381 838
Autres impôts	1 305	4 256	0	0	0	0	0	0	0	0
Contributions volontaires au gouvernement	0	0	0	0	0	0	0	0	0	0
Contributions obligatoires au secteur privé	0	242	339	0	0	0	0	0	0	0
Total	**3 314**	**32 703**	**79 701**	**132 170**	**204 473**	**243 002**	**292 461**	**325 130**	**377 057**	**381 838**
Pologne, millions PLN										
Impôts de la série 2000	..	..	..	97 411	141 457	157 432	204 600	225 711	305 353	318 637
Autres impôts	..	..	..	0	0	0	0	0	0	0
Contributions volontaires au gouvernement	..	..	..	0	0	0	34	49	46	48
Contributions obligatoires au secteur privé	..	..	..	0	0	0	0	0	0	0
Total	**..**	**..**	**..**	**97 411**	**141 457**	**157 432**	**204 634**	**225 760**	**305 399**	**318 685**
Portugal, millions EUR										
Impôts de la série 2000	22	531	4 026	10 168	14 305	15 462	15 139	16 182	20 602	20 914
Autres impôts	0	1	29	434	658	698	970	994	854	883
Contributions volontaires au gouvernement	0	0	0	0	0	0	0	0	0	0
Contributions obligatoires au secteur privé	0	0	0	0	0	0	0	0	0	0
Total	**22**	**532**	**4 055**	**10 602**	**14 932**	**16 154**	**16 109**	**17 176**	**21 456**	**21 798**

	1965	1980	1990	2000	2007	2010	2013	2015	2019	2020
République slovaque, millions EUR										
Impôts de la série 2000	..	..	..	4 409	7 244	8 154	9 847	10 897	14 085	14 233
Autres impôts	..	..	..	0	0	0	0	0	0	0
Contributions volontaires au gouvernement	..	..	..	0	22	31	17	11	11	12
Contributions obligatoires au secteur privé	..	..	..	0	701	719	385	413	713	718
Total	**..**	**..**	**..**	**4 409**	**7 968**	**8 904**	**10 249**	**11 321**	**14 809**	**14 963**
Slovénie, millions EUR										
Impôts de la série 2000	..	..	..	2 824	5 046	5 761	5 647	5 983	7 587	7 908
Autres impôts	..	..	..	0	0	0	0	0	0	0
Contributions volontaires au gouvernement	..	..	..	0	0	0	0	0	0	0
Contributions obligatoires au secteur privé	..	..	..	0	0	0	0	0	0	0
Total	**..**	**..**	**..**	**2 824**	**5 046**	**5 761**	**5 647**	**5 983**	**7 587**	**7 908**
Espagne, millions EUR										
Impôts de la série 2000	350	10 682	36 722	74 683	127 088	127 235	116 875	122 835	152 527	154 276
Autres impôts	0	49	0	0	0	0	0	0	0	0
Contributions volontaires au gouvernement	0	0	0	447	937	1 155	2 209	1 170	987	891
Contributions obligatoires au secteur privé	0	0	0	0	0	0	0	0	0	0
Total	**350**	**10 731**	**36 722**	**75 130**	**128 025**	**128 390**	**119 084**	**124 005**	**153 514**	**155 167**
Suède, millions SEK										
Impôts de la série 2000	4 851	74 647	205 867	306 974	388 505	384 668	376 684	404 851	462 860	455 396
Autres impôts	1 407	0	0	0	0	0	0	0	0	0
Contributions volontaires au gouvernement	0	0	0	7 951	12 376	13 167	15 909	16 726	24 966	24 731
Contributions obligatoires au secteur privé	0	0	0	0	0	0	0	0	0	0
Total	**6 258**	**74 647**	**205 867**	**314 925**	**400 881**	**397 835**	**392 593**	**421 577**	**487 826**	**480 127**
Suisse, millions CHF										
Impôts de la série 2000	1 670	10 844	19 952	30 961	34 974	38 385	42 862	44 285	47 233	49 057
Autres impôts	336	778	1 176	4 509	6 342	6 644	7 760	7 590	6 260	3 357
Contributions volontaires au gouvernement	95	431	0	0	0	0	0	0	0	0
Contributions obligatoires au secteur privé	2 505	9 674	20 797	29 532	42 219	45 974	49 965	52 890	59 357	60 122
Total	**4 606**	**21 727**	**41 924**	**65 002**	**83 535**	**91 004**	**100 587**	**104 765**	**112 851**	**112 536**
Türkiye, millions TRY										
Impôts de la série 2000	0	0	15	7 543	44 052	71 696	125 871	170 282	312 808	357 677
Autres impôts	0	0	0	0	0	0	0	0	0	0
Contributions volontaires au gouvernement	0	0	0	0	0	0	0	0	0	0
Contributions obligatoires au secteur privé	0	0	0	0	0	0	0	0	0	0
Total	**0**	**0**	**15**	**7 543**	**44 052**	**71 696**	**125 871**	**170 282**	**312 808**	**357 677**
Royaume-Uni, millions GBP										
Impôts de la série 2000	1 685	13 531	34 457	60 252	93 210	97 346	106 085	114 173	143 306	144 990
Autres impôts	0	0	0	0	0	0	0	0	0	0
Contributions volontaires au gouvernement	0	11	3 288	8 103	18 629	21 217	22 438	25 025	33 474	38 013
Contributions obligatoires au secteur privé	1 148	13 350	7 945	8 308	9 969	9 656	6 074	5 495	0	0
Total	**2 833**	**26 892**	**45 690**	**76 663**	**121 808**	**128 219**	**134 597**	**144 693**	**176 780**	**183 003**
État-Unis, millions USD										
Impôts de la série 2000	22 192	159 763	396 972	683 104	907 357	917 409	1 030 099	1 125 493	1 308 696	1 333 998
Autres impôts	0	0	0	0	0	0	0	0	0	0
Contributions volontaires au gouvernement	488	3 407	11 719	22 562	51 635	61 833	69 903	74 886	108 999	121 434
Contributions obligatoires au secteur privé	0	0	0	0	0	0	0	0	0	0
Total	**22 680**	**163 170**	**408 691**	**705 666**	**958 992**	**979 242**	**1 100 002**	**1 200 379**	**1 417 695**	**1 455 432**

.. Non disponible

StatLink https://stat.link/fmspw7

Tableau 5.40. Les cotisations de sécurité sociale et impôts sur les salaires payés par les administrations publiques, détails

	1965	1980	1990	2000	2007	2010	2013	2015	2019	2020
Australie, millions AUD										
2000 Cotisations de sécurité sociale										
Administration fédérale ou centrale	..	..	..	..	..	..	..	..	..	..
Administration d'un Etat/Länder	..	..	..	..	..	..	..	..	..	..
Administrations locales	..	..	..	..	..	..	..	..	..	..
Administrations de sécurite sociale	..	..	..	..	..	..	..	..	..	..
Total	**0**	**0**	**0**	**0**	**0**	**0**	**0**	**0**	**0**	**0**
3000 Impôts sur les salaires										
Administration fédérale ou centrale	0	4	0	0	0	0	0	0	0	0
Administration d'un Etat/Länder	15	302	0	0	0	0	0	0	0	0
Administrations locales	0	0	2	19	41	31	37	38	42	45
Administrations de sécurite sociale	0	0	0	0	0	0	0	0	0	0
Secteur multijuridictionnel (université)[1]	..	..	..	..	..	..	..	..	..	..
Total	**15**	**306**	**92**	**301**	**496**	**579**	**702**	**765**	**922**	**959**
2000+3000 Total	**15**	**306**	**92**	**301**	**496**	**579**	**702**	**765**	**922**	**959**
Autriche, millions EUR[2]										
2000 Cotisations de sécurité sociale										
Administration fédérale ou centrale	48	230	337	620	1 244	1 532	1 664	1 825	2 209	2 261
Administration d'un Etat/Länder	13	166	337	692	988	1 179	1 255	1 376	1 702	1 800
Administrations locales	17	145	292	699	1 036	1 277	1 379	1 515	1 815	1 906
Administrations de sécurite sociale	11	79	48	176	203	226	250	264	293	303
Total	**88**	**619**	**1 015**	**2 186**	**3 471**	**4 213**	**4 547**	**4 980**	**6 018**	**6 270**
3000 Impôts sur les salaires										
Administration fédérale ou centrale	0	49	134	186	337	533	558	624	649	658
Administration d'un Etat/Länder	0	48	74	232	351	458	485	492	507	507
Administrations locales	1	29	79	301	262	359	396	428	455	445
Administrations de sécurite sociale	0	0	39	44	51	55	61	65	71	73
Total	**1**	**125**	**326**	**763**	**1 000**	**1 405**	**1 500**	**1 609**	**1 682**	**1 682**
2000+3000 Total	**89**	**745**	**1 341**	**2 949**	**4 471**	**5 618**	**6 047**	**6 589**	**7 700**	**7 952**
Belgique, millions EUR										
2000 Cotisations de sécurité sociale										
Administration fédérale ou centrale	..	536	211	259	434	493	532	859	866	908
Administration d'un Etat/Länder	..	0	614	1 218	1 600	1 873	2 089	2 440	2 756	2 771
Administrations locales	..	434	768	1 376	2 151	2 655	3 641	3 973	4 524	4 599
Administrations de sécurite sociale	..	89	176	252	308	360	416	415	411	421
Total	**..**	**1 059**	**1 769**	**3 105**	**4 493**	**5 381**	**6 678**	**7 686**	**8 557**	**8 698**
3000 Impôts sur les salaires										
Administration fédérale ou centrale	..	..	..	..	..	..	..	..	..	..
Administration d'un Etat/Länder	..	..	..	..	..	..	..	..	..	..
Administrations locales	..	..	..	..	..	..	..	..	..	..
Administrations de sécurite sociale	..	..	..	..	..	..	..	..	..	..
Total	**..**	**0**	**0**	**0**	**0**	**0**	**0**	**0**	**0**	**0**
2000+3000 Total	**..**	**1 059**	**1 769**	**3 105**	**4 493**	**5 381**	**6 678**	**7 686**	**8 557**	**8 698**
Canada, millions CAD										
2000 Cotisations de sécurité sociale										
Administration fédérale ou centrale	..	..	..	944	1 198	1 397	1 449	1 515	1 790	2 144
Administration d'un Etat/Länder	..	..	..	3 023	4 269	5 071	5 825	6 349	7 122	7 186
Administrations locales	..	..	..	2 225	2 806	3 390	3 912	4 205	4 715	4 757
Administrations de sécurite sociale	..	..	..	0	0	0	0	0	0	0
Total	**..**	**..**	**..**	**6 192**	**8 273**	**9 857**	**11 186**	**12 070**	**13 626**	**14 087**
3000 Impôts sur les salaires										
Administration fédérale ou centrale	..	..	..	0	0	0	0	0	0	0
Administration d'un Etat/Länder	..	..	..	173	234	328	362	362	405	412
Administrations locales	..	..	..	0	0	0	0	0	0	0
Administrations de sécurite sociale	..	..	..	0	0	0	0	0	0	0
Total	**..**	**..**	**..**	**173**	**234**	**328**	**362**	**362**	**405**	**412**
2000+3000 Total	**..**	**..**	**..**	**6 365**	**8 507**	**10 185**	**11 548**	**12 432**	**14 031**	**14 499**

	1965	1980	1990	2000	2007	2010	2013	2015	2019	2020
Chili, millions CLP										
2000 Cotisations de sécurité sociale										
Administration fédérale ou centrale	..	..	..	43 210	107 911	148 006	186 652	205 125	270 571	269 335
Administration d'un Etat/Länder	..	..	..	..	..	..	..	..	..	..
Administrations locales	..	..	..	11 317	30 218	41 518	51 114	63 603	104 484	110 058
Administrations de sécurite sociale	..	..	..	106	263	449	550	600	825	872
Total	**..**	**..**	**..**	**54 633**	**138 392**	**189 974**	**238 315**	**269 328**	**375 881**	**380 265**
3000 Impôts sur les salaires										
Administration fédérale ou centrale	..	..	..	..	..	..	..	..	..	..
Administration d'un Etat/Länder	..	..	..	..	..	..	..	..	..	..
Administrations locales	..	..	..	..	..	..	..	..	..	..
Administrations de sécurite sociale	..	..	..	..	..	..	..	..	..	..
Total	**..**	**..**	**..**	**..**	**..**	**..**	**..**	**..**	**..**	**..**
2000+3000 Total	**..**	**..**	**..**	**54 633**	**138 392**	**189 974**	**238 315**	**269 328**	**375 881**	**380 265**
Colombie, millions COP										
2000 Cotisations de sécurité sociale										
Administration fédérale ou centrale	..	..	..	..	..	..	0	0	0	0
Administration d'un Etat/Länder	..	..	..	..	..	..	0	0	0	0
Administrations locales	..	..	..	..	..	..	0	0	0	0
Administrations de sécurite sociale	..	..	..	..	..	..	1 007 283	1 255 666	1 889 685	1 937 898
Total	**..**	**..**	**..**	**..**	**..**	**..**	**1 007 283**	**1 255 666**	**1 889 685**	**1 937 898**
3000 Impôts sur les salaires										
Administration fédérale ou centrale	..	..	..	..	..	..	372 476	436 646	589 456	614 683
Administration d'un Etat/Länder	..	..	..	..	..	..	0	0	0	0
Administrations locales	..	..	..	..	..	..	0	0	0	0
Administrations de sécurite sociale	..	..	..	..	..	..	0	0	0	0
Total	**..**	**..**	**..**	**..**	**..**	**..**	**372 476**	**436 646**	**589 456**	**614 683**
2000+3000 Total	**..**	**..**	**..**	**..**	**..**	**..**	**1 379 759**	**1 692 312**	**2 479 141**	**2 552 581**
Costa Rica, millions CRC										
2000 Cotisations de sécurité sociale										
Administration fédérale ou centrale	..	..	3 219	35 099	102 041	197 340	258 663	301 475	358 848	364 628
Administration d'un Etat/Länder	..	..	0	0	0	0	0	0	0	0
Administrations locales	..	..	228	2 214	5 357	9 866	14 042	17 177	23 092	23 212
Administrations de sécurite sociale	..	..	0	0	0	0	0	0	0	0
Total	**..**	**..**	**3 447**	**37 313**	**107 398**	**207 206**	**272 706**	**318 652**	**381 940**	**387 840**
3000 Impôts sur les salaires										
Administration fédérale ou centrale	..	..	91	2 666	5 320	12 405	15 059	17 321	20 795	22 030
Administration d'un Etat/Länder	..	..	0	0	0	0	0	0	0	0
Administrations locales	..	..	0	0	0	0	0	0	0	0
Administrations de sécurite sociale	..	..	0	0	0	0	0	0	0	0
Total	**..**	**..**	**91**	**2 666**	**5 320**	**12 405**	**15 059**	**17 321**	**20 795**	**22 030**
2000+3000 Total	**..**	**..**	**3 538**	**39 979**	**112 718**	**219 611**	**287 765**	**335 973**	**402 736**	**409 870**
République tchèque, millions CZK										
2000 Cotisations de sécurité sociale										
Administration fédérale ou centrale	..	..	..	28 050	44 437	45 439	46 360	37 553	52 185	56 141
Administration d'un Etat/Länder	..	..	..	..	..	..	..	..	..	..
Administrations locales	..	..	..	5 660	8 253	9 394	9 448	41 954	61 791	68 981
Administrations de sécurite sociale	..	..	..	510	791	938	881	975	1 275	1 310
Total	**..**	**..**	**..**	**34 220**	**53 481**	**55 771**	**56 689**	**80 482**	**115 252**	**126 432**
3000 Impôts sur les salaires										
Administration fédérale ou centrale	..	..	..	..	..	..	..	..	..	..
Administration d'un Etat/Länder	..	..	..	..	..	..	..	..	..	..
Administrations locales	..	..	..	..	..	..	..	..	..	..
Administrations de sécurite sociale	..	..	..	..	..	..	..	..	..	..
Total	**..**	**..**	**..**	**0**	**0**	**0**	**0**	**0**	**0**	**0**
2000+3000 Total	**..**	**..**	**..**	**34 220**	**53 481**	**55 771**	**56 689**	**80 482**	**115 252**	**126 432**

	1965	1980	1990	2000	2007	2010	2013	2015	2019	2020
Danemark, millions DKK										
2000 Cotisations de sécurité sociale										
Administration fédérale ou centrale	..	179	..	..	..	..	..	..	..	..
Administration d'un Etat/Länder	..	..	..	..	..	..	..	..	..	..
Administrations locales	..	0	..	..	..	..	..	..	..	..
Administrations de sécurite sociale	..	0	..	..	..	..	..	..	..	..
Total	**..**	**179**	**0**	**0**	**0**	**0**	**0**	**0**	**0**	**0**
3000 Impôts sur les salaires										
Administration fédérale ou centrale	..	..	..	..	..	..	..	..	..	..
Administration d'un Etat/Länder	..	..	..	..	..	..	..	..	..	..
Administrations locales	..	..	..	..	..	..	..	..	..	..
Administrations de sécurite sociale	..	..	..	..	..	..	..	..	..	..
Total	**..**	**0**	**0**	**0**	**0**	**0**	**0**	**0**	**0**	**0**
2000+3000 Total	**..**	**179**	**0**	**0**	**0**	**0**	**0**	**0**	**0**	**0**
Estonie, millions EUR										
2000 Cotisations de sécurité sociale										
Administration fédérale ou centrale	..	..	..	115	230	258	306	359	474	514
Administration d'un Etat/Länder	..	..	..	..	..	..	..	..	..	..
Administrations locales	..	..	..	48	155	173	203	232	335	353
Administrations de sécurite sociale	..	..	..	0	1	3	4	4	8	9
Total	**..**	**..**	**..**	**163**	**386**	**434**	**513**	**596**	**817**	**876**
3000 Impôts sur les salaires										
Administration fédérale ou centrale	..	..	..	..	..	..	..	..	..	..
Administration d'un Etat/Länder	..	..	..	..	..	..	..	..	..	..
Administrations locales	..	..	..	..	..	..	..	..	..	..
Administrations de sécurite sociale	..	..	..	..	..	..	..	..	..	..
Total	**..**	**..**	**..**	**0**	**0**	**0**	**0**	**0**	**0**	**0**
2000+3000 Total	**..**	**..**	**..**	**163**	**386**	**434**	**513**	**596**	**817**	**876**
Finlande, millions EUR										
2000 Cotisations de sécurité sociale										
Administration fédérale ou centrale	..	61	196	908	1 057	1 138	1 227	1 229	1 104	1 141
Administration d'un Etat/Länder	..	..	..	..	..	..	..	..	..	..
Administrations locales	..	170	1 709	2 786	4 061	4 352	4 881	4 868	4 270	4 315
Administrations de sécurite sociale	..	9	34	75	88	89	101	109	112	109
Total	**..**	**239**	**1 939**	**3 769**	**5 206**	**5 579**	**6 209**	**6 206**	**5 486**	**5 565**
3000 Impôts sur les salaires										
Administration fédérale ou centrale	..	1	..	..	..	..	..	..	..	..
Administration d'un Etat/Länder	..	..	..	..	..	..	..	..	..	..
Administrations locales	..	4	..	..	..	..	..	..	..	..
Administrations de sécurite sociale	..	0	..	..	..	..	..	..	..	..
Total	**..**	**5**	**0**	**0**	**0**	**0**	**0**	**0**	**0**	**0**
2000+3000 Total	**..**	**245**	**1 939**	**3 769**	**5 206**	**5 579**	**6 209**	**6 206**	**5 486**	**5 565**
France, millions EUR										
2000 Cotisations de sécurité sociale										
Administration fédérale ou centrale	..	3 816	8 063	10 466	12 426	12 841	12 825	12 999	14 275	14 424
Administration d'un Etat/Länder	..	..	..	..	..	..	..	..	..	..
Administrations locales	..	2 369	5 542	10 372	15 925	18 065	20 050	21 553	22 157	22 505
Administrations de sécurite sociale	..	2 594	6 940	10 827	14 035	15 427	16 614	17 399	17 548	18 178
Total	**..**	**8 779**	**20 545**	**31 665**	**42 386**	**46 333**	**49 439**	**51 951**	**53 980**	**55 107**
3000 Impôts sur les salaires										
Administration fédérale ou centrale	..	836	494	854	1 558	1 611	1 697	1 768	1 968	2 014
Administration d'un Etat/Länder	..	..	..	..	..	..	..	..	..	..
Administrations locales	..	27	107	324	549	698	791	852	962	992
Administrations de sécurite sociale	..	629	2 234	3 413	4 531	5 028	5 374	5 522	5 782	6 047
Total	**..**	**1 492**	**2 835**	**4 591**	**6 638**	**7 337**	**7 862**	**8 142**	**8 712**	**9 053**
2000+3000 Total	**..**	**10 271**	**23 380**	**36 256**	**49 024**	**53 670**	**57 351**	**60 093**	**62 692**	**64 160**

	1965	1980	1990	2000	2007	2010	2013	2015	2019	2020
Allemagne>, millions EUR										
2000 Cotisations de sécurité sociale										
Administration fédérale ou centrale	775	1 324	2 376	1 554	1 377	1 649	1 631	1 766	2 298	2 480
Administration d'un Etat/Länder	293	2 611	4 647	5 664	6 045	6 781	7 231	7 749	9 329	9 925
Administrations locales	325	3 140	5 791	6 920	8 296	9 499	9 967	10 767	13 768	14 464
Administrations de sécurite sociale	1 495	456	767	1 806	2 131	2 446	2 614	2 840	3 333	3 584
Total	**2 887**	**7 531**	**13 581**	**15 945**	**17 849**	**20 374**	**21 443**	**23 123**	**28 728**	**30 453**
3000 Impôts sur les salaires										
Administration fédérale ou centrale	..	..	..	..	..	..	..	..	..	..
Administration d'un Etat/Länder	..	..	..	..	..	..	..	..	..	..
Administrations locales	..	..	..	..	..	..	..	..	..	..
Administrations de sécurite sociale	..	..	..	..	..	..	..	..	..	..
Total	**0**	**0**	**0**	**0**	**0**	**0**	**0**	**0**	**0**	**0**
2000+3000 Total	**2 887**	**7 531**	**13 581**	**15 945**	**17 849**	**20 374**	**21 443**	**23 123**	**28 728**	**30 453**
Grèce, millions EUR										
2000 Cotisations de sécurité sociale										
Administration fédérale ou centrale	..	..	124	510	1 045	1 176	1 151	1 160	2 017	2 318
Administration d'un Etat/Länder	..	..	..	..	..	..	..	..	..	..
Administrations locales	..	..	0	124	286	341	355	339	329	345
Administrations de sécurite sociale	..	..	0	99	268	200	169	74	66	61
Total	**..**	**..**	**124**	**733**	**1 599**	**1 717**	**1 675**	**1 573**	**2 412**	**2 724**
3000 Impôts sur les salaires										
Administration fédérale ou centrale	..	..	..	..	..	..	..	..	..	..
Administration d'un Etat/Länder	..	..	..	..	..	..	..	..	..	..
Administrations locales	..	..	..	..	..	..	..	..	..	..
Administrations de sécurite sociale	..	..	..	..	..	..	..	..	..	..
Total	**..**	**..**	**0**	**0**	**0**	**0**	**0**	**0**	**0**	**0**
2000+3000 Total	**..**	**..**	**124**	**733**	**1 599**	**1 717**	**1 675**	**1 573**	**2 412**	**2 724**
Hongrie, millions HUF										
2000 Cotisations de sécurité sociale										
Administration fédérale ou centrale	..	..	..	148 251	293 684	352 354	449 428	539 106	530 607	511 247
Administration d'un Etat/Länder	..	..	..	..	..	..	..	..	..	..
Administrations locales	..	..	..	173 475	343 306	291 375	124 111	152 189	147 213	136 697
Administrations de sécurite sociale	..	..	..	4 936	8 052	6 763	2 781	2 977	876	709
Total	**..**	**..**	**..**	**326 661**	**645 042**	**650 492**	**576 320**	**694 272**	**678 696**	**648 653**
3000 Impôts sur les salaires										
Administration fédérale ou centrale	..	..	..	13 901	7 287	5 419	12 435	12 876	19 481	20 850
Administration d'un Etat/Länder	..	..	..	..	..	..	..	..	..	..
Administrations locales	..	..	..	25 990	11 928	9 275	4 224	3 357	4 617	4 978
Administrations de sécurite sociale	..	..	..	406	162	194	101	110	37	45
Total	**..**	**..**	**..**	**40 297**	**19 377**	**14 888**	**16 760**	**16 342**	**24 135**	**25 873**
2000+3000 Total	**..**	**..**	**..**	**366 958**	**664 420**	**665 380**	**593 080**	**710 614**	**702 831**	**674 526**
Islande, millions ISK										
2000 Cotisations de sécurité sociale										
Administration fédérale ou centrale	..	..	..	..	..	..	..	..	..	..
Administration d'un Etat/Länder	..	..	..	..	..	..	..	..	..	..
Administrations locales	..	..	..	..	..	..	..	..	..	..
Administrations de sécurite sociale	..	..	..	..	..	..	..	..	..	..
Total	**..**	**..**	**..**	**..**	**..**	**..**	**..**	**..**	**..**	**..**
3000 Impôts sur les salaires										
Administration fédérale ou centrale	..	..	..	..	..	..	..	..	..	..
Administration d'un Etat/Länder	..	..	..	..	..	..	..	..	..	..
Administrations locales	..	..	..	..	..	..	..	..	..	..
Administrations de sécurite sociale	..	..	..	..	..	..	..	..	..	..
Total	**..**	**..**	**..**	**..**	**..**	**..**	**..**	**..**	**..**	**..**
2000+3000 Total	**..**	**..**	**..**	**..**	**..**	**..**	**..**	**..**	**..**	**..**

	1965	1980	1990	2000	2007	2010	2013	2015	2019	2020
Irlande, millions EUR										
2000 Cotisations de sécurité sociale										
Administration fédérale ou centrale	..	21	65	166	460	395	426	497	680	629
Administration d'un Etat/Länder	..	..	..	..	..	..	..	..	..	..
Administrations locales	..	25	83	277	862	740	799	932	1 275	1 180
Administrations de sécurite sociale	..	0	1	4	6	6	6	6	6	6
Total	**..**	**46**	**149**	**447**	**1 328**	**1 140**	**1 231**	**1 435**	**1 961**	**1 816**
3000 Impôts sur les salaires										
Administration fédérale ou centrale	..	..	..	..	..	..	..	..	..	..
Administration d'un Etat/Länder	..	..	..	..	..	..	..	..	..	..
Administrations locales	..	..	..	..	..	..	..	..	..	..
Administrations de sécurite sociale	..	..	..	..	..	..	..	..	..	..
Total	**..**	**0**	**0**	**0**	**0**	**0**	**0**	**0**	**0**	**0**
2000+3000 Total	**..**	**46**	**149**	**447**	**1 328**	**1 140**	**1 231**	**1 435**	**1 961**	**1 816**
Israël, millions ILS										
2000 Cotisations de sécurité sociale										
Administration fédérale ou centrale	..	..	..	840	1 030	1 180	1 550	1 780	2 380	2 320
Administration d'un Etat/Länder	..	..	..	..	..	..	..	..	..	..
Administrations locales	..	..	..	280	340	390	510	590	790	770
Administrations de sécurite sociale	..	..	..	5	12	15	0	0	0	0
Total	**..**	**..**	**..**	**1 120**	**1 370**	**1 570**	**2 060**	**2 370**	**3 170**	**3 090**
3000 Impôts sur les salaires										
Administration fédérale ou centrale	..	..	..	2 330	3 600	4 180	5 220	5 650	6 850	6 960
Administration d'un Etat/Länder	..	..	..	..	..	..	..	..	..	..
Administrations locales	..	..	..	660	880	960	1 190	1 290	1 570	1 590
Administrations de sécurite sociale	..	..	..	5	12	15	0	0	0	0
Total	**..**	**..**	**..**	**2 990**	**4 480**	**5 140**	**6 410**	**6 940**	**8 420**	**8 550**
2000+3000 Total	**..**	**..**	**..**	**4 110**	**5 850**	**6 710**	**8 470**	**9 310**	**11 590**	**11 640**
Italie, millions EUR										
2000 Cotisations de sécurité sociale										
Administration fédérale ou centrale	..	..	..	0	0	0	0	0	0	0
Administration d'un Etat/Länder	..	..	..	..	..	..	..	..	..	..
Administrations locales	..	..	..	0	0	0	0	0	0	0
Administrations de sécurite sociale	..	..	..	36 679	47 394	50 627	49 827	49 251	52 345	52 493
Total	**..**	**..**	**..**	**36 679**	**47 394**	**50 627**	**49 827**	**49 251**	**52 345**	**52 493**
3000 Impôts sur les salaires										
Administration fédérale ou centrale	..	..	..	..	..	..	..	..	..	..
Administration d'un Etat/Länder	..	..	..	..	..	..	..	..	..	..
Administrations locales	..	..	..	..	..	..	..	..	..	..
Administrations de sécurite sociale	..	..	..	..	..	..	..	..	..	..
Total	**..**	**..**	**..**	**0**	**0**	**0**	**0**	**0**	**0**	**0**
2000+3000 Total	**..**	**..**	**..**	**36 679**	**47 394**	**50 627**	**49 827**	**49 251**	**52 345**	**52 493**
Japon, billions JPY										
2000 Cotisations de sécurité sociale										
Administration fédérale ou centrale	..	..	507	732	766	758	810	881	932	928
Administration d'un Etat/Länder	..	..	..	..	..	..	..	..	0	0
Administrations locales	..	..	1 510	2 168	2 216	2 223	2 392	2 524	2 615	2 608
Administrations de sécurite sociale	..	..	0	0	0	0	0	0	0	0
Total	**..**	**..**	**2 017**	**2 900**	**2 982**	**2 981**	**3 202**	**3 405**	**3 547**	**3 536**
3000 Impôts sur les salaires										
Administration fédérale ou centrale	..	..	..	..	..	..	..	..	..	..
Administration d'un Etat/Länder	..	..	..	..	..	..	..	..	..	..
Administrations locales	..	..	..	..	..	..	..	..	..	..
Administrations de sécurite sociale	..	..	..	..	..	..	..	..	..	..
Total	**..**	**..**	**0**	**0**	**0**	**0**	**0**	**0**	**0**	**0**
2000+3000 Total	**..**	**..**	**2 017**	**2 900**	**2 982**	**2 981**	**3 202**	**3 405**	**3 547**	**3 536**

	1965	1980	1990	2000	2007	2010	2013	2015	2019	2020
Corée, billions KRW										
2000 Cotisations de sécurité sociale										
Administration fédérale ou centrale	..	..	..	..	..	..	..	..	..	..
Administration d'un Etat/Länder	..	..	..	..	..	..	..	..	..	..
Administrations locales	..	..	..	..	..	..	..	..	..	..
Administrations de sécurite sociale	..	..	..	..	..	..	..	..	..	..
Total	**..**	**..**	**..**	**..**	**..**	**..**	**..**	**..**	**..**	**..**
3000 Impôts sur les salaires										
Administration fédérale ou centrale	..	..	..	..	..	..	..	..	..	..
Administration d'un Etat/Länder	..	..	..	..	..	..	..	..	..	..
Administrations locales	..	..	..	..	..	..	..	..	..	..
Administrations de sécurite sociale	..	..	..	..	..	..	..	..	..	..
Total	**..**	**..**	**..**	**..**	**..**	**..**	**..**	**..**	**..**	**..**
2000+3000 Total	**..**	**..**	**..**	**..**	**..**	**..**	**..**	**..**	**..**	**..**
Lettonie, millions EUR										
2000 Cotisations de sécurité sociale										
Administration fédérale ou centrale	..	..	..	..	..	..	..	..	..	..
Administration d'un Etat/Länder	..	..	..	..	..	..	..	..	..	..
Administrations locales	..	..	..	..	..	..	..	..	..	..
Administrations de sécurite sociale	..	..	..	..	..	..	..	..	..	..
Total	**..**	**..**	**..**	**40**	**156**	**174**	**228**	**262**	**358**	**330**
3000 Impôts sur les salaires										
Administration fédérale ou centrale	..	..	..	..	..	..	..	..	..	..
Administration d'un Etat/Länder	..	..	..	..	..	..	..	..	..	..
Administrations locales	..	..	..	..	..	..	..	..	..	..
Administrations de sécurite sociale	..	..	..	..	..	..	..	..	..	..
Total	**..**	**..**	**..**	**0**	**0**	**0**	**0**	**0**	**0**	**0**
2000+3000 Total	**..**	**..**	**..**	**40**	**156**	**174**	**228**	**262**	**358**	**330**
Lituanie, millions EUR										
2000 Cotisations de sécurité sociale										
Administration fédérale ou centrale	..	..	..	179	327	335	395	426	50	50
Administration d'un Etat/Länder	..	..	..	..	..	..	..	..	..	..
Administrations locales	..	..	..	174	294	351	348	375	40	46
Administrations de sécurite sociale	..	..	..	5	14	16	15	16	1	1
Total	**..**	**..**	**..**	**358**	**635**	**701**	**758**	**818**	**91**	**98**
3000 Impôts sur les salaires										
Administration fédérale ou centrale	..	..	..	..	..	..	..	..	..	..
Administration d'un Etat/Länder	..	..	..	..	..	..	..	..	..	..
Administrations locales	..	..	..	..	..	..	..	..	..	..
Administrations de sécurite sociale	..	..	..	..	..	..	..	..	..	..
Total	**..**	**..**	**..**	**0**	**0**	**0**	**0**	**0**	**0**	**0**
2000+3000 Total	**..**	**..**	**..**	**358**	**635**	**701**	**758**	**818**	**91**	**98**
Luxembourg, millions EUR										
2000 Cotisations de sécurité sociale										
Administration fédérale ou centrale	..	..	257	273	413	488	587	648	789	828
Administration d'un Etat/Länder	..	..	..	..	..	..	..	..	..	..
Administrations locales	..	..	2	4	4	4	4	4	4	4
Administrations de sécurite sociale	..	..	7	11	12	13	14	17	22	23
Total	**..**	**..**	**267**	**288**	**429**	**505**	**605**	**669**	**814**	**855**
3000 Impôts sur les salaires										
Administration fédérale ou centrale	..	..	..	..	..	..	..	..	..	..
Administration d'un Etat/Länder	..	..	..	..	..	..	..	..	..	..
Administrations locales	..	..	..	..	..	..	..	..	..	..
Administrations de sécurite sociale	..	..	..	..	..	..	..	..	..	..
Total	**..**	**..**	**0**	**0**	**0**	**0**	**0**	**0**	**0**	**0**
2000+3000 Total	**..**	**..**	**267**	**288**	**429**	**505**	**605**	**669**	**814**	**855**

	1965	1980	1990	2000	2007	2010	2013	2015	2019	2020
Mexique, millions MXN										
2000 Cotisations de sécurité sociale										
Administration fédérale ou centrale	..	25	2 952	44 879	94 251	103 440	126 518	145 329	183 462	196 039
Administration d'un Etat/Länder	..	0	0	0	0	0	0	0	0	0
Administrations locales	..	0	0	0	0	0	0	0	0	0
Administrations de sécurite sociale	..	0	0	0	0	0	0	0	0	0
Total	**..**	**25**	**2 952**	**44 879**	**94 251**	**103 440**	**126 518**	**145 329**	**183 462**	**196 039**
3000 Impôts sur les salaires										
Administration fédérale ou centrale	..	..	..	..	..	..	..	..	..	..
Administration d'un Etat/Länder	..	..	..	..	..	..	..	..	..	..
Administrations locales	..	..	..	..	..	..	..	..	..	..
Administrations de sécurite sociale	..	..	..	..	..	..	..	..	..	..
Total	**..**	**0**	**0**	**0**	**0**	**0**	**0**	**0**	**0**	**0**
2000+3000 Total	**..**	**25**	**2 952**	**44 879**	**94 251**	**103 440**	**126 518**	**145 329**	**183 462**	**196 039**
Pays-Bas, millions EUR										
2000 Cotisations de sécurité sociale										
Administration fédérale ou centrale	63	1 366	286	..	..	..	..	..	..	..
Administration d'un Etat/Länder	..	..	..	..	..	..	..	..	..	..
Administrations locales	0	0	0	..	..	..	..	..	..	..
Administrations de sécurite sociale	7	91	59	..	..	..	..	..	..	..
Total	**70**	**1 457**	**345**	**2 006**	**4 310**	**..**	**..**	**..**	**..**	**..**
3000 Impôts sur les salaires										
Administration fédérale ou centrale	..	..	..	..	..	..	..	..	..	..
Administration d'un Etat/Länder	..	..	..	..	..	..	..	..	..	..
Administrations locales	..	..	..	..	..	..	..	..	..	..
Administrations de sécurite sociale	..	..	..	..	..	..	..	..	..	..
Total	**0**	**0**	**0**	**0**	**0**	**0**	**0**	**0**	**0**	**0**
2000+3000 Total	**70**	**1 457**	**345**	**2 006**	**4 310**	**0**	**0**	**0**	**0**	**0**
Nouvelle-Zelande, millions NZD										
2000 Cotisations de sécurité sociale										
Administration fédérale ou centrale	..	..	..	..	..	..	..	..	..	..
Administration d'un Etat/Länder	..	..	..	..	..	..	..	..	..	..
Administrations locales	..	..	..	..	..	..	..	..	..	..
Administrations de sécurite sociale	..	..	..	..	..	..	..	..	..	..
Total	**0**	**0**	**0**	**0**	**0**	**0**	**0**	**0**	**0**	**0**
3000 Impôts sur les salaires										
Administration fédérale ou centrale	..	..	..	..	..	..	..	..	..	..
Administration d'un Etat/Länder	..	..	..	..	..	..	..	..	..	..
Administrations locales	..	..	..	..	..	..	..	..	..	..
Administrations de sécurite sociale	..	..	..	..	..	..	..	..	..	..
Total	**0**	**0**	**0**	**0**	**0**	**0**	**0**	**0**	**0**	**0**
2000+3000 Total	**0**	**0**	**0**	**0**	**0**	**0**	**0**	**0**	**0**	**0**
Norvège, millions NOK										
2000 Cotisations de sécurité sociale										
Administration fédérale ou centrale	..	1 242	2 859	11 895	28 233	33 746	40 145	46 487	52 458	53 465
Administration d'un Etat/Länder	..	..	..	..	..	..	..	..	..	..
Administrations locales	..	4 538	11 964	24 831	32 110	41 024	53 123	59 556	71 600	68 072
Administrations de sécurite sociale	..	1 222	3 064	0	0	0	0	0	0	0
Total	**..**	**7 002**	**17 887**	**36 726**	**60 343**	**74 770**	**93 268**	**106 043**	**124 058**	**121 537**
3000 Impôts sur les salaires										
Administration fédérale ou centrale	..	..	..	..	..	..	..	..	..	..
Administration d'un Etat/Länder	..	..	..	..	..	..	..	..	..	..
Administrations locales	..	..	..	..	..	..	..	..	..	..
Administrations de sécurite sociale	..	..	..	..	..	..	..	..	..	..
Total	**..**	**0**	**0**	**0**	**0**	**0**	**0**	**0**	**0**	**0**
2000+3000 Total	**..**	**7 002**	**17 887**	**36 726**	**60 343**	**74 770**	**93 268**	**106 043**	**124 058**	**121 537**

	1965	1980	1990	2000	2007	2010	2013	2015	2019	2020
Pologne, millions PLN										
2000 Cotisations de sécurité sociale										
Administration fédérale ou centrale	..	..	..	4 566	6 023	6 643	8 145	9 840	12 801	13 908
Administration d'un Etat/Länder	..	..	..	..	..	..	..	..	..	..
Administrations locales	..	..	..	6 756	9 856	11 411	13 702	14 796	18 859	20 175
Administrations de sécurite sociale	..	..	..	279	426	499	536	518	682	736
Total	**..**	**..**	**..**	**11 601**	**16 305**	**18 553**	**22 383**	**25 154**	**32 342**	**34 819**
3000 Impôts sur les salaires										
Administration fédérale ou centrale	..	..	..	..	..	..	..	..	..	..
Administration d'un Etat/Länder	..	..	..	..	..	..	..	..	..	..
Administrations locales	..	..	..	..	..	..	..	..	..	..
Administrations de sécurite sociale	..	..	..	..	..	..	..	..	..	..
Total	**..**	**..**	**..**	**0**	**0**	**0**	**0**	**0**	**0**	**0**
2000+3000 Total	**..**	**..**	**..**	**11 601**	**16 305**	**18 553**	**22 383**	**25 154**	**32 342**	**34 819**
Portugal, millions EUR										
2000 Cotisations de sécurité sociale										
Administration fédérale ou centrale	..	0	0	0	..	..	..	..	..	..
Administration d'un Etat/Länder	..	..	..	..	..	..	..	..	..	..
Administrations locales	..	0	33	197	..	..	..	..	..	..
Administrations de sécurite sociale	..	4	0	0	..	..	..	..	..	..
Total	**..**	**4**	**33**	**197**	**0**	**0**	**0**	**0**	**0**	**0**
3000 Impôts sur les salaires										
Administration fédérale ou centrale	..	..	..	..	..	..	..	..	..	..
Administration d'un Etat/Länder	..	..	..	..	..	..	..	..	..	..
Administrations locales	..	..	..	..	..	..	..	..	..	..
Administrations de sécurite sociale	..	..	..	..	..	..	..	..	..	..
Total	**..**	**0**	**0**	**0**	**0**	**0**	**0**	**0**	**0**	**0**
2000+3000 Total	**..**	**4**	**33**	**197**	**0**	**0**	**0**	**0**	**0**	**0**
République slovaque, millions EUR										
2000 Cotisations de sécurité sociale										
Administration fédérale ou centrale	..	..	..	489	602	797	944	1 069	1 340	1 421
Administration d'un Etat/Länder	..	..	..	..	..	..	..	..	..	..
Administrations locales	..	..	..	130	427	515	587	658	921	1 002
Administrations de sécurite sociale	..	..	..	22	26	43	33	36	49	49
Total	**..**	**..**	**..**	**642**	**1 056**	**1 354**	**1 564**	**1 763**	**2 310**	**2 472**
3000 Impôts sur les salaires										
Administration fédérale ou centrale	..	..	..	..	..	..	..	..	..	..
Administration d'un Etat/Länder	..	..	..	..	..	..	..	..	..	..
Administrations locales	..	..	..	..	..	..	..	..	..	..
Administrations de sécurite sociale	..	..	..	..	..	..	..	..	..	..
Total	**..**	**..**	**..**	**0**	**0**	**0**	**0**	**0**	**0**	**0**
2000+3000 Total	**..**	**..**	**..**	**642**	**1 056**	**1 354**	**1 564**	**1 763**	**2 310**	**2 472**
Slovénie, millions EUR										
2000 Cotisations de sécurité sociale										
Administration fédérale ou centrale	..	..	..	178	339	409	387	375	488	539
Administration d'un Etat/Länder	..	..	..	..	..	..	..	..	..	..
Administrations locales	..	..	..	94	175	195	187	189	243	268
Administrations de sécurite sociale	..	..	..	3	7	8	7	6	8	8
Total	**..**	**..**	**..**	**275**	**521**	**612**	**582**	**571**	**739**	**815**
3000 Impôts sur les salaires										
Administration fédérale ou centrale	..	..	..	56	77	6	7	7	8	9
Administration d'un Etat/Länder	..	..	..	..	..	..	..	..	..	..
Administrations locales	..	..	..	29	36	3	4	4	4	4
Administrations de sécurite sociale	..	..	..	1	2	0	0	0	0	0
Total	**..**	**..**	**..**	**86**	**114**	**9**	**11**	**11**	**12**	**14**
2000+3000 Total	**..**	**..**	**..**	**361**	**636**	**621**	**593**	**582**	**751**	**829**

	1965	1980	1990	2000	2007	2010	2013	2015	2019	2020
Espagne, millions EUR										
2000 Cotisations de sécurité sociale										
Administration fédérale ou centrale	..	387	989	1 408	1 966	2 201	2 014	2 234	2 700	2 822
Administration d'un Etat/Länder	..	2	0	4 411	9 426	10 996	10 212	11 245	14 013	15 107
Administrations locales	..	252	1 819	2 524	4 098	4 781	4 617	4 797	5 625	5 551
Administrations de sécurite sociale	..	396	1 202	1 284	484	527	498	496	517	534
Total	**..**	**1 037**	**4 010**	**9 627**	**15 974**	**18 505**	**17 341**	**18 772**	**22 855**	**24 014**
3000 Impôts sur les salaires										
Administration fédérale ou centrale	..	..	..	..	..	..	..	..	..	..
Administration d'un Etat/Länder	..	..	..	..	..	..	..	..	..	..
Administrations locales	..	..	..	..	..	..	..	..	..	..
Administrations de sécurite sociale	..	..	..	..	..	..	..	..	..	..
Total	**..**	**0**	**0**	**0**	**0**	**0**	**0**	**0**	**0**	**0**
2000+3000 Total	**..**	**1 037**	**4 010**	**9 627**	**15 974**	**18 505**	**17 341**	**18 772**	**22 855**	**24 014**
Suède, millions SEK										
2000 Cotisations de sécurité sociale										
Administration fédérale ou centrale	..	7 543	12 430	21 153	25 164	24 729	24 595	25 707	28 554	29 222
Administration d'un Etat/Länder	..	..	..	..	..	..	..	..	..	..
Administrations locales	..	18 149	49 298	66 215	83 877	82 141	78 774	85 373	98 072	96 956
Administrations de sécurite sociale	..	0	0	0	0	0	0	0	0	0
Total	**..**	**25 692**	**61 728**	**87 367**	**109 040**	**106 870**	**103 370**	**111 079**	**126 625**	**126 178**
3000 Impôts sur les salaires										
Administration fédérale ou centrale	..	..	1 527	3 453	5 394	6 912	11 242	12 326	16 584	19 420
Administration d'un Etat/Länder	..	..	..	..	..	..	..	..	..	..
Administrations locales	..	..	6 060	10 808	17 980	22 958	36 005	40 935	56 961	51 480
Administrations de sécurite sociale	..	..	0	0	0	0	0	0	0	0
Total	**..**	**0**	**7 587**	**14 261**	**23 374**	**29 870**	**47 247**	**53 261**	**73 545**	**70 900**
2000+3000 Total	**..**	**25 692**	**69 315**	**101 628**	**132 414**	**136 740**	**150 616**	**164 340**	**200 170**	**197 078**
Suisse, millions CHF										
2000 Cotisations de sécurité sociale										
Administration fédérale ou centrale	13	91	224	293	381	448	494	530	584	606
Administration d'un Etat/Länder	34	380	770	971	1 269	1 520	1 695	1 766	1 943	2 013
Administrations locales	22	270	460	595	745	823	867	911	964	1 020
Administrations de sécurite sociale	2	21	4	14	18	23	25	26	28	28
Total	**71**	**762**	**1 458**	**1 873**	**2 413**	**2 813**	**3 080**	**3 234**	**3 519**	**3 667**
3000 Impôts sur les salaires										
Administration fédérale ou centrale	..	..	..	..	..	..	..	..	..	..
Administration d'un Etat/Länder	..	..	..	..	..	..	..	..	..	..
Administrations locales	..	..	..	..	..	..	..	..	..	..
Administrations de sécurite sociale	..	..	..	..	..	..	..	..	..	..
Total	**0**	**0**	**0**	**0**	**0**	**0**	**0**	**0**	**0**	**0**
2000+3000 Total	**71**	**762**	**1 458**	**1 873**	**2 413**	**2 813**	**3 080**	**3 234**	**3 519**	**3 667**
Türkiye, millions TRY										
2000 Cotisations de sécurité sociale										
Administration fédérale ou centrale	..	..	9	3 619	20 442	39 363	71 184	95 067	178 345	204 045
Administration d'un Etat/Länder	..	..	..	..	..	..	..	..	..	..
Administrations locales	..	..	0	0	0	0	0	0	0	0
Administrations de sécurite sociale	..	..	0	0	0	0	0	0	0	0
Total	**..**	**..**	**9**	**3 619**	**20 442**	**39 363**	**71 184**	**95 067**	**178 345**	**204 045**
3000 Impôts sur les salaires										
Administration fédérale ou centrale	..	..	..	..	..	..	..	..	..	..
Administration d'un Etat/Länder	..	..	..	..	..	..	..	..	..	..
Administrations locales	..	..	..	..	..	..	..	..	..	..
Administrations de sécurite sociale	..	..	..	..	..	..	..	..	..	..
Total	**..**	**..**	**0**	**0**	**0**	**0**	**0**	**0**	**0**	**0**
2000+3000 Total	**..**	**..**	**9**	**3 619**	**20 442**	**39 363**	**71 184**	**95 067**	**178 345**	**204 045**
Royaume-Uni, millions GBP										
2000 Cotisations de sécurité sociale										
Administration fédérale ou centrale	87	920	2 134	3 146	5 874	6 495	7 090	7 829	10 336	11 116
Administration d'un Etat/Länder	..	..	..	..	..	..	..	..	..	..
Administrations locales	83	926	1 957	2 924	4 867	5 358	4 672	4 550	4 900	5 024
Administrations de sécurite sociale	0	0	0	0	0	0	0	0	0	0
Total	**170**	**1 846**	**4 091**	**6 070**	**10 741**	**11 853**	**11 762**	**12 379**	**15 236**	**16 140**
3000 Impôts sur les salaires										
Administration fédérale ou centrale	..	360	..	..	..	..	..	..	..	..
Administration d'un Etat/Länder	..	..	..	..	..	..	..	..	..	..
Administrations locales	..	410	..	..	..	..	..	..	..	..
Administrations de sécurite sociale	..	0	..	..	..	..	..	..	..	..

	1965	1980	1990	2000	2007	2010	2013	2015	2019	2020
Total	**0**	**770**	**0**	**0**	**0**	**0**	**0**	**0**	**0**	**0**
2000+3000 Total	**170**	**2 616**	**4 091**	**6 070**	**10 741**	**11 853**	**11 762**	**12 379**	**15 236**	**16 140**
État-Unis, millions USD										
2000 Cotisations de sécurité sociale										
Administration fédérale ou centrale	301	2 053	9 059	11 323	19 628	25 434	25 938	26 803	28 485	29 202
Administration d'un Etat/Länder	699	7 585	19 802	32 814	44 061	45 936	46 832	49 105	56 812	59 775
Administrations locales	0	0	0	0	0	0	0	0	0	0
Administrations de sécurite sociale	0	0	0	0	0	0	0	0	0	0
Total	**1 000**	**9 638**	**28 861**	**44 137**	**63 689**	**71 370**	**72 770**	**75 908**	**85 297**	**88 977**
3000 Impôts sur les salaires										
Administration fédérale ou centrale	..	..	..	..	..	..	..	..	..	..
Administration d'un Etat/Länder	..	..	..	..	..	..	..	..	..	..
Administrations locales	..	..	..	..	..	..	..	..	..	..
Administrations de sécurite sociale	..	..	..	..	..	..	..	..	..	..
Total	**0**	**0**	**0**	**0**	**0**	**0**	**0**	**0**	**0**	**0**
2000+3000 Total	**1 000**	**9 638**	**28 861**	**44 137**	**63 689**	**71 370**	**72 770**	**75 908**	**85 297**	**88 977**

.. Non disponible

1. Le secteur multi-juridictionnel contient des unités où la juridiction est partagée entre deux administrations publiques au moins, ou contient des unités dont le classement dans une juridiction n'est pas clair. Les universités publiques sont le principal type d'unités appartenant actuellement à cette catégorie.

2. Il y a une rupture dans les séries en 1990. À partir de cette année, les données se fondent sur le SEC 2010.

StatLink https://stat.link/prwv0c

6 Recettes fiscales par sous-secteur d'administration

Le Chapitre 6 fournit des aperçus sur les recettes fiscales par sous-secteur d'administration pour chaque pays membre de l'OCDE.

6.1 Tableaux par pays 1975, 1985, 1995, 2005 et 2020

Ce chapitre présente pour chaque pays des informations détaillées sur les recettes fiscales par niveau d'administration. Les données ont été réparties entre les sous-secteurs d'administration identifiés dans la section A.12 du Guide d'interprétation (voir Annexe A) et les critères d'attribution utilisés sont ceux indiqués dans cette annexe.

Tableau 6.1. Australie, recettes fiscales par sous-secteurs d'administration

Million AUD

	Administration fédérale					Administration d'État/Régions				
	1975	1995	2005	2015	2020	1975	1995	2005	2015	2020
1000 Impôts sur revenu, bénéfices et gains en capital	**11 831**	**82 615**	**175 695**	**261 345**	**348 274**	**0**	**0**	**0**	**0**	**0**
1100 Des personnes physiques	9 213	60 602	118 239	191 720	236 926	..	..	..	..	..
1200 Des sociétés	2 618	22 013	57 456	69 625	111 348	..	..	..	..	..
1300 Non-ventilables entre 1100 et 1200	0	0	0	0	0	0	..	..	..	..
2000 Cotisations de sécurité sociale	**0**	**0**	**0**	**0**	**0**	**0**	**0**	**0**	**0**	**0**
2100 A la charge des salariés	0	0	0	0	0	0	0	0	0	0
2200 A la charge des employeurs	0	0	0	0	0	0	0	0	0	0
2300 A charge des travailleurs indép. ou sans emploi	0	0	0	0	0	0	0	0	0	0
2400 Non-ventilables entre 2100, 2200 et 2300	0	0	0	0	0	0	0	0	0	0
3000 Sur salaires ou main d'oeuvre	**54**	**3 065**	**369**	**670**	**1 683**	**1 171**	**7 120**	**13 095**	**22 684**	**24 700**
4000 Impôts sur le patrimoine	**103**	**8**	**14**	**15**	**15**	**883**	**7 988**	**16 940**	**32 533**	**39 405**
4100 Impôts périodiques sur la propriété immobilière	12	0	0	0	0	217	1 840	4 559	10 029	14 382
4200 Impôts périodiques sur l'actif net	0	0	0	0	0	0	0	0	0	0
4300 Impôts sur mut. par décès, succ. et donations	87	0	0	0	0	227	0	0	0	0
4400 Impôts sur transact. mobilières et immob.	4	8	14	15	15	439	6 148	12 381	22 504	25 023
4500 Impôts non-périodiques	0	0	0	0	0	0	0	0	0	0
4600 Autres impôts périodiques sur patrimoine	0	0	0	0	0	0	0	0	0	0
5000 Impôts sur les biens et services	**4 932**	**30 004**	**68 710**	**103 455**	**127 682**	**1 262**	**13 295**	**14 479**	**23 407**	**23 882**
5100 Impôts sur production, vente, transfert, etc.	4 919	29 613	67 172	97 166	120 672	532	4 923	8 188	11 884	11 428
5110 Impôts généraux	1 408	12 970	39 436	60 680	75 298	0	0	0	0	0
5120 Impôts sur biens et services déterminés	3 511	16 643	27 736	36 486	45 374	532	4 923	8 188	11 884	11 428
5130 Non-ventilables entre 5110 et 5120	0	0	0	0	0	0	0	0	0	0
5200 Impôts sur utilisation des biens et exerc. activites	13	391	1 538	6 289	7 010	730	8 372	6 291	11 523	11 454
5300 Non-ventilables entre 5100 et 5200	0	0	0	0	0	0	0	0	0	0
6000 Autres impôts	**0**	**0**	**0**	**0**	**0**	**0**	**0**	**0**	**0**	**0**
6100 A la charge exclusive des entreprises	..	..	..	..	..	..	..	..	..	..
6200 A la charge d'autres agents	..	..	..	..	..	..	..	..	..	..
Recettes fiscales totales	**16 920**	**115 692**	**244 788**	**365 485**	**477 654**	**3 316**	**28 403**	**44 514**	**78 624**	**92 987**

	Administrations locales					Administrations de sécurite sociale				
	1975	1995	2005	2015	2020	1975	1995	2005	2015	2020
1000 Impôts sur revenu, bénéfices et gains en capital	**0**	**0**	**0**	**0**	**0**	**0**	**0**	**0**	**0**	**0**
1100 Des personnes physiques	..	..	..	..	..	..	..	..	..	..
1200 Des sociétés	..	..	..	..	..	..	..	..	..	..
1300 Non-ventilables entre 1100 et 1200	0	..	..	..	..	0	..	..	..	..
2000 Cotisations de sécurité sociale	**0**	**0**	**0**	**0**	**0**	**0**	**0**	**0**	**0**	**0**
2100 A la charge des salariés	0	0	0	0	0	0	0	0	0	0
2200 A la charge des employeurs	0	0	0	0	0	0	0	0	0	0
2300 A charge des travailleurs indép. ou sans emploi	0	0	0	0	0	0	0	0	0	0
2400 Non-ventilables entre 2100, 2200 et 2300	0	0	0	0	0	0	0	0	0	0
3000 Sur salaires ou main d'oeuvre	**0**	**0**	**0**	**0**	**0**	**0**	**0**	**0**	**0**	**0**
4000 Impôts sur le patrimoine	**883**	**5 134**	**8 726**	**16 620**	**20 089**	**0**	**0**	**0**	**0**	**0**
4100 Impôts périodiques sur la propriété immobilière	883	5 134	8 726	16 620	20 089	..	..	..	..	..
4200 Impôts périodiques sur l'actif net	0	0	0	0	0	..	..	..	..	..
4300 Impôts sur mut. par décès, succ. et donations	0	0	0	0	0	..	..	..	..	..
4400 Impôts sur transact. mobilières et immob.	0	0	0	0	0	..	..	..	..	..
4500 Impôts non-périodiques	0	0	0	0	0	..	..	..	..	..
4600 Autres impôts périodiques sur patrimoine	0	0	0	0	0	..	..	..	..	..
5000 Impôts sur les biens et services	**0**	**0**	**0**	**0**	**0**	**0**	**0**	**0**	**0**	**0**
5100 Impôts sur production, vente, transfert, etc.	0	0	0	0	0	0	0	0	0	0
5110 Impôts généraux	0	0	0	0	0	0	0	0	0	0
5120 Impôts sur biens et services déterminés	0	0	0	0	0	0	0	0	0	0
5130 Non-ventilables entre 5110 et 5120	0	0	0	0	0	0	0	0	0	0
5200 Impôts sur utilisation des biens et exerc. activites	0	0	0	0	0	0	0	0	0	0
5300 Non-ventilables entre 5100 et 5200	0	0	0	0	0	0	0	0	0	0
6000 Autres impôts	**0**	**0**	**0**	**0**	**0**	**0**	**0**	**0**	**0**	**0**
6100 A la charge exclusive des entreprises	..	..	..	..	..	..	..	..	..	..
6200 A la charge d'autres agents	..	..	..	..	..	..	..	..	..	..
Recettes fiscales totales	**883**	**5 134**	**8 726**	**16 620**	**20 089**	**0**	**0**	**0**	**0**	**0**

.. Non disponible

StatLink https://stat.link/6chyde

Tableau 6.2. Autriche, recettes fiscales par sous-secteurs d'administration

Million EUR

	Administration fédérale					Administration d'État/Régions				
	1975	1995	2005	2015	2020	1975	1995	2005	2015	2020
1000 Impôts sur revenu, bénéfices et gains en capital	**3 064**	**18 452**	**28 781**	**43 714**	**43 344**	**865**	**547**	**742**	**1 081**	**1 253**
1100 Des personnes physiques	2 381	14 649	22 126	34 901	34 467	834	459	637	941	1 129
1200 Des sociétés	655	2 267	5 341	7 519	8 058	31	88	104	141	125
1300 Non-ventilables entre 1100 et 1200	27	1 536	1 313	1 295	819	0	0	0	0	0
2000 Cotisations de sécurité sociale	**352**	**4 243**	**5 720**	**7 547**	**8 368**	**34**	**311**	**409**	**496**	**448**
2100 A la charge des salariés	225	2 379	2 978	3 911	4 314	34	310	395	465	415
2200 A la charge des employeurs	127	1 830	2 498	3 350	3 776	0	0	0	0	0
2300 A charge des travailleurs indép. ou sans emploi	0	34	243	286	278	0	1	14	31	33
2400 Non-ventilables entre 2100, 2200 et 2300	0	0	0	0	0	0	0	0	0	0
3000 Sur salaires ou main d'oeuvre	**1 217**	**3 394**	**4 384**	**6 861**	**5 683**	**0**	**132**	**156**	**203**	**1 077**
4000 Impôts sur le patrimoine	**282**	**655**	**801**	**1 247**	**1 378**	**35**	**31**	**36**	**44**	**49**
4100 Impôts périodiques sur la propriété immobilière	18	32	32	43	44	15	31	36	44	49
4200 Impôts périodiques sur l'actif net	226	58	0	0	0	10	0	0	0	0
4300 Impôts sur mut. par décès, succ. et donations	24	82	140	12	0	10	0	0	0	0
4400 Impôts sur transact. mobilières et immob.	14	483	629	1 116	1 320	0	0	0	0	0
4500 Impôts non-périodiques	0	0	0	76	14	0	0	0	0	0
4600 Autres impôts périodiques sur patrimoine	0	0	0	0	0	0	0	0	0	0
5000 Impôts sur les biens et services	**4 554**	**19 894**	**29 646**	**39 720**	**42 196**	**1 013**	**222**	**234**	**362**	**424**
5100 Impôts sur production, vente, transfert, etc.	4 549	18 639	27 613	36 693	38 561	926	158	139	216	265
5110 Impôts généraux	2 545	13 436	19 421	26 282	28 437	662	0	0	0	0
5120 Impôts sur biens et services déterminés	1 991	5 159	8 148	10 408	10 122	264	158	139	216	265
5130 Non-ventilables entre 5110 et 5120	14	44	45	4	2	0	0	0	0	0
5200 Impôts sur utilisation des biens et exerc. activites	5	1 255	2 033	3 027	3 635	87	64	95	146	159
5300 Non-ventilables entre 5100 et 5200	0	0	0	0	0	0	0	0	0	0
6000 Autres impôts	**52**	**486**	**699**	**517**	**526**	**8**	**50**	**61**	**91**	**90**
6100 A la charge exclusive des entreprises	..	..	..	..	..	..	..	..	..	..
6200 A la charge d'autres agents	..	..	..	..	..	..	..	..	..	..
Recettes fiscales totales	**9 521**	**47 124**	**70 031**	**99 606**	**101 496**	**1 955**	**1 294**	**1 638**	**2 277**	**3 341**

	Administrations locales					Administrations de sécurite sociale				
	1975	1995	2005	2015	2020	1975	1995	2005	2015	2020
1000 Impôts sur revenu, bénéfices et gains en capital	**887**	**46**	**0**	**0**	**0**	**0**	**0**	**0**	**0**	**0**
1100 Des personnes physiques	771	19	0	0	..	..	..	..	..	..
1200 Des sociétés	115	26	0	0	..	..	..	..	..	..
1300 Non-ventilables entre 1100 et 1200	0	0	0	0	..	..	..	..	..	..
2000 Cotisations de sécurité sociale	**29**	**258**	**267**	**266**	**238**	**4 667**	**21 173**	**28 912**	**41 557**	**50 040**
2100 A la charge des salariés	29	207	240	241	222	1 840	8 110	10 751	15 499	18 907
2200 A la charge des employeurs	0	50	27	26	17	2 375	10 912	14 037	19 906	23 940
2300 A charge des travailleurs indép. ou sans emploi	0	0	0	0	0	453	2 151	4 125	6 153	7 193
2400 Non-ventilables entre 2100, 2200 et 2300	0	0	0	0	0	0	0	0	0	0
3000 Sur salaires ou main d'oeuvre	**262**	**1 492**	**2 035**	**2 977**	**3 687**	**0**	**0**	**0**	**0**	**0**
4000 Impôts sur le patrimoine	**254**	**395**	**539**	**675**	**768**	**0**	**0**	**0**	**0**	**0**
4100 Impôts périodiques sur la propriété immobilière	139	395	539	675	768	..	..	..	..	..
4200 Impôts périodiques sur l'actif net	35	0	0	0	0	..	..	..	..	..
4300 Impôts sur mut. par décès, succ. et donations	0	0	0	0	0	..	..	..	..	..
4400 Impôts sur transact. mobilières et immob.	81	0	0	0	0	..	..	..	..	..
4500 Impôts non-périodiques	0	0	0	0	0	..	..	..	..	..
4600 Autres impôts périodiques sur patrimoine	0	0	0	0	0	..	..	..	..	..
5000 Impôts sur les biens et services	**792**	**738**	**302**	**353**	**354**	**0**	**0**	**0**	**0**	**0**
5100 Impôts sur production, vente, transfert, etc.	769	582	134	96	83	..	..	..	..	..
5110 Impôts généraux	448	0	0	0	0	..	..	..	..	..
5120 Impôts sur biens et services déterminés	321	582	134	96	83	..	..	..	..	..
5130 Non-ventilables entre 5110 et 5120	0	0	0	0	0	..	..	..	..	..
5200 Impôts sur utilisation des biens et exerc. activites	24	155	168	258	271	..	..	..	..	..
5300 Non-ventilables entre 5100 et 5200	0	0	0	0	0	..	..	..	..	..
6000 Autres impôts	**55**	**60**	**103**	**129**	**71**	**0**	**0**	**0**	**0**	**0**
6100 A la charge exclusive des entreprises	..	..	..	..	..	..	..	..	..	..
6200 A la charge d'autres agents	..	..	..	..	..	..	..	..	..	..
Recettes fiscales totales	**2 279**	**2 987**	**3 246**	**4 400**	**5 119**	**4 667**	**21 173**	**28 912**	**41 557**	**50 040**

.. Non disponible

Note : Y compris les droits de douane perçus pour le compte de l'Union européenne.

StatLink https://stat.link/rgl26f

Tableau 6.3. Belgique, recettes fiscales par sous-secteurs d'administration

Million EUR

	Administration fédérale					Administration d'État/Régions				
	1975	1995	2005	2015	2020	1975	1995	2005	2015	2020
1000 Impôts sur revenu, bénéfices et gains en capital	**8 534**	**30 905**	**45 859**	**57 131**	**53 663**	**..**	**79**	**0**	**4 283**	**10 574**
1100 Des personnes physiques	6 929	25 997	36 007	43 436	38 654	..	79	..	4 283	10 574
1200 Des sociétés	1 596	4 867	9 811	13 644	14 941	..	0	..	0	0
1300 Non-ventilables entre 1100 et 1200	10	41	42	51	68	..	0	..	0	0
2000 Cotisations de sécurité sociale	**299**	**1 181**	**1 904**	**2 336**	**62**	**..**	**0**	**34**	**11**	**256**
2100 A la charge des salariés	264	854	1 125	1 372	0	..	..	7	2	253
2200 A la charge des employeurs	36	228	608	715	62	..	..	27	9	3
2300 A charge des travailleurs indép. ou sans emploi	0	99	171	249	0	..	..	0	0	0
2400 Non-ventilables entre 2100, 2200 et 2300	0	0	0	0	0	..	..	0	0	0
3000 Sur salaires ou main d'oeuvre	**0**	**0**	**0**	**0**	**0**	**..**	**0**	**0**	**0**	**0**
4000 Impôts sur le patrimoine	**583**	**1 340**	**873**	**1 861**	**2 064**	**..**	**1 168**	**4 669**	**7 087**	**7 646**
4100 Impôts périodiques sur la propriété immobilière	12	25	41	41	50	..	83	192	249	399
4200 Impôts périodiques sur l'actif net	0	8	189	661	984	..	0	0	0	0
4300 Impôts sur mut. par décès, succ. et donations	178	42	0	0	0	..	647	1 749	2 996	2 967
4400 Impôts sur transact. mobilières et immob.	393	1 193	521	596	701	..	438	2 728	3 763	4 260
4500 Impôts non-périodiques	0	73	123	563	301	..	0	0	79	20
4600 Autres impôts périodiques sur patrimoine	0	0	0	0	27	..	0	0	0	0
5000 Impôts sur les biens et services	**5 813**	**20 951**	**29 984**	**39 004**	**41 055**	**..**	**412**	**2 044**	**2 678**	**3 000**
5100 Impôts sur production, vente, transfert, etc.	5 562	19 767	29 742	38 985	41 012	..	58	76	227	317
5110 Impôts généraux	3 776	13 894	21 533	27 952	29 761	..	0	0	0	0
5120 Impôts sur biens et services déterminés	1 785	5 872	8 208	11 034	11 250	..	58	76	227	317
5130 Non-ventilables entre 5110 et 5120	0	0	0	0	0	..	0	0	0	0
5200 Impôts sur utilisation des biens et exerc. activites	249	1 178	234	10	32	..	355	1 968	2 451	2 682
5300 Non-ventilables entre 5100 et 5200	3	6	8	9	12	..	0	0	0	0
6000 Autres impôts	**0**	**0**	**0**	**0**	**0**	**..**	**0**	**68**	**40**	**0**
6100 A la charge exclusive des entreprises	..	..	..	..	..	..	..	0	0	..
6200 A la charge d'autres agents	..	..	..	..	..	..	..	68	40	..
Recettes fiscales totales	**15 230**	**54 377**	**78 621**	**100 332**	**96 844**	**..**	**1 659**	**6 816**	**14 099**	**21 476**

	Administrations locales					Administrations de sécurite sociale				
	1975	1995	2005	2015	2020	1975	1995	2005	2015	2020
1000 Impôts sur revenu, bénéfices et gains en capital	**683**	**3 058**	**2 249**	**3 052**	**3 653**	**0**	**335**	**825**	**1 106**	**1 223**
1100 Des personnes physiques	675	3 058	2 249	3 052	3 653	..	335	825	1 106	1 223
1200 Des sociétés	8	0	0	0	0	..	0	0	0	0
1300 Non-ventilables entre 1100 et 1200	0	0	0	0	0	..	0	0	0	0
2000 Cotisations de sécurité sociale	**27**	**80**	**20**	**27**	**19**	**6 709**	**28 479**	**39 537**	**56 438**	**61 939**
2100 A la charge des salariés	27	80	18	21	19	1 749	8 263	11 558	15 640	18 574
2200 A la charge des employeurs	0	0	3	6	0	4 347	17 745	24 613	35 510	37 261
2300 A charge des travailleurs indép. ou sans emploi	0	0	0	0	0	612	2 465	3 366	5 289	6 104
2400 Non-ventilables entre 2100, 2200 et 2300	0	0	0	0	0	0	0	0	0	0
3000 Sur salaires ou main d'oeuvre	**0**	**0**	**0**	**0**	**0**	**0**	**0**	**5**	**8**	**5**
4000 Impôts sur le patrimoine	**154**	**815**	**3 599**	**5 142**	**5 608**	**0**	**121**	**229**	**318**	**297**
4100 Impôts périodiques sur la propriété immobilière	154	815	3 599	5 142	5 608	..	0	0	0	0
4200 Impôts périodiques sur l'actif net	0	0	0	0	0	..	0	0	0	0
4300 Impôts sur mut. par décès, succ. et donations	0	0	0	0	0	..	0	0	0	0
4400 Impôts sur transact. mobilières et immob.	0	0	0	0	0	..	0	0	0	0
4500 Impôts non-périodiques	0	0	0	0	0	..	0	0	0	0
4600 Autres impôts périodiques sur patrimoine	0	0	0	0	0	..	121	229	318	297
5000 Impôts sur les biens et services	**166**	**332**	**523**	**715**	**639**	**14**	**330**	**1 237**	**1 520**	**1 608**
5100 Impôts sur production, vente, transfert, etc.	150	295	437	694	615	14	330	1 237	1 520	1 608
5110 Impôts généraux	0	0	0	0	0	0	29	373	219	247
5120 Impôts sur biens et services déterminés	150	295	437	694	615	14	301	865	1 302	1 361
5130 Non-ventilables entre 5110 et 5120	0	0	0	0	0	0	0	0	0	0
5200 Impôts sur utilisation des biens et exerc. activites	16	37	87	22	24	0	0	0	0	0
5300 Non-ventilables entre 5100 et 5200	0	0	0	0	0	0	0	0	0	0
6000 Autres impôts	**0**	**0**	**0**	**0**	**0**	**0**	**0**	**0**	**0**	**0**
6100 A la charge exclusive des entreprises	..	..	..	..	..	..	..	..	..	..
6200 A la charge d'autres agents	..	..	..	..	..	..	..	..	..	..
Recettes fiscales totales	**1 029**	**4 284**	**6 392**	**8 937**	**9 919**	**6 723**	**29 265**	**41 833**	**59 391**	**65 072**

.. Non disponible

Note : Y compris les droits de douane perçus pour le compte de l'Union européenne.

StatLink https://stat.link/7epw4f

Tableau 6.4. Canada, recettes fiscales par sous-secteurs d'administration

Million CAD

	Administration fédérale					Administration d'État/Régions				
	1975	1995	2005	2015	2020	1975	1995	2005	2015	2020
1000 Impôts sur revenu, bénéfices et gains en capital	**19 047**	**82 237**	**140 013**	**191 684**	**228 269**	**8 165**	**52 373**	**78 331**	**123 157**	**148 240**
1100 Des personnes physiques	12 822	65 384	102 366	143 315	164 902	6 074	43 428	62 435	96 989	113 953
1200 Des sociétés	5 741	14 739	32 197	41 726	55 216	2 091	8 944	15 896	26 168	34 287
1300 Non-ventilables entre 1100 et 1200	484	2 114	5 450	6 643	8 151	0	0	0	0	0
2000 Cotisations de sécurité sociale	**0**	**0**	**17 936**	**23 603**	**22 575**	**0**	**0**	**11 759**	**13 892**	**13 680**
2100 A la charge des salariés	..	..	7 429	9 772	9 331	..	..	1 858	1 128	1 325
2200 A la charge des employeurs	..	..	10 507	13 831	13 244	..	..	9 901	12 764	12 355
2300 A charge des travailleurs indép. ou sans emploi	..	..	0	0	0	..	..	0	0	0
2400 Non-ventilables entre 2100, 2200 et 2300	..	..	0	0	0	..	..	0	0	0
3000 Sur salaires ou main d'oeuvre	**0**	**0**	**0**	**0**	**0**	**0**	**6 498**	**9 230**	**13 256**	**17 360**
4000 Impôts sur le patrimoine	**13**	**0**	**0**	**0**	**0**	**428**	**6 492**	**9 298**	**11 809**	**15 383**
4100 Impôts périodiques sur la propriété immobilière	0	..	..	..	..	85	2 960	2 934	5 410	6 674
4200 Impôts périodiques sur l'actif net	0	..	..	..	..	200	2 914	3 456	372	460
4300 Impôts sur mut. par décès, succ. et donations	13	..	..	..	..	143	3	0	268	339
4400 Impôts sur transact. mobilières et immob.	0	..	..	..	..	0	0	1 965	3 912	6 297
4500 Impôts non-périodiques	0	..	..	..	..	0	615	943	1 847	1 613
4600 Autres impôts périodiques sur patrimoine	0	..	..	..	..	0	0	0	0	0
5000 Impôts sur les biens et services	**8 180**	**31 160**	**48 551**	**53 837**	**60 000**	**10 128**	**42 076**	**67 537**	**95 289**	**101 559**
5100 Impôts sur production, vente, transfert, etc.	8 180	31 136	48 506	53 797	59 964	6 800	37 961	61 316	86 827	92 283
5110 Impôts généraux	3 504	19 167	35 069	36 958	40 979	3 664	21 328	33 353	53 577	61 702
5120 Impôts sur biens et services déterminés	4 676	11 969	13 437	16 839	18 985	3 136	16 633	27 963	33 250	30 582
5130 Non-ventilables entre 5110 et 5120	0	0	0	0	0	0	0	0	0	0
5200 Impôts sur utilisation des biens et exerc. activites	0	24	45	40	36	3 328	4 115	6 221	8 462	9 276
5300 Non-ventilables entre 5100 et 5200	0	0	0	0	0	0	0	0	0	0
6000 Autres impôts	**198**	**0**	**0**	**0**	**0**	**0**	**0**	**0**	**0**	**0**
6100 A la charge exclusive des entreprises	0	..	..	..	..	..	..	..	..	..
6200 A la charge d'autres agents	198	..	..	..	..	..	..	..	..	..
Recettes fiscales totales	**27 438**	**113 397**	**206 500**	**269 124**	**310 845**	**18 721**	**107 439**	**176 156**	**257 403**	**296 222**

	Administrations locales					Administrations de sécurite sociale				
	1975	1995	2005	2015	2020	1975	1995	2005	2015	2020
1000 Impôts sur revenu, bénéfices et gains en capital	**0**	**0**	**0**	**0**	**0**	**0**	**0**	**0**	**0**	**0**
1100 Des personnes physiques	..	..	..	..	..	..	..	..	..	..
1200 Des sociétés	..	..	..	..	..	..	..	..	..	..
1300 Non-ventilables entre 1100 et 1200	..	..	..	..	..	..	..	..	..	..
2000 Cotisations de sécurité sociale	**0**	**0**	**0**	**0**	**0**	**5 787**	**40 559**	**38 834**	**58 876**	**71 611**
2100 A la charge des salariés	..	..	..	..	..	2 142	15 028	18 328	27 785	33 804
2200 A la charge des employeurs	..	..	..	..	..	3 527	24 765	18 328	27 785	33 804
2300 A charge des travailleurs indép. ou sans emploi	..	..	..	..	..	118	766	2 177	3 307	4 002
2400 Non-ventilables entre 2100, 2200 et 2300	..	..	..	..	..	0	0	0	0	0
3000 Sur salaires ou main d'oeuvre	**0**	**0**	**0**	**0**	**0**	**0**	**0**	**0**	**0**	**0**
4000 Impôts sur le patrimoine	**5 018**	**24 415**	**40 495**	**65 969**	**75 228**	**0**	**0**	**0**	**0**	**0**
4100 Impôts périodiques sur la propriété immobilière	4 770	23 150	37 409	57 241	65 524	..	..	..	..	..
4200 Impôts périodiques sur l'actif net	0	0	0	0	0	..	..	..	..	..
4300 Impôts sur mut. par décès, succ. et donations	0	0	0	0	0	..	..	..	..	..
4400 Impôts sur transact. mobilières et immob.	0	0	375	1 063	1 641	..	..	..	..	..
4500 Impôts non-périodiques	248	1 265	2 711	7 665	8 063	..	..	..	..	..
4600 Autres impôts périodiques sur patrimoine	0	0	0	0	0	..	..	..	..	..
5000 Impôts sur les biens et services	**142**	**406**	**833**	**1 149**	**1 221**	**0**	**0**	**0**	**0**	**0**
5100 Impôts sur production, vente, transfert, etc.	22	51	104	126	127	..	..	..	..	..
5110 Impôts généraux	10	40	88	63	47	..	..	..	..	..
5120 Impôts sur biens et services déterminés	12	11	16	63	80	..	..	..	..	..
5130 Non-ventilables entre 5110 et 5120	0	0	0	0	0	..	..	..	..	..
5200 Impôts sur utilisation des biens et exerc. activites	120	355	729	1 023	1 094	..	..	..	..	..
5300 Non-ventilables entre 5100 et 5200	0	0	0	0	0	..	..	..	..	..
6000 Autres impôts	**525**	**3 662**	**1 483**	**748**	**867**	**0**	**0**	**0**	**0**	**0**
6100 A la charge exclusive des entreprises	437	2 946	541	0	0	..	..	..	..	..
6200 A la charge d'autres agents	88	716	942	748	867	..	..	..	..	..
Recettes fiscales totales	**5 685**	**28 483**	**42 811**	**67 866**	**77 316**	**5 787**	**40 559**	**38 834**	**58 876**	**71 611**

.. Non disponible

StatLink https://stat.link/w8x7r5

Tableau 6.5. Chili, recettes fiscales par sous-secteurs d'administration

Million CLP

	Administration centrale					Administration d'État/Régions				
	1975	1995	2005	2015	2020	1975	1995	2005	2015	2020
1000 Impôts sur revenu, bénéfices et gains en capital	**..**	**1 359 694**	**5 171 293**	**11 840 521**	**12 540 342**	**..**	**..**	**..**	**..**	**..**
1100 Des personnes physiques	..	281 293	738 620	3 199 876	3 976 009	..	..	..	..	..
1200 Des sociétés	..	836 725	3 155 480	6 839 133	9 429 787	..	..	..	..	..
1300 Non-ventilables entre 1100 et 1200	..	241 676	1 277 193	1 801 512	-865 454	..	..	..	..	..
2000 Cotisations de sécurité sociale	**..**	**155 855**	**287 422**	**434 659**	**510 829**	**..**	**..**	**..**	**..**	**..**
2100 A la charge des salariés	..	142 001	249 526	370 745	399 998	..	..	..	..	..
2200 A la charge des employeurs	..	13 854	37 896	63 914	110 830	..	..	..	..	..
2300 A charge des travailleurs indép. ou sans emploi	..	0	0	0	0	..	..	..	..	..
2400 Non-ventilables entre 2100, 2200 et 2300	..	0	0	0	0	..	..	..	..	..
3000 Sur salaires ou main d'oeuvre	**..**	**0**	**0**	**0**	**0**	**..**	**..**	**..**	**..**	**..**
4000 Impôts sur le patrimoine	**..**	**181 432**	**490 120**	**379 603**	**534 971**	**..**	**..**	**..**	**..**	**..**
4100 Impôts périodiques sur la propriété immobilière	..	13 044	4 909	15 249	25 367	..	..	..	..	..
4200 Impôts périodiques sur l'actif net	..	0	0	0	0	..	..	..	..	..
4300 Impôts sur mut. par décès, succ. et donations	..	13 245	23 184	92 236	155 433	..	..	..	..	..
4400 Impôts sur transact. mobilières et immob.	..	155 143	462 027	272 118	354 171	..	..	..	..	..
4500 Impôts non-périodiques	..	0	0	0	0	..	..	..	..	..
4600 Autres impôts périodiques sur patrimoine	..	0	0	0	0	..	..	..	..	..
5000 Impôts sur les biens et services	**..**	**3 179 304**	**6 831 482**	**16 182 903**	**19 422 146**	**..**	**..**	**..**	**..**	**..**
5100 Impôts sur production, vente, transfert, etc.	..	3 169 645	6 811 389	16 131 136	19 209 620	..	..	..	..	..
5110 Impôts généraux	..	2 187 602	5 391 285	13 273 958	15 963 032	..	..	..	..	..
5120 Impôts sur biens et services déterminés	..	982 043	1 420 104	2 857 178	3 246 588	..	..	..	..	..
5130 Non-ventilables entre 5110 et 5120	..	0	0	0	0	..	..	..	..	..
5200 Impôts sur utilisation des biens et exerc. activites	..	9 659	20 094	51 767	212 526	..	..	..	..	..
5300 Non-ventilables entre 5100 et 5200	..	0	0	0	0	..	..	..	..	..
6000 Autres impôts	**..**	**-29 554**	**-85 954**	**-579 303**	**-175 017**	**..**	**..**	**..**	**..**	**..**
6100 A la charge exclusive des entreprises	..	0	0	0	0	..	..	..	..	..
6200 A la charge d'autres agents	..	-29 554	-85 954	-579 303	-175 017	..	..	..	..	..
Recettes fiscales totales	**..**	**4 846 730**	**12 694 362**	**28 258 382**	**32 833 271**	**..**	**..**	**..**	**..**	**..**

	Administrations locales					Administrations de sécurite sociale				
	1975	1995	2005	2015	2020	1975	1995	2005	2015	2020
1000 Impôts sur revenu, bénéfices et gains en capital	**..**	**0**	**0**	**0**	**0**	**..**	**0**	**0**	**0**	**0**
1100 Des personnes physiques	..	..	..	..	..	..	..	..	..	..
1200 Des sociétés	..	..	..	..	..	..	..	..	..	..
1300 Non-ventilables entre 1100 et 1200	..	..	..	..	..	..	..	..	..	..
2000 Cotisations de sécurité sociale	**..**	**0**	**0**	**0**	**0**	**..**	**193 269**	**644 295**	**1 817 831**	**2 594 038**
2100 A la charge des salariés	..	..	..	..	..	..	193 269	644 295	1 817 831	2 594 038
2200 A la charge des employeurs	..	..	..	..	..	..	0	0	0	0
2300 A charge des travailleurs indép. ou sans emploi	..	..	..	..	..	..	0	0	0	0
2400 Non-ventilables entre 2100, 2200 et 2300	..	..	..	..	..	..	0	0	0	0
3000 Sur salaires ou main d'oeuvre	**..**	**0**	**0**	**0**	**0**	**..**	**0**	**0**	**0**	**0**
4000 Impôts sur le patrimoine	**..**	**157 193**	**411 656**	**1 041 671**	**1 536 950**	**..**	**0**	**0**	**0**	**0**
4100 Impôts périodiques sur la propriété immobilière	..	157 193	411 656	1 041 671	1 536 950	..	..	..	..	..
4200 Impôts périodiques sur l'actif net	..	0	0	0	0	..	..	..	..	..
4300 Impôts sur mut. par décès, succ. et donations	..	0	0	0	0	..	..	..	..	..
4400 Impôts sur transact. mobilières et immob.	..	0	0	0	0	..	..	..	..	..
4500 Impôts non-périodiques	..	0	0	0	0	..	..	..	..	..
4600 Autres impôts périodiques sur patrimoine	..	0	0	0	0	..	..	..	..	..
5000 Impôts sur les biens et services	**..**	**192 325**	**514 952**	**1 415 658**	**1 852 967**	**..**	**0**	**0**	**0**	**0**
5100 Impôts sur production, vente, transfert, etc.	..	52 690	140 703	385 532	404 630	..	..	..	..	..
5110 Impôts généraux	..	0	0	0	0	..	..	..	..	..
5120 Impôts sur biens et services déterminés	..	52 690	140 703	385 532	404 630	..	..	..	..	..
5130 Non-ventilables entre 5110 et 5120	..	0	0	0	0	..	..	..	..	..
5200 Impôts sur utilisation des biens et exerc. activites	..	139 635	374 249	1 030 126	1 448 337	..	..	..	..	..
5300 Non-ventilables entre 5100 et 5200	..	0	0	0	0	..	..	..	..	..
6000 Autres impôts	**..**	**0**	**0**	**0**	**0**	**..**	**0**	**0**	**0**	**0**
6100 A la charge exclusive des entreprises	..	..	..	..	..	..	..	..	..	..
6200 A la charge d'autres agents	..	..	..	..	..	..	..	..	..	..
Recettes fiscales totales	**..**	**349 518**	**926 608**	**2 457 329**	**3 389 917**	**..**	**193 269**	**644 295**	**1 817 831**	**2 594 038**

.. Non disponible

StatLink https://stat.link/u4nq3t

Tableau 6.6. Colombie, recettes fiscales par sous-secteurs d'administration

Million COP

	Administration fédérale					Administration d'État/Régions				
	1975	1995	2005	2015	2020	1975	1995	2005	2015	2020
1000 Impôts sur revenu, bénéfices et gains en capital	**..**	**3 393 700**	**17 348 618**	**52 656 876**	**61 812 525**	**..**	**0**	**0**	**0**	**0**
1100 Des personnes physiques	..	131 405	3 594 441	9 219 350	14 469 873	..	..	..	..	..
1200 Des sociétés	..	988 082	13 044 361	41 409 107	43 240 197	..	..	..	..	..
1300 Non-ventilables entre 1100 et 1200	..	2 274 213	709 816	2 028 420	4 102 455	..	..	..	..	..
2000 Cotisations de sécurité sociale	**..**	**0**	**0**	**0**	**0**	**..**	**0**	**0**	**0**	**0**
2100 A la charge des salariés	..	..	..	..	..	..	..	..	..	..
2200 A la charge des employeurs	..	..	..	..	..	..	..	..	..	..
2300 A charge des travailleurs indép. ou sans emploi	..	..	..	..	..	..	..	..	..	..
2400 Non-ventilables entre 2100, 2200 et 2300	..	..	..	..	..	..	..	..	..	..
3000 Sur salaires ou main d'oeuvre	**..**	**599 198**	**2 179 842**	**2 797 308**	**3 670 490**	**..**	**0**	**0**	**0**	**0**
4000 Impôts sur le patrimoine	**..**	**0**	**2 863 946**	**12 094 140**	**9 057 760**	**..**	**0**	**0**	**0**	**0**
4100 Impôts périodiques sur la propriété immobilière	..	..	0	0	0	..	..	..	..	..
4200 Impôts périodiques sur l'actif net	..	..	462 720	5 352 940	957 137	..	..	..	..	..
4300 Impôts sur mut. par décès, succ. et donations	..	..	0	0	0	..	..	..	..	..
4400 Impôts sur transact. mobilières et immob.	..	..	2 401 226	6 741 200	7 476 295	..	..	..	..	..
4500 Impôts non-périodiques	..	..	0	0	624 327	..	..	..	..	..
4600 Autres impôts périodiques sur patrimoine	..	..	0	0	0	..	..	..	..	..
5000 Impôts sur les biens et services	**..**	**4 773 500**	**21 645 318**	**51 831 190**	**60 110 745**	**..**	**771 560**	**2 507 423**	**4 986 314**	**6 575 397**
5100 Impôts sur production, vente, transfert, etc.	..	4 773 500	21 645 318	51 831 190	60 110 745	..	771 560	2 228 909	4 456 650	5 548 940
5110 Impôts généraux	..	3 427 600	17 427 948	41 659 696	53 912 648	..	0	0	0	0
5120 Impôts sur biens et services déterminés	..	1 345 900	4 217 370	10 171 494	6 198 096	..	771 560	2 228 909	4 456 650	5 548 940
5130 Non-ventilables entre 5110 et 5120	..	0	0	0	0	..	0	0	0	0
5200 Impôts sur utilisation des biens et exerc. activites	..	0	0	0	0	..	0	278 514	529 665	1 026 457
5300 Non-ventilables entre 5100 et 5200	..	0	0	0	0	..	0	0	0	0
6000 Autres impôts	**..**	**17 900**	**682 084**	**419 939**	**286 914**	**..**	**0**	**575 919**	**2 624 769**	**2 519 571**
6100 A la charge exclusive des entreprises	..	0	0	0	0	..	..	0	0	0
6200 A la charge d'autres agents	..	17 900	682 084	419 939	286 914	..	..	575 919	2 624 769	2 519 571
Recettes fiscales totales	**..**	**8 784 297**	**44 719 808**	**119 799 453**	**134 938 434**	**..**	**771 560**	**3 083 342**	**7 611 084**	**9 094 967**

	Administrations locales					Administrations de sécurite sociale				
	1975	1995	2005	2015	2020	1975	1995	2005	2015	2020
1000 Impôts sur revenu, bénéfices et gains en capital	**..**	**0**	**0**	**0**	**0**	**..**	**0**	**0**	**0**	**0**
1100 Des personnes physiques	..	..	..	..	..	..	..	..	..	..
1200 Des sociétés	..	..	..	..	..	..	..	..	..	..
1300 Non-ventilables entre 1100 et 1200	..	..	..	..	..	..	..	..	..	..
2000 Cotisations de sécurité sociale	**..**	**0**	**0**	**0**	**0**	**..**	**3 159 328**	**7 845 000**	**13 585 138**	**18 615 408**
2100 A la charge des salariés	..	..	..	..	..	..	..	..	..	..
2200 A la charge des employeurs	..	..	..	..	..	..	..	..	..	..
2300 A charge des travailleurs indép. ou sans emploi	..	..	..	..	..	..	..	..	..	..
2400 Non-ventilables entre 2100, 2200 et 2300	..	..	..	..	..	..	3 159 328	7 845 000	13 585 138	18 615 408
3000 Sur salaires ou main d'oeuvre	**..**	**0**	**0**	**0**	**0**	**..**	**0**	**0**	**0**	**0**
4000 Impôts sur le patrimoine	**..**	**365 051**	**1 974 213**	**6 061 965**	**9 109 598**	**..**	**0**	**0**	**0**	**0**
4100 Impôts périodiques sur la propriété immobilière	..	365 051	1 974 213	6 061 965	9 109 598	..	..	..	..	..
4200 Impôts périodiques sur l'actif net	..	0	0	0	0	..	..	..	..	..
4300 Impôts sur mut. par décès, succ. et donations	..	0	0	0	0	..	..	..	..	..
4400 Impôts sur transact. mobilières et immob.	..	0	0	0	0	..	..	..	..	..
4500 Impôts non-périodiques	..	0	0	0	0	..	..	..	..	..
4600 Autres impôts périodiques sur patrimoine	..	0	0	0	0	..	..	..	..	..
5000 Impôts sur les biens et services	**..**	**471 710**	**3 496 411**	**8 899 062**	**11 066 402**	**..**	**0**	**0**	**0**	**0**
5100 Impôts sur production, vente, transfert, etc.	..	471 710	3 496 411	8 400 241	10 300 667	..	..	..	..	..
5110 Impôts généraux	..	471 710	2 506 452	7 025 204	8 954 004	..	..	..	..	..
5120 Impôts sur biens et services déterminés	..	0	989 959	1 375 037	1 346 662	..	..	..	..	..
5130 Non-ventilables entre 5110 et 5120	..	0	0	0	0	..	..	..	..	..
5200 Impôts sur utilisation des biens et exerc. activites	..	0	0	498 821	765 735	..	..	..	..	..
5300 Non-ventilables entre 5100 et 5200	..	0	0	0	0	..	..	..	..	..
6000 Autres impôts	**..**	**355 943**	**588 614**	**4 200 992**	**4 839 779**	**..**	**0**	**0**	**0**	**0**
6100 A la charge exclusive des entreprises	..	0	0	0	0	..	..	..	..	..
6200 A la charge d'autres agents	..	355 943	588 614	4 200 992	4 839 779	..	..	..	..	..
Recettes fiscales totales	**..**	**1 192 705**	**6 059 238**	**19 162 019**	**25 015 779**	**..**	**3 159 328**	**7 845 000**	**13 585 138**	**18 615 408**

.. Non disponible

StatLink https://stat.link/1c8haw

Tableau 6.7. Costa Rica, recettes fiscales par sous-secteurs d'administration

Million CRC

	Administration centrale					Administration d'État/Régions				
	1975	1995	2005	2015	2020	1975	1995	2005	2015	2020
1000 Impôts sur revenu, bénéfices et gains en capital	..	**47 678**	**324 224**	**1 247 308**	**1 651 249**	..	..	..	..	..
1100 Des personnes physiques	..	..	16 438	386 241	556 084	..	..	..	..	..
1200 Des sociétés	..	..	288 355	659 951	692 551	..	..	..	..	..
1300 Non-ventilables entre 1100 et 1200	..	47 678	19 430	201 116	402 613	..	..	..	..	..
2000 Cotisations de sécurité sociale	..	**11 096**	**30 854**	**63 458**	**79 428**	..	..	..	..	..
2100 A la charge des salariés	..	..	..	..	..	..	..	..	..	..
2200 A la charge des employeurs	..	0	0	0	0	..	..	..	..	..
2300 A charge des travailleurs indép. ou sans emploi	..	..	..	..	..	..	..	..	..	..
2400 Non-ventilables entre 2100, 2200 et 2300	..	11 096	30 854	63 458	79 428	..	..	..	..	..
3000 Sur salaires ou main d'oeuvre	..	**0**	**0**	**0**	**0**	..	..	..	..	..
4000 Impôts sur le patrimoine	..	**2 023**	**10 846**	**37 334**	**39 956**	..	..	..	..	..
4100 Impôts périodiques sur la propriété immobilière	..	440	0	4 076	4 655	..	..	..	..	..
4200 Impôts périodiques sur l'actif net	..	0	0	0	0	..	..	..	..	..
4300 Impôts sur mut. par décès, succ. et donations	..	0	0	0	0	..	..	..	..	..
4400 Impôts sur transact. mobilières et immob.	..	1 583	10 846	33 258	35 300	..	..	..	..	..
4500 Impôts non-périodiques	..	0	0	0	0	..	..	..	..	..
4600 Autres impôts périodiques sur patrimoine	..	0	0	0	0	..	..	..	..	..
5000 Impôts sur les biens et services	..	**185 943**	**917 118**	**2 536 562**	**2 611 481**	..	..	..	..	..
5100 Impôts sur production, vente, transfert, etc.	..	177 808	884 359	2 385 807	2 497 206	..	..	..	..	..
5110 Impôts généraux	..	84 034	485 168	1 368 601	1 649 531	..	..	..	..	..
5120 Impôts sur biens et services déterminés	..	93 774	399 192	1 017 206	847 675	..	..	..	..	..
5130 Non-ventilables entre 5110 et 5120	..	0	0	0	0	..	..	..	..	..
5200 Impôts sur utilisation des biens et exerc. activites	..	8 135	32 758	150 755	114 275	..	..	..	..	..
5300 Non-ventilables entre 5100 et 5200	..	0	0	0	0	..	..	..	..	..
6000 Autres impôts	..	**11 010**	**54 338**	**162 200**	**166 912**	..	..	..	..	..
6100 A la charge exclusive des entreprises	..	0	0	0	0	..	..	..	..	..
6200 A la charge d'autres agents	..	11 010	54 338	162 200	166 912	..	..	..	..	..
Recettes fiscales totales	..	**257 751**	**1 337 380**	**4 046 862**	**4 549 026**	..	..	..	..	..

	Administrations locales					Administrations de sécurite sociale				
	1975	1995	2005	2015	2020	1975	1995	2005	2015	2020
1000 Impôts sur revenu, bénéfices et gains en capital	..	**0**	**0**	**0**	**0**	..	0	0	0	0
1100 Des personnes physiques	..	..	..	..	..	..	..	..	..	..
1200 Des sociétés	..	..	..	..	..	..	..	..	..	..
1300 Non-ventilables entre 1100 et 1200	..	..	..	..	..	..	..	..	..	..
2000 Cotisations de sécurité sociale	..	**0**	**0**	**0**	**0**	..	**106 727**	**586 829**	**2 241 674**	**2 892 160**
2100 A la charge des salariés	..	..	..	..	..	..	..	..	..	..
2200 A la charge des employeurs	..	..	..	..	..	..	14 654	84 988	318 652	387 840
2300 A charge des travailleurs indép. ou sans emploi	..	..	..	..	..	..	..	..	..	..
2400 Non-ventilables entre 2100, 2200 et 2300	..	..	..	..	..	..	92 073	501 841	1 923 022	2 504 321
3000 Sur salaires ou main d'oeuvre	..	**0**	**0**	**0**	**0**	..	**22 992**	**115 730**	**423 616**	**537 654**
4000 Impôts sur le patrimoine	..	**2 037**	**14 264**	**35 927**	**122 994**	..	0	0	0	0
4100 Impôts périodiques sur la propriété immobilière	..	2 037	14 264	35 927	122 970	..	..	..	..	..
4200 Impôts périodiques sur l'actif net	..	0	0	0	0	..	..	..	..	..
4300 Impôts sur mut. par décès, succ. et donations	..	0	0	0	0	..	..	..	..	..
4400 Impôts sur transact. mobilières et immob.	..	0	0	0	0	..	..	..	..	..
4500 Impôts non-périodiques	..	0	0	0	24	..	..	..	..	..
4600 Autres impôts périodiques sur patrimoine	..	0	0	0	0	..	..	..	..	..
5000 Impôts sur les biens et services	..	**1 214**	**27 506**	**125 341**	**133 636**	..	0	0	0	0
5100 Impôts sur production, vente, transfert, etc.	..	0	94	3 093	3 304	..	..	..	..	..
5110 Impôts généraux	..	..	0	0	0	..	..	..	..	..
5120 Impôts sur biens et services déterminés	..	..	94	3 093	3 304	..	..	..	..	..
5130 Non-ventilables entre 5110 et 5120	..	..	0	0	0	..	..	..	..	..
5200 Impôts sur utilisation des biens et exerc. activites	..	1 214	27 411	122 248	130 332	..	..	..	..	..
5300 Non-ventilables entre 5100 et 5200	..	0	0	0	0	..	..	..	..	..
6000 Autres impôts	..	**2 935**	**3 207**	**155**	**58**	..	0	0	0	0
6100 A la charge exclusive des entreprises	..	0	0	0	0	..	..	..	..	..
6200 A la charge d'autres agents	..	2 935	3 207	155	58	..	..	..	..	..
Recettes fiscales totales	..	**6 185**	**44 976**	**211 422**	**256 688**	..	**129 719**	**702 559**	**2 665 291**	**3 429 814**

.. Non disponible

StatLink https://stat.link/6gmswy

Tableau 6.8. République tchèque, recettes fiscales par sous-secteurs d'administration

Million CZK

	Administration centrale[1]					Administration d'État/Régions				
	1975	1995	2005	2015	2020	1975	1995	2005	2015	2020
1000 Impôts sur revenu, bénéfices et gains en capital	**..**	**137 616**	**273 549**	**329 768**	**453 244**	**..**	**..**	**..**	**..**	**..**
1100 Des personnes physiques	..	70 361	137 937	164 678	266 628	..	..	..	..	..
1200 Des sociétés	..	67 255	135 611	165 090	186 617	..	..	..	..	..
1300 Non-ventilables entre 1100 et 1200	..	0	0	0	0	..	..	..	..	..
2000 Cotisations de sécurité sociale	**..**	**0**	**0**	**0**	**0**	**..**	**..**	**..**	**..**	**..**
2100 A la charge des salariés	..	..	..	..	..	..	..	..	..	..
2200 A la charge des employeurs	..	..	..	..	..	..	..	..	..	..
2300 A charge des travailleurs indép. ou sans emploi	..	..	..	..	..	..	..	..	..	..
2400 Non-ventilables entre 2100, 2200 et 2300	..	..	..	..	..	..	..	..	..	..
3000 Sur salaires ou main d'oeuvre	**..**	**0**	**0**	**0**	**0**	**..**	**..**	**..**	**..**	**..**
4000 Impôts sur le patrimoine	**..**	**3 857**	**8 050**	**11 607**	**35**	**..**	**..**	**..**	**..**	**..**
4100 Impôts périodiques sur la propriété immobilière	..	0	5	20	26	..	..	..	..	..
4200 Impôts périodiques sur l'actif net	..	0	0	0	0	..	..	..	..	..
4300 Impôts sur mut. par décès, succ. et donations	..	393	728	20	7	..	..	..	..	..
4400 Impôts sur transact. mobilières et immob.	..	3 464	7 317	11 566	3	..	..	..	..	..
4500 Impôts non-périodiques	..	0	0	0	0	..	..	..	..	..
4600 Autres impôts périodiques sur patrimoine	..	0	0	0	0	..	..	..	..	..
5000 Impôts sur les biens et services	**..**	**175 869**	**343 554**	**505 085**	**599 441**	**..**	**..**	**..**	**..**	**..**
5100 Impôts sur production, vente, transfert, etc.	..	162 913	325 662	487 086	580 114	..	..	..	..	..
5110 Impôts généraux	..	91 673	215 118	333 274	422 479	..	..	..	..	..
5120 Impôts sur biens et services déterminés	..	71 240	110 544	153 812	157 635	..	..	..	..	..
5130 Non-ventilables entre 5110 et 5120	..	0	0	0	0	..	..	..	..	..
5200 Impôts sur utilisation des biens et exerc. activites	..	12 956	17 892	17 999	19 326	..	..	..	..	..
5300 Non-ventilables entre 5100 et 5200	..	0	0	0	0	..	..	..	..	..
6000 Autres impôts	**..**	**545**	**55**	**387**	**170**	**..**	**..**	**..**	**..**	**..**
6100 A la charge exclusive des entreprises	..	0	0	0	0	..	..	..	..	..
6200 A la charge d'autres agents	..	545	55	387	170	..	..	..	..	..
Recettes fiscales totales	**..**	**317 887**	**625 207**	**846 847**	**1 052 890**	**..**	**..**	**..**	**..**	**..**

	Administrations locales					Administrations de sécurite sociale				
	1975	1995	2005	2015	2020	1975	1995	2005	2015	2020
1000 Impôts sur revenu, bénéfices et gains en capital	**..**	**0**	**0**	**0**	**0**	**..**	**0**	**0**	**0**	**0**
1100 Des personnes physiques	..	..	..	..	..	..	..	..	..	..
1200 Des sociétés	..	..	..	..	..	..	..	..	..	..
1300 Non-ventilables entre 1100 et 1200	..	..	..	..	..	..	..	..	..	..
2000 Cotisations de sécurité sociale	**..**	**0**	**0**	**0**	**0**	**..**	**227 871**	**481 626**	**659 743**	**901 670**
2100 A la charge des salariés	..	..	..	..	..	..	54 536	108 316	133 878	187 733
2200 A la charge des employeurs	..	..	..	..	..	..	148 342	307 618	417 778	573 753
2300 A charge des travailleurs indép. ou sans emploi	..	..	..	..	..	..	24 993	65 692	108 088	140 184
2400 Non-ventilables entre 2100, 2200 et 2300	..	..	..	..	..	..	0	0	0	0
3000 Sur salaires ou main d'oeuvre	**..**	**0**	**0**	**0**	**0**	**..**	**0**	**0**	**0**	**0**
4000 Impôts sur le patrimoine	**..**	**3 778**	**4 987**	**10 313**	**11 580**	**..**	**0**	**0**	**0**	**0**
4100 Impôts périodiques sur la propriété immobilière	..	3 778	4 987	10 313	11 580	..	..	..	..	..
4200 Impôts périodiques sur l'actif net	..	0	0	0	0	..	..	..	..	..
4300 Impôts sur mut. par décès, succ. et donations	..	0	0	0	0	..	..	..	..	..
4400 Impôts sur transact. mobilières et immob.	..	0	0	0	0	..	..	..	..	..
4500 Impôts non-périodiques	..	0	0	0	0	..	..	..	..	..
4600 Autres impôts périodiques sur patrimoine	..	0	0	0	0	..	..	..	..	..
5000 Impôts sur les biens et services	**..**	**1 150**	**7 395**	**7 749**	**8 370**	**..**	**0**	**0**	**0**	**0**
5100 Impôts sur production, vente, transfert, etc.	..	124	199	292	151	..	..	..	..	..
5110 Impôts généraux	..	0	0	0	0	..	..	..	..	..
5120 Impôts sur biens et services déterminés	..	124	199	292	151	..	..	..	..	..
5130 Non-ventilables entre 5110 et 5120	..	0	0	0	0	..	..	..	..	..
5200 Impôts sur utilisation des biens et exerc. activites	..	1 026	7 196	7 457	8 219	..	..	..	..	..
5300 Non-ventilables entre 5100 et 5200	..	0	0	0	0	..	..	..	..	..
6000 Autres impôts	**..**	**0**	**0**	**0**	**0**	**..**	**0**	**0**	**0**	**0**
6100 A la charge exclusive des entreprises	..	..	..	..	..	..	..	..	..	..
6200 A la charge d'autres agents	..	..	..	..	..	..	..	..	..	..
Recettes fiscales totales	**..**	**4 928**	**12 382**	**18 063**	**19 950**	**..**	**227 871**	**481 626**	**659 743**	**901 670**

.. Non disponible

Note : Y compris les droits de douane perçus pour le compte de l'Union européenne.

1. Tax revenues of the regions are reported under the heading of central government up to and including 1995 and under local government thereafter.

StatLink https://stat.link/el28af

Tableau 6.9. Danemark, recettes fiscales par sous-secteurs d'administration

Million DKK

	Administration centrale					Administration d'État/Régions				
	1975	1995	2005	2015	2020	1975	1995	2005	2015	2020
1000 Impôts sur revenu, bénéfices et gains en capital	**28 694**	**164 962**	**258 922**	**384 883**	**451 576**	..	..	..	..	..
1100 Des personnes physiques	25 904	124 613	167 082	304 329	336 794	..	..	..	..	..
1200 Des sociétés	2 790	23 803	54 597	57 723	66 551	..	..	..	..	..
1300 Non-ventilables entre 1100 et 1200	0	16 546	37 244	22 832	48 230	..	..	..	..	..
2000 Cotisations de sécurité sociale	**143**	**562**	**1 180**	**836**	**758**	..	..	..	..	..
2100 A la charge des salariés	0	559	1 177	826	751	..	..	..	..	..
2200 A la charge des employeurs	142	3	3	10	8	..	..	..	..	..
2300 A charge des travailleurs indép. ou sans emploi	0	0	0	0	0	..	..	..	..	..
2400 Non-ventilables entre 2100, 2200 et 2300	0	0	0	0	0	..	..	..	..	..
3000 Sur salaires ou main d'oeuvre	**0**	**2 262**	**2 907**	**5 894**	**4 203**	..	..	..	..	..
4000 Impôts sur le patrimoine	**1 779**	**7 094**	**11 801**	**11 084**	**14 048**	..	..	..	..	..
4100 Impôts périodiques sur la propriété immobilière	16	170	0	0	0	..	..	..	..	..
4200 Impôts périodiques sur l'actif net	414	930	0	0	0	..	..	..	..	..
4300 Impôts sur mut. par décès, succ. et donations	336	2 372	3 154	5 177	6 676	..	..	..	..	..
4400 Impôts sur transact. mobilières et immob.	936	3 584	8 613	5 907	7 372	..	..	..	..	..
4500 Impôts non-périodiques	77	38	34	0	0	..	..	..	..	..
4600 Autres impôts périodiques sur patrimoine	0	0	0	0	0	..	..	..	..	..
5000 Impôts sur les biens et services	**29 014**	**156 578**	**253 352**	**301 504**	**336 458**	..	..	..	..	..
5100 Impôts sur production, vente, transfert, etc.	27 338	149 393	239 951	277 791	311 776	..	..	..	..	..
5110 Impôts généraux	15 117	94 368	154 654	191 479	231 628	..	..	..	..	..
5120 Impôts sur biens et services déterminés	12 221	55 026	85 298	86 312	80 148	..	..	..	..	..
5130 Non-ventilables entre 5110 et 5120	0	0	0	0	0	..	..	..	..	..
5200 Impôts sur utilisation des biens et exerc. activites	1 676	4 739	9 379	16 537	15 076	..	..	..	..	..
5300 Non-ventilables entre 5100 et 5200	0	2 446	4 021	7 177	9 606	..	..	..	..	..
6000 Autres impôts	**0**	**0**	**203**	**320**	**258**	..	..	..	..	..
6100 A la charge exclusive des entreprises	..	..	203	320	258	..	..	..	..	..
6200 A la charge d'autres agents	..	..	0	0	0	..	..	..	..	..
Recettes fiscales totales	**59 630**	**331 457**	**528 366**	**704 520**	**807 301**	..	..	..	..	..

	Administrations locales					Administrations de sécurite sociale				
	1975	1995	2005	2015	2020	1975	1995	2005	2015	2020
1000 Impôts sur revenu, bénéfices et gains en capital	**22 171**	**140 762**	**214 581**	**220 815**	**263 001**	**0**	**0**	**0**	**0**	**0**
1100 Des personnes physiques	22 170	140 758	214 581	220 815	263 001	..	..	..	..	..
1200 Des sociétés	1	5	0	0	0	..	..	..	..	..
1300 Non-ventilables entre 1100 et 1200	0	0	0	0	0	..	..	..	..	..
2000 Cotisations de sécurité sociale	**0**	**0**	**0**	**0**	**0**	**58**	**0**	**529**	**542**	**601**
2100 A la charge des salariés	..	..	..	..	..	0	..	0	0	0
2200 A la charge des employeurs	..	..	..	..	..	58	..	529	542	601
2300 A charge des travailleurs indép. ou sans emploi	..	..	..	..	..	0	..	0	0	0
2400 Non-ventilables entre 2100, 2200 et 2300	..	..	..	..	..	0	..	0	0	0
3000 Sur salaires ou main d'oeuvre	**0**	**0**	**0**	**0**	**0**	**0**	**0**	**0**	**0**	**0**
4000 Impôts sur le patrimoine	**3 518**	**10 155**	**17 466**	**28 085**	**31 581**	**0**	**0**	**0**	**0**	**0**
4100 Impôts périodiques sur la propriété immobilière	3 518	10 155	17 466	28 085	31 581	..	..	..	..	..
4200 Impôts périodiques sur l'actif net	0	0	0	0	0	..	..	..	..	..
4300 Impôts sur mut. par décès, succ. et donations	0	0	0	0	0	..	..	..	..	..
4400 Impôts sur transact. mobilières et immob.	0	0	0	0	0	..	..	..	..	..
4500 Impôts non-périodiques	0	0	0	0	0	..	..	..	..	..
4600 Autres impôts périodiques sur patrimoine	0	0	0	0	0	..	..	..	..	..
5000 Impôts sur les biens et services	**0**	**0**	**0**	**0**	**0**	**0**	**0**	**0**	**0**	**0**
5100 Impôts sur production, vente, transfert, etc.	0	..	..	..	..	..	..	..	..	..
5110 Impôts généraux	0	..	..	..	..	..	..	..	..	..
5120 Impôts sur biens et services déterminés	0	..	..	..	..	..	..	..	..	..
5130 Non-ventilables entre 5110 et 5120	0	..	..	..	..	..	..	..	..	..
5200 Impôts sur utilisation des biens et exerc. activites	..	..	..	..	..	..	..	..	..	..
5300 Non-ventilables entre 5100 et 5200	0	..	..	..	..	..	..	..	..	..
6000 Autres impôts	**0**	**0**	**0**	**0**	**0**	**0**	**0**	**0**	**0**	**0**
6100 A la charge exclusive des entreprises	..	..	..	..	..	..	..	..	..	..
6200 A la charge d'autres agents	..	..	..	..	..	..	..	..	..	..
Recettes fiscales totales	**25 689**	**150 918**	**232 047**	**248 900**	**294 582**	**58**	**0**	**529**	**542**	**601**

.. Non disponible

Note : Y compris les droits de douane perçus pour le compte de l'Union européenne.

StatLink https://stat.link/s9kxwj

Tableau 6.10. Estonie, recettes fiscales par sous-secteurs d'administration

Million EUR

	Administration centrale					Administration d'État/Régions				
	1975	1995	2005	2015	2020	1975	1995	2005	2015	2020
1000 Impôts sur revenu, bénéfices et gains en capital	..	**301**	**782**	**1 607**	**2 102**	..	..	..	..	..
1100 Des personnes physiques	..	234	622	1 182	1 652	..	..	..	..	..
1200 Des sociétés	..	67	160	424	450	..	..	..	..	..
1300 Non-ventilables entre 1100 et 1200	..	0	0	0	0	..	..	..	..	..
2000 Cotisations de sécurité sociale	..	**191**	**636**	**1 191**	**1 744**	..	..	..	..	..
2100 A la charge des salariés	..	0	0	0	0	..	..	..	..	..
2200 A la charge des employeurs	..	191	636	1 179	1 634	..	..	..	..	..
2300 A charge des travailleurs indép. ou sans emploi	..	0	0	12	110	..	..	..	..	..
2400 Non-ventilables entre 2100, 2200 et 2300	..	0	0	0	0	..	..	..	..	..
3000 Sur salaires ou main d'oeuvre	..	**0**	**0**	**0**	**0**	..	..	..	..	..
4000 Impôts sur le patrimoine	..	**3**	**0**	**0**	**0**	..	..	..	..	..
4100 Impôts périodiques sur la propriété immobilière	..	3	..	..	..	..	..	..	..	..
4200 Impôts périodiques sur l'actif net	..	0	..	..	..	..	..	..	..	..
4300 Impôts sur mut. par décès, succ. et donations	..	0	..	..	..	..	..	..	..	..
4400 Impôts sur transact. mobilières et immob.	..	0	..	..	..	..	..	..	..	..
4500 Impôts non-périodiques	..	0	..	..	..	..	..	..	..	..
4600 Autres impôts périodiques sur patrimoine	..	0	..	..	..	..	..	..	..	..
5000 Impôts sur les biens et services	..	**350**	**1 385**	**2 864**	**3 581**	..	..	..	..	..
5100 Impôts sur production, vente, transfert, etc.	..	345	1 348	2 790	3 383	..	..	..	..	..
5110 Impôts généraux	..	266	908	1 873	2 439	..	..	..	..	..
5120 Impôts sur biens et services déterminés	..	79	440	917	944	..	..	..	..	..
5130 Non-ventilables entre 5110 et 5120	..	0	0	0	0	..	..	..	..	..
5200 Impôts sur utilisation des biens et exerc. activites	..	5	37	74	198	..	..	..	..	..
5300 Non-ventilables entre 5100 et 5200	..	0	0	0	0	..	..	..	..	..
6000 Autres impôts	..	**0**	**0**	**0**	**0**	..	..	..	..	..
6100 A la charge exclusive des entreprises	..	..	..	..	..	..	..	..	..	..
6200 A la charge d'autres agents	..	..	..	..	..	..	..	..	..	..
Recettes fiscales totales	..	**845**	**2 803**	**5 662**	**7 427**	..	..	..	..	..

	Administrations locales					Administrations de sécurite sociale				
	1975	1995	2005	2015	2020	1975	1995	2005	2015	2020
1000 Impôts sur revenu, bénéfices et gains en capital	..	**0**	**0**	**0**	**0**	..	**0**	**0**	**0**	**0**
1100 Des personnes physiques	..	0	0	0	0	..	0	0	0	0
1200 Des sociétés	..	0	0	0	0	..	0	0	0	0
1300 Non-ventilables entre 1100 et 1200	..	0	0	0	0	..	0	0	0	0
2000 Cotisations de sécurité sociale	..	**0**	**0**	**0**	**0**	..	**149**	**511**	**1 110**	**1 587**
2100 A la charge des salariés	..	..	..	..	..	..	0	31	99	139
2200 A la charge des employeurs	..	..	..	..	..	..	143	466	1 002	1 340
2300 A charge des travailleurs indép. ou sans emploi	..	..	..	..	..	..	6	14	8	107
2400 Non-ventilables entre 2100, 2200 et 2300	..	..	..	..	..	..	0	0	0	0
3000 Sur salaires ou main d'oeuvre	..	**0**	**0**	**0**	**0**	..	**0**	**0**	**0**	**0**
4000 Impôts sur le patrimoine	..	**7**	**32**	**58**	**58**	..	**0**	**0**	**0**	**0**
4100 Impôts périodiques sur la propriété immobilière	..	7	32	58	58	..	..	..	..	..
4200 Impôts périodiques sur l'actif net	..	0	0	0	0	..	..	..	..	..
4300 Impôts sur mut. par décès, succ. et donations	..	0	0	0	0	..	..	..	..	..
4400 Impôts sur transact. mobilières et immob.	..	0	0	0	0	..	..	..	..	..
4500 Impôts non-périodiques	..	0	0	0	0	..	..	..	..	..
4600 Autres impôts périodiques sur patrimoine	..	0	0	0	0	..	..	..	..	..
5000 Impôts sur les biens et services	..	**1**	**7**	**11**	**12**	..	**0**	**0**	**0**	**0**
5100 Impôts sur production, vente, transfert, etc.	..	0	2	4	5	..	..	..	..	..
5110 Impôts généraux	..	0	0	0	0	..	..	..	..	..
5120 Impôts sur biens et services déterminés	..	0	2	4	5	..	..	..	..	..
5130 Non-ventilables entre 5110 et 5120	..	0	0	0	0	..	..	..	..	..
5200 Impôts sur utilisation des biens et exerc. activites	..	1	5	7	7	..	..	..	..	..
5300 Non-ventilables entre 5100 et 5200	..	0	0	0	0	..	..	..	..	..
6000 Autres impôts	..	**0**	**0**	**0**	**0**	..	**0**	**0**	**0**	**0**
6100 A la charge exclusive des entreprises	..	..	..	..	..	..	..	..	..	..
6200 A la charge d'autres agents	..	..	..	..	..	..	..	..	..	..
Recettes fiscales totales	..	**8**	**40**	**69**	**70**	..	**149**	**511**	**1 110**	**1 587**

.. Non disponible

Note : Y compris les droits de douane perçus pour le compte de l'Union européenne.

StatLink https://stat.link/879kcr

Tableau 6.11. Finlande, recettes fiscales par sous-secteurs d'administration

Million EUR

	Administration centrale					Administration d'État/Régions				
	1975	1995	2005	2015	2020	1975	1995	2005	2015	2020
1000 Impôts sur revenu, bénéfices et gains en capital	**1 304**	**6 538**	**12 885**	**12 127**	**12 329**	..	..	..	..	..
1100 Des personnes physiques	1 146	5 320	8 791	9 248	9 396	..	..	..	..	..
1200 Des sociétés	157	1 218	4 094	2 879	2 933	..	..	..	..	..
1300 Non-ventilables entre 1100 et 1200	0	0	0	0	0	..	..	..	..	..
2000 Cotisations de sécurité sociale	**0**	**25**	**0**	**0**	**0**	..	..	..	..	..
2100 A la charge des salariés	..	0	..	..	..	..	..	..	..	..
2200 A la charge des employeurs	..	25	..	..	..	..	..	..	..	..
2300 A charge des travailleurs indép. ou sans emploi	..	0	..	..	..	..	..	..	..	..
2400 Non-ventilables entre 2100, 2200 et 2300	..	0	..	..	..	..	..	..	..	..
3000 Sur salaires ou main d'oeuvre	**153**	**0**	**0**	**0**	**0**	..	..	..	..	..
4000 Impôts sur le patrimoine	**127**	**533**	**1 169**	**1 414**	**1 619**	..	..	..	..	..
4100 Impôts périodiques sur la propriété immobilière	0	0	0	0	0	..	..	..	..	..
4200 Impôts périodiques sur l'actif net	33	35	129	0	0	..	..	..	..	..
4300 Impôts sur mut. par décès, succ. et donations	14	167	486	631	797	..	..	..	..	..
4400 Impôts sur transact. mobilières et immob.	80	331	554	783	822	..	..	..	..	..
4500 Impôts non-périodiques	0	0	0	0	0	..	..	..	..	..
4600 Autres impôts périodiques sur patrimoine	0	0	0	0	0	..	..	..	..	..
5000 Impôts sur les biens et services	**2 099**	**13 241**	**21 768**	**29 650**	**33 270**	..	..	..	..	..
5100 Impôts sur production, vente, transfert, etc.	2 082	12 937	21 178	28 592	31 814	..	..	..	..	..
5110 Impôts généraux	1 030	7 621	13 748	18 974	22 005	..	..	..	..	..
5120 Impôts sur biens et services déterminés	1 052	5 316	7 430	9 618	9 809	..	..	..	..	..
5130 Non-ventilables entre 5110 et 5120	0	0	0	0	0	..	..	..	..	..
5200 Impôts sur utilisation des biens et exerc. activites	16	304	590	1 058	1 456	..	..	..	..	..
5300 Non-ventilables entre 5100 et 5200	0	0	0	0	0	..	..	..	..	..
6000 Autres impôts	**10**	**90**	**68**	**81**	**73**	..	..	..	..	..
6100 A la charge exclusive des entreprises	0	0	0	0	0	..	..	..	..	..
6200 A la charge d'autres agents	10	90	68	81	73	..	..	..	..	..
Recettes fiscales totales	**3 693**	**20 427**	**35 890**	**43 272**	**47 291**	..	..	..	..	..

	Administrations locales					Administrations de sécurite sociale				
	1975	1995	2005	2015	2020	1975	1995	2005	2015	2020
1000 Impôts sur revenu, bénéfices et gains en capital	**1 547**	**9 313**	**13 574**	**20 244**	**22 633**	**0**	**0**	**0**	**0**	**0**
1100 Des personnes physiques	1 393	8 319	12 420	18 576	20 477	..	..	..	..	..
1200 Des sociétés	154	994	1 154	1 668	2 156	..	..	..	..	..
1300 Non-ventilables entre 1100 et 1200	0	0	0	0	0	..	..	..	..	..
2000 Cotisations de sécurité sociale	**0**	**0**	**0**	**0**	**0**	**1 347**	**13 493**	**18 879**	**26 639**	**27 326**
2100 A la charge des salariés	..	..	..	..	..	278	2 537	3 464	6 364	8 553
2200 A la charge des employeurs	..	..	..	..	..	990	9 447	14 127	18 232	16 704
2300 A charge des travailleurs indép. ou sans emploi	..	..	..	..	..	79	1 509	1 288	2 043	2 069
2400 Non-ventilables entre 2100, 2200 et 2300	..	..	..	..	..	0	0	0	0	0
3000 Sur salaires ou main d'oeuvre	**0**	**0**	**0**	**0**	**0**	**0**	**0**	**0**	**0**	**0**
4000 Impôts sur le patrimoine	**0**	**441**	**725**	**1 603**	**1 950**	**0**	**0**	**0**	**0**	**0**
4100 Impôts périodiques sur la propriété immobilière	0	441	725	1 603	1 950	..	..	..	..	..
4200 Impôts périodiques sur l'actif net	0	0	0	0	0	..	..	..	..	..
4300 Impôts sur mut. par décès, succ. et donations	0	0	0	0	0	..	..	..	..	..
4400 Impôts sur transact. mobilières et immob.	0	0	0	0	0	..	..	..	..	..
4500 Impôts non-périodiques	0	0	0	0	0	..	..	..	..	..
4600 Autres impôts périodiques sur patrimoine	0	0	0	0	0	..	..	..	..	..
5000 Impôts sur les biens et services	**3**	**7**	**8**	**2**	**1**	**0**	**0**	**0**	**0**	**0**
5100 Impôts sur production, vente, transfert, etc.	1	1	4	1	1	..	..	..	..	..
5110 Impôts généraux	0	0	0	0	0	..	..	..	..	..
5120 Impôts sur biens et services déterminés	1	1	4	1	1	..	..	..	..	..
5130 Non-ventilables entre 5110 et 5120	0	0	0	0	0	..	..	..	..	..
5200 Impôts sur utilisation des biens et exerc. activites	2	6	4	1	0	..	..	..	..	..
5300 Non-ventilables entre 5100 et 5200	0	0	0	0	0	..	..	..	..	..
6000 Autres impôts	**0**	**0**	**0**	**0**	**0**	**0**	**0**	**0**	**0**	**0**
6100 A la charge exclusive des entreprises	..	..	..	..	..	..	..	..	..	..
6200 A la charge d'autres agents	..	..	..	..	..	..	..	..	..	..
Recettes fiscales totales	**1 550**	**9 761**	**14 307**	**21 849**	**24 584**	**1 347**	**13 493**	**18 879**	**26 639**	**27 326**

.. Non disponible

Note : Y compris les droits de douane perçus pour le compte de l'Union européenne.

StatLink https://stat.link/xs7n3j

Tableau 6.12. France, recettes fiscales par sous-secteurs d'administration

Million EUR

	Administration centrale					Administration d'État/Régions				
	1975	1995	2005	2015	2020	1975	1995	2005	2015	2020
1000 Impôts sur revenu, bénéfices et gains en capital	**13 106**	**69 134**	**98 623**	**121 529**	**140 092**	**..**	**..**	**..**	**..**	**..**
1100 Des personnes physiques	8 743	43 963	56 862	75 366	87 264	..	..	..	..	..
1200 Des sociétés	4 282	25 172	41 761	46 163	52 828	..	..	..	..	..
1300 Non-ventilables entre 1100 et 1200	80	0	0	0	0	..	..	..	..	..
2000 Cotisations de sécurité sociale	**419**	**3 733**	**5 796**	**7 941**	**8 192**	**..**	**..**	**..**	**..**	**..**
2100 A la charge des salariés	419	3 733	4 812	6 048	7 132	..	..	..	..	..
2200 A la charge des employeurs	0	0	984	1 893	1 060	..	..	..	..	..
2300 A charge des travailleurs indép. ou sans emploi	0	0	0	0	0	..	..	..	..	..
2400 Non-ventilables entre 2100, 2200 et 2300	0	0	0	0	0	..	..	..	..	..
3000 Sur salaires ou main d'oeuvre	**1 194**	**10 299**	**13 117**	**4 796**	**12 230**	**..**	**..**	**..**	**..**	**..**
4000 Impôts sur le patrimoine	**1 372**	**7 356**	**13 945**	**20 362**	**20 363**	**..**	**..**	**..**	**..**	**..**
4100 Impôts périodiques sur la propriété immobilière	26	9	30	100	80	..	..	..	..	..
4200 Impôts périodiques sur l'actif net	0	1 309	3 053	5 224	1 999	..	..	..	..	..
4300 Impôts sur mut. par décès, succ. et donations	616	4 261	9 006	12 317	15 039	..	..	..	..	..
4400 Impôts sur transact. mobilières et immob.	731	1 777	1 856	2 721	3 245	..	..	..	..	..
4500 Impôts non-périodiques	0	0	0	0	0	..	..	..	..	..
4600 Autres impôts périodiques sur patrimoine	0	0	0	0	0	..	..	..	..	..
5000 Impôts sur les biens et services	**26 154**	**129 457**	**167 750**	**178 755**	**155 485**	**..**	**..**	**..**	**..**	**..**
5100 Impôts sur production, vente, transfert, etc.	25 618	126 699	163 729	173 782	149 936	..	..	..	..	..
5110 Impôts généraux	19 077	89 768	127 096	141 371	113 642	..	..	..	..	..
5120 Impôts sur biens et services déterminés	6 540	36 931	36 633	32 411	36 294	..	..	..	..	..
5130 Non-ventilables entre 5110 et 5120	0	0	0	0	0	..	..	..	..	..
5200 Impôts sur utilisation des biens et exerc. activites	536	2 758	4 021	4 973	5 549	..	..	..	..	..
5300 Non-ventilables entre 5100 et 5200	..	0	0	0	0	..	..	..	..	..
6000 Autres impôts	**49**	**924**	**3 522**	**1 683**	**1 068**	**..**	**..**	**..**	**..**	**..**
6100 A la charge exclusive des entreprises	32	871	3 502	1 677	1 046	..	..	..	..	..
6200 A la charge d'autres agents	17	53	21	6	22	..	..	..	..	..
Recettes fiscales totales	**42 294**	**220 903**	**302 753**	**335 066**	**337 430**	**..**	**..**	**..**	**..**	**..**

	Administrations locales					Administrations de sécurite sociale				
	1975	1995	2005	2015	2020	1975	1995	2005	2015	2020
1000 Impôts sur revenu, bénéfices et gains en capital	**0**	**0**	**0**	**20**	**25**	**0**	**14 997**	**80 173**	**112 983**	**136 601**
1100 Des personnes physiques	0	0	0	13	13	0	14 997	80 173	112 978	135 630
1200 Des sociétés	0	0	0	7	12	0	0	0	5	971
1300 Non-ventilables entre 1100 et 1200	0	0	0	0	0	0	0	0	0	0
2000 Cotisations de sécurité sociale	**0**	**0**	**0**	**0**	**0**	**33 089**	**217 995**	**275 433**	**362 434**	**340 143**
2100 A la charge des salariés	..	..	..	..	..	6 683	65 964	65 369	87 719	77 112
2200 A la charge des employeurs	..	..	..	..	..	24 236	135 892	190 090	246 280	235 833
2300 A charge des travailleurs indép. ou sans emploi	..	..	..	..	..	2 170	16 139	19 975	28 435	27 198
2400 Non-ventilables entre 2100, 2200 et 2300	..	..	..	..	..	0	0	0	0	0
3000 Sur salaires ou main d'oeuvre	**299**	**2 529**	**5 437**	**9 278**	**9 185**	**107**	**36**	**1 767**	**20 500**	**22 241**
4000 Impôts sur le patrimoine	**2 876**	**27 105**	**44 534**	**68 949**	**71 316**	**0**	**0**	**0**	**0**	**0**
4100 Impôts périodiques sur la propriété immobilière	2 626	23 117	35 989	57 331	54 767	..	..	..	..	..
4200 Impôts périodiques sur l'actif net	..	0	0	0	0	..	..	..	..	..
4300 Impôts sur mut. par décès, succ. et donations	0	0	0	0	0	..	..	..	..	..
4400 Impôts sur transact. mobilières et immob.	250	3 988	8 545	11 618	16 549	..	..	..	..	..
4500 Impôts non-périodiques	0	0	0	0	0	..	..	..	..	..
4600 Autres impôts périodiques sur patrimoine	..	0	0	0	0	..	..	..	..	..
5000 Impôts sur les biens et services	**496**	**8 056**	**14 708**	**43 987**	**50 581**	**301**	**5 708**	**12 776**	**36 159**	**74 367**
5100 Impôts sur production, vente, transfert, etc.	297	4 168	12 233	39 742	46 134	301	5 429	12 393	35 202	73 251
5110 Impôts généraux	0	0	0	12 973	19 012	248	1 810	4 271	15 569	49 391
5120 Impôts sur biens et services déterminés	297	4 168	12 233	26 769	27 122	53	3 620	8 122	19 633	23 860
5130 Non-ventilables entre 5110 et 5120	..	0	0	0	0	..	0	0	0	0
5200 Impôts sur utilisation des biens et exerc. activites	198	3 888	2 475	4 245	4 447	0	279	383	957	1 116
5300 Non-ventilables entre 5100 et 5200	..	0	0	0	0	..	0	0	0	0
6000 Autres impôts	**2 577**	**18 971**	**22 334**	**9 120**	**10 618**	**0**	**0**	**0**	**568**	**827**
6100 A la charge exclusive des entreprises	2 577	18 970	22 334	9 120	10 618	..	..	..	568	827
6200 A la charge d'autres agents	0	1	0	0	0	..	..	..	0	0
Recettes fiscales totales	**6 248**	**56 661**	**87 013**	**131 354**	**141 725**	**33 497**	**238 737**	**370 149**	**532 644**	**574 179**

.. Non disponible

Note : Y compris les droits de douane perçus pour le compte de l'Union européenne.

StatLink https://stat.link/5lp0ox

Tableau 6.13. Allemagne, recettes fiscales par sous-secteurs d'administration

Million EUR

	Administration fédérale					Administration d'État/Régions				
	1975	1995	2005	2015	2020	1975	1995	2005	2015	2020
1000 Impôts sur revenu, bénéfices et gains en capital	**26 782**	**90 688**	**89 383**	**143 652**	**168 531**	**26 428**	**77 258**	**83 503**	**133 852**	**153 279**
1100 Des personnes physiques	23 469	83 710	77 468	129 730	152 680	23 267	71 598	70 916	118 871	138 402
1200 Des sociétés	3 314	6 978	11 915	13 922	15 851	3 160	5 659	12 587	14 981	14 877
1300 Non-ventilables entre 1100 et 1200	0	0	0	0	0	0	0	0	0	0
2000 Cotisations de sécurité sociale	**0**	**0**	**0**	**0**	**0**	**0**	**0**	**0**	**0**	**0**
2100 A la charge des salariés	..	..	..	..	..	..	..	..	..	..
2200 A la charge des employeurs	..	..	..	..	..	..	..	..	..	..
2300 A charge des travailleurs indép. ou sans emploi	..	..	..	..	..	..	..	..	..	..
2400 Non-ventilables entre 2100, 2200 et 2300	..	..	..	..	..	..	..	..	..	..
3000 Sur salaires ou main d'oeuvre	**0**	**0**	**0**	**0**	**0**	**0**	**0**	**0**	**0**	**0**
4000 Impôts sur le patrimoine	**1 225**	**175**	**0**	**1 688**	**1 517**	**2 606**	**9 080**	**8 985**	**17 537**	**27 750**
4100 Impôts périodiques sur la propriété immobilière	0	0	..	0	0	0	0	0	0	1 515
4200 Impôts périodiques sur l'actif net	920	147	..	1 688	1 517	1 993	4 163	97	-2	0
4300 Impôts sur mut. par décès, succ. et donations	0	0	..	0	0	271	1 815	4 097	6 290	8 657
4400 Impôts sur transact. mobilières et immob.	305	28	..	0	0	342	3 102	4 791	11 249	17 578
4500 Impôts non-périodiques	0	0	..	0	0	0	0	0	0	0
4600 Autres impôts périodiques sur patrimoine	0	0	..	0	0	0	0	0	0	0
5000 Impôts sur les biens et services	**35 370**	**125 377**	**147 967**	**199 447**	**185 544**	**13 082**	**62 564**	**82 093**	**107 685**	**128 891**
5100 Impôts sur production, vente, transfert, etc.	35 370	125 377	147 967	188 870	172 933	10 371	55 506	66 406	99 805	120 876
5110 Impôts généraux	18 458	67 178	74 361	110 451	95 124	9 194	52 783	62 851	96 751	117 563
5120 Impôts sur biens et services déterminés	16 913	58 200	73 170	78 127	77 521	1 177	2 723	3 555	3 054	3 313
5130 Non-ventilables entre 5110 et 5120	0	0	436	292	288	0	0	0	0	0
5200 Impôts sur utilisation des biens et exerc. activites	0	0	0	10 577	12 611	2 711	7 058	15 687	7 880	8 015
5300 Non-ventilables entre 5100 et 5200	0	0	0	0	0	0	0	0	0	0
6000 Autres impôts	**0**	**0**	**-1**	**0**	**0**	**0**	**0**	**0**	**0**	**0**
6100 A la charge exclusive des entreprises	..	..	0	..	..	..	..	..	..	..
6200 A la charge d'autres agents	..	..	-1	..	..	..	..	..	..	..
Recettes fiscales totales	**63 378**	**216 240**	**237 349**	**344 787**	**355 592**	**42 116**	**148 902**	**174 581**	**259 074**	**309 920**

	Administrations locales					Administrations de sécurite sociale				
	1975	1995	2005	2015	2020	1975	1995	2005	2015	2020
1000 Impôts sur revenu, bénéfices et gains en capital	**11 819**	**40 295**	**46 725**	**73 882**	**82 773**	**0**	**0**	**0**	**0**	**0**
1100 Des personnes physiques	9 931	33 761	31 261	50 761	57 862	..	..	..	..	..
1200 Des sociétés	1 888	6 534	15 464	23 121	24 911	..	..	..	..	..
1300 Non-ventilables entre 1100 et 1200	0	0	0	0	0	..	..	..	..	..
2000 Cotisations de sécurité sociale	**0**	**0**	**0**	**0**	**0**	**64 290**	**268 052**	**311 530**	**424 841**	**512 122**
2100 A la charge des salariés	..	..	..	..	..	28 106	117 916	134 939	186 305	217 235
2200 A la charge des employeurs	..	..	..	..	..	34 609	133 120	148 507	196 679	244 692
2300 A charge des travailleurs indép. ou sans emploi	..	..	..	..	..	1 575	17 016	28 084	41 857	50 195
2400 Non-ventilables entre 2100, 2200 et 2300	..	..	..	..	..	0	0	0	0	0
3000 Sur salaires ou main d'oeuvre	**1 533**	**0**	**0**	**0**	**0**	**0**	**0**	**0**	**0**	**0**
4000 Impôts sur le patrimoine	**3 461**	**9 794**	**10 247**	**13 215**	**13 160**	**0**	**0**	**0**	**0**	**0**
4100 Impôts périodiques sur la propriété immobilière	2 122	7 027	10 247	13 215	13 160	..	..	..	..	..
4200 Impôts périodiques sur l'actif net	911	2 615	0	0	0	..	..	..	..	..
4300 Impôts sur mut. par décès, succ. et donations	0	0	0	0	0	..	..	..	..	..
4400 Impôts sur transact. mobilières et immob.	428	151	0	0	0	..	..	..	..	..
4500 Impôts non-périodiques	0	0	0	0	0	..	..	..	..	..
4600 Autres impôts périodiques sur patrimoine	0	0	0	0	0	..	..	..	..	..
5000 Impôts sur les biens et services	**162**	**448**	**3 395**	**5 947**	**10 329**	**0**	**0**	**0**	**0**	**0**
5100 Impôts sur production, vente, transfert, etc.	94	271	3 136	5 615	9 941	..	..	..	..	..
5110 Impôts généraux	0	0	2 909	4 734	9 195	..	..	..	..	..
5120 Impôts sur biens et services déterminés	94	271	227	881	746	..	..	..	..	..
5130 Non-ventilables entre 5110 et 5120	0	0	0	0	0	..	..	..	..	..
5200 Impôts sur utilisation des biens et exerc. activites	68	176	259	332	388	..	..	..	..	..
5300 Non-ventilables entre 5100 et 5200	0	0	0	0	0	..	..	..	..	..
6000 Autres impôts	**67**	**130**	**79**	**216**	**208**	**0**	**0**	**0**	**0**	**0**
6100 A la charge exclusive des entreprises	0	0	0	0	0	..	..	..	..	..
6200 A la charge d'autres agents	67	130	79	216	208	..	..	..	..	..
Recettes fiscales totales	**17 042**	**50 666**	**60 446**	**93 260**	**106 470**	**64 290**	**268 052**	**311 530**	**424 841**	**512 122**

.. Non disponible

Note : Y compris les droits de douane perçus pour le compte de l'Union européenne.

StatLink https://stat.link/3srnol

Tableau 6.14. Grèce, recettes fiscales par sous-secteurs d'administration

Million EUR

	Administration centrale					Administration d'État/Régions				
	1975	1995	2005	2015	2020	1975	1995	2005	2015	2020
1000 Impôts sur revenu, bénéfices et gains en capital	**64**	**5 456**	**16 101**	**14 577**	**13 104**	**..**	**..**	**..**	**..**	**..**
1100 Des personnes physiques	43	3 011	8 719	10 146	10 440	..	..	..	..	..
1200 Des sociétés	17	2 067	6 487	3 800	1 999	..	..	..	..	..
1300 Non-ventilables entre 1100 et 1200	4	378	895	631	665	..	..	..	..	..
2000 Cotisations de sécurité sociale	**0**	**380**	**1 048**	**745**	**59**	**..**	**..**	**..**	**..**	**..**
2100 A la charge des salariés	..	380	1 031	744	59	..	..	..	..	..
2200 A la charge des employeurs	..	0	17	1	0	..	..	..	..	..
2300 A charge des travailleurs indép. ou sans emploi	..	0	0	0	0	..	..	..	..	..
2400 Non-ventilables entre 2100, 2200 et 2300	..	0	0	0	0	..	..	..	..	..
3000 Sur salaires ou main d'oeuvre	**1**	**0**	**0**	**0**	**0**	**..**	**..**	**..**	**..**	**..**
4000 Impôts sur le patrimoine	**47**	**1 060**	**2 263**	**3 931**	**3 483**	**..**	**..**	**..**	**..**	**..**
4100 Impôts périodiques sur la propriété immobilière	1	0	0	3 046	2 483	..	..	..	..	..
4200 Impôts périodiques sur l'actif net	0	138	284	180	187	..	..	..	..	..
4300 Impôts sur mut. par décès, succ. et donations	5	274	258	134	169	..	..	..	..	..
4400 Impôts sur transact. mobilières et immob.	41	641	1 469	509	630	..	..	..	..	..
4500 Impôts non-périodiques	0	0	73	0	0	..	..	..	..	..
4600 Autres impôts périodiques sur patrimoine	0	7	179	62	14	..	..	..	..	..
5000 Impôts sur les biens et services	**224**	**10 586**	**21 526**	**25 088**	**24 222**	**..**	**..**	**..**	**..**	**..**
5100 Impôts sur production, vente, transfert, etc.	205	9 953	19 454	20 899	20 629	..	..	..	..	..
5110 Impôts généraux	90	5 504	13 605	12 904	12 929	..	..	..	..	..
5120 Impôts sur biens et services déterminés	114	4 413	5 772	7 901	7 672	..	..	..	..	..
5130 Non-ventilables entre 5110 et 5120	0	36	77	94	28	..	..	..	..	..
5200 Impôts sur utilisation des biens et exerc. activites	20	385	1 780	3 187	2 930	..	..	..	..	..
5300 Non-ventilables entre 5100 et 5200	0	248	292	1 002	663	..	..	..	..	..
6000 Autres impôts	**0**	**0**	**0**	**0**	**0**	**..**	**..**	**..**	**..**	**..**
6100 A la charge exclusive des entreprises	..	..	..	..	..	..	..	..	..	..
6200 A la charge d'autres agents	..	..	..	..	..	..	..	..	..	..
Recettes fiscales totales	**337**	**17 482**	**40 938**	**44 341**	**40 868**	**..**	**..**	**..**	**..**	**..**

	Administrations locales					Administrations de sécurite sociale				
	1975	1995	2005	2015	2020	1975	1995	2005	2015	2020
1000 Impôts sur revenu, bénéfices et gains en capital	**3**	**0**	**0**	**0**	**0**	**0**	**0**	**0**	**9**	**7**
1100 Des personnes physiques	2	..	..	..	..	0	..	..	9	7
1200 Des sociétés	0	..	..	..	..	0	..	..	0	0
1300 Non-ventilables entre 1100 et 1200	1	..	..	..	..	0	..	..	0	0
2000 Cotisations de sécurité sociale	**0**	**0**	**0**	**0**	**0**	**148**	**7 991**	**20 288**	**18 062**	**21 293**
2100 A la charge des salariés	..	..	..	..	..	62	4 181	10 206	10 351	11 563
2200 A la charge des employeurs	..	..	..	..	..	62	3 810	10 082	7 711	9 730
2300 A charge des travailleurs indép. ou sans emploi	..	..	..	..	..	0	0	0	0	0
2400 Non-ventilables entre 2100, 2200 et 2300	..	..	..	..	..	24	0	0	0	0
3000 Sur salaires ou main d'oeuvre	**0**	**0**	**0**	**0**	**0**	**0**	**0**	**0**	**0**	**0**
4000 Impôts sur le patrimoine	**1**	**447**	**1 208**	**1 449**	**1 555**	**0**	**66**	**361**	**38**	**0**
4100 Impôts périodiques sur la propriété immobilière	0	180	420	546	581	..	32	83	0	..
4200 Impôts périodiques sur l'actif net	0	267	788	903	974	..	0	0	0	..
4300 Impôts sur mut. par décès, succ. et donations	0	0	0	0	0	..	0	0	0	..
4400 Impôts sur transact. mobilières et immob.	0	0	0	0	0	..	34	278	38	..
4500 Impôts non-périodiques	0	0	0	0	0	..	0	0	0	..
4600 Autres impôts périodiques sur patrimoine	0	0	0	0	0	..	0	0	0	..
5000 Impôts sur les biens et services	**10**	**89**	**197**	**96**	**71**	**0**	**124**	**248**	**240**	**112**
5100 Impôts sur production, vente, transfert, etc.	7	87	185	82	59	..	102	195	224	109
5110 Impôts généraux	2	32	26	3	1	..	86	85	170	77
5120 Impôts sur biens et services déterminés	6	55	159	79	58	..	16	110	47	25
5130 Non-ventilables entre 5110 et 5120	0	0	0	0	0	..	0	0	7	7
5200 Impôts sur utilisation des biens et exerc. activites	3	2	12	14	12	..	22	53	16	3
5300 Non-ventilables entre 5100 et 5200	0	0	0	0	0	..	0	0	0	0
6000 Autres impôts	**0**	**0**	**0**	**0**	**0**	**0**	**0**	**0**	**0**	**0**
6100 A la charge exclusive des entreprises	..	..	..	..	..	..	..	..	..	..
6200 A la charge d'autres agents	..	..	..	..	..	..	..	..	..	..
Recettes fiscales totales	**17**	**536**	**1 405**	**1 545**	**1 626**	**148**	**8 181**	**20 897**	**18 349**	**21 412**

.. Non disponible

Note : Y compris les droits de douane perçus pour le compte de l'Union européenne.

StatLink https://stat.link/1szg7r

Tableau 6.15. Hongrie, recettes fiscales par sous-secteurs d'administration

Million HUF

	Administration centrale					Administration d'État/Régions				
	1975	1995	2005	2015	2020	1975	1995	2005	2015	2020
1000 Impôts sur revenu, bénéfices et gains en capital	..	**498 608**	**1 915 178**	**2 299 697**	**3 165 553**	..	..	..	..	..
1100 Des personnes physiques	..	383 744	1 449 552	1 698 410	2 543 266	..	..	..	..	..
1200 Des sociétés	..	106 259	465 626	601 287	622 287	..	..	..	..	..
1300 Non-ventilables entre 1100 et 1200	..	8 605	0	0	0	..	..	..	..	..
2000 Cotisations de sécurité sociale	..	**69 554**	**235 148**	**148 044**	**228 636**	..	..	..	..	..
2100 A la charge des salariés	..	18 468	53 611	144 868	227 244	..	..	..	..	..
2200 A la charge des employeurs	..	51 086	175 013	3 176	1 392	..	..	..	..	..
2300 A charge des travailleurs indép. ou sans emploi	..	0	0	0	0	..	..	..	..	..
2400 Non-ventilables entre 2100, 2200 et 2300	..	0	6 524	0	0	..	..	..	..	..
3000 Sur salaires ou main d'oeuvre	..	**5 474**	**39 459**	**231 467**	**491 781**	..	..	..	..	..
4000 Impôts sur le patrimoine	..	**11 463**	**63 007**	**292 329**	**335 291**	..	..	..	..	..
4100 Impôts périodiques sur la propriété immobilière	..	0	0	55 906	52 502	..	..	..	..	..
4200 Impôts périodiques sur l'actif net	..	0	0	135 661	108 104	..	..	..	..	..
4300 Impôts sur mut. par décès, succ. et donations	..	1 364	7 678	7 373	9 493	..	..	..	..	..
4400 Impôts sur transact. mobilières et immob.	..	10 099	55 329	93 389	165 192	..	..	..	..	..
4500 Impôts non-périodiques	..	0	0	0	0	..	..	..	..	..
4600 Autres impôts périodiques sur patrimoine	..	0	0	0	0	..	..	..	..	..
5000 Impôts sur les biens et services	..	**924 906**	**2 870 189**	**5 168 034**	**6 955 620**	..	..	..	..	..
5100 Impôts sur production, vente, transfert, etc.	..	919 500	2 854 738	5 060 613	6 737 830	..	..	..	..	..
5110 Impôts généraux	..	423 954	1 972 998	3 485 479	4 846 256	..	..	..	..	..
5120 Impôts sur biens et services déterminés	..	495 546	881 740	1 575 134	1 891 574	..	..	..	..	..
5130 Non-ventilables entre 5110 et 5120	..	0	0	0	0	..	..	..	..	..
5200 Impôts sur utilisation des biens et exerc. activites	..	5 406	15 451	107 421	217 790	..	..	..	..	..
5300 Non-ventilables entre 5100 et 5200	..	0	0	0	0	..	..	..	..	..
6000 Autres impôts	..	**8 901**	**25 403**	**30 665**	**14 871**	..	..	..	..	..
6100 A la charge exclusive des entreprises	..	0	4 240	9 156	0	..	..	..	..	..
6200 A la charge d'autres agents	..	0	0	0	0	..	..	..	..	..
Recettes fiscales totales	..	**1 518 905**	**5 148 383**	**8 170 236**	**11 191 752**	..	..	..	..	..

	Administrations locales					Administrations de sécurite sociale				
	1975	1995	2005	2015	2020	1975	1995	2005	2015	2020
1000 Impôts sur revenu, bénéfices et gains en capital	..	**0**	**173**	**45**	**36**	..	**0**	**26 307**	**126 216**	**291**
1100 Des personnes physiques	..	0	173	45	36	..	0	26 307	126 216	291
1200 Des sociétés	..	0	0	0	0	..	0	0	0	0
1300 Non-ventilables entre 1100 et 1200	..	0	0	0	0	..	0	0	0	0
2000 Cotisations de sécurité sociale	..	**0**	**0**	**0**	**0**	..	**778 467**	**2 452 562**	**4 285 420**	**5 136 128**
2100 A la charge des salariés	..	..	..	..	..	..	116 824	530 098	1 626 055	2 586 522
2200 A la charge des employeurs	..	..	..	..	..	..	632 478	1 894 306	2 634 154	2 520 300
2300 A charge des travailleurs indép. ou sans emploi	..	..	..	..	..	..	27 466	2 080	0	0
2400 Non-ventilables entre 2100, 2200 et 2300	..	..	..	..	..	..	1 699	26 078	25 211	29 306
3000 Sur salaires ou main d'oeuvre	..	**1 075**	**1 153**	**0**	**0**	..	**0**	**44 397**	**10 283**	**9 543**
4000 Impôts sur le patrimoine	..	**17 531**	**123 929**	**145 000**	**172 088**	..	**0**	**0**	**0**	**0**
4100 Impôts périodiques sur la propriété immobilière	..	6 068	58 836	145 000	172 088	..	..	..	..	..
4200 Impôts périodiques sur l'actif net	..	0	0	0	0	..	..	..	..	..
4300 Impôts sur mut. par décès, succ. et donations	..	1 364	7 932	0	0	..	..	..	..	..
4400 Impôts sur transact. mobilières et immob.	..	10 099	57 162	0	0	..	..	..	..	..
4500 Impôts non-périodiques	..	0	0	0	0	..	..	..	..	..
4600 Autres impôts périodiques sur patrimoine	..	0	0	0	0	..	..	..	..	..
5000 Impôts sur les biens et services	..	**41 970**	**388 385**	**625 571**	**734 092**	..	**0**	**0**	**103 105**	**110 739**
5100 Impôts sur production, vente, transfert, etc.	..	39 240	337 935	594 855	732 953	..	..	..	103 105	110 739
5110 Impôts généraux	..	38 472	334 077	584 380	729 000	..	..	..	29 882	57 685
5120 Impôts sur biens et services déterminés	..	768	3 858	10 475	3 953	..	..	..	73 223	53 054
5130 Non-ventilables entre 5110 et 5120	..	0	0	0	0	..	..	..	0	0
5200 Impôts sur utilisation des biens et exerc. activites	..	2 730	50 450	30 716	1 139	..	..	..	0	0
5300 Non-ventilables entre 5100 et 5200	..	0	0	0	0	..	..	..	0	0
6000 Autres impôts	..	**0**	**0**	**0**	**0**	..	**21 605**	**9 616**	**14 021**	**7 422**
6100 A la charge exclusive des entreprises	..	..	..	..	..	..	0	0	0	0
6200 A la charge d'autres agents	..	..	..	..	..	..	0	0	0	0
Recettes fiscales totales	..	**60 576**	**513 641**	**770 616**	**906 216**	..	**800 072**	**2 532 882**	**4 539 045**	**5 264 123**

.. Non disponible

Note : Y compris les droits de douane perçus pour le compte de l'Union européenne.

StatLink https://stat.link/wejstn

Tableau 6.16. Islande, recettes fiscales par sous-secteurs d'administration

Million ISK

	Administration centrale					Administration d'État/Régions				
	1975	1995	2005	2015	2020	1975	1995	2005	2015	2020
1000 Impôts sur revenu, bénéfices et gains en capital	**68**	**27 156**	**105 705**	**210 536**	**287 478**	..	..	..	..	..
1100 Des personnes physiques	55	22 914	70 944	127 535	202 698	..	..	..	..	..
1200 Des sociétés	13	4 242	20 297	52 544	64 447	..	..	..	..	..
1300 Non-ventilables entre 1100 et 1200	0	0	14 464	30 457	20 333	..	..	..	..	..
2000 Cotisations de sécurité sociale	**17**	**11 452**	**32 777**	**79 707**	**88 364**	..	..	..	..	..
2100 A la charge des salariés	0	460	..	..	..	..	..	..	..	..
2200 A la charge des employeurs	17	10 992	..	..	..	..	..	..	..	..
2300 A charge des travailleurs indép. ou sans emploi	0	0	..	..	..	..	..	..	..	..
2400 Non-ventilables entre 2100, 2200 et 2300	0	0	32 777	79 707	88 364	..	..	..	..	..
3000 Sur salaires ou main d'oeuvre	**27**	**0**	**324**	**6 638**	**9 233**	..	..	..	..	..
4000 Impôts sur le patrimoine	**15**	**7 198**	**4 267**	**4 459**	**10 528**	..	..	..	..	..
4100 Impôts périodiques sur la propriété immobilière	0	47	0	178	256	..	..	..	..	..
4200 Impôts périodiques sur l'actif net	5	3 191	2 887	657	34	..	..	..	..	..
4300 Impôts sur mut. par décès, succ. et donations	0	389	866	2 919	9 059	..	..	..	..	..
4400 Impôts sur transact. mobilières et immob.	9	3 571	0	0	0	..	..	..	..	..
4500 Impôts non-périodiques	0	0	248	362	612	..	..	..	..	..
4600 Autres impôts périodiques sur patrimoine	0	0	266	343	567	..	..	..	..	..
5000 Impôts sur les biens et services	**392**	**66 356**	**177 366**	**264 323**	**329 768**	..	..	..	..	..
5100 Impôts sur production, vente, transfert, etc.	387	62 140	167 012	254 422	312 821	..	..	..	..	..
5110 Impôts généraux	182	42 358	122 968	188 001	239 773	..	..	..	..	..
5120 Impôts sur biens et services déterminés	205	19 782	44 044	66 421	73 049	..	..	..	..	..
5130 Non-ventilables entre 5110 et 5120	0	0	0	0	0	..	..	..	..	..
5200 Impôts sur utilisation des biens et exerc. activites	5	4 216	10 354	9 901	16 947	..	..	..	..	..
5300 Non-ventilables entre 5100 et 5200	0	0	0	0	0	..	..	..	..	..
6000 Autres impôts	**0**	**0**	**1 504**	**38 364**	**19 174**	..	..	..	..	..
6100 A la charge exclusive des entreprises	..	..	565	32 477	12 046	..	..	..	..	..
6200 A la charge d'autres agents	..	..	939	5 887	7 127	..	..	..	..	..
Recettes fiscales totales	**519**	**112 162**	**321 941**	**604 026**	**744 545**	..	..	..	..	..

	Administrations locales					Administrations de sécurite sociale				
	1975	1995	2005	2015	2020	1975	1995	2005	2015	2020
1000 Impôts sur revenu, bénéfices et gains en capital	**78**	**21 170**	**74 465**	**170 443**	**254 557**	**0**	**0**	**0**	**0**	**0**
1100 Des personnes physiques	74	21 170	74 455	170 443	254 557	..	..	..	..	..
1200 Des sociétés	4	0	10	0	0	..	..	..	..	..
1300 Non-ventilables entre 1100 et 1200	0	0	0	0	0	..	..	..	..	..
2000 Cotisations de sécurité sociale	**0**	**0**	**0**	**0**	**0**	**0**	**0**	**0**	**0**	**0**
2100 A la charge des salariés	..	..	..	..	..	..	..	..	..	..
2200 A la charge des employeurs	..	..	..	..	..	..	..	..	..	..
2300 A charge des travailleurs indép. ou sans emploi	..	..	..	..	..	..	..	..	..	..
2400 Non-ventilables entre 2100, 2200 et 2300	..	..	..	..	..	..	..	..	..	..
3000 Sur salaires ou main d'oeuvre	**0**	**0**	**0**	**0**	**0**	**0**	**0**	**0**	**0**	**0**
4000 Impôts sur le patrimoine	**18**	**5 674**	**13 931**	**34 701**	**55 784**	**0**	**0**	**0**	**0**	**0**
4100 Impôts périodiques sur la propriété immobilière	18	5 674	13 931	34 701	55 784	..	..	..	..	..
4200 Impôts périodiques sur l'actif net	0	0	0	0	0	..	..	..	..	..
4300 Impôts sur mut. par décès, succ. et donations	0	0	0	0	0	..	..	..	..	..
4400 Impôts sur transact. mobilières et immob.	0	0	0	0	0	..	..	..	..	..
4500 Impôts non-périodiques	0	0	0	0	0	..	..	..	..	..
4600 Autres impôts périodiques sur patrimoine	0	0	0	0	0	..	..	..	..	..
5000 Impôts sur les biens et services	**9**	**2 585**	**6 904**	**2 832**	**6 203**	**0**	**0**	**0**	**0**	**0**
5100 Impôts sur production, vente, transfert, etc.	9	2 585	0	0	0	..	..	..	..	..
5110 Impôts généraux	0	2 585	..	..	..	..	..	..	..	..
5120 Impôts sur biens et services déterminés	9	0	..	..	..	..	..	..	..	..
5130 Non-ventilables entre 5110 et 5120	0	0	..	..	..	..	..	..	..	..
5200 Impôts sur utilisation des biens et exerc. activites	0	0	6 904	2 832	6 203	..	..	..	..	..
5300 Non-ventilables entre 5100 et 5200	0	0	0	0	0	..	..	..	..	..
6000 Autres impôts	**14**	**0**	**93**	**0**	**0**	**0**	**0**	**0**	**0**	**0**
6100 A la charge exclusive des entreprises	14	..	93	..	..	..	..	..	..	..
6200 A la charge d'autres agents	0	..	0	..	..	..	..	..	..	..
Recettes fiscales totales	**119**	**29 429**	**95 393**	**207 976**	**316 544**	**0**	**0**	**0**	**0**	**0**

.. Non disponible

StatLink https://stat.link/tjcd0u

Tableau 6.17. Irlande, recettes fiscales par sous-secteurs d'administration

Million EUR

	Administration centrale					Administration d'État/Régions				
	1975	1995	2005	2015	2020	1975	1995	2005	2015	2020
1000 Impôts sur revenu, bénéfices et gains en capital	**456**	**7 022**	**21 186**	**23 599**	**36 333**	..	..	..	..	..
1100 Des personnes physiques	382	5 563	15 674	19 722	24 380	..	..	..	..	..
1200 Des sociétés	73	1 458	5 511	3 873	11 954	..	..	..	..	..
1300 Non-ventilables entre 1100 et 1200	0	0	0	4	0	..	..	..	..	..
2000 Cotisations de sécurité sociale	**11**	**87**	**217**	**1 351**	**1 406**	..	..	..	..	..
2100 A la charge des salariés	10	87	217	1 351	1 406	..	..	..	..	..
2200 A la charge des employeurs	0	0	0	0	0	..	..	..	..	..
2300 A charge des travailleurs indép. ou sans emploi	1	0	0	0	0	..	..	..	..	..
2400 Non-ventilables entre 2100, 2200 et 2300	0	0	0	0	0	..	..	..	..	..
3000 Sur salaires ou main d'oeuvre	**0**	**209**	**332**	**357**	**717**	..	..	..	..	..
4000 Impôts sur le patrimoine	**37**	**370**	**2 741**	**2 530**	**2 955**	..	..	..	..	..
4100 Impôts périodiques sur la propriété immobilière	0	15	0	475	482	..	..	..	..	..
4200 Impôts périodiques sur l'actif net	5	0	0	169	0	..	..	..	..	..
4300 Impôts sur mut. par décès, succ. et donations	17	76	255	401	505	..	..	..	..	..
4400 Impôts sur transact. mobilières et immob.	15	279	2 486	1 484	1 968	..	..	..	..	..
4500 Impôts non-périodiques	0	0	0	0	0	..	..	..	..	..
4600 Autres impôts périodiques sur patrimoine	0	0	0	0	0	..	..	..	..	..
5000 Impôts sur les biens et services	**671**	**6 763**	**19 122**	**19 686**	**20 592**	..	..	..	..	..
5100 Impôts sur production, vente, transfert, etc.	639	6 419	18 106	17 709	18 773	..	..	..	..	..
5110 Impôts généraux	223	3 666	12 373	11 831	12 753	..	..	..	..	..
5120 Impôts sur biens et services déterminés	416	2 753	5 733	5 878	6 020	..	..	..	..	..
5130 Non-ventilables entre 5110 et 5120	0	0	0	0	0	..	..	..	..	..
5200 Impôts sur utilisation des biens et exerc. activites	33	344	1 015	1 977	1 819	..	..	..	..	..
5300 Non-ventilables entre 5100 et 5200	0	0	0	0	0	..	..	..	..	..
6000 Autres impôts	**0**	**0**	**0**	**12**	**9**	..	..	..	..	..
6100 A la charge exclusive des entreprises	..	..	..	0	0	..	..	..	..	..
6200 A la charge d'autres agents	..	..	..	12	9	..	..	..	..	..
Recettes fiscales totales	**1 175**	**14 451**	**43 598**	**50 535**	**62 012**	..	..	..	..	..

	Administrations locales					Administrations de sécurite sociale				
	1975	1995	2005	2015	2020	1975	1995	2005	2015	2020
1000 Impôts sur revenu, bénéfices et gains en capital	**0**	**0**	**0**	**0**	**0**	**0**	**0**	**0**	**0**	**0**
1100 Des personnes physiques	..	..	..	..	..	..	..	..	..	..
1200 Des sociétés	..	..	..	..	..	..	..	..	..	..
1300 Non-ventilables entre 1100 et 1200	0	..	..	..	..	0	..	..	..	..
2000 Cotisations de sécurité sociale	**0**	**56**	**90**	**121**	**83**	**198**	**2 215**	**6 230**	**8 527**	**10 796**
2100 A la charge des salariés	..	56	90	121	83	73	576	1 415	1 856	2 295
2200 A la charge des employeurs	..	0	0	0	0	125	1 528	4 427	6 211	7 868
2300 A charge des travailleurs indép. ou sans emploi	..	0	0	0	0	0	111	388	460	632
2400 Non-ventilables entre 2100, 2200 et 2300	..	0	0	0	0	0	0	0	0	0
3000 Sur salaires ou main d'oeuvre	**0**	**0**	**0**	**0**	**0**	**0**	**0**	**0**	**0**	**0**
4000 Impôts sur le patrimoine	**110**	**408**	**1 020**	**1 389**	**733**	..	**0**	**0**	**0**	**0**
4100 Impôts périodiques sur la propriété immobilière	110	408	1 020	1 389	733	..	..	..	..	..
4200 Impôts périodiques sur l'actif net	0	0	0	0	0	..	..	..	..	..
4300 Impôts sur mut. par décès, succ. et donations	0	0	0	0	0	..	..	..	..	..
4400 Impôts sur transact. mobilières et immob.	0	0	0	0	0	..	..	..	..	..
4500 Impôts non-périodiques	0	0	0	0	0	..	..	..	..	..
4600 Autres impôts périodiques sur patrimoine	0	0	0	0	0	..	..	..	..	..
5000 Impôts sur les biens et services	**0**	**0**	**0**	**0**	**0**	**0**	**0**	**0**	**0**	**0**
5100 Impôts sur production, vente, transfert, etc.	..	..	..	..	..	..	..	..	..	..
5110 Impôts généraux	..	..	..	..	..	..	..	..	..	..
5120 Impôts sur biens et services déterminés	..	..	..	..	..	..	..	..	..	..
5130 Non-ventilables entre 5110 et 5120	0	..	..	..	..	0	..	..	..	..
5200 Impôts sur utilisation des biens et exerc. activites	..	..	..	..	..	0	..	..	..	..
5300 Non-ventilables entre 5100 et 5200	0	..	..	..	..	0	..	..	..	..
6000 Autres impôts	**0**	**0**	**0**	**0**	**0**	**0**	**0**	**0**	**0**	**0**
6100 A la charge exclusive des entreprises	..	..	..	..	..	..	..	..	..	..
6200 A la charge d'autres agents	..	..	..	..	..	..	..	..	..	..
Recettes fiscales totales	**110**	**464**	**1 110**	**1 510**	**816**	**198**	**2 215**	**6 230**	**8 527**	**10 796**

.. Non disponible

Note : Y compris les droits de douane perçus pour le compte de l'Union européenne. The personal income tax data shown for the country table for Ireland is different to the ESA2010 presentation as the expenditure component of the payable tax credits are excluded in accordance with the OECD Interpretative Guide.

StatLink https://stat.link/izo75g

Tableau 6.18. Israël, recettes fiscales par sous-secteurs d'administration

Million ILS

	Administration centrale					Administration d'État/Régions				
	1975	1995	2005	2015	2020	1975	1995	2005	2015	2020
1000 Impôts sur revenu, bénéfices et gains en capital	..	**37 422**	**73 082**	**113 966**	**139 321**	..	..	..	..	..
1100 Des personnes physiques	..	28 399	47 062	70 885	91 900	..	..	..	..	..
1200 Des sociétés	..	8 514	21 909	34 676	38 831	..	..	..	..	..
1300 Non-ventilables entre 1100 et 1200	..	509	4 111	8 405	8 590	..	..	..	..	..
2000 Cotisations de sécurité sociale	..	**0**	**0**	**0**	**0**	..	..	..	..	..
2100 A la charge des salariés	..	..	..	..	..	..	..	..	..	..
2200 A la charge des employeurs	..	..	..	..	..	..	..	..	..	..
2300 A charge des travailleurs indép. ou sans emploi	..	..	..	..	..	..	..	..	..	..
2400 Non-ventilables entre 2100, 2200 et 2300	..	..	..	..	..	..	..	..	..	..
3000 Sur salaires ou main d'oeuvre	..	**5 007**	**9 920**	**13 770**	**16 191**	..	..	..	..	..
4000 Impôts sur le patrimoine	..	**4 122**	**5 547**	**10 593**	**11 433**	..	..	..	..	..
4100 Impôts périodiques sur la propriété immobilière	..	786	322	44	10	..	..	..	..	..
4200 Impôts périodiques sur l'actif net	..	0	0	0	0	..	..	..	..	..
4300 Impôts sur mut. par décès, succ. et donations	..	0	0	0	0	..	..	..	..	..
4400 Impôts sur transact. mobilières et immob.	..	2 049	3 591	6 732	6 864	..	..	..	..	..
4500 Impôts non-périodiques	..	1 287	1 634	3 817	4 559	..	..	..	..	..
4600 Autres impôts périodiques sur patrimoine	..	0	0	0	0	..	..	..	..	..
5000 Impôts sur les biens et services	..	**38 673**	**75 877**	**136 829**	**147 233**	..	..	..	..	..
5100 Impôts sur production, vente, transfert, etc.	..	36 637	70 741	128 277	138 750	..	..	..	..	..
5110 Impôts généraux	..	31 975	59 374	107 765	118 854	..	..	..	..	..
5120 Impôts sur biens et services déterminés	..	4 662	11 367	20 512	19 896	..	..	..	..	..
5130 Non-ventilables entre 5110 et 5120	..	0	0	0	0	..	..	..	..	..
5200 Impôts sur utilisation des biens et exerc. activites	..	2 036	5 136	8 552	8 484	..	..	..	..	..
5300 Non-ventilables entre 5100 et 5200	..	0	0	0	0	..	..	..	..	..
6000 Autres impôts	..	**0**	**0**	**0**	**0**	..	..	..	..	..
6100 A la charge exclusive des entreprises	..	..	..	..	..	..	..	..	..	..
6200 A la charge d'autres agents	..	..	..	..	..	..	..	..	..	..
Recettes fiscales totales	..	**85 224**	**164 425**	**275 158**	**314 177**	..	..	..	..	..

	Administrations locales					Administrations de sécurite sociale				
	1975	1995	2005	2015	2020	1975	1995	2005	2015	2020
1000 Impôts sur revenu, bénéfices et gains en capital	..	**0**	**0**	**0**	**0**	..	**0**	**0**	**0**	**0**
1100 Des personnes physiques	..	0	0	0	0	..	0	0	0	0
1200 Des sociétés	..	..	..	..	..	..	..	..	..	..
1300 Non-ventilables entre 1100 et 1200	..	0	0	0	0	..	0	0	0	0
2000 Cotisations de sécurité sociale	..	**0**	**0**	**0**	**0**	..	**14 958**	**34 597**	**59 561**	**73 031**
2100 A la charge des salariés	..	..	..	..	..	..	7 953	19 720	34 692	40 797
2200 A la charge des employeurs	..	..	..	..	..	..	4 672	10 679	17 247	22 564
2300 A charge des travailleurs indép. ou sans emploi	..	..	..	..	..	..	2 334	4 198	7 622	9 670
2400 Non-ventilables entre 2100, 2200 et 2300	..	..	..	..	..	..	0	0	0	0
3000 Sur salaires ou main d'oeuvre	..	**0**	**0**	**0**	**0**	..	**0**	**0**	**0**	**0**
4000 Impôts sur le patrimoine	..	**7 363**	**16 435**	**30 016**	**31 976**	..	**0**	**0**	**0**	**0**
4100 Impôts périodiques sur la propriété immobilière	..	5 592	13 962	23 658	25 022	..	..	..	..	..
4200 Impôts périodiques sur l'actif net	..	0	0	0	0	..	..	..	..	..
4300 Impôts sur mut. par décès, succ. et donations	..	0	0	0	0	..	..	..	..	..
4400 Impôts sur transact. mobilières et immob.	..	0	0	0	0	..	..	..	..	..
4500 Impôts non-périodiques	..	1 771	2 473	6 358	6 955	..	..	..	..	..
4600 Autres impôts périodiques sur patrimoine	..	0	0	0	0	..	..	..	..	..
5000 Impôts sur les biens et services	..	**298**	**748**	**1 309**	**1 400**	..	**0**	**0**	**0**	**0**
5100 Impôts sur production, vente, transfert, etc.	..	0	0	0	0	..	..	..	..	..
5110 Impôts généraux	..	0	0	0	0	..	..	..	..	..
5120 Impôts sur biens et services déterminés	..	0	0	0	0	..	..	..	..	..
5130 Non-ventilables entre 5110 et 5120	..	0	0	0	0	..	..	..	..	..
5200 Impôts sur utilisation des biens et exerc. activites	..	298	748	1 309	1 400	..	..	..	..	..
5300 Non-ventilables entre 5100 et 5200	..	0	0	0	0	..	..	..	..	..
6000 Autres impôts	..	**0**	**0**	**0**	**0**	..	**0**	**0**	**0**	**0**
6100 A la charge exclusive des entreprises	..	..	..	..	..	..	..	..	..	..
6200 A la charge d'autres agents	..	..	..	..	..	..	..	..	..	..
Recettes fiscales totales	..	**7 661**	**17 183**	**31 325**	**33 377**	..	**14 958**	**34 597**	**59 561**	**73 031**

.. Non disponible

StatLink https://stat.link/s7n4lu

Tableau 6.19. Italie, recettes fiscales par sous-secteurs d'administration

Million EUR

	Administration centrale					Administration d'État/Régions				
	1975	1995	2005	2015	2020	1975	1995	2005	2015	2020
1000 Impôts sur revenu, bénéfices et gains en capital	**3 897**	**128 458**	**165 580**	**195 451**	**215 340**	..	..	..	..	..
1100 Des personnes physiques	2 767	98 695	131 047	156 320	172 678	..	..	..	..	..
1200 Des sociétés	1 131	32 890	31 969	31 421	34 162	..	..	..	..	..
1300 Non-ventilables entre 1100 et 1200	0	-3 127	2 564	7 710	8 500	..	..	..	..	..
2000 Cotisations de sécurité sociale	**0**	**0**	**0**	**0**	**0**	..	..	..	..	..
2100 A la charge des salariés	..	..	..	..	..	..	..	..	..	..
2200 A la charge des employeurs	..	..	..	..	..	..	..	..	..	..
2300 A charge des travailleurs indép. ou sans emploi	..	..	..	..	..	..	..	..	..	..
2400 Non-ventilables entre 2100, 2200 et 2300	..	..	..	..	..	..	..	..	..	..
3000 Sur salaires ou main d'oeuvre	**0**	**1 136**	**0**	**0**	**0**	..	..	..	..	..
4000 Impôts sur le patrimoine	**587**	**13 546**	**15 717**	**22 226**	**22 454**	..	..	..	..	..
4100 Impôts périodiques sur la propriété immobilière	4	0	0	3 892	3 740	..	..	..	..	..
4200 Impôts périodiques sur l'actif net	0	4 494	0	231	427	..	..	..	..	..
4300 Impôts sur mut. par décès, succ. et donations	39	587	56	638	396	..	..	..	..	..
4400 Impôts sur transact. mobilières et immob.	544	8 464	13 794	13 310	17 252	..	..	..	..	..
4500 Impôts non-périodiques	0	0	1 322	303	67	..	..	..	..	..
4600 Autres impôts périodiques sur patrimoine	0	0	545	852	572	..	..	..	..	..
5000 Impôts sur les biens et services	**5 506**	**95 323**	**123 870**	**157 330**	**163 150**	..	..	..	..	..
5100 Impôts sur production, vente, transfert, etc.	5 306	92 042	121 824	154 713	157 155	..	..	..	..	..
5110 Impôts généraux	2 685	52 531	80 619	93 282	99 902	..	..	..	..	..
5120 Impôts sur biens et services déterminés	2 621	39 245	41 205	61 431	57 253	..	..	..	..	..
5130 Non-ventilables entre 5110 et 5120	0	323	0	0	0	..	..	..	..	..
5200 Impôts sur utilisation des biens et exerc. activites	200	2 802	1 535	2 191	4 555	..	..	..	..	..
5300 Non-ventilables entre 5100 et 5200	0	479	511	426	1 440	..	..	..	..	..
6000 Autres impôts	**1**	**0**	**0**	**0**	**0**	..	..	..	..	..
6100 A la charge exclusive des entreprises	0	..	..	..	..	..	..	..	..	..
6200 A la charge d'autres agents	1	..	..	..	..	..	..	..	..	..
Recettes fiscales totales	**9 991**	**238 462**	**305 167**	**375 007**	**400 944**	..	..	..	..	..

	Administrations locales					Administrations de sécurite sociale				
	1975	1995	2005	2015	2020	1975	1995	2005	2015	2020
1000 Impôts sur revenu, bénéfices et gains en capital	**134**	**5 658**	**18 494**	**30 483**	**16 528**	**0**	**0**	**0**	**0**	**0**
1100 Des personnes physiques	81	145	16 995	28 302	16 528	..	..	..	..	..
1200 Des sociétés	54	97	1 491	2 109	0	..	..	..	..	..
1300 Non-ventilables entre 1100 et 1200	0	5 416	8	72	0	..	..	..	..	..
2000 Cotisations de sécurité sociale	**0**	**0**	**0**	**0**	**0**	**8 607**	**119 612**	**179 362**	**214 376**	**224 781**
2100 A la charge des salariés	..	..	..	..	..	1 692	23 036	31 998	39 805	41 351
2200 A la charge des employeurs	..	..	..	..	..	6 915	79 716	125 099	143 273	149 824
2300 A charge des travailleurs indép. ou sans emploi	..	..	..	..	..	0	16 860	22 265	31 298	33 606
2400 Non-ventilables entre 2100, 2200 et 2300	..	..	..	..	..	0	0	0	0	0
3000 Sur salaires ou main d'oeuvre	**0**	**0**	**0**	**0**	**0**	**0**	**0**	**0**	**0**	**0**
4000 Impôts sur le patrimoine	**29**	**7 915**	**13 484**	**24 033**	**17 989**	**0**	**0**	**0**	**0**	**0**
4100 Impôts périodiques sur la propriété immobilière	29	7 449	11 736	21 666	17 530	..	..	..	..	..
4200 Impôts périodiques sur l'actif net	0	0	0	0	0	..	..	..	..	..
4300 Impôts sur mut. par décès, succ. et donations	0	0	5	36	0	..	..	..	..	..
4400 Impôts sur transact. mobilières et immob.	0	466	904	935	0	..	..	..	..	..
4500 Impôts non-périodiques	0	0	481	6	54	..	..	..	..	..
4600 Autres impôts périodiques sur patrimoine	0	0	358	1 390	405	..	..	..	..	..
5000 Impôts sur les biens et services	**4**	**6 941**	**30 231**	**34 551**	**24 146**	**0**	**0**	**0**	**0**	**0**
5100 Impôts sur production, vente, transfert, etc.	0	1 505	17 114	15 138	4 659	..	..	..	..	..
5110 Impôts généraux	..	0	4 698	7 410	0	..	..	..	..	..
5120 Impôts sur biens et services déterminés	..	1 505	12 416	7 728	4 659	..	..	..	..	..
5130 Non-ventilables entre 5110 et 5120	..	0	0	0	0	..	..	..	..	..
5200 Impôts sur utilisation des biens et exerc. activites	4	2 838	7 512	8 939	8 245	..	..	..	..	..
5300 Non-ventilables entre 5100 et 5200	0	2 597	5 605	10 474	11 242	..	..	..	..	..
6000 Autres impôts	**0**	**0**	**34 690**	**28 072**	**19 403**	**0**	**0**	**0**	**0**	**0**
6100 A la charge exclusive des entreprises	..	..	34 690	28 072	19 403	..	..	..	..	..
6200 A la charge d'autres agents	..	..	0	0	0	..	..	..	..	..
Recettes fiscales totales	**168**	**20 514**	**96 899**	**117 139**	**78 066**	**8 607**	**119 612**	**179 362**	**214 376**	**224 781**

.. Non disponible

Note : Y compris les droits de douane perçus pour le compte de l'Union européenne.

StatLink https://stat.link/xb1ljm

Tableau 6.20. Japon, recettes fiscales par sous-secteurs d'administration

Billion JPY

	Administration centrale					Administration d'État/Régions				
	1975	1995	2005	2015	2020	1975	1995	2005	2015	2020
1000 Impôts sur revenu, bénéfices et gains en capital	**9 747**	**33 255**	**29 975**	**31 607**	**33 894**	..	..	..	..	..
1100 Des personnes physiques	5 482	19 515	16 702	18 178	19 591	..	..	..	..	..
1200 Des sociétés	4 265	13 740	13 274	13 429	14 302	..	..	..	..	..
1300 Non-ventilables entre 1100 et 1200	0	0	0	0	0	..	..	..	..	..
2000 Cotisations de sécurité sociale	**0**	**0**	**0**	**0**	**0**	..	..	..	..	..
2100 A la charge des salariés	..	..	..	..	..	..	..	..	..	..
2200 A la charge des employeurs	..	..	..	..	..	..	..	..	..	..
2300 A charge des travailleurs indép. ou sans emploi	..	..	..	..	..	..	..	..	..	..
2400 Non-ventilables entre 2100, 2200 et 2300	..	..	..	..	..	..	..	..	..	..
3000 Sur salaires ou main d'oeuvre	**0**	**0**	**0**	**0**	**0**	..	..	..	..	..
4000 Impôts sur le patrimoine	**871**	**5 561**	**2 735**	**3 018**	**3 234**	..	..	..	..	..
4100 Impôts périodiques sur la propriété immobilière	0	406	0	0	0	..	..	..	..	..
4200 Impôts périodiques sur l'actif net	0	0	0	0	0	..	..	..	..	..
4300 Impôts sur mut. par décès, succ. et donations	310	2 690	1 566	1 968	2 315	..	..	..	..	..
4400 Impôts sur transact. mobilières et immob.	561	2 464	1 169	1 050	920	..	..	..	..	..
4500 Impôts non-périodiques	0	0	0	0	0	..	..	..	..	..
4600 Autres impôts périodiques sur patrimoine	0	0	0	0	0	..	..	..	..	..
5000 Impôts sur les biens et services	**3 888**	**16 147**	**19 580**	**25 345**	**27 805**	..	..	..	..	..
5100 Impôts sur production, vente, transfert, etc.	3 579	15 083	18 424	24 673	27 095	..	..	..	..	..
5110 Impôts généraux	0	7 238	10 583	17 426	20 971	..	..	..	..	..
5120 Impôts sur biens et services déterminés	3 579	7 845	7 840	7 247	6 124	..	..	..	..	..
5130 Non-ventilables entre 5110 et 5120	0	0	0	0	0	..	..	..	..	..
5200 Impôts sur utilisation des biens et exerc. activites	309	1 065	1 157	671	710	..	..	..	..	..
5300 Non-ventilables entre 5100 et 5200	0	0	0	0	0	..	..	..	..	..
6000 Autres impôts	**0**	**0**	**0**	**0**	**0**	..	..	..	..	..
6100 A la charge exclusive des entreprises	..	..	..	..	0	..	..	..	..	..
6200 A la charge d'autres agents	..	..	..	..	0	..	..	..	..	..
Recettes fiscales totales	**14 506**	**54 963**	**52 290**	**59 969**	**64 933**	..	..	..	..	..
	Administrations locales					Administrations de sécurite sociale				
	1975	1995	2005	2015	2020	1975	1995	2005	2015	2020
1000 Impôts sur revenu, bénéfices et gains en capital	**4 472**	**17 752**	**16 655**	**19 362**	**20 040**	**0**	**0**	**0**	**0**	**0**
1100 Des personnes physiques	2 147	10 283	8 520	12 669	13 597	..	..	..	..	..
1200 Des sociétés	2 325	7 470	8 135	6 693	6 443	..	..	..	..	..
1300 Non-ventilables entre 1100 et 1200	0	0	0	0	0	..	..	..	..	..
2000 Cotisations de sécurité sociale	**0**	**0**	**0**	**0**	**0**	**9 253**	**44 794**	**50 848**	**64 465**	**71 550**
2100 A la charge des salariés	..	..	..	..	..	3 436	18 404	20 982	28 224	31 839
2200 A la charge des employeurs	..	..	..	..	..	4 825	21 432	23 154	29 479	33 245
2300 A charge des travailleurs indép. ou sans emploi	..	..	..	..	..	992	4 958	6 712	6 763	6 465
2400 Non-ventilables entre 2100, 2200 et 2300	..	..	..	..	..	0	0	0	0	0
3000 Sur salaires ou main d'oeuvre	**0**	**0**	**0**	**0**	**0**	**0**	**0**	**0**	**0**	**0**
4000 Impôts sur le patrimoine	**2 029**	**10 653**	**10 593**	**10 382**	**11 094**	**0**	**0**	**0**	**0**	**0**
4100 Impôts périodiques sur la propriété immobilière	1 848	9 865	10 116	10 005	10 719	..	..	..	..	..
4200 Impôts périodiques sur l'actif net	0	0	0	0	0	..	..	..	..	..
4300 Impôts sur mut. par décès, succ. et donations	0	0	0	0	0	..	..	..	..	..
4400 Impôts sur transact. mobilières et immob.	181	788	477	377	374	..	..	..	..	..
4500 Impôts non-périodiques	0	0	0	0	0	..	..	..	..	..
4600 Autres impôts périodiques sur patrimoine	0	0	0	0	0	..	..	..	..	..
5000 Impôts sur les biens et services	**1 636**	**4 941**	**7 206**	**8 942**	**9 248**	**0**	**0**	**0**	**0**	**0**
5100 Impôts sur production, vente, transfert, etc.	1 234	3 245	5 299	7 198	7 338	..	..	..	..	..
5110 Impôts généraux	0	0	2 551	4 974	5 424	..	..	..	..	..
5120 Impôts sur biens et services déterminés	1 234	3 245	2 747	2 223	1 914	..	..	..	..	..
5130 Non-ventilables entre 5110 et 5120	0	0	0	0	0	..	..	..	..	..
5200 Impôts sur utilisation des biens et exerc. activites	402	1 697	1 907	1 744	1 910	..	..	..	..	..
5300 Non-ventilables entre 5100 et 5200	0	0	0	0	0	..	..	..	..	..
6000 Autres impôts	**20**	**329**	**351**	**413**	**444**	**0**	**0**	**0**	**0**	**0**
6100 A la charge exclusive des entreprises	15	307	297	361	385	..	..	..	..	..
6200 A la charge d'autres agents	5	22	54	52	60	..	..	..	..	..
Recettes fiscales totales	**8 157**	**33 675**	**34 805**	**39 099**	**40 826**	**9 253**	**44 794**	**50 848**	**64 465**	**71 550**

.. Non disponible

StatLink https://stat.link/to1bcw

Tableau 6.21. Corée, recettes fiscales par sous-secteurs d'administration

Billion KRW

	Administration centrale					Administration d'État/Régions				
	1975	1995	2005	2015	2020	1975	1995	2005	2015	2020
1000 Impôts sur revenu, bénéfices et gains en capital	**344**	**23 000**	**55 109**	**106 162**	**149 319**	..	..	..	..	..
1100 Des personnes physiques	134	13 713	24 766	60 828	93 334	..	..	..	..	..
1200 Des sociétés	139	8 988	30 343	45 334	55 985	..	..	..	..	..
1300 Non-ventilables entre 1100 et 1200	71	300	0	0	0	..	..	..	..	..
2000 Cotisations de sécurité sociale	**0**	**0**	**0**	**0**	**0**	..	..	..	..	..
2100 A la charge des salariés	..	..	..	..	..	..	..	..	..	..
2200 A la charge des employeurs	..	..	..	..	..	..	..	..	..	..
2300 A charge des travailleurs indép. ou sans emploi	..	..	..	..	..	..	..	..	..	..
2400 Non-ventilables entre 2100, 2200 et 2300	..	..	..	..	..	..	..	..	..	..
3000 Sur salaires ou main d'oeuvre	**0**	**0**	**0**	**0**	**0**	..	..	..	..	..
4000 Impôts sur le patrimoine	**65**	**2 482**	**6 769**	**15 164**	**29 160**	..	..	..	..	..
4100 Impôts périodiques sur la propriété immobilière	0	106	535	1 666	4 281	..	..	..	..	..
4200 Impôts périodiques sur l'actif net	0	0	0	0	0	..	..	..	..	..
4300 Impôts sur mut. par décès, succ. et donations	11	1 029	1 873	5 044	10 375	..	..	..	..	..
4400 Impôts sur transact. mobilières et immob.	49	1 258	4 363	8 454	14 504	..	..	..	..	..
4500 Impôts non-périodiques	5	89	-2	0	0	..	..	..	..	..
4600 Autres impôts périodiques sur patrimoine	0	0	0	0	0	..	..	..	..	..
5000 Impôts sur les biens et services	**920**	**29 170**	**63 480**	**93 127**	**102 903**	..	..	..	..	..
5100 Impôts sur production, vente, transfert, etc.	920	29 170	63 480	93 127	102 903	..	..	..	..	..
5110 Impôts généraux	198	14 637	36 118	54 159	64 883	..	..	..	..	..
5120 Impôts sur biens et services déterminés	722	14 533	27 362	38 968	38 020	..	..	..	..	..
5130 Non-ventilables entre 5110 et 5120	0	0	0	0	0	..	..	..	..	..
5200 Impôts sur utilisation des biens et exerc. activites	0	0	0	0	0	..	..	..	..	..
5300 Non-ventilables entre 5100 et 5200	0	0	0	0	0	..	..	..	..	..
6000 Autres impôts	**64**	**2 121**	**2 108**	**3 435**	**4 165**	..	..	..	..	..
6100 A la charge exclusive des entreprises	0	0	0	0	0	..	..	..	..	..
6200 A la charge d'autres agents	64	2 121	2 108	3 435	4 165	..	..	..	..	..
Recettes fiscales totales	**1 393**	**56 774**	**127 466**	**217 888**	**285 547**	..	..	..	..	..

	Administrations locales					Administrations de sécurite sociale				
	1975	1995	2005	2015	2020	1975	1995	2005	2015	2020
1000 Impôts sur revenu, bénéfices et gains en capital	**36**	**1 704**	**5 500**	**12 989**	**17 245**	**0**	**0**	**0**	**0**	**0**
1100 Des personnes physiques	0	1 137	2 804	6 772	7 952	..	..	..	..	..
1200 Des sociétés	0	565	2 696	6 217	9 293	..	..	..	..	..
1300 Non-ventilables entre 1100 et 1200	36	3	0	0	0	..	..	..	..	..
2000 Cotisations de sécurité sociale	**0**	**0**	**0**	**0**	**0**	**13**	**9 913**	**43 902**	**104 693**	**150 854**
2100 A la charge des salariés	..	..	..	..	..	0	4 539	17 632	44 281	65 384
2200 A la charge des employeurs	..	..	..	..	..	13	3 918	18 486	47 846	67 676
2300 A charge des travailleurs indép. ou sans emploi	..	..	..	..	..	0	1 456	7 784	12 566	17 794
2400 Non-ventilables entre 2100, 2200 et 2300	..	..	..	..	..	0	0	0	0	0
3000 Sur salaires ou main d'oeuvre	**0**	**237**	**514**	**1 122**	**1 607**	**0**	**0**	**0**	**0**	**0**
4000 Impôts sur le patrimoine	**87**	**8 960**	**17 928**	**33 461**	**47 352**	**0**	**0**	**0**	**0**	**0**
4100 Impôts périodiques sur la propriété immobilière	45	2 636	4 495	10 820	15 763	..	..	..	..	..
4200 Impôts périodiques sur l'actif net	0	0	0	0	0	..	..	..	..	..
4300 Impôts sur mut. par décès, succ. et donations	0	0	0	0	0	..	..	..	..	..
4400 Impôts sur transact. mobilières et immob.	42	6 324	13 433	22 641	31 589	..	..	..	..	..
4500 Impôts non-périodiques	0	0	0	0	0	..	..	..	..	..
4600 Autres impôts périodiques sur patrimoine	0	0	0	0	0	..	..	..	..	..
5000 Impôts sur les biens et services	**36**	**4 218**	**7 561**	**17 199**	**28 450**	**0**	**0**	**0**	**0**	**0**
5100 Impôts sur production, vente, transfert, etc.	19	2 464	5 589	10 127	20 316	..	..	..	..	..
5110 Impôts généraux	0	0	0	6 003	16 569	..	..	..	..	..
5120 Impôts sur biens et services déterminés	19	2 464	5 589	4 124	3 747	..	..	..	..	..
5130 Non-ventilables entre 5110 et 5120	0	0	0	0	0	..	..	..	..	..
5200 Impôts sur utilisation des biens et exerc. activites	17	1 754	1 972	7 072	8 134	..	..	..	..	..
5300 Non-ventilables entre 5100 et 5200	0	0	0	0	0	..	..	..	..	..
6000 Autres impôts	**0**	**198**	**4 474**	**6 207**	**7 395**	**0**	**0**	**0**	**0**	**0**
6100 A la charge exclusive des entreprises	..	0	0	0	0	..	..	..	..	..
6200 A la charge d'autres agents	..	198	4 474	6 207	7 395	..	..	..	..	..
Recettes fiscales totales	**159**	**15 316**	**35 977**	**70 978**	**102 049**	**13**	**9 913**	**43 902**	**104 693**	**150 854**

.. Non disponible

StatLink https://stat.link/siryq8

Tableau 6.22. Lettonie, recettes fiscales par sous-secteurs d'administration

Million EUR

	Administration centrale					Administration d'État/Régions				
	1975	1995	2005	2015	2020	1975	1995	2005	2015	2020
1000 Impôts sur revenu, bénéfices et gains en capital	**..**	**68**	**453**	**677**	**576**	**..**	**..**	**..**	**..**	**..**
1100 Des personnes physiques	..	0	195	289	363	..	..	..	..	..
1200 Des sociétés	..	68	258	389	213	..	..	..	..	..
1300 Non-ventilables entre 1100 et 1200	..	0	0	0	0	..	..	..	..	..
2000 Cotisations de sécurité sociale	**..**	**0**	**0**	**0**	**97**	**..**	**..**	**..**	**..**	**..**
2100 A la charge des salariés	..	..	..	..	97	..	..	..	..	..
2200 A la charge des employeurs	..	..	..	..	0	..	..	..	..	..
2300 A charge des travailleurs indép. ou sans emploi	..	..	..	..	0	..	..	..	..	..
2400 Non-ventilables entre 2100, 2200 et 2300	..	..	..	..	0	..	..	..	..	..
3000 Sur salaires ou main d'oeuvre	**..**	**0**	**4**	**3**	**3**	**..**	**..**	**..**	**..**	**..**
4000 Impôts sur le patrimoine	**..**	**4**	**48**	**47**	**50**	**..**	**..**	**..**	**..**	**..**
4100 Impôts périodiques sur la propriété immobilière	..	0	0	0	0	..	..	..	..	..
4200 Impôts périodiques sur l'actif net	..	0	0	0	0	..	..	..	..	..
4300 Impôts sur mut. par décès, succ. et donations	..	0	0	3	3	..	..	..	..	..
4400 Impôts sur transact. mobilières et immob.	..	4	48	42	44	..	..	..	..	..
4500 Impôts non-périodiques	..	0	0	3	3	..	..	..	..	..
4600 Autres impôts périodiques sur patrimoine	..	0	0	0	0	..	..	..	..	..
5000 Impôts sur les biens et services	**..**	**453**	**1 553**	**3 139**	**4 051**	**..**	**..**	**..**	**..**	**..**
5100 Impôts sur production, vente, transfert, etc.	..	453	1 510	2 997	3 841	..	..	..	..	..
5110 Impôts généraux	..	343	1 002	2 130	2 720	..	..	..	..	..
5120 Impôts sur biens et services déterminés	..	110	508	867	1 121	..	..	..	..	..
5130 Non-ventilables entre 5110 et 5120	..	0	0	0	0	..	..	..	..	..
5200 Impôts sur utilisation des biens et exerc. activites	..	1	43	142	211	..	..	..	..	..
5300 Non-ventilables entre 5100 et 5200	..	0	0	0	0	..	..	..	..	..
6000 Autres impôts	**..**	**0**	**0**	**0**	**0**	**..**	**..**	**..**	**..**	**..**
6100 A la charge exclusive des entreprises	..	..	..	..	..	..	..	..	..	..
6200 A la charge d'autres agents	..	..	..	..	..	..	..	..	..	..
Recettes fiscales totales	**..**	**525**	**2 058**	**3 867**	**4 778**	**..**	**..**	**..**	**..**	**..**

	Administrations locales					Administrations de sécurite sociale				
	1975	1995	2005	2015	2020	1975	1995	2005	2015	2020
1000 Impôts sur revenu, bénéfices et gains en capital	**..**	**197**	**538**	**1 156**	**1 445**	**..**	**0**	**0**	**0**	**0**
1100 Des personnes physiques	..	197	538	1 156	1 445	..	..	..	..	..
1200 Des sociétés	..	0	0	0	0	..	..	..	..	..
1300 Non-ventilables entre 1100 et 1200	..	0	0	0	0	..	..	..	..	..
2000 Cotisations de sécurité sociale	**..**	**0**	**0**	**0**	**0**	**..**	**445**	**1 079**	**2 030**	**2 840**
2100 A la charge des salariés	..	..	..	..	..	..	12	292	585	744
2200 A la charge des employeurs	..	..	..	..	..	..	433	781	1 432	2 068
2300 A charge des travailleurs indép. ou sans emploi	..	..	..	..	..	..	1	7	12	29
2400 Non-ventilables entre 2100, 2200 et 2300	..	..	..	..	..	..	0	0	0	0
3000 Sur salaires ou main d'oeuvre	**..**	**0**	**0**	**0**	**0**	**..**	**0**	**0**	**0**	**0**
4000 Impôts sur le patrimoine	**..**	**37**	**88**	**197**	**222**	**..**	**0**	**0**	**4**	**9**
4100 Impôts périodiques sur la propriété immobilière	..	37	88	197	222	..	..	..	..	..
4200 Impôts périodiques sur l'actif net	..	0	0	0	0	..	..	..	..	..
4300 Impôts sur mut. par décès, succ. et donations	..	0	0	0	0	..	..	0	4	9
4400 Impôts sur transact. mobilières et immob.	..	0	0	0	0	..	..	..	..	..
4500 Impôts non-périodiques	..	0	0	0	0	..	..	..	..	..
4600 Autres impôts périodiques sur patrimoine	..	0	0	0	0	..	..	..	..	..
5000 Impôts sur les biens et services	**..**	**2**	**8**	**18**	**10**	**..**	**0**	**0**	**0**	**0**
5100 Impôts sur production, vente, transfert, etc.	..	0	5	7	2	..	..	..	..	..
5110 Impôts généraux	..	0	0	0	0	..	..	..	..	..
5120 Impôts sur biens et services déterminés	..	0	5	7	2	..	..	..	..	..
5130 Non-ventilables entre 5110 et 5120	..	0	0	0	0	..	..	..	..	..
5200 Impôts sur utilisation des biens et exerc. activites	..	2	3	11	8	..	..	..	..	..
5300 Non-ventilables entre 5100 et 5200	..	0	0	0	0	..	..	..	..	..
6000 Autres impôts	**..**	**0**	**0**	**0**	**0**	**..**	**0**	**0**	**0**	**0**
6100 A la charge exclusive des entreprises	..	..	..	..	..	..	..	..	..	..
6200 A la charge d'autres agents	..	..	..	..	..	..	..	..	..	..
Recettes fiscales totales	**..**	**236**	**634**	**1 371**	**1 677**	**..**	**445**	**1 079**	**2 034**	**2 849**

.. Non disponible

Note : Y compris les droits de douane perçus pour le compte de l'Union européenne.

StatLink https://stat.link/baz0i1

Tableau 6.23. Lituanie, recettes fiscales par sous-secteurs d'administration

Million EUR

	Administration centrale					Administration d'État/Régions				
	1975	1995	2005	2015	2020	1975	1995	2005	2015	2020
1000 Impôts sur revenu, bénéfices et gains en capital	**..**	**646**	**1 871**	**2 013**	**4 296**	**..**	**..**	**..**	**..**	**..**
1100 Des personnes physiques	..	487	1 435	1 440	3 517	..	..	..	..	..
1200 Des sociétés	..	160	437	574	780	..	..	..	..	..
1300 Non-ventilables entre 1100 et 1200	..	0	0	0	0	..	..	..	..	..
2000 Cotisations de sécurité sociale	**..**	**0**	**0**	**0**	**0**	**..**	**..**	**..**	**..**	**..**
2100 A la charge des salariés	..	..	..	..	..	..	..	..	..	..
2200 A la charge des employeurs	..	..	..	..	..	..	..	..	..	..
2300 A charge des travailleurs indép. ou sans emploi	..	..	..	..	..	..	..	..	..	..
2400 Non-ventilables entre 2100, 2200 et 2300	..	..	..	..	..	..	..	..	..	..
3000 Sur salaires ou main d'oeuvre	**..**	**0**	**0**	**0**	**0**	**..**	**..**	**..**	**..**	**..**
4000 Impôts sur le patrimoine	**..**	**0**	**0**	**1**	**5**	**..**	**..**	**..**	**..**	**..**
4100 Impôts périodiques sur la propriété immobilière	..	..	..	1	5	..	..	..	..	..
4200 Impôts périodiques sur l'actif net	..	..	..	0	0	..	..	..	..	..
4300 Impôts sur mut. par décès, succ. et donations	..	..	..	0	0	..	..	..	..	..
4400 Impôts sur transact. mobilières et immob.	..	..	..	0	0	..	..	..	..	..
4500 Impôts non-périodiques	..	..	..	0	0	..	..	..	..	..
4600 Autres impôts périodiques sur patrimoine	..	..	..	0	0	..	..	..	..	..
5000 Impôts sur les biens et services	**..**	**892**	**2 273**	**4 220**	**5 595**	**..**	**..**	**..**	**..**	**..**
5100 Impôts sur production, vente, transfert, etc.	..	869	2 235	4 164	5 508	..	..	..	..	..
5110 Impôts généraux	..	635	1 584	2 913	3 931	..	..	..	..	..
5120 Impôts sur biens et services déterminés	..	234	651	1 252	1 577	..	..	..	..	..
5130 Non-ventilables entre 5110 et 5120	..	0	0	0	0	..	..	..	..	..
5200 Impôts sur utilisation des biens et exerc. activites	..	24	38	56	87	..	..	..	..	..
5300 Non-ventilables entre 5100 et 5200	..	0	0	0	0	..	..	..	..	..
6000 Autres impôts	**..**	**0**	**0**	**0**	**0**	**..**	**..**	**..**	**..**	**..**
6100 A la charge exclusive des entreprises	..	..	..	..	..	..	..	..	..	..
6200 A la charge d'autres agents	..	..	..	..	..	..	..	..	..	..
Recettes fiscales totales	**..**	**1 539**	**4 145**	**6 235**	**9 896**	**..**	**..**	**..**	**..**	**..**

	Administrations locales					Administrations de sécurite sociale				
	1975	1995	2005	2015	2020	1975	1995	2005	2015	2020
1000 Impôts sur revenu, bénéfices et gains en capital	**..**	**0**	**0**	**0**	**0**	**..**	**0**	**0**	**0**	**0**
1100 Des personnes physiques	..	..	..	..	..	..	..	..	..	..
1200 Des sociétés	..	..	..	..	..	..	..	..	..	..
1300 Non-ventilables entre 1100 et 1200	..	..	..	..	..	..	..	..	..	..
2000 Cotisations de sécurité sociale	**..**	**0**	**0**	**0**	**0**	**..**	**559**	**1 864**	**4 338**	**5 127**
2100 A la charge des salariés	..	..	..	..	..	..	17	154	873	3 872
2200 A la charge des employeurs	..	..	..	..	..	..	537	1 522	2 916	378
2300 A charge des travailleurs indép. ou sans emploi	..	..	..	..	..	..	4	188	549	877
2400 Non-ventilables entre 2100, 2200 et 2300	..	..	..	..	..	..	0	0	0	0
3000 Sur salaires ou main d'oeuvre	**..**	**0**	**0**	**0**	**0**	**..**	**0**	**0**	**0**	**0**
4000 Impôts sur le patrimoine	**..**	**25**	**72**	**125**	**142**	**..**	**0**	**0**	**0**	**0**
4100 Impôts périodiques sur la propriété immobilière	..	25	71	124	140	..	..	..	..	..
4200 Impôts périodiques sur l'actif net	..	0	0	0	0	..	..	..	..	..
4300 Impôts sur mut. par décès, succ. et donations	..	0	1	1	2	..	..	..	..	..
4400 Impôts sur transact. mobilières et immob.	..	0	0	0	0	..	..	..	..	..
4500 Impôts non-périodiques	..	0	0	0	0	..	..	..	..	..
4600 Autres impôts périodiques sur patrimoine	..	0	0	0	0	..	..	..	..	..
5000 Impôts sur les biens et services	**..**	**23**	**17**	**18**	**28**	**..**	**0**	**0**	**0**	**0**
5100 Impôts sur production, vente, transfert, etc.	..	0	0	0	0	..	..	..	..	..
5110 Impôts généraux	..	..	..	..	..	..	..	..	..	..
5120 Impôts sur biens et services déterminés	..	..	..	..	..	..	..	..	..	..
5130 Non-ventilables entre 5110 et 5120	..	..	..	..	..	..	..	..	..	..
5200 Impôts sur utilisation des biens et exerc. activites	..	23	17	18	28	..	..	..	..	..
5300 Non-ventilables entre 5100 et 5200	..	0	0	0	0	..	..	..	..	..
6000 Autres impôts	**..**	**0**	**0**	**0**	**0**	**..**	**0**	**0**	**0**	**0**
6100 A la charge exclusive des entreprises	..	..	..	..	..	..	..	..	..	..
6200 A la charge d'autres agents	..	..	..	..	..	..	..	..	..	..
Recettes fiscales totales	**..**	**48**	**89**	**143**	**170**	**..**	**559**	**1 864**	**4 338**	**5 127**

.. Non disponible

Note : Y compris les droits de douane perçus pour le compte de l'Union européenne.

StatLink https://stat.link/50yadh

Tableau 6.24. Luxembourg, recettes fiscales par sous-secteurs d'administration

Million EUR

	Administration centrale					Administration d'État/Régions				
	1975	1995	2005	2015	2020	1975	1995	2005	2015	2020
1000 Impôts sur revenu, bénéfices et gains en capital	**353**	**1 873**	**3 454**	**6 405**	**8 401**	**..**	**..**	**..**	**..**	**..**
1100 Des personnes physiques	254	1 214	2 161	4 716	6 290	..	..	..	..	..
1200 Des sociétés	99	659	1 293	1 689	2 111	..	..	..	..	..
1300 Non-ventilables entre 1100 et 1200	0	0	0	0	0	..	..	..	..	..
2000 Cotisations de sécurité sociale	**4**	**20**	**89**	**150**	**200**	**..**	**..**	**..**	**..**	**..**
2100 A la charge des salariés	3	15	89	150	200	..	..	..	..	..
2200 A la charge des employeurs	0	0	0	0	0	..	..	..	..	..
2300 A charge des travailleurs indép. ou sans emploi	1	5	0	0	0	..	..	..	..	..
2400 Non-ventilables entre 2100, 2200 et 2300	0	0	0	0	0	..	..	..	..	..
3000 Sur salaires ou main d'oeuvre	**0**	**0**	**0**	**0**	**0**	**..**	**..**	**..**	**..**	**..**
4000 Impôts sur le patrimoine	**42**	**371**	**928**	**1 661**	**2 398**	**..**	**..**	**..**	**..**	**..**
4100 Impôts périodiques sur la propriété immobilière	0	0	0	0	0	..	..	..	..	..
4200 Impôts périodiques sur l'actif net	21	268	698	1 318	1 852	..	..	..	..	..
4300 Impôts sur mut. par décès, succ. et donations	3	15	44	74	84	..	..	..	..	..
4400 Impôts sur transact. mobilières et immob.	18	88	186	269	462	..	..	..	..	..
4500 Impôts non-périodiques	0	0	0	0	0	..	..	..	..	..
4600 Autres impôts périodiques sur patrimoine	0	0	0	0	0	..	..	..	..	..
5000 Impôts sur les biens et services	**189**	**1 374**	**3 241**	**4 466**	**5 412**	**..**	**..**	**..**	**..**	**..**
5100 Impôts sur production, vente, transfert, etc.	182	1 350	3 202	4 381	5 316	..	..	..	..	..
5110 Impôts généraux	112	670	1 812	2 946	3 674	..	..	..	..	..
5120 Impôts sur biens et services déterminés	70	680	1 390	1 435	1 642	..	..	..	..	..
5130 Non-ventilables entre 5110 et 5120	0	0	0	0	0	..	..	..	..	..
5200 Impôts sur utilisation des biens et exerc. activites	7	23	39	85	95	..	..	..	..	..
5300 Non-ventilables entre 5100 et 5200	0	0	0	0	0	..	..	..	..	..
6000 Autres impôts	**0**	**6**	**11**	**27**	**21**	**..**	**..**	**..**	**..**	**..**
6100 A la charge exclusive des entreprises	..	6	10	27	21	..	..	..	..	..
6200 A la charge d'autres agents	..	0	0	0	0	..	..	..	..	..
Recettes fiscales totales	**588**	**3 644**	**7 722**	**12 708**	**16 433**	**..**	**..**	**..**	**..**	**..**

	Administrations locales					Administrations de sécurite sociale				
	1975	1995	2005	2015	2020	1975	1995	2005	2015	2020
1000 Impôts sur revenu, bénéfices et gains en capital	**46**	**331**	**460**	**606**	**969**	**0**	**0**	**0**	**0**	**0**
1100 Des personnes physiques	0	0	0	0	0	..	..	..	..	..
1200 Des sociétés	46	331	460	606	969	..	..	..	..	..
1300 Non-ventilables entre 1100 et 1200	0	0	0	0	0	..	..	..	..	..
2000 Cotisations de sécurité sociale	**0**	**0**	**0**	**0**	**0**	**268**	**1 460**	**3 086**	**5 399**	**7 015**
2100 A la charge des salariés	..	..	..	..	..	102	577	1 321	2 348	3 145
2200 A la charge des employeurs	..	..	..	..	..	150	684	1 378	2 335	2 959
2300 A charge des travailleurs indép. ou sans emploi	..	..	..	..	..	16	200	387	715	911
2400 Non-ventilables entre 2100, 2200 et 2300	..	..	..	..	..	0	0	0	0	0
3000 Sur salaires ou main d'oeuvre	**9**	**0**	**0**	**0**	**0**	**0**	**0**	**0**	**0**	**0**
4000 Impôts sur le patrimoine	**6**	**21**	**35**	**54**	**64**	**0**	**0**	**0**	**0**	**0**
4100 Impôts périodiques sur la propriété immobilière	6	17	26	36	39	..	..	..	..	..
4200 Impôts périodiques sur l'actif net	0	0	0	0	0	..	..	..	..	..
4300 Impôts sur mut. par décès, succ. et donations	0	0	0	0	0	..	..	..	..	..
4400 Impôts sur transact. mobilières et immob.	0	4	10	18	25	..	..	..	..	..
4500 Impôts non-périodiques	0	0	0	0	0	..	..	..	..	..
4600 Autres impôts périodiques sur patrimoine	0	0	0	0	0	..	..	..	..	..
5000 Impôts sur les biens et services	**1**	**4**	**8**	**10**	**5**	**0**	**0**	**0**	**0**	**0**
5100 Impôts sur production, vente, transfert, etc.	1	3	7	8	4	..	..	..	..	..
5110 Impôts généraux	0	0	0	0	0	..	..	..	..	..
5120 Impôts sur biens et services déterminés	1	3	7	8	4	..	..	..	..	..
5130 Non-ventilables entre 5110 et 5120	0	0	0	0	0	..	..	..	..	..
5200 Impôts sur utilisation des biens et exerc. activites	0	1	1	1	1	..	..	..	..	..
5300 Non-ventilables entre 5100 et 5200	0	0	0	0	0	..	..	..	..	..
6000 Autres impôts	**0**	**1**	**2**	**1**	**1**	**0**	**0**	**0**	**0**	**0**
6100 A la charge exclusive des entreprises	..	1	2	1	1	..	..	..	..	..
6200 A la charge d'autres agents	..	0	0	0	0	..	..	..	..	..
Recettes fiscales totales	**62**	**357**	**505**	**671**	**1 039**	**268**	**1 460**	**3 086**	**5 399**	**7 015**

.. Non disponible

Note : Y compris les droits de douane perçus pour le compte de l'Union européenne.

StatLink https://stat.link/f4v2gq

Tableau 6.25. Mexique, recettes fiscales par sous-secteurs d'administration

Million MXN

	Administration fédérale					Administration d'État/Régions				
	1975	1995	2005	2015	2020	1975	1995	2005	2015	2020
1000 Impôts sur revenu, bénéfices et gains en capital	..	**76 148**	**402 036**	**1 230 555**	**1 768 161**	..	**1**	**0**	**0**	**0**
1100 Des personnes physiques	..	..	195 869	609 384	872 598	..	..	..	..	..
1200 Des sociétés	..	..	135 840	592 443	832 120	..	..	..	..	..
1300 Non-ventilables entre 1100 et 1200	..	76 148	70 327	28 728	63 443	..	1	..	..	..
2000 Cotisations de sécurité sociale	..	**0**	**0**	**0**	**0**	..	**0**	**0**	**0**	**0**
2100 A la charge des salariés	..	..	..	..	..	..	..	..	..	..
2200 A la charge des employeurs	..	..	..	..	..	..	..	..	..	..
2300 A charge des travailleurs indép. ou sans emploi	..	..	..	..	..	..	..	..	..	..
2400 Non-ventilables entre 2100, 2200 et 2300	..	..	..	..	..	..	..	..	..	..
3000 Sur salaires ou main d'oeuvre	..	**0**	**0**	**0**	**0**	..	**2 976**	**20 429**	**70 221**	**105 456**
4000 Impôts sur le patrimoine	..	**0**	**0**	**0**	**0**	..	**2 927**	**10 905**	**22 481**	**26 447**
4100 Impôts périodiques sur la propriété immobilière	..	..	..	..	..	..	2 198	6 544	14 245	17 631
4200 Impôts périodiques sur l'actif net	..	..	..	..	..	..	0	0	0	0
4300 Impôts sur mut. par décès, succ. et donations	..	..	..	..	..	..	2	0	0	0
4400 Impôts sur transact. mobilières et immob.	..	..	..	..	..	..	727	4 361	8 235	8 816
4500 Impôts non-périodiques	..	..	..	..	..	..	0	0	0	0
4600 Autres impôts périodiques sur patrimoine	..	..	..	..	..	..	0	0	0	0
5000 Impôts sur les biens et services	..	**91 452**	**416 533**	**1 116 026**	**1 522 289**	..	**441**	**2 124**	**24 355**	**21 210**
5100 Impôts sur production, vente, transfert, etc.	..	88 372	401 580	1 115 525	1 521 797	..	22	1 364	4 357	5 358
5110 Impôts généraux	..	51 785	318 432	707 213	987 525	..	0	0	0	0
5120 Impôts sur biens et services déterminés	..	36 587	83 148	408 312	534 273	..	22	1 364	4 357	5 358
5130 Non-ventilables entre 5110 et 5120	..	0	0	0	0	..	0	0	0	0
5200 Impôts sur utilisation des biens et exerc. activites	..	3 080	14 954	501	491	..	419	760	19 998	15 852
5300 Non-ventilables entre 5100 et 5200	..	0	0	0	0	..	0	0	0	0
6000 Autres impôts	..	**5 149**	**8 616**	**27 379**	**57 011**	..	**228**	**1 537**	**6 489**	**8 042**
6100 A la charge exclusive des entreprises	..	0	0	0	0	..	0	0	0	0
6200 A la charge d'autres agents	..	5 149	8 616	27 379	57 011	..	228	1 537	6 489	8 042
Recettes fiscales totales (collecting government)	..	**172 749**	**827 186**	**2 373 960**	**3 347 460**	..	**6 573**	**34 995**	**123 545**	**161 155**
Adjustment[1]	..	**-49 115**	**-278 892**	**-629 130**	**0**	..	**39 225**	**218 291**	**494 239**	**635 159**
Recettes fiscales totales (beneficiary government)	..	**123 634**	**548 294**	**1 744 830**	**3 347 460**	..	**45 798**	**253 286**	**617 784**	**796 313**

	Administrations locales					Administrations de sécurite sociale				
	1975	1995	2005	2015	2020	1975	1995	2005	2015	2020
1000 Impôts sur revenu, bénéfices et gains en capital	..	**16**	**0**	**0**	**0**	..	**0**	**0**	**0**	**0**
1100 Des personnes physiques	..	..	..	..	..	..	..	..	..	..
1200 Des sociétés	..	..	..	..	..	..	..	..	..	..
1300 Non-ventilables entre 1100 et 1200	..	16	..	..	..	..	..	..	..	..
2000 Cotisations de sécurité sociale	..	**0**	**0**	**0**	**0**	..	**50 871**	**206 551**	**409 249**	**576 019**
2100 A la charge des salariés	..	..	..	..	..	..	..	..	..	..
2200 A la charge des employeurs	..	..	..	..	..	..	..	..	..	..
2300 A charge des travailleurs indép. ou sans emploi	..	..	..	..	..	..	..	..	..	..
2400 Non-ventilables entre 2100, 2200 et 2300	..	..	..	..	..	..	50 871	206 551	409 249	576 019
3000 Sur salaires ou main d'oeuvre	..	**6**	**32**	**1**	**0**	..	**0**	**0**	**0**	**0**
4000 Impôts sur le patrimoine	..	**2 702**	**15 891**	**35 193**	**52 790**	..	**0**	**0**	**0**	**0**
4100 Impôts périodiques sur la propriété immobilière	..	1 854	10 098	23 715	35 097	..	..	..	..	..
4200 Impôts périodiques sur l'actif net	..	0	0	0	0	..	..	..	..	..
4300 Impôts sur mut. par décès, succ. et donations	..	0	0	0	0	..	..	..	..	..
4400 Impôts sur transact. mobilières et immob.	..	848	5 793	11 477	17 694	..	..	..	..	..
4500 Impôts non-périodiques	..	0	0	0	0	..	..	..	..	..
4600 Autres impôts périodiques sur patrimoine	..	0	0	0	0	..	..	..	..	..
5000 Impôts sur les biens et services	..	**582**	**288**	**789**	**657**	..	**0**	**0**	**0**	**0**
5100 Impôts sur production, vente, transfert, etc.	..	575	214	728	519	..	..	..	..	..
5110 Impôts généraux	..	0	0	0	0	..	..	..	..	..
5120 Impôts sur biens et services déterminés	..	572	214	728	519	..	..	..	..	..
5130 Non-ventilables entre 5110 et 5120	..	3	0	0	0	..	..	..	..	..
5200 Impôts sur utilisation des biens et exerc. activites	..	7	74	61	139	..	..	..	..	..
5300 Non-ventilables entre 5100 et 5200	..	0	0	0	0	..	..	..	..	..
6000 Autres impôts	..	**179**	**1 539**	**10 743**	**10 618**	..	**0**	**0**	**0**	**0**
6100 A la charge exclusive des entreprises	..	0	0	0	0	..	..	..	..	..
6200 A la charge d'autres agents	..	179	1 539	10 743	10 618	..	..	..	..	..
Recettes fiscales totales (collecting government)	..	**3 485**	**17 750**	**46 726**	**64 066**	..	**50 871**	**206 551**	**409 249**	**576 019**
Adjustment[1]	..	**9 890**	**60 601**	**134 892**	**208 387**	..	**0**	**0**	**0**	**0**
Recettes fiscales totales (beneficiary government)	..	**13 375**	**78 351**	**181 617**	**272 452**	..	**50 871**	**206 551**	**409 249**	**576 019**

.. Non disponible

1. This adjustment is for taxes collected by Federal government in which States and Local governments have a share. Sub-central government's shares cannot be identified by type of tax.

StatLink https://stat.link/htj3uz

Tableau 6.26. Pays-Bas, recettes fiscales par sous-secteurs d'administration

Million EUR

	Administration centrale					Administration d'État/Régions				
	1975	1995	2005	2015	2020	1975	1995	2005	2015	2020
1000 Impôts sur revenu, bénéfices et gains en capital	**15 075**	**33 520**	**52 640**	**70 849**	**97 810**	**..**	**..**	**..**	**..**	**..**
1100 Des personnes physiques	11 713	23 557	33 905	52 405	73 116	..	..	..	..	..
1200 Des sociétés	3 361	9 963	18 735	18 444	24 694	..	..	..	..	..
1300 Non-ventilables entre 1100 et 1200	0	0	0	0	0	..	..	..	..	..
2000 Cotisations de sécurité sociale	**0**	**0**	**0**	**0**	**0**	**..**	**..**	**..**	**..**	**..**
2100 A la charge des salariés	..	..	..	..	..	..	..	..	..	..
2200 A la charge des employeurs	..	..	..	..	..	..	..	..	..	..
2300 A charge des travailleurs indép. ou sans emploi	..	..	..	..	..	..	..	..	..	..
2400 Non-ventilables entre 2100, 2200 et 2300	..	..	..	..	..	..	..	..	..	..
3000 Sur salaires ou main d'oeuvre	**0**	**0**	**0**	**0**	**0**	**..**	**..**	**..**	**..**	**..**
4000 Impôts sur le patrimoine	**767**	**2 880**	**6 235**	**4 731**	**7 522**	**..**	**..**	**..**	**..**	**..**
4100 Impôts périodiques sur la propriété immobilière	50	0	0	1 345	1 888	..	..	..	..	..
4200 Impôts périodiques sur l'actif net	231	671	60	0	0	..	..	..	..	..
4300 Impôts sur mut. par décès, succ. et donations	163	773	1 709	1 614	2 081	..	..	..	..	..
4400 Impôts sur transact. mobilières et immob.	323	1 436	4 466	1 772	3 553	..	..	..	..	..
4500 Impôts non-périodiques	0	0	0	0	0	..	..	..	..	..
4600 Autres impôts périodiques sur patrimoine	0	0	0	0	0	..	..	..	..	..
5000 Impôts sur les biens et services	**9 716**	**31 892**	**57 116**	**70 161**	**88 408**	**..**	**..**	**..**	**..**	**..**
5100 Impôts sur production, vente, transfert, etc.	9 113	29 728	54 658	65 990	83 705	..	..	..	..	..
5110 Impôts généraux	6 257	19 832	36 950	44 879	58 971	..	..	..	..	..
5120 Impôts sur biens et services déterminés	2 856	9 896	17 708	21 111	24 734	..	..	..	..	..
5130 Non-ventilables entre 5110 et 5120	0	0	0	0	0	..	..	..	..	..
5200 Impôts sur utilisation des biens et exerc. activites	604	2 164	2 458	4 171	4 703	..	..	..	..	..
5300 Non-ventilables entre 5100 et 5200	0	0	0	0	0	..	..	..	..	..
6000 Autres impôts	**109**	**491**	**989**	**416**	**1 529**	**..**	**..**	**..**	**..**	**..**
6100 A la charge exclusive des entreprises	109	448	372	0	0	..	..	..	..	..
6200 A la charge d'autres agents	0	43	617	416	1 529	..	..	..	..	..
Recettes fiscales totales	**25 667**	**68 783**	**116 980**	**146 157**	**195 269**	**..**	**..**	**..**	**..**	**..**

	Administrations locales					Administrations de sécurite sociale				
	1975	1995	2005	2015	2020	1975	1995	2005	2015	2020
1000 Impôts sur revenu, bénéfices et gains en capital	**77**	**0**	**0**	**0**	**0**	**0**	**0**	**0**	**0**	**0**
1100 Des personnes physiques	77	0	0	0	0	0	0	0	0	0
1200 Des sociétés	0	0	0	0	0	0	0	0	0	0
1300 Non-ventilables entre 1100 et 1200	0	0	0	0	0	0	0	0	0	0
2000 Cotisations de sécurité sociale	**0**	**0**	**0**	**0**	**0**	**16 732**	**48 532**	**66 547**	**96 426**	**108 685**
2100 A la charge des salariés	..	..	..	..	..	7 139	32 795	35 383	48 213	40 295
2200 A la charge des employeurs	..	..	..	..	..	7 687	5 941	20 595	34 614	44 135
2300 A charge des travailleurs indép. ou sans emploi	..	..	..	..	..	1 905	9 796	10 569	13 599	24 255
2400 Non-ventilables entre 2100, 2200 et 2300	..	..	..	..	..	0	0	0	0	0
3000 Sur salaires ou main d'oeuvre	**0**	**0**	**0**	**0**	**0**	**0**	**0**	**0**	**0**	**0**
4000 Impôts sur le patrimoine	**272**	**2 287**	**4 341**	**5 037**	**6 022**	**0**	**0**	**0**	**0**	**0**
4100 Impôts périodiques sur la propriété immobilière	272	2 287	4 341	5 037	6 022	..	..	..	..	..
4200 Impôts périodiques sur l'actif net	0	0	0	0	0	..	..	..	..	..
4300 Impôts sur mut. par décès, succ. et donations	0	0	0	0	0	..	..	..	..	..
4400 Impôts sur transact. mobilières et immob.	0	0	0	0	0	..	..	..	..	..
4500 Impôts non-périodiques	0	0	0	0	0	..	..	..	..	..
4600 Autres impôts périodiques sur patrimoine	0	0	0	0	0	..	..	..	..	..
5000 Impôts sur les biens et services	**153**	**1 533**	**3 330**	**4 652**	**5 101**	**0**	**0**	**0**	**0**	**0**
5100 Impôts sur production, vente, transfert, etc.	14	59	118	249	278	..	..	..	..	..
5110 Impôts généraux	0	6	10	43	67	..	..	..	..	..
5120 Impôts sur biens et services déterminés	14	53	108	206	211	..	..	..	..	..
5130 Non-ventilables entre 5110 et 5120	0	0	0	0	0	..	..	..	..	..
5200 Impôts sur utilisation des biens et exerc. activites	139	1 474	3 212	4 403	4 823	..	..	..	..	..
5300 Non-ventilables entre 5100 et 5200	0	0	0	0	0	..	..	..	..	..
6000 Autres impôts	**0**	**0**	**0**	**0**	**0**	**0**	**0**	**0**	**0**	**0**
6100 A la charge exclusive des entreprises	..	..	..	..	..	..	..	..	..	..
6200 A la charge d'autres agents	..	..	..	..	..	..	..	..	..	..
Recettes fiscales totales	**502**	**3 820**	**7 671**	**9 689**	**11 123**	**16 732**	**48 532**	**66 547**	**96 426**	**108 685**

.. Non disponible

Note : Y compris les droits de douane perçus pour le compte de l'Union européenne.

StatLink https://stat.link/9qa7p2

Tableau 6.27. Nouvelle-Zélande, recettes fiscales par sous-secteurs d'administration

Million NZD

	Administration centrale					Administration d'État/Régions				
	1975	1995	2005	2015	2020	1975	1995	2005	2015	2020
1000 Impôts sur revenu, bénéfices et gains en capital	**2 296**	**21 253**	**37 379**	**44 723**	**65 298**	..	..	..	..	..
1100 Des personnes physiques	1 874	15 626	24 373	30 297	44 494	..	..	..	..	..
1200 Des sociétés	407	4 122	9 957	11 407	17 819	..	..	..	..	..
1300 Non-ventilables entre 1100 et 1200	16	1 505	3 049	3 019	2 985	..	..	..	..	..
2000 Cotisations de sécurité sociale	**0**	**0**	**0**	**0**	**0**	..	..	..	..	..
2100 A la charge des salariés	..	0	0	0	0	..	..	..	..	..
2200 A la charge des employeurs	..	0	0	0	0	..	..	..	..	..
2300 A charge des travailleurs indép. ou sans emploi	..	0	0	0	0	..	..	..	..	..
2400 Non-ventilables entre 2100, 2200 et 2300	..	0	0	0	0	..	..	..	..	..
3000 Sur salaires ou main d'oeuvre	**0**	**0**	**0**	**0**	**0**	..	..	..	..	..
4000 Impôts sur le patrimoine	**83**	**218**	**86**	**84**	**88**	..	..	..	..	..
4100 Impôts périodiques sur la propriété immobilière	3	-1	0	0	0	..	..	..	..	..
4200 Impôts périodiques sur l'actif net	0	0	0	0	0	..	..	..	..	..
4300 Impôts sur mut. par décès, succ. et donations	54	3	3	0	0	..	..	..	..	..
4400 Impôts sur transact. mobilières et immob.	25	216	83	84	88	..	..	..	..	..
4500 Impôts non-périodiques	0	0	0	0	0	..	..	..	..	..
4600 Autres impôts périodiques sur patrimoine	0	0	0	0	0	..	..	..	..	..
5000 Impôts sur les biens et services	**807**	**11 395**	**18 744**	**31 146**	**43 104**	..	..	..	..	..
5100 Impôts sur production, vente, transfert, etc.	770	10 833	17 792	29 551	40 943	..	..	..	..	..
5110 Impôts généraux	311	7 895	14 133	24 587	35 397	..	..	..	..	..
5120 Impôts sur biens et services déterminés	459	2 938	3 659	4 964	5 546	..	..	..	..	..
5130 Non-ventilables entre 5110 et 5120	0	0	0	0	0	..	..	..	..	..
5200 Impôts sur utilisation des biens et exerc. activites	37	562	952	1 595	2 161	..	..	..	..	..
5300 Non-ventilables entre 5100 et 5200	0	0	0	0	0	..	..	..	..	..
6000 Autres impôts	**0**	**0**	**14**	**2**	**1**	..	..	..	..	..
6100 A la charge exclusive des entreprises	..	..	0	0	0	..	..	..	..	..
6200 A la charge d'autres agents	..	..	14	2	1	..	..	..	..	..
Recettes fiscales totales	**3 186**	**32 866**	**56 223**	**75 955**	**108 491**	..	..	..	..	..
	Administrations locales					**Administrations de sécurite sociale**				
	1975	1995	2005	2015	2020	1975	1995	2005	2015	2020
1000 Impôts sur revenu, bénéfices et gains en capital	**0**	**0**	**0**	**0**	**0**	**0**	**0**	**0**	**0**	**0**
1100 Des personnes physiques	0	0	0	0	0	0	0	0	0	0
1200 Des sociétés	0	0	0	0	0	0	0	0	0	0
1300 Non-ventilables entre 1100 et 1200	0	0	0	0	0	0	0	0	0	0
2000 Cotisations de sécurité sociale	**0**	**0**	**0**	**0**	**0**	**0**	**0**	**0**	**0**	**0**
2100 A la charge des salariés	..	0	0	0	0	..	0	0	0	0
2200 A la charge des employeurs	..	0	0	0	0	..	0	0	0	0
2300 A charge des travailleurs indép. ou sans emploi	..	0	0	0	0	..	0	0	0	0
2400 Non-ventilables entre 2100, 2200 et 2300	..	0	0	0	0	..	0	0	0	0
3000 Sur salaires ou main d'oeuvre	**0**	**0**	**0**	**0**	**0**	**0**	**0**	**0**	**0**	**0**
4000 Impôts sur le patrimoine	**237**	**1 646**	**2 825**	**4 962**	**6 273**	**0**	**0**	**0**	**0**	**0**
4100 Impôts périodiques sur la propriété immobilière	237	1 646	2 825	4 962	6 273	..	..	..	..	..
4200 Impôts périodiques sur l'actif net	0	0	0	0	0	..	..	..	..	..
4300 Impôts sur mut. par décès, succ. et donations	0	0	0	0	0	..	..	..	..	..
4400 Impôts sur transact. mobilières et immob.	0	0	0	0	0	..	..	..	..	..
4500 Impôts non-périodiques	0	0	0	0	0	..	..	..	..	..
4600 Autres impôts périodiques sur patrimoine	0	0	0	0	0	..	..	..	..	..
5000 Impôts sur les biens et services	**29**	**184**	**310**	**582**	**836**	**0**	**0**	**0**	**0**	**0**
5100 Impôts sur production, vente, transfert, etc.	18	33	30	33	179	..	..	..	..	..
5110 Impôts généraux	0	0	0	0	0	..	..	..	..	..
5120 Impôts sur biens et services déterminés	18	33	30	33	179	..	..	..	..	..
5130 Non-ventilables entre 5110 et 5120	0	0	0	0	0	..	..	..	..	..
5200 Impôts sur utilisation des biens et exerc. activites	11	151	280	549	657	..	..	..	..	..
5300 Non-ventilables entre 5100 et 5200	0	0	0	0	0	..	..	..	..	..
6000 Autres impôts	**0**	**0**	**0**	**0**	**0**	**0**	**0**	**0**	**0**	**0**
6100 A la charge exclusive des entreprises	..	..	..	..	..	..	..	..	..	..
6200 A la charge d'autres agents	..	..	..	..	..	..	..	..	..	..
Recettes fiscales totales	**266**	**1 830**	**3 135**	**5 544**	**7 109**	**0**	**0**	**0**	**0**	**0**

.. Non disponible

StatLink https://stat.link/sep08l

Tableau 6.28. Norvège, recettes fiscales par sous-secteurs d'administration

Million NOK

	Administration centrale[1]					Administration d'État/Régions				
	1975	1995	2005	2015	2020	1975	1995	2005	2015	2020
1000 Impôts sur revenu, bénéfices et gains en capital	**6 495**	**67 402**	**316 851**	**314 792**	**277 300**	**..**	**..**	**..**	**..**	**..**
1100 Des personnes physiques	5 424	38 059	87 503	174 617	195 917	..	..	..	..	..
1200 Des sociétés	1 071	29 343	229 348	140 175	81 383	..	..	..	..	..
1300 Non-ventilables entre 1100 et 1200	0	0	0	0	0	..	..	..	..	..
2000 Cotisations de sécurité sociale	**1 341**	**6 013**	**173 151**	**325 130**	**381 838**	**..**	**..**	**..**	**..**	**..**
2100 A la charge des salariés	331	1 233	58 320	112 662	134 450	..	..	..	..	..
2200 A la charge des employeurs	1 010	4 780	104 794	190 923	222 175	..	..	..	..	..
2300 A charge des travailleurs indép. ou sans emploi	0	0	10 037	21 545	25 213	..	..	..	..	..
2400 Non-ventilables entre 2100, 2200 et 2300	0	0	0	0	0	..	..	..	..	..
3000 Sur salaires ou main d'oeuvre	**0**	**0**	**0**	**0**	**2 065**	**..**	**..**	**..**	**..**	**..**
4000 Impôts sur le patrimoine	**771**	**3 497**	**11 178**	**12 209**	**16 525**	**..**	**..**	**..**	**..**	**..**
4100 Impôts périodiques sur la propriété immobilière	0	0	0	0	0	..	..	..	..	..
4200 Impôts périodiques sur l'actif net	490	1 172	4 741	3 488	5 109	..	..	..	..	..
4300 Impôts sur mut. par décès, succ. et donations	146	975	1 768	295	64	..	..	..	..	..
4400 Impôts sur transact. mobilières et immob.	135	1 350	4 669	8 426	11 352	..	..	..	..	..
4500 Impôts non-périodiques	0	0	0	0	0	..	..	..	..	..
4600 Autres impôts périodiques sur patrimoine	0	0	0	0	0	..	..	..	..	..
5000 Impôts sur les biens et services	**25 056**	**141 645**	**232 462**	**359 255**	**422 361**	**..**	**..**	**..**	**..**	**..**
5100 Impôts sur production, vente, transfert, etc.	24 367	134 965	220 898	342 410	403 893	..	..	..	..	..
5110 Impôts généraux	13 670	81 772	153 820	256 029	312 936	..	..	..	..	..
5120 Impôts sur biens et services déterminés	10 697	53 193	67 078	86 381	90 957	..	..	..	..	..
5130 Non-ventilables entre 5110 et 5120	0	0	0	0	0	..	..	..	..	..
5200 Impôts sur utilisation des biens et exerc. activites	689	6 680	11 564	16 845	18 468	..	..	..	..	..
5300 Non-ventilables entre 5100 et 5200	0	0	0	0	0	..	..	..	..	..
6000 Autres impôts	**130**	**15**	**0**	**0**	**0**	**..**	**..**	**..**	**..**	**..**
6100 A la charge exclusive des entreprises	124	1	..	..	..	..	..	..	..	..
6200 A la charge d'autres agents	6	14	..	..	..	..	..	..	..	..
Recettes fiscales totales	**33 793**	**218 572**	**733 642**	**1 011 386**	**1 100 089**	**..**	**..**	**..**	**..**	**..**

	Administrations locales					Administrations de sécurite sociale				
	1975	1995	2005	2015	2020	1975	1995	2005	2015	2020
1000 Impôts sur revenu, bénéfices et gains en capital	**13 725**	**67 978**	**100 512**	**160 582**	**193 212**	**2 728**	**0**	**0**	**0**	**0**
1100 Des personnes physiques	12 877	61 784	100 512	160 582	193 212	2 728	..	..	..	..
1200 Des sociétés	848	6 194	0	0	0	0	..	..	..	..
1300 Non-ventilables entre 1100 et 1200	0	0	0	0	0	0	..	..	..	..
2000 Cotisations de sécurité sociale	**0**	**0**	**0**	**0**	**0**	**15 224**	**84 563**	**0**	**0**	**0**
2100 A la charge des salariés	..	..	..	..	..	2 949	30 417	..	..	..
2200 A la charge des employeurs	..	..	..	..	..	11 315	48 396	..	..	..
2300 A charge des travailleurs indép. ou sans emploi	..	..	..	..	..	960	5 750	..	..	..
2400 Non-ventilables entre 2100, 2200 et 2300	..	..	..	..	..	0	0	..	..	..
3000 Sur salaires ou main d'oeuvre	**0**	**0**	**0**	**0**	**0**	**0**	**0**	**0**	**0**	**0**
4000 Impôts sur le patrimoine	**772**	**7 352**	**10 283**	**21 812**	**28 168**	**0**	**0**	**0**	**0**	**0**
4100 Impôts périodiques sur la propriété immobilière	278	2 792	4 324	11 177	14 818	..	..	..	..	..
4200 Impôts périodiques sur l'actif net	494	4 560	5 959	10 635	13 350	..	..	..	..	..
4300 Impôts sur mut. par décès, succ. et donations	0	0	0	0	0	..	..	..	..	..
4400 Impôts sur transact. mobilières et immob.	0	0	0	0	0	..	..	..	..	..
4500 Impôts non-périodiques	0	0	0	0	0	..	..	..	..	..
4600 Autres impôts périodiques sur patrimoine	0	0	0	0	0	..	..	..	..	..
5000 Impôts sur les biens et services	**0**	**431**	**2 281**	**1 574**	**1 643**	**51**	**267**	**0**	**0**	**0**
5100 Impôts sur production, vente, transfert, etc.	0	0	0	0	0	51	267	..	..	..
5110 Impôts généraux	0	0	0	0	0	0	0	..	..	..
5120 Impôts sur biens et services déterminés	0	0	0	0	0	51	267	..	..	..
5130 Non-ventilables entre 5110 et 5120	0	0	0	0	0	0	0	..	..	..
5200 Impôts sur utilisation des biens et exerc. activites	0	431	2 281	1 574	1 643	0	0	..	..	..
5300 Non-ventilables entre 5100 et 5200	0	0	0	0	0	0	0	..	..	..
6000 Autres impôts	**432**	**0**	**0**	**0**	**0**	**0**	**0**	**0**	**0**	**0**
6100 A la charge exclusive des entreprises	0	..	..	..	..	..	..	..	..	..
6200 A la charge d'autres agents	432	..	..	..	..	..	..	..	..	..
Recettes fiscales totales	**14 929**	**75 761**	**113 076**	**183 968**	**223 023**	**18 003**	**84 830**	**0**	**0**	**0**

.. Non disponible

1. The Norwegian National Insurance has been integrated into the Central government sector from the year 2000 onwards.

StatLink https://stat.link/ez8wo3

Tableau 6.29. Pologne, recettes fiscales par sous-secteurs d'administration

Million PLN

	Administration centrale					Administration d'État/Régions				
	1975	1995	2005	2015	2020	1975	1995	2005	2015	2020
1000 Impôts sur revenu, bénéfices et gains en capital	..	**32 774**	**40 398**	**71 381**	**108 211**	..	..	..	..	..
1100 Des personnes physiques	..	23 937	24 518	45 462	66 746	..	..	..	..	..
1200 Des sociétés	..	8 837	15 880	25 919	41 465	..	..	..	..	..
1300 Non-ventilables entre 1100 et 1200	..	0	0	0	0	..	..	..	..	..
2000 Cotisations de sécurité sociale	..	**0**	**0**	**0**	**0**	..	..	..	..	..
2100 A la charge des salariés	..	..	..	..	..	..	..	..	..	..
2200 A la charge des employeurs	..	..	..	..	..	..	..	..	..	..
2300 A charge des travailleurs indép. ou sans emploi	..	..	..	..	..	..	..	..	..	..
2400 Non-ventilables entre 2100, 2200 et 2300	..	..	..	..	..	..	..	..	..	..
3000 Sur salaires ou main d'oeuvre	..	**831**	**2 555**	**4 028**	**7 683**	..	..	..	..	..
4000 Impôts sur le patrimoine	..	**0**	**0**	**0**	**0**	..	..	..	..	..
4100 Impôts périodiques sur la propriété immobilière	..	..	..	..	..	..	..	..	..	..
4200 Impôts périodiques sur l'actif net	..	..	..	..	..	..	..	..	..	..
4300 Impôts sur mut. par décès, succ. et donations	..	..	..	..	..	..	..	..	..	..
4400 Impôts sur transact. mobilières et immob.	..	..	..	..	..	..	..	..	..	..
4500 Impôts non-périodiques	..	..	..	..	..	..	..	..	..	..
4600 Autres impôts périodiques sur patrimoine	..	..	..	..	..	..	..	..	..	..
5000 Impôts sur les biens et services	..	**43 483**	**120 207**	**207 129**	**292 680**	..	..	..	..	..
5100 Impôts sur production, vente, transfert, etc.	..	42 863	119 805	203 303	279 425	..	..	..	..	..
5110 Impôts généraux	..	21 051	75 783	125 895	185 964	..	..	..	..	..
5120 Impôts sur biens et services déterminés	..	21 812	44 022	77 408	93 461	..	..	..	..	..
5130 Non-ventilables entre 5110 et 5120	..	0	0	0	0	..	..	..	..	..
5200 Impôts sur utilisation des biens et exerc. activites	..	620	402	3 826	13 255	..	..	..	..	..
5300 Non-ventilables entre 5100 et 5200	..	0	0	0	0	..	..	..	..	..
6000 Autres impôts	..	**99**	**18**	**0**	**0**	..	..	..	..	..
6100 A la charge exclusive des entreprises	..	0	0	..	..	..	..	..	..	..
6200 A la charge d'autres agents	..	99	18	..	..	..	..	..	..	..
Recettes fiscales totales	..	**77 187**	**163 178**	**282 538**	**408 574**	..	..	..	..	..

	Administrations locales					Administrations de sécurite sociale				
	1975	1995	2005	2015	2020	1975	1995	2005	2015	2020
1000 Impôts sur revenu, bénéfices et gains en capital	..	**4 896**	**23 093**	**45 697**	**67 634**	..	**0**	**0**	**0**	**0**
1100 Des personnes physiques	..	4 427	17 916	38 512	56 227	..	..	..	..	..
1200 Des sociétés	..	469	5 177	7 185	11 407	..	..	..	..	..
1300 Non-ventilables entre 1100 et 1200	..	0	0	0	0	..	..	..	..	..
2000 Cotisations de sécurité sociale	..	**0**	**0**	**0**	**0**	..	**38 808**	**121 522**	**225 711**	**318 637**
2100 A la charge des salariés	..	..	..	..	..	..	16 727	49 469	92 052	132 901
2200 A la charge des employeurs	..	..	..	..	..	..	19 364	47 753	89 570	121 101
2300 A charge des travailleurs indép. ou sans emploi	..	..	..	..	..	..	2 717	24 300	44 089	64 635
2400 Non-ventilables entre 2100, 2200 et 2300	..	..	..	..	..	..	0	0	0	0
3000 Sur salaires ou main d'oeuvre	..	**0**	**0**	**0**	**0**	..	**0**	**0**	**0**	**0**
4000 Impôts sur le patrimoine	..	**4 370**	**14 723**	**24 637**	**30 293**	..	**0**	**0**	**0**	**0**
4100 Impôts périodiques sur la propriété immobilière	..	3 579	12 718	22 206	26 454	..	..	..	..	..
4200 Impôts périodiques sur l'actif net	..	0	0	0	0	..	..	..	..	..
4300 Impôts sur mut. par décès, succ. et donations	..	44	242	246	313	..	..	..	..	..
4400 Impôts sur transact. mobilières et immob.	..	747	1 763	2 185	3 526	..	..	..	..	..
4500 Impôts non-périodiques	..	0	0	0	0	..	..	..	..	..
4600 Autres impôts périodiques sur patrimoine	..	0	0	0	0	..	..	..	..	..
5000 Impôts sur les biens et services	..	**1 340**	**3 492**	**4 139**	**3 958**	..	**0**	**0**	**0**	**0**
5100 Impôts sur production, vente, transfert, etc.	..	0	0	0	0	..	..	..	..	..
5110 Impôts généraux	..	..	..	..	..	..	..	..	..	..
5120 Impôts sur biens et services déterminés	..	..	..	..	..	..	..	..	..	..
5130 Non-ventilables entre 5110 et 5120	..	..	..	..	..	..	..	..	..	..
5200 Impôts sur utilisation des biens et exerc. activites	..	1 340	3 492	4 139	3 958	..	..	..	..	..
5300 Non-ventilables entre 5100 et 5200	..	0	0	0	0	..	..	..	..	..
6000 Autres impôts	..	**158**	**278**	**647**	**986**	..	**0**	**0**	**0**	**0**
6100 A la charge exclusive des entreprises	..	0	0	0	0	..	..	..	..	..
6200 A la charge d'autres agents	..	158	278	647	986	..	..	..	..	..
Recettes fiscales totales	..	**10 764**	**41 586**	**75 120**	**102 871**	..	**38 808**	**121 522**	**225 711**	**318 637**

.. Non disponible

Note : Y compris les droits de douane perçus pour le compte de l'Union européenne.

StatLink https://stat.link/qgn6oc

Tableau 6.30. Portugal, recettes fiscales par sous-secteurs d'administration

Million EUR

	Administration centrale					Administration d'État/Régions				
	1975	1995	2005	2015	2020	1975	1995	2005	2015	2020
1000 Impôts sur revenu, bénéfices et gains en capital	**81**	**6 557**	**11 576**	**17 516**	**18 197**	**..**	**..**	**..**	**..**	**..**
1100 Des personnes physiques	..	4 691	7 694	12 316	13 123	..	..	..	..	..
1200 Des sociétés	..	1 866	3 761	5 199	5 074	..	..	..	..	..
1300 Non-ventilables entre 1100 et 1200	81	0	121	0	0	..	..	..	..	..
2000 Cotisations de sécurité sociale	**0**	**1 560**	**1 887**	**2 064**	**2 105**	**..**	**..**	**..**	**..**	**..**
2100 A la charge des salariés	..	941	1 629	1 867	1 969	..	..	..	..	..
2200 A la charge des employeurs	..	619	259	198	136	..	..	..	..	..
2300 A charge des travailleurs indép. ou sans emploi	..	0	0	0	0	..	..	..	..	..
2400 Non-ventilables entre 2100, 2200 et 2300	..	0	0	0	0	..	..	..	..	..
3000 Sur salaires ou main d'oeuvre	**12**	**0**	**0**	**0**	**0**	**..**	**..**	**..**	**..**	**..**
4000 Impôts sur le patrimoine	**12**	**226**	**308**	**202**	**481**	**..**	**..**	**..**	**..**	**..**
4100 Impôts périodiques sur la propriété immobilière	0	0	0	6	149	..	..	..	..	..
4200 Impôts périodiques sur l'actif net	0	0	0	0	0	..	..	..	..	..
4300 Impôts sur mut. par décès, succ. et donations	4	57	68	0	0	..	..	..	..	..
4400 Impôts sur transact. mobilières et immob.	7	169	240	196	331	..	..	..	..	..
4500 Impôts non-périodiques	0	0	0	0	0	..	..	..	..	..
4600 Autres impôts périodiques sur patrimoine	0	0	0	0	0	..	..	..	..	..
5000 Impôts sur les biens et services	**198**	**10 402**	**19 495**	**21 488**	**23 750**	**..**	**..**	**..**	**..**	**..**
5100 Impôts sur production, vente, transfert, etc.	187	10 195	19 233	20 881	22 773	..	..	..	..	..
5110 Impôts généraux	52	5 481	11 846	13 745	15 215	..	..	..	..	..
5120 Impôts sur biens et services déterminés	135	4 714	7 387	7 136	7 558	..	..	..	..	..
5130 Non-ventilables entre 5110 et 5120	0	0	0	0	0	..	..	..	..	..
5200 Impôts sur utilisation des biens et exerc. activites	12	178	235	594	970	..	..	..	..	..
5300 Non-ventilables entre 5100 et 5200	0	30	27	13	7	..	..	..	..	..
6000 Autres impôts	**2**	**98**	**431**	**570**	**682**	**..**	**..**	**..**	**..**	**..**
6100 A la charge exclusive des entreprises	1	18	143	333	434	..	..	..	..	..
6200 A la charge d'autres agents	0	81	288	237	248	..	..	..	..	..
Recettes fiscales totales	**304**	**18 844**	**33 697**	**41 840**	**45 215**	**..**	**..**	**..**	**..**	**..**

	Administrations locales					Administrations de sécurite sociale				
	1975	1995	2005	2015	2020	1975	1995	2005	2015	2020
1000 Impôts sur revenu, bénéfices et gains en capital	**0**	**307**	**725**	**1 246**	**1 351**	**0**	**0**	**0**	**0**	**0**
1100 Des personnes physiques	..	156	298	832	886	..	..	..	..	..
1200 Des sociétés	..	151	427	414	466	..	..	..	..	..
1300 Non-ventilables entre 1100 et 1200	0	0	0	0	0	..	..	..	..	..
2000 Cotisations de sécurité sociale	**0**	**2**	**7**	**19**	**0**	**161**	**5 267**	**11 133**	**14 099**	**18 809**
2100 A la charge des salariés	..	2	7	19	..	62	2 100	4 053	5 106	6 325
2200 A la charge des employeurs	..	0	0	0	..	97	3 167	7 080	8 993	12 484
2300 A charge des travailleurs indép. ou sans emploi	..	0	0	0	..	2	0	0	0	0
2400 Non-ventilables entre 2100, 2200 et 2300	..	0	0	0	..	0	0	0	0	0
3000 Sur salaires ou main d'oeuvre	**0**	**0**	**0**	**0**	**0**	**0**	**0**	**0**	**0**	**0**
4000 Impôts sur le patrimoine	**0**	**599**	**1 541**	**2 105**	**2 447**	**0**	**0**	**0**	**0**	**0**
4100 Impôts périodiques sur la propriété immobilière	..	310	827	1 529	1 486	..	..	..	..	..
4200 Impôts périodiques sur l'actif net	..	0	0	0	0	..	..	..	..	..
4300 Impôts sur mut. par décès, succ. et donations	..	0	1	0	0	..	..	..	..	..
4400 Impôts sur transact. mobilières et immob.	..	289	713	576	961	..	..	..	..	..
4500 Impôts non-périodiques	..	0	0	0	0	..	..	..	..	..
4600 Autres impôts périodiques sur patrimoine	..	0	0	0	0	..	..	..	..	..
5000 Impôts sur les biens et services	**0**	**499**	**962**	**1 132**	**1 289**	**0**	**335**	**823**	**1 179**	**1 087**
5100 Impôts sur production, vente, transfert, etc.	0	442	827	876	997	..	335	823	1 179	1 074
5110 Impôts généraux	0	318	563	629	704	..	276	592	994	883
5120 Impôts sur biens et services déterminés	0	124	264	247	293	..	59	231	184	191
5130 Non-ventilables entre 5110 et 5120	0	0	0	0	0	..	0	0	0	0
5200 Impôts sur utilisation des biens et exerc. activites	0	57	133	256	292	..	0	0	0	13
5300 Non-ventilables entre 5100 et 5200	0	0	1	0	0	..	0	0	0	0
6000 Autres impôts	**0**	**3**	**28**	**10**	**10**	**0**	**1**	**0**	**0**	**0**
6100 A la charge exclusive des entreprises	..	0	25	8	8	..	0	..	..	..
6200 A la charge d'autres agents	..	3	3	2	2	..	1	..	..	..
Recettes fiscales totales	**0**	**1 410**	**3 262**	**4 512**	**5 098**	**161**	**5 603**	**11 956**	**15 278**	**19 896**

.. Non disponible

Note : Y compris les droits de douane perçus pour le compte de l'Union européenne.

StatLink https://stat.link/x32dg5

Tableau 6.31. République slovaque, recettes fiscales par sous-secteurs d'administration

Million EUR

	Administration centrale					Administration d'État/Régions				
	1975	1995	2005	2015	2020	1975	1995	2005	2015	2020
1000 Impôts sur revenu, bénéfices et gains en capital	..	**1 993**	**2 968**	**5 542**	**6 535**	..	..	..	..	..
1100 Des personnes physiques	..	695	1 496	2 464	3 500	..	..	..	..	..
1200 Des sociétés	..	1 166	1 345	2 917	2 800	..	..	..	..	..
1300 Non-ventilables entre 1100 et 1200	..	132	128	162	235	..	..	..	..	..
2000 Cotisations de sécurité sociale	..	**85**	**240**	**253**	**422**	..	..	..	..	..
2100 A la charge des salariés	..	10	104	58	136	..	..	..	..	..
2200 A la charge des employeurs	..	75	136	195	285	..	..	..	..	..
2300 A charge des travailleurs indép. ou sans emploi	..	0	0	0	1	..	..	..	..	..
2400 Non-ventilables entre 2100, 2200 et 2300	..	0	0	0	0	..	..	..	..	..
3000 Sur salaires ou main d'oeuvre	..	**0**	**0**	**0**	**0**	..	..	..	..	..
4000 Impôts sur le patrimoine	..	**27**	**28**	**0**	**0**	..	..	..	..	..
4100 Impôts périodiques sur la propriété immobilière	..	8	9	0	0	..	..	..	..	..
4200 Impôts périodiques sur l'actif net	..	0	0	0	0	..	..	..	..	..
4300 Impôts sur mut. par décès, succ. et donations	..	2	1	0	0	..	..	..	..	..
4400 Impôts sur transact. mobilières et immob.	..	16	18	0	0	..	..	..	..	..
4500 Impôts non-périodiques	..	0	0	0	0	..	..	..	..	..
4600 Autres impôts périodiques sur patrimoine	..	0	0	0	0	..	..	..	..	..
5000 Impôts sur les biens et services	..	**2 782**	**6 031**	**8 974**	**10 818**	..	..	..	..	..
5100 Impôts sur production, vente, transfert, etc.	..	2 594	5 773	8 442	10 221	..	..	..	..	..
5110 Impôts généraux	..	1 616	3 880	5 423	6 820	..	..	..	..	..
5120 Impôts sur biens et services déterminés	..	978	1 893	3 020	3 401	..	..	..	..	..
5130 Non-ventilables entre 5110 et 5120	..	0	0	0	0	..	..	..	..	..
5200 Impôts sur utilisation des biens et exerc. activites	..	189	256	532	597	..	..	..	..	..
5300 Non-ventilables entre 5100 et 5200	..	0	2	0	0	..	..	..	..	..
6000 Autres impôts	..	**0**	**0**	**0**	**0**	..	..	..	..	..
6100 A la charge exclusive des entreprises	..	..	..	..	..	..	..	..	..	..
6200 A la charge d'autres agents	..	..	..	..	..	..	..	..	..	..
Recettes fiscales totales	..	**4 887**	**9 267**	**14 770**	**17 775**	..	..	..	..	..

	Administrations locales					Administrations de sécurite sociale				
	1975	1995	2005	2015	2020	1975	1995	2005	2015	2020
1000 Impôts sur revenu, bénéfices et gains en capital	..	**0**	**0**	**0**	**0**	..	**0**	**0**	**0**	**0**
1100 Des personnes physiques	..	..	..	..	..	..	..	..	..	..
1200 Des sociétés	..	..	..	..	..	..	..	..	..	..
1300 Non-ventilables entre 1100 et 1200	..	..	..	..	..	..	..	..	..	..
2000 Cotisations de sécurité sociale	..	**0**	**0**	**0**	**0**	..	**2 817**	**6 037**	**10 643**	**13 811**
2100 A la charge des salariés	..	..	..	0	0	..	540	1 377	2 352	3 341
2200 A la charge des employeurs	..	..	..	0	0	..	1 774	3 356	6 124	8 369
2300 A charge des travailleurs indép. ou sans emploi	..	..	..	0	0	..	503	1 304	2 168	2 102
2400 Non-ventilables entre 2100, 2200 et 2300	..	..	..	0	0	..	0	0	0	0
3000 Sur salaires ou main d'oeuvre	..	**0**	**0**	**0**	**0**	..	**0**	**0**	**0**	**0**
4000 Impôts sur le patrimoine	..	**84**	**220**	**335**	**438**	..	**0**	**0**	**0**	**0**
4100 Impôts périodiques sur la propriété immobilière	..	72	220	335	438	..	..	..	..	..
4200 Impôts périodiques sur l'actif net	..	0	0	0	0	..	..	..	..	..
4300 Impôts sur mut. par décès, succ. et donations	..	0	0	0	0	..	..	..	..	..
4400 Impôts sur transact. mobilières et immob.	..	12	0	0	0	..	..	..	..	..
4500 Impôts non-périodiques	..	0	0	0	0	..	..	..	..	..
4600 Autres impôts périodiques sur patrimoine	..	0	0	0	0	..	..	..	..	..
5000 Impôts sur les biens et services	..	**17**	**198**	**182**	**239**	..	**0**	**0**	**0**	**0**
5100 Impôts sur production, vente, transfert, etc.	..	10	9	12	12	..	..	..	..	..
5110 Impôts généraux	..	0	0	0	0	..	..	..	..	..
5120 Impôts sur biens et services déterminés	..	10	9	12	12	..	..	..	..	..
5130 Non-ventilables entre 5110 et 5120	..	0	0	0	0	..	..	..	..	..
5200 Impôts sur utilisation des biens et exerc. activites	..	1	94	17	22	..	..	..	..	..
5300 Non-ventilables entre 5100 et 5200	..	6	95	153	204	..	..	..	..	..
6000 Autres impôts	..	**0**	**0**	**0**	**0**	..	**0**	**0**	**0**	**0**
6100 A la charge exclusive des entreprises	..	..	..	..	..	..	..	..	..	..
6200 A la charge d'autres agents	..	..	..	..	..	..	..	..	..	..
Recettes fiscales totales	..	**101**	**418**	**517**	**676**	..	**2 817**	**6 037**	**10 643**	**13 811**

.. Non disponible

Note : Y compris les droits de douane perçus pour le compte de l'Union européenne.

StatLink https://stat.link/r8091w

Tableau 6.32. Slovenie, recettes fiscales par sous-secteurs d'administration

Million EUR

	Administration centrale					Administration d'État/Régions				
	1975	1995	2005	2015	2020	1975	1995	2005	2015	2020
1000 Impôts sur revenu, bénéfices et gains en capital	..	**479**	**1 828**	**1 528**	**2 062**	..	..	..	..	..
1100 Des personnes physiques	..	413	1 029	958	1 145	..	..	..	..	..
1200 Des sociétés	..	54	795	568	914	..	..	..	..	..
1300 Non-ventilables entre 1100 et 1200	..	12	5	2	2	..	..	..	..	..
2000 Cotisations de sécurité sociale	..	**38**	**42**	**59**	**78**	..	..	..	..	..
2100 A la charge des salariés	..	20	24	31	41	..	..	..	..	..
2200 A la charge des employeurs	..	17	15	23	31	..	..	..	..	..
2300 A charge des travailleurs indép. ou sans emploi	..	1	3	5	6	..	..	..	..	..
2400 Non-ventilables entre 2100, 2200 et 2300	..	0	0	0	0	..	..	..	..	..
3000 Sur salaires ou main d'oeuvre	..	**14**	**521**	**20**	**22**	..	..	..	..	..
4000 Impôts sur le patrimoine	..	**5**	**3**	**2**	**2**	..	..	..	..	..
4100 Impôts périodiques sur la propriété immobilière	..	0	0	0	0	..	..	..	..	..
4200 Impôts périodiques sur l'actif net	..	0	3	0	0	..	..	..	..	..
4300 Impôts sur mut. par décès, succ. et donations	..	0	0	0	0	..	..	..	..	..
4400 Impôts sur transact. mobilières et immob.	..	0	0	0	0	..	..	..	..	..
4500 Impôts non-périodiques	..	5	0	2	2	..	..	..	..	..
4600 Autres impôts périodiques sur patrimoine	..	0	0	0	0	..	..	..	..	..
5000 Impôts sur les biens et services	..	**1 554**	**3 826**	**5 543**	**5 746**	..	..	..	..	..
5100 Impôts sur production, vente, transfert, etc.	..	1 524	3 645	5 205	5 336	..	..	..	..	..
5110 Impôts généraux	..	1 192	2 489	3 224	3 543	..	..	..	..	..
5120 Impôts sur biens et services déterminés	..	332	1 156	1 981	1 792	..	..	..	..	..
5130 Non-ventilables entre 5110 et 5120	..	0	0	0	0	..	..	..	..	..
5200 Impôts sur utilisation des biens et exerc. activites	..	31	181	338	410	..	..	..	..	..
5300 Non-ventilables entre 5100 et 5200	..	0	0	0	0	..	..	..	..	..
6000 Autres impôts	..	**0**	**0**	**0**	**0**	..	..	..	..	..
6100 A la charge exclusive des entreprises	..	..	..	..	..	..	..	..	..	..
6200 A la charge d'autres agents	..	..	..	..	..	..	..	..	..	..
Recettes fiscales totales	..	**2 090**	**6 221**	**7 152**	**7 910**	..	..	..	..	..

	Administrations locales					Administrations de sécurite sociale				
	1975	1995	2005	2015	2020	1975	1995	2005	2015	2020
1000 Impôts sur revenu, bénéfices et gains en capital	..	**194**	**559**	**1 019**	**1 326**	..	**0**	**0**	**0**	**0**
1100 Des personnes physiques	..	192	556	1 019	1 326	..	..	..	..	..
1200 Des sociétés	..	0	0	0	0	..	..	..	..	..
1300 Non-ventilables entre 1100 et 1200	..	2	2	0	0	..	..	..	..	..
2000 Cotisations de sécurité sociale	..	**0**	**0**	**0**	**0**	..	**1 793**	**4 354**	**5 924**	**7 829**
2100 A la charge des salariés	..	..	..	..	..	..	812	2 124	2 879	3 854
2200 A la charge des employeurs	..	..	..	..	..	..	806	1 579	2 112	2 834
2300 A charge des travailleurs indép. ou sans emploi	..	..	..	..	..	..	175	652	933	1 142
2400 Non-ventilables entre 2100, 2200 et 2300	..	..	..	..	..	..	0	0	0	0
3000 Sur salaires ou main d'oeuvre	..	**2**	**0**	**0**	**0**	..	**0**	**0**	**0**	**0**
4000 Impôts sur le patrimoine	..	**53**	**167**	**239**	**293**	..	**0**	**0**	**0**	**0**
4100 Impôts périodiques sur la propriété immobilière	..	37	122	199	236	..	..	..	..	..
4200 Impôts périodiques sur l'actif net	..	0	0	0	0	..	..	..	..	..
4300 Impôts sur mut. par décès, succ. et donations	..	1	5	8	10	..	..	..	..	..
4400 Impôts sur transact. mobilières et immob.	..	12	40	29	40	..	..	..	..	..
4500 Impôts non-périodiques	..	3	0	3	6	..	..	..	..	..
4600 Autres impôts périodiques sur patrimoine	..	0	0	0	0	..	..	..	..	..
5000 Impôts sur les biens et services	..	**7**	**91**	**96**	**78**	..	**0**	**0**	**0**	**0**
5100 Impôts sur production, vente, transfert, etc.	..	7	43	57	49	..	..	..	..	..
5110 Impôts généraux	..	0	0	0	0	..	..	..	..	..
5120 Impôts sur biens et services déterminés	..	7	43	57	49	..	..	..	..	..
5130 Non-ventilables entre 5110 et 5120	..	0	0	0	0	..	..	..	..	..
5200 Impôts sur utilisation des biens et exerc. activites	..	0	48	39	30	..	..	..	..	..
5300 Non-ventilables entre 5100 et 5200	..	0	0	0	0	..	..	..	..	..
6000 Autres impôts	..	**0**	**0**	**0**	**0**	..	**0**	**0**	**0**	**0**
6100 A la charge exclusive des entreprises	..	..	..	..	..	..	..	..	..	..
6200 A la charge d'autres agents	..	..	..	..	..	..	..	..	..	..
Recettes fiscales totales	..	**256**	**817**	**1 354**	**1 697**	..	**1 793**	**4 354**	**5 924**	**7 829**

.. Non disponible

Note : Y compris les droits de douane perçus pour le compte de l'Union européenne.

StatLink https://stat.link/dcm9tx

Tableau 6.33. Espagne, recettes fiscales par sous-secteurs d'administration

Million EUR

	Administration fédérale					Administration d'État/Régions				
	1975	1995	2005	2015	2020	1975	1995	2005	2015	2020
1000 Impôts sur revenu, bénéfices et gains en capital	**1 388**	**38 846**	**71 598**	**62 198**	**60 956**	**..**	**588**	**19 503**	**34 814**	**52 062**
1100 Des personnes physiques	897	31 789	38 219	39 659	40 290	..	457	19 104	34 600	51 797
1200 Des sociétés	490	7 057	33 379	22 539	20 666	..	131	399	214	265
1300 Non-ventilables entre 1100 et 1200	1	0	0	0	0	..	0	0	0	0
2000 Cotisations de sécurité sociale	**0**	**2 027**	**3 027**	**3 505**	**3 443**	**..**	**0**	**0**	**0**	**0**
2100 A la charge des salariés	..	1 017	1 369	1 541	1 363	..	..	..	..	..
2200 A la charge des employeurs	..	1 010	1 658	1 964	2 080	..	..	..	..	..
2300 A charge des travailleurs indép. ou sans emploi	..	0	0	0	0	..	..	..	..	..
2400 Non-ventilables entre 2100, 2200 et 2300	..	0	0	0	0	..	..	..	..	..
3000 Sur salaires ou main d'oeuvre	**0**	**0**	**0**	**0**	**0**	**..**	**0**	**0**	**0**	**0**
4000 Impôts sur le patrimoine	**421**	**405**	**77**	**1 197**	**359**	**..**	**4 050**	**19 031**	**10 286**	**11 015**
4100 Impôts périodiques sur la propriété immobilière	1	3	5	4	3	..	0	2	38	77
4200 Impôts périodiques sur l'actif net	0	166	38	32	59	..	419	1 246	961	1 270
4300 Impôts sur mut. par décès, succ. et donations	56	1	24	222	57	..	835	2 315	2 454	2 315
4400 Impôts sur transact. mobilières et immob.	364	235	10	6	6	..	2 796	15 468	6 833	7 353
4500 Impôts non-périodiques	0	0	0	933	234	..	0	0	0	0
4600 Autres impôts périodiques sur patrimoine	0	0	0	0	0	..	0	0	0	0
5000 Impôts sur les biens et services	**1 609**	**32 388**	**71 536**	**89 031**	**89 142**	**..**	**2 556**	**7 956**	**6 553**	**5 271**
5100 Impôts sur production, vente, transfert, etc.	1 599	32 206	70 895	87 536	86 843	..	2 387	7 637	6 022	4 686
5110 Impôts généraux	990	20 331	51 583	61 839	63 167	..	786	1 980	2 571	2 431
5120 Impôts sur biens et services déterminés	608	11 875	19 312	25 697	23 676	..	1 601	5 657	3 451	2 255
5130 Non-ventilables entre 5110 et 5120	0	0	0	0	0	..	0	0	0	0
5200 Impôts sur utilisation des biens et exerc. activites	10	182	641	1 495	2 299	..	169	319	531	585
5300 Non-ventilables entre 5100 et 5200	0	0	0	0	0	..	0	0	0	0
6000 Autres impôts	**0**	**0**	**0**	**101**	**66**	**..**	**0**	**1**	**19**	**8**
6100 A la charge exclusive des entreprises	0	..	..	0	0	..	..	0	0	0
6200 A la charge d'autres agents	0	..	..	101	66	..	..	1	19	8
Recettes fiscales totales	**3 418**	**73 666**	**146 238**	**156 032**	**153 966**	**..**	**7 194**	**46 491**	**51 672**	**63 356**

	Administrations locales					Administrations de sécurite sociale				
	1975	1995	2005	2015	2020	1975	1995	2005	2015	2020
1000 Impôts sur revenu, bénéfices et gains en capital	**175**	**2 514**	**4 892**	**5 633**	**6 767**	**0**	**0**	**0**	**0**	**0**
1100 Des personnes physiques	131	2 137	3 426	4 637	5 683	..	..	..	..	..
1200 Des sociétés	0	377	1 466	996	1 084	..	..	..	..	..
1300 Non-ventilables entre 1100 et 1200	44	0	0	0	0	..	..	..	..	..
2000 Cotisations de sécurité sociale	**0**	**0**	**0**	**0**	**0**	**3 367**	**49 851**	**106 040**	**119 330**	**150 833**
2100 A la charge des salariés	..	..	..	..	..	645	7 372	15 332	17 242	20 380
2200 A la charge des employeurs	..	..	..	..	..	2 722	35 137	77 989	86 024	110 300
2300 A charge des travailleurs indép. ou sans emploi	..	..	..	..	..	0	7 342	12 719	16 064	19 553
2400 Non-ventilables entre 2100, 2200 et 2300	..	..	..	..	..	0	0	0	0	0
3000 Sur salaires ou main d'oeuvre	**0**	**0**	**0**	**0**	**0**	**0**	**0**	**0**	**0**	**0**
4000 Impôts sur le patrimoine	**26**	**3 759**	**8 869**	**16 372**	**16 245**	**0**	**0**	**0**	**0**	**0**
4100 Impôts périodiques sur la propriété immobilière	26	2 754	6 038	12 581	13 081	..	..	..	..	..
4200 Impôts périodiques sur l'actif net	0	177	431	911	968	..	..	..	..	..
4300 Impôts sur mut. par décès, succ. et donations	0	19	79	114	122	..	..	..	..	..
4400 Impôts sur transact. mobilières et immob.	0	166	423	145	176	..	..	..	..	..
4500 Impôts non-périodiques	0	643	1 898	2 621	1 898	..	..	..	..	..
4600 Autres impôts périodiques sur patrimoine	0	0	0	0	0	..	..	..	..	..
5000 Impôts sur les biens et services	**104**	**6 072**	**12 810**	**13 067**	**13 273**	**0**	**0**	**0**	**0**	**0**
5100 Impôts sur production, vente, transfert, etc.	104	1 976	5 946	6 846	6 905	..	..	..	..	..
5110 Impôts généraux	95	1 805	4 186	5 068	5 195	..	..	..	..	..
5120 Impôts sur biens et services déterminés	10	171	1 760	1 778	1 710	..	..	..	..	..
5130 Non-ventilables entre 5110 et 5120	0	0	0	0	0	..	..	..	..	..
5200 Impôts sur utilisation des biens et exerc. activites	0	4 096	6 864	6 221	6 368	..	..	..	..	..
5300 Non-ventilables entre 5100 et 5200	0	0	0	0	0	..	..	..	..	..
6000 Autres impôts	**0**	**8**	**6**	**69**	**31**	**0**	**0**	**0**	**0**	**0**
6100 A la charge exclusive des entreprises	..	0	0	0	0	..	..	..	..	..
6200 A la charge d'autres agents	..	8	6	69	31	..	..	..	..	..
Recettes fiscales totales	**305**	**12 353**	**26 577**	**35 141**	**36 316**	**3 367**	**49 851**	**106 040**	**119 330**	**150 833**

.. Non disponible

Note : Y compris les droits de douane perçus pour le compte de l'Union européenne.

StatLink https://stat.link/06gkdu

Tableau 6.34. Suède, recettes fiscales par sous-secteurs d'administration

Million SEK

	Administration centrale					Administration d'État/Régions				
	1975	1995	2005	2015	2020	1975	1995	2005	2015	2020
1000 Impôts sur revenu, bénéfices et gains en capital	**28 216**	**72 342**	**123 698**	**21 820**	**-3 425**	..	..	..	..	..
1100 Des personnes physiques	25 626	22 541	21 708	-102 059	-152 187	..	..	..	..	..
1200 Des sociétés	2 590	49 801	101 989	123 878	148 762	..	..	..	..	..
1300 Non-ventilables entre 1100 et 1200	0	0	0	0	0	..	..	..	..	..
2000 Cotisations de sécurité sociale[1]	**0**	**50 560**	**212 964**	**180 723**	**186 304**	..	..	..	..	..
2100 A la charge des salariés	..	0	0	0	0	..	..	..	..	..
2200 A la charge des employeurs	..	49 222	209 370	179 056	186 742	..	..	..	..	..
2300 A charge des travailleurs indép. ou sans emploi	..	1 338	4 639	1 875	930	..	..	..	..	..
2400 Non-ventilables entre 2100, 2200 et 2300	..	0	-1 044	-209	-1 368	..	..	..	..	..
3000 Sur salaires ou main d'oeuvre	**5 723**	**17 800**	**62 432**	**194 121**	**255 891**	..	..	..	..	..
4000 Impôts sur le patrimoine	**1 469**	**23 260**	**40 116**	**27 917**	**28 559**	..	..	..	..	..
4100 Impôts périodiques sur la propriété immobilière	11	15 263	25 139	16 509	15 236	..	..	..	..	..
4200 Impôts périodiques sur l'actif net	647	3 583	4 998	0	0	..	..	..	..	..
4300 Impôts sur mut. par décès, succ. et donations	335	1 388	1 092	0	0	..	..	..	..	..
4400 Impôts sur transact. mobilières et immob.	476	3 026	8 887	11 408	13 323	..	..	..	..	..
4500 Impôts non-périodiques	0	0	0	0	0	..	..	..	..	..
4600 Autres impôts périodiques sur patrimoine	0	0	0	0	0	..	..	..	..	..
5000 Impôts sur les biens et services	**31 985**	**237 720**	**354 724**	**508 210**	**601 974**	..	..	..	..	..
5100 Impôts sur production, vente, transfert, etc.	29 820	233 671	343 704	489 458	580 393	..	..	..	..	..
5110 Impôts généraux	15 806	166 557	250 470	383 002	461 267	..	..	..	..	..
5120 Impôts sur biens et services déterminés	14 014	67 114	93 234	106 456	119 125	..	..	..	..	..
5130 Non-ventilables entre 5110 et 5120	0	0	0	0	0	..	..	..	..	..
5200 Impôts sur utilisation des biens et exerc. activites	2 165	4 049	11 019	18 752	21 581	..	..	..	..	..
5300 Non-ventilables entre 5100 et 5200	0	0	0	0	0	..	..	..	..	..
6000 Autres impôts	**260**	**1 438**	**1 347**	**1 356**	**2 374**	..	..	..	..	..
6100 A la charge exclusive des entreprises	0	0	0	0	0	..	..	..	..	..
6200 A la charge d'autres agents	260	1 438	1 347	1 356	2 374	..	..	..	..	..
Recettes fiscales totales	**67 653**	**403 120**	**795 281**	**934 146**	**1 071 677**	..	..	..	..	..

	Administrations locales					Administrations de sécurite sociale				
	1975	1995	2005	2015	2020	1975	1995	2005	2015	2020
1000 Impôts sur revenu, bénéfices et gains en capital	**38 415**	**265 068**	**435 577**	**635 719**	**766 082**	**0**	**0**	**0**	**0**	**0**
1100 Des personnes physiques	35 269	265 068	435 577	635 719	766 082	..	..	..	..	..
1200 Des sociétés	3 146	0	0	0	0	..	..	..	..	..
1300 Non-ventilables entre 1100 et 1200	0	0	0	0	0	..	..	..	..	..
2000 Cotisations de sécurité sociale[1]	**0**	**0**	**0**	**0**	**0**	**25 756**	**186 992**	**151 019**	**224 129**	**269 092**
2100 A la charge des salariés	..	..	..	..	..	0	28 989	74 178	108 356	131 044
2200 A la charge des employeurs	..	..	..	..	..	24 203	154 154	74 438	112 589	134 879
2300 A charge des travailleurs indép. ou sans emploi	..	..	..	..	..	1 553	3 849	2 403	3 183	3 170
2400 Non-ventilables entre 2100, 2200 et 2300	..	..	..	..	..	0	0	0	0	0
3000 Sur salaires ou main d'oeuvre	**0**	**0**	**0**	**0**	**0**	**0**	**0**	**0**	**0**	**0**
4000 Impôts sur le patrimoine	**0**	**0**	**0**	**15 935**	**19 326**	**0**	**0**	**0**	**0**	**0**
4100 Impôts périodiques sur la propriété immobilière	..	..	..	15 935	19 326	..	..	..	..	..
4200 Impôts périodiques sur l'actif net	..	..	..	0	0	..	..	..	..	..
4300 Impôts sur mut. par décès, succ. et donations	..	..	..	0	0	..	..	..	..	..
4400 Impôts sur transact. mobilières et immob.	..	..	..	0	0	..	..	..	..	..
4500 Impôts non-périodiques	..	..	..	0	0	..	..	..	..	..
4600 Autres impôts périodiques sur patrimoine	..	..	..	0	0	..	..	..	..	..
5000 Impôts sur les biens et services	**149**	**786**	**0**	**0**	**0**	**0**	**0**	**0**	**0**	**0**
5100 Impôts sur production, vente, transfert, etc.	119	732	0	0	0	..	..	..	..	..
5110 Impôts généraux	0	0	0	0	0	..	..	..	..	..
5120 Impôts sur biens et services déterminés	119	732	0	0	0	..	..	..	..	..
5130 Non-ventilables entre 5110 et 5120	0	0	0	0	0	..	..	..	..	..
5200 Impôts sur utilisation des biens et exerc. activites	30	54	0	0	0	..	..	..	..	..
5300 Non-ventilables entre 5100 et 5200	0	0	0	0	0	..	..	..	..	..
6000 Autres impôts	**0**	**0**	**0**	**0**	**0**	**0**	**0**	**0**	**0**	**0**
6100 A la charge exclusive des entreprises	..	..	..	..	..	..	..	..	..	..
6200 A la charge d'autres agents	..	..	..	..	..	..	..	..	..	..
Recettes fiscales totales	**38 564**	**265 854**	**435 577**	**651 654**	**785 407**	**25 756**	**186 992**	**151 019**	**224 129**	**269 092**

.. Non disponible

Note : Y compris les droits de douane perçus pour le compte de l'Union européenne.

1. From 1985, social security contributions are classified using the SNA definition of Social security Funds which means that a proportion of these payments are shown under the heading of Central Government. Prior to that year, all such payments were classified under the heading of Social Security.

StatLink https://stat.link/o4rz8k

Tableau 6.35. Suisse, recettes fiscales par sous-secteurs d'administration

Million CHF

	Administration fédérale					Administration d'État/Régions				
	1975	1995	2005	2015	2020	1975	1995	2005	2015	2020
1000 Impôts sur revenu, bénéfices et gains en capital	**3 422**	**10 468**	**16 341**	**26 841**	**27 647**	**7 756**	**19 408**	**26 544**	**34 657**	**37 964**
1100 Des personnes physiques	2 712	5 699	7 823	10 567	12 239	6 342	16 182	21 289	27 156	30 284
1200 Des sociétés	710	2 678	4 519	9 731	12 092	1 414	2 628	4 627	6 294	6 127
1300 Non-ventilables entre 1100 et 1200	0	2 092	4 000	6 543	3 316	0	598	628	1 207	1 553
2000 Cotisations de sécurité sociale	**0**	**0**	**0**	**0**	**0**	**0**	**0**	**0**	**0**	**0**
2100 A la charge des salariés	..	..	..	..	..	..	..	..	..	..
2200 A la charge des employeurs	..	..	..	..	..	..	..	..	..	..
2300 A charge des travailleurs indép. ou sans emploi	..	..	..	..	..	..	..	..	..	..
2400 Non-ventilables entre 2100, 2200 et 2300	..	..	..	..	..	..	..	..	..	..
3000 Sur salaires ou main d'oeuvre	**0**	**0**	**0**	**0**	**0**	**0**	**0**	**0**	**0**	**0**
4000 Impôts sur le patrimoine	**463**	**1 703**	**2 703**	**1 674**	**1 694**	**1 428**	**4 116**	**5 523**	**7 191**	**8 857**
4100 Impôts périodiques sur la propriété immobilière	0	0	0	0	0	60	162	230	349	392
4200 Impôts périodiques sur l'actif net	89	0	0	0	0	988	2 467	3 683	4 992	6 171
4300 Impôts sur mut. par décès, succ. et donations	0	0	0	0	0	270	974	824	964	1 128
4400 Impôts sur transact. mobilières et immob.	374	1 703	2 703	1 674	1 694	110	103	157	177	233
4500 Impôts non-périodiques	0	0	0	0	0	0	0	0	0	0
4600 Autres impôts périodiques sur patrimoine	0	0	0	0	0	0	411	629	709	932
5000 Impôts sur les biens et services	**7 431**	**20 854**	**28 489**	**35 508**	**35 761**	**795**	**1 706**	**2 373**	**2 901**	**3 017**
5100 Impôts sur production, vente, transfert, etc.	7 431	19 763	27 114	33 093	32 867	154	266	447	615	592
5110 Impôts généraux	3 205	12 428	18 429	22 791	22 435	0	0	0	0	0
5120 Impôts sur biens et services déterminés	4 226	7 335	8 685	10 302	10 432	154	236	410	594	578
5130 Non-ventilables entre 5110 et 5120	0	0	0	0	0	0	29	37	20	14
5200 Impôts sur utilisation des biens et exerc. activites	0	1 092	1 375	2 415	2 893	641	1 440	1 927	2 286	2 424
5300 Non-ventilables entre 5100 et 5200	0	0	0	0	0	0	0	0	0	0
6000 Autres impôts	**0**	**0**	**0**	**0**	**69**	**0**	**19**	**23**	**230**	**372**
6100 A la charge exclusive des entreprises	..	..	..	..	0	..	6	7	64	97
6200 A la charge d'autres agents	..	..	..	..	69	..	13	16	165	275
Recettes fiscales totales	**11 316**	**33 026**	**47 533**	**64 023**	**65 170**	**9 979**	**25 249**	**34 462**	**44 979**	**50 210**

	Administrations locales					Administrations de sécurite sociale				
	1975	1995	2005	2015	2020	1975	1995	2005	2015	2020
1000 Impôts sur revenu, bénéfices et gains en capital	**6 403**	**15 575**	**18 091**	**22 865**	**24 842**	**0**	**0**	**0**	**0**	**0**
1100 Des personnes physiques	5 398	13 340	15 326	18 651	20 353	..	..	..	..	..
1200 Des sociétés	1 005	1 624	2 316	3 407	3 267	..	..	..	..	..
1300 Non-ventilables entre 1100 et 1200	0	611	450	806	1 222	..	..	..	..	..
2000 Cotisations de sécurité sociale	**0**	**0**	**0**	**0**	**0**	**8 111**	**28 019**	**32 332**	**44 285**	**49 057**
2100 A la charge des salariés	..	..	..	..	..	3 589	13 115	15 133	20 542	23 753
2200 A la charge des employeurs	..	..	..	..	..	3 618	13 126	15 146	20 574	22 044
2300 A charge des travailleurs indép. ou sans emploi	..	..	..	..	..	840	1 778	2 053	3 169	3 260
2400 Non-ventilables entre 2100, 2200 et 2300	..	..	..	..	..	64	0	0	0	0
3000 Sur salaires ou main d'oeuvre	**0**	**0**	**0**	**0**	**0**	**0**	**0**	**0**	**0**	**0**
4000 Impôts sur le patrimoine	**1 068**	**2 614**	**3 251**	**4 275**	**5 193**	**0**	**0**	**0**	**0**	**0**
4100 Impôts périodiques sur la propriété immobilière	182	443	588	789	949	..	..	..	..	..
4200 Impôts périodiques sur l'actif net	809	1 873	2 393	3 104	3 779	..	..	..	..	..
4300 Impôts sur mut. par décès, succ. et donations	27	89	79	124	144	..	..	..	..	..
4400 Impôts sur transact. mobilières et immob.	50	42	38	52	64	..	..	..	..	..
4500 Impôts non-périodiques	0	0	0	0	0	..	..	..	..	..
4600 Autres impôts périodiques sur patrimoine	0	168	153	206	257	..	..	..	..	..
5000 Impôts sur les biens et services	**22**	**97**	**78**	**132**	**181**	**0**	**0**	**0**	**0**	**0**
5100 Impôts sur production, vente, transfert, etc.	17	55	26	63	84	..	..	..	..	..
5110 Impôts généraux	0	0	0	0	0	..	..	..	..	..
5120 Impôts sur biens et services déterminés	17	29	20	15	5	..	..	..	..	..
5130 Non-ventilables entre 5110 et 5120	0	25	6	48	78	..	..	..	..	..
5200 Impôts sur utilisation des biens et exerc. activites	5	42	52	70	97	..	..	..	..	..
5300 Non-ventilables entre 5100 et 5200	0	0	0	0	0	..	..	..	..	..
6000 Autres impôts	**0**	**164**	**223**	**569**	**609**	**0**	**0**	**0**	**0**	**0**
6100 A la charge exclusive des entreprises	..	49	67	277	291	..	..	..	..	..
6200 A la charge d'autres agents	..	115	156	292	318	..	..	..	..	..
Recettes fiscales totales	**7 493**	**18 451**	**21 643**	**27 841**	**30 824**	**8 111**	**28 019**	**32 332**	**44 285**	**49 057**

.. Non disponible

StatLink https://stat.link/qemupg

Tableau 6.36. Türkiye, recettes fiscales par sous-secteurs d'administration

Million TRY

	Administration centrale					Administration d'État/Régions				
	1975	1995	2005	2015	2020	1975	1995	2005	2015	2020
1000 Impôts sur revenu, bénéfices et gains en capital	..	**433**	**30 324**	**104 699**	**231 752**	..	..	..	..	..
1100 Des personnes physiques	..	330	20 458	75 426	139 546	..	..	..	..	..
1200 Des sociétés	..	103	9 866	29 272	92 206	..	..	..	..	..
1300 Non-ventilables entre 1100 et 1200	..	0	0	0	0	..	..	..	..	..
2000 Cotisations de sécurité sociale	..	**0**	**0**	**0**	**0**	..	..	..	..	..
2100 A la charge des salariés	..	..	..	..	..	..	..	..	..	..
2200 A la charge des employeurs	..	..	..	..	..	..	..	..	..	..
2300 A charge des travailleurs indép. ou sans emploi	..	..	..	..	..	..	..	..	..	..
2400 Non-ventilables entre 2100, 2200 et 2300	..	..	..	..	..	..	..	..	..	..
3000 Sur salaires ou main d'oeuvre	..	**0**	**0**	**0**	**0**	..	..	..	..	..
4000 Impôts sur le patrimoine	..	**49**	**3 626**	**20 211**	**37 182**	..	..	..	..	..
4100 Impôts périodiques sur la propriété immobilière	..	0	0	0	0	..	..	..	..	..
4200 Impôts périodiques sur l'actif net	..	0	0	0	0	..	..	..	..	..
4300 Impôts sur mut. par décès, succ. et donations	..	1	78	379	1 139	..	..	..	..	..
4400 Impôts sur transact. mobilières et immob.	..	29	3 548	19 832	36 044	..	..	..	..	..
4500 Impôts non-périodiques	..	19	0	0	0	..	..	..	..	..
4600 Autres impôts périodiques sur patrimoine	..	0	0	0	0	..	..	..	..	..
5000 Impôts sur les biens et services	..	**574**	**71 956**	**231 227**	**459 582**	..	..	..	..	..
5100 Impôts sur production, vente, transfert, etc.	..	567	69 266	222 702	444 732	..	..	..	..	..
5110 Impôts généraux	..	475	30 343	107 451	203 411	..	..	..	..	..
5120 Impôts sur biens et services déterminés	..	92	38 923	115 251	241 321	..	..	..	..	..
5130 Non-ventilables entre 5110 et 5120	..	0	0	0	0	..	..	..	..	..
5200 Impôts sur utilisation des biens et exerc. activites	..	8	2 691	8 526	14 850	..	..	..	..	..
5300 Non-ventilables entre 5100 et 5200	..	0	0	0	0	..	..	..	..	..
6000 Autres impôts	..	**259**	**4 181**	**3 779**	**5 123**	..	..	..	..	..
6100 A la charge exclusive des entreprises	..	0	0	0	0	..	..	..	..	..
6200 A la charge d'autres agents	..	259	4 181	3 779	5 123	..	..	..	..	..
Recettes fiscales totales	..	**1 316**	**110 088**	**359 915**	**733 639**	..	..	..	..	..

	Administrations locales					Administrations de sécurite sociale				
	1975	1995	2005	2015	2020	1975	1995	2005	2015	2020
1000 Impôts sur revenu, bénéfices et gains en capital	..	**63**	**4 011**	**14 445**	**32 146**	..	**0**	**0**	**0**	**0**
1100 Des personnes physiques	..	48	2 706	10 330	19 296	..	..	..	..	..
1200 Des sociétés	..	15	1 305	4 116	12 851	..	..	..	..	..
1300 Non-ventilables entre 1100 et 1200	..	0	0	0	0	..	..	..	..	..
2000 Cotisations de sécurité sociale	..	**0**	**0**	**0**	**0**	..	**212**	**35 321**	**170 282**	**357 677**
2100 A la charge des salariés	..	..	..	..	..	..	82	12 128	64 214	137 742
2200 A la charge des employeurs	..	..	..	..	..	..	110	16 132	95 067	204 045
2300 A charge des travailleurs indép. ou sans emploi	..	..	..	..	..	..	19	7 061	11 001	15 890
2400 Non-ventilables entre 2100, 2200 et 2300	..	..	..	..	..	..	0	0	0	0
3000 Sur salaires ou main d'oeuvre	..	**0**	**0**	**0**	**0**	..	**0**	**0**	**0**	**0**
4000 Impôts sur le patrimoine	..	**4**	**1 627**	**8 371**	**16 365**	..	**0**	**0**	**0**	**0**
4100 Impôts périodiques sur la propriété immobilière	..	0	1 148	5 882	11 204	..	..	..	..	..
4200 Impôts périodiques sur l'actif net	..	0	0	0	0	..	..	..	..	..
4300 Impôts sur mut. par décès, succ. et donations	..	0	10	56	159	..	..	..	..	..
4400 Impôts sur transact. mobilières et immob.	..	4	469	2 433	5 002	..	..	..	..	..
4500 Impôts non-périodiques	..	0	0	0	0	..	..	..	..	..
4600 Autres impôts périodiques sur patrimoine	..	0	0	0	0	..	..	..	..	..
5000 Impôts sur les biens et services	..	**84**	**5 649**	**28 737**	**57 706**	..	**0**	**0**	**0**	**0**
5100 Impôts sur production, vente, transfert, etc.	..	82	5 295	27 560	55 635	..	..	..	..	..
5110 Impôts généraux	..	69	4 014	13 619	27 350	..	..	..	..	..
5120 Impôts sur biens et services déterminés	..	13	1 281	13 940	28 284	..	..	..	..	..
5130 Non-ventilables entre 5110 et 5120	..	0	0	0	0	..	..	..	..	..
5200 Impôts sur utilisation des biens et exerc. activites	..	1	354	1 177	2 071	..	..	..	..	..
5300 Non-ventilables entre 5100 et 5200	..	0	0	0	0	..	..	..	..	..
6000 Autres impôts	..	**73**	**721**	**4 971**	**7 095**	..	**0**	**0**	**0**	**0**
6100 A la charge exclusive des entreprises	..	0	0	0	0	..	..	..	..	..
6200 A la charge d'autres agents	..	73	721	4 971	7 095	..	..	..	..	..
Recettes fiscales totales	..	**224**	**12 008**	**56 525**	**113 312**	..	**212**	**35 321**	**170 282**	**357 677**

.. Non disponible

StatLink https://stat.link/5g1i4q

Tableau 6.37. Royaume-Uni, recettes fiscales par sous-secteurs d'administration

Million GBP

	Administration centrale					Administration d'État/Régions				
	1975	1995	2005	2015	2020	1975	1995	2005	2015	2020
1000 Impôts sur revenu, bénéfices et gains en capital	**16 716**	**92 147**	**177 149**	**212 697**	**247 296**	**..**	**..**	**..**	**..**	**..**
1100 Des personnes physiques	14 936	71 973	130 135	168 873	197 219	..	..	..	..	..
1200 Des sociétés	2 310	20 174	47 014	43 824	50 077	..	..	..	..	..
1300 Non-ventilables entre 1100 et 1200	-530	0	0	0	0	..	..	..	..	..
2000 Cotisations de sécurité sociale	**0**	**0**	**0**	**0**	**0**	**..**	**..**	**..**	**..**	**..**
2100 A la charge des salariés	..	..	..	..	..	..	..	..	..	..
2200 A la charge des employeurs	..	..	..	..	..	..	..	..	..	..
2300 A charge des travailleurs indép. ou sans emploi	..	..	..	..	..	..	..	..	..	..
2400 Non-ventilables entre 2100, 2200 et 2300	..	..	..	..	..	..	..	..	..	..
3000 Sur salaires ou main d'oeuvre	**-1**	**0**	**0**	**0**	**2 892**	**..**	**..**	**..**	**..**	**..**
4000 Impôts sur le patrimoine	**619**	**15 730**	**32 583**	**46 526**	**41 441**	**..**	**..**	**..**	**..**	**..**
4100 Impôts périodiques sur la propriété immobilière	44	12 369	19 523	28 265	23 002	..	..	..	..	..
4200 Impôts périodiques sur l'actif net	0	0	0	0	0	..	..	..	..	..
4300 Impôts sur mut. par décès, succ. et donations	307	1 441	3 150	4 470	5 252	..	..	..	..	..
4400 Impôts sur transact. mobilières et immob.	266	1 920	9 910	13 791	13 187	..	..	..	..	..
4500 Impôts non-périodiques	2	0	0	0	0	..	..	..	..	..
4600 Autres impôts périodiques sur patrimoine	0	0	0	0	0	..	..	..	..	..
5000 Impôts sur les biens et services	**8 982**	**85 507**	**137 262**	**204 954**	**212 242**	**..**	**..**	**..**	**..**	**..**
5100 Impôts sur production, vente, transfert, etc.	8 502	81 175	131 362	197 092	203 183	..	..	..	..	..
5110 Impôts généraux	3 515	47 539	84 649	132 906	139 461	..	..	..	..	..
5120 Impôts sur biens et services déterminés	4 987	33 636	46 713	64 186	63 722	..	..	..	..	..
5130 Non-ventilables entre 5110 et 5120	0	0	0	0	0	..	..	..	..	..
5200 Impôts sur utilisation des biens et exerc. activites	698	4 332	5 900	7 862	9 059	..	..	..	..	..
5300 Non-ventilables entre 5100 et 5200	-218	0	0	0	0	..	..	..	..	..
6000 Autres impôts	**0**	**0**	**0**	**0**	**0**	**..**	**..**	**..**	**..**	**..**
6100 A la charge exclusive des entreprises	..	..	..	..	..	..	..	..	..	..
6200 A la charge d'autres agents	..	..	..	..	..	..	..	..	..	..
Recettes fiscales totales	**26 316**	**193 384**	**346 994**	**464 177**	**503 871**	**..**	**..**	**..**	**..**	**..**

	Administrations locales					Administrations de sécurite sociale				
	1975	1995	2005	2015	2020	1975	1995	2005	2015	2020
1000 Impôts sur revenu, bénéfices et gains en capital	**0**	**0**	**0**	**0**	**0**	**0**	**0**	**0**	**0**	**0**
1100 Des personnes physiques	0	..	..	..	..	0	..	..	..	..
1200 Des sociétés	0	..	..	..	..	0	..	..	..	..
1300 Non-ventilables entre 1100 et 1200	0	..	..	..	..	0	..	..	..	..
2000 Cotisations de sécurité sociale	**0**	**0**	**0**	**0**	**0**	**6 540**	**44 397**	**84 459**	**114 173**	**144 990**
2100 A la charge des salariés	..	..	..	..	..	2 562	18 646	35 159	44 488	56 847
2200 A la charge des employeurs	..	..	..	..	..	4 068	24 210	46 475	66 491	84 042
2300 A charge des travailleurs indép. ou sans emploi	..	..	..	..	..	195	1 541	2 825	3 194	4 101
2400 Non-ventilables entre 2100, 2200 et 2300	..	..	..	..	..	-285	0	0	0	0
3000 Sur salaires ou main d'oeuvre	**0**	**0**	**0**	**0**	**0**	**0**	**0**	**0**	**0**	**0**
4000 Impôts sur le patrimoine	**4 127**	**9 303**	**21 255**	**29 901**	**38 693**	**0**	**0**	**0**	**0**	**0**
4100 Impôts périodiques sur la propriété immobilière	3 978	9 303	21 255	29 754	38 340	..	..	..	..	..
4200 Impôts périodiques sur l'actif net	0	0	0	0	0	..	..	..	..	..
4300 Impôts sur mut. par décès, succ. et donations	0	0	0	0	0	..	..	..	..	..
4400 Impôts sur transact. mobilières et immob.	0	0	0	0	0	..	..	..	..	..
4500 Impôts non-périodiques	0	0	0	147	353	..	..	..	..	..
4600 Autres impôts périodiques sur patrimoine	149	0	0	0	0	..	..	..	..	..
5000 Impôts sur les biens et services	**0**	**0**	**0**	**0**	**0**	**0**	**0**	**0**	**0**	**0**
5100 Impôts sur production, vente, transfert, etc.	..	..	..	..	..	..	..	..	..	..
5110 Impôts généraux	..	..	..	..	..	..	..	..	..	..
5120 Impôts sur biens et services déterminés	..	..	..	..	..	..	..	..	..	..
5130 Non-ventilables entre 5110 et 5120	..	..	..	..	..	..	..	..	..	..
5200 Impôts sur utilisation des biens et exerc. activites	..	..	..	..	..	..	..	..	..	..
5300 Non-ventilables entre 5100 et 5200	..	..	..	..	..	..	..	..	..	..
6000 Autres impôts	**0**	**0**	**0**	**0**	**0**	**0**	**0**	**0**	**0**	**0**
6100 A la charge exclusive des entreprises	..	..	..	..	..	..	..	..	..	..
6200 A la charge d'autres agents	..	..	..	..	..	..	..	..	..	..
Recettes fiscales totales	**4 127**	**9 303**	**21 255**	**29 901**	**38 693**	**6 540**	**44 397**	**84 459**	**114 173**	**144 990**

.. Non disponible

Note : Y compris les droits de douane perçus pour le compte de l'Union européenne.

StatLink https://stat.link/Ccj1nk

Tableau 6.38. États-Unis, recettes fiscales par sous-secteurs d'administration

Million USD

	Administration fédérale					Administration d'État/Régions				
	1975	1995	2005	2015	2020	1975	1995	2005	2015	2020
1000 Impôts sur revenu, bénéfices et gains en capital	**163 072**	**750 144**	**1 268 412**	**1 883 845**	**1 899 773**	**25 509**	**157 598**	**275 728**	**391 166**	**498 672**
1100 Des personnes physiques	122 386	594 213	948 921	1 554 757	1 707 026	..	128 429	226 576	343 101	436 179
1200 Des sociétés	40 686	155 931	319 490	329 088	192 747	..	29 169	49 152	48 065	62 493
1300 Non-ventilables entre 1100 et 1200	0	0	0	0	0	..	0	0	0	0
2000 Cotisations de sécurité sociale	**0**	**0**	**0**	**0**	**0**	**0**	**0**	**0**	**0**	**0**
2100 A la charge des salariés	..	..	..	..	..	..	..	..	..	..
2200 A la charge des employeurs	..	..	..	..	..	..	..	..	..	..
2300 A charge des travailleurs indép. ou sans emploi	..	..	..	..	..	..	..	..	..	..
2400 Non-ventilables entre 2100, 2200 et 2300	..	..	..	..	..	..	..	..	..	..
3000 Sur salaires ou main d'oeuvre	**0**	**0**	**0**	**0**	**0**	**0**	**0**	**0**	**1 751**	**3 386**
4000 Impôts sur le patrimoine	**4 613**	**14 948**	**24 989**	**20 191**	**19 122**	**3 284**	**16 880**	**28 808**	**31 133**	**37 557**
4100 Impôts périodiques sur la propriété immobilière	0	0	0	0	0	1 451	7 240	9 037	13 286	16 021
4200 Impôts périodiques sur l'actif net	0	0	0	0	0	0	0	0	0	0
4300 Impôts sur mut. par décès, succ. et donations	4 611	14 948	24 989	20 191	19 122	1 418	5 061	5 322	5 143	5 312
4400 Impôts sur transact. mobilières et immob.	2	0	0	0	0	415	2 386	11 711	8 679	11 371
4500 Impôts non-périodiques	0	0	0	0	0	0	0	0	0	0
4600 Autres impôts périodiques sur patrimoine	0	0	0	0	0	0	2 193	2 738	4 025	4 853
5000 Impôts sur les biens et services	**20 773**	**75 553**	**99 411**	**140 319**	**158 007**	**52 032**	**232 033**	**377 795**	**502 682**	**593 481**
5100 Impôts sur production, vente, transfert, etc.	20 442	75 553	99 411	140 319	158 007	43 960	200 495	323 137	438 463	519 793
5110 Impôts généraux	0	0	0	0	0	24 916	135 132	218 917	289 600	343 653
5120 Impôts sur biens et services déterminés	20 442	75 553	99 411	140 319	158 007	19 044	65 363	104 220	148 863	176 140
5130 Non-ventilables entre 5110 et 5120	0	0	0	0	0	0	0	0	0	0
5200 Impôts sur utilisation des biens et exerc. activites	331	0	0	0	0	8 072	31 538	54 658	64 219	73 687
5300 Non-ventilables entre 5100 et 5200	0	0	0	0	0	0	0	0	0	0
6000 Autres impôts	**0**	**0**	**0**	**0**	**0**	**0**	**0**	**0**	**0**	**0**
6100 A la charge exclusive des entreprises	..	..	..	..	..	..	..	..	..	..
6200 A la charge d'autres agents	..	..	..	..	..	..	..	..	..	..
Recettes fiscales totales	**188 458**	**840 645**	**1 392 812**	**2 044 356**	**2 076 902**	**80 825**	**406 511**	**682 331**	**926 733**	**1 133 095**

	Administrations locales					Administrations de sécurite sociale				
	1975	1995	2005	2015	2020	1975	1995	2005	2015	2020
1000 Impôts sur revenu, bénéfices et gains en capital	**2 635**	**15 795**	**28 272**	**39 531**	**48 486**	**0**	**0**	**0**	**0**	**0**
1100 Des personnes physiques	..	13 308	22 481	31 357	39 963	..	..	..	..	..
1200 Des sociétés	..	2 487	5 791	8 174	8 523	..	..	..	..	..
1300 Non-ventilables entre 1100 et 1200	..	0	0	0	0	..	..	..	..	..
2000 Cotisations de sécurité sociale	**0**	**0**	**0**	**0**	**0**	**85 039**	**510 476**	**831 410**	**1 125 493**	**1 333 998**
2100 A la charge des salariés	..	..	..	..	..	36 382	221 800	362 829	502 103	607 264
2200 A la charge des employeurs	..	..	..	..	..	45 241	261 805	423 936	561 936	656 638
2300 A charge des travailleurs indép. ou sans emploi	..	..	..	..	..	3 416	26 871	44 645	61 454	70 096
2400 Non-ventilables entre 2100, 2200 et 2300	..	..	..	..	..	0	0	0	0	0
3000 Sur salaires ou main d'oeuvre	**0**	**0**	**0**	**0**	**0**	**0**	**0**	**0**	**0**	**0**
4000 Impôts sur le patrimoine	**50 040**	**197 392**	**359 344**	**488 409**	**612 493**	**0**	**0**	**0**	**0**	**0**
4100 Impôts périodiques sur la propriété immobilière	50 040	195 339	342 203	477 124	599 308	..	..	..	..	..
4200 Impôts périodiques sur l'actif net	0	0	0	0	0	..	..	..	..	..
4300 Impôts sur mut. par décès, succ. et donations	0	30	114	249	406	..	..	..	..	..
4400 Impôts sur transact. mobilières et immob.	0	50	13 570	6 217	6 726	..	..	..	..	..
4500 Impôts non-périodiques	0	0	0	0	0	..	..	..	..	..
4600 Autres impôts périodiques sur patrimoine	0	1 973	3 457	4 819	6 054	..	..	..	..	..
5000 Impôts sur les biens et services	**8 389**	**57 507**	**108 696**	**149 160**	**175 242**	**0**	**0**	**0**	**0**	**0**
5100 Impôts sur production, vente, transfert, etc.	6 518	42 269	76 976	117 002	131 740	..	..	..	..	..
5110 Impôts généraux	4 322	29 316	53 842	84 573	105 229	..	..	..	..	..
5120 Impôts sur biens et services déterminés	2 196	12 953	23 134	32 429	26 511	..	..	..	..	..
5130 Non-ventilables entre 5110 et 5120	0	0	0	0	0	..	..	..	..	..
5200 Impôts sur utilisation des biens et exerc. activites	1 871	15 238	31 720	32 158	43 502	..	..	..	..	..
5300 Non-ventilables entre 5100 et 5200	0	0	0	0	0	..	..	..	..	..
6000 Autres impôts	**0**	**0**	**0**	**0**	**0**	**0**	**0**	**0**	**0**	**0**
6100 A la charge exclusive des entreprises	..	..	..	..	..	..	..	..	..	..
6200 A la charge d'autres agents	..	..	..	..	..	..	..	..	..	..
Recettes fiscales totales	**61 064**	**270 695**	**496 313**	**677 099**	**836 222**	**85 039**	**510 476**	**831 410**	**1 125 493**	**1 333 998**

.. Non disponible

StatLink https://stat.link/31wayu

Annexe A. Classification des impôts de l'OCDE et guide d'interprétation

Table des matières

A.1 Classification des impôts de l'OCDE
A.2 Champ couvert
A.3 Bases de comptabilisation
A.4 Principes généraux de classification
A.5 Commentaires sur les postes de la liste
A.6 Conciliation avec les comptes nationaux
A.7 Poste pour mémoire relatif au financement des prestations de sécurité sociale
A.8 Poste pour mémoire relatif aux impôts identifiables payés par les administrations
A.9 Rapport de la classification des impôts de l'OCDE avec les systèmes nationaux de comptabilité nationale
A.10 Rapport de la classification des impôts de l'OCDE avec le système du Fonds monétaire international
A.11 Comparaison de la classification OCDE et des autres classifications internationales des recettes publiques
A.12 Répartition des recettes fiscales par sous-secteur d'administration publique

A1. Classification des impôts de l'OCDE

1. 1000 Impôts sur le revenu, les bénéfices et les gains en capital

1100 Impôts sur le revenu, les bénéfices et les gains en capital des personnes physiques

1110 Sur le revenu et les bénéfices

1120 Sur les gains en capital

1200 Impôts sur le revenu, les bénéfices et les gains en capital des sociétés

1210 Sur le revenu et les bénéfices

1220 Sur les gains en capital

1300 Non ventilables entres les rubriques 1100 et 1200

2. 2000 Cotisations de sécurité sociale

2100 A la charge des salariés

2110 Sur la base du salaire

2120 Sur la base de l'impôt sur le revenu

2200 A la charge des employeurs

2210 Sur la base du salaire

2220 Sur la base de l'impôt sur le revenu

2300 A la charge des travailleurs indépendants ou des personnes n'occupant pas d'emploi

2310 Sur la base du salaire

2320 Sur la base de l'impôt sur le revenu

2400 Non ventilables entre les rubriques 2100, 2200 et 2300

2410 Sur la base du salaire

2420 Sur la base de l'impôt sur le revenu

3. 3000 Impôts sur les salaires et la main-d'œuvre

4. 4000 Impôts sur le patrimoine

4100 Impôts périodiques sur la propriété immobilière

4110 Ménages

4120 Autres agents

4200 Impôts périodiques sur l'actif net

4210 Personnes physiques

4220 Sociétés

4300 Impôts sur les mutations par décès, les successions et les donations

4310 Impôts sur les mutations par décès et les successions

4320 Impôts sur les donations

4400 Impôts sur les transactions mobilieres et immobilières

4500 Autres impôts non périodiques sur le patrimoine

4510 Impôts sur l'actif net

4520 Autres impôts non périodiques

4600 Autres impôts périodiques sur le patrimoine

5. 5000 Impôts sur les biens et services

5100 Impôts sur la production, la vente, e transfert, la location et la livraison des biens et la prestation de services

5110 Impôts généraux

5111 Taxes sur la valeur ajoutée

5112 Impôts sur les ventes

5113 Impôts sur le chiffre d'affaires et autres impôts généraux sur les biens et services

5120 Impôts sur des biens et des services déterminés

5121 Accises

5122 Bénéfices des monopoles fiscaux

5123 Droits de douane et autres droits à l' mportation

5124 Taxes à l exportation

5125 Impôts sur les biens d'équipement

5126 Impôts sur des services déterminés

5127 Autres impôts sur les transactions et les échanges internationaux

5128 Autres impôts sur des biens et services déterminés

5130 Non ventilables entre les rubriques 5110 et 5120

5200 Impôts sur l'utilisation des biens ou l'autorisation d'utiliser des biens ou d'exercer des activités

5210 Impôts périodiques

5211 A la charge des ménages au titre de véhicules à moteur

5212 A la charge d'autres agents au titre de véhicules à moteur

5213 Autres impôts périodiques

5220 Impôts non périodiques

5300 Non ventilables entre les rubriques 5100 et 5200

6. 6000 Autres impôts

6100 A la charge exclusive des entreprises

6200 A la charge d'autre agents que les entreprises ou non identifiables

A2. Champ couvert

Principes généraux

1. Dans la classification de l'OCDE, le terme « impôts » désigne uniquement les versements obligatoires effectués sans contrepartie au profit des administrations publiques ou à une autorité supranationale. Les impôts n'ont pas de contrepartie en ce sens que, normalement, les prestations fournies par les administrations au contribuable ne sont pas proportionnelles à ses versements.

2. Le terme « impôts » ne couvre pas les amendes, les pénalités, ni les prêts obligatoires aux administrations. Les cas dans lesquels la délimitation entre recettes fiscales et non fiscales est délicate à tracer, pour certains droits et taxes d'utilisation, sont examinés dans les § 12 à 15.

3. Les administrations publiques comprennent l'administration centrale et les organismes dont les opérations sont sous son contrôle effectif, les administrations régionales et locales et leurs services, les organismes de sécurité sociale et les entités publiques autonomes, à l'exception des entreprises publiques. Cette définition des administrations est calquée sur celle du Système de comptabilité nationale 2008 (SCN)[1]. Dans cette publication, les administrations publiques et leurs sous-secteurs sont décrits dans le chapitre 4, paragraphes 4.117 à 4.165.

4. Les unités extrabudgétaires sont des composantes du système des administrations publiques. Il s'agit d'entités d'administration publique dotées de budgets distincts, qui ne sont pas intégralement financés par le budget central ou général. Ces organismes fonctionnent sous l'autorité ou le contrôle d'une administration centrale, d'un État fédéré ou d'une collectivité locale. Les entités extrabudgétaires peuvent disposer de leurs propres sources de recettes, qui peuvent être complétées par des dotations (transferts) provenant du budget général ou d'autres sources. Même si leurs budgets peuvent être soumis à l'approbation du corps législatif, comme les comptes budgétaires, elles disposent d'une certaine latitude quant au volume et à la composition de leurs dépenses. Ces entités peuvent être mises en place pour exercer des fonctions spécifiques des administrations publiques, telles que la construction de routes ou la production non marchande de services de santé ou d'éducation. Les dispositions budgétaires peuvent varier grandement suivant les pays, et différents termes sont utilisés pour décrire ces entités, mais elles sont souvent qualifiées de « fonds extrabudgétaires » ou d'« organismes autonomes ».

5. Les paiements obligatoires, sans contrepartie, perçus par les gouvernements nationaux et versés aux autorités supranationales sont également traitées comme des impôts au titre de la définition du paragraphe 1. Les recettes fiscales qui sont perçues par les gouvernements nationaux et payées à une autorité supranationale sont attribuées en tant que recettes fiscales à l'autorité supranationale dans le SCN 2008 (voir paragraphes 22.60-61, 22.88 et 22.99) et le SEC 2010 (voir paragraphe 20.165). Dans les Statistiques des recettes publiques, ces recettes fiscales comprennent les droits de douane, les contributions au Fonds de résolution unique de l'UE et toute autre taxe perçue par les États membres de l'UE au nom de l'Union européenne. Elles sont incluses dans les montants des recettes fiscales dans les tableaux par pays (chapitre 5) du pays dans lequel elles sont perçues et sont attribuées à l'autorité supranationale (voir § 102).

6. Dans les pays où les églises font partie des administrations publiques, les impôts sur les cultes sont inclus dans ces paiements, à condition qu'ils répondent aux critères énoncés au § 1 ci-dessus. Comme les données se réfèrent aux montants encaissés par les administrations publiques et les autorités

supranationales, les contributions versées à des organismes privés, aux organismes sociaux ou régimes de sécurité sociale extérieurs aux administrations publiques, aux syndicats ou aux associations professionnelles sont exclues, même si elles sont obligatoires. Sont toutefois inclus les versements obligatoires aux administrations publiques dont le montant est affecté à ces organismes, à condition que l'administration ne fasse pas simplement office d'agent collecteur[2]. On a distingué les bénéfices des monopoles fiscaux de ceux d'autres entreprises publiques et on les a considérés comme des impôts parce qu'ils reflètent l'exercice du pouvoir d'imposition de l'État par l'intermédiaire du monopole (voir § 66 à 68), comme le sont les bénéfices de l'État provenant de l'achat et de la vente de monnaies étrangères à des taux différents (voir § 76).

7. Les impôts payés par les administrations elles-mêmes (tels que les cotisations de sécurité sociale et les impôts sur les salaires payés par les administrations en tant qu'employeurs (2200 et 3000), les impôts sur la consommation qu'elles acquittent à l'occasion de leurs achats ou les impôts sur leur patrimoine) sont inclus dans les données présentées. Toutefois, lorsqu'il est possible de les isoler, les montants provenant de ces impôts[3] sont indiqués dans le Tableau 5.40 de ce Rapport.

8. Les rapports entre cette classification et celle du Système de comptabilité nationale (SCN) sont indiqués dans les sections A.9 et A.11. À cause des différences qui existent entre les deux classifications, les statistiques de la comptabilité nationale ne sont pas toujours établies ou classées suivant la pratique adoptée dans le présent guide. Ces différences et d'autres encore sont mentionnées dans les cas appropriés (voir par exemple § 31), mais il est impossible de toutes les signaler. Il peut y avoir aussi certaines différences entre cette classification et celle utilisée par certaines administrations nationales (voir par exemple § 13), aussi les statistiques nationales et celles de l'OCDE ne peuvent pas toujours être compatibles ; ces différences, cependant, sont vraisemblablement très insignifiantes dans les montants des recettes en cause.

Cotisations de sécurité sociale

9. Les cotisations obligatoires de sécurité sociale, définies au § 40, qui sont versées aux administrations publiques, font partie des recettes fiscales. Mais elles peuvent différer toutefois des autres impôts du fait que le paiement des prestations de sécurité sociale dépend dans la plupart des pays du versement des cotisations appropriées, encore qu'il n'y ait pas forcément un lien entre l'importance des prestations et le montant des cotisations. La comparabilité entre les pays sera meilleure si on considère les cotisations de sécurité sociale comme des impôts ; elles figurent cependant sous une rubrique distincte de façon à permettre un traitement séparé pour n'importe quelle analyse.

10. La distinction stricte entre les recettes fiscales (qui sont des paiements obligatoires sans contrepartie aux administrations publiques ou à une autorité supranationale) et les prélèvements obligatoires non fiscaux (PONF) (qui sont soit des paiements avec contrepartie aux administrations publiques, soit des paiements destinés à d'autres organismes) est clairement définie. Néanmoins, dans la palette des divers prélèvements obligatoires destinés aux administrations publiques qui existent dans les différents pays, il n'est pas toujours évident de déterminer en pratique si tel ou tel prélevement est un impôt ou un PONF. Ainsi, l'épargne-retraite obligatoire qui est placée sous le contrôle des administrations publiques et qui s'accumule sur un compte individuel rémunéré à un taux correspondant au rendement du marché ou destiné à compenser l'inflation semble, à première vue, constituer une forme de PONF, et non d'impôt. Toutefois, ces paiements peuvent encore être considérés comme « sans contrepartie » et, par conséquent, être classés dans les impôts et non dans les PONF (par exemple si cette épargne-retraite n'est pas remboursée au cas où le contribuable décède avant d'atteindre l'âge de la retraite, et si les fonds en question sont utilisés ensuite pour verser une pension minimale à tous les contribuables qui sont assurés). En conséquence, les chiffres relatifs aux recettes de sécurité sociale indiqués pour la plupart des pays reposent sur l'hypothèse que l'on considère que tous les types de prélèvements obligatoires destinés aux administrations publiques comportent, dans une certaine mesure, un élément redistributif. Il

convient de noter que cette conclusion découle d'une interprétation généralement large du terme « sans contrepartie » dans la définition de l'impôt.

11. Les cotisations de sécurité sociale qui sont facultatives ou qui ne sont pas versées à des administrations publiques (voir § 1) ne sont pas considérées comme des impôts, bien que dans certains pays (comme il est indiqué dans les notes correspondantes), il soit difficile d'éliminer complètement les cotisations facultatives et certains versements obligatoires au secteur privé des statistiques relatives aux recettes publiques. Les cotisations de sécurité sociale imputées ne sont pas considérées comme des impôts.

Droits, taxes d'utilisation et droits de licence

12. Si l'on excepte les droits perçus sur les permis de circulation des véhicules à moteur, qui sont universellement considérés comme des impôts, il n'est pas facile de distinguer les droits et taxes d'utilisation qui doivent être traitées comme des impôts de celles qui ne doivent pas l'être. Si, en effet, un droit ou une taxe est perçu au titre d'un service ou d'une activité déterminée, le lien entre ce prélèvement et la prestation fournie peut être plus ou moins important, de même que la relation entre le montant du prélèvement et le coût de la prestation. Lorsque le bénéficiaire d'une prestation acquitte un droit dont le montant est clairement lié au coût de la prestation fournie, on peut considérer que le prélèvement comporte une contrepartie, et d'après la définition donnée au § 1, il ne sera pas traité comme un impôt. Toutefois, dans les cas suivants, les prélèvements seraient 'sans contrepartie':

a) lorsque le prélèvement est très supérieur au coût de la prestation fournie ;

b) lorsque le redevable de la contribution n'est pas le bénéficiaire de la prestation correspondante (par exemple, un droit perçu sur l'abattage du bétail pour financer un service qui est fourni aux agriculteurs) ;

c) lorsque l'État ne fournit pas un service déterminé en contrepartie du droit qu'il perçoit, même si un permis est délivré à celui qui acquitte le droit (par exemple, lorsque l'État délivre des permis de chasse, de pêche ou de port d'armes qui ne sont pas assortis du droit d'utiliser une parcelle déterminée de terres appartenant à l'État) ;

d) lorsque les bénéficiaires de la prestation sont les personnes qui ont acquitté le droit, mais que la prestation dont chacun bénéficie n'est pas nécessairement en rapport avec le montant de ses propres versements (par exemple, le droit de commercialisation du lait acquitté par les fermiers qui sert à promouvoir la consommation de lait.

13. Dans des cas limites, cependant, l'application des critères énoncés au § 1 peut être particulièrement difficile. La solution adoptée, dans un souci d'uniformité entre les pays et eu égard aux montants relativement faibles des recettes en cause, consiste à s'en tenir à la pratique prépondérante des administrations fiscales plutôt que de laisser chaque pays décider si ces prélèvements sont des impôts ou des recettes non fiscales[4].

14. On trouvera ci-après la liste des principaux droits et taxes en question et leur traitement normal[5] dans la présente publication :

Recettes non fiscales :	frais de justice ; droits de délivrance de permis de conduire ; droits portuaires ; redevances de passeport ; redevances de radio et de télévision lorsque le service est assuré par les pouvoirs publics.
Impôts du sous-groupe 5200:	autorisation d'exercer certaines activités telles que : distribution de films ; chasse, pêche et utilisation d'armes à feu ; organisation de spectacles ou de jeux et paris ; vente de boissons alcoolisées ou de tabacs ; autorisation de posséder des chiens et d'utiliser ou posséder des véhicules à moteur ou des armes à feu ; taxes d'extraction.

15. Dans la pratique, il se peut qu'il ne soit pas toujours possible d'isoler les recettes fiscales des recettes non fiscales quand elles sont enregistrées ensemble. Si l'on estime qu'il s'agit surtout de recettes

non fiscales, l'ensemble sera traité comme tel ; dans le cas contraire, les recettes seront comptabilisées et classées conformément aux règles énoncées au § 33.

Redevances

16. La propriété des gisements prenant la forme de minéraux ou de combustibles fossiles (charbon, pétrole ou gaz naturel) dépend de la façon dont les droits de propriété sont définis par la loi, et aussi par les conventions internationales quand les gisements sont situés sous les eaux internationales. Dans certains cas, soit le terrain sous lequel les gisements sont situés, soit les gisements eux-mêmes, soit les deux peuvent appartenir à une administration publique centrale ou locale.

17. Ces unités des administrations publiques peuvent alors consentir un bail à d'autres unités institutionnelles en les autorisant à exploiter ces gisements pendant une période déterminée, en contrepartie d'un paiement ou d'une série de paiements. Ces paiements sont souvent qualifiés de redevances (« royalties »), mais ils n'en constituent pas moins essentiellement des loyers, qui reviennent aux propriétaires des ressources naturelles considérées parce qu'ils mettent ces actifs à la disposition d'autres unités institutionnelles pour des durées déterminées. Ces loyers peuvent prendre la forme de versements périodiques d'un montant fixe, indépendant du rythme d'extraction ; plus vraisemblablement, ils peuvent être fonction de la quantité, du volume ou de la valeur des actifs extraits. Les entreprises engagées dans des activités de prospection sur des terrains publics peuvent effectuer des paiements aux unités de l'administration publique concernées, en contrepartie de l'autorisation de procéder à des forages d'essai ou de réaliser par d'autres moyens des recherches concernant l'existence et la localisation de gisements. Ces paiements sont également considérés comme des loyers, même en l'absence d'extraction. Ils sont donc classés dans les recettes non fiscales.

18. Les mêmes principes s'appliquent lorsque d'autres unités institutionnelles se voient consentir un bail leur permettant de couper du bois dans des forêts naturelles sur des terrains appartenant à des unités des administrations publiques. Ces paiements sont également classés dans les recettes non fiscales.

19. Ces loyers ou redevances versés aux administrations publiques ne doivent pas être confondus avec les impôts sur le revenu et les bénéfices, les taxes d'extraction, les taxes professionnelles ou d'autres impôts. Si ces paiements sont prélevés sur les bénéfices tirés des activités d'extraction, ils doivent être classés dans les impôts sur le revenu, les bénéfices et les gains en capital (1000). En outre, toute taxe d'extraction relative à des minéraux ou des combustibles fossiles extraits de réserves privées ou appartenant à d'autres administrations publiques doit être classée dans les impôts. Les paiements liés à la valeur brute de la production doivent être classés dans les autres impôts sur des biens et services déterminés (5128). Les paiements effectués en contrepartie d'une autorisation ou d'un permis d'extraction doivent être classés dans les impôts sur l'utilisation des biens ou l'autorisation d'utiliser des biens ou d'exercer des activités (5200).

Amendes et pénalités

20. En principe, les amendes et pénalités portant sur les impôts impayés ou les pénalités appliquées en cas de tentative d'évasion fiscale ne doivent pas être enregistrées comme des recettes fiscales. Cependant, il se peut qu'il ne soit pas possible de séparer le versement des amendes et pénalités des recettes correspondant aux impôts auxquels ces amendes et pénalités se rattachent. Dans ce cas, les amendes et pénalités associés à un impôt particulier sont enregistrées avec les recettes correspondant à cet impôt alors que les amendes et pénalités liées à des recettes correspondant à des impôts non-identifiés sont classées comme autres impôts dans la catégorie 6000. Les amendes qui ne concernent pas des infractions fiscales (comme les infractions au stationnement), ou qui ne sont pas identifiables en tant que telles, ne sont pas non plus considérées comme des recettes fiscales.

A3. Bases de comptabilisation

Droits constatés ou décaissements

21. Les données enregistrées dans les publications des *Statistiques des recettes publiques* pour les années récentes sont essentiellement indiquées en droits constatés pour les pays de l'OCDE, c'est-à-dire qu'elles sont enregistrées au moment du fait générateur de l'impôt. D'autres informations sont fournies dans les notes des tableaux par pays au chapitre 5 de ce Rapport.

22. Toutefois, les données des années antérieures et qui concernent les pays non OCDE sont encore principalement comptabilisées sur la base des décaissements, c'est-à-dire au moment où l'administration reçoit le versement. Ainsi, les impôts retenus à la source par les employeurs au cours d'un exercice, mais versés à l'administration au cours de l'exercice suivant, et les impôts dus au titre d'une année mais effectivement versés l'année suivante, figurent les uns et les autres dans les recettes du second exercice. Les restitutions, remboursements et retraits résultant d'opérations rectificatives sont déduits des recettes brutes de la période au cours de laquelle ces opérations sont effectuées.

23. Les données relatives aux recettes fiscales sont comptabilisées, sans déduction compensatoire des dépenses administratives liées au recouvrement de l'impôt. De même, lorsque le produit d'un impôt sert à subventionner certains membres de la collectivité, la subvention n'est pas déduite du rendement de l'impôt, encore que certains pays fassent figurer dans leurs données l'impôt après déduction des subventions.

24. Pour les monopoles fiscaux (sous-groupe 5122), seul le montant effectivement transféré à l'État est inclus dans les recettes publiques. Toutefois, les dépenses des monopoles fiscaux qui sont considérées comme des dépenses publiques (par exemple, des dépenses de caractère social engagées par les monopoles fiscaux à l'instigation de l'État) sont ajoutées après coup pour calculer le montant des recettes fiscales (voir § 66).

La distinction entre dispositions fiscales et dépenses directes[6]

25. Étant donné que la présente publication ne vise que les recettes publiques en faisant abstraction des dépenses, il convient de distinguer entre les dispositions fiscales et les dépenses directes. Normalement, cette distinction ne soulève aucune difficulté, car les dépenses directes sont effectuées en dehors du système fiscal et des comptes fiscaux et en vertu de dispositions législatives distinctes. Dans les cas limites, on recourt, pour établir la distinction, au principe de la comptabilisation sur la base des paiements. Dans la mesure où une disposition affecte le montant des paiements du contribuable à l'État, elle est considérée comme une disposition fiscale dont il est tenu compte dans les données figurant dans cette publication. Une disposition qui n'affecte pas ce montant est considérée comme une dépense directe dont il n'est pas tenu compte dans les données reproduites dans cette publication.

26. Il est clair que les abattements fiscaux, exonérations et déductions de l'assiette de l'impôt modifient le montant de l'impôt acquitté à l'État ; il s'agit donc de dispositions fiscales. Inversement, les formes d'aides qui ne sont pas imputables sur l'impôt et n'ont donc aucun lien avec le processus d'imposition, ne réduisent pas les recettes publiques qui sont consignées dans ce volume. Les crédits d'impôt sont des montants déductibles de l'impôt à acquitter (par opposition aux déductions, qui sont opérées sur l'assiette de l'impôt). On distingue deux catégories de crédits d'impôt : ceux (que l'on qualifiera ici de 'non récupérables') qui sont limités au montant de l'impôt à acquitter et ne peuvent donc donner lieu à un versement de l'administration au contribuable, et ceux (qualifiés ici de 'récupérables') qui n'ont pas cette limite, de sorte que l'excédent du crédit sur l'impôt peut être versé au contribuable[7]. Le crédit d'impôt non récupérable, comme un abattement fiscal, affecte évidemment le montant de l'impôt acquitté à l'État ; aussi est-il considéré comme une disposition fiscale. La solution adoptée pour les crédits d'impôts récupérables[8] consiste à distinguer l'élément de « dépense fiscale »[9], qui est la part du crédit utilisée pour réduire ou

supprimer l'impôt dû par le contribuable, et l'« élément de transfert », qui correspond à la part excédant l'impôt dû par le contribuable et qui lui est reversée. Les recettes fiscales rapportées doivent être diminuées du montant de l'élément de dépense, mais non de l'élément de transfert. En outre, les montants de l'élément de dépense fiscale et de l'élément de transfert doivent être indiqués pour mémoire dans les tableaux par pays. Les pays qui ne sont pas en mesure de faire la distinction entre l'élément de dépense fiscale et l'élément de transfert doivent indiquer si leurs recettes fiscales ont été ou non diminuées du montant total de ces éléments, et fournir toutes les estimations dont ils disposent concernant les montants de ces deux éléments. Des informations complémentaires figurent dans le chapitre 1 de ce Rapport, qui fait apparaître les effets des différents traitements possibles des crédits d'impôts récupérables sur les ratios impôt rapportant les impôts au PIB.

Année civile et année fiscale (exercice budgétaire)

27. Les autorités nationales dont l'exercice budgétaire ne correspond pas à l'année civile fournissent, autant que possible, leurs données sur la base de l'année civile afin de faciliter au maximum la comparaison avec les données des autres pays. Les données d'un petit nombre de pays se réfèrent à l'exercice budgétaire. Pour ceux-ci, les statistiques de PIB utilisées dans les tableaux comparatifs portent aussi sur les exercices budgétaires.

A4. Principes généraux de classification

Les fondements essentiels de la classification

28. Les recettes sont classées par groupes principaux (1000, 2000, 3000, 4000, 5000, 6000) suivant l'assiette de l'impôt : 1000 revenus, bénéfices et gains en capital ; 2000 et 3000 salaires et nombre d'employés ; 4000 patrimoine ; 5000 biens et services ; 6000 assiettes diverses, autres ou non identifiables. Lorsqu'un impôt est calculé en fonction de plusieurs assiettes, les recettes sont, chaque fois que c'est possible, réparties entre les divers groupes (voir § 33 et § 84). Les groupes 4000 et 5000 ne comprennent pas seulement les impôts ayant pour assiette le patrimoine, les biens ou les services eux-mêmes, mais aussi certains impôts connexes. Ainsi, les impôts sur les mutations du patrimoine sont classés dans le groupe 4400[10] et les impôts sur l'utilisation des biens, ou l'autorisation d'exercer une activité, dans le groupe 5200. Dans les groupes 4000 et 5000, une distinction est faite dans certains sous-groupes entre impôts périodiques et impôts non périodiques : on entend par impôts périodiques ceux qui sont perçus à intervalles réguliers (ordinairement tous les ans) et par impôts non périodiques ceux qui ne sont perçus qu'une seule fois (voir aussi les § 48 à 51, § 54, § 55, et § 81 pour une application particulière de cette distinction).

29. L'affectation spéciale de certaines recettes fiscales n'influe pas sur leur classification. Toutefois comme explicité au § 40 sur la classification des cotisations de sécurité sociale, l'octroi d'un droit aux prestations sociales est crucial dans la définition de la rubrique principale 2000.

30. La manière selon laquelle un impôt est perçu ou recouvré (par exemple, au moyen de timbres) n'affecte pas sa classification.

Classification des contribuables

31. Dans certains sous-groupes, des distinctions sont faites entre les différentes catégories de contribuables. Ces distinctions varient d'un impôt à l'autre :

a) Ventilation des impôts sur le revenu et sur l'actif net entre personnes physiques et sociétés

La distinction fondamentale entre les impôts sur le revenu des sociétés et les impôts sur le revenu des personnes physiques est que les premiers sont perçus sur la société en tant qu'entité et non sur les personnes physiques qui en sont propriétaires, donc sans tenir compte de la situation personnelle de celles-ci. La même distinction est applicable aux impôts sur l'actif net des sociétés et des personnes physiques. Les impôts perçus sur les bénéfices des sociétés de personnes et sur le revenu de certaines institutions comme les caisses d'assurance-vie ou de retraite, sont classés selon le même principe. Ils sont compris dans les impôts sur les sociétés (1200) lorsqu'ils sont perçus sur la société de personnes ou l'institution en tant qu'entité sans que la situation personnelle des propriétaires entre en ligne de compte ; dans les autres cas, ils sont considérés comme des impôts sur les personnes physiques (1100). Ordinairement, les impôts sur les sociétés et les impôts sur les personnes physiques sont régis par des dispositions législatives différentes[11]. La distinction qui est faite ici entre personnes physiques et sociétés ne reprend pas la classification par secteur (ménages, entreprises, etc.) adoptée dans les comptes de revenus et de dépenses du SCN. Cette dernière classification exclut du secteur des ménages certaines entreprises non constituées en sociétés[12] et les fait figurer parmi les entreprises non financières et les institutions financières. Toutefois, l'impôt sur les bénéfices de ces entreprises ne peut pas toujours être isolé de l'impôt sur les autres revenus des propriétaires de ces entreprises, ou ne peut l'être que d'une façon arbitraire. On n'a pas cherché ici à faire la distinction et l'impôt sur le revenu des personnes physiques figure globalement, quelle que soit la nature du revenu imposable.

b) Ventilation des impôts sur les biens immobiliers entre ménages et autres agents

En l'occurrence, la distinction est celle qui a été adoptée par le SCN dans les comptes de production et de consommation. On distingue, en effet, les ménages en tant que consommateurs d'une part (c'est-à-dire à l'exclusion des entreprises individuelles), et les producteurs d'autre part. Cependant, les impôts sur les logements occupés par les ménages, qu'ils soient à la charge des propriétaires qui les occupent, du locataire ou du propriétaire, sont classés comme étant à la charge des ménages. C'est la distinction faite habituellement entre les impôts sur les biens des personnes et les impôts sur les biens des entreprises. Toutefois, certains pays ne sont pas en mesure d'établir cette distinction.

c) Ventilation des permis de circuler des véhicules à moteur entre taxes à la charge des ménages et à la charge d'autres agents

On distingue ici les ménages en tant que consommateurs d'une part, et producteurs d'autre part, comme dans les comptes de production et de consommation du SCN.

d) Ventilation des autres impôts (6000) entre les entreprises et les autres agents

Il est fait la même distinction qu'au point (*c*) ci-dessus entre les producteurs, d'une part, et les ménages consommateurs d'autre part. Les impôts qui figurent dans le groupe 6000 parce qu'ils ne comportent pas une assiette unique ou parce que leur assiette ne relève d'aucune des catégories précédentes, mais qui ne sont manifestement perçus que sur les producteurs et non sur les ménages, sont classés comme étant 'à la charge des entreprises'. Les autres impôts du groupe 6000 figurent sous la rubrique 'à la charge d'autres agents' ou 'non identifiés'.

Surtaxes

32. Les recettes des surtaxes relatives à des impôts particuliers sont classées ordinairement avec les recettes de l'impôt correspondant, que la surtaxe ait ou non un caractère temporaire. Toutefois, si l'une des caractéristiques de la surtaxe permet de la classer sous une rubrique différente de la classification de l'OCDE, les recettes de cette surtaxe sont classées sous cette rubrique et non pas avec les recettes de l'impôt correspondant

Recettes fiscales non identifiables et sous-groupes résiduels

33. Il arrive parfois qu'on ne puisse déterminer si des impôts relèvent entièrement d'un groupe ou d'un sous-groupe de la classification de l'OCDE ; dans ces cas on applique les méthodes suivantes :

a) le groupe est connu, mais on ne sait pas comment répartir les recettes entre les sous-groupes ; les recettes sont alors classées dans le sous-groupe résiduel approprié (1300, 2400, 4520, 4600, 5128, 5130, 5300 ou 6200) ;

b) on sait que l'ensemble des recettes d'un groupe d'impôts (ordinairement des impôts locaux) provient d'impôts relevant d'un groupe ou sous-groupe particulier, mais certains impôts du groupe, dont le montant ne peut être déterminé avec précision, peuvent être classés dans d'autres groupes ou sous-groupes ; dans ce cas les recettes sont comptabilisées dans le groupe ou sous-groupe dont relève l'essentiel des recettes ;

c) il est impossible d'identifier le groupe ou le sous-groupe d'un impôt (ordinairement un impôt local) ; l'impôt est alors classé dans le groupe 6200, à moins qu'il ne s'agisse d'un impôt manifestement à la charge des entreprises, auquel cas il est classé dans le sous-groupe 6100.

A5. Commentaires sur les postes de la liste

1000 — Impôts sur le revenu, les bénéfices et les gains en capital

34. Ce groupe couvre les impôts prélevés sur le revenu ou le bénéfice net (c'est-à-dire le revenu brut déduction faite des abattements autorisés) des personnes physiques et des entreprises. Sont aussi couverts les impôts prélevés sur les gains en capital des personnes physiques et des entreprises et sur les gains provenant de jeux.

35. Ce groupe comprend :

a) les impôts perçus principalement sur les revenus ou les bénéfices, bien qu'ils puissent l'être partiellement sur d'autres bases. Les impôts qui ont une autre assiette principale que le revenu ou les bénéfices sont classés selon les principes énoncés aux § 33 et § 84 ;

b) les impôts sur la propriété immobilière, qui sont perçus sur la base d'un revenu présumé ou estimé faisant partie de l'assiette de l'impôt sur le revenu (voir aussi § 48 (a), (c) et (c)) ;

c) les versements obligatoires aux caisses de sécurité sociale qui sont prélevés sur les revenus mais ne donnent pas droit à des prestations sociales. Lorsque ces contributions donnent droit à des prestations sociales, elles figurent à la rubrique 2000 (voir § 40) ;

d) les recettes provenant d'impôts cédulaires sur le revenu intégrés dans le régime général qui sont globalement classés dans ce groupe, bien que certains de ces impôts soient sur le revenu brut et ne tiennent pas toujours compte de la situation personnelle du contribuable.

36. Les impôts figurant dans ce groupe sont subdivisés en deux grands sous-groupes, les impôts sur le revenu des personnes physiques (1100) et les impôts sur le revenu des sociétés (1200), une ventilation étant faite dans chacun d'eux entre les impôts sur le revenu et les bénéfices (1110 et 1210) et les impôts sur les gains en capital (1120 et 1220). Si certaines recettes ne peuvent être identifiées comme relevant soit du sous-groupe 1100, soit du sous-groupe 1200, ou si cette distinction ne peut être faite dans la pratique (parce qu'il n'y a pas de données fiables sur les bénéficiaires des paiements sur lesquels la retenue à la source est faite), elles sont classées dans le sous-groupe 1300 (non ventilables).

Traitement des crédits d'impôt dans les systèmes d'imputation

37. Dans les régimes d'imputation de l'impôt sur les bénéfices des sociétés, les actionnaires bénéficient d'une compensation totale ou partielle d'imposition sur les dividendes que la société leur a versés et pour lesquels elle a acquitté l'impôt sur le revenu des sociétés. Dans les pays qui appliquent un tel régime,[13] une fraction de l'impôt sur les bénéfices des sociétés sert à alléger l'impôt dû par l'actionnaire. Cet allégement prend la forme d'un crédit d'impôt, dont le montant peut être inférieur, égal ou supérieur au montant total de l'impôt dont il est redevable. Si le crédit d'impôt dépasse ce montant, l'excédent peut être versé à l'actionnaire. Comme ce type de crédit d'impôt fait partie intégrante des systèmes d'imputation de l'impôt sur le revenu des sociétés, tout paiement à l'actionnaire est considéré comme un remboursement d'impôt et non comme une dépense (se référer au traitement des autres crédits d'impôt exposé au § 26).

38. Puisque, dans les systèmes d'imputation, le crédit d'impôt (même lorsqu'il dépasse l'impôt dû) est censé être une disposition fiscale, on peut se demander s'il doit être déduit des recettes de l'impôt sur le revenu des personnes physiques (1110) ou de celles de l'impôt sur les bénéfices de sociétés (1210). Dans ce Rapport le montant intégral de l'impôt acquitté sur les bénéfices des sociétés figure sous le poste 1210 et aucun impôt imputé n'est inclus dans le poste 1110. Le montant total du crédit d'impôt réduit donc le montant des recettes du poste 1110, que ce crédit se traduise par une réduction de l'impôt dû sur le revenu des personnes physiques ou par un remboursement réel du fait que le crédit dépasse le montant de l'impôt. (Cependant, lorsque ces crédits sont déduits de l'impôt sur les sociétés au titre de dividendes versés à des sociétés, le montant est déduit des recettes du poste 1210).

1120 et 1220 — Impôts sur les gains en capital

39. Ces postes comprennent les impôts perçus sur les gains en capital, le sous-groupe 1120 comptabilisant les impôts prélevés sur les gains des personnes physiques et le sous-groupe 1220 ceux qui sont perçus sur les gains des entreprises constituées sous forme de sociétés, lorsque ces recettes peuvent être ventilées. Ce n'est pas le cas dans de nombreux pays et les recettes de ces impôts sont alors classées avec celles de l'impôt sur le revenu. Les impôts sur les gains provenant de jeux sont aussi classés sous le poste 1120.

2000 — Cotisations de sécurité sociale

40. Figurent dans ce groupe tous les versements obligatoires aux administrations publiques qui donnent le droit de bénéficier d'une prestation sociale future (éventuelle). Ces versements sont généralement affectés au financement de prestations sociales et souvent effectués au profit d'institutions ou d'administrations publiques qui fournissent de telles prestations. Cependant, cette affectation n'entre pas dans la définition des cotisations de sécurité sociale et n'est pas nécessaire pour qu'un impôt soit classé dans cette rubrique. Cependant, il faut qu'un impôt confère un droit pour être classé dans cette rubrique. Par conséquent, les prélèvements sur les revenus ou la masse salariale qui sont affectés aux caisses de sécurité sociale mais ne donnent aucun droit à des prestations sont exclus de cette rubrique et figurent à celle des impôts sur le revenu des personnes physiques (1100) ou des impôts sur les salaires et la main-d'œuvre (3000). Les impôts assis sur d'autres bases, telles que les biens et services, qui sont affectés à des prestations de sécurité sociale, ne sont pas indiqués ici, mais sont classés en fonction de leurs bases respectives parce qu'en général ils ne donnent pas droit à des prestations de sécurité sociale.

41. Seraient entre autres incluses les cotisations au titre des catégories suivantes de prestations de sécurité sociale : les allocations d'assurance-chômage et les compléments, les allocations pour accidents, blessures et maladie, les pensions de retraite, d'invalidité et de survivant, les allocations familiales, les remboursements de dépenses médicales et d'hospitalisation ou la fourniture de services médicaux ou hospitaliers. Les cotisations peuvent être collectées à la fois auprès des employés et des employeurs.

42. Les cotisations peuvent être assises sur les gains ou la masse salariale (« sur la base du salaire ») ou sur le revenu net après déductions et exemptions en fonction de la situation personnelle (« sur la base de l'impôt sur le revenu ») et les recettes correspondant à ces deux bases doivent être identifiées séparément si possible. Cependant, lorsque les cotisations à un régime général de sécurité sociale sont assises sur la masse salariale, mais que les cotisations de groupes particuliers (tels que les travailleurs indépendants) ne peuvent être évaluées sur cette base et que le revenu net est utilisé comme valeur rapprochée des gains bruts, les recettes peuvent encore être considérées comme assises sur la masse salariale. En principe, cette rubrique exclut les cotisations facultatives à des régimes de sécurité sociale. Lorsqu'elles peuvent être identifiées séparément, elles figurent pour mémoire dans le tableau indiquant le financement des prestations de sécurité sociale. Toutefois, en pratique, elles ne peuvent pas toujours être distinguées des cotisations facultatives, et dans ce cas elles figurent à cette rubrique.

43. Les cotisations à des régimes d'assurance sociale qui ne relèvent pas des pouvoirs publics et à d'autres régimes d'assurance ou de prévoyance, aux caisses de retraite, sociétés de secours mutuel ou autres systèmes d'épargne, ne sont pas considérées comme des cotisations de sécurité sociale. Les caisses de prévoyance résultant d'arrangements aux termes desquels les cotisations de chaque salarié et celles que l'employeur verse en son nom sont comptabilisées séparément dans un compte productif d'intérêts d'où elles peuvent être retirées dans des conditions biens déterminées. Les caisses de retraite sont des régimes autonomes organisés par négociations entre salariés et employeurs, qui comportent diverses contributions et prestations, parfois liées plus directement au salaire et à la durée d'activité que dans les régimes de sécurité sociale. Lorsque les cotisations à ces régimes sont obligatoires ou quasi obligatoires (par exemple en vertu d'un accord entre organisations professionnelles et syndicales), elles sont comptabilisées dans le poste pour mémoire (voir le Tableau 5.39 du Rapport).

44. Les cotisations versées par les agents des administrations et par les administrations au titre de leurs agents à des régimes de sécurité sociale relevant des pouvoirs publics sont incluses dans ce groupe. Sont aussi assimilées à des impôts les cotisations à des régimes particuliers réservés aux agents des administrations qui sont censés remplacer un régime général de la sécurité sociale[14] Par contre, lorsqu'un régime distinct n'est pas censé remplacer un régime général et résulte de négociations entre l'administration, agissant en qualité d'employeur, et ses agents, il n'est pas considéré comme un régime de sécurité sociale et les cotisations à ce titre ne sont pas assimilées à des impôts, même si le régime a été institué par des dispositions législatives.

45. Cette rubrique ne comprend pas les cotisations 'imputées', qui correspondent aux prestations sociales versées directement par les employeurs à leurs salariés, ou anciens salariés, ou à leurs représentants (par exemple, lorsque des employeurs sont légalement tenus de verser des prestations maladies pendant une certaine période).

46. Le groupe comprend les cotisations à la charge des salariés (2100), à la charge des employeurs (2200), et à la charge des travailleurs indépendants ou des personnes n'occupant pas d'emploi (2300). À cet effet, on entend par salariés toutes les personnes qui exercent une activité dans des entreprises, des administrations, des institutions privées sans but lucratif, ou qui occupent d'autres emplois rémunérés, à l'exception des propriétaires et des membres de leur famille non rémunérés dans le cas d'entreprises individuelles. Sont également compris les membres des forces armées, quelle que soit la durée et la nature de leurs services, s'ils cotisent à un régime de sécurité sociale. Par cotisations à la charge des employeurs, on entend les versements qu'ils effectuent au régime de sécurité sociale pour le compte de leurs salariés. Si, en cas de chômage, les salariés ou employeurs sont tenus de continuer à effectuer ces versements, ces derniers doivent figurer respectivement dans les sous-groupes 2100 et 2200. En conséquence, le sous-groupe 2300 est réservé aux cotisations versées par les travailleurs indépendants et par ceux qui n'appartiennent pas à la population active (comme les handicapés ou les retraités).

3000 — Impôts sur les salaires et la main-d'œuvre

47. Il s'agit d'impôts que doivent acquitter les entreprises, déterminés en proportion des salaires et des traitements payés, ou d'après un montant fixe par personne employée. Ils ne comprennent pas les cotisations obligatoires de sécurité sociale payées par les employeurs, ni les impôts payés par les salariés sur leurs traitements et leurs salaires.

4000 — Impôts sur le patrimoine

48. Ce groupe couvre les impôts périodiques et non périodiques sur l'utilisation, la propriété ou la mutation des biens. Sont comptabilisés ici les impôts sur la propriété immobilière et sur l'actif net, les impôts sur les mutations par décès, les successions et les donations, et les impôts sur les transactions mobilières et immobilières. Sont exclus de ce groupe :

a) les impôts sur les gains en capital provenant de la vente d'un bien (1120 ou 1220) ;

b) les impôts sur l'utilisation des biens ou l'autorisation d'utiliser des biens ou d'exercer des activités (5200) [voir § 78] ;

c) les impôts immobiliers perçus sur la base d'un revenu net présumé qui tiennent compte de la situation personnelle du contribuable. Ces impôts sont classés dans le groupe 1100 en tant qu'impôts sur le revenu, avec les impôts sur le revenu et les gains en capital provenant des biens immobiliers ;

d) les impôts sur l'utilisation de biens immobiliers aux fins d'habitation qui sont à la charge du propriétaire ou du locataire et dont le montant est fonction de la situation personnelle de l'utilisateur (salaire, personnes à charge, etc.). Ils sont classés dans le groupe 1100 en tant qu'impôts sur le revenu ;

e) les impôts sur les constructions dépassant la densité autorisée, les impôts sur l'extension, la construction ou la modification de certains immeubles au-delà d'une valeur autorisée et les impôts sur la construction d'immeubles. Ces impôts sont classés dans le poste 5200 en tant qu'impôts sur l'autorisation d'exercer certaines activités ;

f) les impôts sur l'utilisation de biens immobiliers par le propriétaire à des fins commerciales particulières, comme la vente de boissons alcoolisées, de tabac, de viande, ou pour l'exploitation de sols ou terrains (par exemple aux États-Unis, les taxes d'extraction). Ils sont classés dans le poste 5200 en tant qu'impôts sur l'autorisation d'exercer certaines activités.

4100 — Impôts périodiques sur la propriété immobilière

49. Ce sous-groupe comprend les impôts prélevés régulièrement au titre de l'utilisation ou de la propriété de biens immobiliers.

- ces impôts sont prélevés sur les terrains et les bâtiments ;
- ces impôts sont calculés en pourcentage de la valeur du bien évalué d'après un revenu locatif fictif, le prix de vente ou le rendement capitalisé, ou en fonction d'autres caractéristiques du bien, comme sa dimension ou son emplacement, d'où l'on peut déduire une valeur locative présumée ou la valeur du capital.
- ces impôts sont à la charge du propriétaire, du locataire ou des deux. Ils peuvent également être payés par une administration à une autre administration au titre d'un bien relevant de la compétence de cette dernière.
- il n'est pas tenu compte des dettes pour la détermination de l'assiette de ces impôts, contrairement aux impôts sur l'actif net.

50. Les impôts sur la propriété immobilière sont en outre subdivisés en impôts acquittés par les ménages (4110) et impôts acquittés par d'autres agents (4120), suivant les critères exposés au § 31(*b*) ci-dessus.

4200 — Impôts périodiques sur l'actif net

51. Ce sous-groupe comprend les impôts prélevés régulièrement (dans la plupart des cas annuellement) sur l'actif net, c'est-à-dire les impôts perçus sur un large éventail de biens mobiliers et immobiliers, endettement déduit. Il est subdivisé en impôts acquittés par des personnes physiques (4210), et en impôts acquittés par des sociétés (4220) selon les critères exposés plus haut au § 31(a). Si les recettes provenant des institutions sont comptabilisées à part, les paiements concernés doivent être ajoutées aux impôts des entreprises.

4300 — Impôts sur les mutations par décès, les successions et les donations

52. Ce sous-groupe comprend les impôts sur les mutations par décès et les successions (4310) et les impôts sur les donations (4320).[15] Les impôts sur les mutations par décès sont calculés soit sur l'ensemble de la masse successorale, soit en fonction de la part de chacun des bénéficiaires (« part héréditaire ») ; en outre, ces derniers impôts peuvent tenir compte du degré de parenté entre chacun des bénéficiaires et le défunt.

4400 — Impôts sur les transactions mobilières et immobilières

53. Sont compris, entre autres, dans ce sous-groupe les impôts sur l'émission, le transfert, l'achat et la vente d'actifs financiers et non financiers (y compris de devises étrangères ou de valeurs mobilières), les impôts sur les chèques et d'autres formes de paiement, ainsi que les droits perçus à l'occasion d'actes juridiques déterminés, comme la validation de contrats et la vente de biens immobiliers. Sont exclus :

a) les impôts sur l'utilisation de biens, mobiliers ou immobiliers, ou l'autorisation d'exercer certaines activités (5200) ;

b) les droits acquittés au titre de frais de justice, ou pour la délivrance de certificats de naissance, de mariage ou de décès, car ces droits sont considérés comme des recettes non fiscales (voir § 12) ;

c) les impôts sur les gains en capital (1000) ;

d) les impôts périodiques sur la propriété immobilière (4100) ;

e) les impôts périodiques sur l'actif net (4200) ;

f) les prélèvements sur le patrimoine ou sur l'actif net effectués une fois pour toutes (4500)

g) les droits de timbre non liés à des transactions financières et immobilières

   i. Droits de timbre sur la vente de produits spécifiques, comme les boissons alcoolisées ou le tabac (5121) ;

   ii. Droits de timbre limités par la loi aux produits importés (5123) ou aux produits exportés (5124) ; ou

   iii. Droits de timbre qui ne grèvent pas exclusivement une seule catégorie de transaction (6000).

4500 — Autres impôts non périodiques sur le patrimoine

54. Ce sous-groupe comprend les prélèvements sur le patrimoine effectués une fois pour toutes (par opposition aux prélèvements périodiques). Il est subdivisé en impôts sur l'actif net (4510) et en autres impôts non périodiques sur le patrimoine (4520). Le poste 4510 inclurait les impôts perçus pour couvrir des dépenses exceptionnelles ou à des fins de redistribution. Le poste 4520 comprendrait les impôts prélevés pour tenir compte d'une plus-value prise par les terrains du fait que les administrations publiques ont autorisé l'extension ou l'aménagement d'installations locales, ainsi que les impôts sur la réévaluation du capital ou les impôts perçus une seule fois sur certains biens déterminés.

4600 — Autres impôts périodiques sur le patrimoine

55. Ils sont rares dans des pays Membres de l'OCDE ; ce sous-groupe comprendrait les impôts sur des biens tels que le cheptel, les bijoux, les fenêtres et les signes extérieurs de richesse.

5000 — Impôts sur les biens et services

56. Ce poste couvre tous les impôts et droits perçus sur la production, l'extraction, la vente, le transfert, la location ou la livraison de biens et la prestation de services (5100), ou sur l'utilisation ou l'autorisation d'utiliser des biens ou d'exercer des activités (5200). Ce groupe comprend donc :

a) les taxes cumulatives en cascade ;

b) les taxes générales sur les ventes — perçues au stade de la production ou de la fabrication, du gros ou du détail ;

c) les taxes sur la valeur ajoutée ;

d) les accises ;

e) les taxes perçues à l'importation et à l'exportation de biens ;

f) les impôts perçus sur l'utilisation de biens et sur l'autorisation d'utiliser des biens ou d'exercer certaines activités ;

g) les impôts sur l'extraction, le traitement ou la production de minéraux et autres produits.

57. Les cas douteux de délimitation entre ce groupe et le groupe 4000 (impôts sur le patrimoine) et le sous-groupe 6100 (autres impôts à la charge des entreprises) sont examinés aux § 48, § 53 et § 80. Des postes résiduels (5300 et 5130) ont été prévus pour comptabiliser les recettes fiscales qui ne peuvent être ventilées respectivement entre les postes 5100 et 5200 et entre les postes 5110 et 5120 (voir § 33).

5100 — Impôts sur la production, la vente, le transfert, la location et la livraison de biens et la prestation de services

58. Ce sous-groupe comprend tous les impôts perçus sur les transactions afférentes à des biens ou services, en fonction de leurs caractéristiques propres (comme la valeur, le poids du tabac, le degré d'alcool, etc.), à la différence des impôts perçus au titre de l'utilisation ou de l'autorisation d'utiliser des biens ou d'exercer des activités, qui entrent dans le sous-groupe 5200.

5110 — Impôts généraux sur les biens et services

59. Ce sous-groupe comprend tous les impôts, autres que les droits à l'importation et à l'exportation (5123 et 5124), perçus sur la production, la location, le transfert, la livraison ou la vente d'une gamme de biens ou la prestation d'une gamme de services, qu'ils soient produits dans le pays ou importés, et quel que soit le stade de la production ou de la distribution aux quel ils sont perçus. Il couvre ainsi les taxes sur la valeur ajoutée, les taxes sur les ventes et les taxes de caractère cumulatif en cascade. On a ajouté aux

recettes brutes de cette catégorie les recettes provenant de la compensation à la frontière de ces impôts lorsque les biens sont importés, et déduit les remboursements d'impôts effectués lorsque les marchandises sont exportées. Ces impôts sont ventilés en : taxes sur la valeur ajoutée (5111), impôts sur les ventes (5112), impôts sur le chiffre d'affaires et autres impôts généraux sur les biens et services (5113).

60. Certains cas se trouvent à la limite entre ce sous-groupe et celui des impôts sur des biens et services déterminés (5120) lorsque ces impôts sont perçus sur un grand nombre de biens, comme dans le cas de la « *purchase tax* » au Royaume-Uni (abrogée en 1973) et l'impôt japonais sur les biens marchands (abrogé en 1988). Conformément aux options nationales, la « *purchase tax* » britannique est classée impôt général (5112) et l'impôt japonais dans les accises (5121).

5111 — Taxes sur la valeur ajoutée

61. Sont classés dans ce sous-groupe tous les impôts généraux sur la consommation prélevée sur la valeur ajoutée, quels que soient le mode de déduction et les stades auxquels ils sont perçus. En pratique, tous les pays de l'OCDE où existe une taxe sur la valeur ajoutée autorisent normalement la déduction immédiate des taxes sur les achats par tous les redevables, à l'exception du consommateur final, et imposent la taxe à tous les stades. Dans certains pays, le poste peut inclure aussi certains impôts, comme les taxes sur les activités financières et les assurances, soit parce que les recettes correspondantes ne peuvent être dissociées de celles de la taxe sur la valeur ajoutée, soit parce qu'elles sont considérées comme faisant partie intégrante de la taxe sur la valeur ajoutée, même si les taxes similaires qui existent dans d'autres pays peuvent être classées autrement (par exemple, sous le poste 5126 comme impôts sur les services ou sous le poste 4400 comme impôts sur les transactions mobilières et immobilières).

5112 — Impôts sur les ventes

62. Sont classés ici tous les impôts perçus à un stade unique, que ce soit celui de la fabrication, de la production, du gros ou du détail.

5113 — Impôts sur le chiffre d'affaires et autres impôts généraux sur les biens et services

63. Il s'agit des taxes cumulatives en cascade et des taxes qui combinent des éléments de taxe sur la consommation et des taxes en cascade. Ces impôts sont prélevés sur chaque transaction sans déduction des taxes acquittées en amont. Les taxes en cascade peuvent être combinées avec des éléments de taxe sur la valeur ajoutée ou d'impôts sur les ventes.

5120 — Impôts sur des biens et des services déterminés

64. Ce sous-groupe couvre les accises, les bénéfices engendrés et transférés par les monopoles fiscaux, et les droits de douane et à l'importation, ainsi que les taxes à l'exportation, les opérations de change, les biens d'équipement et les paris, et aussi les impôts spéciaux sur les services qui ne font pas partie d'un impôt général du sous-groupe 5110.

5121 — Accises

65. Les accises sont des impôts spécifiques perçus par unité produite sur une gamme limitée de biens prédéfinie. Les accises sont généralement prélevées à des taux différenciés sur des biens non essentiels ou de luxe, les boissons alcoolisées, les produits à base de tabac et l'énergie. Les accises peuvent être perçues à un stade quelconque de la production ou de la distribution et sont calculées généralement sur la base d'un prélèvement spécifique par unité correspondant aux caractéristiques du produit considéré, par référence à sa valeur, son poids, son degré ou son volume. Cette subdivision couvre ainsi les impôts

spéciaux sur certains produits tels que le sucre, la betterave, les allumettes et le chocolat ; les impôts prélevés à des taux variables sur une gamme déterminée de produits ; ainsi que les impôts perçus sur les produits à base de tabac, les boissons alcoolisées, les combustibles et les hydrocarbures. Si un impôt frappant principalement des produits importés doit ou devrait également être perçu sur des produits nationaux comparables, suivant la même législation, les recettes de cet impôt doivent alors être classées dans la catégorie des accises et non dans celle des droits à l'importation. Ce principe vaut également même s'il n'existe pas, ou ne peut exister, de production nationale comparable. Les impôts prélevés sur la consommation de services d'utilité publique (eau, électricité, gaz et autres formes d'énergie) sont considérés comme des accises, et non comme des impôts sur des services déterminés (5126). Ne sont pas inclus dans les accises les prélèvements entrant dans les catégories des impôts généraux sur les biens et services (5110), des bénéfices des monopoles fiscaux (5122), des droits de douane et autres droits à l'importation (5123) ou des taxes à l'exportation (5124).

5122 — Bénéfices des monopoles fiscaux

66. Ce sous-groupe couvre la fraction des bénéfices des monopoles fiscaux qui est transférée aux administrations publiques ou qui sert à financer des dépenses considérées comme dépenses publiques (voir § 24). Les montants sont comptabilisés lorsqu'ils sont transférés aux administrations publiques ou utilisés pour effectuer des dépenses considérées comme des dépenses publiques.

67. Les monopoles fiscaux reflètent l'exercice du pouvoir d'imposition de l'État par l'intermédiaire du monopole. Les monopoles fiscaux sont des entreprises publiques non financières, qui exercent dans la plupart des cas un monopole sur la production ou la distribution du tabac, des boissons alcoolisées, du sel, des allumettes, des cartes à jouer et des produits pétroliers ou agricoles (c'est-à-dire, sur le genre de produits qui peuvent être soumis, principalement ou accessoirement, aux accises du poste 5121), pour procurer des recettes publiques qui, dans d'autres pays, sont obtenues par le biais d'impôts frappant les transactions sur ces produits d'entreprises privées. Le monopole d'État peut être exercé au stade de la production, ou au stade de la distribution comme dans le cas des magasins de vente de boissons alcoolisées qui appartiennent à l'État et sont contrôlés par lui.

68. Les monopoles fiscaux sont différents des services publics, comme les chemins de fer, l'électricité, les postes et autres moyens de communication, qui peuvent avoir une position de monopole ou de quasi-monopole, mais dont l'objet principal est, normalement, de fournir des services essentiels et non pas de procurer des recettes à l'État. Les transferts à l'administration de ces autres entreprises publiques sont considérés comme des recettes non fiscales. La notion traditionnelle de monopole fiscal n'a généralement pas été élargie pour inclure les loteries nationales, dont les bénéfices sont habituellement considérés comme des recettes non fiscales. Cependant, ces bénéfices peuvent être considérés comme des recettes fiscales quand la raison principale de la mise en œuvre de ces loteries est l'augmentation des recettes pour financer les dépenses publiques. On distingue les bénéfices des monopoles fiscaux des bénéfices des monopoles d'exportation et d'importation (5127), qui sont transférés des offices de commercialisation ou d'autres entreprises s'occupant du commerce international.

5123 — Droits de douane et autres droits à l'importation

69. Figurent ici les taxes, droits de timbre et surtaxes qui, selon la loi sont perçus exclusivement sur des produits importés. Sont aussi inclus dans ce poste les droits perçus sur l'importation de denrées agricoles dans les pays Membres de l'Union Européenne et les montants acquittés par certains de ces pays en vertu du Système de Montants Compensatoires[16]. Les droits de douane collectés par les États membres de l'Union européenne pour le compte de l'Union européenne sont reportés sous cette rubrique au niveau de l'autorité supranationale dans les tableaux par pays (chapitre 5 de ce Rapport). Sont exclues ici les taxes perçues sur les importations au titre d'un impôt général sur les biens et les services ou d'une accise applicable aussi bien aux produits importés qu'aux produits fabriqués dans le pays.

5124 — Taxes à l'exportation

70. Pendant les années 70, les droits à l'exportation étaient perçus normalement en Australie, au Canada et au Portugal, et ils étaient utilisés en Finlande à des fins conjoncturelles. Certains pays Membres de l'Union Européenne acquittent, dans le cadre du système des montants compensatoires, une taxe sur les exportations (voir la note 16 du § 69). Lorsque ces montants sont identifiables, ils sont inclus dans ce poste. Ce dernier ne comprend pas les remboursements effectués au titre d'impôts généraux sur la consommation d'accises ou de droits de douane sur des biens exportés, qui doivent être déduits des recettes brutes comptabilisées, selon le cas, sous le poste 5110, 5121 ou 5123.

5125 — Impôts sur les biens d'équipement

71. Ce sous-groupe comprend les impôts perçus sur les biens d'équipement, comme les machines. Ils peuvent exister depuis un certain nombre d'années ou avoir un caractère temporaire et être prélevés à des fins conjoncturelles. Ne sont pas inclus les impôts sur les 'inputs' industriels qui frappent aussi les consommateurs (comme l'impôt suédois sur l'énergie qui est classé sous le poste 5121).

5126 — Impôts sur des services déterminés

72. Sous ce poste figurent tous les impôts calculés sur la rémunération de services spécifiques, comme les taxes sur les primes d'assurance, les taxes sur les services bancaires, sur les jeux et paris (par exemple : courses de chevaux, pronostics de football, billets de loterie nationale) les transports, les spectacles, les restaurants et la publicité. Les impôts prélevés à l'entrée dans un casino, sur un champ de courses ou lors d'événements ou dans des lieux similaires, ainsi que les droits de timbre sur des services déterminés sont également classés sous ce poste. Les impôts prélevés sur le revenu brut des sociétés prestataires d'un service déterminé (exemple : transports [y compris les taxes d'aéroport et autres taxes d'embarquement], assurance, banque, spectacles, restaurants et publicité) sont eux aussi classés sous ce poste.

73. Les recettes fiscales provenant des prélèvements sur les banques et des contributions aux mécanismes de garantie des dépôts et de stabilité financière sont également classés ici :

- Les redevances de stabilité, les prélèvements sur les banques et les contributions à la garantie des dépôts, qu'il est obligatoire d'acquitter, doivent généralement être traitées comme des recettes fiscales lorsque les versements sont effectués au profit de l'administration publique ou d'une autorité supranationale et affectés au budget consolidé ou général des administrations de sorte que les pouvoirs publics soient libres d'utiliser les fonds sans délai aux fins qu'ils jugent opportunes. Ce principe s'appliquerait indépendamment du fait que l'administration promette ou non d'effectuer des versements pour garantir les dépôts des clients des établissements bancaires si la situation l'exigeait à l'avenir.
- Si les paiements obligatoires sont effectués au profit de l'administration publique et imputés à des budgets dont les ressources doivent être entièrement réaffectées au secteur de l'économie qui englobe les entreprises assujetties à ces paiements, ceux-ci seront toujours traités, en règle générale, comme des recettes fiscales étant donné que les fonds seraient disponibles pour l'administration et réduiraient son déficit budgétaire, que la redevance est sans contrepartie pour les entités individuelles et que les montants collectés pourraient être dissociés de tout versement en faveur des déposants ou de toute dépense visant à soutenir plus largement le secteur financier.
- Les contributions aux mécanismes traditionnels de moindre envergure destinés à garantir les dépôts de détail, contributions dont le montant est aligné sur le coût de la garantie, doivent être classées en tant que redevances pour services rendus.

- Tout versement au titre de la réalisation par une administration des actifs d'un établissement en faillite ou du recouvrement par cette administration d'une créance prioritaire sur les actifs de l'établissement en cours de liquidation, effectué en vue de financer l'indemnisation des clients ayant perdu leurs dépôts, serait traité comme une redevance par opposition aux recettes fiscales.
- Les versements obligatoires effectués à des fonds gérés en dehors du secteur public et à des institutions non étatiques soutenues par les déposants, ainsi que tous les versements à des régimes volontaires, ne doivent pas être traités comme des recettes fiscales.
- Les contributions au Fonds de résolution unique de l'UE sont également incluses ici et attribuées à l'autorité supranationale dans les tableaux par pays.

74. Ne figurent pas sous ce poste :

a) les impôts sur les services qui font partie d'un impôt général sur les biens et services et sont classés sous le poste 5110 ;

b) les taxes sur l'électricité, le gaz et l'énergie (classées sous le poste 5121 en tant qu'accises) ;

c) les taxes sur les gains personnels tirés de jeux et paris (qui sont classées sous le poste 1120, en tant qu'impôts sur les gains en capital des personnes physiques et entreprises individuelles) et les montants forfaitaires perçus sur le transfert de loteries privées ou sur l'autorisation de créer des loteries (5200)[17] ;

d) les impôts sur les chèques et sur l'émission, le transfert ou le remboursement de valeurs mobilières, (qui sont classés sous le poste 4400, en tant qu'impôts sur les transactions mobilières et immobilières) ;

e) les impôts généraux sur le chiffre d'affaires (5113).

5127 — Autres impôts sur les transactions et les échanges internationaux

75. Ce sous-groupe couvre les recettes perçues par l'État sur l'achat et la vente de monnaies étrangères à des taux différents. Lorsque l'État exerce le privilège exclusif dont il dispose pour s'assurer une marge entre le prix d'achat et le prix de vente de devises qui ne se réduit pas à la simple couverture des frais administratifs, ce bénéfice représente un prélèvement obligatoire imposé dans des proportions indéterminées à l'acheteur et au vendeur des monnaies étrangères. Il équivaut normalement au droit à l'importation et au droit à l'exportation perçus dans un système de taux de change unique, ou à une taxe sur la vente ou l'achat de monnaies étrangères. Comme les bénéfices des monopoles fiscaux et des monopoles d'importation ou d'exportation transférés à l'État, il représente l'exercice d'un monopole aux fins d'imposition et est inclus dans les recettes fiscales.

76. Ce sous-groupe comprend aussi les bénéfices des monopoles d'exportation ou d'importation, bien qu'il n'en existe pas dans les pays de l'OCDE, les impôts sur l'achat ou la vente de devises et tous les autres impôts perçus spécifiquement sur les opérations ou les échanges internationaux.

5128 — Autres impôts sur des biens et services déterminés

77. Cette rubrique comprend les impôts sur l'extraction de minéraux, combustibles fossiles et autres ressources non renouvelables provenant de gisements privés ou détenus par une autre administration, ainsi que toute autre recette non ventilable provenant des impôts sur des biens et services déterminés. Les impôts sur l'extraction de ressources non renouvelables correspondent généralement à un montant forfaitaire par unité de qualité ou de poids, mais peuvent être calculés ad valorem. Les impôts sont comptabilisés à la date d'extraction des ressources. Les versements tirés de l'extraction de ressources non renouvelables issues de gisements appartenant à l'administration publique qui perçoit ces versements sont classés en tant que loyers.

5200 — Impôts sur l'utilisation des biens ou l'autorisation d'utiliser des biens ou d'exercer des activités

78. Ce sous-groupe comprend les taxes prélevées en raison de l'utilisation de biens, indépendamment des impôts frappant les biens eux-mêmes. Contrairement à ceux-ci (5100), les impôts du sous-groupe 5200 ne sont pas calculés d'après la valeur des biens, mais ordinairement d'après un montant forfaitaire. Sont aussi couverts les impôts perçus au titre du droit d'utiliser des biens ou d'exercer des activités, comme les taxes sur la pollution qui ne reposent pas sur la valeur de biens déterminés. Il est parfois difficile de distinguer les taxes d'utilisation et droits de licence obligatoires, qui sont considérés comme des impôts, de ceux qui ne le sont pas parce qu'ils sont assimilés à des recettes non fiscales ; les critères appliqués sont ceux indiqués aux § 12 et 13.

79. Bien que le sous-groupe se réfère à l'utilisation des biens, le fait générateur de l'impôt peut être aussi bien l'enregistrement de la propriété, de sorte que les impôts relevant de ce sous-groupe peuvent viser la possession d'animaux ou de biens plutôt que leur utilisation (par exemple, les chevaux de course, les chiens, les véhicules à moteur) et même s'appliquer à des biens inutilisables (comme les véhicules à moteur ou les fusils inutilisables).

80. Les cas limites concernent :

a) les impôts sur l'autorisation d'exercer des activités commerciales, qui sont classés selon les règles exposées au § 84 lorsqu'ils ont une assiette mixte associant le revenu, les salaires versés ou le chiffre d'affaires ;

b) les impôts sur la propriété ou l'utilisation de la propriété de biens visés par les postes 4100, 4200 et 4600. Le poste 4100 ne vise que les impôts sur la propriété ou la location de biens immobiliers et, contrairement aux impôts du sous-groupe 5200, ils sont fonction de la valeur du bien. Les impôts sur l'actif net et les impôts sur les biens meubles des sous-groupes 4200 et 4600 visent la propriété et non pas l'utilisation des biens, couvrent un groupe d'actifs et non pas de biens particuliers et sont aussi fonction de la valeur du bien.

5210 — Impôts périodiques sur l'utilisation de biens ou sur l'autorisation d'utiliser des biens ou d'exercer certaines activités

81. Ces impôts ont pour principale caractéristique d'être perçus à intervalles réguliers et de représenter ordinairement des montants forfaitaires. Le poste le plus important, du point de vue du volume des recettes, est constitué par les permis de circulation des véhicules. Ce sous-groupe inclut aussi les taxes perçues lors de la délivrance de permis de chasse, de tir ou de pêche, ou l'autorisation de vendre certains produits, ainsi que les taxes sur la possession de chiens et sur la prestation de certains services à condition qu'elles répondent aux critères définis aux § 12 et 13. Les subdivisions du poste 5210 comprennent :

- les taxes d'utilisation de véhicules à moteur à la charge des ménages (5211) ;
- les taxes d'utilisation de véhicules à moteur à la charge d'autres agents (5212) ; et
- les autres impôts périodiques (5213). Ce poste couvre les licences commerciales et professionnelles achetées par des entreprises pour obtenir le droit d'exercer un type déterminé d'activité ou de profession lorsque ces droits sont perçus sur une base périodique. Il englobe aussi les licences de taxi et de casino. Enfin, ce poste inclut les plaques de chiens et permis généraux de chasse, de port d'armes et de pêche, lorsque le droit d'exercer ces activités n'est pas accordé au titre d'une opération commerciale normale.

82. Le poste 5213 exclut :

a) les permis lorsque le droit d'exercer ces activités est accordé au titre d'une opération commerciale normale (par exemple, la délivrance du permis s'accompagne du droit d'utiliser une parcelle déterminée de terrain appartenant à l'État) ;

b) les paiements liés aux contrôles effectués par l'État pour vérifier l'adéquation et/ou la sécurité des locaux ou des équipements professionnels, ou la qualité ou la norme de biens ou de services produits en contrepartie de l'octroi de ce permis. Ces paiements ne sont pas sans contrepartie et doivent être considérés comme des paiements au titre de services rendus, sauf si les montants facturés pour les permis sont disproportionnés par rapport aux coûts des contrôles effectués par l'État.

5220 — Impôts non périodiques sur l'utilisation de biens ou sur l'autorisation d'utiliser des biens ou d'exercer certaines activités

83. Cette rubrique recouvre les taxes non périodiques perçues sur l'utilisation de biens ou sur l'autorisation d'utiliser des biens ou d'exercer certaines activités et celles qui sont prélevées chaque fois que des biens sont utilisés. Les impôts prélevés sur l'émission ou le rejet dans l'environnement de gaz toxiques, liquides nocifs ou autres substances dangereuses figurent ici.

- Les paiements au titre des permis d'émission négociables délivrés par les administrations publiques dans le cadre des dispositifs de plafonnement et d'échange doivent également être comptabilisés sous cette rubrique au moment où les émissions sont produites. Les permis délivrés gratuitement par les administrations ne donnent lieu à aucun enregistrement comptable de recettes. La comptabilisation en droits constatés implique un éventuel délai entre la date à laquelle l'administration perçoit le règlement des permis et la date à laquelle les émissions sont produites. Dans les comptes nationaux, ce délai se traduit pour l'administration par un engagement financier sur la période.
- Il convient d'exclure les paiements effectués au titre de la collecte et de l'élimination de déchets ou de substances nocives par les autorités publiques, étant donné qu'il s'agit là de vente de services aux entreprises.

84. D'autres impôts non périodiques qui relèvent du poste 5200 sont aussi classés dans cette rubrique. Ainsi figurent les paiements uniques effectués au titre de l'autorisation de vendre des boissons alcoolisées ou des tabacs ou d'ouvrir des guichets de « paris mutuels », à condition qu'ils répondent aux critères définis aux § 12 et 13.

6000 — Autres impôts

85. Ce groupe couvre les impôts prélevés sur une ou plusieurs assiettes différentes de celles qui sont indiquées pour les groupes 1000, 3000, 4000 et 5000, ou sur des assiettes qui ne peuvent être considérées comme liées à l'une de celles afférentes à ces groupes. Lorsque des impôts sont perçus sur plusieurs assiettes différentes, et qu'il est possible d'évaluer les recettes liées à chaque assiette, les montants correspondants sont inclus dans le groupe approprié. S'il est impossible d'évaluer le montant correspondant à chaque assiette, et si l'on sait que l'essentiel des recettes provient des impôts perçus sur une assiette donnée, la totalité des recettes est classée en fonction de cette assiette. Sinon, les impôts sont classés dans le présent groupe. Sont également inclus dans ce groupe les impôts forfaitaires non inclus ailleurs dans le système de classification, les impôts prélevés sur les personnes physiques sous la forme de taxe civique ou d'impôt de capitation, les droits de timbre qui ne sont pas liés à des transactions mobilières ou immobilières et qui n'entrent pas exclusivement dans une catégorie de transactions, les impôts sur les dépenses dès lors qu'ils s'accompagnent d'abattements et d'exonérations individuels, ainsi

que les recettes fiscales non identifiables. Ce poste est divisé en impôts exclusivement ou principalement à la charge des entreprises (6100) et en impôts à la charge d'autres contribuables (6200).

A6. Conciliation avec les comptes nationaux

86. Cette section des tableaux permet de concilier les calculs des recettes fiscales totales de l'OCDE et l'ensemble des impôts et cotisations sociales versés aux administrations publiques qui sont enregistrés dans les comptes nationaux par pays. Lorsque le pays en question est membre de l'Union européenne (UE), la comparaison est effectuée entre les calculs des recettes fiscales totales des pays de l'OCDE et la somme des recettes fiscales et cotisations de sécurité sociale perçues par les administrations publiques et les institutions des secteurs de l'Union européenne des comptes nationaux.

A7. Poste pour mémoire relatif au financement des prestations de sécurité sociale

87. Le rapport entre les impôts et les cotisations de sécurité sociale étant variable, et en raison des problèmes évoqués aux § 40 à 46, on a réuni dans un poste pour mémoire l'ensemble des versements affectés à des prestations du type sécurité sociale, en dehors des versements facultatifs au secteur privé. Les données sont présentées de la façon suivante (voir le Tableau 5.39 du Rapport) :

a) impôts du groupe 2000 ;

b) impôts affectés aux prestations de sécurité sociale ;

c) cotisations facultatives à l'administration ;

d) cotisations obligatoires au secteur privé.

Les § 40 à 46 ci-dessus contiennent des directives pour la ventilation entre ces quatre catégories

A8. Poste pour mémoire relatif aux impôts identifiables payés par les administrations

88. Les impôts effectivement payés par les administrations elles-mêmes et que l'on peut identifier sont indiqués dans un poste pour mémoire et classés suivant les grandes rubriques de la classification des impôts de l'OCDE. Dans la très grande majorité des pays, seuls peuvent être identifiées en l'occurrence les cotisations de sécurité sociale et les impôts sur les salaires, mais il s'agit là en général des impôts les plus importants acquittés par les administrations (voir le Tableau 5.40 du Rapport).

A9. Rapport de la classification des impôts de l'OCDE avec les systèmes nationaux de comptabilité nationale

89. Un système de comptabilité nationale (SCN) tend à fournir un cadre cohérent pour enregistrer et présenter les principaux flux relatifs à la production, à la consommation, à l'accumulation et aux transactions extérieures d'une zone économique donnée, d'ordinaire un pays ou une grande région d'un pays. Les recettes publiques sont une partie importante des transactions enregistrées dans le SCN. La version finale du SCN 2008 a été diffusée conjointement par cinq organisations internationales : les Nations Unies, le Fonds Monétaire International, l'Union européenne, l'Organisation de Coopération et de Développement Économiques et la Banque Mondiale, en août 2009. Le *Système* est un ensemble complet, cohérent et souple de comptes macro-économiques. Il est élaboré pour être utilisé dans les pays à économie de marché quel que soit leur niveau de développement économique ainsi que dans les pays

en transition vers l'économie de marché. De larges extraits du cadre théorique ainsi que les définitions des divers secteurs de l'économie du SCN figurent dans la classification des impôts de l'OCDE.

90. Il existe cependant un certain nombre de différences entre la classification des impôts de l'OCDE et les concepts du SCN qui sont indiqués ci-dessous. Ils proviennent du fait que l'objectif de cette classification est de permettre une ventilation aussi large que possible des données statistiques pour ce que les administrations fiscales conviennent de considérer de manière générale comme des impôts.

a) l'OCDE inclut les cotisations obligatoires de sécurité sociale payées aux administrations publiques dans les recettes fiscales totales. Les cotisations sociales facultatives et imputées ainsi que celles versées aux caisses privées ne sont pas considérées comme des impôts (§ 9 et 11 ci-dessus) ;

b) les avis diffèrent sur la question de savoir s'il y a lieu de classer certains prélèvements et redevances dans les impôts (§ 12 et 13 ci-dessus) ;

c) l'OCDE exclut les impôts imputés ou les subventions résultant d'opérations de taux de change officiels multiples et ceux résultant du fait que la banque centrale paye un taux d'intérêt sur les réserves obligatoires différent des autres taux du marché ;

d) il existe des différences dans le traitement des crédits d'impôt récupérables.

91. Comme on l'a noté aux § 1 et 2, les groupes 1000 à 6000 de la classification de l'OCDE comprennent tous les versements sans contrepartie aux administrations publiques ou à une autorité supranationale, à l'exclusion des prêts obligatoires et des amendes. On peut obtenir le total de ces versements sans contrepartie, amendes incluses, mais prêts obligatoires exclus, en additionnant les postes suivants du SCN 2008 :

- impôts du type valeur ajoutée (D.211) ;
- droits et taxes sur les importations à l'exclusion de la TVA (D.212) ;
- droits sur les exportations (D.213) ;
- taxes sur les produits, à l'exclusion de la TVA, des droits sur les importations et les exportations (D.214) ;
- autres impôts sur la production (D.29) ;
- impôts sur le revenu (D.51) ;
- autres impôts périodiques (D.59) ;

cotisations de sécurité sociale effectives (D.611 et D613), à l'exclusion des cotisations volontaires et des versements à des régimes d'assurance sociale liés à l'emploi qui ne sont pas des régimes de sécurité sociale ;

- impôts sur le capital (D.91).

A10. La classification des impôts de l'OCDE et le système du Fonds monétaire international (SFP)

92. Le périmètre et l'évaluation des recettes fiscales dans le système de statistiques de finances publiques (SFP) et dans le système de comptabilité nationale de 2008 (SCN 2008) sont très proches. Par conséquent, les différences entre la classification de l'OCDE et celle du SCN 2008 (voir § 90 ci-dessus) sont également valables pour les SFP. En outre, le Fonds monétaire international subdivise le groupe 5000 de la classification de l'OCDE en une section iv (Taxes intérieures sur les biens et services) et une section v (Taxes sur les transactions et les échanges internationaux). Cela tient à ce que le rendement de ces dernières taxes représente généralement des sommes infimes dans les pays de l'OCDE ce qui n'est pas le cas dans beaucoup de pays non membres.

A11. Comparaison de la classification des impôts de l'OCDE et des autres classifications internationales des recettes publiques

93. Le tableau ci-dessous décrit point par point la comparaison entre la classification des impôts de l'OCDE et les classifications suivantes :

- *a)* Système des comptes nationaux (SCN 2008) ;
- *b)* Système européen des comptes (SEC 2010) ;
- *c)* Manuel de statistiques des finances publiques du Fonds monétaire international (MSFP 2014).

94. Ces comparaisons correspondent à celles qui devraient s'appliquer dans la majorité des cas. Toutefois, en pratique il faut faire preuve d'une certaine souplesse dans leur application. En effet, dans certains cas, les pays peuvent adopter des méthodes diverses de classification des recettes dans les comptes nationaux.

				Classification de l'OCDE	SCN 2008	SEC 2010	MSFP 2014
1000				Impôts sur le revenu, les bénéfices et les gains en capital			
	1100			Personnes physiques			
		1110		Sur le revenu et les bénéfices	D51-8.61a	D51A	1111
		1120		Sur les gains en capital	D51-8.61c, d	D51C, D	1111
	1200			Sociétés			
		1210		Sur le revenu et les bénéfices	D51-8.61b	D51B	1112
		1220		Sur les gains en capital	D51-8.61c	D51C	1112
	1300			Non ventilables entre les rubriques 1100 et 1200			1113
2000				Cotisations de sécurité sociale			
	2100			Salariés	D613-8.85	D613	1211
	2200			Employeurs	D611-8.83	D611	1212
	2300			A la charge des travailleurs indépendants ou des personnes sans occupation	D613-8.85	D613	1213
	2400			Non ventilables entre les rubriques 2100, 2200 et 2300			1214
3000				Impôts sur les salaires et la main-d'œuvre	D29-7.97a	D29C	112
4000				Impôts sur le patrimoine			
	4100			Impôts périodiques sur la propriété immobilière			
		4110		Ménages	D59-8.63a	D59A	1131
		4120		Autres agents	D29-7.97b	D29A	1131
	4200			Impôts périodiques sur l'actif net			
		4210		Personnes physiques	D59-8.63b	D59A	1132
		4220		Sociétés	D59-8.63b	D59A	1132
	4300			Impôts sur les mutations par décès, les successions et les donations			
		4310		Impôts sur les mutations par décès et les successions	D91-10.207b	D91A	1133
		4320		Impôts sur les donations	D91-10.207b	D91A	1133
	4400			Impôts sur les transactions mobilières et immobilières	D59-7.96d; D29-7.97e	D214B, C	114114; 1161
	4500			Autres impôts non périodiques sur le patrimoine	D91-10.207a	D91B	1135
	4600			Autres impôts périodiques sur le patrimoine	D59-8.63c	D59A	1136
5000				Impôts sur les biens et services			
	5100			Impôts sur les biens et services			
		5110		Impôts généraux sur les biens et services			
			5111	Taxes sur la valeur ajoutée	D211-7.89	D211; D29G	11411
			5112	Impôts sur les ventes	D2122-7.94a; D214-7.96a	D21224; D214I	11412
			5113	Impôts sur le chiffre d'affaires et autres impôts généraux sur les biens et services	D214-7.96a	D214I	11413

		5120		Impôts sur des biens et services déterminés			
			5121	Accises	D2122-7.94b; D214-7.96b	D21223; D214A, B, D	1142
			5122	Bénéfices des monopoles fiscaux	D214-7.96e	D214J	1143
			5123	Droits de douane et autres droits à l'importation	D2121-7.93	D2121; D21221, 2	1151
			5124	Taxes à l'exportation	D213-7.95a	D214K	1152-4
			5125	Impôts sur les biens d'équipements			
			5126	Impôts sur les services déterminés	D2122-7.94c; D214-7.96c	D21225; D214E, F, G, H; D29F	1144; 1156
			5127	Autres impôts sur les transactions et les échanges internationaux	D2122-7.94d D29-7.95b D29-7.97g D59-8.64d	D21226; D29D; D59E	1153; 1155-6
			5128	Autres impôts sur des et services déterminés			1146
		5130		Non ventilable entre les rubriques 5110 et 5120			
	5200			Impôts sur l'utilisation des biens ou l'autorisation d'utiliser des biens ou d'exercer des activités			
		5210		Impôts périodiques sur l'utilisation des biens ou l'autorisation d'utiliser des biens ou d'exercer des activités			
			5211	A la charge des ménages au titre de véhicules à moteurs	D59-8.64c	D59D	11451
			5212	A la charge d'autres agents au titre de véhicules à moteurs	D29-7.97d	D214D; D29B	11451
			5213	Autres impôts périodiques sur l'utilisation des biens u l'autorisation d'utiliser des biens ou d'exercer des activités	D29-7.97c, d, f D59-8.64c	D29B, E, F; D59D	11452
		5220		Impôts non périodiques			11452
	5300			Non ventilable entre les rubriques 5100 et 5200			
6000				Autres impôts			
	6100			A la charge exclusive des entreprises			1161
	6200			A la charge d'autres agents que les entreprises ou non identifiables	D59-8.64a, b	D59B, C	1162

A12. Répartition des recettes fiscales par sous-secteurs d'administration publique

95. La classification de l'OCDE appelle une ventilation des recettes fiscales par sous-secteurs d'administration. On trouvera ci-après la définition de chaque sous-secteur et les critères à utiliser pour répartir entre eux les recettes fiscales. Ces définitions et critères suivent les orientations qui figurent dans le SCN 2008 et le MSFP 2014.

Sous-secteurs des administrations publiques à identifier

Administration centrale

96. Le sous-secteur des administrations centrales groupe tous les ministères, bureaux, établissements et autres organismes qui sont des services ou des moyens d'action du pouvoir central et dont la compétence s'étend à la totalité du territoire, à l'exception de l'administration des caisses de sécurité sociale. L'administration centrale a donc le pouvoir de prélever des impôts sur toutes les unités résidentes et non résidentes exerçant des activités économiques à l'intérieur du pays.

Administration d'un État fédéré, d'une province ou d'une région

97. Ce sous-secteur comprend les unités administratives intermédiaires et inclut toutes les unités administratives dont la compétence s'exerce indépendamment de l'Administration centrale sur une partie du territoire englobant un certain nombre de petites localités, à l'exception des caisses de sécurité sociale. Dans les pays unitaires, les administrations régionales peuvent être considérées comme dotées d'une existence distincte lorsqu'elles disposent d'une autonomie substantielle pour percevoir une part importante de leurs recettes de sources placées sous leur contrôle et lorsque leurs agents ne sont pas soumis à un contrôle administratif externe dans l'exercice des activités de l'unité.

98. Actuellement, les pays à structure fédérale représentent la majorité des cas dans lesquels les recettes attribuées aux unités administratives intermédiaires sont identifiées séparément. La Colombie et l'Espagne sont les deux seuls pays à structure unitaire qui se trouvent dans cette situation. Dans les autres pays unitaires, les recettes des administrations régionales sont incluses dans celles des administrations locales.

Collectivités locales

99. Ce sous-secteur comprend toutes les autres unités administratives exerçant une compétence indépendante sur une partie du territoire d'un pays, à l'exception des administrations des caisses de sécurité sociale. Il englobe les diverses circonscriptions urbaines et/ou rurales (par exemple les collectivités locales, les municipalités, les villes, les bourgs ou les districts).

Caisses de sécurité sociale

100. Les caisses de sécurité sociale constituent un sous-secteur distinct des administrations publiques. Le sous-secteur de la sécurité sociale est défini dans le SCN de 2008 par les extraits suivants des paragraphes 4.124 à 4.126 et 4.147 :

> « Les systèmes de sécurité sociale sont des systèmes d'assurance sociale qui couvrent l'ensemble de la collectivité ou d'importants sous-ensembles de la collectivité : ces systèmes sont imposés et contrôlés par les administrations publiques. Ces systèmes couvrent une grande variété de programmes qui consistent à fournir des prestations, en espèces ou en nature, au titre des circonstances suivantes : vieillesse, invalidité ou décès, survie, maladie et maternité, accident du travail, chômage, allocations familiales, soins de santé etc. Il n'existe pas nécessairement de lien direct entre le montant de la cotisation versée par un particulier et les prestations qu'il est susceptible de recevoir » (paragraphe 4.124).
>
> « Lorsque les systèmes de sécurité sociale ont une organisation distincte des autres activités des administrations publiques et détiennent des actifs et des engagements indépendamment de ces dernières et effectuent des opérations financières pour leur propre compte, ils peuvent être considérés comme des unités institutionnelles désignées sous le nom de caisses de sécurité sociale » (paragraphe 4.125).
>
> « Il est possible de faire varier de façon discrétionnaire les montants prélevés et versés sous forme de cotisations de sécurité sociale et de prestations afin d'atteindre des objectifs de politique publique qui n'ont pas de lien direct avec la notion de sécurité sociale en tant que système visant à fournir des prestations à des membres de la collectivité. Ainsi, ces cotisations ou prestations peuvent être augmentées ou diminuées afin d'influer sur le niveau de la demande globale au sein de l'économie. Néanmoins, tant que ces caisses restent indépendantes, elles doivent être traitées comme des unités institutionnelles distinctes dans le SCN ». (paragraphe 4.126).
>
> « Le sous-secteur des administrations de sécurité sociale comprend les administrations de sécurité sociale opérant à tous les niveaux des administrations publiques. Les administrations de sécurité

sociale sont des systèmes couvrant l'ensemble de la collectivité ou d'importants sous-ensembles de la collectivité qui sont rendus obligatoires et contrôlés par des administrations publiques » (paragraphe 4.147).

101. Cette définition des administrations de sécurité sociale est suivie dans la classification de l'OCDE à l'exception des régimes suivants :

- Les régimes imposés par l'administration et exploités par des organismes extérieurs au secteur des administrations publiques, tel qu'il est défini au § 3 de ce manuel et
- Les régimes qui perçoivent des cotisations facultatives.

Autorités supranationales

102. Ce sous-secteur s'applique aux activités de collecte de recettes publiques des autorités supranationales sur le territoire d'un pays. En pratique, le seul cas d'autorité supranationale de la zone de l'OCDE est celui des institutions de l'Union européenne (UE). Les recettes fiscales collectées par les pays membres et versées à l'UE sont incluses dans les statistiques des recettes publiques au niveau de l'autorité supranationale. Les impôts sur le revenu et les cotisations de sécurité sociale perçus par les institutions européennes et payés par les fonctionnaires européens qui résident dans les pays membres de l'UE ne doivent pas être inclus.

Critères à utiliser pour l'attribution des recettes fiscales

103. Lorsqu'une administration collecte l'impôt et le reverse, en totalité ou en partie, à d'autres administrations, il est nécessaire de déterminer si ces recettes doivent être considérées comme étant celles de l'administration qui les perçoit et les répartit entre d'autres administrations ou celles des administrations bénéficiaires auxquelles l'administration qui les a perçues les a transférées en simple qualité d'agent. Les critères à utiliser dans l'attribution des recettes sont indiqués aux § 104 à 107, qui reprennent les paragraphes 3.70 à 3.73 du SCN 2008.

104. En général, un impôt est attribué à l'Unité administrative qui :

a) exerce le pouvoir de percevoir l'impôt (soit en tant que détenteur de ce pouvoir soit par délégation de l'autorité qui le détient),

b) dispose du pouvoir discrétionnaire final de fixer et de faire varier le taux de l'impôt.

105. Lorsqu'une somme est collectée par une administration au profit d'une autre administration et en son nom, et que cette dernière a le pouvoir de percevoir l'impôt et de fixer et de faire varier son taux, la première intervient comme agent pour le compte de la dernière et l'impôt est réaffecté. Toute somme retenue par l'administration collectrice au titre des frais de recouvrement doit être considérée comme la rémunération d'un service rendu. Toute autre somme conservée par l'administration collectrice, notamment dans le cadre d'un accord de partage d'impôt, doit être considérée comme une subvention courante. Si l'administration collectrice s'est vu déléguer le pouvoir de fixer et de faire varier le taux, le montant recouvré doit être considéré comme une recette fiscale de cette administration.

106. Lorsque des administrations différentes fixent conjointement et sur un pied d'égalité la répartition du produit de cet impôt, aucune administration ne disposant d'un pouvoir prépondérant en dernier ressort, les recettes fiscales sont attribuées à chaque administration en fonction de sa part respective du produit de l'impôt. Si un accord permet à une unité administrative d'exercer un pouvoir prépondérant en dernier ressort, la totalité des recettes fiscales est attribuée à cette unité.

107. Dans certains cas aussi, un impôt est perçu dans le cadre des compétences d'une administration qui résulte de la constitution ou d'autres dispositions mais d'autres administrations fixent individuellement

le taux d'imposition sur leurs territoires. Le produit de l'impôt généré sur les territoires respectifs de chaque administration est attribué à l'administration en question comme constituant ses recettes fiscales.

108. Les versements effectués par les États membres de l'Union européenne prennent la forme de prélèvements spécifiques qui comprennent :

a) les droits de douane et les prélèvements agricoles (5123),

b) les montants compensatoires monétaires bruts (5123 si relatifs aux importations et 5124 si relatifs aux exportations),

c) les contributions au Fonds de résolution unique (5126), et

d) les prélèvements de la CECA, les cotisations sucre et les taxes de coresponsabilité sur le lait (5128).

109. Les droits de douane collectés par les États membres pour le compte de l'Union européenne sont comptabilisés :

- sur une base qui ne tient pas compte des droits d'encaissement,
- en utilisant des chiffres corrigés de manière à exprimer les droits sur la base de la « destination finale » et non du « pays de première entrée » lorsque de telles corrections sont possibles. Ces corrections concernent en particulier les droits prélevés dans des ports (maritimes) importants. Bien que les droits de l'UE soient prélevés par les autorités du pays de première entrée, ces droits doivent être dans la mesure du possible déduits des recettes du pays qui les recouvre et inclus dans les recettes du pays de destination finale.

110. Ce sont les prélèvements spécifiques de l'UE qui se conforment le plus clairement au critère d'attribution décrit au § 102 ci-dessus. Par conséquent, ces montants sont indiqués en note de bas de page dans les tableaux par pays des États membres de l'UE (au chapitre 5) et figurent en tant que recettes supranationales dans chacune des rubriques fiscales identifiées au § 108.

Notes

1. Toutes les références au SCN concernent l'édition de 2008.

2. Se reporter à la section A.12 de ce manuel pour l'examen de cette notion.

3. Il est en général possible d'identifier les montants des cotisations de sécurité sociale et les impôts sur les salaires, mais pas les autres impôts payés par les administrations.

4. En revanche, si un ou plusieurs pays considèrent comme un impôt un droit que la plupart des pays font entrer dans les recettes non fiscales ou qui procure des recettes substantielles, les montants ainsi perçus figureront dans une note de renvoi à la fin des tableaux par pays correspondants, même s'ils ne sont pas inclus dans le total des recettes fiscales.

5. Les appellations peuvent cependant être souvent trompeuses. Ainsi, une redevance de passeport sera normalement considérée comme une recette non fiscale, alors qu'un prélèvement additionnel sur les passeports (comme c'est le cas au Portugal), qui a pour but de procurer un montant substantiel de recettes eu égard au coût de délivrance du passeport, sera considéré comme un impôt du sous-groupe 5200.

6. On trouvera des précisions sur cette distinction dans l'étude spéciale intitulée « L'information sur les recettes fiscales : problèmes actuels », de l'édition de 2001 des *Statistiques des recettes publiques*.

7. On utilise parfois les expressions « non remboursable » et « remboursable » mais il peut paraître illogique de parler de « remboursement » lorsque rien n'a été versé.

8. Toutefois, dans les systèmes d'imputation de l'impôt sur les sociétés, les crédits d'impôts récupérables sont traités différemment (§ 37 à 39).

9. Il ne s'agit pas d'une véritable dépense fiscale au sens strict. De telles dépenses fiscales supposent que l'on identifie un système fiscal de référence pour chaque pays ou, de préférence, une norme internationale commune. En pratique, il n'a pas été possible de parvenir à un accord sur une norme internationale commune.

10. Sauf s'ils sont calculés sur le bénéfice résultant de la vente, auquel cas ils seraient classés parmi les impôts sur les gains en capital dans le sous-groupe 1120 ou 1220.

11. Dans certains pays, la même législation est applicable aux personnes physiques et aux entreprises dans le cas d'impôts sur le revenu particulier. Cependant, les recettes procurées par ces impôts peuvent, en général, être ventilées et figurent donc dans les deux sous-groupes appropriés.

12. Ainsi, « celles qui sont suffisamment autonomes et indépendantes pour que leur fonctionnement soit comparable à celui d'une société… (y compris) la tenue de comptes complets » (2008 SCN section 4.44).

13. Au Canada - un pays également désigné comme ayant un système d'imputation - le crédit d'impôt (récupérable) pour l'actionnaire concerne l'impôt sur les sociétés national considéré comme payé, qu'un impôt sur les sociétés ait été créé ou non. Comme il n'existe pas de lien essentiel entre l'impôt sur les sociétés à payer et le crédit imputé sur l'impôt sur le revenu selon ces systèmes, ces crédits pour dividendes sont traités, avec d'autres crédits d'impôt, selon les lignes décrites au § 26.

14. Il peut en être ainsi lorsqu'un régime en faveur des administrations existait avant l'instauration d'un régime général de sécurité sociale.

15 Dans le SCN 2008, ces transferts sont considérés comme des transferts de capital et non comme des impôts (voir section A.8).

16. Système selon lequel l'Union Européenne ajuste les effets des différences entre les taux de change utilisés pour fixer les prix des produits agricoles dans le cadre de la politique agricole commune et le taux de change réel. Les paiements effectués selon ce système portent sur les importations ou les exportations; lorsqu'ils sont identifiables, ces montants figurent dans la rubrique appropriée (5123 ou 5124). Dans ce guide, sont inclus les montants bruts, c'est-à-dire sans déduction d'aucune prime payée dans le cadre du système des montants compensatoires.

17. Les transferts de bénéfices de loteries d'État sont considérés comme des recettes non fiscales (voir aussi § 68).

www.ingramcontent.com/pod-product-compliance
Lightning Source LLC
LaVergne TN
LVHW062156171026
850499LV00044B/1768
* 9 7 8 9 2 6 4 4 7 1 9 4 8 *